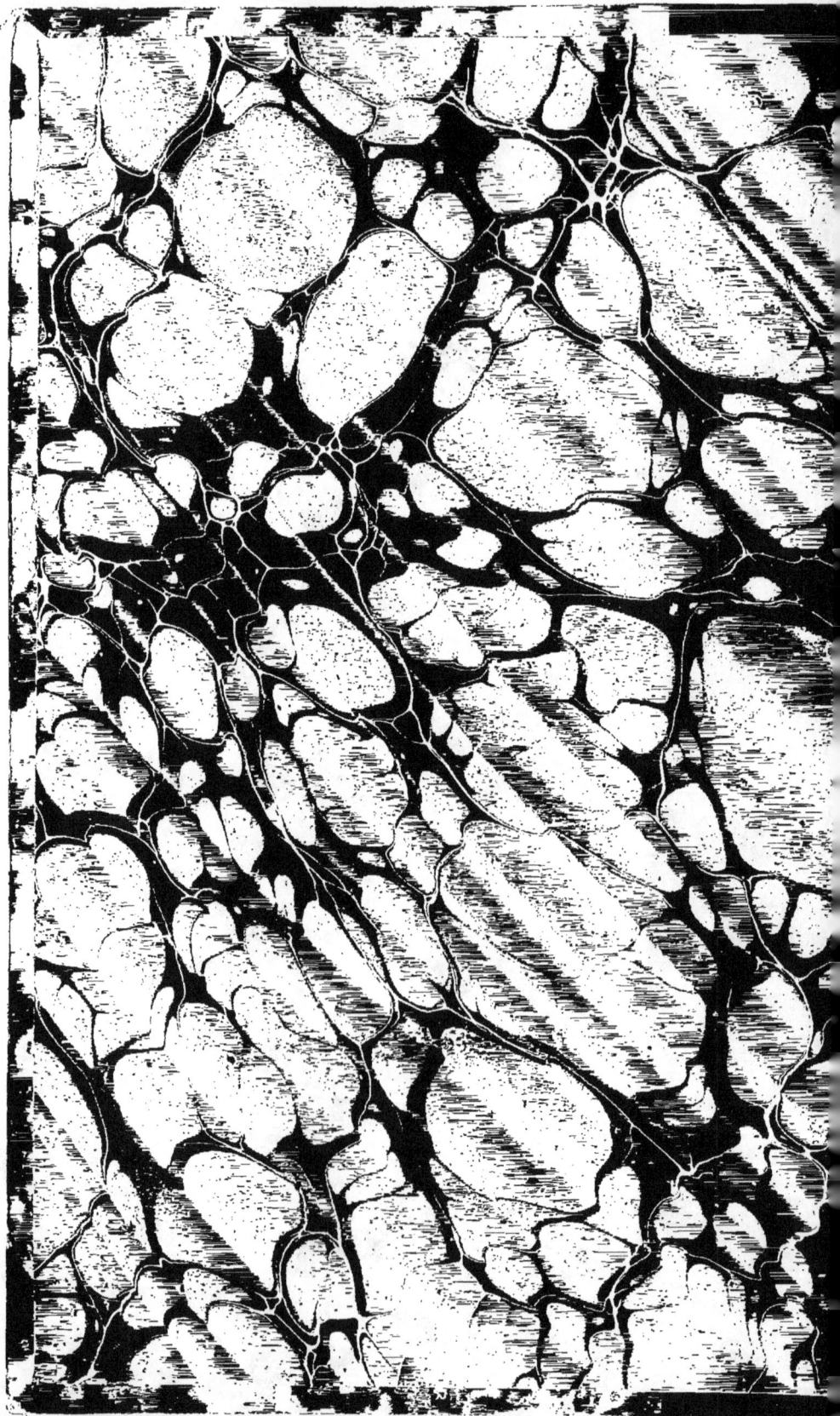

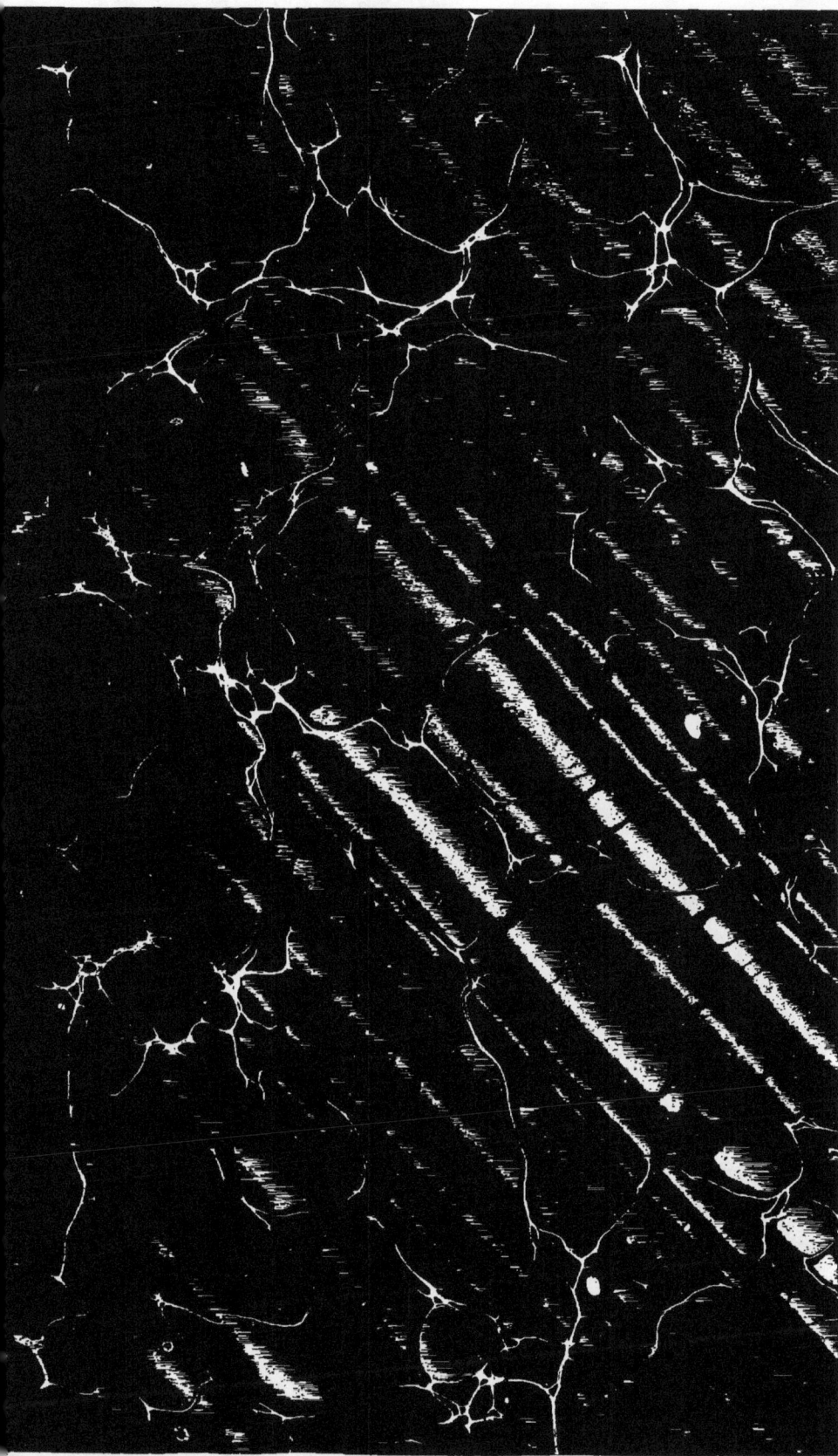

OEUVRES COMPLÈTES

DU CHANCELIER

D'AGUESSEAU.

SE TROUVENT AUSSI

CHEZ L'ÉDITEUR, RUE CHRISTINE, N.º 3, A PARIS;

ET CHEZ LES PRINCIPAUX LIBRAIRES DE FRANCE ET DE L'ÉTRANGER.

DE L'IMPRIMERIE DE J. JACOB, A VERSAILLES.

OEUVRES COMPLÈTES

DU CHANCELIER

D'AGUESSEAU.

NOUVELLE ÉDITION,

AUGMENTÉE DE PIÈCES ÉCHAPPÉES AUX PREMIERS ÉDITEURS,
ET D'UN DISCOURS PRÉLIMINAIRE

PAR M. PARDESSUS,

PROFESSEUR A LA FACULTÉ DE DROIT DE PARIS.

TOME QUATORZIÈME,

CONTENANT DIX MÉDITATIONS MÉTAPHYSIQUES SUR LES VRAIES
OU LES FAUSSES IDÉES DE LA JUSTICE.

PARIS,

FANTIN ET COMPAGNIE, LIBRAIRES,
QUAI MALAQUAI, N.º 3.

H. NICOLLE, A LA LIBRAIRIE STÉRÉOTYPE,
RUE DE SEINE, N.º 12.

DE PELAFOL, RUE DES GRANDS-AUGUSTINS, N.º 21.

M. DCCC. XIX.

TITRES

DES DIFFÉRENS OUVRAGES

CONTENUS DANS LE TOME QUATORZIÈME.

———

FIN DES TITRES DU TOME QUATORZIÈME.

OEUVRES DE D'AGUESSEAU.

MÉDITATIONS

MÉTAPHYSIQUES

SUR LES VRAIES OU LES FAUSSES IDÉES

DE LA JUSTICE,

Où l'on essaie d'éclaircir et de résoudre cette Question importante. Si l'homme peut trouver en lui des idées naturelles du juste ou de l'injuste; et si c'est par la conformité avec ces idées, qu'il juge de la justice ou de l'injustice des Actions morales, ou seulement par la conformité de ces Actions avec la volonté positive d'un supérieur légitime et nécessaire, ou avec le désir naturel de sa conservation.

PREMIÈRE MÉDITATION.

SOMMAIRE.

De toutes les questions qui peuvent être agitées parmi les hommes, il n'en est point de plus intéressante pour eux, que celle qu'on entreprend ici d'examiner, parce que de là dépendent tous les devoirs qui lient les hommes entr'eux. Tout devient flottant et incertain dans la morale, s'il n'y a pas une règle naturelle, immuable, antérieure à toutes les institutions positives, laquelle sépare le juste de l'injuste. Ebranler ce

premier principe, c'est fournir des armes à l'impiété, atta-
quer l'existence de Dieu, ou en défigurer l'idée. Les lois
positives ne peuvent tenir lieu de cette justice primitive et
éternelle, qui en est l'exemplaire et le fondement. Ce n'est
pas non plus dans le désir naturel de sa conservation ou de
son bien-être, que l'homme peut trouver une règle sûre,
capable de le conduire, à travers les écueils et les périls,
jusqu'à sa véritable destination. Il n'y a qu'une justice
naturelle, antérieure à toutes les institutions positives, qui
puisse donner la véritable mesure de nos devoirs, et une
notion juste des vertus et des vices. Objections des ennemis
de la loi naturelle : leurs raisons réunies en un système
suivi, et présentées sous le point de vue le plus séduisant.
Plan que l'auteur se propose de suivre dans les méditations
suivantes, pour attaquer et pour détruire ce pernicieux
système.

JE ne parle ici qu'à moi-même; et quand on ne
parle qu'à soi, on n'a pas besoin de préface. Mais
la première pensée qui me frappe, lorsque je réfléchis sur la question que j'entreprends d'examiner,
c'est qu'il n'y en a point de plus intéressante pour
moi, et pour tout homme raisonnable. Il s'agit du
principe et du fondement de toute la morale. Comme
la justice, si ce nom n'est pas un vain son qui n'ait
aucun sens, est blessée par tous les vices, elle entre
aussi dans toutes les vertus. C'est elle qui met le
prix à toutes nos actions, et qui est la mesure commune de tous nos devoirs. Si cette mesure est certaine, j'ai une règle sûre suivant laquelle je puis
travailler à ma propre perfection et à mon bonheur
personnel, ou à la perfection commune et au bonheur général de la société. Au contraire, si la mesure de mes devoirs est incertaine, si la règle même
est douteuse, il n'y a plus ni vices, ni vertus; toutes
mes idées sont confondues; je ne vois plus de différence entre l'ordre et le désordre, plus d'actions
dignes de récompense ou de punition. Je vis au hasard dans un séjour obscur et dangereux, sans savoir
ni ce que je dois à mes semblables, ni ce qu'ils me
doivent. Tout ce qui m'environne m'inspire la crainte
ou la défiance, et j'en rends autant que j'en reçois.

Plus malheureux même en un sens, que si je n'avois aucune lumière, je vois assez pour douter, et trop peu pour décider. Je n'ai qu'une lueur sombre et maligne qui ne suffit pas pour me bien conduire, et qui suffit pour m'égarer. On m'offre, à la vérité, une ressource dans l'autorité de la loi, qui me tiendra lieu d'une justice que je ne suis pas capable de connoître par moi-même; mais cette loi pourroit bien être comme celle dont on a dit, qu'elle n'a fait par elle-même que des prévaricateurs : je sens en moi, et tous les hommes m'assurent qu'ils sentent aussi en eux, je ne sais quel esprit de révolte et d'indépendance, qui cherche toujours la raison du commandement ou du précepte, qui veut interroger le législateur et juger la loi même. Je lui dirois volontiers, comme Galba à Pison : vous devez commander, il est vrai, mais à des hommes raisonnables, qui abuseroient d'une entière liberté, mais qui peuvent encore moins supporter une entière servitude (1).

Que la loi soit sourde, si l'on veut, pour ne point entendre des murmures injustes et téméraires; mais elle ne doit pas être muette sur ses motifs; et, si elle-même ne me prouve pas sa justice, je sens que mon esprit se révolte : je n'y reconnois plus une domination légitime, et peu s'en faut que je ne la prenne pour une tyrannie. Si l'on me dit, qu'il est naturellement juste de se soumettre à la volonté d'une puissance supérieure, j'en conclurai qu'il y a donc une justice naturelle dont je connois au moins ce premier principe : ou, si l'on ne craint point d'avancer avec Hobbes, que s'il faut obéir à Dieu, c'est parce qu'il est le plus fort, je me vois réduit à l'état d'un esclave, qui n'a des yeux que pour son maître, et de volonté que pour suivre ses ordres, quels qu'ils soient. Mais comment puis-je concevoir que ce Dieu, qu'on me représente comme un être infi-

---

(1) *Sed imperaturus es hominibus, qui nec totam servitutem pati possunt, nec totam libertatem.* Tacit. hist., lib. 1, c. 16.

1*

niment bon, pouvant me conduire à lui par la supériorité de sa sagesse, n'ait voulu régner sur moi
que par celle de sa puissance? Ne dois-je pas craindre
d'ailleurs qu'un système qui anéantit toute idée naturelle d'ordre, de règle, de justice, ne conduise
les hommes jusqu'à douter s'il y a un Dieu, ou du
moins, si Dieu même n'est pas soumis à la loi d'une
fatale nécessité; et si les anciens poètes n'ont pas
été d'excellens théologiens, quand ils ont dit que
le destin commandoit à Jupiter même? En effet,
s'il y a une justice en Dieu, qui accompagne toujours sa volonté, pourquoi n'en pourrois-je pas
avoir une idée, comme j'en ai une de sa puissance
ou de ses autres attributs? et s'il n'y en a point,
sa volonté ne sera plus qu'un agent aveugle et nécessaire, semblable au premier ciel d'Aristote, qui
entraîne tout par l'impétuosité de son mouvement,
mais qui est entraîné lui-même par une force supérieure et invincible. Je crains donc de ne trouver
ici que le *fatum* de quelques anciens philosophes.
En détruisant le règne de la justice, j'établis celui de
la nécessité; et s'il n'y a plus de liberté ni de
choix, dans la conduite du monde physique, ou
du monde civil, la raison même en doit être pros-
crite comme une étrangère, qui ne peut y apporter
que le trouble et la division.

Me dira-t-on, que je trouverai dans le désir naturel de ma propre conservation, un conseil assez
sage pour me conduire sûrement au milieu des périls qui m'environnent? Mais je crains que ce désir
même, s'il n'est point arrêté par le frein de la justice, ne me précipite dans les maux qu'il devroit
me faire éviter, et j'en juge par l'exemple de presque tous mes semblables, qui ne sont malheureux
que par le désir même d'être heureux.

Effrayé de toutes ces conséquences, quoique je
ne fasse encore que les entrevoir dans ce premier
moment de méditation, je veux me jeter entre les
bras de cette justice qui peut seule me donner la
véritable mesure des vertus ou des vices; et, pour

me mettre le cœur et l'esprit en repos dans la pratique des devoirs, je cherche à m'en former une idée claire et distincte. Je m'adresse aux philosophes, je consulte tous les hommes ; mais j'y trouve un partage de sentimens qui m'afflige, et qui me fait presque douter, si ce qu'on appelle *justice* n'est point un souhait, et, si je l'ose dire, un songe de mon cœur, plutôt qu'une véritable idée de mon esprit.

Je vois, d'un côté, un grand nombre de sages anciens et modernes, tous les législateurs, tous les jurisconsultes, presque toutes les nations policées qui me crient : qu'il ne faut point douter qu'il n'y ait une justice naturelle, un droit que l'on peut appeler la loi du genre humain, dont les premiers principes sont connus par eux-mêmes de tous les hommes, comme les axiomes de la géométrie ; que c'est sur le modèle de cette loi primitive et générale, que les législateurs ont dressé leurs lois particulières, qui n'en sont que l'exécution, le développement, l'interprétation ; et que, si les besoins ou les engagemens de la société ont donné lieu d'y ajouter un grand nombre de lois positives, elles ont toujours une liaison nécessaire avec les lois naturelles, soit parce qu'elles ne peuvent les détruire, soit parce qu'elles ont toujours le même objet, qui est le bonheur de la société entière et de chacun de ses membres.

Mais, d'un autre côté, quand je demande à ceux qui me donnent une idée si noble : quelle est donc la définition de cette justice universelle, de ce droit naturel, qui est la source et l'exemplaire de toutes les lois, je sens renaître mes doutes, par l'imperfection, par la diversité, par le combat même de leurs opinions ?

Les uns me disent : que ce droit naturel est ce que la nature apprend également à tous les animaux ; et je commence à me trouver bien déchu de la noblesse de mes idées, s'il faut que je règle ma conduite sur la notion basse et obscure de cet instinct.

grossier, qu'on dit être dans mon cheval comme dans moi-même.

D'autres m'humilient un peu moins, en me disant que cette loi naturelle est celle qui est commune à tous les hommes; mais en quoi consiste-t-elle ? Je vois que les uns condamnent ce que les autres approuvent; et que la même action qui est défendue et punie dans un pays, est permise, et quelquefois récompensée dans un autre. Quelles preuves me donne-t-on, d'ailleurs, de ce consentement prétendu de tous les hommes? Où en suis-je réduit, s'il faut que je fasse le tour de la terre, et que j'interroge successivement et en détail tout le genre humain, pour savoir en quoi tous les hommes conviennent sur la règle des devoirs, et pour en former l'idée de la justice naturelle ? Me renverra-t-on seulement aux nations savantes, et à celles qu'on appelle policées ? Mon voyage en sera plus court, mais en sera-t-il plus utile ? Avant que de l'entreprendre, je demanderai par quelle règle je puis juger, si une nation mérite le nom de nation savante, ou de nation policée ; comment je distinguerai sûrement celle qui l'est plus, de celle qui l'est moins; à quelle raison ou à quelle autorité j'aurai recours, pour décider cette première question ; enfin, comment je pourrai montrer à tous les hommes que je ne me suis pas trompé dans le discernement que j'aurai fait entre les différens peuples, et pourquoi j'aurai supposé que l'un me conduiroit plus sûrement que l'autre à la découverte de la justice naturelle.

Mais ce n'est encore rien que ces doutes généraux: je vois un genre de philosophes qui se servent de la raison même, pour combattre la raison, et qui entreprennent de me prouver que je n'ai aucune idée naturelle *du juste* et *de l'injuste*, par les caractères que cette idée devroit avoir, si elle existoit véritablement.

Vous prétendez, me disent-ils, avoir une notion naturelle de la justice ; et de cette prétention même, nous concluons que vous n'en avez point.

Si elle vous étoit naturelle, ce seroit la nature qui vous l'auroit donnée, et elle auroit fait le même présent à tous les hommes qui sont pétris du même limon que vous. Elle seroit donc ce que l'on appelle une idée *innée*; tous les hommes l'apporteroient en naissant, et ils la trouveroient sans la chercher, dans le fond de leur être. Cependant, y a-t-il une matière sur laquelle ils s'accordent moins? On en dispute depuis le commencement du monde, on en disputera jusqu'à la fin. Qu'on demande à tous les hommes ce que c'est que de l'eau, de la terre, du feu : leurs sens le leur montrent, et ils répondront tous de la même manière. Qu'on demande seulement à douze hommes, pris au hasard, ce que c'est que la justice considérée en elle-même; ce que c'est que le droit qu'on appelle naturel : vous les verrez se battre, plutôt que d'en convenir.

Si tous les hommes n'en sentent pas également les principes *innés*, ils devroient au moins les reconnoître dans le fond de leur ame, quand on les explique devant eux, comme ils reconnoissent au premier coup d'œil la vérité des axiomes de géométrie dès qu'on les leur présente. Demandent-ils la raison de ces axiomes? ils la sentent en eux-mêmes; ils demandent, au contraire, la raison des principes du droit naturel; donc ils ne la sentent pas. Cependant il n'y a point de milieu; si ces principes nous sont *innés*, ils doivent frapper également tous les hommes; et s'ils ne les frappent pas tous également, ils ne sont point *innés*.

S'ils l'étoient en effet, ils agiroient en nous sûrement, nécessairement, infailliblement, comme le désir d'être heureux : ils feroient, pour ainsi dire, partie de notre ame; et elle ne pourroit s'en détacher sans effort, et sans une espèce de violence qui la menaceroit de sa destruction. Cependant elle n'est jamais plus contente, que lorsqu'elle s'en éloigne. Si elle connoît, si elle aime naturellement la justice, pourquoi se plaît-elle beaucoup plus dans l'injustice? Une substance indivisible comme notre ame,

peut-elle réunir en elle-même les deux contraires?
Une ligne peut-elle être droite et courbe en même-
temps ?

Pourquoi des lois, pourquoi des juges, pourquoi
des supplices, si tous les hommes portent en eux
ces principes de justice et du droit naturel; s'ils en
sont comme pénétrés, ou par un goût et un sentiment intérieur qui feroit partie du désir de la félicité, ou par une connoissance, encore plus distincte, fondée sur des idées claires et lumineuses ?

Ils seroient au moins en état d'expliquer ces idées
claires, et de montrer en quoi consistent ces premiers principes. Un mathématicien est-il embarrassé,
lorsqu'on lui demande une notion exacte des premières vérités de l'arithmétique ou de la géométrie?

Dira-t-on que cette règle générale, *ne faites pas
à un autre ce que vous ne voudriez pas qu'un autre
vous fît,* est un de ces premiers principes que l'on
cherche ; que ce principe est évident par lui-même,
et qu'il est la source de presque toutes les règles de
la justice naturelle ?

Mais, si ce principe agissoit sur ma volonté, comme
les axiomes de la géométrie agissent sur mon entendement, je sentirois qu'il me seroit impossible de
ne le pas suivre dans ma conduite. Toutes nos facultés sont affectées nécessairement et invinciblement
par leur objet : la vue par les couleurs, l'ouïe par
les sons, l'entendement par l'évidence. Pourquoi
ma volonté ne seroit-elle pas affectée de la même
manière, par l'idée de la justice, qui lui montreroit et le bien qu'elle doit faire et le mal qu'elle
doit éviter ? J'y résiste cependant à cette idée ou à
ce sentiment de justice, et j'y résiste avec plaisir.
Ce n'est, au contraire, qu'avec peine, avec effort et
en surmontant ma répugnance naturelle, que je
suis ce sentiment quand la crainte m'y contraint :
donc il n'affecte pas nécessairement ma volonté; et
elle est bien éloignée de s'y attacher invinciblement, comme mon intelligence acquiesce aux vérités
mathématiques.

Il y a plus encore ; je me demande à moi-même pourquoi il est *juste* de ne pas faire à un autre ce que je ne veux pas qu'on me fasse, si je ne trouve point en moi une idée claire du *juste* ou de *l'injuste* ? Ainsi, le premier axiome même a besoin de preuve ; et s'il y en avoit de plus simple ou de supérieur, je remonterois ainsi jusqu'à l'infini, cherchant toujours dans mon esprit l'idée primitive et exemplaire de la justice, sans pouvoir jamais la découvrir, jusqu'à ce qu'on me fasse voir ma règle écrite dans la loi d'un être suprême, qui joigne à l'autorité de commander, le pouvoir de se faire obéir ; et alors j'avouerai sans peine que le *juste* et l'*injuste* consistent dans ce qui est conforme ou contraire à cette loi.

Mais, quoi, me dira-t-on, ne voyons-nous pas dans l'homme, comme dans les animaux mêmes, une pente naturelle à aimer son semblable ? Et cet amour mutuel, qui unit les hommes par des liens que la nature a formés, n'est-il pas, si on l'examine attentivement, le principe et comme le germe de toute justice ?

On croiroit plutôt, à entendre ce discours, que le monde entier est une terre nouvellement découverte, dont on n'ait encore aucune relation exacte, et dont on ne connoisse ni les habitans ni les mœurs.

Ouvrons les yeux sur nous-mêmes et sur tous ceux qui nous environnent. Un ancien auteur parlant de cette charité fraternelle qui unissoit les premiers chrétiens, observe que les payens mêmes se disoient les uns aux autres : *voyez comme ils s'aiment* (1). Ne pourroit-on pas dire avec encore plus de raison du commun des hommes : *voyez comme ils se haïssent*. Avides de tout ce qui peut flatter leurs passions, rapportant tout à eux-mêmes, et croyant presque que l'univers n'est fait que pour eux ; jaloux du bien, de la dignité, des plaisirs, de la gloire de leurs pareils ; toujours prêts à les leur ravir par l'injustice, par la calomnie, par la fraude, par la violence ; évitant les

(1) Tertul. Apolog., ch. 39.

grands crimes, par la crainte de la peine, non par l'amour de la vertu; justes par foiblesse, injustes par inclination, capables de tout oser, s'ils croient pouvoir oser tout impunément ; qu'on leur donne cet anneau de Gigès, si célèbre dans les écrits des anciens philosophes, il ne faudra que savoir de quel côté l'anneau est tourné, c'est-à-dire, s'ils demeurent visibles ou s'ils demeurent invisibles, pour juger sûrement s'ils demeureront innocens ou s'ils deviendront criminels; et l'on verra cet amour des autres hommes, dont on leur fait honneur gratuitement, se changer en fureur et en barbarie, si leurs semblables osent leur disputer ce qu'ils ont, ou s'ils refusent de leur céder ce qu'ils n'ont pas.

On les voit, à la vérité, s'attendrir quelquefois sur les malheurs de leurs pareils, mais par une compassion presque machinale qui se fait sentir dans les bêtes mêmes : c'est un trouble de l'imagination, plutôt que le mouvement d'un cœur juste et généreux : c'est un retour de l'amour-propre qui nous fait pleurer dans les autres ce que nous craignons de souffrir nous-mêmes. C'est ainsi qu'on verse des larmes à la représentation d'une belle tragédie ; mais, au sortir du spectacle, le même homme qui vient de pleurer des malheurs imaginaires, verra d'un œil sec des malheurs réels, et refusera inhumainement le moindre secours à une famille qui meurt de faim.

Où est donc ce droit naturel? Où sont ces principes *innés* d'une justice immuable, qu'on veut que les hommes aient reçus en naissant? Toutes leurs inclinations, tous les sentimens de leur cœur y résistent : ils se livrent volontairement à l'injustice ; ils ne sont justes, ou plutôt ils ne font des actions justes que malgré eux, parce qu'ils sentent tous que l'injustice leur est utile ou agréable; que la justice nuit à leur fortune ou à leurs plaisirs ; et que, selon l'expression d'un ancien philosophe (1), c'est une vertu qui

(1) Platon, *de Republ.*, *lib.* 11.

n'est un bien véritable que pour les autres, et qui est un mal réel pour celui qui la possède.

S'il y a donc quelque sentiment naturel à l'homme, s'il y a une inclination qui se trouve également dans tous les humains, et qui influe dans toutes leurs actions, ce n'est point l'amour d'une justice importune qui veut tenir leurs passions dans l'esclavage, sans leur dire même ce qu'elle est; c'est uniquement le désir de leur conservation dans l'être et dans le bien-être, si l'on peut parler ainsi. Voilà ce qu'on remarque dans les enfans, comme dans les vieillards, chez les peuples sauvages comme parmi les nations policées, et dans le chrétien comme dans l'idolâtre. C'est dans ce désir naturel et universel, qu'il faut chercher l'origine de la société, le fondement des lois, la source de tout ce qu'on appelle justice.

L'homme considéré dans le premier état de la nature, ne regarde et ne connoît que lui-même : il sent qu'elle lui donne un droit absolu sur toutes choses ; et qui pourroit le lui disputer, puisqu'il ne voit autour de lui que des égaux? S'il se trouve le plus fort, il croit être leur maître, et c'est là ce qu'il appelle le droit naturel. Il dit, comme ceux que l'auteur du livre de la sagesse fait parler, *sit fortitudo nostra lex justitiæ* (1); ou, comme ces anciens Gaulois qui se rendirent maîtres de la ville de Rome, *se in armis jus ferre, et omnia fortium virorum esse* (2).

Chaque homme apporte en naissant la même pensée ; et comme ils désirent tous les mêmes choses dont souvent ils ne peuvent jouir que par la force, ils naissent tous ennemis les uns des autres, bien loin d'être naturellement amis. Ce sont des frères, si l'on veut, mais des frères rivaux ; et l'amour-propre, ou l'intérêt personnel ne respecte pas long-temps l'égalité de la nature. De là naît une guerre fatale de tous les

(1) *Sapient.*, c. 2, v. 11.

(2) Tite-Live, *Hist.*, liv. 5, pag. 169, édit. 1568.

hommes contre tous les hommes ; et s'il s'en trouvoit parmi eux d'assez forts, pour vaincre et pour subjuguer tous les autres, on verroit alors que l'inclination naturelle de l'homme le porte à la domination, beaucoup plus qu'à la société. Mais comme chacun craint de son égal tout le mal qu'il lui peut faire, c'est le désir même de sa conservation qui le porte à épargner les autres. Une crainte mutuelle, et non pas un amour réciproque, est donc ce qui a rassemblé les hommes ; ce qui a formé entr'eux les liens de la société ; et ce qui a fait le premier traité de paix dont on ait entendu parler dans le monde, par lequel, chaque homme renonçant de sa part au droit général qu'il avoit sur les biens et sur la vie même des autres hommes, on est convenu des deux côtés de s'abstenir de tout acte d'hostilité, et de demander justice au lieu de se la rendre à soi-même.

Joignez à cette crainte mutuelle les besoins réciproques que les hommes ont les uns des autres, pour se procurer ce qui leur manque, en donnant ce qu'ils ont de trop, et vous découvrirez clairement l'origine de toutes les liaisons qui sont entr'eux, et surtout de ces grandes sociétés qui portent le nom de républiques ou de royaumes.

Unis par la crainte ou par la nécessité, leur amitié est un commerce de politique ou d'intérêt, et non pas une société de justice et de vertu. Ils ménagent ceux qu'ils craignent, ou dont ils ont besoin. Toute leur vie n'est qu'un trafic et un échange continuel de biens, d'honneurs, de plaisirs, de commodités, de louanges et de gloire même. Il n'est rien qui n'ait son prix et qui ne tombe en estimation. Ce ne sont pas des hommes justes, ce sont d'habiles négocians. De là naissent toutes les lois humaines ; de là, cette justice apparente, nom spécieux qu'on a donné aux règles que la crainte et l'intérêt ont dictées.

> *Jura inventa metu injusti fateare necesse est,*
> *Tempora, si fastosque velis evolvere mundi.*

Voilà la première source du droit naturel, ajoutez-y
cet autre vers d'Horace :

Atque ipsa utilitas, justi prope mater et æqui (1) .

Vous aurez la seconde, et si vous voulez voir cette
vérité encore mieux développée, écoutez Glaucon
dans le deuxième livre de la république de Platon.
. « Qu'est-ce que la justice ? Une espèce de tem-
» pérament qui tient le milieu entre le meilleur de
» tous les états : qui seroit de pouvoir faire l'injustice
» sans en craindre la peine ou la vengeance; et le
» plus mauvais de tous : qui est de souffrir l'injus-
» tice sans pouvoir la repousser ou la rendre. Ce
» qu'on appelle *juste* est placé entre les deux extré-
» mités ; et comme l'expérience apprend à l'homme,
» qu'il y a encore plus de douleur à souffrir l'injus-
» tice qu'il n'y a de plaisir à la faire , il embrasse
» volontiers ce tempérament, non comme un véri-
» table bien, mais comme un moindre mal, et comme
» un parti forcé, par l'impuissance où chaque par-
» ticulier se trouve d'être injuste utilement et impu-
» nément (2) ».
. Ainsi a raisonné la plus sage antiquité ; tel a été
dans ces derniers temps, le langage de plus d'un auteur célèbre : ainsi parle même un philosophe (3) plus
estimable que les anciens et les modernes, qui ne
sauroit apercevoir la justice par l'esprit, pendant qu'il
l'a toujours présente dans le cœur ; et qui, par un caractère bien opposé à celui du commun des hommes,
toujours juste dans la pratique, n'est injuste que dans
la spéculation.
. Ce n'est pas, me dit-il, qu'il ne puisse y avoir, dans

(1) *Libr.* 1, *satyr.* 3.

(2) C'est une objection que Platon se fait proposer par un
des interlocuteurs : *De Republ. Dialog. lib.* 2.

(3) M. du Trousset de Valincour, secrétaire-général de la
marine et des commandemens de Monseigneur le comte de
Toulouse, de l'Académie française.

la société civile et dans les actions morales, un ordre,
une proportion, une harmonie, qui soient capables
de plaire à l'esprit humain, comme les beautés de la
peinture, de l'architecture, de la musique et des
autres arts. Mais, comme il ne juge de ces beautés que
par le plaisir qu'elles lui font, ou par l'utilité qu'il
en reçoit, il mesurera aussi sur les mêmes règles, la
bonté des actions morales.

S'il y applique celle du plaisir, outre qu'elle est
incertaine, parce que ce qui plaît à l'un déplaît souvent
à l'autre, et que l'éducation, l'habitude, l'exemple
dominent souvent sur le plaisir même, tout homme
ne dira-t-il pas, s'il veut être de bonne foi, qu'il sent
plus de plaisir dans ce qui porte le nom de vice, que
dans ce qu'on appelle vertu? Notre cœur n'applau-
dit-il pas en secret à Ovide, lorsqu'il dit :

Jupiter esse pium statuit, quodcumque juvaret (1).

L'utilité sera-t-elle une règle plus sûre pour juger
des actions morales? Mais à qui les richesses, à qui
les honneurs, à qui tous les autres présens de la fortune tombent-ils en partage? Est-ce au juste ou à
l'injuste? L'injustice a souvent fait des riches, la justice n'a jamais fait que des pauvres, et sa plus grande
faveur est de laisser l'homme dans l'état où elle l'a
trouvé.

Ainsi, me dit encore le même philosophe, chercher
l'idée d'une justice primitive dont les principes soient
gravés dans le cœur de l'homme, c'est chercher une
chimère. Nous pouvons parvenir à la connoissance
de la vérité, parce que la vérité n'est autre chose que
l'existence de la chose vraie; et il y a certainement
des choses qui existent, ou en elles-mêmes, ou dans
notre esprit. Mais ce qu'on appelle justice, n'existe ni
hors de nous, ni dans nous. Ce n'est point un objet
fixe et certain, que notre intelligence puisse saisir. On
révolte ou l'on partage les sentimens des hommes,

(1) *Ovidium*, *H. roïd. Epist.* 4, *vers.* 133.

dès que l'on veut la définir. La justice n'est qu'un rapport ou une conformité à ce qui est juste ; mais le *juste* est aussi difficile à définir que la justice. Ainsi, puisqu'elle consiste dans la conformité avec un objet, il faut nécessairement, ou que cet objet soit la volonté connue et certaine d'un être supérieur, ou qu'il ne soit autre chose que ce qui est utile pour notre conservation.

Si l'on suit la première idée, la justice peut être définie ; une soumission parfaite à la loi de Dieu, qui, étant clairement annoncée, devient un objet certain, dont tous les esprits sont également susceptibles.

Si l'on s'attache à la seconde, la justice sera un amour-propre bien entendu, ou les préceptes d'une raison sage et éclairée, qui nous porte et nous enseigne de nous conserver dans l'être et dans le bien-être, en évitant le plus de peines, et en nous procurant le plus de plaisirs qu'il est possible à l'humanité.

La première de ces deux idées aura lieu dans tous les cas sur lesquels Dieu nous a fait connoître sa volonté ; et la seconde, dans tous ceux où il a laissé l'homme libre, et entre *les mains de son propre conseil*, comme parle l'Écriture (1).

Jusqu'ici j'ai recueilli avec soin toutes les raisons des ennemis, ou plutôt des adversaires de la loi naturelle. J'ai eu une grande attention à ne me dissimuler aucune de leurs objections ; j'ai tâché même d'en former comme un corps ou un système suivi ; et il me semble que par là je les ai fortifiées, bien loin de les affoiblir, pour me mettre en état de mieux sentir l'impression que la suite et l'enchaînement de toutes ces objections réunies feroient sur mon esprit. Je la sens en effet toute entière ; mais je sens en même temps que ma raison en est moins ébranlée que mon imagination. Je ne sais quelle voix s'élève du fond de mon être, qui me dit intérieurement, qu'il y a une justice indépendante de toute loi positive, et de l'amour que j'ai pour moi. Je crois

(1) *Eccli.* 15, 14.

même avoir remarqué dans les raisons du sentiment contraire, des termes équivoques, des notions confuses, des principes trop facilement supposés, et des conséquences peut-être encore plus hasardées. Mais il me faut du temps pour démêler ce que mon esprit ne fait encore qu'entrevoir dans une manière de raisonner si subtile et si spécieuse. Je ne saurois rien faire de mieux pour y parvenir, que d'essayer d'abord d'éclaircir les différentes idées que je trouve en moi sur cette matière ; de définir ou d'expliquer les expressions obscures ou équivoques ; d'écarter d'un côté, tous les préjugés, et de l'autre, tous les principes de raisonnement qui sont douteux, suspects ou inutiles, pour réduire la question à des termes simples, qui me donnent une grande facilité pour la résoudre, s'il m'est possible de le faire. C'est donc à examiner ces préliminaires et à reconnoître, pour ainsi dire, les dehors de la place, que je destine ma seconde méditation. L'étendue et la difficulté de la matière, m'obligeront peut-être à en faire plus d'une sur ce sujet.

SECONDE MÉDITATION.

SOMMAIRE.

Philosophes de nos jours, moins sages et moins religieux pour la plupart que les poètes payens. Ils semblent vouloir épargner à la raison la peine de combattre ses passions ; ils travaillent à étouffer ou à prévenir des remords, qui sont une salutaire barrière contre les vices. Ce coupable dessein n'est pas celui du Philosophe qui a donné lieu à cet ouvrage. Mais il n'auroit pas dû décrier la loi naturelle, sous prétexte de mieux établir la nécessité de la révélation. Sans le savoir ou le vouloir, il favorise ces esprits inquiets et corrompus, qui, en éteignant la lumière de la justice naturelle, veulent procurer à l'homme la paix ou l'impunité dans ses désordres. Deux objections à résoudre. La première prise des doutes affectés ou involontaires des hommes. J'ai des connoissances claires, distinctes et certaines : elles sont indépendantes de l'opinion, des préjugés et de l'ignorance de mes semblables. Inutilité des fictions imaginées par quelques philosophes pour attaquer l'idée de la justice naturelle. Leurs raisonnemens fondés sur la diversité des opinions humaines, non - seulement faux, mais ridicules. Nouvelle objection, qui consiste à opposer la conduite du commun des hommes à l'idée de la justice. On en renvoie l'examen et la réponse à la méditation suivante :

Plus je repasse dans mon esprit les argumens des philosophes que j'ai fait parler dans ma première méditation, plus je me sens frappé d'une réflexion qui m'afflige, parce qu'elle me fait trop sentir la foiblesse et l'incertitude de notre raison.

Autrefois les poètes mêmes, casuistes peu sévères, faisoient un crime à l'homme de trahir son devoir qu'il connoissoit. Médée étoit coupable, selon eux, ou plutôt selon elle-même, lorsqu'elle disoit : *je vois le bien, je l'approuve ;* mais en le voyant et en l'approuvant : *je fais le mal que la passion m'inspire et que ma raison condamne* (1).

> *Me trahit invitam nova vis ; aliudque cupido,*
> *Mens aliud suadet : video meliora, proboque :*
> *Deteriora sequor.*

J'entends les philosophes et les poètes, qui m'assurent que les tourmens des enfers n'ont rien d'aussi affreux pour l'homme criminel, *que le supplice de porter nuit et jour en soi-même le témoin de son crime, et d'éprouver à tous momens la torture intérieure d'une conscience vengeresse* (2).

Ils supposoient donc, que si l'homme n'avoit pas toujours assez de force pour pratiquer la vertu, il avoit au moins assez de lumière pour la connoître ; et ils regardoient ses remords, dont il étoit déchiré lorsqu'il avoit manqué à son devoir, comme le témoignage d'une ame naturellement juste, trop foible

(1) *Ovid. Metamorph., lib.* 7, *vers.* 18 *et seqq.*

(2) *Juvenal. Satyrar., lib.* 5, *vers.* 192 *et seqq.*

pour faire le bien ; mais trop éclairée pour ne pas se condamner elle-même, quand elle avoit fait le mal.

Exemplo quodcumque malo committitur, ipsi
Displicet authori : prima est hæc ultio quod, se
Judice, nemo nocens absolvitur (1).

Mais aujourd'hui, sans donner à l'homme plus de force pour suivre la règle, on lui dispute même la capacité de la connoître. Il semble qu'on veuille épargner à sa raison la peine de combattre contre sa passion, et qu'on ne cherche plus qu'à prévenir, ou à étouffer des remords qui le tourmenteroient en effet bien vainement, s'il étoit vrai que la justice, qu'il se reproche en secret d'avoir violée, ne fût qu'un nom vide de sens, propre à troubler une ame foible, mais incapable de faire impression sur un esprit fort, qui sent bien qu'il n'a et qu'il ne peut avoir aucune idée de ce qu'on appelle *justice.*

Je sais que le philosophe qui m'engage à méditer sur cette matière est bien éloigné d'avoir de telles pensées. S'il paroît dégrader en un sens notre raison, ce n'est que pour mieux établir la nécessité de la révélation : c'est par un excès de zèle et comme par une sainte jalousie pour la loi divine, qu'il se plaît à rabaisser et à décrier la loi naturelle.

Mais, pourquoi priver l'homme d'un de ses avantages sous prétexte qu'on lui en donne un autre ? Dieu n'est-il pas l'auteur de la raison comme de la révélation ; et un philosophe si religieux ne craint-il point de prêter des armes à ceux qui n'ont parlé, comme lui, contre la justice naturelle, que parce qu'ils ont cru ce qu'il n'a garde de croire ; je veux dire, qu'en rendant l'homme moins éclairé, ils le rendroient moins coupable, et qu'ils ajouteroient à son innocence, ou du moins à sa tranquillité, tout

(1) *Juvenal., satyrar., lib. 5, vers. 1 et seqq.* Sénèque dit la même chose que Juvénal.

ce qu'ils retrancheroient à ses connoissances, comme
s'ils lui avoient dit :

Noctem peccatis, et fraudibus objice nubem.

Vous ne pouvez supporter l'éclat d'une lumière
importune qui vous montre ce que vous devez faire,
et qui vous reproche de ne l'avoir pas fait. Fermez
les yeux, ou croyez que vous ne pouvez les ouvrir,
et vous serez en repos. Enveloppez-vous dans les
ténèbres d'une ignorance favorable; vous ne sauriez
avoir aucune idée claire de vos devoirs, jouissez donc
de l'imperfection de votre être. La nature auroit
moins fait pour vous, si elle vous avoit donné les
connoissances qui vous manquent; en vous les refusant, elle vous a tout permis.

Je m'égare trop long-temps dans cette première
réflexion; et j'oublie que c'est par des argumens métaphysiques, et non par des preuves morales, que je
dois tâcher de résoudre la question que j'examine.
Le moral a cependant son utilité dans le commencement de cet examen. Il sert au moins à me mettre
en garde contre une opinion dont on peut tirer des
conséquences si dangereuses. Mais ne perdons plus
de temps, et attachons-nous au véritable objet de
cette méditation, qui est de préparer la voie à une
plus profonde recherche de la justice, en définissant
les termes, en éclaircissant mes idées, et en réduisant,
s'il se peut, les principes généraux à leur véritable
valeur.

Il s'agit de savoir, si nous pouvons trouver en
nous *une connoissance claire et certaine* de la justice considérée en elle-même, sans être obligés
d'avoir recours *à la loi positive* que la révélation
nous fait connoître, et indépendamment de l'inclination naturelle que nous avons pour *notre conservation dans l'être et dans le bien-être;* en un mot,
si je puis connoître la justice, comme je connois
plusieurs *vérités,* sans consulter ni la révélation, ni
mon propre intérêt.

2 *

J'ai donc à définir d'abord ce qu'on appelle une connoissance claire et certaine ; et, après en avoir donné une notion générale, je serai obligé, pour l'approfondir plus exactement, d'écarter, avant toutes choses, deux préjugés, dont je vois que l'on veut se servir pour me troubler dans la possession paisible de mes pensées :

Le premier, est l'ignorance, le doute ou la contradiction même des autres hommes, dont on tire des argumens subtils, pour me jeter dans l'incertitude sur les connoissances qui me paroissent les plus certaines ; et ce sera à cette occasion que j'aurai à examiner ce que l'on doit penser des hypothèses ou des fictions de quelques philosophes qui imaginent des situations singulières, où ils placent un personnages fantastique, pour exercer leur esprit à deviner quelles seroient les pensées ou les actions d'un tel personnage, et à en tirer des conséquences bonnes ou mauvaises, par rapport à la nature des connoissances humaines.

Le second, est la conduite ou la pratique du commun des hommes qu'on veut opposer à la spéculation, pour en conclure que les hommes ne connoissent point véritablement leur devoir, parce qu'ils ne le suivent presque jamais : difficulté qui me donnera lieu de discuter exactement la solidité de cette proposition générale, que toutes nos facultés et notre volonté même sont nécessairement et invinciblement affectées par leur objet.

Si je puis me mettre au-dessus de ces deux préjugés, je tâcherai d'entrer plus avant dans l'examen du principe sur lequel la certitude de mes connoissances peut être appuyée ; et, comme je vois que l'on entreprend d'opposer l'idée de la vérité à celle de la justice pour accorder la connoissance de l'une au genre humain, et pour lui refuser la connoissance de l'autre, je serai obligé d'examiner avec attention ce que c'est que la vérité, d'en distinguer les différentes espèces, et de faire plusieurs réflexions sur la marque ou le caractère auquel je peux les connoître.

Mais de toutes distinctions, dont cette matière est susceptible, la plus importante sans doute, par rapport à l'idée de la justice, est celle des vérités ou des connoissances qu'on appelle *innées*, c'est-à-dire, qui nous sont naturelles ou qui naissent avec nous ; et des vérités ou des connoissances *acquises*, qui sont le fruit de notre application, et l'ouvrage de notre esprit. Ainsi, pour achever d'éclaircir tout ce qui regarde mes connoissances considérées en elles-mêmes, je ne pourrai me dispenser de définir, s'il se peut, ce qu'on doit appeler une idée *naturelle* ou *innée*, et d'examiner si nous en avons quelqu'une qui puisse mériter justement ce nom.

Il ne me reste plus après cela qu'un dernier terme à expliquer, je veux dire cette inclination ou ce désir que tous les hommes apportent en naissant pour leur conservation dans l'être et dans le bien-être : et c'est une matière si féconde en équivoques ou en notions confuses, que je ne pourrai m'attacher trop à la développer.

Comme l'utile, l'agréable, l'honnête, sont les trois grands objets entre lesquels le désir du bien-être ou du bonheur partage le cœur de l'homme, soit qu'on le considère dans la solitude ou qu'on l'envisage dans la société, je m'appliquerai principalement à me former des idées claires et précises de ce qui est vraiment utile, ou vraiment agréable, ou vraiment honnête, pour mieux juger par là de l'amour que l'homme se porte lui-même, et de l'inclination qu'il peut avoir pour ses semblables, dont j'essayerai de bien pénétrer les motifs, parce qu'ils me serviront à remonter jusqu'à l'origine de toutes les sociétés générales et particulières, qui sont le principal objet de la justice de toutes lois.

Ce sera après avoir tâché de bien éclaircir toutes ces notions préliminaires que je serai peut-être plus en état d'entrer dans le fond de la question que je me propose de résoudre, et de me former une idée de la justice, par laquelle je puisse juger, si cette idée est une chimère ou une réalité.

Dans ce plan que je viens de tracer, pour donner de l'ordre et de la suite à mes pensées, je suppose toujours l'existence de Dieu, comme une vérité certaine et reconnue. Mais, après avoir traité la question dont il s'agit dans cette hypothèse, ou plutôt dans cette thèse incontestable, j'aurai peut-être le courage d'examiner s'il ne resteroit pas encore dans le cœur de l'homme quelques principes du droit naturel, quand même il pourroit douter sérieusement de l'existence de Dieu ; et si le sage et savant Grotius a peu raison de dire, après avoir donné une idée générale du droit naturel : *Et hœc quidem quœ jam diximus locum aliquem haberent, etiam si daremus, quod sine summo scelere dari nequit, non esse Deum, aut non curari ab eo negotia humana* (1).

Entrons à présent en matière, et voyons d'abord ce que c'est qu'on peut appeler une *connoissance claire, distincte et certaine*; quels en sont les caractères ; et à quelles conditions je puis me rendre témoignage à moi-même, que je connois clairement une vérité. Je ne parle ici que de celles qui regardent la nature, ou l'essence des choses, et non pas de celles qui ont leur existence pour objet, et qu'on appelle vérités de fait.

Connoître en général, c'est avoir une idée des propriétés essentielles de la chose que l'on connoît : la connoître clairement, c'est avoir une idée claire de ses propriétés : la connoître distinctement, c'est la concevoir assez évidemment pour pouvoir la distinguer de tout autre être : enfin, la connoître certainement, c'est ne conserver aucun doute sur l'évidence de cette idée.

Je connois un triangle, lorsque j'ai une notion générale des propriétés de cette figure ; je le connois clairement, lorsque j'ai une idée claire et lumineuse de ses propriétés ; je le connois distinctement, lorsque je suis en état de ne le confondre, ni avec un quadrilatère, ni avec un cercle ou une ellipse, ni avec

(1) *Grot. de Jure pacis et belli Prolegom.* §. 11.

quelqu'autre figure que ce puisse être ; et enfin , je
le connois certainement , lorsque je sens qu'il m'est
impossible de douter que mon idée ne me représente
un vrai triangle.

Mais, qu'est-ce qui m'apprend que ma connoissance
est claire, distincte, certaine ? Je n'ai sur cela d'autre
maître , d'autre témoin , d'autre juge que moi-même :
c'est par une espèce de conscience ou de sentiment
intérieur, que je reconnois la présence de la vérité.
Dieu n'y a point attaché d'autre caractère pour me
la rendre sensible , que cette adhésion, cet acquiescement, ce repos parfait que j'éprouve dans le fond
de mon ame, lorsque l'évidence m'éclaire véritablement. Je crois avoir trouvé ce que je cherche,
parce que je sens intérieurement que je ne cherche
plus rien ; et je décide précisément, parce que je ne
saurois plus douter.

Je ne vois point d'autre raison qui me fasse acquiescer pleinement aux vérités les plus simples et
les plus évidentes, comme celles des mathématiques ;
et si l'on attaque ce principe, ce n'est plus à l'idée
de la justice qu'on en veut, c'est à la certitude de
toutes mes connoissances ; c'est avec Pyrron, ou avec
les Sceptiques , qu'il faut que je dispute, plutôt
qu'avec les adversaires du droit naturel ; mais celui
que j'ai en vue dans ces méditations, ne voudra pas,
sans doute, me réduire à la triste nécessité de ne
rien connoître du tout. Il refuse si peu à l'homme le
privilége de connoître la vérité, qu'il en tire un argument pour prouver que l'homme ne sauroit avoir
aucune notion de la justice naturelle.

Je reprends donc la suite de mes idées. Je puis
avoir des connoissances certaines ; mais dans le progrès que mon esprit fait pour les acquérir, je ne vois
rien qui ne se passe entre moi et moi-même. C'est
moi qui conçois ; c'est moi qui conçois clairement et
distinctement ; c'est moi qui me rends témoignage à
moi-même de l'évidence et de la distinction de ma
connoissance. Je puis bien en raisonner avec un

autre homme : je sens que le concours, ou même le combat de ses lumières, augmente quelquefois les miennes, redouble mon attention, et m'excite à faire un plus grand effort pour découvrir la vérité. Mais, après avoir été ou affermi, ou contredit dans mes sentimens, c'est toujours sur mes idées ou naturelles ou adoptées, c'est sur l'évidence qui les accompagne, que je forme mon jugement ; et, quand je l'ai une fois prononcé, il m'importe fort peu de savoir s'il y a d'autres hommes qui ne sentent point la vérité que j'aperçois très-clairement. Une proposition ne devient pas douteuse, parce qu'il y a des esprits qui en doutent. Ce que les casuistes appellent une probabilité extrinsèque, est heureusement ignoré par les métaphysiciens. Le doute, s'il y en a, naît de la chose même et non de l'opinion que quelques hommes en ont. Autrement, avant que de rien affirmer, je serois obligé d'interroger non-seulement les hommes de tous les pays, comme je l'ai dit dans ma première méditation, mais les hommes de tous les siècles passés, présent et à venir. Car, pourquoi les vivans auroient-ils plus de pouvoir sur ma raison que les morts, ou que ceux qui ne sont pas encore nés ? Il n'y auroit donc point de question qui ne fût absolument interminable ; et le monde seroit fini avant que j'eusse pu trouver une seule vérité certaine dans le monde. Que verrois-je même, si je vivois jusqu'à la fin des siècles, et si, au dernier moment de la nature, je voulois faire la réduction, et avoir comme le résultat des pensées du genre humain ? Je trouverois un pays contraire à un autre pays, un siècle à un autre siècle, l'homme croyant tout et doutant de tout, aveugle dans sa crédulité, encore plus aveugle dans son incrédulité, les philosophes mêmes, partagés en tant de sectes différentes, que, comme Cicéron l'a remarqué, le paradoxe le plus absurde trouve toujours un philosophe pour garant ; nulle vérité qui fût certaine, s'il suffisoit, pour la rendre douteuse, de montrer qu'elle a été combattue ; nulle erreur qui ne devînt probable, si c'étoit assez, pour l'accréditer, de faire voir qu'elle a été soutenue. Et dans cette confusion des opinions humaines, plus triste encore et plus humiliante que celle des langues, je ne verrois plus rien de grand dans le monde que Pyrrhon et ses sectateurs, qui auroient su au moins désespérer sagement de trouver aucune vérité sur la terre.

Ainsi, comme je l'ai déjà dit, ou il faut me réduire avec eux à un doute général et perpétuel, ou je dois demeurer ferme dans ce principe : que c'est en moi et en moi seul que je peux trouver la certitude de mes connoissances dans toutes les sciences de raisonnement.

Est-il bien vrai cependant, que du haut de ma philosophie je doive mépriser les opinions des autres hommes ? Ne suis-je pas souvent obligé de me servir de leur consentement pour établir certaines vérités, ou pour les porter à un plus haut degré de certitude ? Les plus grands philosophes, les théologiens après eux, n'ont-ils pas employé cet argument pour prouver l'existence de Dieu ? Voudrois-je moi-même renoncer à l'avantage qu'on en peut tirer, pour faire voir qu'il y a dans notre ame une idée naturelle de la justice ?

Je sens toute la force de cette difficulté. Mais, pour en fixer la juste valeur, ne puis-je pas distinguer différens degrés dans les dispositions des hommes, qui les portent à embrasser certaines opinions ?

Souvent c'est une ignorance absolue qui en est la cause. Mais cette ignorance n'est autre chose que l'absence ou la privation de la science; et, pour parler correctement, lorsque les hommes nient une vérité seulement par un défaut de connoissance, ce n'est pas une opinion que j'ai à combattre, c'est plutôt une négation d'opinion ou de créance, qui n'a rien de positif, et qui n'est à l'égard d'une connoissance claire et évidente, que ce que l'ombre ou les ténèbres sont à l'égard de la lumière.

Le doute des hommes n'est guère moins négatif que leur ignorance; ce que j'ai appelé une privation

ou une négation d'opinion ou de créance, vient
d'un défaut entier, ou d'une absence totale de lumière. Le doute est fondé sur une privation ou sur
un défaut de connoissance claire et parfaite. L'une
peut être comparée à la nuit, l'autre est une espèce
de crépuscule.

> *Quale per incertam lunam, sub luce malignâ*
> *Est iter in silvis.*

Et comme il seroit absurde que l'obscurité de la
nuit, ou la lueur sombre et équivoque du crépuscule
me fît douter de la clarté du jour, dans le temps
même que mes yeux sont frappés de sa lumière ;
ainsi, toute opinion humaine qui n'est fondée que
sur un défaut de connoissance, ou de connoissance
claire, ne sauroit m'ébranler, ni m'inquiéter même
dans la possession d'une vérité qui éclaire mon esprit par son évidence. Je regarde les hommes qui
combattent mes sentimens, parce qu'ils ne les entendent pas, ou parce qu'ils ne les entendent qu'à
demi, comme les témoins qui nient ou qui doutent.
Un juge éclairé qui lit leurs dépositions, en conclut seulement qu'ils n'ont pas vu l'action, ou qu'ils
ne l'ont pas bien vue ; et il préfère, par cette raison,
suivant la règle des jurisconsultes, un seul témoin
qui affirme, à mille témoins qui nient.

Je suis, pour moi-même, un témoin qui a vu,
et qui a bien vu, lorsque j'ai une connoissance claire
et certaine. Les autres hommes qui ignorent, ou
qui doutent, ne sont à mon égard que des témoins
négatifs, qui ne doivent faire aucune impression sur
mon esprit.

Mais je ne suis pas le seul homme qui puisse
avoir des idées claires et évidentes. Ceux qui ont
la même nature que moi, sont également susceptibles d'ignorance et de science, de doute et de certitude, en un mot d'erreur et de vérité.

Si j'entends donc un homme qui me dise, non pas
j'ignore ou je doute, et je nie ce que vous affirmez

parce que je ne l'entends pas, mais j'ai une idée claire et distincte d'une vérité, comme par exemple de l'existence de Dieu ; s'il me fait ensuite concevoir son idée, en me disant que ce qu'il entend par le nom de Dieu, est un être incorporel, souverainement parfait, qui existe nécessairement et qui donne l'existence à tous les êtres, alors ce ne sera point un simple défaut de connoissance que j'aurai à combattre, si je pense autrement que lui : ce ne sera plus des ténèbres qu'on opposera à mes lumières, ce sera une idée claire et intelligible, dont je serai obligé d'examiner la vérité.

Mais, par quelle règle et sur quels principes ferai-je cet examen ? M'arrêterai-je à l'autorité de celui qui me parle, quand même il auroit pour lui le suffrage de presque tous les hommes ? Non : j'appellerai toujours de lui à moi-même, et je citerai son opinion au tribunal de ma raison. Ce sera là, que par une suite, par un progrès d'idées claires et toujours également discutées, je jugerai si cette opinion a un caractère d'évidence ou de lumière à laquelle mon esprit ne puisse résister.

J'examinerai s'il est possible qu'il l'ait reçue par les sens, ou qu'il l'ait fabriquée, pour ainsi dire, par des abstractions et des précisions réitérées, ou par quelqu'autre opération de son entendement ; s'il ne la doit point au préjugé de la naissance, de l'éducation, de l'exemple ; pourquoi la plus grande partie des hommes a une notion conforme à la sienne ; si cette notion leur a été transmise par une ancienne tradition ; par qui cette tradition a commencé ; comment celui qui en a été le premier auteur a pu avoir une telle pensée ; pourquoi ceux qui l'ont suivi, l'ont reçue si facilement et l'ont conservée avec tant de persévérance ; si l'on peut concevoir que l'idée de Dieu existe sans son objet, et qu'une autre cause que cet objet même l'ait imprimée dans notre ame ; j'essayerai enfin de supposer que cette idée est fausse. Je discuterai toutes les difficultés qui naîtroient de cette opinion. Je verrai si ma raison peut en trouver le dénouement, si une matière éternelle et indépendante, si un mouvement sans moteur, si un concours fortuit des parties de cette matière, si un heureux hasard sans aucune intelligence, présentent à mon esprit une idée plus claire et plus satisfaisante que celle d'un Dieu, auteur et créateur de tout ce que je connois. Je comparerai exactement l'une et l'autre hypothèses, et, sans entrer dans un plus long détail de tout ce que je ferai, j'aurai toujours soin au moins d'opposer idée à idée, lumière à lumière, évidence à évidence; en un mot, je ferai un bon usage de mon esprit, pour voir si celui qui me parle a fait un bon usage du sien; et ce sera seulement après ce long et rigoureux examen, que, trouvant des idées claires et évidentes, ou plutôt reconnoissant dans les siennes la clarté et l'évidence des miennes, je demeurerai tranquille dans la jouissance de la vérité, non par impression ou par autorité, mais par jugement et par raison.

Il est vrai qu'après cela je reviendrai avec plaisir sur mes pas, pour remarquer qu'il y a quelque chose dans l'esprit des hommes en général, qui s'accorde parfaitement avec mon opinion. Ma curiosité m'aura déjà porté à en rechercher les causes; mais je ne sentirai pleinement ce plaisir, qu'après avoir bien goûté celui qui est attaché à l'évidence de l'idée considérée en elle-même. Ce sera pour moi une satisfaction que je puis appeler accessoire, parce qu'elle doit suivre et non pas précéder la première, de me voir affermi dans mon sentiment par le consentement presqu'unanime du genre humain; et cette satisfaction sur quoi sera-t-elle fondée? Sur une idée dont je crois sentir la vérité, je veux dire, sur ce qu'il me paroît moralement impossible, que tous les hommes s'accordent sur une idée, qui est si éloignée de leur sens; et que cependant cette idée ne soit qu'une illusion et un effet sans cause.

Ainsi, rien ne peut ébranler ce principe général, que toute la certitude de mes connoissances consiste dans la clarté et l'évidence de mes pensées, à la-

quelle je sens que je ne saurois refuser mon consentement, et que c'est moi seul qui en suis en
même temps le témoin et le juge, indépendamment
de tout ce que les autres hommes en peuvent croire.
Car, pour réunir mes pensées sur ce sujet, comme
en un seul point de vue, ou je n'aurai affaire qu'à
des esprits qui ne sont dans l'ignorance ou dans le
doute, que parce qu'ils sont aveugles ou qu'ils ne
voient qu'à demi, et alors leur opinion n'est qu'une
privation de lumière qui ne sauroit me faire douter
de la clarté de mes idées ; ou je trouverai des hommes
qui me présenteront des idées intelligibles, et, en ce
cas, la question se réduira à examiner s'ils font un
usage légitime de leur raison, ce que je connoîtrai
en usant sagement de la mienne. Ainsi, je ne jugerai jamais et n'acquerrai jamais de véritable certitude dans mes jugemens, que par l'évidence de
mes idées, qui sera la seule règle que j'appliquerai
toujours à celles d'autrui, pour les rejeter si elles y
sont contraires, et pour les approuver si elles y sont
conformes.

Que penserai-je donc de ces fictions ingénieuses,
mais peut-être plus dignes du théâtre que du lycée,
où l'on se représente un personnage d'imagination.
Un homme, par exemple, nourri dans les bois jusqu'à l'âge de trente ans, sans parler à personne,
sans avoir même l'usage de la parole, on assure qu'il
n'a jamais pensé à ce que c'est que la justice, parce
qu'on suppose qu'il se jettera sur un passant, et
qu'il l'étranglera même s'il le faut, pour lui arracher une nourriture dont la faim le presse de se
rassasier.

Mais que m'importe, en vérité, de savoir ce que
cet homme pense, ou ce qu'il ne pense pas ? Je suppose
que ceux qui le font agir comme il leur plaît, puissent
le deviner, et qu'ils y aient même réussi : croirai-je
donc que l'homme ne trouve en lui-même qu'un
instinct naturel qui le porte à la violence, parce
que l'idée de la justice ne se présente pas d'abord
à cette espèce de bête féroce, ou parce que le sen-

timent trop vif d'un besoin pressant étouffe en lui toute réflexion.

Je doute que ceux qui se plaisent à ces sortes d'images ou de fictions, en aient jamais bien senti toutes les conséquences. Y a-t-il rien dont je ne puisse douter, si, pour rendre mon esprit flottant et incertain sur quelque vérité que ce soit, il suffit d'évoquer ainsi une ombre ou un fantôme, qui sera toujours un personnage fort déraisonnable, et qui ne manquera jamais de répondre à celui qui le met sur la scène, qu'il ne sait point cette vérité, ou qu'il ne la croit pas?

Un Pyrrhonien, qui voudra combattre la certitude des vérités mathématiques, me produira un pareil acteur à qui il fera dire, que ces vérités ne se sont jamais présentées à son esprit, qu'il ne sait ce que c'est qu'un point, une ligne, une surface, un solide; qu'il ne voit même rien dans la nature qui soit exactement conforme aux notions que les mathématiciens attachent à ces mots; d'où le Pyrrhonien conclura aussitôt, que les hommes n'ont aucune idée naturelle des premiers élémens de la géométrie; et cette conséquence sera au moins aussi juste que celle qu'on tire des aventures imaginaires de notre habitant des bois, dont on veut que l'ignorance ou les passions soient pour moi des oracles qui m'obligent à croire que je n'ai point d'idée de la justice, parce qu'il ne la connoît pas, ou parce qu'il n'y fait pas attention.

Un athée, pour parler de vérités plus importantes, aura aussi à ses gages une espèce de spectre ou d'esprit familier, à qui il fera prendre telle forme qu'il lui plaira, pour venir nous déclarer que son ame n'a aucune notion de la divinité, et qu'il n'a jamais pensé qu'il y eût ni qu'il pût y avoir un être supérieur qui eût créé le ciel et la terre. Donc, dira l'incrédule, il n'est pas vrai que l'homme trouve une idée de Dieu dans le fond de son être, ou qu'il puisse la découvrir par ses lumières naturelles. On ne le dit que trop en effet, et, pour réaliser le fantôme, on va chercher des peuples dans quelques coins de l'Amérique, dont on nous raconte, avec un secret plaisir, qu'on les a trouvés dans une ignorance profonde de la Divinité.

En voilà assez pour me faire sentir combien tous les raisonnemens qu'on fonde sur de pareilles suppositions ou sur des faits mal discutés, peuvent être dangereux. Mais, comme je ne parle ici qu'à moi-même, je ne craindrai point d'ajouter qu'ils me paroissent de véritables sophismes, dont il est aisé de découvrir l'illusion en cherchant seulement quelle peut être la majeure de ces sortes d'argumens. Je crois sentir évidemment qu'il ne peut y en avoir que deux, et qu'il faut nécessairement que ceux qui s'en servent, raisonnent sans le remarquer eux-mêmes, de l'une des deux manières suivantes :

1.º Ce que quelques hommes ne connoissent pas par les seules lumières naturelles, nul homme ne le peut connoître, en ne faisant usage que des mêmes lumières.

Or, il y a quelques hommes qui n'ont aucune notion de la justice par leurs lumières naturelles.

Donc, nul homme qui n'aura d'autre secours que ces lumières, ne pourra jamais avoir aucune idée de la justice.

2.º Ce qu'un homme peut découvrir en se servant bien de sa raison, tout autre homme peut aussi l'apercevoir, quoiqu'il ne se serve point de sa raison, ou qu'il en abuse.

Donc, ou l'idée de la justice ne peut jamais être aperçue par ceux mêmes qui savent user de leur raison, ou elle doit l'être aussi par ceux qui n'en font aucun usage, ou qui en usent mal ; et, par conséquent, ou le personnage que nous produisons sur la scène, doit avoir cette idée, ou s'il ne l'a point, personne ne la peut avoir.

L'absurdité de l'une et de l'autre majeure est évidente, et la nécessité d'admettre la première ou la dernière pour tirer quelqu'avantage des suppositions dont il s'agit, ne l'est pas moins. Car, si un homme peut connoître par ses lumières naturelles, ce qu'un autre homme ne connoît pas par les siennes ; ou s'il est vrai qu'en usant bien de mon esprit, je puisse découvrir ce que mon semblable qui n'en use point, ou qui en use mal, ne découvrira pas; tous les fantômes qu'on fera parler ne prouveront jamais rien, parce qu'il faudra toujours en revenir à savoir s'ils ont fait un bon usage de leur raison. Ainsi, sans m'engager dans des recherches conjecturales, et sans vouloir exercer l'art de la divination sur les pensées de pareils personnages, j'aurai bien plutôt fait de travailler sur un sujet réel, c'est-à-dire, sur moi-même, d'approfondir mes idées, de voir ce que je peux découvrir clairement, en me servant bien de mon esprit, et de laisser les fantômes se battre en l'air (car j'oubliois de remarquer qu'il peut y avoir ici fantôme contre fantôme), pendant que je ne chercherai une connoissance certaine que dans le fond de mon ame.

J'ai employé bien du temps à me délivrer de ce préjugé importun que l'on tire de l'imperfection ou de la diversité des opinions humaines, mais je n'en suis guère plus avancé. On m'a opposé d'abord les pensées des autres hommes, pour me troubler dans la possession des miennes; on veut m'opposer à présent leurs actions. On argumente par la pratique contre la spéculation, et on se sert de la conduite du commun des hommes pour prouver qu'ils n'ont aucune idée naturelle de la justice. Ce n'est donc plus contre des personnages de fantaisie que j'ai à combattre, c'est contre des êtres réels. Je conviens, en effet, de leur réalité, et je sais qu'il n'y a que trop d'hommes qui agissent comme s'il n'y avoit point de justice. Plût à Dieu que les exemples en fussent plus rares, et qu'il fallût les aller chercher dans les pays des fictions, ou dans des terres nouvellement découvertes.

Mais, comment conclut-on, de là, que la justice, quittant le séjour de la terre, suivant l'expression des poètes, n'y a pas même laissé son image; voici

à peu près le raisonnement dont on tire cette conséquence.

Si tous les hommes trouvoient en eux - mêmes
une idée claire de la justice, ils agiroient toujours
justement : et pourquoi ? Parce que toutes nos facultés sont affectées nécessairement et invinciblement
par leur objet, et que si le juste et l'injuste
se présentoient clairement à notre volonté, elle ne
pourroit s'empêcher d'aimer l'un et de haïr l'autre,
comme notre œil aime, naturellement, la lumière
et hait les ténèbres, comme notre oreille goûte naturellement l'harmonie et est blessée de la dissonance.
Mais l'expérience nous montre que les hommes sont
souvent injustes, et beaucoup plus souvent que justes, ou pour mieux dire, qu'ils ne sont justes que
lorsqu'ils ne peuvent pas être injustes, au moins
impunément. Donc on ne sauroit supposer qu'ils
aient véritablement en eux une idée naturelle de la
justice.

J'avoue d'abord que je me sens très - médiocre-
ment frappé de cet argument, quoique dans le fond
je souhaitasse fort que le principe en fût véritable.
Il me semble que je serois bien plus sage si la spéculation décidoit chez moi de la pratique, et si mes
actions répondoient toujours à mes sentimens. Mais,
si ce principe n'est pas bien évident, si ma propre
expérience le désavoue, si le sens commun des hommes y résiste, comment, d'une majeure si douteuse,
pourra-t-on tirer une conséquence certaine ?

Après tout, la répugnance que je sens d'abord
contre ce principe n'est peut-être qu'un préjugé de
l'éducation, fortifié par ces opinions mêmes des
hommes qui, comme je l'ai dit tant de fois dans
cette méditation, ne doivent faire aucune impression sur moi, qu'autant que je les trouve conformes
à mes idées claires et évidentes. C'est ce que je ne
puis reconnoître que par un examen plus sérieux.
Mais j'ai besoin de respirer un moment, avant d'entreprendre ce nouveau travail; il mérite bien que
j'en fasse le sujet d'une troisième méditation.

D'Aguesseau. Tome XIV. 3

TROISIÈME MÉDITATION.

SOMMAIRE.

Est-il vrai que toutes nos facultés sont affectées nécessairement et invinciblement par leur objet? C'est la supposition qui sert de fondement à la difficulté proposée : supposition hautement démentie par la conscience du genre humain, et pleinement détruite par des raisonnemens clairs et convaincans. Elle tend à anéantir tous nos devoirs, en attaquant la liberté, ce sentiment si intime et si profond, dont toutes les subtilités de la dialectique ne sauroient étouffer l'impression ni obscurcir l'évidence. L'homme examine les diverses impressions qui le frappent; il les compare entr'elles; il préfère tantôt les unes, tantôt les autres : preuve évidente qu'il n'en est pas dominé invinciblement. Si l'on dit que le doute, l'examen, la préférence sont des impressions également nécessaires et invincibles, et que c'est Dieu qui en est l'auteur; c'est donc lui aussi qui produit en nous, par une opération non moins invincible, ce sentiment que nous avons de notre pouvoir pour résister aux impressions qui nous frappent. Dès-lors il faut ou renoncer au principe des adversaires de la justice naturelle, ou avouer que l'Être suprême est contraire à lui-même. Mais si l'on convient que c'est Dieu qui, en qualité de cause universelle et toute-puissante, fait en nous toutes choses, comment peut-il être vrai que notre ame n'est pas invinciblement dominée par les diverses impressions qui la frappent? Cette discussion n'est point absolument nécessaire. C'est assez à la rigueur de voir les deux vérités séparément, quoiqu'on ne voie pas le lien qui les unit. Il n'est pourtant pas impossible de les concilier. Dieu a établi dans le monde spirituel un ordre à peu près semblable à celui qu'il suit dans le monde visible : il a établi un ordre de moyens pour éclairer notre esprit et pour déterminer notre volonté, comme il en a établi un pour nourrir notre corps et pour le conserver. Sous son opération, aussi douce que puissante, notre ame exerce librement ses facultés; elle examine, doute, donne ou refuse son consentement; elle éprouve à tout moment que toutes les impressions qui viennent du dehors, ne règnent pas absolument sur elle; qu'il y en a une multitude auxquelles elle peut résister, et auxquelles elle résiste effectivement. Enfin, quand même on admettroit sans explication et sans réserve, ce principe faux ou inutile, que nos facultés sont invinciblement dominées par les objets qui les affectent, on n'auroit pas, pour cela, le

droit d'en conclure que nous n'avons aucune idée du juste et
de l'injuste, à moins de joindre au principe plusieurs suppo-
sitions également contraires à la raison et à l'expérience.
Les raisonnemens dont on se sert pour attaquer l'idée naturelle
de la justice, ne sont pas seulement faux, mais pernicieux,
puisqu'ils tendent à ébranler tous les principes de la morale,
et tout ce qu'il y a de plus certain dans les connoissances
humaines.

QUAND je pense sérieusement au principe que j'ai
entrepris d'examiner, peu s'en faut que je ne me re-
pente d'avoir trop combattu le préjugé des opinions
humaines. Je sens combien ce préjugé me seroit avantageux dans la question présente. Je pourrois interroger le cœur de tous les hommes, et, comme parle
Tacite, *la conscience du genre humain.* Ils me répondroient peut-être tous d'une voix, qu'ils n'ont
jamais cru être dominés invinciblement par les impressions qui se font sentir à leur cœur ou à leur
esprit, et qu'ils ont encore moins pensé qu'ils ne
puissent avoir une idée spéculative de leur devoir,
sans la suivre dans la pratique; en sorte que s'ils ne
la suivent pas, on soit en droit d'en conclure qu'ils
n'en ont aucune connoissance. Ce ne seroient point
des personnages supposés, comme ceux que l'on sus-
cite contre l'idée naturelle de la justice : ce seroient
les peuples de tous les pays, les nations les plus sauvages, comme les plus polies, qui attesteroient sur
ce point l'expérience continuelle que tous les hommes
ont du contraire; et j'en tirerois un argument qui
pourroit bien suffire à la rigueur, pour m'épargner
la peine de faire une plus longue méditation sur cette
matière.

Mais je me suis engagé sous les lois sévères de la
métaphysique, et, quoiqu'il ne fût pas impossible d'y
ramener cet argument, je crains qu'on ne me reproche de parler en orateur plutôt qu'en philosophe,
et de ne pas suivre mes propres principes, si je fais
valoir le soulèvement de tous les hommes contre
une supposition qui me blesse comme eux, sans avoir

3 *

bien examiné si ce soulèvement est raisonnable, et s'il est fondé sur des idées claires et évidentes.

J'entre donc dans cet examen, qui doit rouler sur deux points principaux.

Est-il bien vrai que l'homme soit nécessairement affecté par les impressions que les objets font sur lui ? C'est le premier point.

Quelles sont les conséquences de cette proposition par rapport à l'idée de la justice ? C'est le second article, qui pourroit même être le seul, comme je crois l'entrevoir dès à présent.

Pour tâcher d'éclaircir le premier point, j'observe d'abord ce qui se passe en moi, lorsque je suis frappé d'une idée ou d'un sentiment, et j'y remarque deux choses, qu'il me paroît nécessaire de bien distinguer :

La première, est l'impression que je reçois, qui, considérée en elle-même, ne peut être qu'une sensation, une image, une idée ou un sentiment ;

La seconde, est la suite de cette impression, qui ne peut être aussi qu'un jugement de mon esprit ou un acte de ma volonté.

Un jugement de mon esprit qui, trouvant deux impressions conformes ou différentes, les joint et les unit dans un cas par l'affirmation, ou les divise et les sépare dans l'autre par la négation.

Un acte de ma volonté qui, frappé d'un sentiment d'amour ou de haine, deux passions qui comprennent toutes les autres, s'attache et adhère à ce sentiment, ou le fuit et s'en éloigne par un mouvement délibéré.

Je cherche ensuite, avec assez de peine, ce que l'on veut dire, lorsqu'on avance cette proposition, que toutes mes facultés sont nécessairement et invinciblement affectées par l'objet qui leur est propre.

N'entend-on parler que de l'impression simple qui se fait en moi et sans moi ? La proposition est évidemment vraie, mais elle est aussi évidemment inutile, pour prouver que les suites de cette impression, c'est-à-dire, le consentement de mon esprit, ou l'adhésion de mon cœur, ne sont pas plus en mon pouvoir, que l'impression même.

Veut-on dire quelque chose de plus, et soutenir qu'il y a une espèce de jugement ou de volonté, qui est une suite naturelle et nécessaire de toute impression ?

Si l'on n'entend par là que le sentiment intérieur, la conscience que j'en ai et le témoignage que je m'en rends à moi-même, la proposition peut encore être innocente; et je comprends qu'elle ne m'assujettit ni à l'erreur ni au vice, pourvu qu'on prenne la précaution d'y ajouter que mon entendement et ma volonté ne sont pas forcés, ou nécessairement déterminés à aller au-delà de l'impression réelle qu'ils reçoivent, et que s'ils vont plus loin, si mon entendement affirme, ou s'il nie, si ma volonté approuve ou rejette plus que ce qui est exactement compris dans l'impression dont ils sont frappés, c'est alors qu'ils deviennent sujets à l'erreur ou au dérégle-ment. Je m'explique par un exemple sensible : je reçois une blessure à la main, qui me fait sentir une douleur très-vive, c'est à cela seulement que se réduit l'impression dont je suis frappé; et, comme elle n'est que trop distincte pour moi, je ne me trom-perai pas, lorsqu'en me renfermant dans les bornes de cette impression, je dirai seulement que je sens une grande douleur; mais ce sentiment est-il dans ma main ou dans mon ame, est-ce le corps ou l'esprit qui souffre en moi? C'est ce qui n'est nullement compris dans le sentiment même que j'éprouve; et si j'affirme que c'est ma main qui sent de la douleur, je vais au-delà de l'impression qui m'affecte, j'en abuse au-lieu d'en user, et c'est ce qui fait que je tombe dans l'erreur.

Si c'est donc dans ce second sens et avec cette res-triction qu'on avance la proposition que j'examine, j'y souscris encore sans aucune difficulté.

Mais prétend-on en donner une troisième, et franchir hardiment un grand pas, en disant, non pas seulement que mon esprit et mon cœur sont nécessairement déterminés par chaque objet qui agit sur eux, alors ce ne sera plus l'idée de la justice que j'aurai à expliquer, ce sera celle de la liberté humaine, que ce principe détruit et anéantit absolument.

Je ne saurois croire néanmoins que ce soit dans ce sens que l'entendent ceux qui me l'opposent par rapport à l'idée de la justice.

Voudroient-ils faire de moi et de tous les hommes du monde, une machine animée, une espèce de girouette spirituelle, qui tourneroit à tous les vents, et qui n'auroit, au-dessus de la girouette matérielle, que le seul avantage de sentir son mouvement, et de tourner sans douleur, ou si l'on veut même, avec plaisir, tantôt du midi au septentrion, et tantôt du septentrion au midi ?

J'appellerois, d'une opinion si humiliante pour moi, à ce sentiment intérieur, à cette conscience intime dont je ne saurois étouffer la voix, et qui me dit si clairement le contraire. On épuise toutes les subtilités du raisonnement, pour me prouver que je ne suis qu'un esclave, et l'on ne me persuade point. Je me dis simplement à moi-même, que je suis libre, et je ne saurois m'empêcher de le croire. J'adhère avec un plein repos d'esprit à ce sentiment de ma liberté, comme j'adhère aux vérités les plus évidentes, parce que, dans l'un comme dans l'autre cas, je sens qu'il m'est impossible d'avoir un doute de bonne foi ; j'en suis aussi sûr que de mon existence même, puisque je sens à tous momens que je suis un être qui doute, qui examine, qui délibère, qui choisit, et par conséquent un être libre. Pourquoi Dieu donne-t-il ce sentiment et à moi et à tous les hommes, si nous sommes tous également esclaves, ou comment pouvons-nous être esclaves, si Dieu nous donne un sentiment contraire que rien ne peut nous faire abandonner ? Que je sois, si l'on veut, une machine, une girouette même sur tout le reste, je ne le suis point sur l'opinion de ma liberté. On ne sauroit me faire tourner d'un pôle à l'autre sur ce point, et le vent qui devroit me fixer du côté de la servitude, n'a point encore soufflé pour moi.

Vous croyez être libre, me dit-on, parce que vous changez de situation avec plaisir, et c'est là ce que vous appellez choisir. Mais vous ne voyez pas que la même force mouvante, qui vous avoit d'abord fait tourner à droite, vous a fait ensuite tourner à gauche. Comme ce changement vous est agréable et que vous le suivez volontairement, vous le croyez libre; et vous prenez pour un acte de liberté, ce qui n'est que le sentiment ou la conscience que vous avez de votre spontanéité.

J'entends tout ce que l'on me dit sur ce sujet, et je n'en crois rien, parce que cette même conscience, à laquelle on me renvoie, m'apprend que je résiste aux impressions dont je suis frappé, que je les soumets à l'examen de ma raison, que j'excite en moi et que je rappelle d'autres impressions, pour les opposer aux premières; que, pendant leur combat, je suspend mon consentement; que, par conséquent, j'arrête un mouvement qui ne souffriroit aucune résistance, si ce qu'on me dit étoit véritable; et que je ne cède enfin qu'à l'idée à laquelle mon esprit long-temps suspendu défère volontairement la victoire, non par impression, mais par réflexion. Une girouette demande-t-elle au vent de nord, et en obtient-elle le temps de délibérer si elle cédera à ses efforts? Examine-t-elle s'il a raison de vouloir l'assujettir à la direction de son mouvement? Appelle-t-elle les autres vents à son secours? Compare-t-elle leurs forces et les causes de leurs forces? Ne se rend-elle enfin, qu'à celui qui est le plus convenable à sa situation, et qui la tourne du côté où une plus belle vue s'offre à ses regards? Une girouette qui feroit tout cela auroit raison de se croire libre; et moi qui sens que tout cela se passe en moi, puis-je douter si je le suis?

Le doute même, si j'étois capable d'en être agité sur ce point, suffiroit pour me prouver ma liberté; et je me dirois à moi-même : je doute, donc je ne

suis pas nécessairement entraîné par une force dominante et invincible. Vos yeux, me dit-on, sont
nécessairement affectés par la lumière, vos oreilles
par les sons. Je tire avantage de ces comparaisons.
Donnez de l'intelligence à mes yeux et à mes oreilles :
mes yeux pourront-ils douter s'ils voient, et mes
oreilles si elles entendent ? Je ne serois pas moins
fixé et déterminé dans le sentiment intérieur de mon
esclavage, si j'étois véritablement esclave. Ce sentiment me domineroit comme toute autre impression.
Cependant c'est celui de mon indépendance qui règne
dans mon ame, et puis-je concevoir, qu'esclave sur
tout le reste, je ne sois libre que sur l'opinion de ma
liberté ? Tous les efforts que l'on fait pour la combattre se terminent tout au plus à faire naître un
doute, et ce doute même en devient une preuve,
puisque quiconque doute, n'est pas invinciblement
déterminé.

Je me hâte de tracer, en passant, ces premières
notions de ma liberté. Mon dessein n'est pas de
traiter à fond une question si intéressante. Ce n'est
point là le véritable objet de mes recherches ; et
d'ailleurs, je suis si persuadé de mon indépendance,
que je ne saurois croire qu'il y ait aucun homme sur
la terre qui doute sérieusement de la sienne, ou qui,
s'il paroît quelquefois en douter, ne désavoue tous
les jours, dans la pratique, une opinion que la subtilité de son esprit se plaît à soutenir dans la spéculation.

Je reviens donc au principe qui m'a fait prendre
l'alarme sur ma liberté, et je demande à ceux qui
l'avancent, s'ils croient que toute impression, forte
ou foible, de quelque nature qu'elle soit, exerce un
empire absolu sur mon ame, ou s'ils n'attribuent ce
pouvoir, qu'à certaines impressions plus dominantes
que les autres.

S'ils prennent le premier parti, il faudra nécessairement qu'ils soutiennent aussi, que toute impression,
quelque légère qu'elle puisse être, m'affecte et me
possède pleinement, parfaitement, universellement.

Car, sans cela, comment seroit-il vrai qu'elle me domineroit invinciblement? Si mon ame n'en est pas toute pénétrée, s'il reste quelque chose en moi, qui n'ait pas encore fléchi le genou devant l'idole; si la réflexion, si le doute, si une idée contraire, peuvent encore trouver place dans mon esprit, il est évident que je ne suis pas réduit en servitude, et que l'impression qui fait effort pour me vaincre peut encore être vaincue.

Mais comment pourroit-on soutenir cet étrange paradoxe : qu'il n'y a point d'impression, point de sentiment, quelque foible qu'il soit, qui ne m'affecte et qui ne me possède pleinement?

Ce ne sera plus à ma conscience que j'appellerai d'une opinion si singulière, ce sera à celle de ses partisans mêmes; et je leur dirois volontiers ce que Nicomède dit au roi Prusias, son père.

Vous ne le croyez pas, seigneur?

Si ce que vous dites étoit véritable, vous passeriez votre vie dans deux états différens : dans l'un, il vous seroit impossible de douter; et dans l'autre, de décider.

Si une seule idée se présentoit à votre esprit, ou si des deux idées qui s'offriroient à vous dans le même instant, l'une faisoit une impression plus vive que l'autre, votre détermination seroit nécessaire, et le doute vous deviendroit impossible.

Si les impressions, que deux idées contraires feroient sur vous, étoient dans un équilibre parfait, ce seroit alors le doute qui seroit nécessaire pour vous, et la décision qui deviendroit impossible.

Vous seriez donc le jouet de la décision et du doute, sans qu'en aucun cas vous puissiez jamais dire que c'est vous qui doutez, ou que c'est vous qui décidez. Vous seriez un être purement passif dans l'un et dans l'autre état, sans agir en aucune manière. Vous seriez comme une argile molle et docile, qui ne peut s'empêcher de recevoir toutes les formes qu'il plaît au potier de lui donner, et l'on pourroit vous dire sans métaphore :

Udum et molle lutum es, jam jam properandus et acri fingendus sine fine rotâ.

Mais n'éprouvez-vous pas vous-même continuellement le contraire ? Ne sentez-vous pas tous les jours que vous résistez à une idée qui se présente seule à votre esprit ? Vous n'avez pas même besoin pour cela du secours d'une autre idée que vous puissiez opposer à la première. Il vous suffit de sentir que celle qui agit sur vous n'est pas entièrement évidente.

Si deux idées vous frappent en même temps, mais avec des forces inégales, la plus forte impression l'emporte-t-elle toujours sur la plus foible ; et ne suspendez-vous pas encore votre consentement, lorsque la plus forte même ne porte pas le caractère d'une parfaite évidence ? Votre résistance n'est ni oisive, ni stérile. Vous réveillez, vous excitez en vous d'autres idées qui sont comme des troupes auxiliaires que vous opposez à l'impression. La plus foible, soutenue et fortifiée par ce secours, surmonte à la fin celle qui agissoit d'abord plus fortement sur votre esprit.

Enfin, si le combat est également balancé entre deux idées qui tiennent votre ame comme suspendue entr'elles, vous sentez-vous fixé et affermi pour toujours dans un doute immuable, sans désir, sans espérance de le voir finir ? Comment pourroit-il cesser en effet, si votre opinion étoit véritable ? Rien ne s'y oppose dans votre esprit, et le combat même de vos idées ne peut servir qu'à l'affermir. Comment finiroit-il donc encore une fois ? Seroit-ce par vous ? Mais vous êtes incapable de toute résistance. Seroit-ce par l'une ou par l'autre de vos idées ? Mais, elles sont dans un équilibre parfait. Vous demeureriez donc nécessairement dans un doute éternel, entre deux impressions qui seroient toutes deux assez fortes pour troubler et pour agiter votre esprit, sans que

ni l'une ni l'autre le fussent assez pour le calmer et
pour le fixer.

Mais, ne sentez-vous pas, au contraire, qu'il n'est
rien que vous ne fassiez pour sortir de cet état de per-
plexité, et pour vous délivrer d'un doute importun
plus pénible pour vous que l'ignorance même ? Votre
attention s'irrite par la difficulté. Vous frappez à
toutes les portes pour en faire sortir la lumière ; vous
ouvrez, si l'on peut parler ainsi, toutes les avenues
de votre ame pour la recevoir, et vous faites si bien
par tous vos efforts, que l'une des deux impressions
s'affoiblit, que l'autre se fortifie ; et que vous parve-
nez enfin à une décision certaine, ou du moins à un
doute éclairé, qui vous procure une espèce de
repos, en vous faisant renoncer avec connoissance, à
la solution d'un problème qui vous paroît évidemment insoluble. Vous n'étiez donc point dans un
état purement passif : vous agissiez et vous sentiez
votre action : le doute ou la raison du doute, bien
loin de vous subjuguer, ne servoit qu'à exciter l'activité de votre esprit pour en secouer le joug ; et
s'il vous déterminoit à quelque chose, c'étoit à le
juger lui-même, et non pas vous y livrer aveuglément.

Qui est-ce donc qui produit en vous cette résistance que vous employez également, et contre les
impressions qui vous portent à la décision, et contre
celles qui vous portent au doute, jusqu'à ce que
le grand jour de l'évidence vienne éclaircir et fixer
votre raison, ou du moins que vous conceviez clairement, que la résolution du doute qui vous agite
est impossible ?

Les efforts que vous faites partent nécessairement, ou des idées qui combattent dans votre ame,
ou du pouvoir que vous avez sur vous, ou de l'action de Dieu même.

Attribuer ces efforts à la première de ces trois
causes, et dire que c'est chacune de vos idées qui
va chercher le secours dont elle a besoin pour balancer ou pour remporter la victoire, ce seroit une

absurdité si manifeste qu'il n'est pas à craindre
qu'aucun philosophe veuille l'avancer. L'usage des
prosopopées n'appartient qu'aux poètes ou aux orateurs. Il leur est permis de personnifier toutes nos
idées, tous les mouvemens de notre ame, et de
leur prêter nos pensées, nos sentimens, nos actions.
Mais un philosophe méprise toutes ces fictions, qui
ne sont utiles que pour parler à l'imagination; et
il rougiroit de représenter nos idées occupées à
lever des troupes, pour ainsi dire, et à rassembler
tout l'occident, comme Auguste, et tout l'orient,
comme Marc-Antoine, pour se disputer l'empire
du monde.

Vous ne direz pas non plus que c'est moi qui
résiste à des ennemis que vous regardez comme
invincibles.

Il ne vous reste donc plus que de dire que
c'est Dieu même qui produit en nous, mais sans
nous, toutes les impressions qui nous frappent, le
doute, la résistance, l'examen, la comparaison des
idées différentes ou contraires, enfin, la décision,
ou la détermination qui suit tous ces mouvemens de
notre ame. Ce que nous croyons faire par nos propres forces, c'est Dieu qui le fait en nous; et, comme
son opération est toujours invincible, dire que nous
sommes affectés invinciblement à l'occasion de ces
objets, c'est dire précisément la même chose. L'homme
n'a pas plus de pouvoir dans une supposition que
dans l'autre; son doute, ses efforts, ses recherches,
son acquiescement, tout est également nécessaire en
lui, parce que tout ce qui s'y passe est l'effet d'une
cause toute-puissante, à laquelle rien ne peut
résister.

Voilà donc le dernier retranchement de ceux que
j'attaque ici sans les connoître, et que je ne puis
regarder que comme des fantômes que je me plais
à combattre pour mieux éclaircir mes idées. Je ne
saurois, en effet, me persuader qu'il y ait aucun
homme sur la terre, qui veuille soutenir sérieusement, que toute impression, quelque légère qu'elle

soit, le domine et le possède entièrement; mais,
si néanmoins il y avoit des esprits prévenus en
faveur de cette opinion qui voulussent l'établir,
comme je viens de le dire, sur l'idée de la toute-
puissance de Dieu, il me semble qu'il ne me seroit
pas difficile de leur répondre :

Je reconnois avec vous, et je le fais non-seulement sans peine, mais avec joie, que c'est Dieu qui
produit en moi, comme cause physique, toutes les
modifications de mon ame, et tous les divers degrés
de lumière ou de sentiment, par lesquels je passe
pour parvenir à la connoissance du vrai immuable, ou
à la possession du souverain bien : cause générale et
perpétuelle, qui mérite seule véritablement ce nom,
parce que c'est la seule cause qui le soit par elle-
même ; c'est elle qui fait tout dans l'ordre des intelligences, comme dans celui des êtres corporels ;
c'est Dieu, sans difficulté, qui forme physiquement
en moi le doute comme la décision ; si je suspends
mon consentement, c'est Dieu qui le suspend ; si
je le donne, c'est lui qui l'opère en moi : il produit
mon examen, il produit mes recherches, il produit
mon attention même, qui comprend l'un et l'autre ;
et, comme c'est lui qui en est l'auteur, c'est aussi
lui qui la récompense, en faisant naître en moi le
sentiment de l'évidence. Je pourrois expliquer tout
cela d'une autre manière ; mais j'admets très-volontiers
ce principe, il n'est question que de l'expliquer.

Pour essayer de le faire, je remarque avant toutes
choses, qu'il faut nécessairement que je concilie
cette action toute-puissante d'un Dieu qui fait tout,
avec le sentiment qu'il me donne lui-même du
pouvoir que j'ai de résister aux impressions qui me
frappent. Je dis, qu'il me le donne lui-même ; car
quel autre que Dieu auroit pu m'inspirer ce sentiment, qui m'est commun avec tous les hommes, et
qui m'assure comme eux, qu'il y a un nombre infini
d'impressions auxquelles je puis résister, et auxquelles
je résiste en effet tous les jours ? Je ne saurois douter, à moins que je n'aie ce sentiment ; puisque tout

vient de Dieu, c'est Dieu certainement qui me le donne; et, si toute impression est invincible pour m'i, parce que c'est Dieu même qui la produit, celle que ce sentiment fait sur moi, est aussi invincible que toutes les autres.

Je suis donc invinciblement et nécessairement affecté, dominé, possédé, par le sentiment que j'ai de mon pouvoir sur la plus grande partie des impressions que je reçois. Je demande donc, après cela, que les ennemis de ce pouvoir répondent à deux questions que j'ai à leur faire.

Dieu peut-il être contraire à lui-même ? C'est la première. Ils me répondront, sans doute, que cela ne se peut dire sans blasphémer. Mais cependant, leur dirai-je, il le seroit véritablement, si votre proposition étoit certaine. D'un côté, il m'affecteroit invinciblement du sentiment intérieur de ma liberté; et de l'autre, il me traiteroit en esclave, faisant tout en moi et sans moi, pendant que ce seroit lui-même qui me feroit croire que je suis libre, et qui me le feroit croire nécessairement, sans qu'il fût en mon pouvoir de penser le contraire.

Cette opinion nécessaire que j'ai de ma liberté, est-elle fausse ou véritable ? C'est ma seconde question.

Si vous dites qu'elle est fausse, souvenez-vous que, selon vos principes, elle ne peut venir que de Dieu ; et que, selon les mêmes principes, elle en vient tellement, qu'il m'est impossible de ne la pas recevoir. Donc, ou vous cesserez de raisonner conséquemment, ou vous direz, malgré vous, que c'est Dieu qui la forme en moi invinciblement. Ainsi, ce n'est plus moi qui me trompe quand je crois être libre, c'est Dieu, si j'ose prononcer une parole impie, c'est Dieu qui me trompe lui-même.

Ou, si la crainte d'une conséquence si blasphématoire, vous empêche de dire que je me trompe dans ce sentiment; si vous êtes forcé, par vos principes mêmes, d'avouer qu'il est véritable, il n'y a plus de dispute entre nous; et nous nous trouvons, vous et moi, dans la même situation, c'est-à-dire, entre ces deux vérités certaines : l'une que j'ai raison de ne pas me croire dominé invinciblement par toutes les impressions qui me frappent ; l'autre, que cependant c'est Dieu qui fait tout ce qui se passe en moi. Je ne saurois nier, quelqu'effort que je fasse, ni l'une ni l'autre de ces vérités. Elles sont du nombre de celles qui, comme je le dirai bientôt, me dominent véritablement, parce que je crois l'une par une évidence de sentiment, et l'autre par une évidence de perception. Ainsi, comme elles ont quelque chose de contraire en apparence, le seul parti qui me reste à prendre est de tâcher de les concilier.

De cette première réflexion je passe à une seconde, qui ne me paroît pas moins importante. C'est que cette conciliation qui est la seule chose que je puisse tenter, n'est pas cependant un travail absolument nécessaire pour moi. Quand il seroit vrai que je ne pourrois y réussir, tout ce qui en résulteroit, c'est que je n'ai pas assez de lumières pour accorder l'idée du pouvoir que j'ai sur moi, avec celle de la toute-puissance de Dieu. Mais je n'abandonnerai point deux vérités également certaines, parce que j'ignore la manière de les concilier. Quel autre parti pourrois-je prendre ? Abandonnerai-je l'une des deux ? Mais laquelle, et pourquoi l'une plutôt que l'autre, puisque toutes les deux sont également évidentes pour moi ? Ce n'est pas ainsi que j'en use en toute autre matière. Je sais parfaitement ce que c'est qu'un cercle ; je sais aussi parfaitement ce que c'est qu'un quarré ; mais je ne puis trouver un cercle qui soit exactement égal à un quarré, ou un quarré qui soit exactement égal à un cercle. Si je pouvois le faire, j'aurois trouvé la quadrature du cercle, qui a échappé jusqu'à présent à tous les efforts de l'esprit humain. Mais je n'abandonne ni l'idée du quarré, ni celle du cercle, par cette seule raison qu'il ne m'est pas possible d'accorder l'une avec l'autre. Je dois donc prendre le même parti sur l'idée du pouvoir que j'ai par rapport aux impressions qui me frappent, et sur celle de la toute-puissance de Dieu. J'essayerai de les concilier l'une avec l'autre, s'il est possible. Mais, si la foiblesse de mon esprit ne me permet pas d'y réussir, je demeurerai toujours ferme et tranquille dans la possession de ces deux idées, et j'attendrai qu'il plaise à Dieu de m'en découvrir la conciliation.

Après avoir fait ces deux réflexions, qui suffisent pour me mettre l'esprit en repos, si elles ne suffisent pas pour l'éclairer entièrement, j'examine attentivement s'il m'est, en effet, absolument impossible de trouver le lien de ces deux vérités, *je puis faire et je fais quelque chose; Dieu seul peut faire et fait tout*: je sens l'une, je connois l'autre; voyons comment je puis concilier ma connoissance avec mon sentiment.

Qu'est-ce que je veux dire, quand je prononce ces paroles : *Je puis faire et je fais quelque chose?* Le seul sens que j'y puisse attacher, est que je peux vouloir et connoître, et qu'en effet je veux et connois. Mais est-ce là un véritable pouvoir pareil à celui dont j'ai l'idée quand je parle de la toute-puissance de Dieu? Non. Ce n'est à proprement parler que la nature même de mon être. Dieu l'a créé pour connoître et pour vouloir; autrement il ne seroit ni connoissant ni voulant. Le véritable pouvoir, celui dont j'ai l'idée quand je dis que Dieu est tout-puissant, consiste en deux choses :

1.º En ce qu'il est sa cause à lui-même, et qu'il n'a besoin ni d'une autre cause, ni d'aucun secours pour agir.

2.º En ce qu'il est souverainement et universellement efficace, n'ayant point d'autre mesure de son activité qu'une volonté infinie, c'est-à-dire, une volonté qui n'a point de bornes; ensorte qu'on ne sauroit mieux le définir qu'en disant qu'il consiste dans l'efficacité absolue de la volonté.

Mais ces deux caractères ne conviennent nullement à un être borné et limité comme le mien.

Je ne suis point la cause de ma volonté, ce n'est point moi qui l'ai produite : j'ai besoin, pour agir du secours d'une autre cause; et je ne fais rien sans moyens et sans des instrumens dont l'effet dépend d'une cause supérieure.

Je n'ai pas non plus une volonté efficace. Mes désirs sont stériles et impuissans par eux-mêmes, jusqu'à ce que la même cause les rende féconds et agissans, en faisant pour eux ce qu'ils ne peuvent faire par la foiblesse de leur nature.

Je n'ai donc point de véritable pouvoir, puisque ce nom ne signifie autre chose que l'indépendance et l'efficacité de la volonté. Mais ce que j'appelle pouvoir en moi, est plutôt une simple faculté, une propriété de mon ame, ou, pour mieux dire, son essence même, qui est créée pour vouloir, et par conséquent pour vouloir dans tous les degrés possibles.

Il n'en est pas de même quand je dis : *Dieu seul peut faire et fait tout*. J'attache à ces paroles l'idée d'un véritable pouvoir : j'attribue à cette idée tous les caractères qui manquent à un être aussi imparfait que le mien. La volonté de Dieu existe et agit sans cause, sans instrumens, sans moyens : l'efficacité en est inséparable; il fait tout ce qu'il veut; il lui suffit pour le faire, de le vouloir; rien ne résiste à ses ordres, et ce qui n'est pas, lui obéit comme ce qui est.

Mais il commande, ou il veut en deux manières.

Tantôt sa volonté agit immédiatement par une opération simple, sans qu'aucune autre opération précédente soit la cause ou l'occasion de l'effet qu'il veut produire. C'est ainsi qu'il a produit tous les êtres par un seul acte de volonté. C'est ainsi qu'il agit encore dans les miracles, où, s'élevant au-dessus des lois ordinaires par lesquelles il conduit les corps ou les esprits, il les change de la même manière qu'il les a créés : *Dixit et facta sunt*.

Plus souvent sa volonté agit médiatement par rapport à certains effets, qui sont tellement ordonnés entr'eux, que les uns paroissent naître des autres. C'est Dieu, à la vérité, qui les produit tous également; mais il les produit successivement par un ordre d'opération, dont le progrès lent et insensible cache à des yeux peu attentifs, tels que ceux de la plupart des hommes, le mystère de la toute-puissance de Dieu, sous le voile de ce qu'ils appellent la suite et l'enchaînement des causes secondes. Ils se trompent, s'ils regardent ces causes comme des causes véritables; mais ils ne se trompent pas, quand ils croient qu'il y a au moins une suite et un enchaînement d'effets qui doivent se succéder l'un à l'autre, pour produire un effet principal auquel ils se rapportent tous dans l'ordre que Dieu leur a prescrit...... C'est ce que nous observons dans la production des grains et des plantes qui servent à la nourriture ou à la conservation des hommes et des animaux. C'est ce que nous appelons l'ordre ou le cours ordinaire de la nature; et il y en a un pour les esprits comme pour les corps. Dieu les conduit à la connoissance de la vérité, ou à l'amour de certains objets par une suite plus ou moins longue d'opérations intermédiaires. Il pourroit, s'il le vouloit, abréger ce circuit, et produire immédiatement en nous l'adhésion de notre esprit, ou le consentement de notre volonté; c'est ce que l'on appelle la conduite extraordinaire de Dieu sur les ames ; mais, dans le cours ordinaire, il a établi un ordre de moyens pour déterminer notre esprit et notre volonté, comme il en a établi un pour nourrir notre corps et pour le conserver.

Je reprends donc ce que j'ai dit avant de développer toutes ces idées. C'est Dieu, sans difficulté, qui forme en moi le doute, l'examen, la décision. Mais, dans le cours ordinaire, il ne produit pas en moi ces dispositions ou ces modifications différentes, indépendamment de moi, ou pour mieux dire, indépendamment des opérations qui sont renfermées dans la faculté de connoître ou dans celle de vouloir, dont mon ame est composée. Je m'explique.

Dieu a mis dans mon ame une soif insatiable de la vérité, un désir immense du souverain bien, soit que l'une appartienne à l'entendement, et l'autre à la volonté, soit qu'on les attribue tous deux à la volonté seule.

Ces deux sentimens me sont si naturels, qu'on peut dire, non-seulement qu'ils sont dans mon être, mais qu'ils sont mon être même. Il n'est formé, pour ainsi dire, que de besoins et de désirs. Tout lui manque, parce qu'il est fini; mais, comme ce qui lui manque est infini, ses désirs doivent aussi être infinis par rapport à leur objet. Je sens tout cela au-dedans de moi, et je sens en même temps que la capacité de connoître et celle de sentir sont les moyens que Dieu me donne pour remplir le vide de mon esprit et celui de mon cœur ; je me contente d'observer ici ce qui se passe dans le premier. Je trouve toujours quelque chose de plus facile à expliquer dans mes pensées que dans mes sentimens; et, d'ailleurs, rien ne sera plus aisé, que d'appliquer à l'un ce que je dirai de l'autre.

Cette ardeur que j'ai pour connoître la vérité, c'est Dieu, sans doute, comme je l'ai déjà dit, qui l'a allumée en moi, lorsqu'il lui a plu de me créer. Mais tout désir est actif dans l'ordre qu'il a établi pour les substances spirituelles, comme tout mouvement l'est suivant les lois des êtres corporels. Il renferme toujours une espèce d'action, ou, si je puis parler ainsi, l'équivalent d'une action. Car, quoique l'esprit ne puisse rien produire, par lui-même, en conséquence de ses désirs, comme le corps, par lui-même, ne peut rien produire non plus en conséquence de son mouvement, il est vrai de dire néanmoins, dans l'un et dans l'autre cas, que Dieu s'est imposé la loi de faire pour l'homme, ce que l'homme feroit s'il avoit la puissance d'agir comme il en a la volonté.

Ainsi, en conséquence du désir naturel que j'ai de connoître la vérité, Dieu me présente plusieurs idées,

4 *

soit en vertu de ce seul désir, soit à l'occasion des
divers objets qui me frappent.

C'est Dieu qui cause physiquement l'impression
que ces idées font sur moi ; et, en ce sens, j'ai eu raison
de dire que je ne fais rien, et que Dieu fait tout.
Mais il le fait souvent en conséquence de mon désir ;
or, c'est moi certainement qui désire ; et désirer,
c'est agir autant qu'il est en moi, c'est être au moins
l'occasion de l'action de Dieu, et une occasion qui
est suivie du même effet que si j'agissois, ou, ce qui
est la même chose, que si je voulois efficacement.
Donc, il y a un sens dans lequel il est vrai de dire,
que je puis faire, et que je fais quelque chose, parce
que mon désir devient efficace, non par lui-même,
mais par une volonté de Dieu, qu'il a liée et attachée,
pour ainsi dire, à mon désir ; d'où je conclus encore,
que j'ai dit avec raison, que si mon désir n'étoit pas
une véritable action, il étoit au moins l'équivalent
d'une action.

Continuons d'appliquer la même pensée aux autres
opérations de mon esprit.

Ces idées que Dieu offre à mes regards et à ma curiosité naturelle, ou cette soif que je sens de la vérité,
excitent mon attention, que Dieu produit physiquement de même que tout le reste. Mais, comme il la
produit dépendamment de mon désir, et à proportion du degré où ce désir est porté, c'est toujours
la même chose pour moi, que si j'étois moi seul la
cause de mon attention. Comparons les regards de
mon esprit avec ceux de mon corps. J'ouvre les yeux,
et je les fixe sur un objet. C'est moi qui veux les
ouvrir et les fixer. C'est Dieu qui les ouvre et qui les
fixe ; mais ils s'ouvrent et demeurent fixes dépendamment de ma volonté. Ainsi, l'effet est le même que si
c'étoit moi qui eusse réellement le pouvoir physique
de les ouvrir et de les fixer.

Allons plus loin : les idées qui sont l'objet de mon
attention peuvent être ou obscures, confuses et dé-
fectueuses, ou claires, distinctes et parfaites, ou
tenir le milieu entre les deux, et avoir ce degré de

lumière qui forme ce qu'on appelle la vraisemblance,
assez proche de la vérité pour être confondue avec
elle par des yeux foibles ou peu attentifs ; assez distante
de l'évidence pour en être distinguée par des regards
pénétrans et capables d'une plus grande application.
Qu'arrive-t-il dans ces différentes dispositions ?

Si l'idée est obscure pour moi, si je ne l'aperçois
ni distinctement ni parfaitement, je n'y acquiesce pas ;
je n'y donne point mon consentement ; je le suspends
et je tombe dans ce qu'on appelle le doute, qui,
comme je l'ai dit ailleurs, ne vient que de la privation
ou de l'absence d'une idée claire et lumineuse.

Mais, dans tout cela, il n'y a point d'action de ma
part, ni même du côté de Dieu, ce n'est qu'une
négation d'action. Mes idées n'agissent pas assez fortement sur moi pour entraîner mon consentement ;
je ne veux pas consentir, et je ne consens pas. S'il
y a en cela une ombre de pouvoir, il ne consiste que
dans la nature même de mon être, qui est formé
de telle manière, que je ne cède qu'aux idées qui me
paroissent évidentes. Dieu, en les conservant, conserve aussi en moi cette espèce de pouvoir ; mais il le
conserve conformément à ma volonté, qui est de suspendre mon acquiescement jusqu'à ce que je voie
plus clairement la vérité.

Ou si l'on veut qu'il y ait quelque chose de positif
dans mon doute, parce que c'est toujours une modification physique de mon ame, quoiqu'elle n'ait rien
que de négatif ; si on la considère par rapport à
mon jugement, je dirai, en ce cas, que c'est Dieu qui
forme en moi cette modification physique, de là
même manière qu'il cause l'impression que le crépuscule, auquel j'ai déjà comparé le doute, fait sur
mes yeux. Il la cause, en me privant de la clarté du
soleil, ou en ne me la donnant pas encore ; et il
produit de même dans mon esprit la modification
physique du doute, en ne me présentant pas encore
la lumière de l'évidence ; mais il la forme selon la
volonté que j'ai moi-même de douter. C'est ainsi,
pour me servir encore d'une image sensible, que si

je veux m'arrêter dans le temps que je me promène,
Dieu produit le repos de mon corps ; mais il le produit en conséquence de la volonté que j'ai de me
reposer.

Que si je m'arrêtois, non pour respirer un moment,
mais parce que je suis incertain sur le chemin que
je dois prendre et pour m'en informer, alors mon
repos ne seroit plus un repos oisif et sans action.
J'interrogerois les passans, ou ceux qui travaillent
dans la campagne ; ou, si je savois la position du lieu
où je dois aller, si je découvrois de loin un clocher
dont je connusse la situation par rapport à ce lieu,
je tâcherois de m'orienter de telle manière, que je
ne prisse pas à gauche quand il faut aller à droite, ou
à droite quand il faut aller à gauche. Dieu produiroit,
sans doute, tout ce qu'il y auroit de physique dans
les précautions que je prendrois pour m'assurer du
véritable chemin ; mais il les produiroit dépendamment ou à l'occasion de ma volonté. Je puis appliquer
cette image aux efforts que je fais pour sortir du doute
où me jette l'obscurité, la confusion ou l'imperfection de mes idées ; excepté que c'est ici Dieu même
que j'interroge, si je l'ose dire, et Dieu même qui
me répond, sur la route que je dois choisir.

En conséquence de mon doute et de mon attention,
il me présente les différentes faces de l'idée que je
veux éclaircir ; il m'offre même de nouvelles perceptions ; il fait, en un mot, par son opération tout ce
que je ferois moi-même, si j'avois le pouvoir qui
me manque ; et cette opération suit de si près ma
volonté, que je crois faire, en effet, tout ce qu'il fait
dans moi en se conformant à mes désirs.

Mais les idées qui me frappent peuvent n'être,
comme je l'ai déjà dit, ni absolument obscures, ni
entièrement lumineuses. Entre les deux est le vaste
pays de la vraisemblance, dont les degrés différens
dépendent des différens degrés de mon attention.

Si je n'ai qu'une attention médiocre, je suis sujet
à prendre la vraisemblance pour la vérité, comme
il m'arrive quelquefois de croire que le soleil est levé,

quoique je ne voie encore que le crépuscule. Ainsi, je décide dans le temps que je ne devrois que douter, et il peut se faire aussi que je croie réciproquement ne voir encore que le crépuscule, lorsque le soleil est déjà levé ; c'est-à-dire, que faute d'attention, je prenne le vrai pour le vraisemblable, et que je doute encore où je devrois décider. Je connois toujours que c'est Dieu qui, dans ces deux cas, produit également en moi la décision et le doute, lors même que je me trompe, en décidant trop promptement, ou en doutant trop long-temps. Il produit l'un et l'autre physiquement, mais toujours suivant ma volonté. Il punit par là le défaut ou la tiédeur de mon attention ; et il ne la punit, que parce qu'il la suit pas à pas, pour ainsi dire, et qu'il proportionne ses lumières au degré de mes désirs. Ainsi, ce n'est point Dieu, pour parler correctement, qui me donne une fausse opinion ; mais il me refuse la lumière qui me feroit connoître qu'elle est fausse, parce que je cesse de la désirer ; et, comme cette cessation de désir est une nouvelle modification de mon ame, c'est Dieu qui la produit comme cause physique, parce qu'elle est bonne physiquement étant conforme aux lois de la nature, quoiqu'il en résulte un mal moral par rapport à moi, mais un mal juste de la part de Dieu, comme toutes les peines qui sont imposées aux coupables, à un mal proportionné à ma faute, puisque je suis puni d'un défaut de désir ou d'attention, par un défaut de lumière ou de connoissance.

Je tirerai bientôt une conséquence importante de cette réflexion.

Enfin, si mes idées sont claires, distinctes, parfaites, Dieu récompense l'attention ou le désir ardent et persévérant par lequel je suis parvenu à les avoir telles. C'est lui qui me les découvre ; c'est lui qui produit l'acquiescement que j'y donne, mais toujours en conséquence de mon attention ou de mon désir. Je sors de l'état du doute, parce que je veux en sortir ; et j'entre dans l'état de certitude, parce que je veux y entrer. Je ne puis plus douter, il est vrai, quand je suis parvenu à cet heureux état ; mais j'aurois pu n'y pas parvenir, si j'avois eu moins de désir ou moins d'attention. Et pourquoi ne puis-je plus douter ? C'est parce que je ne désire plus. Dieu s'est imposé la loi de suivre mes désirs dans les opérations qu'il fait en moi. Tant que je désire, il produit dans mon ame le doute ou la suspension de mon consentement. Dès que je ne désire plus, il cesse aussi de produire ces modifications. Celle du repos succède à celle du mouvement. Mais je suis toujours la cause ou l'occasion de l'une ou de l'autre, de celle du mouvement tant que je désire, de celle du repos lorsque je cesse de désirer.

Ainsi, en parcourant tous les degrés par lesquels je passe pour arriver à la connoissance claire et certaine de la vérité, je trouve que tout ce qui est de moi, et qui m'appartient véritablement, est le désir, ou la capacité de désirer dans tel degré qu'il me plaît, avec le secours de l'opération de Dieu, qui augmente mes désirs selon mes désirs mêmes, qui, à leur occasion, me présente de nouveaux objets par lesquels ils s'enflamment de plus en plus, jusqu'à ce qu'ils soient parvenus à jouir de la vérité.

Il est donc vrai que je fais quelque chose et que Dieu fait tout.

Dieu, comme cause unique et souverainement efficace, produit tous les mouvemens de mon corps ou de mon ame, qui sont nécessaires pour l'accomplissement de ma volonté.

Moi qui ne suis, à proprement parler, qu'un désir éternel, je désire seulement ; et mes désirs sont exaucés par une action si rapide, qu'elle se confond presque avec mes désirs mêmes. Et l'opération divine faisant pour moi et en moi tout ce que j'y ferois si j'en avois le pouvoir, je suis dans le même état que si je l'avois en effet, parce que Dieu supplée au défaut de mon pouvoir. Ce que je veux il l'exécute, ne dédaignant pas d'obéir en quelque manière à la voix de l'homme, *obediente Deo voci hominis*, suivant l'expression de l'écriture sainte.

C'est sur ce fondement que, dans le langage ordinaire, je dis que je marche, que je remue les pieds, que je cours, quoique dans la vérité ce soit Dieu qui fasse tout cela en moi. Il en est de même de toutes mes opérations spirituelles, qui sont comme les démarches de mon ame. La bonté du Créateur n'est pas moins docile à ma volonté, à l'égard des objets purement intelligibles, qu'elle l'est à l'égard des objets sensibles ; et Dieu ne fait pas moins pour mon esprit lorsque mon esprit voyage dans le monde spirituel, qu'il ne fait pour mon corps lorsque mon corps se promène suivant ma volonté dans le monde matériel. Je puis donc dire aussi que c'est moi qui doute ; que c'est moi qui me rends attentif ; que c'est moi qui examine, qui cherche, qui découvre et qui acquiesce à la vérité découverte, parce qu'au moyen de l'opération de Dieu, toujours prêt à accomplir mes désirs, je suis dans le même état que si je le faisois véritablement. Ainsi, avec quelque circonspection et quelque frayeur même que l'on doive parler, lorsqu'il s'agit de la toute-puissance de Dieu, je ne trouve point que l'on puisse en conclure que toute impression me domine et m'affecte invinciblement, parce que c'est Dieu qui la produit en moi. Il faudroit, pour en pouvoir tirer cette conséquence, que non-seulement il la produisît en moi, mais qu'il la produisît indépendamment de moi, sans suivre à cet égard la loi, ou plutôt l'occasion de mes désirs. Mais, comme je suis convaincu du contraire par mon sentiment intérieur et par l'expérience continuelle que j'en fais, je croirai toujours que, lorsque Dieu suit l'ordre commun qu'il a établi à l'égard des créatures intelligentes, il n'use point de sa toute-puissance absolue et invincible dans toutes les impressions qu'il fait sur moi ; qu'il les proportionne à la vivacité et à la persévérance de mes désirs et de mon attention ; et qu'en un mot, comme il y a une mesure de force destinée à l'usage de mon corps, que Dieu lui distribue suivant la nature et le degré de ma volonté, il y a aussi une mesure de force accordée à mon ame, que Dieu lui applique en conséquence et à proportion de ses désirs.

Il me suffit, pour tirer toutes ces conséquences, de connoître que ma nature est de désirer, et que ses désirs peuvent croître à l'infini par l'opération de Dieu, qui, comme je l'ai dit, augmente mes désirs en conséquence de mes désirs mêmes. Mais il m'est encore moins possible de douter de cette vérité, que de croire qu'il est nuit lorsque mes yeux sont frappés des rayons du soleil. Donc, je n'ai besoin que de sentir seulement que je désire plus que je ne possède actuellement, et que mes désirs sont souvent suivis de leur effet, pour être convaincu que toutes les impressions dont je suis frappé, ne règnent point absolument sur moi.

Le progrès de mes pensées me fait découvrir encore un autre défaut, dans l'argument que l'on tire de la toute-puissance de Dieu. C'est que cet argument n'est nullement décisif, si l'on ne prouve en même temps ce qu'il est impossible de prouver, je veux dire que Dieu n'a pas voulu qu'aucune impression pût être vaincue par moi.

Il a pu vouloir également les rendre plus fortes ou plus foibles que mon désir. Je ne vois rien qui répugne dans ces deux suppositions, ce n'est que par là seulement que je puis juger de la possibilité, ou de l'impossibilité d'une hypothèse. Dieu est sans doute la cause de la dureté du marbre et de celle du diamant; il a voulu cependant que l'une et l'autre pussent être vaincues. Dieu, pour me servir encore d'une comparaison plus juste, est l'unique auteur du mouvement et du repos; il n'y a cependant aucun mouvement qu'il ne puisse arrêter; il n'y a aucun repos qu'il ne puisse faire cesser. Si l'on suppose qu'il a créé d'abord la matière dans un état de repos, il n'a pas voulu que ce repos fût invincible, puisqu'il l'a vaincu en mettant la matière en mouvement. Il est donc très-possible que Dieu fasse des impressions sur moi qui puissent être vaincues par lui-même, suivant la mesure de mes désirs. C'est Dieu qui

donne également le mouvement et la détermination
à deux corps qui se heurtent en ligne directe ; et
c'est Dieu aussi qui fait que la détermination de l'un
est vaincue par celle de l'autre, si le dernier a plus
de mouvement que le premier par rapport à sa masse.
La question qu'on agite ne tombe donc point sur la
puissance de Dieu : elle roule uniquement sur sa
volonté. Il a pu vouloir également, ou que toute
impression fût invincible pour moi, ou qu'il y en
eût que je pusse vaincre. Il ne reste qu'à savoir ce
qu'il a voulu, et je le découvre en deux manières :

1.° Par les réflexions que je fais sur ce qui se passe
en moi; 2.° par la révélation que Dieu a bien voulu
nous faire lui-même de sa volonté.

Je ne prétends point me servir ici de tout ce que
je viens de dire sur la conciliation de la toute-puissance de Dieu, avec le pouvoir que je sens en moi
de résister aux impressions qui me frappent. Je consens même qu'on l'oublie, si on le juge à propos.
Je veux m'attacher simplement aux faits que personne ne conteste, et ne peut contester sans faire
attention à la manière de les expliquer.

Qu'on examine, tant que l'on voudra, les différentes modifications de mon ame ; qu'on dispute pour
savoir, si j'y ai quelque part, ou si je n'y en ai aucune,
il est au moins certain que je reçois ces différentes modifications ; il est certain que j'aperçois des idées, que
je doute, que je suis attentif, que j'examine, que je
délibère, que je décide : c'est ce que j'appelle le fait,
dont personne ne sauroit disconvenir.

Or, de ce fait seul, voyons s'il n'en résulte pas, que
toutes les impressions dont je suis frappé ne sont pas
tout invincibles pour moi.

Pourquoi Dieu m'a-t-il créé capable de concevoir
des idées ; pourquoi, entre ces idées, y en a-t-il qui
se manifestent à moi plus clairement que les autres,
s'il est vrai que je ne puisse en faire aucun usage,
et que toutes celles qui s'offrent à mon esprit y exercent une domination absolue, à laquelle il ne lui
est pas possible de résister ?

Pourquoi ces idées se développent-elles devant moi, à mesure que j'y suis attentif, si mon attention ne me sert de rien pour les découvrir ? Elle n'est donc pour mon ame, que comme un songe laborieux, pendant lequel je m'agite vainement jusqu'à ce qu'au moment de mon réveil la lumière du jour dissipe les fantômes qui m'ont fatigué pendant la nuit. Si Dieu doit m'éclairer, indépendamment de mon application, quand le moment de la révélation sera venu, pourquoi se plairoit-il à me tourmenter par une contention pénible, qui n'entrât pour rien dans l'ordre de ses desseins sur la connoissance qu'il veut me donner de la vérité ? Dieu produiroit-il dans le corps d'une femme, qui est en travail, ces efforts douloureux qu'elle fait pour enfanter, si dans l'ordre naturel ces efforts ne contribuoient en rien à sa prompte et heureuse délivrance ?

Ou Dieu veut que je doute, et, en ce cas, je dois douter toujours : ou il veut que je décide; et, si cela est, pourquoi me fait-il passer par le doute, si ce doute ne m'est pas plus utile que mon attention; si l'examen qui le suit, si le progrès, si la persévérance de mes réflexions ne sont pas le moyen auquel il a attaché pour moi la découverte de la vérité ?

D'où vient qu'il y a une si grande différence entre les hommes, dans l'ordre des connoissances qui dépendent du raisonnement ? Pourquoi le même homme est-il si différent de lui-même, lorsqu'il est attentif ou lorsqu'il ne l'est pas, lorsqu'il a de la méthode dans l'esprit ou lorsqu'il n'en a point; si l'attention, si la méthode ne sont destinées qu'à amuser, pour ainsi dire, l'oisiveté de notre raison, sans que Dieu les ait établies comme la condition sous laquelle il voudroit bien l'éclairer de sa lumière.

Nous ne saurions juger de la volonté qui est en Dieu, de faire une chose en conséquence ou à l'occasion d'une autre; une, parce que nous voyons qu'il agit en effet de cette manière. Dieu fait tout dans chaque chose, depuis le commencement jusqu'à la fin; mais il y a des degrés dans son opération, dont les uns, comme je l'ai dit ailleurs, semblent naître des autres, et dont le dernier naît de tous ceux qui le précèdent. Nous appelons les premiers, des moyens, des instrumens, des causes secondes ou occasionnelles ; et nous regardons le dernier, comme la fin à laquelle tous les autres tendent. Dieu veut qu'une plante porte le fruit qui lui est propre. Si nous voyions cette plante se former en un moment et sortir de la terre avec un fruit mûr, sans avoir été ni semée, ni plantée, ni cultivée, nous aurions sujet de croire que c'est un effet soudain de la toute-puissance de Dieu, qui, sans aucune autre opération précédente, a voulu produire une plante à nos yeux de la même manière qu'il a créé le ciel et la terre. Mais, lorsque l'expérience nous montre qu'une plante ne vient point, si l'on ne choisit une terre propre à la produire, si l'on ne prépare et si l'on ne façonne cette terre, si l'on ne lui confie le fruit dans la graine qui contient le germe de la plante, si l'on n'a soin d'arracher les herbes qui peuvent l'étouffer, enfin, si l'on n'est attentif à l'arroser dans les temps convenables, à lui dispenser la fraîcheur avec mesure, pour tempérer l'ardeur du soleil, nous avons raison de penser que Dieu a attaché la production de cette plante et la maturité de son fruit à une suite d'opérations successives, qui sont toutes également des effets de sa puissance, mais des effets tellement liés les uns avec les autres, que si celui qui doit précéder vient à manquer, celui qui doit suivre n'arrivera point.

J'observe, dans les productions de mon esprit, un progrès, une suite, un ordre de moyens semblables à celui que je remarque dans la production des plantes et des fruits. J'y vois une préparation, une semence, une culture, pour ainsi dire, de la vérité, un soin nécessaire pour en arracher les préjugés, les fausses opinions, les sentimens, les équivoques qui étouffent cette semence ; et, pour parler sans figure, j'y vois qu'une connoissance des principes généraux, un doute judicieux, un amour ardent de la vérité, une attention vive et constante, une méthode suivie, une résistance continuelle à toute impression qui ne porte pas le caractère de l'évidence, un consentement long-temps suspendu, sont les moyens par lesquels je par-viens à la découverte de la vérité, et des moyens tellement nécessaires, que si je néglige cet ordre, ou si je veux l'intervertir, mon esprit est semblable à une terre qui ne produit que des ronces et des épines, ou dont les fruits avortent et périssent avant que de parvenir à la maturité.

Douterai-je donc, après cela, que la volonté de Dieu n'ait été de me faire acheter par tous ces ef-forts, les connoissances qui en sont le fruit ou le prix ? Mais, de cela même, il suit avec évidence, que non-seulement Dieu m'a rendu capable de résister à plusieurs impressions que je reçois, mais qu'il veut même que j'y résiste; et que c'est lui qui produit en moi, suivant mes désirs, une résistance si salu-taire, puisque c'est à cette résistance qu'il a attaché la suite des opérations par lesquelles il veut me mani-fester la lumière de la vérité.

Voilà ce que ma raison me montre sur ce point, lorsque je fais réflexion sur tout ce qui se passe dans mon esprit; et je crois l'apercevoir si clairement, que je le regarde comme une espèce de révélation naturelle que Dieu me fait de sa volonté.

Mais, si je passe au second point, je veux dire à la révélation positive que Dieu a daigné m'en faire lui-même, je suis bien consolé et bien affermi dans mes pensées, lorsqu'ouvrant le livre divin qui con-tient cette révélation, j'y trouve, à chaque page, des preuves sans nombre du pouvoir que Dieu me donne de résister à toutes les impressions qui m'éloignent de la vérité ou de mon souverain bien.

Je l'entends lui-même qui me dit, que l'homme a été mis dans la main de son propre conseil; que l'eau et le feu, la vie et la mort, le bien et le mal sont placés devant ses yeux; qu'il peut étendre la main vers l'un ou vers l'autre; que ce qu'il aura choisi lui sera donné; que, s'il observe la loi divine, il sera heureux ; malheureux au contraire s'il ne l'observe pas, sans qu'il puisse jamais dire, c'est Dieu qui m'a induit en erreur par des impressions auxquelles je ne pouvois résister : paroles que la religion m'apprend à regarder comme un blasphème.

Je pourrois long-temps m'étendre sur ce sujet, et peut-être aurai-je encore occasion d'en parler, lorsque je serai obligé de considérer les caractères de la loi de Dieu ; mais ce que j'en viens de dire en peu de paroles, qui sont celles de l'écriture sainte, me suffit pour reconnoître avec joie que ma foi est ici parfaitement d'accord avec ma raison. Je sens intérieurement que je suis libre, et Dieu lui-même me commande de croire que je le suis.

J'ai donc à me reprocher d'avoir employé trop de temps à méditer sur cette proposition insoutenable, que toutes les impressions dont je suis frappé, de quelque nature et de quelque degré qu'elles soient, affectent mon ame nécessairement et invinciblement. Mais on m'oppose si souvent ce principe, que j'ai voulu l'examiner une fois par toutes ses faces, pour me convaincre pleinement de sa fausseté, et n'être plus obligé d'y revenir.

Je conclus de ce long examen, que je dois distinguer deux sortes d'impressions : les unes, dont je ne suis point dominé et que je possède sans en être possédé ; les autres, qui me dominent et qui me possèdent véritablement, sans que je veuille jamais leur résister.

Il ne s'agit donc plus que de bien caractériser les unes et les autres, pour juger du véritable sens dans lequel on peut dire, que je suis nécessairement affecté par les impressions que je reçois.

Si je veux faire une espèce de dénombrement de toutes les idées qui frappent mon esprit, je peux les réduire à quatre classes principales.

Les unes, si foibles et si légères que je n'en suis presque point touché. De quelque manière que je les envisage, elles ne pénètrent point dans mon ame ;

et, si je puis parler ainsi, elles en effleurent à peine la superficie.

Les autres me remuent davantage ; elles percent plus avant, mais sans être assez fortes pour causer en moi plus qu'un doute sur leur vérité ou leur fausseté.

Il y en a d'une troisième espèce, et ce sont souvent les plus dangereuses. Ce sont celles qui ont une si grande apparence de vérité, que si je ne me tiens pas sur mes gardes, et si je ne redouble point mon attention, je suis exposé à les prendre pour la vérité même.

Enfin, les dernières sont celles qui portent le caractère lumineux de l'évidence, et qui, fixant mes désirs, fixent aussi l'action de Dieu par laquelle il produisoit le mouvement de mon ame vers la vérité, et font succéder, à cette action, celle qui y produit un plein repos à l'égard de l'objet que je voulois connoître. Ainsi, toutes les idées qui font quelqu'impression sur moi, sont ou foibles ou douteuses, ou vraisemblables ou évidentes ; il est aisé de juger par là quelles sont celles que je puis vaincre, et quelles sont celles qui sont invincibles pour moi.

Je puis résister, sans doute, et je résiste en effet aux impressions légères et superficielles, qui sont celles de la première espèce. Elles remplissent si peu mes désirs, qu'elles n'en sauroient arrêter le mouvement ; et Dieu, qui se plaît à le seconder, me porte toujours au-delà de ces sortes d'impressions.

Je n'ai pas moins de force pour résister à celles qui m'affectent assez pour me faire douter. Elles ne servent souvent, comme je l'ai déjà dit, qu'à irriter mes désirs, et à me faire faire plus d'efforts pour acquérir une connoissance qui est seule capable de fixer l'inquiétude et l'agitation de mon esprit.

La difficulté peut paroître d'abord plus grande à l'égard de celles dont la vraisemblance imite quelquefois l'évidence de la vérité. On dira peut-être que je dois être toujours vaincu par les idées de cette espèce, et qu'il faut nécessairement que la plus vraisemblable l'emporte sur celle qui l'est moins,

comme un plus grand poids l'emporte sur un moindre, ou comme un mouvement plus fort est toujours
supérieur à un mouvement plus foible.

J'ai déjà prévenu cette difficulté par avance, en
faisant voir par mon expérience et par celle de tous
les hommes, qu'il m'arrive souvent, comme à eux,
de résister à l'idée même qui m'avoit paru d'abord
la plus vraisemblable; et de faire si bien par mes
efforts que cette idée est obligée de céder enfin à
celle qui me frappoit bien moins dans le commencement.

Mais, pour résoudre pleinement cette difficulté, je
remarque que mes idées peuvent avoir deux sortes
de supériorités l'une sur l'autre:

La première peut être appelée relative. Elle n'a
qu'une grandeur de comparaison, et elle ne consiste
que dans un plus haut degré de vraisemblance.

L'autre est absolue. Il peut y en avoir d'égale,
mais il n'y en a point de supérieure. C'est l'avantage
dont la parfaite évidence jouit au-dessus de toute
idée qui n'a point ce caractère.

Les idées qui n'ont qu'une supériorité relative ou
de comparaison, ne remplissent point toute la capacité de mon entendement. Je sens qu'elles font
plus d'impression sur moi que d'autres idées qui me
paroissent moins vraisemblables; mais je vois encore
au-delà de celles qui me frappent le plus fortement,
je désire quelque chose de plus : elles sont devant moi
comme ces tours ou ces clochers que j'aperçois en
voyageant, à l'extrémité de l'horizon qui termine une
longue plaine. Je vois bien que ces objets sont plus
éloignés de moi que tous ceux que j'observe ; mais
je sens en même temps qu'au-delà de ces clochers
il y a un grand pays que j'ai à traverser si je veux
arriver au terme de mon voyage. En un mot, comme
nulle grandeur finie et bornée ne me paroît être la
grandeur réelle et absolue qui ne peut se trouver que
dans l'infini, ainsi toute idée qui n'est lumineuse
qu'en partie, ou qui ne l'est pas pleinement, n'a
point pour mon esprit ce caractère de supériorité

parfaite et absolue qui ne peut se trouver dans l'évidence entière. Je puis donc n'y pas acquiescer, je suis encore en mouvement, et si je suis fidèle à étudier ce qui se passe au-dedans de moi, je continuerai d'y être, jusqu'à ce que l'évidence se manifeste, et me fixe dans ce repos véritable qu'elle seule peut me donner.

A la vérité, si je suis indispensablement obligé d'agir, si l'occasion me presse et ne me laisse pas le temps d'une plus longue discussion, je préfèrerai sans doute l'opinion la plus vraisemblable. Mais ce sera alors mon action qui sera déterminée, et non pas mon jugement; car dans le temps même que j'agirai, je conserverai toujours un doute intérieur sur la bonté du parti que j'aurai été obligé de prendre, et par conséquent mon esprit ne sera point véritablement dominé.

Il n'y a que les idées entièrement claires et évidentes qui puissent exercer sur lui un empire légitime, et en exiger un consentement aussi volontaire qu'invincible. Si c'est donc à ces idées seules qu'on veut réduire ce principe trop général, que mes facultés sont nécessairement affectées par leur objet, j'y souscris sans hésiter. C'est cette vérité même qui sert de fondement à toutes les réflexions que j'ai faites sur la liberté de mon esprit. Je suis doucement, mais invinciblement dominé par l'évidence, mais je ne le suis que par l'évidence. C'est à quoi se réduit cette longue dissertation, et ces deux propositions en renferment tout le fruit.

Rien n'est plus facile que de les appliquer à ce qui regarde ma volonté.

Ce que mes idées sont par rapport à mon intelligence, mes sentimens le sont par rapport à ma volonté; et ce qu'est l'évidence pour l'une, l'attrait du souverain bien l'est pour l'autre; comme il y a des degrés infinis de lumière au-dessous de celle de l'évidence, il y a aussi des degrés infinis de sentimens au-dessous de l'attrait du souverain bien; comme mon esprit conserve toujours le désir d'aller plus

loin, et n'est point pleinement dominé par son objet,
tant qu'il n'est point pénétré tout entier par l'éclat
de l'évidence, de même ma volonté conserve toujours aussi le désir d'aller plus loin, et n'est point
entièrement remplie par l'objet qui agit sur elle,
jusqu'à ce qu'elle soit pleinement rassasiée par la
jouissance du souverain bien. Enfin, comme Dieu
veut bien conformer son action sur mon esprit, et
la régler selon la mesure, le degré et la persévérance
de mon désir, il m'accorde un pareil secours par
rapport à ma volonté ; et, faisant en moi et par moi
ce que je ferois moi-même, si j'en avois un pouvoir
plein et indépendant, il me met aussi dans le même
état à cet égard que si je produisois seul tout ce
qui se passe au fond de mon cœur.

Heureuse donc la logique des intelligences célestes, ou, pour m'élever encore plus haut, la logique
de Dieu même, si j'ose me servir de cette expression.
Voir, juger, raisonner, c'est pour lui une seule et
même chose. Le premier regard, la simple perception
lui montrent, pleinement et en un instant, ce que mon
esprit n'aperçoit souvent qu'à demi par un lent et
pénible progrès d'opérations successives.

Heureuse la morale du ciel, bien différente de
celle de la terre ; elle n'est autre chose que le sentiment simple, mais parfait et absolu du souverain
bien.

Mais pour moi, homme foible et grossier, ma morale aussi imparfaite que ma logique, ne parvient
que par des longs et difficiles efforts à distinguer
l'impression du souverain bien, de celle des biens
d'un ordre inférieur.

Mais c'est sur cette imperfection même de mon être,
comme l'a remarqué un grand philosophe, qu'est
fondé le pouvoir que j'ai de résister aux impressions
qui frappent mon esprit ou mon cœur. Si Dieu avoit
voulu qu'elles fussent toutes plus fortes que moi,
il ne m'en auroit donné que de bonnes. Mais, comme
il a voulu que je fusse sujet à en recevoir de mauvaises pour avoir le mérite de les vaincre, il a voulu

5 *

aussi que j'eusse le pouvoir d'y résister par le seul
désir de le faire ; désir qui, selon l'ordre que sa sagesse et sa bonté ont établi, doit être suivi de toutes
les opérations que sa puissance fait en moi, pour me
mettre en état de combattre et de vaincre : désir,
par conséquent, qui est l'unique source de toute ma
logique, comme de toute ma morale.

Tant que ma logique n'est encore que dans le chemin
de la vérité, mon entendement, qui ne voit que des
lueurs ou une lumière imparfaite, demeure maître
de suspendre son consentement.

Tant que ma morale n'est aussi que dans la voie
qui conduit au souverain bien, ma volonté conserve
le même genre de pouvoir.

Elles ne le perdent l'une et l'autre, que lorsqu'elles
sont arrivées au terme. Jusque là l'obscurité, ou l'imperfection de mes idées, me conserve une liberté
triste et malheureuse, qui ne peut néanmoins être
obligée de céder qu'à l'impression parfaite du vrai
et du bien. Ainsi, ce que saint Augustin a dit des
désirs de l'homme, qu'ils tendent à n'être plus,
eunt ut non sint, je puis le dire aussi de ma liberté ; elle aspire toujours à n'être plus et à se perdre
heureusement dans la lumière de la vérité, ou dans
la douceur du souverain bien. Mais comme mes désirs
ne sont pas moins réels, quoiqu'ils s'éteignent dans
la possession de leur objet, aussi la liberté que j'ai
de les suivre, ou d'y résister, n'est pas moins réelle,
quoiqu'elle cesse aussitôt que mon ame peut parvenir
à se rassasier de Dieu, connu comme vérité, et goûté
comme souverain bien.

La seule différence qui distingue, en ce point, mon
intelligence de ma volonté, c'est que l'une arrive
quelquefois à l'évidence dans cette vie même, à
l'égard d'un certain nombre de vérités : au lieu que
ma volonté peut bien approcher toujours de plus en
plus du souverain bien ; mais elle ne sauroit jamais
y atteindre et s'y unir parfaitement, tant qu'elle
habitera un corps mortel. Je reconnois, par mon expérience, que le sentiment du souverain bonheur

même a toujours pour elle je ne sais quoi d'obscur
et d'imparfait, qui lui laisse aussi toujours la faculté
de n'y pas adhérer totalement. C'est par cette raison
qu'on peut dire en un sens, que ma volonté est plus
libre que mon entendement. Mais bien loin qu'il puisse
se plaindre en cela de sa condition, c'est ma volonté, au contraire, qui doit envier à mon intelligence une heureuse servitude, et s'affliger d'avoir
trop de liberté, parce qu'elle n'est pas assez fortement affectée par l'impression du souverain bien.

Quel fruit recueillerai-je donc de toutes ces pensées qui sont nées l'une de l'autre, et qui m'ont mené
beaucoup plus loin que je ne voulois aller? Il me semble que je peux les réduire à trois ou quatre propositions qui en renfermeront toute la substance.

Quand on dit que mes facultés sont nécessairement
et invinciblement affectées par leur objet,

Ou l'on ne veut parler que de la première impression qui se fait en moi, mais sans moi; et, en ce
cas, je reconnois sans peine la vérité de la proposition,
et encore plus son inutilité;

Ou bien on l'applique aux suites mêmes de cette
première impression, je veux dire au consentement
de mon esprit, ou à l'adhésion de ma volonté; et
alors, ou l'on veut que toute sorte d'impressions, sans
distinction, m'affectent et me dominent invinciblement, et dans ce sens la proposition me paroît évidemment fausse, démentie par un sentiment intérieur,
que je ne saurois désavouer, contraire à la raison et
condamnée par la révélation;

Ou bien enfin, l'on n'entend parler que des impressions qui portent dans mon ame le caractère
évident du vrai, ou l'attrait entier du souverain bien;
et, en ce cas, la proposition renfermée dans ses bornes
légitimes ne sauroit être contestée, mais elle ne signifie autre chose, si ce n'est que je ne cherche plus
lorsque j'ai trouvé, et que je ne désire plus lorsque
je possède; mais que, tant que je cherche ou que je
désire, je demeure toujours le maître de résister à

tout objet qui ne fixe point mes recherches, ou qui
ne remplit pas mes désirs.

J'ai lieu de craindre cependant que ce ne soit pas
dans ce sens que les adversaires de la justice naturelle ont avancé une proposition qui leur seroit absolument inutile et plus contraire même que favorable,
s'ils l'entendoient comme je viens de l'expliquer. J'en
juge par les conséquences qu'ils en tirent. Il me reste
à les examiner pour remplir le plan que je me suis
proposé d'abord ; et je m'apercevrai peut-être en le
faisant, comme je m'en suis toujours défié, que j'ai
pris bien gratuitement la peine d'approfondir la vérité d'une proposition qui est entièrement étrangère
à la question de la justice ; mais ne perdons pas encore
du temps à regretter celui que nous avons déjà
perdu.

Je dois prendre ici une route bien différente de
celle que j'ai suivie dans l'examen de cette proposition.
Je l'ai combattue comme fausse, ou expliquée comme
équivoque. A présent je la suppose véritable ; je la
prends dans toute son étendue ; et je consens qu'on
dise, si l'on veut, sans aucune restriction, que toutes
mes facultés sont nécessairement et invinciblement
affectées par leur objet. S'ensuit-il de là que je n'aie
et que je ne puisse avoir aucune idée de la justice ou
de l'injustice ? Pourquoi cette idée ne pourroit-elle
pas m'affecter comme toutes les autres ? Mon esprit
a de la peine à en concevoir la raison. Je n'aurois
jamais pu la trouver de moi-même ; mais voici celle
qu'on m'en donne, c'est, me dit-on, parce que si
cette idée m'affectoit, elle affecteroit aussi tous les
hommes, et par le privilége qu'on accorde à toutes
les idées, elle les affecteroit invinciblement. Ils ne
pourroient donc pas s'empêcher de vouloir être justes ;
et s'ils le vouloient, ils le seroient ; or, ils ne le sont
pas, donc, ils ne le veulent pas ; donc, ils ne sont
pas nécessairement affectés ; donc, ils ne le sont
même en aucune manière. Car, il n'y a point d'idée
qui ne les affecte nécessairement ; donc, ils n'en ont
aucune de la justice.

Je ne sais plus qui est celui qui a dit, *vestra ex-posuisse, refellisse est* : et si je ne consultois que la lassitude de mon esprit, il me semble que je pourrois bien me contenter ici de cette espèce de réfutation. Mais il me reste encore assez de force pour démê-ler aisément, dans chaque degré de ce raisonnement, les suppositions singulières qu'il renferme, et qui sont telles, néanmoins, que si l'on ne les reçoit comme autant d'axiomes ou de vérités incontestables, l'ar-gument tombe de lui-même.

Je remarque donc en premier lieu, qu'il suppose trois choses qui doivent être prouvées, mais dont la preuve est évidemment impossible :

L'une, que si les hommes peuvent avoir une idée de la justice, il faut nécessairement que cette idée s'offre d'elle-même, et avec la même clarté à tous les hommes ;

L'autre, que cette idée est toujours présente à leur esprit, toujours également lumineuse, également agis-sante ;

La dernière enfin, que cette idée si prévenante pour l'homme, si assidue devant ses yeux, est aussi celle qui, dans tous les momens de sa vie, fait la plus forte impression sur lui.

Je remarque en second lieu, que si l'on n'attribue ces trois sentimens aux défenseurs de la justice natu-relle, et si l'on ne suppose que son idée, selon eux, réunit ces trois caractères, l'argument qu'on leur op-pose ne prouve rien contr'eux en effet.

1.° S'il est vrai que l'idée de la justice, quoique facile à découvrir ne fasse pas toujours toutes les avances pour nous ; s'il faut qu'il nous en coûte au moins quelques pas pour la trouver, je serai en droit de dire, que si le commun des hommes vit dans l'in-justice, ce n'est pas qu'il leur soit impossible de dis-cerner le juste de l'injuste, mais parce qu'ils ne font pas assez d'efforts pour y parvenir.

2.° Si l'idée de la justice n'est pas toujours présente à leurs yeux : s'il est possible qu'ils la perdent souvent

de vue : en un mot, si l'on peut supposer les hommes
foibles, négligens, distraits, on ne pourra plus dire
qu'une impression qu'ils ne sentent pas actuellement,
les affecte invinciblement ; et par conséquent je sou-
tiendrai avec raison. que s'ils sont souvent injustes,
c'est parce qu'ils cessent de faire attention à la justice, et non parce qu'il leur est impossible de la
connoître.

3.º Si l'on ne suppose que l'idée de la justice toujours
connue, toujours présente, est aussi toujours l'idée
dominante sur tous les hommes ; et si l'on n'attribue
ce sentiment à ses défenseurs, on ne sauroit soutenir
que, selon eux, tous les hommes devroient être justes.
Ils sont dominés, si l'on veut, par l'objet qui les frappe ;
mais, comme deux objets peuvent les frapper en
même temps, il faut nécessairement reconnoître dans le
système des adversaires de la justice naturelle, que
le plus fort doit l'emporter sur le plus foible. Il est
donc possible, et que l'idée de la justice fasse impression
sur moi, et que, combattue par une autre idée, elle
n'y fasse pas une impression victorieuse. Autrement il
faudroit dire, ou que je n'ai qu'une seule idée dans
toute ma vie, et accorder à cette idée une domination
non-seulement invincible, mais perpétuelle ; ou que
dans le moment qu'une impression cède à une autre,
je perds entièrement l'idée qui avoit excité la première impression, parce qu'elle cesse de m'affecter
invinciblement. Ce seroit bien là le cas de dire *væ
victis*, non-seulement cette idée seroit vaincue, mais
oubliée et effacée pour jamais de la mémoire des
hommes. On n'avancera pas sans doute de pareilles
absurdités. Je continuerai donc de raisonner, comme
je viens de le faire, et je dirai toujours que l'injustice des hommes ne vient point de ce que l'idée de
la justice ne les frappe pas, mais de ce qu'elle ne les
frappe pas aussi fortement que les objets de leurs
passions.

Je réunis toutes ces réflexions, et je dis : les
hommes, à la vérité, sont très-souvent et trop souvent injustes. Plût à Dieu que je pusse en douter !

mais je me garderai bien de dire que c'est parce qu'ils ne peuvent avoir une idée claire de la justice. Je dirai seulement que c'est :

Ou parce qu'ils n'ont pas fait l'effort nécessaire pour la trouver et la reconnoître dans le fond de leur ame;

Ou parce qu'ils n'y sont pas toujours assez attentifs;

Ou enfin, et ce sera la raison la plus commune, parce qu'une impression plus forte surmonte en eux celle de la justice.

Je remarque en troisième lieu, que tout cela est si possible, ou plutôt si certain, par la connoissance que nous avons de nous-mêmes et des autres hommes, qu'il n'y a jamais eu et qu'il n'y aura jamais personne dans le monde qui soutienne la proposition contraire, et qui ose avancer que l'idée de la justice ne peut exister dans mon esprit, sans avoir ces trois caractères, je veux dire, de s'offrir d'elle-même à tous les hommes sans attendre qu'ils la cherchent, d'être toujours placée devant leurs yeux, enfin, de les frapper dans tous les temps plus vivement qu'aucune autre idée. Il est clair, après cela, que ce que l'on combat ici n'est point l'idée réelle et véritable de la justice, mais une chimère et un fantôme qui méritent aussi peu d'être attaqués que d'être soutenus.

J'en ai peut-être trop dit sur ce sujet. Mais, quand ce ne seroit que pour égayer un peu mon esprit et le délasser d'une si longue contention, j'ai bien envie d'achever de réfuter cet argument, par ce genre de démonstration que les géomètres appellent réduction à l'absurde; preuve qui n'est jamais mieux placée que quand elle sert à confirmer une démonstration directe, et capable non-seulement de convaincre, mais d'éclairer l'esprit.

Qu'il me soit donc permis de raisonner en cette manière. Y a-t-il quelque vérité dans le monde qui n'ait eu ses adversaires, comme je l'ai dit dans ma seconde méditation? Y a-t-il quelqu'erreur qui n'ait eu ses partisans? Qui m'empêchera donc d'argu-

menter des erreurs actuelles des hommes contre la
capacité qu'on leur attribue de connoître la vérité,
comme l'on se sert de leur injustice pratique pour
prouver qu'ils ne connoissent point la justice spéculative ? Je dirai sur la vérité tout ce que l'on dit
sur la justice ; et il ne me sera pas difficile d'en faire
un argument en forme, le voici :

Les hommes sont aussi sujets à tomber dans l'erreur
qu'à commettre l'injustice.

Or, ils ne tomberoient point dans l'erreur, s'ils
étoient nécessairement et invinciblement affectés
par l'idée de la vérité, de même qu'on dit qu'ils ne
seroient jamais injustes, s'ils étoient ainsi affectés par
l'idée de la justice : donc, les hommes ne sont pas
plus nécessairement affectés par la vérité que par la
justice.

Mais, comme toute idée qui nous frappe affecte
notre esprit de cette manière, ils n'en ont aucune de
tout ce qui ne les affecte point ainsi.

Donc, ils n'ont pas plus d'idée de la vérité que de
la justice, puisque l'une ne les affecte pas plus invinciblement que l'autre.

Ce raisonnement est également vrai ou également
faux des deux côtés. On ne dira rien pour la défense
de la vérité que je ne puisse répéter pour la défense
de la justice, parce que la parité est entière entre ces
deux argumens.

Les hommes sont souvent injustes, donc ils n'ont
point d'idée de la justice.

Les hommes tombent souvent dans l'erreur, donc
ils n'ont point d'idée de la vérité.

Ainsi, ou il faut abandonner le premier, ou approuver le dernier, et trancher hardiment le nœud
gordien, en disant que l'homme ne connoît ni la
vérité, ni la justice.

Suis-je donc ainsi menacé de perdre toutes mes
idées l'une après l'autre, si dans la pratique j'ai le
malheur de leur faire quelque infidélité ? Mais ce
n'est pas tout :

Que deviendra la connoissance de toutes les vertus

que je ne pratique pas toujours autant que je le
devrois ? Et, comme ce malheur m'est commun avec
tous les hommes, je prévois que pour raisonner conséquemment, je serai bientôt obligé de dire que les
hommes n'ont aucune idée de la tempérance, de la
force, de la prudence et de toutes les vertus morales, parce qu'ils sont souvent intempérans, lâches,
imprudens, et en général sujets à toutes sortes de
vices.

Je verrai donc disparoître ainsi les idées de toutes
les vertus; mais, pour ma consolation, je verrai disparoître aussi celles de tous les vices. Car, comme
il n'y a point de vertu qui règne toujours invinciblement dans le cœur humain, il n'y a point aussi
de vice qui en soit toujours le maître. Voilà donc
tous les hommes condamnés à n'avoir aucune idée
ni des vertus, ni des vices. Les Scythes se vantoient
autrefois d'être plus parfaits et plus heureux par
l'ignorance du vice, que les Grecs ne l'étoient par
la connoissance de la vertu. Mais je ne sais ce que
deviendra l'homme, si en le gratifiant de l'heureuse
ignorance du vice, on lui ôte en même temps la
connoissance nécessaire de la vertu.

Enfin, pour donner des bornes à une méditation où j'ai fait tant d'efforts pour combattre un principe qui m'a paru si peu soutenable en lui-même, et
qui me paroît encore plus étrange dans ses conséquences, l'exemple seul de ce qui se passe en moi,
sur ce principe même, suffiroit pour le détruire pleinement dans mon esprit.

D'un côté, j'ai une idée très-claire de tout ce que
ce principe renferme, et par conséquent j'en suis
affecté; d'un autre côté, je ne suis pas moins sûr
que ma raison n'en est point invinciblement affectée.
Donc, il est très-possible que j'aie une idée exacte,
de ce qui est si éloigné de m'affecter invinciblement, que mon esprit le rejette et que mon cœur
le désavoue, et il importe fort peu que mon esprit et mon cœur se trompent ou qu'ils ne se trompent pas; car, quand même ils se tromperoient,

il en résulteroit toujours également, que je ne suis point entraîné nécessairement et invinciblement par un principe, qui se montre cependant à moi avec toutes les couleurs les plus propres à m'éblouir.

Je conclus de tant de réflexions, que j'aurois tort d'argumenter de la pratique à la spéculation, pour m'exclure moi-même du droit de connoître tout ce que je ne pratique pas toujours. Je ferois trop d'honneur à l'homme, si je croyois qu'il ne s'éloigne du bien que parce qu'il l'ignore, et qu'il ne se livre au mal que parce qu'il ne le connoît pas. Saint Paul en jugeoit plus sainement lorsque, parlant au nom du genre humain, il s'affligeoit de ne pas faire le bien que non-seulement il connoissoit, mais qu'il aimoit, et de faire le mal qu'il connoissoit et qu'il haïssoit.

J'admire le concert parfait qui règne sur ce point entre le profane et le sacré; et j'en crois volontiers les poètes, quand je vois qu'ils parlent comme les apôtres.

Mais il me reste encore bien du chemin à faire. Je vais entrer à présent dans le détail de mes connoissances, et examiner quelles sont celles qu'on peut appeler *naturelles* ou *innées*, si j'en ai quelques-unes de ce caractère, ou si je ne puis avoir que des connoissances *acquises*. C'est à quoi je destine la méditation suivante.

QUATRIÈME MÉDITATION.

SOMMAIRE.

Ce n'est pas assez de détruire des erreurs et des préjugés, il faut de plus établir d'une manière solide le principe sur lequel repose la certitude des connoissances humaines. Nous désirons naturellement de connoître le vrai. Le vrai n'est que ce qui est, comme le faux n'est que le néant, ou ce qui n'est pas. Pour avoir une juste idée de la vérité, il faut la considérer dans sa source, c'est-à-dire, dans Dieu même. Dieu

*voit dans son essence les idees de tous les êtres possibles. Il
voit dans sa volonté tout ce qui n'a jamais été, et tout ce qui
sera jamais. Sa connoissance est toujours également parfaite
et consommée en un instant. Le néant n'est pas intelligible
par lui-même, mais en connoissant toute l'étendue de l'être,
Dieu y voit l'exclusion positive de ce qui n'est pas. Deux
degrés dans le néant comme dans l'être : un néant d'idée ou
d'essence, d'où naît l'absolue impossibilité, ou la fausseté
essentielle et métaphysique : un néant d'existence qui n'exclut que l'être actuel. Dieu connoît le premier dans ses idées,
et le second dans sa volonté. Si nous cherchons le vrai dans
notre connoissance, quelle est la voie qui nous conduit à la
vérité ? On y parvient par voie d'intelligence ou de perception ; par voie d'impression ou de sentiment. Dans l'une ou
dans l'autre voie, on distingue quatre opérations différentes,
qui sont comme autant de stations dans la route de la vérité,
l'idée ou le sentiment simple, le jugement, le raisonnement et
la méthode. Il en résulte que la vérité consiste à voir, et à
bien voir ; comme la fausseté consiste à ne point voir, ou à voir
mal. Ainsi, la connoissance du vrai conserve le même caractère,
soit qu'on la considère dans sa perfection originale qui est
Dieu, soit qu'on l'envisage dans les intelligences créées ; quoiqu'il y ait une distance infinie entre le foible rayon qui éclaire
notre esprit et la plénitude de lumière qui est en Dieu ; quoique notre vue soit foible, nous pouvons nous assurer que nous
avons bien vu, et demeurer en repos dans la jouissance de la
vérité. Notre connoissance a pour objet ou l'essence des choses
ou leur existence. De la diversité des objets naît la différence
des vérités. Vérités du premier ordre, qui regardent les idées
primitives et originales des êtres : vérités du second ordre, qui
ont pour objet des effets produits par la seule volonté de Dieu ;
naturelles ou physiques, si elles sont le résultat des lois constantes de la nature ; surnaturelles, si l'opération de Dieu est
supérieure à l'ordre de la nature. Vérités du troisième ordre,
ce sont celles qui dépendent de la détermination libre d'une
volonté créée ; on les appelle des vérités contingentes. Trois
moyens pour parvenir à la connoissance de ces vérités. L'attention de notre esprit et les opérations de notre raison pour
découvrir les premières. Le rapport de nos sens aidé et soutenu par l'attention de l'esprit, pour arriver aux secondes :
enfin, le témoignage des autres hommes à l'égard des troi-
sièmes. Nous sommes assurés de posséder la vérité par ce
sentiment intérieur, par cet état de repos et de sécurité où
l'esprit ne désire plus, parce que la possession et la jouissance
ont succédé à l'agitation et aux recherches. Ainsi, dans la généalogie de nos pensées, on remonte enfin à une première notion qui n'a pour garant de sa vérité, que le sentiment intérieur
ou une conscience intime : ce repos intérieur est produit ou
par un sentiment simple, comme quand je dis que je pense,*

que je veux, que j'existe ; ou par une perception claire et lu-
mineuse, comme lorsque je suis convaincu de la vérité d'une
proposition géométrique ; ou enfin par le témoignage de ceux
qui, sur le point dont il s'agit, ne peuvent être ni trompés ni
trompeurs, comme lorsque Dieu me parle, ou qu'on me dit
qu'il y a une ville de Rome. La raison se joint au sentiment
pour nous assurer que l'évidence ne sauroit nous induire en
erreur, qu'elle est le caractère infaillible de la vérité, et la
règle sûre de nos jugemens. Attaquer ce principe, c'est ouvrir
la porte à toutes les absurdités imaginables. Les Pirrhoniens
se sont jetés dans cet abîme, en soutenant que tout est pour
nous environné de ténèbres et d'incertitudes ; et que, de toutes
les dispositions de l'esprit humain, un doute universel étoit la
plus sage et la plus nécessaire. C'est ce système qu'on va exa-
miner dans la méditation suivante.

Jusqu'ici j'ai tâché de me délivrer de deux préjugés importuns, qui pouvoient aller beaucoup plus
loin que ceux qui s'en servent contre moi ne l'a-
voient sans doute pensé eux-mêmes, puisque je serois condamné comme eux à une ignorance absolue
et perpétuelle, si, pour me faire révoquer en doute
ce qu'il y a de plus certain dans mes connoissances,
il suffisoit de me montrer des hommes qui pensent
autrement que moi, ou qui démentent, par leur
conduite, les principes qu'ils soutiennent eux-mêmes
dans la spéculation.

Je n'ai donc pensé, jusqu'à présent, qu'à détruire : il est temps de commencer à édifier, et de
poser d'abord la première pierre du bâtiment en
établissant, avec plus de profondeur et de solidité, le principe sur lequel la certitude de mes
connoissances est appuyée. C'est le seul moyen de
me mettre en état d'examiner dans la suite, si je
puis appliquer ce principe à la notion de la justice,
comme à toutes les autres idées dont on ne m'envie
pas encore la découverte. Je crois concevoir que la
définition du juste ou de l'injuste est une vérité,
comme toutes celles que je me sens capable d'a-
percevoir. Mais, pour en bien juger, il faut savoir,
avant toutes choses, ce que c'est en général que la
vérité ; combien il y en a d'espèces ; par quels moyens

je parviens à la voir, et à quel signe je reconnois
que je la vois certainement. C'est à quoi je destine
cette méditation, moins nécessaire peut-être pour
les choses qui y seront éclaircies, que pour l'usage
que j'en pourrai faire dans la suite.

Je sens d'abord, et tous mes semblables le sentent comme moi, que le vrai est l'objet de toutes
mes recherches dans l'ordre des connoissances. Mon
esprit y tend toujours, lors même qu'il s'en éloigne, comme un voyageur ne s'égare que parce qu'il
croit suivre le bon chemin ; les philosophes ont remarqué, il y a long-temps, que la fausseté ne nous
trompe qu'en prenant l'apparence et comme le masque de la vérité.

J'éprouve donc en moi, comme je l'ai dit ailleurs,
une soif naturelle du vrai, une agitation pénible, et
une espèce de tourment intérieur, lorsque je le cherche sans le trouver. Je sens, au contraire, une paix,
un calme profond et une satisfaction qui égale les
plus grands plaisirs, dès que je me flatte de l'avoir
trouvé. Il est peu vraisemblable, que ces divers sentimens m'aient été donnés par l'auteur de mon être,
pour m'amuser plutôt que pour m'instruire ; qu'il
ait formé en moi un vœu qu'il ne doive jamais exaucer, et qu'il se plaise à me faire passer de l'illusion
du désir à celle de la jouissance, sans qu'il me
donne rien de plus réel, lorsque je crois saisir la
vérité, que quand je ne fais encore que la désirer.

Mais, si tout ce qui se passe en moi me dit également que je suis fait pour connoître la vérité,
qu'est-ce donc que ce vrai qui a tant de charmes
pour mon esprit ? Et en quoi consiste ce bien, qu'il
m'est peut-être plus aisé de sentir que de définir ?
Il me semble d'abord que je ne puis m'en former
une juste idée qu'en la cherchant, ou dans les choses
mêmes que j'appelle vraies, ou dans la connoissance
que j'en ai, et dans le jugement que j'en porte.

Le vrai considéré en soi, et indépendamment de
ma connoissance, ne me paroît autre chose que l'être
même, ou ce qui est, comme le faux n'est que le

néant, ou ce qui n'est pas. C'est l'idée que les Péripatéticiens en ont eue, lorsqu'ils ont dit que le vrai et l'être se confondent, et que ce sont deux expressions synonymes qui se prennent l'une pour l'autre, *convertuntur*.

D'autres philosophes ont dit, à peu près dans le même sens, que la vérité *étoit l'existence de la chose vraie*. Mais leur expression a le défaut de n'être pas si correcte. Le terme d'existence est équivoque ; il a besoin lui-même d'explication. Si on l'entend de l'existence réelle et actuelle, il n'y auroit jamais de vérité dans les choses possibles qui n'existent pas encore, ou dans celles qui n'existent plus. Si on l'entend seulement d'une existence idéale ou mentale, qui ne se trouve que dans ma pensée, alors on n'examine plus le vrai en soi, on l'envisage dans ma connoissance. C'est donc pour éviter cette équivoque et ces distinctions, que les Péripatéticiens ont eu raison de préférer le terme d'être à celui d'existence, comme plus simple, plus général et plus convenable à tout genre de vérité.

Mais je m'arrête avec peine à cette définition abstraite du vrai, qui n'est point celle que j'ai intérêt d'approfondir. L'être même n'est rien à mon égard, tant que je ne le connois pas. C'est donc de ce qui forme la connoissance vraie dont j'ai besoin, plutôt que de cette subtilité métaphysique, qui éclaire peu mon esprit et qui le touche encore moins. Ce que je veux tâcher de découvrir, c'est la nature de la vérité, non pas en tant qu'on l'oppose au néant, mais en tant qu'elle est contraire à l'erreur. Je sens que mes connoissances, et encore plus mes jugemens, sont susceptibles de l'une et de l'autre, puisqu'ils peuvent être vrais ou faux ; et c'est là que je dois chercher une notion utile de la vérité, considérée, non comme l'être, mais comme la connoissance de l'être.

J'oserai même m'élever encore plus haut, et remontant jusqu'à la source du vrai, le contempler dans le sein de la Divinité même, où il me sera

peut-être plus facile de découvrir certainement sa
nature. C'est par l'original qu'il faut juger de la copie,
et nous ne connoissons bien ce qui est imparfait,
qu'en le comparant avec ce qui est véritablement
parfait. Je me sens une pente naturelle à suivre l'opinion de ces philosophes, qui prétendent que c'est
dans l'infini que nous découvrons le fini, quoiqu'il
n'en soit qu'une partie infiniment petite, comme
parlent les géomètres modernes; c'est à leur exemple
que j'entreprends de porter d'abord mes regards sur
la lumière primitive et originale du vrai, pour les
abaisser ensuite sur ces images, ou ces ombres de
vérité, auxquelles nous serons réduits tant que nous
vivrons sur la terre.

Dieu se connoît lui-même, il voit dans son intelligence suprême, ou pour me servir d'une expression peut-être encore plus convenable à la
divinité, il voit dans son essence les idées de tous
les êtres, et de toutes les manières d'être possibles.

Il ne connoît pas moins sa volonté toute-puissante
que ses idées infinies. Il voit dans cette volonté tout
ce qu'il a créé et tout ce qu'il veut créer. Il y voit
tous les changemens, toutes les modifications qu'il
a résolu de produire, par sa seule volonté, dans ses
ouvrages. Il y voit, enfin, celles qu'il y opérera à l'occasion des volontés libres qu'il a formées dans les
créatures intelligentes.

Mais, soit que Dieu voie l'essence et la possibilité de tous les êtres dans l'immensité de son intelligence infinie, soit qu'il voie leur existence réelle
dans l'efficacité aussi infinie de sa volonté, sa connoissance est toujours également claire, également
parfaite, également accomplie et consommée en un
instant. Il n'a pas besoin d'envisager attentivement
chaque idée ou chaque être existant par toutes ses
faces, de comparer plusieurs notions les unes avec
les autres, d'unir celles qui sont semblables, de séparer celles qui sont contraires ou différentes, pour
former des jugemens affirmatifs ou négatifs; de comparer ensuite ces jugemens mêmes les uns avec les

autres, pour en tirer par voie de raisonnement un
troisième jugement, ou une troisième proposition,
qui soit la conséquence et la conclusion des deux
premières; d'arranger, enfin, et de lier avec art une
longue suite de propositions ou de raisonnemens,
pour acquérir une science certaine. En Dieu, comme
je l'ai dit ailleurs, voir, juger, raisonner, arranger
et digérer, ce n'est qu'une seule et même chose.
Le premier regard, comme je l'ai dit aussi, la simple
perception lui montrent, pleinement et en un instant,
tout ce que mon esprit n'aperçoit souvent qu'à
demi, et par un lent et pénible progrès d'opérations
successives.

La science universelle de l'Être suprême ne consiste donc qu'à voir; et, puisqu'elle est aussi vraie,
aussi infaillible qu'elle est infinie, je ne saurois
me former une idée ni plus juste, ni plus élevée
de la vérité considérée dans sa source, qu'en disant
qu'une connoissance véritable, ou la vérité prise
pour une propriété de la connoissance, n'est autre
chose que la vue claire, distincte, parfaite de ce
qui est; et j'entends par ce qui est, ou les idées
des choses ou les choses mêmes qui existent, soit
que ce soient des êtres, ou seulement des manières
d'êtres.

Mais la connoissance parfaite de ce qui est, renferme nécessairement l'exclusion de ce qui n'est
pas. Il est évident, par exemple, que si une figure
est un cercle, elle n'est pas un carré; et, quoique
le jugement qui en résulte ait la forme d'un jugement négatif, il est fondé sur une idée positive,
qui est celle du cercle, et est en soi aussi positif
que l'idée qui le produit. On peut même le réduire
toujours à un jugement affirmatif, énoncé en ces
termes : *un cercle est autre chose qu'un carré*. Les
idées dont la négation est une suite, sont donc aussi
affirmatives que celles qui produisent une affirmation, parce que la négation n'exclut l'idée de ressemblance ou de conformité, que par celle de
diversité ou de contrariété; et, comme l'action de

Dieu, par laquelle il anéantiroit une substance existante, ne seroit pas moins réelle que l'action par
laquelle il lui a donné l'être, de même l'idée qui
tend à l'exclusion ou à la négation d'une autre
idée, n'a pas moins de réalité que celle qui tend
à l'affirmation.

Le néant ne peut donc être l'objet de la connoissance divine, parce que le néant n'est rien, et
que connoître le néant, c'est la même chose que ne
rien connoître. Mais l'exclusion, ou la négation, n'en
est pas moins une idée réelle et positive, quoique
son effet soit de détruire et d'anéantir ce qu'elle nie ;
et elle ne pourroit pas même avoir cet effet, si elle
n'avoit une véritable réalité. Ainsi, quand on dit
que Dieu connoît le néant, cette expression, réduite à
sa juste valeur, signifie seulement que Dieu connoît
toute l'étendue de l'être, et qu'il y voit l'exclusion
positive de ce qui n'est pas, connoissant, pour parler
ainsi, la fausseté par la vérité même.

Le néant, ou ce qui n'est pas, ne paroît d'abord
susceptible d'aucune distinction. Mais, comme il n'est
que la privation ou la négation de l'être, et que
l'être a deux degrés, on peut aussi en distinguer
deux dans le néant.

Un être qui existe actuellement a sans doute
quelque chose de plus qu'un être qui n'existe pas
encore, et qui est seulement possible.

Ainsi, le premier degré, et comme le fondement
de l'être, est l'essence ou l'idée que Dieu en a et qui
en établit la possibilité.

L'existence actuelle, ou la possibilité réduite en
acte, est ce qu'on peut appeler le second degré ou
la perfection de l'être.

Le néant est également opposé à ces deux degrés,
et c'est ce qui donne lieu d'en distinguer aussi de
deux sortes :

Un néant d'essence, si je puis parler ainsi, c'est-
à-dire, une négation d'idée, d'où naît, non pas le
défaut d'existence réelle, ou la non-existence, mais

6*

l'impossibilité entière et absolue, c'est ce premier genre de néant qui forme la plus grande de toutes les faussetés, la fausseté que l'on peut appeler essentielle et métaphysique ;

Un néant d'existence, qui ne consiste que dans une privation de l'être actuel, et non pas dans une répugnance invincible à l'être, n'est pas un néant absolu, parce que Dieu a l'idée de ce qui peut exister, comme de ce qui existe réellement ; et, par conséquent, ce second degré de néant ou de fausseté est moindre que le premier, parce qu'on ne s'y trompe que sur l'existence de la chose et non pas sur son essence.

Dieu connoît le premier genre de fausseté par la vue de ses idées mêmes, qui, représentant tout le possible, renferment l'idée positive de l'exclusion ou de la négation de tout ce qui est impossible.

Dieu voit le second genre de fausseté par la connoissance de sa volonté, qui, lui montrant tous les êtres auxquels il a voulu donner l'existence, renferme aussi l'exclusion au moins d'existence, à l'égard de tous ceux qui sont seulement possibles, et à qui il n'a pas jugé à propos de donner l'être actuel.

Enfin, Dieu voit encore l'un et l'autre genre de fausseté dans la connoissance qu'il a de toutes les opérations des êtres intelligens. Et, comme les jugemens dans lesquels ils se trompent ne sont pas des jugemens moins réels que les jugemens où ils ne se trompent pas, la connoissance que Dieu a de la fausseté a toujours un objet réel, puisque c'est ou l'essence même des choses qu'il voit dans ses idées, ou sa volonté qui est la cause positive de leur existence, et la cause négative de leur non-existence ; ou enfin, les opérations toujours également réelles des intelligences créées, soit qu'elles tombent dans l'erreur ou qu'elles découvrent la vérité.

Que si, après avoir contemplé la connoissance du vrai et du faux dans sa perfection originale, je descends à ces copies imparfaites, qui sont le partage des êtres bornés, j'y reconnoîtrai avec plaisir que,

malgré leur imperfection, cette connoissance conserve toujours le caractère qu'elle a reçu de la divinité, et qu'étant la même chose dans son essence,
elle en diffère seulement par la foiblesse et l'imperfection de notre esprit, dont toute la science est à
peine un point de lumière, par rapport à l'immensité
de celle qui est en Dieu.

Mais, pour développer plus facilement mes idées
sur cette matière, et voir en quoi consiste le vrai
ou le faux par rapport à moi, je rappellerai d'abord
ici ce que j'ai dit plus haut, que c'est relativement
à ma connoissance que je cherche la définition de la
vérité. C'est elle, je veux dire ma connoissance,
qui, comme je l'ai dit aussi, doit être le genre dans
cette définition. Le vrai ou le faux sont des modes
ou des accidens dont elle est également susceptible,
puisqu'il y a des connoissances fausses comme des
connoissances vraies. Je dois donc éclaircir d'abord
ce qui regarde ma connoissance en général, pour
chercher ensuite ce qui fait que, dans certains cas,
je l'appelle vraie, et que, dans d'autres, je l'appelle
fausse.

Par rapport au premier point, je supposerai d'abord
deux notions générales, l'une sur les différentes voies
par lesquelles je parviens à la connoissance d'un objet;
l'autre, sur les divers degrés que je distingue dans
les opérations de mon esprit, par rapport à la découverte de la vérité.

1.º Je remarque en moi deux différentes manières
de connoître, qui sont séparées quelquefois, et qui
souvent se réunissent.

J'appelle la première une voie d'intelligence, de
perception claire, ou de connoissance proprement
dite, par laquelle mon esprit aperçoit tellement un
objet, qu'il peut s'en former une idée distincte, et
en donner une définition exacte, qui communique
aux autres la même lumière dont il est éclairé.

J'appelle la seconde une voie d'impression, si je
puis parler ainsi, ou de connoissance sensible, ou
de sentiment proprement dit, qui m'affecte aussi

réellement, et quelquefois même avec plus de vivacité que la perception claire et distincte, ou la connoissance intelligible ; mais qui m'affecte de telle
manière, que, quoique je ne doute point de la connoissance que j'ai par cette voie, je ne saurois néanmoins m'en former une idée nette, et moins encore
la donner aux autres, par une définition exacte et
lumineuse.

Ainsi, lorsque je conçois un cercle comme une
figure terminée de tous côtés par une ligne courbe,
dont tous les points sont également distans du milieu
ou du centre de la figure, je puis dire que je conçois un cercle par voie d'intelligence, parce que je
m'en forme une idée que je peux faire passer dans
l'esprit des autres, par une définition exacte qu'un
aveugle-né pourroit entendre, pourvu qu'il eût une
idée claire de l'étendue, comme on peut l'avoir sans
le secours des yeux.

Mais, si je vois devant moi un cercle peint en bleu
ou en rouge, ou en toute autre couleur, c'est seulement par voie d'impression, de connoissance sensible, ou de sentiment proprement dit, que cette
couleur m'est connue ; et, quoique je croie la connoître aussi certainement que l'idée du cercle, je ne
saurois cependant définir ce que je connois, ni communiquer aux autres l'impression dont je suis frappé:
en sorte que si je parlois à des aveugles-nés, ou à
des êtres intelligens, qui seroient privés du sens de
la vue, j'aurois beau leur dire que je vois du bleu
ou du rouge, ils n'entendroient que le son de mes
paroles, et il leur seroit impossible d'y attacher aucun
sens.

J'ai dit, enfin, que ces deux voies de connoître les
objets sont quelquefois séparées, et souvent réunies.
Ainsi, quand je pense à Dieu ou à des pures intelligences, c'est la seule perception qui agit en moi.
Lorsque j'aperçois de la couleur sans penser à autre
chose, c'est le seul sentiment qui domine dans mon
ame. Mais, lorsque dans le même temps que je vois
un cercle bleu ou rouge, je pense à l'idée de cette

figure et remarque sa couleur, je réunis les deux
genres de connoissances ; il en résulte comme une
troisième, qu'on peut appeler mixte, si l'on veut,
et qui est composée des deux premières.

2.° Si je passe aux divers degrés que j'observe
dans les opérations de mon esprit, soit qu'elles se
fassent sur des idées vraiment intelligibles, ou sur
des connoissances sensibles, tous les philosophes
m'ont appris à en distinguer quatre, savoir: l'idée ou
le sentiment simple, le jugement, le raisonnement,
la méthode, qui sont comme les différentes stations
que je trouve sur la route de la vérité.

Arrêtons-nous un moment dans chacune de ces
stations, pour examiner ce que c'est que le vrai ou
le faux qui peut s'y rencontrer.

Un objet affecte mon ame, ou par la seule perception, ou par le sentiment seul, ou par tous les deux.
Je ne forme encore aucun jugement ; je vois seulement, ou je sens ; je ne fais que souffrir l'action de la
cause universelle, qui me donne une idée ou un sentiment ; je ne suppose pas même encore que je réflé-
chisse sur ce qui se passe dans mon ame, et que je
me dise du moins que je vois ou que je sens. Je ne
suis qu'un miroir sur lequel il tombe un rayon de
lumière ; je n'affirme ni ne nie, et je ne saurois
craindre l'erreur, tant que je demeure dans cette
situation. Si elle pouvoit s'y trouver, elle viendroit
de la cause qui agit sur moi et non pas de moi, qui
ne fais que souffrir ce que je ne saurois empêcher.
Mais, si je ne puis y apercevoir de fausseté, je n'y
découvre pas plus de vérité ; puisque dans cet état,
je ne sais encore si je vois ou si je connois ce qui est.
Je ne dirai donc pas seulement comme le commun
des philosophes, que l'idée, ou le sentiment simple,
ne sauroit être faux. J'y ajouterai, qu'ils ne peuvent
pas non plus être appelés vrais, si l'on veut parler
correctement ; parce que, quoique la modification
qui se fait dans mon ame soit réelle et véritable,
je n'y trouve cependant, par rapport à moi et dans
l'ordre de mes connoissances, ni vérité ni fausseté.

J'ignore également l'un et l'autre, tant que je ne fais
que voir ou que sentir.

Je demeure donc suspendu entre le vrai et le faux,
tant que je ne suis encore que dans la première station du voyage que je fais vers la vérité.

Mais, il n'en est pas de même dès le moment que
j'arrive à la seconde, c'est-à-dire, au jugement. Il faut
alors que je fasse un choix, et ce choix décide nécessairement du bon ou du mauvais succès de mon opération.

Je n'ai pourtant rien à craindre encore du premier
jugement que je porte, parce qu'il est déterminé
par l'auteur de mon être, qui est incapable de me
tromper.

Ce premier jugement consiste uniquement dans
cette conscience intime que j'ai, comme toutes les
autres intelligences, de ce qui se passe dans mon
ame, et que la langue latine exprimeroit plus heureusement par ces termes : *Conscius mihi sum cogi-
tationis aut affectûs mei.* Il se forme dans moi à
chaque idée, ou à chaque sentiment qui me frappe,
un jugement naturel, par lequel je me rends témoignage à moi-même, que j'ai une telle idée, ou
que j'éprouve un tel sentiment. Tous les philosophes
m'enseignent (et, quand ils ne me le diroient pas, je
ne pourrois en douter), que ce jugement naturel, si
je le renferme exactement dans les bornes de ma
conscience intérieure, est non-seulement véritable,
mais toujours infaillible. Et pourquoi est-il presque
le seul qui jouisse de ce privilège? C'est parce que
je n'affirme par un tel jugement, que ce que je vois ou
ce que je sens. Ainsi, ce premier acte de ma raison,
quoique le plus simple de tous, me montre déjà
suffisamment, que le caractère du vrai est attaché à
ce rapport exact, à cette conformité parfaite, qui
sont entre mon affirmation et ce que je vois ou ce
que je sens. Mais ma vue et mon sentiment sont
un être dans le sens que j'ai donné à ce nom. Je
puis donc appliquer à mes connoissances ce que j'ai
pu comprendre de la vérité par rapport à celles

de Dieu, et dire que par rapport à moi-même elle n'est autre chose que la vue ou la connoissance de ce qui est.

Je passe ensuite à la seconde espèce de mes jugemens, où je ne suis point nécessairement déterminé par l'auteur de mon être, et où ma raison plus libre peut mériter la gloire d'avoir découvert la lumière de la vérité, ou la honte de s'être livrée à l'illusion de l'erreur ; et c'est là seulement que je pourrai développer, par rapport à moi, la nature de la fausseté, comme je viens d'expliquer celle de la vérité.

Je reprends donc un exemple dont je me suis déjà servi, et je raisonne de cette manière : je vois un objet coloré comme un cercle peint en bleu ou en rouge, si je me contente d'affirmer que j'ai la sensation de l'une ou de l'autre couleur, mon jugement a le caractère que je viens de reconnoître, dans ce que j'appelle vérité. Mais, si je vais plus loin, si j'affirme, outre cela, que la couleur dont je suis frappé est dans l'objet, ou que c'est mon corps qui en a la sensation, alors mon jugement cesse d'être véritable. Pourquoi cela ? Parce que j'affirme plus que je ne vois ou que je ne sens. La conscience intime que j'ai de mon sentiment, ne m'apprend point par elle-même, que c'est mon corps qui en est affecté. Je ne vois donc plus ce qui est ; je vois, au contraire, ou je m'imagine voir ce qui n'est pas ; et c'est en cela précisément que consiste la témérité, l'erreur, la fausseté de mon jugement.

Ainsi, comme la vérité n'est que l'affirmation de ce qui est, ou de ce que je vois, ou de ce que je sens réellement, la fausseté ne peut être aussi autre chose que l'affirmation de ce qui n'est pas, ou de ce que je ne vois ni ne sens réellement.

Mais, parce que je puis nier, comme affirmer et juger bien ou mal dans l'un et dans l'autre cas, pour rendre ma définition plus pleine et plus parfaite, je dois dire que la vérité consiste à affirmer ce qui est, et à nier ce qui n'est pas ; et que la fausseté con-

siste, au contraire, à affirmer ce qui n'est pas, et
à nier ce qui est.

Mais à quoi se termine l'action même de juger, et
qu'est-ce qui se passe dans mon ame, lorsque je
forme un jugement, comme quand je dis, *Dieu est
esprit?*

D'un côté, j'ai l'idée *de Dieu;* de l'autre, j'ai celle
d'*esprit.* Je trouve que ces deux idées sont entièrement conformes, ou que l'une est clairement renfermée dans l'autre. Il se forme de là une troisième
idée, qui est celle de la *conformité* ou de l'*identité*
des deux premières; j'approuve cette troisième idée,
j'y acquiesce; je l'affirme, et je me sers du verbe qui
marque l'être pour exprimer mon affirmation. Ainsi,
dans cette proposition : *Dieu est esprit;* le nom de
Dieu représente la première idée que la logique appelle le sujet, parce que c'est l'idée qui sert de
matière à mon jugement; le nom d'*esprit* représente
la deuxième qu'on nomme l'attribut, parce que c'est
celle que je veux unir et comme appliquer à la première; et le verbe *est,* exprime la troisième, c'est-à-
dire, la *conformité* ou l'*identité* qui est entre les
deux autres.

Il est évident que la même chose se passe en moi
dans mes jugemens négatifs, excepté qu'alors la troisième idée qui me frappe, en comparant les deux
premières, est celle de *différence* ou de *contrariété,*
comme lorsque je dis, *Dieu n'est pas un corps;* et la
négation que j'ajoute, en ce cas, au verbe *être,* est ce
qui exprime cette troisième idée, par laquelle je
sépare celle de *Dieu* et celle de *corps.*

Par cette description de ce que j'observe dans
tous mes jugemens :

1.º Je reconnois d'abord la vérité de ce que j'ai
déjà dit sur la différence des voies de Dieu et de
celles de l'homme. Si j'avois une idée de la divinité
aussi pleine et aussi parfaite que Dieu l'a de lui-
même, je n'aurois pas besoin de la comparer avec
l'idée de l'esprit, ni avec celle du corps, pour juger
de la conformité qu'elle a avec la première, et de

l'opposition qui est entr'elle et la seconde. J'apercevrois tout d'un coup, ou pour parler comme l'école, je verrois intuitivement cette conformité et cette différence renfermées clairement dans l'idée de la divinité. Mais je suis à peu près comme ces vues foibles à qui il arrive souvent de prendre le bleu pour le vert, et le vert pour le bleu, lorsqu'elles voient séparément l'une ou l'autre couleur, et qui ne s'y trompent point lorsqu'elles les voient l'une à côté de l'autre. Ainsi, mon jugement, qui résulte de la comparaison que je fais de deux idées, est une preuve de la foiblesse, et non pas de la force de mon esprit : s'il étoit plus pénétrant, je ne comparerois point, et par conséquent je ne jugerois point ; je ne ferois que voir, comme lorsque le soleil me frappe de ses rayons, mon ame n'a besoin de faire aucune opération pour s'assurer qu'elle voit la lumière.

2.º L'attention que je donne à ce qui se passe dans mes jugemens, me fait faire une seconde remarque, non moins importante que la première : c'est que, si je suis obligé de faire plus de chemin et de passer, pour ainsi dire, par trois idées pour me fixer à une seule, il est vrai néanmoins, que je m'y fixe à la fin, et que, pour suivre toujours le même exemple, je parviens à avoir une idée assez claire de la divinité pour entendre tout d'un coup, par le terme de *Dieu*, un être qui est *esprit* et qui n'est pas corps, sans que j'aie besoin, pour cela, de comparer ces idées avec celles de Dieu, ni de former aucun jugement. Ainsi, autant que ma foiblesse peut me le permettre, je finis par où Dieu commence et finit en même temps. L'opération de mon esprit, quelque longue qu'elle soit par la multitude d'idées simples ou complexes que j'ai à comparer, se termine toujours à voir et à bien voir : en sorte que, quand je dis que mon jugement est véritable, cette expression ne signifie autre chose, si ce n'est que je suis parvenu à voir ce qui est ou ce qui n'est pas.

La troisième station, que j'ai distinguée d'abord

dans le chemin de la vérité, je veux dire le raisonnement, ne mérite presque pas que je m'y
arrête après ce que je viens de dire, puisque nos raisonnemens ne sont que des jugemens plus composés.
Nous y suivrons cet axiome des géomètres, *quæ
sunt eadem uni tertio eadem sunt inter se.* Nous
comparons deux idées, non pas entr'elles, mais
avec une troisième ; et, trouvant un rapport égal
de conformité ou de différence, entre chacune de
ces idées et la troisième, nous en concluons qu'elles
sont aussi conformes entr'elles, ou que l'une diffère
de l'autre. Pourquoi prenons-nous ce détour ? C'est
parce que le rapport des deux premières entr'elles,
nous étant moins connu que celui qui est entre
chacune de ces idées et une troisième, nous sommes obligés de les comparer avec celle-ci qui devient leur mesure commune ; mais, si ce circuit me
fait sentir la foiblesse de mon esprit, il devient aussi,
à la fin, une nouvelle preuve de la définition que
j'ai donnée de la vérité. Soit que je juge ou que
je raisonne, mon opération se réduit toujours à une
vue simple de ce qui est ou de ce qui n'est pas.
Il n'en résulte qu'une idée du nombre de celles qu'on
appelle complexes, et qu'on doit plutôt nommer une
idée pleine et parfaite, qui comprend toutes les propriétés de l'objet.

Je pourrois en dire autant de la méthode qui
est la quatrième station ou le dernier degré que la
logique observe dans les opérations de mon esprit ;
et, comme elle ne consiste que dans un ordre pro-
gressif d'idées, de jugemens, de raisonnemens, il
est évident que ce que j'ai dit sur la vérité, où la
fausseté, qui peut se trouver dans les trois premières
opérations, s'applique naturellement à la quatrième,
s'il est vrai même qu'elle mérite ce nom.

C'est ainsi qu'en les parcourant toutes successivement, j'y trouve toujours que la vérité consiste uniquement à voir et à bien voir, comme la fausseté consiste à ne point voir ou à voir mal. Telle est l'idée
simple et naturelle du vrai et du faux, qui ne peut

jamais s'appliquer aux objets de mes connoissances, et se confondre avec l'être même, et qui ne convient qu'à la perception ou au sentiment de mon ame.

Ai-je donc la témérité de vouloir égaler la créature au créateur, en supposant ici que la vérité, ou la connoissance vraie, a le même caractère et reçoit la même définition dans l'homme que dans Dieu? Je suis bien éloigné d'avoir une ambition si aveugle et si insensée; un rapport de conformité peut être très-indifférent d'un rapport d'égalité. Je suis un être spirituel, et j'imite en ce point la nature de Dieu; mais je suis un être créé, un être dépendant, un être foible et borné, au lieu que Dieu est l'être incréé, l'être qui existe de lui-même, l'être infiniment parfait, en un mot, l'être qui est tout être.

J'applique cette idée à la vérité : ma connoissance vraie est toujours conforme en quelque manière, et jamais égale à celle de Dieu. Une distance infinie sépare et distingue l'une de l'autre. Dieu voit tout, et je ne vois presque rien ; Dieu voit tout directement, immédiatement, intuitivement, et je ne découvre presqu'aucune vérité que par un long détour d'opérations lentes et pénibles. Enfin, Dieu voit pleinement, parfaitement, universellement, ce que je ne vois qu'à demi et d'une manière toujours imparfaite et toujours limitée.

Mais, si je n'ai qu'une vue si courte, si foible, si bornée, comment donc se peut-il faire que ma connoissance soit jamais vraie, et que je jouisse certainement de la vérité qui, comme je l'ai dit, ne consiste qu'à bien voir ce qui est, ou ce qui n'est pas? Comment puis-je même être assuré que je vois suffisamment, pour demeurer tranquille dans la possession de ma connoissance ?

Je sens d'abord que Dieu a gravé en moi les traits de sa ressemblance, autant que la nature du sujet sur lequel il la gravoit en pouvoit recevoir l'impression. Il m'a donné une intelligence et une volonté; il m'a rendu capable de concevoir et de

sentir, puisque je conçois et que je sens, et que
c'est par ces deux voies que j'acquiers ce que j'appelle connoissance. Il ne pouvoit rendre les hommes
égaux à lui dans la perfection et dans l'étendue infinie
de ses lumières, c'auroit été en faire des dieux ;
mais si, d'un côté, il ne nous devoit pas le don
de tout voir et de voir tout parfaitement, de l'autre,
il auroit laissé son ouvrage trop imparfait et ce
seroit bien en vain qu'il nous auroit donné la capacité de voir s'il n'y avoit joint celle de bien voir,
autant que la perfection et le bonheur de notre être
l'exigeoient de sa bonté.

    Je sais que Dieu est le maître absolu de son
ouvrage, qu'il a pu le former plus ou moins parfait ; et que, comme saint Paul nous l'enseigne,
l'ouvrage n'est jamais en droit de dire à l'ouvrier :
pourquoi m'avez-vous fait ainsi (1) *?* Un philosophe
anglais, qui ne pense pas toujours également bien,
a donc dit avec beaucoup de vérité : *je crois que
c'est raisonner fort juste de dire : Dieu, qui est infiniment sage, a fait une chose d'une telle manière,
donc elle est très-bien faite ; mais il me semble
que c'est présumer un peu trop de notre sagesse de
dire : je crois que cela seroit mieux ainsi, donc Dieu
l'a fait ainsi.*

    Mais, s'il est très-vrai que nous ignorions jusqu'à
quel dégré de perfection il a plu à Dieu de porter
ses ouvrages, la connoissance que nous avons de
notre ignorance sur ce point, peut bien nous ôter
le désir téméraire de vouloir deviner ce qu'il tient
caché dans le secret de sa sagesse impénétrable ;
mais elle ne doit pas nous empêcher de voir ce
qu'il a bien voulu nous faire connoître de ses desseins par la nature même de ses ouvrages. Seroit-
il téméraire à l'homme de juger que Dieu lui a donné
des yeux pour voir, des oreilles pour entendre,
des mains pour toucher, des pieds pour marcher,

_____

(1) Locke, de l'entendement humain, l. 1, chapitre 3,
pag. 75.

et, en général, un corps pour sentir? Il nous révèle lui-même sa volonté à cet égard, soit par les fonctions naturellement attachées à chacune des parties de notre corps, soit par les impressions qu'il fait sur notre ame, et par les sentimens qu'il y excite, à l'occasion de leur action ou de leur souffrance; et quand nous n'allons pas au-delà de ce qu'il nous manifeste par ces témoignages sensibles de sa volonté, nous demeurons toujours en droit de dire avec M. Locke : *Dieu, qui est infiniment sage a formé notre être de telle manière, donc notre être est très-bien formé.* Nous ne cherchons point à imaginer par notre foible raison ce qu'il pouvoit faire de mieux, pour en conclure qu'il l'a fait ainsi. Manière de raisonner que le même auteur condamne justement; mais nous voyons ce qu'il a fait, et de son intention clairement marquée et comme gravée dans ses ouvrages, nous concluons seulement qu'il a voulu les usages auxquels il les a rendus propres.

Ainsi, pour s'attacher à l'exemple de nos yeux, exemple que je choisis d'autant plus volontiers que c'est le sens de la vue qui nous a fourni la plus grande partie des expressions dont nous nous servons pour expliquer les opérations de notre esprit; je sens que je vois lorsqu'il fait jour, et que j'ai les yeux ouverts. Je comprends par là que Dieu me les a donnés pour cet usage; et c'est ce que je puis appeler une espèce de révélation naturelle, par laquelle Dieu me fait connoître sa volonté. Mais, comme la vue me seroit plus nuisible qu'avantageuse, si je ne voyois pas assez pour me conduire, pour chercher ce qui m'est utile, pour éviter ce qui m'est contraire, je ne me trompe point lorsque je raisonne ainsi : Dieu m'a donné la faculté de voir, donc il m'a donné aussi celle de bien voir, ou du moins autant qu'il est nécessaire pour la perfection et le bonheur de la mesure d'être qu'il a voulu m'accorder.

Je raisonne de même sur la vue spirituelle : Dieu m'a donné une ame capable de concevoir et de sen

tir : sa volonté sur ce point n'est nullement obscure
pour moi, je la connois par ses effets, je ne devine
point ; mais je sais, par une conscience intime et par
une expérience continuelle, que Dieu m'a créé capable de voir par lumière ou par sentiment, et, par
conséquent, qu'il a voulu que je visse et que je connusse par ces deux voies. Non-seulement il l'a voulu,
mais c'est lui seul qui le fait et qui l'opère en moi.
Je ne conçois point qu'un autre que le Tout-Puissant
(comme je le dirai bientôt avec plus d'étendue), ait
le pouvoir d'agir sur une substance spirituelle, et
d'y causer les différentes impressions que je reçois.
C'est donc Dieu, encore une fois, qui m'a créé
capable de voir ou de connoître ; et c'est encore
Dieu qui m'éclaire, qui me fait sentir et qui produit lui-même ce que j'appelle voir ou connoître.
Ce sont deux vérités qu'il me révèle à chaque instant dans toutes les opérations qu'il fait sur mon
ame. Croirai-je donc que celui qui m'a donné les
yeux du corps, non-seulement pour me faire voir,
mais pour me faire bien voir, selon le besoin et la
mesure de mon être corporel, ne m'ait donné les
yeux de l'ame que pour voir seulement, sans que
je puisse jamais parvenir à voir aussi bien qu'il est
nécessaire pour la perfection et pour le bonheur de
mon être spirituel ? A quoi me serviroit-il de voir,
si je ne pouvois jamais bien voir ; et, comme je le
dirai aussi dans un moment, ne serois-je presque
pas en droit de me plaindre à Dieu de ses bienfaits
mêmes, si le présent qu'il m'a fait de la capacité
de voir et de connoître n'étoit pour moi qu'une
source d'illusion, ou du moins d'incertitude perpétuelle entre l'erreur et la vérité ?

Il est vrai, sans doute, que les yeux de mon
esprit, comme ceux de mon corps, ne seront jamais
aussi perçans, aussi pénétrans que les regards de
Dieu même. Il y aura toujours une différence infinie entre la science de Dieu et la science de l'homme. Mais, si la disproportion immense qui est entre
le créateur et la créature, ne permet pas que je

voie les objets de mes connoissances aussi parfaitement que Dieu, il faut au moins, puisqu'il m'a
créé capable de les découvrir, il faut, dis-je, que
je puisse les voir assez clairement et assez sûrement,
pour ne pas rendre inutile et même contraire à ma
perfection et à mon bonheur, une faculté que je ne
puis avoir reçue de lui que pour me rendre plus
parfait et plus heureux.

Je n'ai donc pas besoin de recourir ici à la religion
ou à la révélation surnaturelle, qui m'assure si souvent que je suis capable de connoître sûrement la
vérité. Je m'arrête à ce que je sens que Dieu fait
en moi. La connoissance, ou plutôt l'expérience perpétuelle que j'ai des usages de mon esprit, est pour
moi, comme je l'ai déjà dit, une révélation naturelle qui me découvre suffisamment sa volonté, et
qui me convainc pleinement, que, puisque je vois,
il faut qu'il me soit possible de bien voir, ou de
voir ce qui est et ce qui n'est pas, autant que ma
foiblesse me le permet et que mon bonheur le demande. Or, c'est précisément en cela que consiste
ce que j'appelle une connoissance vraie ou simplement la vérité.

Mais, ce seroit peu pour moi d'avoir tâché de
m'en former une juste idée, si je n'essayois aussi d'en
distinguer les différentes espèces, et de diviser après
avoir défini.

La vérité est toujours la connoissance ou la vue
de ce qui est; mais, ce qui est n'étant pas toujours
de la même nature ou du même genre, je puis compter autant d'espèces de vérités qu'il y a d'objets différens dans ce qui est.

Dieu est le seul être qui existe nécessairement, et
dont l'existence appartienne à son essence dans tous
les autres êtres; on peut et l'on doit distinguer l'essence de l'existence; et, par conséquent, la première
et la plus générale distinction des vérités, est que les
unes sont des vérités d'essence, et les autres des vérités d'existence.

L'original des premières est toujours en Dieu, dont

D'Aguesseau. Tome XIV. 7

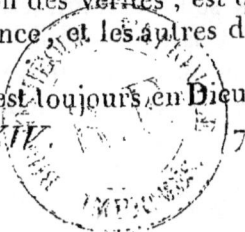

les idées sont le modèle et l'archétype éternel de tous les êtres.

L'original des secondes n'y est pas moins; mais au lieu que, selon notre manière de penser, il voit les unes dans son intelligence infinie, nous concevons aussi qu'il voit les autres dans sa volonté toute-puissante.

Mais, cette volonté ne produit pas toujours les mêmes effets, et elle ne les produit pas non plus de la même manière, quoiqu'il lui suffise également de les vouloir pour faire qu'ils existent.

Il y en a qu'elle veut pour toujours, comme les êtres que nous appelons des substances, s'il est vrai qu'elles ne périssent jamais.

Il y en a d'autres qu'elle ne veut que pour un temps, comme les modes et les accidens des substances; il n'en est point dont on n'ait pu, ou dont on ne puisse dire : *ils seront, ils sont, ils ne sont plus;* et c'est de là que tirent leur origine les trois parties qu'on distingue dans le temps, *le futur, le présent, le passé.*

La manière de produire les êtres n'est pas moins différente, par rapport à nous, que leur durée.

Dieu nous paroît exercer ordinairement son pouvoir suivant les lois générales et uniformes qu'il a jugé à propos de se prescrire, et qui, dans les mêmes circonstances, produisent toujours les mêmes effets. C'est ainsi qu'il gouverne le monde visible par les règles du mouvement que sa sagesse y a établies, et qu'elle y maintient depuis le moment de la création.

Mais, il n'a pas toujours suivi et il n'observe pas toujours ces lois. Il a créé les substances par une volonté qui ne pouvoit être qu'absolue et indépendante de toute cause même occasionnelle, puisqu'il n'y en avoit pas encore d'existante. Il a dit, que l'univers soit, et l'univers a été; c'est encore ainsi qu'il peut agir, quand il lui plaît, dans la production des modes ou des manières d'être, et qu'il agit en effet dans les miracles et dans les opérations surnaturelles, s'élevant au-dessus de ses propres lois, et nous apprenant, par là, qu'elles sont faites pour les êtres inférieurs et non pour lui-même.

Ce n'est pas seulement Dieu qui agit de cette seconde manière. Image de la volonté comme de l'intelligence divine, l'homme l'imite en ce point dans la détermination libre de son action spirituelle ou corporelle. Je sens, et tous les hommes le sentent comme moi, que j'agis parce que je veux agir, et que je n'ai besoin pour cela que de ma seule volonté. Si je donne actuellement à mes doigts le mouvement nécessaire pour écrire, ce mouvement, dans son principe, n'est point causé par l'impulsion d'un corps suivant les lois constantes des autres mouvemens. J'en suis l'unique auteur en quelque manière, ou plutôt c'est Dieu, seule cause vraiment efficace, qui fait pour moi et en moi ce que je ferois moi-même, comme je l'ai dit ailleurs, si j'en avois le pouvoir, autant que j'en ai la volonté; en sorte que si l'on regardoit comme miraculeux tout ce qui sort de l'ordre commun de la nature corporelle et qui s'opère par la seule volonté d'un être spirituel, il n'y auroit aucun mouvement volontaire dans la substance que j'anime, qui ne dût être considéré comme un miracle.

Ainsi, tout ce qui peut être l'objet de ma connoissance, est ou l'essence des choses, ou leur existence, dans laquelle je comprends la manière d'exister, comme l'existence même; et leur existence dépend, ou de la volonté de Dieu qui agit suivant des lois uniformes, ou indépendamment de ces lois, ou bien de la volonté des êtres inférieurs, que l'Être suprême ne dédaigne pas d'accomplir.

De la diversité des objets naît la différence des vérités, comme je l'ai dit d'abord; parce que la vérité n'est que la vue ou l'expression de ce qui est, de quelque manière qu'il soit.

Les vérités du premier ordre sont celles qui regardent l'essence ou les idées primitives et originales des êtres et des manières d'êtres, vérités aussi im-

7*

muables, aussi éternelles, aussi nécessaires que Dieu même. Dieu les voit en voyant son essence : et, comme il ne peut cesser de se voir et de se voir tout entier, l'objet et la connoissance de l'objet, qui en est inséparable, n'ont jamais commencé et ne finiront jamais.

Ces vérités ont, en un sens, les mêmes caractères par rapport à l'homme, non que la connoissance qu'il en a soit éternelle ; mais, parce qu'il est sûr qu'en quelque temps que des intelligences créées contemplent les idées qui forment l'essence des choses, elles les verront toujours de la même manière, si elles les voient bien.

J'appelle vérités du second ordre, celles qui, ayant l'existence des choses pour objet, sont l'effet de la seule volonté de Dieu, agissant indépendamment de la volonté des intelligences créées. Vérités qui, par rapport à Dieu, sont bien aussi immuables, aussi éternelles que les premières, parce que la volonté suprême dont elles dépendent ne connoît point de changement, et qu'il est vrai de dire que ce que Dieu veut une fois, il le veut toujours, quoiqu'il n'en veuille faire durer l'effet qu'un certain temps : il n'y a dans le père des lumières, comme le dit un apôtre (1) *aucun nuage, aucune ombre de vicissitude ou d'instabilité* ; mais on ne peut pas dire, qu'elles soient absolument et invinciblement nécessaires en elles-mêmes.

Dieu est le plus libre, comme le plus parfait de tous les êtres ; il pouvoit ne rien produire au dehors : il peut anéantir tout ce qu'il a produit ; il peut créer pour un temps ; il peut créer pour toujours ; il peut assujettir son action à un certain ordre ; il peut l'affranchir de cet ordre même. Rien ne résiste à sa volonté ; mais elle n'est pas moins libre qu'efficace, et le terme de nécessité, pris à la rigueur, suppose une imperfection, qu'on ne peut jamais admettre dans l'être souverainement parfait

(1) *Jacobi, Epist.*, ch. 1, *v.* 17.

Dieu voit donc les vérités dont je parle ici, dans cette volonté libre qui les produit ; et l'homme les voit dans ses effets, que Dieu lui a fait connoître par la révélation naturelle, ou par la révélation surnaturelle.

Mais, si elles ne sont pas absolument et essentiellement nécessaires, on y peut trouver néanmoins une espèce de nécessité du caractère de celle que les philosophes appellent conditionnelle et hypothétique; c'est-à-dire, que si l'on suppose une fois le fait de la volonté de Dieu, si cette volonté est constante et certaine, les vérités d'existence ne seront pas moins nécessaires que les vérités d'essence, parce que la liaison de l'effet avec la volonté du Tout-Puissant est aussi nécessaire que la vérité des idées qu'il renferme dans son essence. Le principe est donc libre à l'égard de la seconde espèce de vérités, mais la conséquence ne l'est pas. Dieu peut vouloir ce qu'il lui plaît ; mais, dès le moment qu'il le veut, il est impossible, même par rapport à Dieu, que l'effet n'y réponde pas.

L'homme, pour comparer toujours autant qu'il est possible sa connoissance avec celle de Dieu, voit ces vérités de la même manière, c'est-à-dire, comme certaines, parce que les effets l'assurent de la volonté qui les produit, et, par conséquent, comme nécessaires d'une nécessité hypothétique, et non pas d'une nécessité absolue.

Mais, comme j'ai distingué en Dieu deux sortes d'opérations : l'une, qu'il assujettit lui-même à des lois constantes et uniformes; l'autre, dans laquelle il agit indépendamment de ces lois, il en résulte aussi deux sortes de vérités.

Les unes qu'on appelle physiques et que nous pouvons connoître, non-seulement par l'événement qui frappe nos sens, mais qu'il nous est permis de prévoir et de prédire avant l'événement même par une espèce de prophétie, qu'on peut nommer naturelle, à l'exemple de ce que j'ai appelé une révélation naturelle. C'est ainsi que les astronomes nous

annoncent par avance les éclipses du soleil, de la
lune et des autres planètes, ou les révolutions apparentes des étoiles fixes, parce qu'elles arriveront
infailliblement et même nécessairement (si l'on n'entend par cette expression qu'une nécessité conditionnelle), supposé que Dieu veuille conserver son
ouvrage dans l'état où il l'a créé.

Dieu voit ces vérités dans la volonté qu'il a d'observer toujours les mêmes lois pour le gouvernement
de l'univers, et nous les voyons dans la manifestation de ces lois, que l'ordre constant de la nature
nous annonce tous les jours, et que les cieux, comme
le dit un prophète, publient à haute voix.

Les autres vérités, qui ne peuvent être appelées
que surnaturelles, parce qu'elles regardent des effets
qui arrivent contre le cours ordinaire de la nature,
sont toujours présentes à Dieu dans cette volonté
indépendante de ses propres lois, qui en est la cause.
L'homme ne peut les apprendre que par l'événement,
ou par cette prophétie vraiment surnaturelle, qui
répond à la révélation du même genre, et où Dieu
veut bien partager quelquefois avec sa créature la
connoissance qu'il a de l'avenir.

Enfin, comme j'ai dit qu'il y a des êtres, ou plutôt
des manières d'être, qui dépendent de la volonté
humaine, exécutée par celle de Dieu même, je dois
distinguer aussi un dernier ordre de vérités qui
regardent les actions des hommes, et qui, étant
l'ouvrage d'une volonté libre, ne sont assujetties à
aucune nécessité ni métaphysique ni même physique.

Comment Dieu voit-il ces actions dans sa volonté,
qui ne nous conduit que selon notre nature, c'est-
à-dire, en nous laissant agir librement? Comment
prévoit-il certainement une détermination libre, et
ce qu'on appelle dans l'école les futurs condition-
nels? C'est une question étrangère au sujet de cette
méditation; mais quelque partage qu'il y ait sur ce
point entre les théologiens mêmes, ils conviennent
tous que Dieu voit clairement, sûrement, infaillible-

ment ces actions avant qu'elles existent, et qu'elles sont, par conséquent, l'objet d'une connoissance vraie, ou, ce qui est la même chose, d'un certain ordre de vérités.

Pour nous, à moins que Dieu, par une voie extraordinaire, ne nous fasse part de sa prescience éternelle, c'est par l'événement seul que nous pouvons apprendre, d'une manière certaine, ce dernier genre de vérités, parce qu'elles ne sont nécessaires par rapport à nous, ni d'une nécessité absolue, ni d'une nécessité conditionnelle. On ne peut donc que leur donner le nom de vérités purement possibles et contingentes qui dépendent d'une volonté libre, dont la détermination est un secret, que nous devinons quelquefois par conjecture ; mais que l'événement seul nous fait découvrir par une connoissance certaine.

Ainsi, pour réunir, comme en un seul point, toutes les réflexions que je viens de faire sur les différentes espèces de vérités :

J'appellerai vérités du premier ordre, ou vérités métaphysiques, les vérités d'essence, qui sont également éternelles, immuables, absolument nécessaires, soit par rapport à la connoissance de Dieu, soit par rapport à celle de l'homme dans le sens que j'ai expliqué.

J'appellerai vérités du second ordre, les vérités d'existence, qui ont pour objet des effets produits par la seule volonté de Dieu, agissant indépendamment de la volonté de ses créatures. Vérités aussi éternelles, aussi immuables que les premières, mais nécessaires seulement d'une nécessité conditionnelle ou hypothétique, qui suppose toujours le fait de la volonté de Dieu.

Si ces vérités sont l'effet d'une volonté que Dieu assujettit à un ordre certain et uniforme, je les appellerai physiques ou naturelles.

Si elles sont l'effet d'une volonté supérieure à cet ordre, je les nommerai surnaturelles ou miraculeuses.

J'appellerai enfin vérités du troisième ordre, les vérités d'existence qui dépendent de la détermination d'une volonté libre et créée ; et, comme ces vérités ne sont astreintes à aucun genre de nécessité, ce qui fait qu'elles ne peuvent être infailliblement prévues que par Dieu seul, je les appellerai des vérités purement possibles ou contingentes, ou si l'on veut leur donner encore le nom de vérités historiques ; parce que ce sont ces sortes de vérités qui sont l'objet de l'histoire, j'adopterai aussi volontiers cette expression.

La seule chose que je pourrois ajouter à cette distinction des différens ordres de vérités, et qui ne regarde que mes connoissances, c'est qu'on peut les diviser encore en connoissances ou en vérités purement intelligibles, que je ne connois que par l'esprit ; en vérités purement sensibles, que je ne connois que par les sens, et en vérités mixtes, à l'égard desquelles ces deux genres de connoissances concourent. J'ai déjà donné plus haut l'idée de cette distinction, qui, comme je viens de le dire, est au-dessous de la majesté divine, à laquelle on ne peut attribuer, sans blasphème, autre chose qu'une connoissance purement intelligible, où le sensible ne sauroit être compris qu'*éminemment*, pour emprunter encore cette expression de l'école.

Je n'ai fait presque jusqu'ici que définir et diviser. Mais, si je veux à présent tirer quelque fruit de cette méditation que je fais sur la vérité, je dois m'appliquer à approfondir deux points encore plus intéressans pour moi :

Le premier consiste à savoir par quels moyens je peux m'élever jusqu'à la découverte du vrai, ou à la connoissance de ce qui est ; le second, à examiner jusqu'à quel degré de certitude il m'est permis de porter mes connoissances, et comment je peux m'assurer que j'y suis parvenu. L'un est la voie, pour ainsi dire, et le chemin ; l'autre est le but et le terme de toutes les opérations de mon esprit.

Je remarque d'abord sur le premier, que mes connoissances sont de deux sortes. Il y en a que j'acquiers par les seules forces de mon esprit, et dans lesquelles je me suffis à moi-même, sans rien emprunter de ce qui est hors de moi pour y parvenir. Il y en a d'autres, au contraire, où j'ai besoin d'un secours étranger, et où ma connoissance est fondée sur celles des autres êtres semblables à moi.

Les vérités que j'ai appelées métaphysiques, qui peuvent être à la portée de mon esprit, sont du premier genre, soit que je les connoisse par voie de perception, comme l'idée de Dieu, la distinction du corps et de l'ame, les règles du raisonnement; soit que j'en sois instruit par voie de sentiment, comme de mon existence, de ma pensée, de ma volonté; soit, enfin, que ces deux voies se réunissent comme dans la connoissance de l'étendue du cercle, du triangle, et de toutes les lignes, ou de toutes les figures géométriques; les vérités de ce genre se dévoilent aux regards fixes et persévérans de mon attention, qui, comme le père Malebranche l'a fort bien dit, est une espèce de prière naturelle que Dieu exauce toujours, lorsque je ne demande que ce qui peut m'être révélé, et que je le demande comme il faut pour l'obtenir.

Je n'ai encore besoin que de moi seul, c'est-à-dire, de mes sens et de ma raison pour découvrir les vérités que j'ai appelées physiques. La fidélité et l'exactitude de mes observations, l'assiduité et la vivacité de mon application n'y sont pas moins récompensées par la découverte du vrai, que dans l'étude des vérités métaphysiques.

Je peux, à la vérité, être souvent aidé dans ce travail par les découvertes que d'autres esprits ont faites sur cette matière. Mais, comme il faut toujours que ce soit ma raison qui juge de ces découvertes mêmes, et qui s'en convainque par sa propre expérience, si elle veut connoître pleinement le vrai; que d'ailleurs, absolument parlant, je pourrois me passer de ce secours, si je vivois assez long-temps pour étudier tous les objets en eux-mêmes, sans avoir besoin de l'observation des autres philosophes, je puis mettre ce second genre de vérités, comme le pre-

mier, au nombre de celles que je ne suis pas incapable de découvrir par le seul usage de mes facultés
naturelles. Tout ce qui dérive d'une nécessité absolue
ou essentielle, comme les vérités métaphysiques,
ou tout ce qui est la suite d'une nécessité conditionnelle ou hypothétique, dont la condition ou l'hypothèse existent réellement, peut sans doute m'être
connu par la voie du raisonnement, qui, d'un principe connu, tire des conséquences certaines et évidentes.

Il n'en est pas ainsi des vérités que j'ai appelées
surnaturelles ou miraculeuses, ni de celles que j'ai
nommées purement possibles, contingentes ou historiques. Elles dépendent, les unes de la volonté
absolue de Dieu, les autres de la volonté libre d'un
être inférieur ; et elles conviennent, en ce point,
que je ne puis connoître ni les premières ni les dernières, que lorsqu'elles me sont manifestées par l'événement.

A la vérité, si je suis présent à cet événement, j'en
suis instruit par le témoignage de mes sens ; et, en
ce cas, je me suffis encore à moi-même à l'égard
des vérités les plus contingentes.

Mais, s'il s'agit d'un fait qui se soit passé hors de
ma présence, ou même avant que je fusse au monde,
ni mes sens, ni ma raison seule ne peuvent en
apercevoir la vérité. J'ai besoin, pour la connoître,
du témoignage de ceux qui ont vu le fait, ou qui
l'ont appris de ceux qui l'ont vu ; souvent même
il y a un très-grand nombre de degrés entre le témoin oculaire et celui de qui j'apprends ces sortes de
vérités.

C'est de tous ces degrés, comme d'autant d'an-
neaux, que se forme la chaîne de tradition qui sert
de preuve et de fondement à toutes les vérités historiques. Ma raison, il est vrai, m'est d'un très-grand
secours pour en faire un juste discernement ; mais, si
elle m'est utile pour en bien juger, elle ne me suffit
pas pour les connoître ; et il n'y a aucun principe,
aucun progrès de raisonnement métaphysique ou

physique, par lequel je puisse conclure, qu'Alexandre a vaincu Darius, ou que César a conquis les Gaules.

Dieu m'a donc donné trois moyens différens pour acquérir la connoissance du vrai:

L'attention de mon esprit et l'opération de ma raison, par rapport aux vérités purement intelligibles;

Le rapport de mes sens, aidés et soutenus de la même attention et du même travail de mon esprit, pour les vérités sensibles qui dépendent d'un ordre et d'un enchaînement de causes constantes et uniformes, dont elles sont des effets ou des suites nécessaires;

Enfin, le témoignage des autres hommes, à l'égard des vérités de fait qui échappent à mes sens, et que mon esprit ne peut découvrir par le seul secours du raisonnement.

Mais, en suivant ces trois voies qui me sont ouvertes pour parvenir à la possession de la vérité, à quelle marque pourrai-je reconnoître que j'y suis parvenu en effet? Et quels seront le principe et le fondement de ma certitude, ou de cette confiance et de cette sécurité que mon ame doit sentir, quand elle est arrivée au terme de ses recherches, et qu'elle se voit, pour ainsi dire, dans le port? C'est le second point qui me reste à méditer, et la question la plus délicate de toute cette matière.

Je sens d'abord que je ne saurois en trouver la solution ailleurs que dans moi-même. La conviction des autres n'est pas la mienne. En vain ils me paroissent persuadés d'une opinion qui les frappe; je n'y souscrirai jamais, comme je l'ai dit dans ma seconde méditation, si je n'éprouve en moi le même degré de persuasion. C'est de mon esprit qu'il s'agit de déterminer, de fixer le consentement. Ainsi, je ne puis juger de ce qui est capable de produire en moi cet effet, qu'en examinant attentivement ce qui se passe dans mon ame, lorsque j'acquiesce pleinement et absolument à ce qui me paroît une vérité.

J'appelle la situation où je me trouve alors, un état de certitude, dans lequel, comme je l'ai dit ailleurs, mon esprit ne cherche plus, parce qu'il croit avoir trouvé, et ne désire plus, parce qu'il possède.

Mais, qu'est-ce que cet état, et quelles sont les causes qui peuvent le produire au dedans de moi?

Je voudrois d'abord pouvoir le définir, et m'en former une idée claire, que je pusse aussi faire entendre clairement aux autres hommes; mais tous mes efforts sont inutiles. Je ne doute point de la possibilité de cet état, je sais que je l'ai éprouvé plusieurs fois; mes semblables m'assurent qu'ils l'ont éprouvé comme moi, mais ils ne réussissent pas mieux à me l'expliquer par une définition qui éclaire mon intelligence. Je ne le connois donc point, et ils ne le connoissent pas non plus par voie de perception; mais je le sens et ils le sentent. Donc, suivant les principes que j'ai établis plus haut, cet état de certitude, que je cherche à bien connoître, ne peut être autre chose qu'un sentiment intérieur de mon ame, une espèce de repos et de calme que rien ne trouble plus, et dont je me rends témoignage à moi-même par cette conscience intime, qui est comme l'écho de toutes les modifications de mon ame. C'est ainsi, pour comparer encore la vue spirituelle avec la vue corporelle, que, lorsque j'ouvre mes yeux et que je vois la lumière du soleil, je sens que je la vois, je le sens certainement, et il n'y a point de sophisme qui puisse m'en faire douter un moment de bonne foi. Mais, si l'on me demande en quoi consiste cette certitude; si l'on veut m'obliger à définir, par des idées claires, l'état de conviction où je suis à cet égard, je ne pourrai que répéter ce que je sens, et dire que je vois le jour, que j'en suis certain, et qu'il ne m'est pas possible d'en avoir le moindre doute.

Mais, si je ne puis pas faire connoître d'une autre manière cet état de certitude, je serai peut-être plus heureux à en expliquer les causes; j'en aperçois d'abord trois, qui me paroissent toutes également dignes de mon attention, et qui pourroient bien même me réduire à une seule.

1.º C'est souvent la seule force, la vivacité, la fermeté, et, si j'ose parler ainsi, l'immobilité du sentiment même dont je suis frappé, qui prévient ou qui fait cesser tous mes doutes, et qui se suffit à lui-même pour me mettre dans cet état de certitude, où mon ame croit jouir pleinement de la vérité.

J'affirme, par exemple, que j'existe, que je pense, que je veux, que je suis libre, que j'use de ma liberté, peut-être mal à propos, en écrivant ces réflexions, dont je sens aussi que je suis fort fatigué, et je l'affirme avec une si grande conviction, qu'il n'y a rien dans le monde qui puisse m'en faire douter. Je suis donc à cet égard dans l'état d'une entière certitude ; mais quelle en est la cause, si ce n'est le sentiment seul que j'ai de toutes ces choses, je veux dire, de mon existence, de ma pensée, de ma liberté, de l'action qui en est l'effet ? Qu'on me dise de prouver que j'ai ce sentiment et que je dois l'avoir, on me réduira, si l'on veut, à l'impossible ; mais on ne me réduira jamais à en douter et à hésiter un seul moment sur la certitude qui l'accompagne. Cependant c'est mon sentiment, et mon sentiment seul qui l'a produit. Donc, il y a une certitude et une certitude invincible, imperturbable, et, si je l'ose dire, infaillible, qui n'est l'effet que de la force même et de la puissance de mon sentiment.

Croirai-je donc que ce premier genre de certitude soit le moins parfait, parce que c'est celui où ma raison et les lumières de mon esprit semblent avoir le moins de part ? Je sens, au contraire, que c'est celui de tous qui est le plus ferme, et qui doit aussi l'être davantage. Moins j'y contribue par les forces de mon être, plus je dois y reconnoître l'opération efficace et infaillible de son auteur. Cette conscience intime que j'ai de ce qui se passe en moi, conscience perpétuelle qui me parle dans tous les temps, conscience générale et commune à tous les hommes qui entendent sa voix comme moi, ne peut venir que de Dieu. Donc, elle ne sauroit me tromper ; donc, elle est le plus solide fondement de ma certitude. Mais j'aurai bientôt occasion d'approfondir encore plus exactement cette pensée.

2.° Ce n'est pas seulement la vivacité et la force de mon sentiment intérieur qui causent en moi ce que j'appelle un état de certitude ; c'est souvent, et à l'égard de certaines vérités, une idée claire et lumineuse que je puis définir et faire concevoir aux autres, ou une suite et un progrès de perceptions dont il ne résulte, comme je l'ai dit plus haut, qu'un seul point de lumière, auquel tous les rayons qui éclairent mon esprit se réunissent.

J'appelle cette seconde cause de ma certitude, la voie de perception, la route éclatante et lumineuse de l'évidence, qui est sans doute la plus agréable pour moi. Elle satisfait plus qu'aucune autre, et elle flatte plus agréablement ma raison, qui regarde la découverte de la vérité comme son ouvrage ; et d'ailleurs, ma certitude est aveugle en quelque manière, lorsque c'est le seul sentiment qui la cause. Mais elle a des yeux et voit clair, pour parler ainsi, lorsque je la dois à l'évidence des idées qui se présentent distinctement à mon esprit. Je peux m'en rendre raison à moi-même, et repasser avec plaisir par tous les degrés, et comme par toutes les démarches que mon esprit a faites pour arriver à la vérité. Un voyageur qui ne pourroit marcher que la nuit n'en arriveroit pas moins au terme de son voyage, et il auroit toujours une sorte de joie de s'y voir arriver ; mais il a une satisfaction toute différente, lorsque la lumière du soleil et la sérénité d'un beau jour lui permettent d'observer les lieux par lesquels il passe et de pouvoir tracer, au moins dans son imagination, la carte et le tableau de tous les pays qu'il a traversés dans sa route. Tel fut le plaisir de Pythagore, lorsqu'il immola des victimes aux muses, après la découverte de cette célèbre et féconde proposition géométrique, que *dans tout triangle rectangle, le quarré de l'hypoténuse est égal aux quarrés des deux autres côtés.*

Il ne goûta pas seulement la satisfaction d'être convaincu de cette vérité, il sentit encore plus celle de savoir pourquoi il étoit convaincu de revenir agréablement sur ses pas, et de voir par quel progrès d'idées également évidentes il étoit parvenu à voir évidemment la vérité de cette proposition.

Mais, après tout, si la route est différente, le terme de la route est précisément le même; et, si j'examine bien ce qui se passe en moi lorsque je me rends à la clarté de mes perceptions, je trouverai que ce sont toujours, dans cette supposition même, une force et une vivacité invincible de sentiment, qui produisent l'adhésion et l'acquiescement de mon esprit.

D'où vient, par exemple, que je me soumets pleinement à la vérité de la proposition dont Pythagore s'applaudissoit d'avoir fait la découverte? C'est parce que chacune des propositions qui lui servent de fondement est également évidente. Par elles, je remonte jusqu'à une première notion, qui est claire par elle-même; par elles, je descends d'évidence en évidence, jusqu'à la proposition qu'il s'agit de démontrer, et qui devient par là aussi évidente que toutes celles dont elle a reçu, pour ainsi dire, le jour. Mais tout cela n'est encore rien, si je ne suis assuré, d'ailleurs, que tout ce qui est évident est vrai. Et qu'est-ce qui m'en assure, si ce n'est un sentiment intérieur, qui ne me permet pas de douter de tout ce qui porte ce caractère, sentiment dont je suis tellement affecté, qu'il m'est impossible de ne pas m'y rendre? J'y acquiesce par une impression supérieure que j'éprouve, et j'y consens précisément de la même manière qu'à ces propositions que j'ai prises pour exemple du premier genre de certitude: *j'existe, je pense, je veux, je suis libre*, parce que je sens intérieurement qu'il m'est aussi impossible de ne pas acquiescer à l'une que de résister aux autres.

Il y a cependant cette différence entre ma certitude, lorsqu'elle est fondée sur le seul sentiment, et ma certitude causée par l'évidence de mes perceptions, que l'une est fondée sur le sentiment qui ne se prouve que par lui-même et au-delà duquel je ne saurois remonter; au lieu que l'autre a souvent pour principe un sentiment d'évidence causé par d'autres sentimens encore plus évidens que des idées supérieures font naître dans mon ame. Je consens dans un cas, parce qu'il ne m'est pas possible de résister; je consens dans l'autre, non-seulement parce que je ne peux, mais parce que je ne dois pas résister; et je sais que je ne le dois pas par d'autres sentimens que j'ai déjà éprouvés, et qui renferment celui auquel il s'agit de donner mon consentement. Ainsi, de ces deux espèces de convictions, l'on peut dire que la première est fondée sur un sentiment simple, et que l'autre l'est sur un sentiment justifié par d'autres sentimens. Mais, comme en remontant de degré en degré dans la généalogie du genre humain, on arrive enfin à un premier homme qui a eu des enfans et qui n'a point eu de père; de même dans la suite, et, si je l'ose dire, dans la filiation de nos pensées, on s'élève enfin jusqu'à une première notion qui en produit plusieurs, mais qui, n'ayant été produite par aucune autre, n'a pour garant de sa vérité que notre sentiment intérieur, ou notre conscience même. Ainsi, quiconque approfondira bien le premier principe de nos connoissances, demeurera toujours convaincu, que dans les vérités mêmes les plus susceptibles des preuves de raisonnement, c'est enfin le sentiment même et notre conscience intime qui sont le seul appui de notre certitude.

Non-seulement je sens que cela est, mais je sens en même temps que cela doit être ainsi, suivant la connoissance que Dieu me donne, par cette même conscience, de la nature de mon être. Revenons ici à la notion simple que je me suis formée de la vérité, j'ai dit qu'elle consiste uniquement à voir et à bien voir. Or, je vois par mes yeux, je vois aussi par mon esprit, et l'effet de ces deux espèces de vues se réduit également à sentir que je vois bien. Je prends une lunette pour contempler les satellites de Jupiter; aucune éclipse ne les dérobe à ma vue; la lunette est excellente ; le ciel est serein ; j'ai les yeux bien disposés ; j'aperçois ces planètes du second ordre ; je les vois clairement, j'affirme que je les vois ; je ne puis en rendre que cette raison, et il est impossible qu'il y en ait une meilleure pour moi, parce que mon sentiment intérieur est la chose dont je ne puis le moins douter. Il en sera de même si je passe à ce qui regarde la vue de mon esprit. Je conçois clairement que dans tout triangle rectangle, le quarré de l'hypothénuse est égal à la somme des quarrés des deux autres côtés. Les propositions précédentes sont comme les verres de la lunette, qui rapprochent l'objet de mes yeux, et qui me mettent à portée de le bien apercevoir. Et si l'on me demande pourquoi j'acquiesce à cette proposition, je ne puis que répondre simplement ; je vois l'égalité du quarré de l'hypothénuse avec les deux autres quarrés, comme je voyois tout à l'heure les satellites de Jupiter. Je la vois clairement, et je sens que je la vois. On ne peut me demander rien de plus à l'égard de ma vue corporelle ; on ne peut aussi aller plus loin à l'égard de ma vue spirituelle. Ainsi l'a voulu l'auteur de mon être, et telle est ma nature, que dès que je vois ce qui est, soit par mes sens ou par mon intelligence, un sentiment intérieur fixe l'agitation de mon esprit, termine ses recherches, et m'assure, par la cessation de tout doute, que je suis enfin arrivé au terme de mes désirs.

3.º Mais, c'est peut-être parler trop long-temps des deux premières causes de ma certitude, qui se réduisent néanmoins à une seule. Il me reste encore d'en expliquer une troisième qui regarde uniquement les vérités que j'ai appelées possibles et contingentes, par rapport à moi, au lieu que les vérités métaphysiques et physiques sont l'objet des deux premières.

En effet, je ne parviens pas seulement à la certitude par la force du sentiment intérieur, ou par l'évidence de mes perceptions ; j'y arrive encore par un témoignage qui est hors de moi et que je reçois des autres êtres intelligens, qui m'assurent l'existence ou la vérité des faits que je ne saurois apprendre par moi-même. Ma vue alors n'est pas une vue directe; je peux l'appeler une espèce de vue réfléchie. La connoissance que mes témoins ont de ces faits est pour moi comme un miroir dans lequel je verrois des objets sur lesquels je ne pourrois jeter un regard direct et immédiat, ou plutôt sans m'égarer plus long-temps dans des images semblables, je distinguerai ici deux différens genres d'évidences:

L'une, est celle de la chose même, que je puis apercevoir directement, et c'est celle dont j'ai déjà parlé; l'autre, est celle de l'autorité du témoin sur la foi duquel je crois la vérité d'un fait arrivé devant lui en mon absence.

J'appelle la première une évidence de raison, et j'appelle la seconde une évidence d'autorité.

Les effets de l'une et de l'autre ne sont pas moins différens que leur cause.

L'évidence de raison se termine à ce sentiment intérieur qu'on appelle conviction ou science, selon l'idée que les philosophes attachent à cette expression, qui signifie, selon eux, une connoissance certaine fondée sur des raisons évidentes et tirées d'une cause naturelle.

L'évidence d'autorité est suivie, au contraire, de ce genre de sentiment que nous appelons persuasion, ou plutôt, créance ou foi; sentiment par lequel nous acquiesçons à la vérité d'un fait sur le témoignage de ceux qui nous l'attestent, quoique nous n'en connoissions ni les causes physiques, ni les causes morales, et que nous puissions même ne les connoître jamais parfaitement.

C'est par la première de ces deux espèces d'évidence que je souscris à la quatrième proposition d'Euclide; et c'est par la deuxième que je crois certainement qu'il y a une ville appelée Rome, ou qu'il y a eu un grec nommé Alexandre, et un romain nommé César, qui se sont rendus illustres par de grandes victoires.

Si l'autorité qui domine dans le second genre

d'évidence est infaillible, c'est-à-dire, si le témoin, sur la foi duquel je détermine ma créance, ne peut ni être trompé lui-même, ni vouloir me tromper; en un mot, si c'est Dieu même qui me parle immédiatement ou médiatement, un témoignage d'un si grand poids produit en moi une créance qu'on appelle foi divine.

Si, au contraire, mes témoins peuvent être trompés ou trompeurs, c'est-à-dire, si ce ne sont que des hommes ordinaires, leur autorité dépend des circonstances qui peuvent affoiblir le poids de leur déposition, et elle ne produit jamais en moi que ce que l'on appelle une foi humaine.

Je ne parle, dans tout ce que je viens de dire sur ce troisième point, que des vérités qui sont purement possibles et contingentes, sans aucun mélange de causes physiques, qui puissent produire des événemens nécessaires, et je fais cette remarque, parce que ce mélange, ou cette combinaison du physique et du moral, n'est pas impossible. C'est ainsi que l'astronomie vient heureusement au secours de l'histoire, pour fixer ou pour redresser les époques de la chronologie, et pour assurer la date d'une naissance, d'une mort, d'une bataille, ou d'un autre événement, par les dates certaines et incontestables d'une éclipse de soleil ou de lune; enfin, dans les faits mêmes qui sont purement possibles et contingens, si les principes du raisonnement, c'est-à-dire, ces faits mêmes n'ont pour eux qu'une évidence d'autorité, les raisonnemens que l'on forme sur ces faits supposés véritables, et les conséquences qu'on en tire, peuvent avoir souvent une évidence de raison, comme lorsque l'on prouve qu'il est impossible qu'Énée ait vu Didon, parce qu'alors la liaison qui est entre un fait regardé comme certain, et la conséquence qui en résulte, sont vraiment nécessaires, au moins de cette nécessité que j'appelle conditionnelle ou hypothétique, et elle devient par là du ressort de notre raison.

Je reviens de cette espèce de digression à la suite de mon raisonnement; et, après avoir distingué l'évidence de raison et l'évidence d'autorité, j'examine si la dernière peut me conduire à ce que j'ai appelé un état de certitude.

Je l'envisage d'abord dans son plus haut degré, c'est-à-dire, lorsqu'elle est fondée sur le témoignage de Dieu même, et j'y remarque trois choses:

1.° Ce témoignage étant évidemment infaillible, la certitude que Dieu mettoit dans l'ame de Moïse et des prohètes, lorsqu'il leur rendoit sa présence sensible et qu'il leur parloit lui-même immédiatement ou par le ministère d'un ange, étoit au-dessus de tout ce que nous pouvons concevoir en genre de conviction.

2.° Elle n'étoit pas moins raisonnable qu'infaillible. De cette impression vive et pénétrante, qui causoit en eux un sentiment dominant et une conscience intrépide de l'action de Dieu, ils pouvoient conclure, par raisonnement, la vérité des paroles que Dieu leur faisoit entendre. Mais ils n'avoient pas même besoin de cet enthymème si simple: c'est Dieu qui me parle; donc, ce que j'entends est la vérité même. Ils le voyoient clairement renfermé dans la manifestation de la présence de Dieu. Ils sentoient donc, et ils voyoient en même temps. Ainsi, leur certitude étoit fondée sur les deux premières causes que j'ai expliquées; je veux dire, sur le sentiment et sur la perception.

3.° Mais, puisque l'évidence de perception même se réduit toujours au sentiment, comme je l'ai fait voir, il me semble que j'en puis conclure que l'autorité de Dieu, ou le poids infini de son témoignage reçu de lui-même, agit sur nous par voie de sentiment, et se termine à nous faire dire du fond de notre ame, je vois, je suis sûr que je vois, sans qu'il me soit possible d'en douter.

En sera-t-il de même du témoignage des hommes? Je n'ai garde de le penser. L'homme est aussi capable d'être trompé ou trompeur, que Dieu est incapable d'être l'un ou l'autre. Je n'aperçois même d'abord aucune liaison, aucune conséquence nécessaire entre

ces deux propositions : un homme m'assure avoir vu
un tel fait ; donc, un tel fait est véritable. Je ne saurois en conclure nécessairement qu'il l'ait vu, il peut
ou ne l'avoir point vu, et vouloir me tromper, ou
l'avoir mal vu et être lui-même trompé. Ainsi, le témoignage des hommes semble ne me présen-
ter d'abord qu'une matière de doute plutôt qu'un
principe de certitude ; et si le pyrrhonisme ne doit
pas avoir lieu dans toutes nos autres connoissances,
il semble au moins qu'on ne puisse le combattre dans
ce qu'on appelle vérité de fait, et qu'il ait établi son
séjour et comme son domicile naturel dans l'histoire.

Croirai-je donc que la vérité ne réside jamais dans
le témoignage des hommes, et qu'il faille toujours s'y
réduire à la vraisemblance, en sorte qu'il ne puisse
former qu'une opinion probable, sans être jamais un
fondement assez solide pour établir en nous une
créance certaine ?

Le raisonnement que je viens de faire me conduiroit assez à tirer cette conséquence, mais mon sentiment intérieur y résiste. Il y a je ne sais quoi dans le
fond de mon ame qui réclame sur ce point contre la
subtilité de ma raison, et qui en appelle au jugement
de ma conscience. Je sens, en un mot, qu'il y a des
faits que Dieu ne me révèle point immédiatement, et
qui ne me sont connus que par le témoignage des
hommes, dont il m'est aussi peu possible de douter, que des vérités les plus évidentes, comme celles
de la géométrie.

Puis-je douter, par exemple, de l'existence de la
ville de Rome, où je n'ai jamais été, et de celle de
l'Océan, que je n'ai jamais vue ? Puis-je seulement
soupçonner qu'un historien me trompe, ou qu'il
est lui-même trompé, quand il m'assure qu'Auguste
a été le premier empereur romain ; ou que Chris-
tophe Colomb a fait la découverte de ce qu'on appelle le nouveau monde ? Si les vérités de la géométrie sont plus lumineuses, parce que j'en découvre
le principe, celles-ci ont l'avantage d'être plus à
la portée du commun des hommes, et de faire dans

leur ame une impression plus profonde et plus durable. On dispute tous les jours sur les méthodes
géométriques, on dispute sur l'évidence même ; mais
on ne s'est jamais avisé de disputer sur l'existence de
Rome ; et, s'il s'est trouvé quelquefois des hommes
qui aient voulu révoquer en doute des faits de cette
nature, on les a regardés comme des fous, ou du
moins comme des sophistes méprisables, qui abu-
soient de la subtilité de leur esprit.

Quelle est donc la cause de cette espèce de foi
humaine, plus commune dans le monde que la foi
divine ? Ce n'est pas seulement une cause morale,
elle est physique en quelque manière, parce qu'on
peut dire qu'il est physiquement impossible que
les hommes se trompent, ou qu'ils veuillent me
tromper sur ces sortes de faits.

Telle est la nature de l'être qui m'est commun
avec eux ; d'un côté, je peux voir clairement ce qui
se passe devant mes yeux, et de l'autre, je dis sin-
cèrement ce que je vois, supposé qu'il n'y ait ni
passion, ni intérêt, ni caprice, ni maladie qui of-
fusquent la lumière de mon esprit, ou qui corrompent
la droiture de mon cœur. J'en fais une expérience
continuelle dans les enfans qui ne font encore que
suivre aveuglément l'impression de la nature, et qui
ne mentent jamais, lorsqu'ils n'ont aucune raison de
mentir. Je peux donc dire que l'homme est vrai naturellement, et qu'il n'est menteur que par accident.

J'en trouverois même, si je voulois, une raison
métaphysique dans les idées de Dieu et dans l'ordre
commun de sa providence. Je ne saurois douter qu'il
n'ait créé les hommes pour vivre les uns avec les
autres dans une société, dont le lien le plus fort est
la sincérité et la confiance mutuelle qui en est le fruit.
Je sais qu'ils affoiblissent souvent et qu'ils rompent
même ce lien, lorsqu'ils se livrent à leurs passions ;
mais c'est une exception qui confirme la règle et qui
me fait voir que, lorsqu'ils ne sont point dominés
par leurs passions, ils doivent suivre et suivent en
effet l'intention, la destination de l'auteur de leur

être. Il leur faut une raison pour mentir, il ne leur en faut point pour dire la vérité.

Or, il est, je ne dis pas moralement, mais physiquement impossible, que ces passions, contraires à l'ordre naturel, qui les trompent et qui les rendent trompeurs, se trouvent, en même temps et sur le même fait, dans tous les hommes, ou du moins dans un très-grand nombre d'hommes de tout âge, de tout sexe, de tout pays et de tous les siècles ; qu'ils soient tous passionnés, ou intéressés, ou capricieux, ou malades, par rapport à un même objet, et par une espèce de concert dont la raison ne seroit pas capable, et dont les causes fortuites qui la dérangent le sont encore beaucoup moins. Il est impossible, par exemple, de supposer que, depuis plus de deux mille ans, tous ceux qui ont vu la ville de Rome, et qui ont dit qu'ils l'avoient vue, se soient rencontrés ou réunis sur ce point dans le même genre d'illusion ou de mauvaise foi. Nul effet ne peut être produit sans cause ; et les Épicuriens mêmes l'ont reconnu, lorsqu'ils n'ont pas osé abandonner absolument au hasard la production de l'univers. Ils ont été obligés de supposer un mouvement nécessaire dans les atomes, et de les précipiter de haut en bas par leur pesanteur qu'ils regardent comme une propriété inséparable de la matière. Or, comment trouvera-t-on ce principe, cette cause commune d'égarement ou d'artifice dans tous les esprits qui concourent à m'assurer l'existence de Rome ? Ainsi, quand je crois des faits de cette nature, ma certitude est fondée sur deux causes :

1.º Le raisonnement que je viens de faire sur l'impossibilité physique de supposer dans tous les hommes, ou dans un si grand nombre, une illusion active ou passive, est la raison lumineuse de ma confiance.

2.º La force et la fermeté du sentiment, dont nous sommes naturellement frappés par ces sortes de faits, quand même nous n'en développerions pas si exactement la cause, sont une seconde raison moins claire,

mais non pas moins efficace de ma certitude. En
effet, si l'on veut me presser sur la créance que je
leur donne, si l'on cherche par des raisonnemens
subtils à m'en faire douter, je répondrai toujours
que cela m'est impossible. Mon sentiment intérieur
ne me rend pas moins ferme et moins inébranlable
sur ce sujet, que sur les vérités qu'on me démontre
le plus géométriquement.

C'est donc toujours ce sentiment, cette conscience
intime qui est le principe de ma confiance et de ma
certitude dans toute connoissance; et, s'il y a des philosophes qui veuillent n'appeler cette certitude, à
l'égard des faits contingens, qu'une certitude morale
qui n'est fondée que sur une vraisemblance portée
au plus haut degré, je leur permettrai d'agiter cette
question de nom; mais je sentirai toujours au dedans
de moi, que, soit que la cause en soit vraiment physique, ou seulement morale, l'effet en est toujours
égal. Ma conscience est également affectée par l'évidence de la chose et par l'évidence du témoignage.
Je vois alors par les yeux d'autrui comme je verrois
par les miens; et je finis toujours, comme dans tout
autre genre de vérité, par dire, que je vois ce qui est.

C'est ainsi que la révélation même trouve une
croyance ferme dans mon esprit. Dieu ne nous a donné
que des preuves de fait pour établir la vérité de
la religion; et il semble qu'il ait préféré cette espèce de preuve à toutes les autres, parce que c'est
celle qui domine le plus généralement sur l'esprit
humain, et qui met le commun des hommes dans
une sécurité plus parfaite et plus imperturbable.

Au reste, je ne parle ici que des faits dont il
est évidemment impossible que les témoins soient
trompés ou trompeurs; et je n'examine point ce qui
regarde les autres, parce qu'ils sont hors de mon
sujet, et qu'il est certain que le témoignage des
hommes n'y peut produire qu'une probabilité ou
vraisemblance plus ou moins grande, et souvent contraire à la vérité.

Je m'arrête donc à ces deux principes, qui sont

comme la conclusion générale de tout ce que je viens d'établir sur l'assurance où l'homme peut être d'avoir découvert la vérité.

L'un, que cet état de certitude n'est en lui-même qu'un sentiment ou une conscience intérieure.

L'autre, que les trois causes que j'en ai distinguées se réduisent encore à un autre sentiment.

Sentiment simple, qui se prouve lui-même comme dans ces vérités, *j'existe, je pense, je veux*; et que je puis appeler un sentiment de pure conscience.

Sentiment justifié, ou sentiment de l'évidence qui est dans la chose même, ou de cette proposition, que *tout ce qui est évident est vrai*; et je l'appellerai un sentiment d'évidence.

Enfin, un sentiment qui peut aussi être appelé un sentiment justifié par le poids du témoignage qui l'excite, et qui a pour fondement une évidence d'autorité. Je l'appellerai donc par cette raison, *le sentiment d'une autorité évidente*.

Ou pour m'expliquer encore d'une autre manière, je distinguerai trois sortes d'évidences :

Une évidence de sentiment, que je connois par conscience;

Une évidence de raison, que j'aperçois par voie de lumière ou d'idées claires et distinctes, et dont cependant je ne suis assuré, en remontant jusqu'au premier principe, que par une voie du sentiment;

Une évidence d'autorité, dont je suis frappé par un témoignage qui exclut toute sorte de doute. Ce que je reconnois encore par un sentiment.

Mais, pourquoi l'évidence, de quelque genre qu'elle soit, ne sauroit-elle me tromper ? Ou comment puis-je être assuré que c'est là ce que je dois regarder comme le caractère certain et infaillible de la vérité ?

Je pourrois bien me dispenser d'approfondir cette dernière question; et m'en tenir à cette conscience intime et profonde que j'ai de l'impossibilité où je suis de douter, lorsque l'évidence me frappe, soit par un sentiment simple, soit par lumière, ou par autorité. Puis-je douter, *si j'existe, si je pense, si je veux,*

si dans un trianglerectangle le carré de l'hypothénuse
est égal aux carrés des deux autres côtés? Puis-je
douter s'il y a eu une ville de Rome, s'il y a eu un
Alexandre ou un César? Il en est de même dans tous
ces exemples, pour revenir encore à ma comparaison
familière, que de l'impression qui se fait sur mes
yeux lorsque je vois la lumière du soleil, je sens que
je la vois; et, de cela seul que je le sens, je conclus
que je la vois en effet, parce que voir n'est autre
chose que sentir que l'on voit. Mais, me dira-t-on,
pourquoi tirez-vous cette conséquence? Qu'est-ce qui
vous assure que votre raisonnement est juste et nécessaire? Je réponds bien simplement : que m'importe de le savoir, dès le moment qu'il m'est absolument impossible d'en douter. La même réponse me
suffit pour fermer la bouche à ceux qui voudroient
m'embarrasser, en me demandant pourquoi j'affirme
la vérité de ce que je vois évidemment. Que veut
dire cette expression? Elle signifie seulement, que
j'ai raison de dire que je vois, lorsque je vois. Mais
pourquoi ai-je raison de le dire? C'est parce que je
le vois, et que telle est la nature de mon être, qu'il
ne m'est pas possible de douter que je ne le voie. Que
me serviroit-il donc de vouloir secouer le joug de l'é-
vidence? C'est une loi nécessaire et inévitable; non-
seulement je ne puis lui résister, mais je ne saurois
même vouloir le faire.

Je n'aurois besoin que de cette seule réponse pour
demeurer tranquille sur ce sujet. Mais mon esprit sera
peut-être encore plus satisfait, si je puis me convaincre, par des réflexions tirées de la nature de
mon être, et de l'idée de Dieu même, que je dois
me soumettre à l'évidence, non-seulement par sentiment, mais par raison; et que si je ne doute plus
lorsqu'elle m'éclaire, c'est parce qu'en effet j'aurois
tort de vouloir encore douter.

La plus légère attention sur mon être me fait d'a-
bord sentir, que, soit dans le monde visible, soit
dans le monde intelligible, ce n'est pas moi qui suis
ma lumière à moi-même.

Supposons que ce soit dans mes yeux corporels que
réside véritablement la sensation de la vue ; je les
ouvre inutilement, et je demeure toujours dans les ténèbres, si le soleil ne se lève, ou si une autre clarté
ne luit hors de moi. De même, c'est en vain que les
yeux de mon ame sont ouverts, ou, pour parler sans
figure, c'est en vain que ses désirs et son attention
la mettent en état de recevoir l'impression du vrai,
si la lumière de la vérité ne se lève pour elle, c'est-à-
dire, si Dieu ne lui donne les idées qu'elle ne peut
se former d'elle-même. Comment en auroit-elle le
pouvoir, puisqu'elle ignore même ce que Dieu fait
en elle pour les lui donner ? Comparons encore la
vue de l'esprit avec celle du corps ; nous trouverons
que la dernière a quelqu'avantage en ce point sur la
première.

Je puis m'expliquer, au moins en partie, la mécanique de la vision corporelle, et si je savois parfaitement l'anatomie, je pourrois dire quels nerfs il
faut frapper, de quelle manière ils doivent être re-
mués, et quelle quantité d'esprits animaux il est
nécessaire d'y faire couler, pour exciter dans mes
yeux un mouvement tel que celui que la lumière y
produit, et pour me donner le sentiment qui en
résulte. Mes connoissances ne vont pas si loin sur ce
qui regarde la vue spirituelle. Tout ce que je sais
et tout ce que je puis savoir, c'est que je désire de
voir ; et que si je suis fort attentif à ce que je vois,
je sens augmenter ma vue, ou plutôt je sens mon
objet croître ou devenir plus lumineux. Je vois
même de nouveaux objets s'y joindre pour redoubler sa clarté comme par des rayons réfléchis.

Mais, comment puis-je augmenter ainsi ma lumière, et évoquer, pour ainsi dire, cette espèce
d'ombre ou d'image que j'oblige à paroître devant
moi ? C'est ce que j'ignore absolument. Je sens seulement que je vois, sans savoir ni pourquoi, ni par
quel moyen je vois.

Quelle autre puissance que celle de l'auteur de
mon être seroit capable de me donner ces idées ou

ces images, qui semblent s'offrir à moi au gré de mes désirs? C'est donc lui qui est la lumière de mon esprit, comme le soleil est la lumière de mon corps. Je parle sur ce dernier point dans le sens populaire, et seulement pour soutenir ma comparaison; car je sais que le soleil luiroit en vain à mes yeux, si Dieu ne formoit lui-même le sentiment de lumière dans mon ame.

Si c'est Dieu qui me donne les idées que j'aperçois, ne sera-ce pas moi du moins qui me donnerai ce repos d'esprit, ce calme, cette paix intérieure dont je jouis aussitôt que le voile est levé, et que je découvre clairement la vérité qui étoit l'objet de mes recherches?

Mais, si cette heureuse situation de mon ame dépendoit de moi, je me la donnerois toujours, et j'en serois si charmé que je n'attendrois peut-être pas même la présence ou la manifestation de la vérité pour me la donner. Je sens, au contraire, que je ne puis ni l'avancer, ni la retarder par ma seule volonté, ni même par tous les efforts de mon esprit. Tant que le vrai ne se montre pas pleinement à moi, je suis dans un trouble et dans une espèce d'anxiété dont je sens aussi que je ne suis pas la cause, puisque je l'éprouve malgré moi, et que ma volonté seule ne sauroit la faire cesser. Dès que je suis arrivé, si je peux parler ainsi, jusqu'à la parfaite révélation de la vérité, ce mouvement s'éteint et le repos y succède. L'un et l'autre sont donc l'ouvrage d'une main supérieure qui me modifie comme il lui plaît; qui excite et qui appaise à son gré l'agitation de mes pensées; qui la fait naître par un doute pénible et laborieux, afin que je m'efforce d'en sortir; et qui la fait cesser par un sentiment de repos et de sécurité, pour récompenser mes efforts et me faire goûter le calme après la tempête. Tout cela me paroît clairement renfermé dans le seul principe, qu'il n'appartient qu'à Dieu d'agir sur mon ame; parce qu'il n'y a qu'une puissance suprême qui puisse modifier une substance intelligente, soit par rapport aux objets sensibles;

soit par rapport aux objets intelligibles ; et ce principe me paroît si évident par lui-même, qu'il n'a besoin pour moi du secours d'aucune preuve.

Mais, lorsque je considère la nature de mon être, je ne découvre pas seulement sa foiblesse et le besoin continuel qu'il a de son auteur, pour apercevoir le vrai, et pour se reposer tranquillement dans cette vue, j'y remarque encore deux choses :

L'une, que, je crois être capable de connoître certaines vérités ; que cette persuasion est si naturellement gravée dans mon esprit, comme dans celui de tous les hommes, que rien ne peut l'en effacer ; et que ceux mêmes, qui veulent attaquer cette opinion commune, ont plus à combattre contre eux-mêmes, que contre les autres, quand ils veulent soutenir leur paradoxe. Il ne me faut point d'effort pour croire quelques vérités. Il m'en faut beaucoup pour douter de tout ; et je n'y parviens pas même par tous mes efforts.

L'autre, que non-seulement moi, mais tous les hommes du monde, n'ont jamais pensé qu'il puisse y avoir pour eux aucune autre marque, aucun autre caractère du vrai, que les trois genres d'évidence dont j'ai fait la distinction. S'il y en avoit un autre, comme il nous seroit absolument inconnu, nous ne pourrions en faire aucun usage, et il seroit pour nous, comme s'il n'étoit point.

Je lis donc ces trois vérités dans le fond même de mon être :

L'une, que c'est Dieu qui produit en moi, non-seulement les idées ou les sentimens dont je suis frappé ; mais encore le trouble qui accompagne mon doute, et le repos qui suit la découverte que je crois faire de la vérité ;

L'autre, que je suis persuadé, avec tout le genre humain, qu'il y a quelques vérités que l'homme n'est pas incapable de connoître ;

La dernière, que les trois espèces d'évidence que j'ai distinguées sont pour moi, comme pour tous les hommes, le seul caractère connu de ce que j'appelle vérité.

Je passe à présent de la nature de mon être à l'idée de la divinité, et j'y découvre trois caractères qui répondent aux trois choses que je viens d'observer en moi.

1.º Dieu est souverainement puissant, pour produire dans mon ame toutes les modifications dont elle est susceptible par sa nature.

2.º Il est souverainement parfait ou souverainement bon : il imprime sa perfection ou sa bonté sur tous ses ouvrages, autant qu'ils sont capables d'en recevoir le caractère, ou plutôt selon la mesure que sa sagesse leur a prescrite ; et il ne peut ni vouloir positivement le mal qui n'est qu'une négation, ni créer un être destiné par sa nature à être nécessairement malheureux.

3.º Il est souverainement vrai : vrai dans son intelligence où le faux ne sauroit jamais trouver d'entrée ; vrai dans sa volonté qui ne peut produire le faux, parce que le faux n'est autre chose que le néant même.

Sur toutes ces notions de l'être de l'homme et de celui de Dieu, je raisonne de cette manière pour me convaincre moi-même, non pas que je ne saurois résister à l'évidence, c'est ce que j'ai déjà remarqué, mais que je serois insensé si je voulois y résister.

Il en est de cette proposition, comme de certaines vérités géométriques, qui sont d'abord si évidentes par elles-mêmes, que, comme on n'a point encore de principe plus évident qui puisse servir à les démontrer directement ; et, pour parler le langage des scholastiques, *à priori*, on est obligé d'avoir recours aux suites absurdes qui naîtroient de la supposition contraire pour les démontrer moins directement, et comme le disent les mêmes auteurs, *à posteriori*.

C'est ainsi que l'homme n'a rien de plus clair, ni de plus fort, que l'évidence même, pour montrer qu'il doit s'y soumettre ; et lorsqu'on l'oblige à en donner d'autres preuves, il n'en peut trouver que dans les conséquences absurdes qui résultent nécessairement de l'opinion contraire.

J'en distingue donc ici deux sortes : les unes qui regardent la condition de l'homme ; les autres qui tombent sur la conduite de Dieu même, et ce sont celles qui me frappent le plus.

Quel est mon état, si je puis être trompé par l'évidence ? Je me vois réduit à douter de tout ; incapable de m'assurer jamais si je ne dis point faux lorsque je croirai dire vrai, ou si je ne dis pas vrai quand je crois dire faux ; livré à une illusion, à une méprise ou à une incertitude et à une agitation continuelle ; ne sachant si je vis sur la terre ou ailleurs, s'il y a même une terre ou s'il n'y en a point, si je suis unique en mon espèce, ou s'il y a d'autres êtres qui me ressemblent ; ignorant, en un mot, pour porter tout d'un coup la supposition au dernier degré d'absurdité, ignorant si je pense, si je veux, si j'existe. Car je ne sais tout cela que par cette évidence sensible, ou par ce sentiment intérieur ; par cette conscience intime qui peut me tromper, si j'ai tort de la regarder comme un caractère et une marque infaillible du vrai. Mais je me hâte de passer légèrement sur ce premier genre d'absurdité, parce que ce n'est encore rien en comparaison du second qui renferme des conséquences infiniment plus insensées, que cette supposition m'obligeroit à tirer contre Dieu même.

1.° Je serois en droit d'en conclure, que l'Être tout-puissant, l'Être souverainement parfait et souverainement bon, ne se seroit servi de son pouvoir en créant l'homme que pour en faire une créature nécessairement malheureuse, qui chercheroit toujours ce qu'elle ne pourroit jamais trouver, ni savoir si elle le trouve ; qui n'auroit que des facultés imparfaites, et par là entièrement inutiles ; enveloppée d'un nuage épais qui ne se dissiperoit en aucun temps, et qui serviroit seulement à déguiser et à défigurer les objets ; capable de voir, pour tout dire en un mot, non pour bien voir, mais pour voir souvent mal, et pour ignorer toujours si elle voit bien.

Ai-je besoin de répéter ici ce que j'ai dit ailleurs, qu'à la vérité Dieu ne peut rendre ses ouvrages aussi parfaits que lui ; mais que, suivant l'idée qui résulte de tous ceux que nous connoissons, il veut au moins qu'ils aient la perfection qui convient à leur être.

Dieu ne fait point son ouvrage à demi, et il n'y a pas un insecte dans la nature qui, destiné à un certain usage, n'ait aussi tout ce qui lui est nécessaire pour y parvenir.

Est-il concevable, après cela, qu'un être beaucoup plus parfait que mon corps même, qu'une ame qui porte le caractère de la divinité dans son intelligence et dans sa volonté, ait été créée d'une manière si imparfaite, qu'elle ne puisse que voir sans être jamais assurée de bien voir ; en quoi consiste, comme je l'ai expliqué, toute l'essence du vrai par rapport à nous ; que ma raison ne soit qu'une lumière trompeuse et infidelle, qui ne m'éclaire que pour m'éblouir, et qu'elle me montre une route qui ne me paroît droite que pour mieux m'égarer. Je pousse encore plus loin mes réflexions, et je tâche de les mettre dans un plus grand jour.

2.º En effet, si je suis destiné à n'avoir jamais que des idées obscures et imparfaites ; si mes désirs, si mon attention, si la méthode que mon esprit suit dans ses recherches, en un mot, si tous mes efforts ne peuvent jamais obtenir de Dieu qu'il m'éclaire véritablement, et qu'il m'assure en même temps que je suis assez éclairé pour ne pas hasarder mal à propos mon consentement ; ce n'est plus moi, c'est Dieu (j'ai de la peine à prononcer ce blasphème), c'est la vérité même qui me trompe formellement, et qui est la cause réelle et unique de mon erreur.

Reprenons ici les propositions préliminaires que j'ai établies. Dieu est l'auteur de toutes les idées et

de tous les sentimens dont je suis affecté dans la recherche du vrai; il peut me les donner d'une manière
assez parfaite, pour me faire découvrir sûrement la
vérité: et s'il ne le fait jamais, quelque prière que je
lui adresse, quelques efforts que je fasse pour l'obtenir, puis-je douter qu'il ne me laisse certainement dans
une impuissance entière et physique de parvenir jamais à la possession d'un bien dont il allume continuellement le désir dans le fond de mon cœur.

Ce n'est pas tout; Dieu est l'auteur non-seulement
des idées et des sentimens qui me frappent, mais
du trouble dont mes doutes sont accompagnés, mais
du repos qui suit ce que j'appelle le sentiment de
l'évidence. Tel est, en effet, le progrès que j'observe
dans les opérations de mon esprit qui tendent à la découverte de la vérité.

Une idée d'abord obscure, ou un sentiment confus excite mon attention, et le désir de voir plus clairement ce que je ne fais encore qu'entrevoir, comme
au travers d'un nuage, à mesure que je contemple
plus fixement mon objet, et que je m'efforce de l'envisager par toutes ses faces, le nuage semble se dissiper, la lumière croît, et je m'imagine voir beaucoup mieux. Enfin, d'efforts en efforts, j'arrive à
ce degré de clarté, où je ne conserve plus aucun
doute, et où le repos succède à l'agitation de mon
esprit.

Or, si c'est Dieu, comme je l'ai dit, qui opère
en moi ces dispositions successives, je demande d'a-
bord pourquoi il me trouble; pourquoi il se plaît
à mettre mon ame comme à la torture, s'il ne me
doit jamais rien montrer qui fixe justement mon inquiétude? Je demande ensuite, pourquoi il augmente
sa lumière pour moi à mesure que je fais plus d'efforts pour sortir de cette espèce de tourment? Pourquoi me donne-t-il par là comme un avant goût du
plaisir attaché à la possession de la vérité, que je ne
dois jamais posséder? Ne m'auroit-il pas mieux
traité, ou en me rendant entièrement aveugle et en
me laissant jouir en repos de mon ignorance, ou en

ne faisant jamais croître une lumière, dont le progrès fatal ne sert qu'à revêtir l'erreur d'une apparence de vérité? Je dis enfin, pourquoi Dieu produit-il en moi ce calme, ce repos intérieur, que l'évidence me donne? Je l'ai déjà dit, et je ne saurois trop le répéter; ce n'est pas moi qui répands cette paix dans mon ame. Mais si c'est Dieu qui en est l'auteur, si d'un autre côté, il la répand en moi par des notions trompeuses, qui me fassent demeurer tranquille lorsqu'il faudroit que je fusse agité, et qui m'arrêtent quand je devrois encore courir, ce seroit donc Dieu (je ne puis le redire sans horreur), ce seroit Dieu même qui se joueroit véritablement de la crédulité de sa créature. La fausseté de mes jugemens qui ne consistent que dans cet acquiescement de mon esprit, n'auroit point d'autre cause que l'action efficace de celui qui le produit. Je serois aveugle, s'il ne m'éclairoit pas; mais au moins je ne me tromperois point. Je vois et je me trompe, précisément parce qu'il m'éclaire; mais en ne me montrant la lumière qu'à demi, et en fixant néanmoins mes désirs, comme s'il me la montroit pleinement.

Enfin, comment Dieu me tromperoit-il, si j'ai encore besoin de cette dernière réflexion? Ce seroit, si je l'ose dire, par règle et par principe, non en détail, et sur quelques vérités particulières; mais en général et sur toute vérité, par un préjugé funeste, qui seroit pour moi une source continuelle d'erreur et d'illusion.

J'ai remarqué plus haut, que tous les hommes se croient capables de savoir certaines vérités, et qu'en même temps ils n'en connoissent point d'autre caractère que l'évidence. Or, une opinion si universellement répandue dans tout le genre humain, une opinion, dont il n'y a point d'homme qui ne soit naturellement persuadé, ne peut venir que de l'auteur de son être. Mais, si cette opinion est fausse, la raison même que Dieu m'a donnée, et qui ne se conduit que par la lumière de l'évidence, est véritablement ce qui me rend déraisonnable. C'est donc la règle même qui me trompe; c'est mon guide qui m'égare; et, comme si Dieu avoit voulu prendre toutes les mesures possibles pour me faire courir nécessairement d'erreur en erreur, il les a toutes renfermées dans une seule, afin que l'apparence du vrai ne servît qu'à me conduire plus certainement et plus véritablement à la fausseté.

Si toutes ces conséquences sont aussi absurdes qu'impies, si elles répugnent essentiellement à l'idée de la divinité; s'il n'y a point d'homme raisonnable, qui, avouant de bonne foi ce qui se passe au-dedans de lui, ne les rejette avec indignation, je ne me suis donc pas trompé lorsque j'ai dit que ma raison se joignoit à mon sentiment intérieur, pour me convaincre qu'il y a certainement un degré d'évidence qui ne peut m'induire en erreur, et qui est la règle sûre et solide de mes jugemens.

J'entends néanmoins murmurer autour de moi une secte de prétendus esprits forts, qui, désespérant de connoître certaines vérités, ou peut-être encore plus affligés de les sentir intérieurement, m'accablent d'objections subtiles, pour me replonger, s'il étoit possible, dans les ténèbres. Ma raison en seroit même effrayée, par l'impression qu'elles font sur plusieurs de mes semblables, si je ne trouvois toujours au dedans de moi une conscience certaine et imperturbable qui les condamne.

Je serois bien tenté de m'en tenir à son témoignage, qui est plus fort pour moi, non-seulement que les objections de ces philosophes, mais que toutes les réponses même qu'on y peut faire; et je prendrois volontiers ce parti, si je ne consultois que la lassitude où je suis de méditer si long-temps sur des idées qui, pour être communes parmi les métaphysiciens, n'en sont pas moins arbitraires et moins épineuses, quand on veut les approfondir exactement. Mais je considère, d'un autre côté, non-seulement qu'il est important, par rapport à certains esprits, de répondre aux objections les plus séduisantes des pyrrhoniens, mais que cette discus-

9 *

sion peut être encore très-utile pour éclaircir et pour confirmer pleinement les notions que j'ai essayé de donner du vrai et du faux, sur lesquelles j'espère d'établir, dans la suite, les véritables idées du *juste* et de l'*injuste*. Je me dirai donc ici à moi-même, comme le chevalier Marsham, au commencement de son livre : *Difficultates omnes superat veritatis amor. Illi litasse pulchrum : illam studiorum amœnitatibus prætulisse honestum est.* Mais je respirerai un moment avant que d'entreprendre ce nouveau travail, soit pour délasser mes lecteurs, soit pour me délasser moi-même, soit enfin pour acquérir, s'il se peut, de nouvelles forces contre la subtilité des pyrrhoniens, et contre l'usage qu'on voudra peut-être en faire dans la suite pour combattre ou pour obscurcir l'idée de la justice.

CINQUIÈME MÉDITATION.

SOMMAIRE.

Au lieu de suivre les pyrrhoniens dans tous les détours subtils où ils aiment à s'égarer, on attaque tout d'un coup leur système dans son principe, et l'on détruit leurs objections principales qui sont la source de toutes les autres. La première, que l'évidence nous trompe souvent, et qu'elle est plus propre à partager les hommes qu'à les réunir. Pour détruire cette difficulté, on établit trois propositions : des esprits attentifs et pénétrans peuvent apercevoir une évidence véritable là où les autres ne voient qu'une lumière confuse et incertaine : il y a des vérités à la portée des esprits les plus foibles : il y a des vérités sur lesquelles on n'a jamais vu de partage entre les hommes. Leurs diverses opinions affermissent le règne de l'évidence, bien loin de l'ébranler. Il n'y a pas jusqu'au pyrrhonien qui ne suive, sans y penser, la règle de l'évidence, dans le temps même qu'il fait les plus grands efforts pour la combattre. Seconde objection des pyrrhoniens; l'évidence est une règle qu'on ne sauroit prouver que par elle-même, c'est-à-dire, par un cercle vicieux. Le raisonnement s'unit au sentiment pour repousser cette nouvelle attaque,

Cette objection d'ailleurs bien loin d'affoiblir l'autorité de l'évidence, ne sert qu'à rendre plus sensibles son éclat et sa force. Il en est d'elle comme de la lumière, qu'on voit dans la lumière même. Si le sentiment intérieur de l'évidence qui frappe notre esprit pouvoit nous tromper, l'action de Dieu sur notre ame ne seroit qu'une opération d'erreur, et d'une erreur universelle et inévitable. Le pyrrhonisme ne peut éviter cette conséquence absurde et impie, qu'en niant l'existence d'un Dieu; et, quand il pousseroit jusque-là l'excès et la folie, il resteroit encore beaucoup de vérités, dont l'évidence fait sur nous une impression vive et invincible. On tourne contre les pyrrhoniens le principe même sur lequel ils s'appuient, et de conséquence en conséquence on les pousse aux absurdités les plus inouïes.

Mon dessein n'est point d'épuiser ici entièrement la matière du pyrrhonisme, ni de suivre les philosophes qui le soutiennent dans tous les détours subtils où leur esprit se plaît à se cacher, pour éviter de voir la lumière ou d'avouer qu'ils la voient. Ce seroit une discussion aussi ennuyeuse qu'inutile; c'est perdre son temps de s'amuser à couper les branches d'un arbre, quand on peut les faire tomber avec le tronc. Le chemin le plus court, dans les disputes philosophiques, est d'aller tout d'un coup au principe d'une doctrine et de tâcher, s'il se peut, de saper l'édifice par le fondement. Telle est la méthode que je me propose de suivre dans cette méditation, qui n'est qu'une suite et une confirmation de la précédente, et c'est dans cette vue que je m'attacherai uniquement à examiner les trois grandes objections des pyrrhoniens, qui sont comme la base et l'appui de toutes les autres.

La première, que l'évidence nous trompe souvent et qu'elle ne sert qu'à partager les hommes, bien loin de pouvoir les réunir.

La seconde, que l'évidence est une règle qu'on ne sauroit prouver que par l'évidence même, c'est-à-dire, par un cercle vicieux et frivole.

La troisième, que, quoique l'évidence nous trompe, on n'en doit pas conclure, que c'est Dieu même qui est la cause de notre erreur. L'homme accuse témérairement la Divinité d'un mal qu'il se fait à lui-même; il n'a qu'à suspendre son jugement, et, en conservant toujours un doute sage et prudent, suivre l'opinion la plus probable, lorsqu'il est obligé d'agir. Il ne se trompe donc que parce qu'il veut se tromper; et c'est par là qu'il arrive que Dieu demeure toujours véritable, et que l'homme est souvent menteur à l'égard de lui-même.

Enfin, comme le pyrrhonisme absolu conduit nécessairement à l'athéisme, après avoir examiné ces objections, il me restera d'approfondir cette question plus curieuse qu'utile; si, quand même on ne supposeroit pas l'existence de Dieu, l'évidence ne seroit pas toujours pour nous la marque et le caractère de la vérité.

J'entre à présent en matière, et je me propose d'abord la première objection des pyrrhoniens dans tout son jour.

Il n'est rien, me disent-ils, de plus incertain, ni de plus équivoque, qu'une règle que ceux mêmes, qui ont deux opinions les plus contraires l'une à l'autre, croient également avoir chacun de leur côté. Le péripatéticien proteste qu'il a l'évidence pour lui; le cartésien ne se vante pas moins de cet avantage. Cependant, il est impossible que sur le même point ils l'aient tous deux en même temps, puisqu'ils soutiennent des propositions contradictoires. Aucun d'eux ne sauroit montrer à son adversaire cette évidence qui devroit d'abord décider le différend, si elle méritoit véritablement ce nom. Chacun demeure persuadé de son sentiment, et également convaincu de l'évidence avec laquelle il l'aperçoit.

Ce n'est pas tout, ajoutent les pyrrhoniens, n'opposons plus un homme à un autre. Observons seulement ce qui se passe dans un seul et même esprit; il n'en est point à qui il ne soit arrivé de reconnoître, qu'il s'étoit trompé plus d'unefois dans des jugemens qui lui avoient d'abord paru évidemment infaillibles.

Quelle est donc cette règle prétendue qui, dans le

même homme, comme entre des hommes différens, sert également d'appui aux opinions les plus directement opposées? C'est un bien que personne ne possède précisément par cette raison, que chacun croit le posséder seul. C'est un trésor qui échappe à son maître, et qui ne lui laisse souvent que le repentir de s'y être trop attaché. Enfin, pour parler en termes plus propres, c'est une lumière équivoque, souvent trompeuse, et toujours incertaine.

Quoique le lycée et l'académie aient retenti de cette objection durant tant de siècles, et qu'il y ait eu jusqu'à des évêques qui aient voulu la renouveler dans le nôtre, je me garderai bien d'employer beaucoup de temps à y répondre. Le sophisme en est si manifeste, qu'il se trahit lui-même, pour peu qu'on y fasse d'attention.

Les déclamations que les pyrrhoniens anciens et modernes ont faites sur ce point, se réduisent uniquement à faire voir qu'il y a des hommes qui se trompent, soit par la foiblesse, ou par la négligence de leur esprit. Les uns croient apercevoir l'évidence où elle n'est pas; les autres ne la voient pas où elle est. Mais qui en doute, et qui a jamais dit ou même pensé, que l'esprit humain fût un juge toujours infaillible? Notre expérience et celle des autres hommes ne nous apprennent que trop combien nos lumières sont bornées et sujettes à l'erreur et à l'illusion. On feroit plus d'un volume de toutes les fautes des seuls philosophes, et les pyrrhoniens y fourniroient leur contingent, autant et peut-être plus que les autres. Mais quelle conséquence peut-on tirer d'une vérité si connue et si triste pour l'esprit humain?

Dirai-je que, parce que des yeux foibles ou malades prennent une couleur pour une autre, ou un arbre pour un clocher, il n'y en a point qui soient à couvert d'une pareille méprise, ou qu'il n'y ait pas même certains objets assez grands, assez éclairés, assez proches des yeux les plus foibles pour en être aperçus distinctement? C'est cependant à quoi se réduit l'argument des pyrrhoniens, et, pour y répondre suffi-

samment, ne pourrois-je pas me contenter de leur
dire :

N'enveloppez pas tout le genre humain dans une
condamnation générale pour la faute de quelques particuliers. Tous les hommes ne sont pas également
pénétrans, et le même homme n'est pas toujours
également attentif ; il y a des yeux si foibles ou si
distraits, qu'il leur arrive souvent de prendre l'ombre
pour le corps, une évidence apparente pour une
évidence véritable. Mais ne concluez pas de là que
tous éprouvent ce malheur et l'éprouvent toujours.
Il vous seroit tout aussi aisé de soutenir, pour me
servir encore de la même comparaison, qu'il n'y a
point d'yeux capables de ne pas confondre toujours
la terre avec l'eau, parce qu'il y a des vues basses
qui ne les distinguent pas toujours, et à qui il arrive
de tomber dans un étang, en croyant continuer de
marcher sur la terre. Comment pourriez-vous même
persister dans ce paradoxe, puisque, comme il y a
des objets dont les yeux les plus foibles peuvent
faire le discernement, il y a aussi des propositions
dont l'esprit le plus borné est capable d'apercevoir
toujours et de sentir continuellement la vérité. Telles
sont ces propositions qui m'ont si souvent servi
d'exemple, et qui pourront bien m'en servir encore
plus d'une fois. *J'existe, je pense, je veux : il y a
eu une ville appelée Rome ; il y a eu un Alexandre,
un César.* Que les pyrrhoniens nous produisent un
seul homme qui ait un doute sérieux et de bonne foi
sur des vérités de cette nature ; qu'ils nous fassent
voir que les hommes aient jamais été partagés sur
les premiers axiomes, ou sur les propositions élé-
mentaires de la géométrie, et qu'il y ait eu un philosophe qui ait cru voir évidemment que le tout
peut être plus grand que sa partie, ou que les trois
angles d'un triangle ne sont pas égaux à deux angles
droits.

Il y a donc ici trois propositions certaines :

L'une, que des esprits pénétrans, attentifs, exercés,
peuvent apercevoir une évidence véritable, où les

autres ne voient qu'une lueur confuse, qui souvent les conduit à l'erreur ;

L'autre, qu'il y a des vérités que tous les esprits aperçoivent de la même manière, et qu'ils regardent tous également comme indubitables ;

La dernière, que par conséquent il y en a sur lesquelles on n'a jamais vu de partage entre les hommes, et où il est impossible aux pyrrhoniens d'opposer évidence à évidence, et d'en trouver l'opinion ou la supposition également établie dans les deux partis contraires.

Je me contenterai même, si l'on veut, des deux dernières propositions, pour ne pas exposer la première à la contradiction des pyrrhoniens, et j'en conclurai toujours qu'il reste au moins quelques vérités certaines dans le monde ; et il ne m'importe pas qu'il y en ait peu ou beaucoup ; je n'ai pas besoin de fixer ici le nombre des vérités évidentes, ni de mesurer l'étendue de mes connoissances. C'est assez pour moi qu'il y en ait d'indubitables ; et, comme elles ne sont telles que par ce caractère d'évidence qui ne me permet pas d'en douter, il ne m'en faudroit pas davantage, à la rigueur, pour rejeter un sophisme qui pèche visiblement contre les premiers principes du raisonnement, puisqu'il conclut du particulier au général, et que d'ailleurs il est démenti, soit par l'expérience de tous les hommes, soit par le sentiment intérieur de ceux mêmes qui l'avancent.

Ce qui les trompe, s'il faut remonter ici jusqu'à la source de leur erreur, c'est qu'ils confondent deux questions, qui sont cependant très-différentes l'une de l'autre : la première est de savoir, si une proposition est entièrement évidente ; la seconde, si supposé qu'elle soit entièrement évidente, je puis et je dois la croire certainement véritable.

C'est sur la première que les hommes sont sujets à se tromper, ou à prendre parti les uns contre les autres, soit qu'ils manquent de lumière ou d'attention, soit qu'ils se livrent à des préjugés qu'ils

n'ont jamais bien approfondis, soit que par la paresse ou la vivacité de leur esprit, ils précipitent
leur jugement. Jusque-là les pyrrhoniens ont raison;
et s'ils en tiroient seulement cette conséquence,
quel homme doit être en garde contre ses premières
pensées: commencer même d'abord par les regarder
toutes comme suspectes, les considérer ensuite avec
art et avec méthode par leurs différentes faces; comparer l'inconnu avec le connu, et conserver toujours,
dans cette comparaison, un esprit neutre et impartial;
suspendre long-temps son consentement; en un mot,
douter, examiner, délibérer, avant que de décider,
et mettre l'évidence à toute sorte d'épreuves, pour
ne se rendre qu'à celle qui mérite véritablement ce
nom, je souscrirois de bon cœur à une leçon si utile,
sur laquelle les pyrrhoniens seroient parfaitement
d'accord avec les plus grands philosophes du parti
contraire.

Mais il ne s'ensuit nullement de là, que lorsqu'une
proposition est réellement évidente, elle puisse m'induire en erreur. Autre chose est, encore une fois, de
dire : une telle proposition est évidente; c'est ce que
je ne dois jamais prononcer légèrement, et c'est sur
quoi il y a un si grand partage d'opinions entre les
hommes. Autre, est de dire : cette proposition est
évidente, et tous les hommes en conviennent. Donc,
ils peuvent en affirmer la vérité.

Bien loin que le doute qui se trouve souvent sur
le premier point, et le combat que ce doute fait naître
entre les différentes sectes des philosophes, puissent
être regardés comme un argument contre le second,
il en résulte, au contraire, que les hommes, partagés
sur tout le reste, se réunissent dans ce principe commun, que l'évidence est le caractère infaillible du
vrai, puisque chaque secte ne réclame que l'évidence pour soutenir son opinion. Pourquoi Aristote
croit-il que les cieux sont éternels ? C'est parce qu'il
lui paroît évidemment impossible, que ce qui est
incorruptible, et qui par conséquent ne sauroit
finir, ait pu commencer. Et pourquoi suppose-t-il

que les cieux sont incorruptibles, et qu'ils ne peuvent jamais périr? C'est encore parce que cela lui paroît évident. Pourquoi d'autres philosophes, je ne dis pas chrétiens, mais plus raisonnables qu'Aristote, soutiennent-ils que les cieux ne sont point éternels? C'est parce qu'il ne leur paroît pas évident, ni que les cieux soient plus incorruptibles que les autres corps, ni qu'ils ne puissent cesser d'être; et qu'au contraire il leur paroît évident que, toute matière, n'étant point un être souverainement parfait, n'existe pas nécessairement ou par elle-même, et que son existence dépendant de la volonté d'un être supérieur et tout-puissant, elle a pu commencer de même qu'elle peut finir.

A quoi se réduit donc cette dispute et toutes les autres de même nature, si l'on veut l'exprimer dans les termes les plus simples? Une secte de philosophes dit, mon opinion est certaine, parce qu'elle est entièrement évidente. Vous vous trompez, répond la secte contraire, c'est mon opinion seule qui est certaine, parce que c'est la seule qui soit la dernière évidence. Ce qui est douteux, ce qui est contesté entr'elles, c'est l'évidence de l'une ou de l'autre opinion. Ce qui est certain et regardé des deux côtés comme un principe incontestable, c'est que l'opinion qui est véritablement évidente, est la seule qui puisse être certaine. Ainsi, de cela même que chacun de ceux qui soutiennent des propositions contradictoires, se vante d'avoir l'évidence de son côté, il s'ensuit, si l'on veut raisonner conséquemment, non pas que l'évidence réelle et véritable est une règle équivoque et incertaine, mais que tous les hommes sont naturellement et également persuadés, que c'est, au contraire, une règle sûre et infaillible; puisque quiconque croit avoir l'évidence pour lui, croit aussi être sûr de la victoire: en sorte que si l'on appelle une *idée* ou une *opinion innée*, celle qui est commune à tous les hommes, il n'y en auroit peut-être point qui fût plus digne de ce nom que cette proposition générale; la vérité est inséparable de l'évidence. Je défère volontiers aux opinions que je vois également respectées des deux partis opposés. C'est une espèce de droit des gens, qui conserve son autorité au milieu des guerres les plus allumées, et que ceux mêmes qui ont les armes à la main n'oseroient violer. On ne peut rien reprocher de plus honteux à une nation que d'avoir foulé aux pieds les règles de ce droit, et l'on ne peut rien dire de plus injurieux à un philosophe, que de l'accuser d'avoir secoué le joug de la raison, en combattant contre l'évidence même, tant il est vrai que tous ceux qui portent ce nom la regardent, de part et d'autre, comme l'unique et souverain arbitre de leurs différends : de même, pour me servir d'un exemple encore plus convenable, que les théologiens les plus opposés dans l'église catholique se couvrent également du nom respectable de l'écriture sainte, et comme les disputes, qui sont entr'eux sur ce point, supposent nécessairement qu'ils en reconnoissent pleinement l'autorité, aussi les querelles même des philosophes ne servent qu'à faire mieux voir, combien ils se soumettent tous également à celle de l'évidence. De quel côté est-elle ? C'est le fait qui, comme je l'ai déjà dit, est souvent contesté. Partout où elle est, ne porte-t-elle pas avec elle le caractère certain de la vérité ? Voilà le droit que les partis contraires reconnoissent également, puisque chacun ne soutient son sentiment, que parce qu'il prétend l'avoir de son côté.

Le pyrrhonien, pour porter cette réflexion aussi loin qu'elle peut aller, le pyrrhonien lui-même est obligé de se servir de cette règle pour défendre son sentiment contre les philosophes dogmatistes. Pourquoi soutient-il qu'il faut douter de tout ? Il ne peut en rendre que deux raisons :

Ou, parce que cela même lui paroît une vérité évidente ;

Ou, parce que le contraire ne lui paroît pas évident. De quelque manière qu'il s'explique, il sera toujours forcé de reconnoître l'empire de l'évidence.

S'il dit qu'il doute de tout, parce que la nécessité d'un doute universel lui paroît évident, il confesse expressément par là que c'est l'évidence qui est la règle de sa raison.

S'il se réduit à soutenir qu'il doit douter de tout, parce qu'il ne lui paroît pas évident qu'il puisse rien affirmer, il suppose par conséquent que l'évidence auroit le droit de l'y obliger. Dire, je ne me rends pas à une proposition parce qu'elle ne me paroît pas évidente, c'est dire plus qu'implicitement, je m'y rendrois, j'y souscrirois sans difficulté si elle me paroissoit évidente : c'est reconnoître, pour ainsi dire, le droit de l'évidence, et n'en contester plus que le fait. Ainsi, le pyrrhonien suit, sans y penser, la règle de l'évidence, dans le temps même qu'il fait tant d'efforts pour la combattre ; et, par conséquent, la question se réduit à son égard, comme entre tous les philosophes qui ont des opinions contraires, non pas à savoir si l'évidence est le caractère de toute vérité, mais si une telle ou une telle vérité est ou n'est pas évidente.

C'est pour cela que j'ai d'abord distingué avec soin ces deux questions. La dernière ne regarde pas plus les pyrrhoniens, comme je le viens de dire, que le reste des philosophes, ou plutôt que tous les hommes en général qui, dans toutes leurs recherches, ont toujours le même intérêt de s'assurer qu'ils voient clairement ce qui en est l'objet. Et sur la première, j'ai fait voir que non-seulement tous les philosophes dogmatistes les plus contraires les uns aux autres, regardent également l'évidence comme leur règle et leur juge, mais que les pyrrhoniens les plus outrés n'ont point et ne sauroient avoir d'autre raison pour rejeter l'évidence, que l'évidence même.

C'est donc bien inutilement qu'ils abusent des combats des philosophes et des variations de l'esprit humain, pour attaquer une règle que ces combats et ces variations mêmes affermissent, bien loin de l'ébranler ; et sans laquelle ils seroient obligés d'avouer qu'ils ne savent pas eux-mêmes pourquoi ils prennent le parti de douter plutôt que celui de décider.

Je suivrai, à l'égard de leur seconde objection, la même méthode dont je me suis servi par rapport à la première, et je commencerai d'abord par me la proposer dans toute sa force.

Un principe, disent les pyrrhoniens, qu'on ne sauroit prouver que par ce principe même, ne peut jamais passer pour une règle certaine et démontrée. Pourquoi faut-il croire que tout ce qui est évident est vrai? C'est, répondent les philosophes dogmatistes, parce qu'il est évident que tout ce qui est évident est vrai. Mais, leur disons-nous, vous croyez prouver quelque chose, et vous ne faites que répéter simplement ce que vous avez à prouver. Quel est le principe qu'il s'agit d'établir? C'est que l'évidence ne peut nous tromper; et comment l'établissez-vous? En nous répétant gravement que cela même est évident. Mais si l'infaillibilité de l'évidence a besoin d'être prouvée, puisque c'est ce que nous révoquons en doute, elle en a besoin dans cette seconde proposition, comme dans la première, dont la seconde n'est qu'une véritable répétition. Prouvez donc d'abord cette prétendue infaillibilité; et prouvez-la autrement que par l'évidence qui ne peut se servir de preuve à elle-même. Si vos preuves sont solides, nous admettrons volontiers les conséquences que vous en pourrez tirer justement; mais jusque-là nous serons peu touchés de tous les raisonnemens que vous ferez pour montrer qu'il n'est pas possible que l'évidence nous trompe; parce que Dieu seroit injuste, et qu'il nous précipiteroit lui-même dans l'erreur, si ce qui est évident n'étoit pas toujours vrai. Tous vos argumens nous sont toujours également suspects, ou plutôt ils pèchent tous visiblement par le même endroit. Selon vos propres principes, ils ne prouvent rien, qu'autant qu'ils vous paroissent évidens; et, si l'évidence n'est pas un caractère certain du vrai, comme nous le soutenons, il demeure toujours douteux entre nous si ces argumens prouvent quelque chose, ou s'ils ne prouvent rien. En un mot, comme, selon vous, l'infaillibilité reconnue de l'évidence est le juste fondement de votre certitude; de même, son infaillibilité incertaine et contestée est le solide fondement de notre doute sur toutes les propositions dont vous ne prouverez la vérité que par l'évidence.

Tels sont le raisonnement le plus spécieux, l'objection favorite et presque victorieuse du pyrrhonisme, si l'on en croit ses partisans anciens et modernes. Mais je sens que mon cœur et mon esprit se révoltent également contre cette subtilité. Voyons si je pourrai bien développer ici la cause de cette révolte, et mettre dans tout leur jour les preuves de sentiment et les preuves de raisonnement qui se réunissent en faveur de l'évidence, contre un sophisme plus dangereux encore et plus éblouissant que le premier.

J'en appellerai donc d'abord au sentiment ou à la conscience intime de tous les hommes, sans en excepter celle des pyrrhoniens même, qui ne leur parle pas moins clairement qu'aux autres, quoiqu'ils fassent semblant de ne pas entendre sa voix.

Je leur ai déjà fait voir que c'est sur l'évidence même qu'ils se fondent pour attaquer l'évidence. Pourroient-ils douter, comme je leur ai dit, s'il ne leur paroissoit évident qu'ils doivent douter? Ou pourquoi doutent-ils, si ce n'est parce qu'il ne leur paroît pas évident qu'ils doivent affirmer? Mais il faut aller encore plus loin.

Je reprends donc mes exemples familiers, et je leur demande s'ils doutent véritablement du fait de leur existence, de leur pensée, de leur volonté actuelle, de leur doute même; s'ils peuvent croire que la partie est plus grande que le tout; qu'un est égal à deux; que l'être est la même chose que le néant; que le *oui* a le même sens que *non*, etc., ou s'ils peuvent même avoir le moindre doute sur ces propositions.

C'est là que le pyrrhonisme est réduit nécessairement à opter entre l'extravagance et la raison;

mais, de quel côté se détermineront ses défenseurs ?

Me répondront-ils que leur doute universel s'é-
tend jusqu'à ces premières vérités ? Si cela est, je leur
dirai non pas qu'ils se trompent, mais qu'ils veulent
me tromper. Tous les hommes le leur diroient comme
moi ; ils se le diroient à eux-mêmes s'ils n'avoient
pas la bonne foi de me l'avouer ; et, n'ayant plus
à disputer contre des hommes faux et insensés, je
me confirmerai encore plus dans un sentiment qu'on
ne peut attaquer, sans tomber dans une fausseté ou
dans une extravagance manifeste.

S'ils prennent, au contraire, le parti d'avouer que
ces vérités ne sont point enveloppées dans les ténèbres de ce doute universel, qui, selon eux, nous
en cache tant d'autres, je leur demanderai s'ils en
sont assurés par quelqu'autre preuve que celle qui
se tire d'une évidence connue par voie de sentiment, ou par voie de perception. Diront-ils qu'ils
ont, en effet, une autre raison de croire ces vérités ?
Je les presserai de me l'expliquer, et je recevrai
d'eux très-volontiers ce nouveau caractère du vrai
que je dois mettre à la place de l'évidence. Mais,
comme ils seront forcés de reconnoître qu'ils n'ont
aucun autre motif pour y acquiescer que cette évidence même qu'ils combattent, je serai alors en droit
de leur dire : d'un côté vous connoissez quelques
vérités d'une manière si certaine, qu'il ne vous est
pas possible d'en douter ; de l'autre, vous ne sauriez en apporter aucune autre raison que leur évidence aperçue ou sentie. Donc, vous êtes obligés
de m'avouer aussi que l'évidence portée à un certain
degré, force et détermine votre consentement. Donc,
j'ai eu raison de vous dire que l'évidence entière
et parfaite est le caractère unique et infaillible de
la vérité.

Êtes-vous effrayés, leur dirai-je encore, d'une
conséquence si nécessaire, et vous tente-t-elle de
rétracter l'aveu que vous venez de faire par rapport
à des vérités que vous rougissez de nier à la face

de tous les hommes raisonnables ? J'y consens volontiers, pourvu que vous souffriez la comparaison que je vais faire de votre manière de raisonner avec la mienne.

Nous sommes, vous et moi, l'ouvrage de la même main : Dieu nous a formés de la même nature, nous sommes affectés de la même manière par l'évidence : vous sentez, comme moi, que vous ne conservez aucun doute, lorsqu'elle vous frappe véritablement. Mais que faites-vous ? Il vous plaît d'entrer en défiance contre l'impression qu'elle fait sur votre esprit. Vous ne doutez point, mais vous voulez douter. Vous cherchez quelque chose de plus clair que la lumière même. Le soleil luit ; vous avez les yeux sains, vous les ouvrez, et vous voulez qu'on vous prouve qu'il fait jour. Voici donc comme vous raisonnez : je vois clair ; je ne sens aucun doute ; il m'est même impossible de rien imaginer qui soit contraire à ce que mon esprit aperçoit évidemment ; donc, je dois encore douter. Pour moi, je dis d'abord comme vous : je vois clair ; je n'ai aucune raison de douter ; je sens même qu'il ne m'est pas possible de le faire. Mais au lieu d'en tirer avec vous cette conséquence bizarre ; donc, je dois vouloir douter. J'en conclus au contraire ; donc je ne dois pas vouloir douter. Lequel de nous deux raisonne mieux ? Et ne faut-il pas renoncer à la raison même, pour soutenir que, quand on est convaincu, on ne doit pas croire qu'on l'est ?

Mais croyez-le ou ne le croyez pas, ou plutôt, dites, si vous voulez, que vous ne le croyez pas pendant que vous le croyez, vous n'en êtes pas moins convaincu ; et la preuve que vous l'êtes, c'est que vous n'apercevez au dedans de vous-mêmes aucune apparence, aucune ombre de raison tirée de la chose même, qui puisse autoriser votre défiance. C'est là néanmoins que vous devriez en trouver, si votre conviction n'étoit pas parfaite. Mais vous êtes obligé d'en aller chercher dans le pays des fictions les plus absurdes ; et vous ne soutenez votre doute imaginaire, qu'en supposant que, s'il y avoit je ne

sais quoi que vous ne concevez point, et que
vous ne sauriez concevoir, vous seriez trompés par
ce que vous concevez en effet, c'est-à-dire, que
si l'évidence pouvoit vous tromper, vous seriez trompés
par l'évidence. Étrange manière de raisonner, qui,
bien examinée, se réduit à ce discours insensé :
*Je vois, et je sens certainement que je vois; mais
s'il étoit possible qu'en voyant, je ne visse pas, je
devrois douter si je vois; donc, en voyant même,
je dois encore douter si je vois.* Mais je serai bientôt
obligé de développer encore plus cette dernière réflexion.

Au reste, il ne faut pas s'imaginer que ces sortes
de preuves, qui se tirent des conséquences absurdes
d'une proposition, ne soient pas un genre de démonstration assez fort pour la faire rejeter, ou que l'on
puisse du moins y appliquer ce mot de Cicéron :
*hæc enim spinosiora priùs ut confitear me cogunt,
quàm ut assentiar.* J'ai déjà remarqué dans ma dernière méditation, et je dois ici approfondir encore
plus cette pensée, qu'il n'y a presque que cette
espèce de preuve dont on puisse se servir contre
ceux qui attaquent jusqu'aux premiers principes.
Comme notre esprit ne sauroit remonter plus haut,
et qu'il ne connoît point de vérité supérieure dont
il puisse les déduire par voie de raisonnement, il
ne reste pour réfuter ceux qui les combattent, que
de leur représenter si fortement l'absurdité des conséquences de leur opinion, qu'ils soient obligés eux-
mêmes de l'abandonner. C'est ce que j'ai expliqué
ailleurs ; mais j'y ajouterai ici que, quoique ces sortes
de démonstration soient souvent appelées indirectes,
on peut toujours les rendre directes en les ramenant à ce principe général dont les pyrrhoniens
mêmes ne sauroient disconvenir, que ce qui est vrai,
(s'il y a quelque sentiment qui mérite ce nom) ne
peut être absurde, c'est-à-dire, répugnant, contradictoire, impossible : autrement le vrai pourroit être
faux, et l'être pourroit se confondre avec le néant.
Les pyrrhoniens peuvent bien prétendre qu'il n'y

a rien de vrai par rapport à nous ; mais ils ne peuvent soutenir que ce qui est vrai puisse en même temps, et conçu sous la même idée, être faux. Or, ce principe étant une fois admis, toutes les démonstrations les plus indirectes peuvent toujours se réduire à une démonstration directe par ce simple syllogisme :

Le vrai ne peut jamais être absurde, contradictoire, impossible : ou, *ce qui est absurde, contradictoire, impossible, ne sauroit jamais être vrai.*

Or, une telle ou une telle supposition est absurde, etc., comme, par exemple, celle du doute absolu et universel ; *donc, elle ne sauroit être véritable.*

Mais c'est assez s'arrêter à répondre à l'objection des pyrrhoniens par des preuves qui ne sont tirées que du sentiment, quoique le raisonnement serve à les mettre dans un plus grand jour. Il est temps d'examiner si je ne pourrai pas encore y opposer un nouveau genre de preuves, où la raison n'ait pas moins de part que le sentiment, et qui soient fondées sur des idées claires, sur des principes directs et tirés de la chose même.

Je cherche d'abord à fixer le véritable état de la question : j'examinerai ensuite par quelle voie on peut la résoudre :

Ce qui est à prouver, me paroît renfermé dans ces deux propositions générales :

L'une, qu'il est impossible d'imaginer ou de supposer un autre caractère de la vérité que l'évidence ;

L'autre, que partout où nous trouvons ce caractère pleinement marqué, nous pouvons dire aussi, sans craindre de nous tromper nous-mêmes, que nous avons trouvé la vérité.

Voilà ce qu'il s'agit d'établir par des preuves tirées du fond de notre esprit et de la nature de l'évidence même. Mais quelles seront ces preuves ? C'est ce qui me reste à expliquer.

Je comprends d'abord que la première proposition est une suite nécessaire de la définition que j'ai donnée à la vérité. Qu'est-ce que la vérité ? ou (ce qui est la même chose, comme je l'ai toujours supposé dans

10 *

ma dernière méditation) qu'est-ce qu'une connoissance vraie? C'est, comme je l'ai dit aussi plus d'une
fois, la connoissance de ce qui est ou de ce qui n'est
pas. Il est impossible aux pyrrhoniens mêmes de définir la vérité par rapport à nous, et en tant que
nous cherchons à la découvrir, sans se servir du
terme de connoissance ou d'une expression équiva-
lente. Il faut que cette connoissance se trouve toujours, soit par voie de perception ou par voie de
sentiment dans ce que nous appelons le vrai ou le
faux; et, si ce n'étoit pas par la connoissance que
nous pouvons trouver l'un ou l'autre, nous en serions
absolument incapables : et, comme il n'y auroit
plus de vérité pour nous, il n'y auroit plus aussi de
fausseté.

Mais connoître mal, c'est, à proprement parler,
ne pas connoître : comme voir mal, c'est ne pas
voir ; et par la même raison, comme je l'ai dit ailleurs, la connoissance vraie comme la bonne vue
consiste à bien connoître, à bien voir, ou simplement
à connoître et à voir ce qui est. Or, on ne voit ce
qui est qu'autant qu'on le voit clairement, sans quoi
l'on peut dire qu'on entrevoit et qu'on devine : mais
on ne sauroit dire que l'on voie, en prenant ce terme,
comme on le doit toujours faire, quand on définit
dans toute son étendue.

Je puis donc abréger encore les expressions dont
je me suis servi dans ma dernière méditation, et
dire que découvrir la vérité, n'est autre chose *que
voir ce qui est*. Je défierois presque tous les pyrrhoniens les plus endurcis, de nier que, si nous
voyons ce qui est, nous ne connoissions la vérité.

Il est donc métaphysiquement, ou du moins physiquement impossible, en supposant la nature de
notre esprit telle qu'elle est, qu'il y ait un autre
caractère du vrai que l'évidence de quelque genre
qu'elle soit, et cela, par la définition même de la
vérité. Elle consiste uniquement à voir ce qui est.
Or, il n'y a qu'une connoissance claire et évidente
qui puisse nous mettre dans cet état. Donc, l'évi-

dence est non-seulement la voie, mais la seule voie qui peut nous mettre en possession du vrai : c'est la première proposition qu'il s'agissoit de démontrer, et il n'étoit peut-être pas même nécessaire d'en prendre la peine. Il n'y a point de pyrrhonien assez insensé pour oser dire que la vérité puisse devenir notre bien, autrement que par la connoissance ; et quiconque parle de connoissance, ne peut entendre cette expression, que d'une connoissance aussi parfaite que la nature de notre être nous en rend capables : or, c'est là précisément ce qu'on appelle l'évidence. Donc, la vérité de la première proposition ne sauroit être combattue par les ennemis mêmes de toute certitude.

La seconde paroît d'abord plus difficile à prouver contr'eux, je veux dire que partout où nous voyons l'évidence, nous pouvons nous assurer aussi que nous voyons la vérité ; mais elle n'est pas moins renfermée que la première dans la même définition du vrai.

La preuve s'en peut réduire à ce raisonnement simple, que l'esprit humain ne contredira jamais de bonne foi.

Je puis dire que je vois, lorsque je sens que je vois ; et quand je le dis, je dis une vérité, puisque je ne dis que ce qui est.

De même je puis dire que je vois bien, lorsque je vois bien ; et je ne dis autre chose par là, si ce n'est que je *vois*, parce que le terme de *voir* pris dans un sens parfait, signifie bien voir, comme je viens de le remarquer.

Mais, qu'est-ce que je fais, lorsque j'affirme qu'une proposition évidente est véritable ? Cette expression signifie seulement que je *vois*, et que *je vois bien*, ou simplement et absolument que je vois.

Donc, je ne me trompe pas plus dans un cas que dans l'autre, pourvu que je n'affirme précisément que ce que je *vois*.

Faut-il développer encore ce raisonnement et le rendre plus sensible par un exemple ?

Je vois un cercle, ou je le conçois sans le voir : j'en ai par conséquent l'idée présente à mon esprit : un pyrrhonien l'aura comme moi, toutes les fois qu'il parlera d'un cercle qu'il ne confond pas plus que moi, s'il est géomètre, avec un triangle, avec un carré, ou même avec une ellipse. La réflexion que je fais sur la vue ou l'idée que j'ai d'un cercle, et le témoignage intérieur que je m'en rends à moi-même, font d'une idée simple un jugement affirmatif que j'énonce par ces paroles, *je vois* ou *je conçois un cercle*.

Puis-je douter que je ne le conçoive en effet ? Cela m'est impossible, puisque je le conçois actuellement ; et, quand j'exprime par mes paroles, ou que je me dis à moi-même que j'en ai l'idée, que fais-je de plus qu'attester simplement ce que je vois, et qu'il ne m'est pas possible de douter que je ne voie.

Je vais plus loin ; et, considérant la propriété grossière et sensible du cercle, qui est que toutes les lignes tirées du centre à la circonférence sont égales, je vois cette propriété aussi clairement que je vois la figure qu'on appelle un cercle, et je sens aussi qu'il m'est impossible de ne la pas voir dans la génération même du cercle. J'atteste l'un et l'autre : je veux dire que je vois et qu'il m'est impossible de ne pas voir ou de douter de ce que je vois : cette opération est toute aussi simple que la première, ou du moins elle se termine à quelque chose d'aussi simple. Puis-je donc y être plus exposé à l'erreur, ou plutôt puis-je me tromper dans le sentiment que j'ai de ma vue, ou dans l'affirmation que j'en fais ?

La lumière s'augmente à mesure que je suis plus attentif, et je découvre enfin une propriété du cercle moins sensible ou plus abstraite ; je m'aperçois que toute ligne tirée perpendiculairement d'un des points de la circonférence sur le diamètre, est moyenne, proportionnelle entre les deux parties de ce diamètre qu'elle me donne lieu d'y distinguer par sa rencontre. J'ai peut-être plus de peine à découvrir cette propriété que la première : je suis obligé de faire un circuit et de prendre un chemin plus long pour y parvenir ; mais j'y parviens à la fin ; et alors, je la vois aussi clairement que j'ai vu d'abord la figure du cercle, et ensuite l'égalité de ses rayons : je sens donc que je la vois cette dernière propriété, et je ne saurois en douter ; j'affirme encore l'un et l'autre : et comment pourrois-je me tromper en l'affirmant, puisque je le sens en effet, et que mes paroles ne sont que l'expression de mon sentiment ?

Mais, dans tout cela, je veux dire, dans les opérations les plus composées, de même que dans les plus simples, je ne fais que voir, comme je l'ai dit ailleurs ; et dire que je vois, c'est la conséquence unique et perpétuelle que je tire de l'évidence ; et si je soutiens qu'elle est la marque, le caractère infaillible du vrai, cette proposition, réduite à sa juste valeur, signifie seulement que je ne me trompe point, lorsqu'en voyant, je dis que je vois, et ce que je vois.

Or, comment me prouveroit-on la fausseté de cette proposition ? On ne peut le faire qu'en deux manières, ou en me montrant que je ne vois pas ce que je vois. Mais qui pourroit me le persuader, pendant que je sens par une impression invincible que je le vois ? Ou en me soutenant que, lorsque je vois, je ne suis pas en droit de dire que je vois, ou ce que je vois ; mais le verrois-je moins quand je ne le dirois pas ? Qu'est-ce que mon silence retranche à ma vue ? Ou qu'est-ce que mes paroles y ajoutent ? Mon sentiment intérieur est vrai ou faux en lui-même. Il n'est point faux, puisqu'il est, et que je l'ai certainement ; donc, il est vrai ; et s'il l'est, mes expressions ne sont pas moins véritables ; et elles ne le sont, que parce que je vois en effet, et que je dis ce que je vois.

Me dira-t-on que je le crois voir, et que dans la vérité je ne le vois pas ? Mais qui peut en être le le juge, si ce n'est moi qui sens que je le vois ? Mon esprit ne sauroit aller plus loin : il ne peut juger des choses que par son sentiment intérieur ; et quelle autre raison les pyrrhoniens mêmes peuvent-ils alléguer de leur opinion ? Rien n'est plus aisé que de rétorquer contre leur doute, ce qu'ils disent contre la certitude des autres philosophes. Pourquoi doutent-ils, s'ils sont de bonne foi, si ce n'est parce qu'ils sentent qu'ils ne voient pas assez pour décider, c'est-à-dire, pour affirmer qu'ils voient ? Or, s'ils défèrent à leur sentiment intérieur quand il leur dit qu'ils ne voient pas, pourquoi ne déférerai-je pas au mien, lorsqu'il m'avertit et qu'il m'assure que je vois ? Le sentiment qu'ils ont de leurs ténèbres est-il plus infaillible que celui que j'ai de ma lumière ? Dois-je plus m'en croire moi-même quand je me dis qu'il est nuit, que quand je me dis qu'il est jour ?

Non, me répondent-ils, vous ne devez croire ni l'un ni l'autre : vous ne devez dire, ni que vous voyez ni que vous ne voyez pas. Ainsi, le doute me devient aussi impossible que la décision ; et ce n'est point ici une conséquence absurde que je leur prête, pour trancher la dispute par le ridicule, c'est une suite nécessaire de leur principe ; et les pyrrhoniens ou les académiciens qui ont raisonné le plus conséquemment, ont été obligés d'avouer, non-seulement qu'ils ne pouvoient décider sur rien, mais qu'ils ne savoient pas même s'ils devoient douter de tout.

L'homme ne sera donc plus qu'une espèce de machine ou d'automate sensible, qui ne pourra faire aucun usage de son sentiment ; toujours flottant entre le doute et la décision, sans pouvoir se déterminer ni à l'un ni à l'autre ; ne sachant pas davantage s'il doit hésiter ainsi entre les deux ; toujours en garde contre son sentiment intérieur ; vivant dans une défiance perpétuelle de sa raison ; et, ce qui est encore plus déplorable, se défiant de sa défiance même ; également incapable d'affirmer, de nier, de suspendre au moins son jugement. Quel parti prendra-t-il donc quand il faudra nécessairement agir,

comme il est obligé de le faire à tout moment, pour
la conservation ou pour le bonheur de son être ? Il
suivra, me dit-on, l'opinion la plus probable : mais
comment la connoîtra-t-il s'il ne peut jamais se fier à
son sentiment ? Je vois renaître tous ses doutes, son
hésitation, sa défiance sur la probabilité dont il ne
peut jamais être plus assuré que de la vérité. Pourquoi, en effet, son sentiment intérieur se tromperoit-
il moins sur l'une que sur l'autre ? Le voilà donc
aussi incapable d'agir que de juger, puisque toute
action suppose un jugement; et il sera vrai de dire
que Dieu aura créé un être raisonnable pour ne
point raisonner; un être voulant pour ne point vouloir, et un être agissant pour ne point agir.

Telles sont les extrémités où l'on est réduit nécessairement, lorsqu'on entreprend de soutenir qu'il
n'y a aucun sentiment dans nous, auquel nous puissions nous arrêter, et que, si notre conscience nous
dit le contraire, nous devons la faire taire comme
une folle qui s'égare, ou comme une séductrice qui
veut nous égarer.

Je retombe, malgré moi, dans ce genre de preuves
qui se tirent *ab absurdo*. Mais c'est la matière qui
m'y ramène nécessairement; et, d'ailleurs, elles ne
peuvent jamais être mieux placées que quand elles
servent à confirmer des preuves plus directes de la
nature de celles que j'ai employées, pour expliquer
ce qui se passe en moi lorsque je me rends à l'évidence, avant que de réfuter ce que les pyrrhoniens allèguent pour répandre des nuages, s'il étoit
possible, sur la vérité de mon sentiment intérieur.

Je conclus donc également des unes et des autres,
qu'il faut ou me donner une autre nature, ou reconnoître de bonne foi que l'évidence ne peut me tromper, parce qu'il est impossible ou que je ne voie
pas ce que je vois, ou que je me trompe en disant
que je le vois.

Ainsi, plus je travaille à simplifier mes idées sur
ce sujet, plus je demeure convaincu que tout ce que
j'appelle connoissance, raisonnement, démonstration,

science, se réduit toujours à un sentiment intérieur dont je ne fais qu'éprouver et affirmer l'existence et la réalité ; en sorte que toutes les vérités ou toutes les propositions vraies sont de la même nature que celle-ci : *Je sens que j'existe, je sens que je pense, je sens que je veux.* Je les appelle évidentes lorsqu'elles m'affectent de la même manière ; et comme, pour le répéter encore une dernière fois, je ne saurois me tromper, lorsque je ne fais que m'attester à moi-même ce que je sens, il est aussi impossible que l'évidence m'induise jamais en erreur, puisqu'après la plus longue suite de raisonnemens ou d'opérations composées, j'arrive enfin à un point de lumière ou à un sentiment simple dont je ne fais uniquement qu'affirmer la réalité.

Que les pyrrhoniens ne me disent donc plus que mon raisonnement retombe toujours dans un cercle vicieux, où je ne prouve l'autorité, et pour ainsi dire, la juste domination de l'évidence, que par l'évidence même.

1.º Ce que je veux prouver, est que tout ce qui est évident est vrai. Mais ce n'est point, à proprement parler, sur ce que cette proposition même est évidente que j'en établis la preuve, c'est sur la nature de mon esprit, dont je suis assuré par une conscience irrésistible (je demande qu'on me passe ce mot dont je ne suis pas même le premier auteur); c'est sur la décision de l'évidence ; c'est sur ce qui se passe au-dedans de moi lorsqu'elle m'éclaire sur l'impossibilité où je suis alors de douter, sur celle que tous les hommes éprouvent comme moi quand ils en sont frappés ; en un mot, c'est sur ce raisonnement simple auquel je réduis toute ma preuve, *je ne saurois me tromper, lorsqu'en voyant je ne dis autre chose, si ce n'est que je vois.* Je ne prends donc point pour principe ce qui est en question, et je ne prouve point l'évidence par l'évidence même : je m'assure de sa certitude par un sentiment intérieur qui m'est commun avec tous les hommes ; par un sentiment qui est si fort et si dominant, qu'il m'est physiquement impossible d'en douter : et si ma preuve est par là renfermée dans les bornes de mon sentiment, c'est parce que la nature de la chose n'en admet aucune autre, et que s'agissant, de savoir si je suis convaincu, il n'y a que mon sentiment même qui puisse m'en assurer.

2.° Quand je reconnoîtrois que l'évidence ne peut être prouvée que par l'évidence même, seroit-ce une raison suffisante pour ébranler son autorité et pour lui faire perdre ma confiance ?

Il est vrai qu'en général on prouve une vérité par une autre, et non par cette vérité même qu'il s'agit de prouver.

Si l'on me demande pourquoi un cercle est rond, je répondrois assez mal à cette question, si je me contentois de dire que c'est parce que c'est un cercle. Je serois obligé de montrer, par sa construction, que tous les points de sa circonférence sont également éloignés de son centre, et que c'est là ce qu'on entend par le terme de rond ou de rondeur.

Mais en quoi consiste cette preuve, et peut-être même toutes celles qui dépendent du seul raisonnement ? Elles se terminent à donner une idée claire et complète de la chose même sur laquelle roule la difficulté.

Ainsi, pour me former une notion juste et générale de cette espèce de preuve, je puis dire que prouver dans ce genre, c'est définir. Tout le progrès de mon esprit, lorsqu'il va d'idée claire en idée claire, se réduit toujours à voir. La preuve ne tend donc qu'à montrer que je vois, et je ne le montre que par une définition exacte et lumineuse.

Mais, si je vois déjà, si l'objet de mon attention est si clair par lui-même que je l'aperçoive pleinement par le simple regard de mon esprit, alors je n'ai pas besoin de preuves, parce que je n'ai pas besoin de définition.

Est-il nécessaire de prouver l'existence de Dieu aux intelligences célestes ; et pour cela de leur faire comprendre que l'existence nécessaire et absolue est renfermée dans l'idée de Dieu, c'est-à-dire, de leur définir la Divinité ? Ce seroit un circuit bien inutile. Elles voient Dieu existant, et elles le voient dans Dieu même. La preuve, ou la définition en quoi elle consiste, est superflue à quiconque voit clairement l'objet qu'on voudroit lui définir.

Ou, si je veux revenir aux êtres d'un ordre inférieur, faut-il me prouver l'existence de la lumière, lorsque je vois la lumière même; et me définir ce que c'est que de voir clair, lorsque je le sens beaucoup mieux qu'on ne pourroit me l'expliquer ?

Les preuves ou les démonstrations sont à l'égard des vérités, ce que les moyens et les instrumens sont à l'égard des causes.

Une cause est toujours foible lorsqu'elle a besoin de secours pour agir ou pour produire; et c'est de même une marque de foiblesse de notre esprit d'avoir si souvent besoin de preuves ou de définition pour comprendre une vérité.

Un ouvrage n'en est que plus parfait, ou du moins il ne montre jamais mieux la perfection de sa cause, que lorsqu'il a été produit sans secours, sans moyens, sans instrumens, par la seule volonté de son auteur. Une vérité n'en est aussi que plus certaine et plus indubitable, quand elle agit sur notre esprit sans preuve, sans raisonnement, sans définition, par une lumière qui se suffit à elle-même pour produire son effet.

C'est donc bien inutilement que les pyrrhoniens veulent me rendre l'évidence suspecte, en me disant que je ne saurois la prouver que par elle-même. Je veux qu'ils aient raison de le dire; j'en concluerai, au contraire, que c'est en cela même que je reconnois toute sa force, puisqu'elle peut se prouver sans preuve; et en ne faisant que se montrer, puisque je n'ai pas besoin de la définir pour la connoître, puisqu'elle se suffit tellement à elle-même que je la crois sur sa seule parole, et que je ne crois les autres vérités qu'autant qu'elle m'en assure et m'en garantit la certitude.

Me demander donc une autre preuve de son autorité, c'est comme si l'on me demandoit quelle est
la lumière qui me fait voir celle du jour. Bien loin
d'être en doute si je la vois, parce que je ne vois
qu'elle, c'est précisément ce qui m'assure de son
existence : je pourrois m'en défier si j'avois besoin
d'une autre clarté pour la découvrir; je serois du
moins obligé d'examiner ce que c'est que cette autre
clarté. Mais je vois la lumière dans la lumière même;
et puis-je demander qu'on me prouve que je vois ce
que je vois ? C'est pour me servir encore d'une autre
comparaison, comme si je voulois qu'on me fît sentir
que je sens, que je suis.

Ainsi, dire qu'on ne prouve l'évidence que par
l'évidence même, c'est dire en d'autres termes, que
l'évidence n'a besoin d'aucune preuve, parce que
l'usage des preuves qui nous fait sentir l'infirmité
plutôt que la vigueur de notre raison, ne m'est nécessaire que pour me faire voir plus clair que je ne
vois, et que je vois clairement, pleinement, parfaitement, lorsque je suis véritablement en possession
de l'évidence. Je le sens comme je sens que j'existe;
et je n'ai pas plus besoin de preuves pour l'un que
pour l'autre.

Je commence donc à rougir, peut-être trop tard,
de m'être occupé si long-temps à ce qui doit me
paroître impossible suivant ces principes, je veux
dire, à chercher quelque chose de plus clair que la
lumière ou de plus convainquant que l'évidence
même, pour en établir la certitude. Mais il n'étoit
pas inutile ni même indifférent, pour m'en bien
convaincre, de tourner mon sentiment intérieur de
tous côtés, de l'interroger en cent manières différentes, et de le mettre, pour ainsi dire, à la torture, afin
de faire mieux sortir du sein de ma nature même
cet aveu de sa soumission nécessaire à l'évidence,
qu'elle peut bien chercher à obscurcir quelquefois,
mais qu'elle ne sauroit jamais se dissimuler véritablement.

Je finis donc une si longue et si épineuse discussion par cette conséquence générale qui en renferme tout l'esprit.

L'évidence et la vérité, ou la connoissance vraie, ne diffèrent point essentiellement l'une de l'autre, puisque connoître véritablement, c'est voir ce qui est, et que voir évidemment, c'est aussi voir ce qui est: le terme d'évidence ne sert donc qu'à expliquer celui de voir, et à en déterminer le sens à une vue claire, distincte, parfaite. C'est tout ce que je cherche, lorsque je désire de connoître la vérité, puisque je ne veux que voir ce qui est, et que je ne saurois douter que je n'y parvienne à l'égard de certaines propositions. Les pyrrhoniens eux-mêmes le sentent comme moi. Ainsi, je suis également certain, et que mon esprit est capable de connoître la vérité, et que, comme pour la connoître, il faut bien voir, il ne la connoît que par l'évidence.

Telle est donc, autant que je le puis comprendre, la nature et la disposition de mon être à l'égard du vrai.

Dieu, lumière éternelle de toutes les intelligences, et souverain modérateur des esprits comme des corps, m'affecte par des idées ou par des sentimens à l'occasion des objets que j'aperçois, ou des désirs que je forme dans mon ame : il excite mon attention; et mon attention excitée obtient de lui ce secours, et, si j'ose le dire, l'illumination nécessaire pour me conduire de clarté en clarté jusqu'à un certain terme où mon esprit est frappé d'un sentiment qui le fixe et qui éteint en lui le désir de voir, parce qu'il voit ce qui est, et qu'il possède ce qu'il désiroit.

Qu'on lui dise alors de prouver qu'il le voit; il ne peut répondre autre chose sinon qu'il le voit, et c'est ce qu'il répond en d'autres termes quand il dit qu'il en a l'évidence. Dieu produit en lui son acquiescement, sa certitude, son immobilité, qui sont une espèce de foi naturelle à la lumière incréée qui l'éclaire, comme la soumission de l'esprit aux vérités révélées, est une foi surnaturelle; et de même que si on interrogeoit des personnes simples et peu capables de raisonnement sur les motifs de leur foi, elles répondroient seulement, je crois parce que je crois, ou parce que Dieu me fait la grâce de croire. Ainsi, celui qui est parvenu à l'évidence, ne peut que répondre quand on le ramène jusqu'au premier principe; je vois parce que je vois, ou parce que Dieu me fait voir; et cette réponse, quoique fondée sur un simple sentiment, est néanmoins la plus sûre et la plus satisfaisante pour lui, puisque toutes les démonstrations du monde ne peuvent se terminer qu'à faire voir et à faire sentir que l'on voit.

Nos esprits ne sont donc pas dans une dépendance moins parfaite ni moins absolue de l'Être suprême dans ce qui regarde nos connoissances naturelles que dans ce qui appartient aux vérités révélées; et quiconque aura bien médité la nature de Dieu et celle de notre être, comprendra sans peine qu'il est même impossible que cela soit autrement. Il n'y a qu'une lumière, comme il n'y a qu'une puissance. Dieu produit tous les êtres; Dieu éclaire tous ceux qui sont capables de voir; ils ne voient enfin que parce que Dieu les fait voir; il produit en eux, comme je l'ai dit ailleurs, et la vue même et le sentiment intérieur de repos qui suit cette vue lorsqu'elle est claire, distincte, évidente; et, si ce sentiment pouvoit nous tromper malgré toute notre attention, l'action de Dieu sur notre ame ne seroit, comme je l'ai dit aussi, qu'une opération d'erreur et d'illusion générale, perpétuelle, inévitable; ce qu'il seroit aussi absurde qu'impie d'attribuer à la Divinité.

Non, disent les pyrrhoniens (et c'est leur troisième objection à laquelle il n'est presque plus nécessaire de répondre), ce n'est pas Dieu qui trompe l'homme, c'est l'homme qui se trompe lui-même. Il n'y a qu'à ne rien affirmer et suspendre toujours son consentement : s'il ne voit jamais le vrai, il aura du moins la consolation de n'être jamais surpris par le faux. C'est la dernière ressource du pyrrhonisme, et la conséquence la plus artificieuse qu'ils tirent de leur doute universel.

Mais je crois la leur avoir ôtée par avance. Il

n'est plus question, pour achever de la faire disparoître, que de rappeler ici les points principaux que j'ai déjà établis avec plus d'étendue.

1.º Cette conséquence même est, selon eux, une vérité qu'ils sont forcés d'admettre dans le temps qu'ils combattent toute vérité. C'est ainsi que Pline l'ancien, après avoir parlé de plusieurs choses qui lui paroissoient inexplicables à l'esprit humain, finit ses réflexions par ces mots : *Quæ omnia improvidam mortalitatem ità perturbant, solum ut certum sit, nihil esse certi.* Il y a donc au moins une vérité certaine, a-t-on dit plusieurs fois aux pyrrhoniens, *c'est qu'il n'y a rien de certain.* Et pourquoi celle-là l'est-elle plus que toutes les autres? C'est une question qu'ils ne résoudront jamais.

2.º Répondront-ils, comme j'ai déjà dit, que leurs anciens maîtres l'avoient fait autrefois? Prendront-ils le parti d'avouer qu'ils ne sont pas sûrs de cette vérité même, et que tout est douteux, jusqu'à leur raison de douter; mais ils retomberont toujours dans le même embarras? Qu'ils ajoutent, s'ils veulent, ce doute à tous les autres, il n'en sera que plus sûr qu'il faudra douter de tout, puisque l'on doit douter même si l'on a raison de douter; par conséquent, la proposition fondamentale du pyrrhonisme deviendra une vérité encore plus certaine et plus générale.

3.º Je veux néanmoins qu'ils puissent douter de cette proposition même, qui est la base de leur doctrine; mais pourquoi en doutent-ils? En peuvent-ils donner une autre raison, comme je l'ai dit dans un autre endroit, si ce n'est qu'elle leur paroît douteuse? Or, s'il leur est permis de douter d'une proposition, parce qu'elle leur semble douteuse, me sera-t-il défendu de décider en sa faveur parce qu'elle me paroît évidente? Le sentiment intérieur sera-t-il une règle sûre pour le doute, et une règle trompeuse pour la décision? Sur quel principe établira-t-on cette différence? Je laisse aux pyrrhoniens le soin de le trouver; mais cette différence même, de quelque manière qu'on la conçoive, sera toujours une décision.

Dire qu'on doute et qu'on a raison de douter, c'est juger, c'est décider véritablement. Le sentiment intérieur va donc devenir, au moins en ce cas, une règle aussi sûre pour la décision que pour le doute. Mais, je me laisse retomber toujours dans le même labyrinthe de subtilités. Ce que j'en ai dit par avance est plus que suffisant pour le réfuter.

4.° Par conséquent le pyrrhonisme se détruit lui-même, puisqu'il met l'homme hors d'état de pouvoir faire la seule chose qu'il lui laisse, c'est-à-dire, de douter, et qu'il réduit notre ame à une pensée vague et indéfinie qui ne sauroit jamais prendre aucune forme.

Elle ne peut exercer son jugement qu'en trois manières, c'est-à-dire, en affirmant ou en niant, ou en doutant.

Selon les pyrrhoniens, elle ne sauroit affirmer, parce qu'il n'y a rien qui soit certainement vrai.

Selon eux, elle ne doit pas nier, parce qu'il n'y a rien qui soit certainement faux.

Enfin, selon eux-mêmes, ou du moins suivant la conséquence nécessaire qui suit de leurs principes, elle ne doit pas douter non plus, parce qu'il n'y a rien qui soit certainement douteux, si l'on peut parler ainsi ; et que, comme mon sentiment intérieur peut me tromper sur la décision, il peut me tromper aussi sur le doute. Je ne suis donc pas plus affermi dans l'un que dans l'autre ; je ne risque pas moins à suspendre mon consentement qu'à le donner ; je puis tomber dans l'erreur en le refusant comme en l'accordant : ainsi, le doute n'est point une ressource pour moi ; la probabilité en est encore moins une, puisque, comme je l'ai déjà dit, la probabilité est aussi incertaine que la vérité. Je ne suis donc plus qu'une espèce de miroir spirituel qui reçoit successivement les différentes impressions que la lumière fait sur lui ; et tout ce que j'ai de plus qu'un miroir matériel, c'est que je sens ces impressions, mais sans pouvoir en faire aucun usage, parce que mon sentiment rend le miroir trompeur dès le moment que je m'y arrête, soit pour affirmer, soit pour nier, ou même pour douter.

5.º Enfin, c'est en vain qu'on me dit de douter : je sens invinciblement, dans le fond de mon ame, l'impossibilité physique du doute, lorsque l'évidence m'éclaire. Je perds en ce moment cette liberté dont je suis ailleurs si jaloux. Il n'est pas en mon pouvoir de douter de mon existence, de ma pensée, des premiers axiomes de la géométrie, des démonstrations qu'elle en tire, et en général de toutes les propositions qui se présentent à moi avec la même évidence. Je crois plus aisément qu'il ne fait pas jour quand je le vois, que je ne pourrois douter si le tout est plus grand que sa partie. Pourquoi suis-je fait ainsi ? C'est ce qu'il ne s'agit pas d'examiner à présent ; et, d'ailleurs, je m'en trouve trop bien pour en être en peine : mais je sens, et je ne saurois en douter, que telle est la nature de mon être. Celui qui m'a créé raisonnable, n'a pas voulu que je pusse résister à la raison lorsqu'elle se montre à moi dans toute sa clarté. C'est lui-même qui me la montre. Je ne saurois concevoir qu'il y ait une autre lumière qui m'éclaire ; et encore une fois, si je me trompois, en suivant la seule lumière qu'il me donne, comment ne seroit-il pas la cause de mon erreur, puisque d'un côté une proposition évidente pourroit être fausse, et que de l'autre, je ne serois pas libre de ne la pas croire véritable ?

Il ne reste donc au pyrrhonisme qu'une triste et malheureuse solution, qui est de nier l'existence de Dieu, ou du moins de la révoquer en doute, comme toute autre vérité ; mais une extrémité si absurde et si pleinement confondue par tout ce qui nous crie au dedans et au dehors de nous qu'il y a un Dieu, se tourne en preuve par son absurdité même, contre une opinion qu'on ne sauroit soutenir, qu'en supposant que le hasard est l'auteur de tout ce qui existe, c'est-à-dire, que la négation de toute cause (car c'est en cela que consiste véritablement ce qu'on appelle hasard), a pu être la cause universelle de toutes choses.

Ce n'est pas tout : la supposition même de ce hasard fécond et efficace ne donneroit encore aucune atteinte à ma certitude. Que ce soit une intelligence suprême, ou le seul hasard qui m'ait produit, je ne suis pas moins tel que je suis : je n'en ai pas moins la faculté de sentir, et de savoir que je sens. Or, la vérité n'étant autre chose que la conscience ou l'attestation nécessaire de ce que je sens ; en vain supposeroit-on que je suis la production d'un hasard aveugle et incompréhensible, je n'en serai pas plus libre de douter si j'existe, si je pense, si je veux, si le tout est plus grand que sa partie, si les trois angles d'un triangle sont égaux à deux angles droits. Le géomètre athée voit ces vérités comme le géomètre le plus religieux. Ils en reçoivent l'un et l'autre une impression également forte, également dominante, également invincible. Ainsi, comme je ne peux juger de rien que par mon sentiment intérieur, soit que j'ignore ou que je connoisse la cause et l'origine de mon être, je suis toujours également déterminé dans mes jugemens, par ce que j'appelle l'évidence : et de même que dans l'hypothèse de l'Athéisme, je ne suis pas plus libre sur l'amour du souverain bien que dans la véritable thèse du théisme, je suis toujours également disposé dans l'une et dans l'autre à l'égard de la connoissance du vrai. Nécessairement dominé dans ma volonté par l'attrait du bonheur suprême, nécessairement dominé dans mon entendement par l'évidence du vrai, ce seroit donc par une impiété purement gratuite que les pyrrhoniens voudroient révoquer en doute l'existence de Dieu ; puisque dans cette supposition même, quelqu'insensée qu'elle soit, il y auroit toujours des vérités auxquelles l'esprit humain ne pourroit résister, et que, pour réunir toutes mes pensées en une seule, l'athée le plus endurci ne pourroit jamais douter s'il voit, dans le temps qu'il voit en effet.

C'est ainsi que j'ai essayé de montrer que les objections les plus subtiles ne servent qu'à confirmer encore plus la vérité qu'elles tendent à détruire ; et

puisque je crois être à présent en état de savoir en
quoi consiste le vrai, quelles en sont les différentes
espèces, par quelle route je parviens à la découvrir,
à quel signe certain je puis reconnoître sa présence,
et y demeurer invincible à toutes les attaques de ceux
qui voudroient m'en faire douter, il ne me reste plus
qu'à examiner s'il y a des vérités qui me soient connues naturellement, et que Dieu me donne libéralement en me donnant l'être, ou si toutes celles que je
puis connoître sont toujours pour moi un bien acquis
par le travail de mon esprit, et quand même elles
seroient toutes de ce dernier genre, s'il n'y en a point
dont on puisse dire qu'elles sont au moins un bien
commun offert à l'humanité, que chaque homme peut
saisir par une attention facile et médiocre. C'est ce
que je tâcherai d'éclaircir dans la méditation suivante,
pour parvenir à bien connoître de quelle nature peut
être l'idée de la justice naturelle, qui est l'objet de
toutes mes recherches.

SIXIÈME MÉDITATION.

SOMMAIRE.

*Y a-t-il en nous des connoissances innées, ou sont-elles toutes
un bien acquis et le fruit de nos efforts et de nos réflexions?
Les connoissances innées, s'il est vrai que nous en ayions
de telles, doivent avoir ces trois caractères : 1.° d'être données comme une suite et un apanage de notre nature;
2.° d'être données comme un bien gratuit que Dieu distribue
immédiatement à tous les hommes, indépendamment de toute
autre cause; 3.° d'être données et offertes aux hommes dans
tous les momens au moins où elles leur sont nécessaires.
Entre les connoissances innées, on en peut distinguer du
premier et du second ordre, différens exemples de l'un et de
l'autre. Les adversaires des idées innées se plaisent à les revêtir de couleurs fausses et étrangères pour les rendre mécon-
noissables. Il n'est pas essentiel à toute idée innée d'être
toujours distinctement aperçue : c'est assez pour mériter ce
nom, qu'elle vienne de Dieu immédiatement, qu'elle soit*

donnée à tous les hommes toutes les fois qu'ils ont besoin de les apercevoir. On explique comment il peut se faire qu'il y ait en nous des connoissances et des sentimens non aperçus. Il n'est pas nécessaire que les connoissances innées soient des idées parfaites, ou qui représentent pleinement leur objet. Il n'est pas nécessaire non plus qu'une idée pour être innée, soit ineffaçable ou invincible, incapable d'altération ou d'affoiblissement. Il y en a qui jouissent de ce privilége : mais il ne leur est pas absolument nécessaire. De ce que les connoissances innées n'ont point ces fausses prérogatives, il ne s'ensuit pas qu'elles ne soient autre chose que la simple faculté de connoître le vrai ; l'on peut encore moins en conclure qu'elles ne soient d'aucun usage à l'homme. Si Dieu n'avoit mis en nous que la simple faculté de connoître le vrai, sans nous donner des connoissances innées qui fussent comme le fondement des opérations de notre ame, ou nous n'aurions fait que d'inutiles efforts pour parvenir jusqu'à la vérité, ou nous n'aurions jamais eu aucune assurance de l'avoir enfin trouvée.

JE voudrois qu'un ancien philosophe eût eu raison de dire, que *notre ame conçoit et enfante, avant même que d'avoir reçu le germe de ses pensées, par le commerce qu'elle a avec les autres esprits, Dieu répandant sur cette espèce de terre une semence féconde, par laquelle il y forme et y engendre lui-même des productions nobles et généreuses.*

Ou plutôt, je ne dois rien vouloir en commençant cette méditation, comme toutes les autres. Ce n'est point par mes souhaits que je dois régler mon jugement, c'est par des idées claires et évidentes; autrement on pourroit m'appliquer ce qu'on a dit de Démocrite; *somnia hæc Democriti, non docentis, sed optantis.* Mes souhaits viennent de moi, qui ne suis souvent propre qu'à me tromper moi-même ; mes idées viennent de Dieu, qui, comme je l'ai dit en établissant le principe de ma certitude, ne peut ni me tromper ni être trompé.

Mais, si toutes mes connoissances sont une émanation de son intelligence suprême, me les accorde-t-il toutes de la même manière, je veux dire, à la présence de certains objets, ou à l'occasion des pensées de mes semblables, ou enfin, en conséquence de

mon attention et de mes désirs, en sorte qu'elles
soient toutes pour moi des connoissances acquises?
Ou bien y en a-t-il que je puisse appeler naturelles ou
innées, parce qu'elles sont comme essentiellement
attachées à mon être, et que Dieu les donne gratuitement et également à tous les hommes, sans qu'ils
aient besoin d'y être excités par une cause ou une
occasion extérieure, et sans qu'il leur en coûte aucun
effort pour en être éclairés?

Tel est le véritable état de la question que je me
propose d'éclaircir dans cette méditation. Il me
semble que les philosophes qui l'ont traitée, auroient
pu s'épargner bien des raisonnemens inutiles, s'ils
avoient pris la précaution de nous donner une idée
claire de ce qu'on peut appeler une connoissance
innée, avant que d'en soutenir ou d'en combattre la
réalité; mais ce n'est pas la seule matière où l'on ne
dispute sur un terme, que parce qu'on n'a pas d'a-
bord pris la peine de l'expliquer, et où l'on s'aperçoive trop tard, qu'il faut finir par où l'on auroit dû
commencer.

Il me semble donc que, pour ne pas tomber moi-
même dans cet inconvénient, l'ordre et le progrès
naturels de mes pensées exigent nécessairement que
j'essaie d'abord de bien définir ce qu'on doit entendre
par le terme d'idées ou de connoissances *innées*; que
j'examine ensuite, s'il y en a auxquelles ma définition
convienne; et que, si cela est, j'en étudie enfin les
différens caractères pour tâcher de faire un juste discernement entre ceux qui sont véritables, et ceux qui
peuvent être supposés, et de résoudre par là, autant
qu'il me sera possible, les principales difficultés qu'on
forme sur cette matière.

Qu'est-ce donc qu'une vérité ou une connoissance
innée ? C'est le premier objet de mon attention.

Ce terme présente à mon esprit une idée complexe,
ou l'assemblage de deux idées que je joins par un jugement tacite : l'une est celle de la *vérité* ou de la
connoissance en général; l'autre est celle de la qualité d'*innée* ou de naturelle, en particulier.

Je connois ce que c'est que la vérité; j'ai du
moins employé beaucoup de temps à tâcher de la
connoître, et j'entends par ce terme, comme je l'ai
expliqué ailleurs, la vue de ce qui est; expression
qui s'applique non-seulement à mes perceptions et
mes sentimens, mais à mes jugemens et à mes raisonnemens mêmes : c'est ce qui m'engagera à me servir
dans cette méditation du terme de connoissance ou de
vérité *innée*, encore plus volontiers que de celui
d'*idée innée*; parce que l'un est plus général que
l'autre, et que, par là même, il présente une notion
d'autant plus juste à mon esprit, que je découvrirai
peut-être, dans la suite, des jugemens et des raisonnemens qui se forment aussi naturellement en moi,
que les idées et les sentimens les plus simples et les
moins composés.

Mais qu'est-ce que la seconde expression, je veux
dire celle d'*innée*, ajoutée à la première, qui est
celle de connoissance ou de vérité? J'ai besoin d'un
plus long circuit pour développer mes pensées sur
ce sujet.

Je crois d'abord concevoir très-clairement qu'aucune connoissance ne peut mériter le nom d'*innée*, si
si elle n'est évidente par elle-même; sans cela il seroit
impossible de prétendre qu'elle nous fût naturelle,
ou qu'elle fût née en quelque manière avec nous
(ce qui est le sens littéral ou grammatical du terme
d'*innée*), puisqu'elle ne pourroit être qu'une connoissance acquise par le bon usage de notre raison;
et, comme ni la raison même, ni l'art d'en bien user
ne sont pas donnés à tous dans un égal degré, les
vérités qu'on appelleroit *innées* ne pourroient plus
être regardées comme le bien commun de tous les
esprits; elles seroient connues des uns, ignorées ou
même combattues par les autres. Ainsi, elles ne seroient tout au plus que des vérités faciles à découvrir,
et non pas des connoissances vraiment *innées*.

Toute vérité *innée* doit donc être une vérité évidente par elle-même. C'est le premier trait qui s'en
forme dans mon esprit; mais réciproquement toute

vérité évidente par elle est-elle *innée?* ou bien dois-je distinguer deux espèces de vérités, les unes qui ne soient qu'évidentes par elles-mêmes, sans être *innées*; les autres qui soient en même temps, et évidentes par elles-mêmes et *innées?*

Il n'y a, sans doute, que la simplicité et la perfection de l'Être divin, qui, par elle-même, exclut absolument cette distinction. Dieu n'a point de connoissances acquises; et, si l'on ne sauroit donner l'épithète d'*innées* à la science de celui qui ne naît point, et dont on peut dire seulement *qu'il est*, nous savons au moins que toutes ces idées lui sont coexistantes, c'est-à-dire, aussi éternelles que lui; parce qu'il ne peut cesser de se voir, et qu'en se voyant lui-même, il voit tout ce qui est et tout ce qui peut être.

Mais l'homme entre ses mains étoit une cire molle, qui pouvoit recevoir toutes les impressions qu'il vouloit lui donner.

Maître absolu de son ouvrage, il pouvoit nous créer de telle manière, que toute vérité qu'il nous importeroit de connoître fût non-seulement évidente par elle-même, mais toujours présente à notre esprit. En ce cas, toutes nos idées auroient fait partie de la nature de notre être. Nul homme ne seroit devenu savant, mais tous le seroient nés; et la science leur auroit été aussi infuse, qu'on prétend qu'elle l'étoit au premier homme.

Dieu pouvoit vouloir au contraire, qu'il n'y eût aucune vérité qui fût évidente par elle-même, ou naturellement aperçue par l'esprit humain, et qui ne fût le fruit d'une instruction ou d'une réflexion nécessaire à chaque homme pour en acquérir la connoissance. Dans le premier cas, toutes nos connoissances auroient été pour nous un bien donné gratuitement; et dans le second, elles n'auroient été qu'un bien acquis par nos travaux, et, pour ainsi dire, à la sueur de notre front.

Enfin, il y avoit un milieu entre ces deux différentes manières de nous former, je veux dire, que Dieu pouvoit nous rendre capables de deux sortes de

connoissances : les unes, qu'il nous donneroit libéralement et sans aucun travail ; les autres, qu'il nous
vendroit en quelque manière, et qu'il nous feroit
acheter par la vivacité de nos désirs, et par les efforts
de notre esprit.

Je comprends que Dieu a pu faire tout cela ; et,
sans examiner ce qu'il a dû faire (question qui me
paroît toujours aussi téméraire qu'à M. Locke) ; je
me borne uniquement à chercher ce qu'il a fait ; et je
suis sûr de découvrir en même temps, comme par
surcroît, ce qu'il a dû faire, parce que cette connoissance est toujours renfermée dans celle de ce qu'il
a fait.

Toutes mes connoissances sont-elles donc évidentes
par elles-mêmes ? Sont-elles toujours présentes à
mon esprit, ou à celui des autres hommes ? Leur
expérience et la mienne m'apprennent également le
contraire. Je ne sens que trop combien j'ai besoin
d'acquérir des connoissances, et combien celles que
j'acquiers sont souvent obscures ; il y en a même qui
le sont toujours, et je ne parviens à rendre les autres
plus claires, que par une attention longue et opiniâtre. Dieu ne m'a donc pas créé de la première des trois
manières que j'ai d'abord distinguées, c'est-à-dire,
connoissant naturellement tout ce qui m'est nécessaire, et le connoissant évidemment.

D'un autre côté, n'ai-je aucune connoissance qui
soit évidente par elle-même, et dont la certitude
me soit donnée gratuitement par l'Être suprême,
sans qu'il m'en coûte aucun effort pour l'acquérir ?
Je ne saurois le dire sans que mon sentiment intérieur, et celui de tous mes semblables, ne s'élèvent
contre moi ; et j'en conclus donc que Dieu n'a pas
voulu non plus me créer de la seconde manière, je
veux dire, destiné à n'avoir que des connoissances
acquises.

C'est donc la troisième manière que Dieu a préférée
dans la production de mon être, où je remarque,
en effet, un mélange de lumières données et de lumières acquises. J'en découvrirai peut-être la raison

dans la suite; mais, en attendant, le fait me paroît entièrement certain, puisqu'il y a des vérités qui se manifestent si clairement à moi, par la seule proposition même, que leur évidence ne peut être qu'un présent de l'auteur de mon être, et qu'il y en a d'autres que j'achète, comme je l'ai déjà dit, par l'application de mon esprit, ou que je découvre par le moyen des autres hommes, et que j'appelle, par cette raison, des connoissances acquises.

Comme je serai obligé de me servir souvent de cette expression, j'observe ici, une fois pour toutes, que je prendrai le terme d'*acquises* dans le sens des jurisconsultes, lorsqu'ils opposent les biens acquis à ceux qui nous sont échus par succession. J'oppose ici de même les connoissances *acquises*, à celles qui nous sont naturelles, et que Dieu nous accorde comme une espèce d'héritage propre à notre être. Il n'est donc pas nécessaire qu'une connoissance nous coûte beaucoup à acquérir pour être renfermée ici dans le genre de connoissances *acquises*.

Je comprends dans ce genre celles qui sont les plus fortuites, ou dont on peut dire que c'est une espèce de bonheur qui les offre à notre esprit; et je n'entends, encore une fois, par cette expression, que les connoissances ajoutées de quelque manière que ce puisse être, à celles qui sont nées avec nous, ou que Dieu nous donne immédiatement, s'il y en a quelqu'une de ce caractère.

Mais, si cela est, les connoissances que j'appelle *acquises* ne peuvent différer entr'elles que par le plus et par le moins, c'est-à-dire, par la facilité, ou la difficulté de les acquérir; différence qui ne sauroit en changer la nature. En est-il de même pour les connoissances que j'appelle *données*, et ne dois-je pas au contraire y remarquer une assez grande diversité, pour m'obliger à en distinguer de deux sortes? Je m'explique, et pour le faire plus exactement, j'entre dans une recherche plus profonde de ce que je dois entendre par le terme de connoissance *donnée*.

Tout vient de Dieu, sans doute, et c'est lui qui nous donne tout dans le monde intelligible, comme dans le monde sensible; mais j'ai observé, dans mes autres méditations, que Dieu peut agir en deux manières différentes, ou en assujettissant son action à l'ordre qu'il a établi lui-même à l'égard des causes secondes ou occasionnelles, ou en s'élevant au-dessus de cet ordre et en agissant par lui-même immédiatement.

Les connoissances que nous avons de la première manière sont véritablement un don de Dieu; mais comme il cache son opération sous le voile d'une cause inférieure, dont il la fait dépendre en quelque sorte, nous croyons faire, nous faisons même quelque chose en effet pour les acquérir, et c'est en les considérant de cette manière, que je les appelle des *connoissances acquises*.

Mais n'y a-t-il point d'acte de mon esprit qui soit un pur effet de la libéralité de Dieu, et auquel je ne contribue rien de ma part, en sorte que je ne fasse, à cet égard, que recevoir l'impression de sa puissance et de sa bonté?

Puis-je douter, par exemple, que la certitude ou la conviction dont je me sens pénétré, lorsque j'aperçois une vérité évidente par elle-même, ne soit l'ouvrage de Dieu seul, qui m'affecte alors de telle manière, que je donne mon consentement à cette vérité, sans examen, sans discussion, parce que je sens qu'il m'est impossible de le refuser?

C'est donc cette disposition de mon ame, à laquelle aucune autre ne concourt, que je regarde comme un bien véritablement *donné*, parce qu'il n'attend point l'opération de mon esprit, et qu'il vient uniquement d'en haut : *desursum est, descendens à Patre luminum.*

Je continue d'approfondir cette distinction, et je me dis à moi-même :

Quelque grande que soit cette faveur du ciel, qui me garantit, par la seule force de mon sentiment intérieur, la certitude d'une vérité évidente par elle-

même, j'ai besoin cependant que cette vérité me
soit présentée, et que mon esprit l'aperçoive pour
y donner un consentement nécessaire. Je dois donc
distinguer ici, comme je l'ai fait ailleurs, deux choses
différentes qui se trouvent toujours dans toutes les
vérités, qui sont l'objet de ma connoissance.

L'une, est la perception même du vrai; l'autre,
est l'adhésion et la conviction intime de mon esprit.

Je viens déjà de reconnoître que la dernière est
l'ouvrage de Dieu seul, à l'égard des vérités qui
sont évidentes par elles-mêmes à tous les hommes.

Mais de qui tiens-je la première? C'est toujours
Dieu qui en est la véritable cause; mais, suivant ce
que je viens aussi d'observer, il peut l'être en deux
manières différentes :

1.° En le faisant dépendre de l'opération de mon
esprit, ou des discours d'un autre homme, ou même
de la présence d'un objet qui excite en moi certaines pensées;

2.° En me la donnant par lui-même immédiatement et indépendamment de toute cause intérieure
ou extérieure.

Quand il agit sur moi de la première manière,
j'appelle ma perception une perception *acquise*.

Mais, si c'est de la seconde qu'il agisse, en faisant une impression directe et immédiate sur mon
ame, j'appelle ma perception une perception *donnée;* et je me sers de cette expression, parce qu'alors
il n'y a rien dans l'acte de mon intelligence qui ne
vienne de Dieu, sans aucun mélange d'autre cause.
Non-seulement c'est lui qui forme en moi l'acquiescement que je donne à la vérité qui m'est présentée,
et que je suppose toujours être évidente par elle-
même (car il ne s'agit ici que de celles qui ont ce
caractère), mais il me *donne* aussi, c'est-à-dire, lui
seul et immédiatement, la perception même de cette
vérité. Une telle connoissance est donc vraiment une
connoissance *donnée*, donnée en tout sens, donnée
gratuitement, donnée indépendamment de toute

cause créée, soit par rapport à la conviction, soit même par rapport à la simple perception.

Que si cette grâce n'est point une faveur particulière pour moi, si elle m'est commune avec tous les hommes, s'ils en jouissent tous ou continuellement, ou du moins dans toutes les occasions où ils ont intérêt d'en être favorisés, j'aperçois dans cette description un genre singulier de connoissance qui mérite aussi un nom singulier, et qui pourroit bien être, ce qu'on doit appeler une idée ou une connoissance *innée*; parce que, si j'en ai de cette espèce, elles appartiennent à ma nature, elles lui sont dues, en quelque manière, par la volonté du créateur; et, puisqu'elles sont données également à tous les hommes, je peux les regarder comme le bien propre, et comme le patrimoine plus qu'héréditaire du genre humain.

Réunissons donc à présent toutes ces réflexions, et tâchons, s'il se peut, d'en former une notion claire et précise de ce que je dois entendre par le terme de *vérité*, d'*idée* ou de connoissance *innée*, dont j'ai donné jusqu'ici la description plutôt que la définition.

Je crois en avoir découvert le genre et la différence; le genre, dans la propriété essentielle à toute vérité *innée* d'être évidente par elle-même; la différence, dans le second caractère de cette espèce de vérités, qui consistent en ce qu'elles nous sont véritablement et pleinement *données*, si l'on prend ce terme dans toute son étendue.

Ainsi, une vérité ou une connoissance *innée*, si l'on veut en donner la plus courte définition qu'il est possible, *n'est autre chose qu'une vérité ou une connoissance évidente par elle-même, qui nous est donnée par Dieu seul.* Ou si l'on désire que je propose cette définition d'une manière plus étendue, et qui soit plus à la portée de tous les esprits, je puis encore m'expliquer ainsi.

Une connoissance innée est une connoissance évidente par elle-même, donnée de Dieu à tous les hommes, pleinement, immédiatement et indépen-

damment de toute autre cause ; donnée non-seulement quant à la conviction, mais quant à la perception même ; donnée enfin dans tous les momens de notre vie ou du moins dans ceux où notre esprit a besoin d'en être éclairé ; donnée, par conséquent, comme une suite et un apanage de notre nature ; ce qui fait, qu'on la regarde comme née avec nous, parce que c'est la volonté de Dieu qui la forme dans notre esprit en vertu de notre création.

Il seroit bien inutile, après cela, de vouloir disputer en grammairien sur l'origine, la propriété ou la force du terme *d'innée*. Toutes les expressions sont bonnes, pourvu qu'on les définisse ; et il me suffit de déclarer ici, que par le terme de connoissances *innées*, je n'entends que celles à qui on peut appliquer ma définition.

On n'est point obligé, à la rigueur, de prouver une définition ; et en exiger la preuve, ce seroit à peu près comme si l'on demandoit la démonstration d'un dictionnaire. Mais il est souvent utile d'en expliquer les principaux traits, pour faire voir que la chose qu'on entreprend de définir doit les réunir tous, supposé qu'elle existe véritablement. Or, c'est ce qu'il me semble que je suis en état de faire par rapport à la définition des connoissances *innées* que je viens de tracer. Je n'ai besoin pour cela que de ce seul raisonnement.

Ces connoissances, s'il est vrai que nous en ayions, sont sans doute des connoissances *naturelles*, puisque *naturel* et *inné*, c'est précisément la même chose.

Mais, tout ce qui est naturel a trois caractères principaux, par lesquels nous pouvons le reconnoître :

1.° Il est nécessaire, au moins de cette nécessité que j'ai appelée physique dans ma quatrième méditation, parce qu'il est une suite de la nature de chaque être. Ainsi, tout ce qui tend à notre conservation, ou qui nous menace de notre perte, excite en nous, ou un désir ou une crainte, qui doivent être regardés comme nécessaires, puisqu'ils sont inséparables de notre être.

2.° Tout ce qui est *naturel* se fait en nous, pour ainsi dire sans nous, par la seule volonté de celui qui nous a créés, et sans que nous y contribuions en aucune manière; nous n'agissons point, à proprement parler, à cet égard, nous ne faisons que recevoir l'impression de la cause première et universelle; et, comme il n'est point en notre pouvoir de nous le procurer, nous n'avons pas non plus celui de l'empêcher. C'est ainsi que le désir d'être heureux et la crainte d'être malheureux vivent continuellement en nous, sans que nous fassions rien pour le sentir, sans que nous puissions rien faire, pour ne le pas sentir.

3.° Enfin, tout ce qui est *naturel* n'est pas seulement nécessaire, il n'est pas seulement en nous, sans nous-mêmes, mais il est encore commun à tous les hommes, parce que c'est une suite de leur être, et qu'il est produit par une cause uniforme, qui agit également sur tous les êtres semblables.

Or, si nous avons des connoissances *innées*, si c'est un bien qui nous soit naturel, elles doivent avoir également les trois caractères que je viens de décrire.

C'est donc avec raison que j'ai supposé dans ma définition;

1.° Qu'elles nous sont données comme une suite et un apanage de notre nature, par la volonté du créateur, en vertu de notre création, et par conséquent qu'elles peuvent être regardées comme physiquement nécessaires.

2.° Qu'elles nous sont *données* par Dieu, *indépendamment de toute autre cause*, non-seulement, quant à la conviction, mais quant à la perception même;

3.° Qu'elles sont *données à tous les hommes*, ou continuellement, ou du moins dans tous les temps où leur esprit a besoin d'en être éclairé.

Ainsi, il est évident, ou que les idées et les connoissances innées ne sont qu'une chimère, ou que si
elles ont quelque chose de réel, elles doivent réunir
les trois caractères que j'ai rassemblés dans ma définition.

J'en tire donc ces deux conséquences générales qui
pourront m'être d'un grand usage dans la suite de
cette méditation, pour aplanir les principales difficultés que l'on forme sur cette matière.

L'une, que si je découvre en moi des connoissances qui aient certainement ces trois caractères, je
ne dois pas hésiter à réaliser mon hypothèse, et à
croire que j'ai trouvé en effet des connoissances, que
je puis appeler véritablement *innées*.

L'autre, qu'il ne sera nullement nécessaire pour
cela que ces connoissances aient encore un quatrième
caractère, qui consisteroit à être toujours présentes à
l'esprit humain. Non-seulement je n'ai pas compris
ce dernier caractère dans ma définition; mais j'ai
moi-même pris soin de l'exclure expressément, pour
marquer que le don de stabilité, de continuité, de
perpétuité n'est point essentiel à ces sortes de connoissances; et qu'il suffit qu'elles nous soient présentées toutes les fois qu'il nous est nécessaire de
nous en servir.

Mais, comment ce qui est *naturel* à notre être, et
qui en est une suite et une propriété, peut-il n'y être
pas toujours présent? En effet, j'ai d'abord de la
peine à concevoir comme possible l'éloignement ou
l'absence de ce que j'ai regardé comme physiquement
nécessaire par la volonté de mon auteur.

Mais, lorsque j'y fais plus de réflexion, je m'aperçois, sans beaucoup de peine, qu'une propriété, ou
une suite de mon être, peut être appelée nécessaire
en deux sens différens:

Ou parce qu'elle l'est absolument, en sorte que
sans elle mon être ne puisse se concevoir comme
existant;

Ou parce qu'elle l'est relativement à certains besoins que je n'éprouve pas continuellement; en sorte

que je puis exister et être conçu comme existant,
sans me trouver dans l'obligation de m'en servir.

Ainsi, la nécessité de la vie animale est une nécessité absolue pour la conservation du commerce et de
l'union qui est entre mon corps et mon ame, sans
quoi je ne saurois concevoir que ce qui résulte de
cette union, ce *tout* qu'on appelle *l'homme*, puisse
continuer d'exister.

Mais le jugement naturel dont je parlerai bientôt,
et par lequel je corrige et je redresse les impressions
qui se font sur mes yeux, n'est point nécessaire absolument, parce que je puis exister sans être obligé
de l'exercer. Je n'y remarque qu'une nécessité relative au besoin que j'ai souvent de former cette espèce
de jugement.

Ainsi, la différence qui distingue ces deux espèces de nécessités, consiste en ce que le cas de l'une
est continuel, au lieu que celui de l'autre ne l'est pas.
Mais cette différence n'empêche point que, lorsque le
besoin de la dernière se présente, elle ne soit aussi
bien une nécessité physique que la première.

Tel est donc le principe que j'ai appliqué aux connoissances *innées;* et c'est ce qui m'a donné lieu de
supposer dans ma définition, que le plus ou le moins
d'assiduité de ces connoissances n'en changeoit point
la nature. Ce qui la forme et la caractérise véritablement, c'est d'être donnée à tout homme immédiatement par l'Être suprême sans concours d'aucune
autre cause, et de lui être donnée nécessairement
par une suite de son être, toutes les fois que Dieu lui
fait ce présent. Que Dieu le lui fasse toujours, si
l'homme en a toujours besoin, ou qu'il ne le lui fasse
que par intervalle; c'est une circonstance indifférente
par rapport au caractère essentiel de ces connoissances; elles méritent toujours le nom *d'innées*,
pourvu qu'elles nous viennent de Dieu immédiatement et nécessairement, soit que cette nécessité soit
continuelle ou qu'elle ne soit que passagère. Je n'ai
besoin que de ce caractère pour les distinguer des
vérités simplement évidentes par elles-mêmes, qui

attendent l'action ou l'occasion d'une cause inférieure à Dieu pour paroître à mon esprit.

Il est vrai que celles-ci ont une évidence qui en est inséparable, toutes les fois que je les découvre ; mais je ne les découvre pas toujours, ni même dans les occasions où il me seroit le plus important de les apercevoir. Au lieu que les connoissances *innées*, si j'en ai véritablement, doivent m'être nécessairement offertes toutes les fois que leur présence m'est nécessaire. C'est un flambeau qui ne frappe pas toujours ma vue, mais qui est toujours prêt à luire sur moi, lorsque j'en ai besoin, et je le comparerois volontiers à cette colonne de feu, qu'on ne voyoit point pendant le jour, mais qui ne manquoit jamais de paroître avec la nuit, pour éclairer le camp du peuple de Dieu.

Que si, après cela, il se trouve des philosophes de mauvaise humeur, qui veuillent insister encore sur la différence des idées qui me sont toujours présentes, et de celles qui ne le sont que par intervalles, je consens volontiers, qu'en conservant toujours le caractère que j'ai attribué aux connoissances *innées*, ils appellent les premières, *des connoissances innées du premier ordre*, et qu'ils n'accordent aux autres que le titre de *connoissances innées du second ordre*. Cette distinction paroît assez indifférente en elle-même, et elle ne mérite pas qu'on en dispute, parce qu'elle n'est d'aucune conséquence par rapport à mon principal objet, qui est l'utilité des connoissances *innées*.

Telle est donc l'hypothèse que je me forme sur la différente manière dont les vérités sont offertes à mon esprit.

Mon intelligence n'est à proprement parler, qu'un œil ou une faculté de voir. Dieu, qui en est la lumière, lui présente les objets qui sont proportionnés à cette faculté. Mais il ne les lui offre pas avec le même degré de libéralité.

Il est des vérités qu'elle achète, pour ainsi dire, ou que le hasard lui présente, sans aucun effort de sa part, pour les découvrir, ou pour les apercevoir; mais dont elle ne se convainc que par des réflexions plus ou moins pénibles.

Il en est d'autres qui ont aussi quelque chose *d'acquis*, parce que leur découverte, comme celle des premières, dépend de certaines occasions et du mélange de l'action des causes secondes avec celles de la cause première; mais ce qui nous est donné à l'égard de ces vérités surpasse de beaucoup ce que l'on peut regarder comme *acquis*, puisque la certitude qui les accompagne s'opère en un instant, comme par un rayon échappé de la lumière divine.

Enfin, il est possible qu'il y ait encore un genre de vérités, dont Dieu produise en nous, non-seulement la conviction, mais la perception même, sans le concours d'aucune autre cause, et qu'il veuille bien présenter à notre esprit, ou toujours, ou toutes les fois que la vue actuelle de ces vérités nous est nécessaire.

Ainsi, lorsque, par une espèce d'analyse de mes pensées, je veux remonter du plus composé au plus simple, je crois reconnoître en moi cet ordre et cette gradation dans mes connoissances, qui me donnent lieu de les rappeler comme à trois classes différentes:

La première, est celle des connoissances *acquises en tous sens*, je veux dire, et pour ce qui regarde la perception, et pour ce qui appartient à la conviction;

La seconde, est celle des connoissances *acquises* en un sens, et données en un autre; *acquises*, par rapport à la perception, et données par rapport à la conviction;

La troisième, ne comprend que les connoissances qui sont *données* en tous sens, où la perception et la conviction viennent également et uniquement de Dieu, sans le secours ou l'action d'aucune cause inférieure; et ce sont celles à qui j'ai cru qu'on pouvoit donner le nom de connoissances *innées*.

Mais ce que j'ai dit jusqu'ici sur ce sujet, n'est peut-être qu'une espèce de roman métaphysique, ouvrage

d'une intelligence présomptueuse, qui se flatte aisément
d'une communication intime avec l'Être suprême,
et qui aime à se représenter la Divinité occupée, en
quelque manière, à l'instruire et à lui donner la clef
de toutes les sciences.

Je sens bien que j'ai des connoissances vraiment
acquises, et qui souvent me coûtent beaucoup à acquérir.

Je sens aussi qu'il y en a d'autres que j'acquiers
beaucoup plus aisément, comme ces vérités dont l'é-
vidence me frappe si fortement aussitôt qu'elle m'est
montrée, que je crois reconnoître l'action du Tout-
Puissant, dans la promptitude et dans la fermeté de
ma conviction.

Mais y en a-t-il que je sache sans les avoir ap-
prises, qui me soient *données* en tous sens, comme
je viens de l'expliquer, et que par conséquent je
puisse appeler des connoissances véritablement *innées?* C'est le second point que je me suis proposé
d'approfondir dans cette méditation, point qui est
encore plus important que le premier. Car, que me
serviroit-il d'avoir défini avec tant de soin ce que je
dois entendre par le terme de *vérités innées*, si ma
définition portoit à faux, et si je n'en trouvois aucune
à laquelle je puisse l'appliquer?

Je rentre donc au dedans de moi, pour y chercher
des vérités de cette nature. Mais il me semble que je
n'ai pas besoin d'y faire un long séjour pour y découvrir plusieurs connoissances des deux espèces, qu'on
peut distinguer, si l'on veut, comme je l'ai dit plus
haut, entre les idées *innées*, je veux dire de celles
qui sont toujours présentes à l'esprit humain, et que
j'ai consenti que l'on appelât *idées* ou *connoissances innées du premier ordre*, et de celles qui ne
lui sont *données* que dans les occasions où il a besoin d'en être éclairé, et que, par cette raison, j'ai dit
qu'on pouvoit nommer *connoissances innées du
second ordre*.

Je commence par les premières, et j'en aperçois
d'abord un exemple indubitable dans la connois-

sance, non-seulement habituelle, mais continuelle, que j'ai de mon existence; connoissance nécessaire, puisque je ne saurois exister sans savoir que j'existe; connoissance que Dieu seul a pu former en moi. Car, quel homme auroit pu m'apprendre ce que je savois avant que d'avoir entendu parler aucun homme; connoissance également donnée à tous mes semblables, et dont ils sont tous si pénétrés comme moi, que je ne crois pas qu'il y ait jamais eu aucun pyrrhonien même, qui se soit avisé de la révoquer en doute; connoissance par conséquent, qui réunit tous les caractères d'une idée ou d'un sentiment *naturel ou inné*? Elle n'a rien d'acquis ni de casuel ou de contingent; elle est inséparable de mon être; elle lui appartient; elle en fait partie. C'est en tant qu'homme, et non pas en tant que tel homme, qu'il a plu à Dieu de me donner cette connoissance; c'est à l'espèce qu'il a accordée, et non pas à l'individu. Donc, de l'aveu de tous les hommes, une connoissance de ce genre ne peut être qu'une connoissance véritablement *innée*.

Je mets dans le même rang celle que j'ai de l'existence du monde visible et de tous les corps qui m'environnent. La subtilité de quelques philosophes modernes a eu besoin de faire un grand effort d'esprit, pour former sur ce point, un doute fantastique que le fond de leur conscience a toujours démenti; ils ont entrepris de lutter, pour parler ainsi, contre une idée ou un sentiment avec lequel ils étoient nés. Ils l'avoient donc ce sentiment, lorsqu'ils ont voulu le combattre, et la certitude naturelle avoit prévenu en eux le doute philosophique. Tous les hommes l'ont sans peine, sans effort, sans maître, sans instruction; ils naissent, ils vivent, ils meurent avec cette connoissance. On ne nous citera point ici de nation sauvage qui ne l'ait pas, ou qui ne l'ait pas toujours. Tous les hommes ne font pas ce raisonnement de Descartes, qu'on ne sauroit présumer qu'un Dieu infiniment bon se plaise à se jouer de la crédulité d'un être raisonnable, en lui faisant passer toute sa vie

dans une illusion continuelle et dans un songe laborieux ; mais tous les hommes sont aussi intimement
persuadés que ce philosophe de l'existence des corps.
C'est un sentiment inséparable de leur être, et moins
ils en peuvent dire la raison, plus on reconnoît que la
certitude inébranlable qu'ils ont sur ce point est l'ouvrage de la nature seule, ou plutôt de son auteur,
qui ne pouvoit créer l'homme dans l'état où il l'a
formé, sans imprimer en lui cette conviction intérieure de l'existence des êtres, avec lesquels une infinité de liens visibles et invisibles l'unissent pendant
le temps qu'il est destiné à passer sur la terre. Je vais
encore plus loin ; il lui seroit même impossible d'apprendre cette vérité d'une autre manière. Qu'il commence une fois, s'il le peut, à en douter sérieusement,
il ne trouvera plus rien qui puisse rassurer son esprit
ébranlé. Le P. Malebranche lui démontrera en cent
manières différentes, que l'existence du corps ne
peut être démontrée par des preuves véritablement
métaphysiques : les plus grands philosophes n'ont sur
cela, comme les ignorans, comme les enfans mêmes,
qu'un sentiment intérieur qu'il ne leur plaît pas d'appeler une preuve métaphysique, mais qui produit
dans notre ame une certitude qui est d'un ordre supérieur à celle qui résulte de ce genre de preuve
même. Ainsi, ou il faut douter éternellement de
l'existence des corps, ou l'on doit avouer qu'il n'y a
que Dieu qui nous l'apprenne par cette persuasion
invincible avec laquelle il nous a créés sur ce sujet ;
et par conséquent nulle connoissance ne mérite mieux
d'être placée au nombre des *connoissances innées du
premier ordre.*

J'en découvre un troisième exemple dans la conscience que j'ai de toutes mes pensées, de tous mes
sentimens, et en général de toutes les modifications de
mon ame : conscience qui se connoît et qui se sent
aussi elle-même ; en sorte que je me rends toujours
un témoignage intérieur, non-seulement de tout ce
qui se passe au dedans de moi, mais de mon témoignage même. Il y a donc conscience de conscience ; et

les degrés successifs d'une conscience produite par
une autre, sont comme autant d'échos qui peuvent
se répéter jusqu'à l'infini, ou du moins dont nous ne
pouvons distinguer certainement le dernier ; mais
cette conscience qui se multiplie jusqu'à un tel point,
et la connoissance qui en est inséparable, ne sont-
elles pas également *données* à tous les hommes ?
Est-ce de moi qu'ils la tiennent, ou l'ai-je reçue
par eux ? Sont-elles le fruit de mon travail et de
mon application, ou de ma docilité et de ma déférence pour les sentimens d'autrui ? En un mot, est-ce
une acquisition que je ne fasse qu'à un certain âge et
dans certaines circonstances, ou plutôt n'est-ce pas
une connoissance qui est née avec moi, comme
une propriété essentielle et nécessaire de mon être ?
(quand je dis *nécessaire*, je n'ai pas besoin d'ajouter
ici que j'entends toujours parler de cette nécessité
conditionnelle ou hypothétique, qui est fondée sur
la volonté libre du créateur). Puis-je penser, puis-je
vouloir, puis-je raisonner, parler, agir, sans savoir
en même temps que je pense, que je veux, que je
raisonne, que je parle, que j'agis ? Je reconnois donc
encore, ici, la main et la seule main du Tout-Puissant ; il n'y a rien d'acquis, de casuel ou de contingent dans cette connoissance ; tout y est donné par
Dieu, et, par conséquent, tout y est *inné*.

N'en est-il pas de même de ce sentiment invincible, de cette inclination dominante, qui me portent
toujours à désirer ma conservation, et à fuir tout
ce qui peut me faire craindre la destruction de mon
être ?

J'y joins encore l'amour de la béatitude, l'horreur de la misère, le goût du plaisir, la crainte de
la douleur ; je n'ai pas même besoin de prouver
que ces sentimens me sont naturels, et qu'il n'y a
aucun moment où ils n'agissent sur le cœur humain,
puisque le plus grand ennemi des principes que
j'embrasse est obligé lui-même de convenir que
toutes ces inclinations sont véritablement *innées*. À la
vérité, elles peuvent être plus ou moins senties,

plus ou moins aperçues ; mais, comme je l'expliquerai bientôt, elles résident toujours, elles vivent
et elles respirent au fond de notre ame. Dieu les y
excite, les y entretient continuellement ; il n'y a
qu'une cause unique qui puisse produire un effet si
uniforme et si universel. Je n'aurois besoin que de
cette seule réflexion, pour comprendre, indépendamment de l'aveu de M. Locke, que tels sentimens
sont *innés* à l'homme, quelque sens rigoureux qu'on
veuille attacher à cette expression.

Mais, pour faire usage de ces connoissances ou de
ces dispositions *innées*, il falloit non-seulement que
je fusse libre, mais que je susse que je le suis, et
cela par un sentiment ou une conscience si intime,
si ferme, si inébranlable, que je ne pusse jamais en
douter véritablement. Or, qui est-ce qui me l'a appris ? Puis-je dater en moi le commencement ou la
première époque de cette connoissance ? Ceux que
j'ai eus pour maîtres dans mon enfance, bien loin de
me la donner avec soin, n'ont souvent travaillé qu'à
en diminuer, qu'à en affoiblir le sentiment. Ils ne
m'ont trouvé peut-être que trop libre ; ils ont eu à
combattre en moi une liberté, non pas naissante,
mais déjà née, qui avoit prévenu leurs leçons, qui
y résistoit même audacieusement, qui dédaignoit jusqu'à la contrainte de la raison, et qui avoit de la
peine à fléchir sous le joug d'une utile et nécessaire
dépendance. Doutera-t-on, après cela, que la connoissance, que l'amour de ma liberté n'aient précédé en moi, et mes propres réflexions, et celles des
autres hommes ? Mais, si cela est, je ne les ai point
acquis, je les ai reçus des mains de Dieu même.
Je suis né persuadé de ma liberté, comme je suis
né libre. Le dernier n'est pas plus *inné* dans moi que
le premier, et je puis répéter ici ce que j'ai dit
ailleurs, que je ne sens pas moins continuellement
ma liberté que mon existence même.

Telles sont les principales connoissances *innées* qui
sont toujours présentes à l'esprit humain, et qu'on
peut regarder comme le fond de toutes nos pensées,

et comme l'occupation intime d'une intelligence toujours agissante dans le temps même qu'elle paroît ne
point agir.

Mais, comme je l'ai déjà dit, il n'est nullement
essentiel à une connoissance *innée* de briller toujours aux yeux de notre raison, il suffit qu'elle nous
éclaire, toutes les fois que nous en avons besoin, et
qu'alors elle vienne immédiatement de Dieu seul,
sans le concours d'aucune autre cause intérieure ou
extérieure.

C'est à la faveur de cette réflexion que je découvre
un autre ordre de vérités ou de connoissances que
j'appelle aussi *innées*, parce que si elles ne me sont
pas toujours également présentes, elles me sont toujours également *données* en tout sens par la seule
opération de Dieu.

J'en trouve des exemples dans les connoissances
mêmes qui ne regardent que le corps, et je me contenterai d'expliquer ici celui qu'on peut tirer de ces
jugemens naturels qui accompagnent, dans tous les
hommes, certaines impressions des choses sensibles,
et qui méritent si justement le nom *d'innées*, qu'ils
se font en nous, sans que notre raison y ait presque
aucune part, ou du moins sans qu'elle s'en aperçoive
distinctement.

Un homme qui est encore assez éloigné de moi,
mais dont je puis néanmoins distinguer la stature, est
vu sans doute sous un plus petit angle, que lorsqu'il
en est plus près. Cependant il me paroît d'abord plus
grand qu'il ne l'est véritablement. Pourquoi cela?
parce que je fais ce raisonnement sans y penser ; je
vois distinctement un tel objet ; or, dans la distance
où je le vois, il faut qu'il soit bien grand pour me
paroître tel que je l'aperçois. Au contraire, à mesure
qu'il s'approche, l'opinion de sa distance diminuant
toujours, celle de sa grandeur diminue dans la même
proportion, et, lorsqu'il est enfin arrivé auprès de
moi, je le trouve tel que je l'ai toujours connu.

C'est ainsi que la lune me paroît plus grande sur
le bord de l'horizon, que lorsqu'elle est à son midi.

Dans le premier temps les maisons, les bois, les terres, qui sont entre moi et la lune me servent d'une longue mesure, par laquelle je juge de sa distance; et, comme par là elle me paroît beaucoup plus éloignée, je la crois aussi beaucoup plus grande ; mais cette mesure m'échappe quand la lune s'élève plus haut, et me manque absolument lorsqu'elle est presque sur ma tête. Ainsi, l'opinion que je me forme de sa grandeur apparente décroît avec celle de sa distance, et cela est si véritable, que si, lors même que la lune s'élève, je la regarde au travers d'un tuyau sans verre qui ne serve qu'à dérober tout autre objet à ma vue et à me faire perdre ma mesure, je la trouve beaucoup moins grande que lorsque mes yeux, en la regardant, voient aussi tout ce qui est entre la lune et moi. Ce n'est donc point la simple perception qui agit sur mon esprit dans ces deux opinions différentes, c'est le jugement *inné* ou naturel qui l'accompagne. Tous les hommes font le même jugement, puisqu'ils croient tous voir la lune plus grande à son lever qu'à son midi ; mais y en a-t-il beaucoup qui sachent qu'ils le font ? Les philosophes mêmes l'ignoroient peut-être avant le père Malebranche, puisqu'il s'en est trouvé qui ont combattu son sentiment, quoique sans raison et sans succès. Donc, ce jugement naturel ne peut qu'être *inné* dans tous les hommes, puisqu'il se fait sans eux, et en quelque manière malgré eux, au moins dans ceux qui le nient au moment même qu'ils le font.

Je pourrois ajouter ici un grand nombre d'exemples semblables, comme celui des planètes, que toute l'antiquité a cru véritablement directes, stationnaires, rétrogrades sur le fondement d'un jugement naturel, qu'une astronomie plus éclairée a détruit dans ces derniers siècles, ou comme celui des cercles qui se peignent au fond de notre œil sous la forme d'une ellipse ou d'un ovale, que notre esprit redresse et rétablit dans l'apparence d'un véritable cercle, quoi-qu'il ne s'en aperçoive pas ; mais ce n'est pas ici le lieu d'épuiser la matière des jugemens naturels, il s'agit seulement de faire voir qu'il y en a plusieurs de cette espèce, qui, se formant de la même manière dans tous les hommes, quoiqu'ils leur échappent par leur rapidité, ne peuvent être regardés que comme des jugemens et même des raisonnemens *innés*.

Je me hâte de passer à ceux qui sont plus spirituels et plus détachés du sensible, parce que les exemples en sont beaucoup plus intéressans pour moi dans la matière que je traite.

Les recherches les plus importantes de mon esprit se partagent entre trois objets principaux, la connoissance, et, si je l'ose dire, la jouissance du vrai : la cause de mon existence et de tout ce qui existe comme moi ; la conservation et le bonheur de mon être ; mais plus j'examine ce qui se passe en moi, par rapport à ces trois grands objets, plus je sens que le doigt de Dieu a gravé dans le fond de mon ame les principes généraux qui doivent exciter et diriger mon attention dans ces recherches ; et que s'il ne me les présente pas à chaque instant, il me les révèle lui-même, et il me les révèle immédiatement, toutes les fois au moins qu'il m'est nécessaire ou utile d'y faire attention.

Par rapport à la connoissance du vrai, je distingue deux sortes de vérités ; l'une, plus générale et d'un ordre supérieur, qui consiste dans la conformité de ma pensée avec ce qui est ; l'autre, plus bornée, et, pour ainsi dire, du second ordre, qui se réduit à la conformité de mes paroles avec ma pensée ; et je trouve dans mon esprit deux principes fondamentaux : l'un, par rapport à la première espèce de vérité ; l'autre, par rapport à la seconde, que je dois appeler *innés*, puisqu'ils me sont communs avec tous les hommes, et qu'il n'y a que Dieu seul qui puisse me les donner indépendamment de toute autre cause.

Le premier est renfermé dans cette proposition, qui a fait le sujet de mes deux méditations précédentes, que tout ce qui est évident est vrai, et que je peux l'affirmer sans craindre de me tromper. Proposition qui, comme je crois l'avoir suffisamment établie, se réduit à celle-ci : *je peux dire que je vois, lorsque je vois.* Ma raison n'est occupée qu'à affirmer, ou à nier, ou à douter ; et je ne saurois faire aucun autre usage de mon intelligence. Or, je n'affirme que parce que je crois voir évidemment ce qui est ; je ne nie, que parce que je crois voir évidemment qu'une chose n'est pas ; je ne doute pas, parce que je ne crois pas voir évidemment, si une chose est ou n'est pas. Donc, dans toutes les opérations de mon esprit, je suppose toujours également, que ce qui est clair, que ce qui est évident, a un caractère indubitable de vérité et de certitude. Il n'est point de peuple barbare, qui ne suppose également ce principe dans tout ce qu'il affirme et dans tout ce qu'il nie. Demandez-lui pourquoi il fait l'un ou l'autre, il ne vous répondra jamais autre chose, si ce n'est qu'il voit clairement ce qu'il affirme, et le contraire de ce qu'il nie. Il se moquera même de vous, si vous paroissez en douter ; et il vous regardera ou comme un aveugle, si vous ne voyez pas ce qu'il voit ; ou comme un insensé ou un imposteur, si vous niez ce que vous voyez, ou si vous affirmez ce que vous ne voyez pas. Toutes les créatures raisonnables sont donc également persuadées que l'homme doit affirmer la vérité de tout ce qu'il voit clairement ; et, comme il est très-rare que l'esprit humain ne fasse seulement qu'apercevoir, sans faire au moins tacitement ou implicitement quelqu'une de ces opérations, je veux dire, sans affirmer, sans nier ou sans douter, le sentiment que nous avons du pouvoir légitime et souverain de l'évidence est presque continuellement présent à notre ame ; je ne sais même si je n'aurois pas dû les mettre, par cette raison, au nombre des vérités que Dieu ne cesse point de nous manifester. Il est vrai que chaque homme ne développe pas cette vérité avec autant d'attention que M. Descartes, ou le père Malebranche ; mais il la sent au moins comme eux, s'il ne l'explique pas aussi bien qu'eux, puisque c'est le seul fondement de son affirmation, de sa négation ou de son doute. Mais quel autre que Dieu a pu imprimer cette vérité dans l'esprit de tous les hommes, et la leur rendre présente, ou continuellement, ou presque continuellement, et toutes les fois au moins qu'ils ont besoin d'y être attentifs? Si elle étoit l'ouvrage de notre réflexion, si elle pouvoit être mise au rang des vérités que j'ai appelées *acquises*, la plupart des hommes l'ignoreroient; puisqu'il y en a si peu qui fassent des réflexions suivies, ils ne la sauroient du moins, que lorsqu'un autre homme la leur auroit apprise, mais ils la savent en naissant. Les enfans mêmes ne soutiennent leur sentiment avec opiniâtreté, que parce qu'ils croient en voir clairement la vérité. La nature, ou plutôt l'auteur de la nature, leur a donc appris, avant tous les maîtres, qu'ils peuvent et qu'ils doivent affirmer ce qu'ils voient évidemment. L'impossibilité même où l'on est, comme je l'ai dit ailleurs, de prouver cette proposition, parce qu'elle est plus clairement aperçue que toutes les preuves qu'on peut en donner, nous fait sentir peut-être encore plus que tout le reste, la force de l'opération continuelle de Dieu, qui ne nous permet pas de douter de cette vérité, et qui, par cette impression si constante, si générale, si uniforme, nous assure qu'elle vient de lui seul, que c'est lui seul qui la fait sur nous, indépendamment de nos réflexions ou de toute autre cause, et que, par conséquent, c'est une vérité ou une connoissance certainement *innée*.

Mais, Dieu n'a pas fait l'homme pour vivre seul: il l'a créé pour être un des membres de cette grande société que forme tout le genre humain. Ce n'étoit donc pas assez de lui avoir donné un principe général, qui ne servît qu'à la spéculation du premier genre de vérité, que j'ai fait consister dans la conformité de ma pensée avec ce qui est; il falloit encore que Dieu y ajoutât un principe ou une règle pratique qui pût le conduire dans le commerce de la vie, par rapport à cette autre espèce de vérité, qui ne consiste que dans la conformité de ma parole avec ma pensée; et ce que je dis de moi, je l'entends aussi de tout le genre humain.

Je découvre ce principe ou cette règle pratique dans ce sentiment de honte ou d'indignation dont je vois tous les hommes frappés, lorsqu'on leur dit qu'ils se trompent, ou qu'ils veulent tromper; qu'ils sont dans l'erreur, ou qu'ils tâchent d'y faire tomber les autres. Un enfant même se révolte d'abord; et la rougeur de son visage fait sentir l'émotion de son ame, lorsqu'on le contredit sur un fait qu'il dit avoir vu, et qu'on veut lui faire avouer qu'il s'est mépris, ou qu'il cherche à surprendre ceux qui l'écoutent. Cet aveu lui coûte encore plus à mesure qu'il avance en âge; mais la confession même du premier mensonge lui est pénible; et, à peine sa langue encore begayante sait-elle prononcer le nom de la vérité avec quelque connoissance, qu'il rougit déjà de l'avoir trahie. Il y a donc une espèce de honte et de confusion naturellement attachée à l'erreur et au mensonge, comme il y a aussi une espèce d'honneur et de gloire inséparable de la vérité et de la sincérité. Or, sur quoi peut être fondé un préjugé, dont nul âge, nul sexe, nul pays n'est exempt? si ce n'est sur cette persuasion intime, que se tromper soi-même, ou vouloir tromper les autres, c'est un défaut ou un vice qu'on rougit naturellement d'avouer, et que le contraire est une perfection de notre esprit, ou une vertu de notre cœur qu'on se plaît à faire éclater. Mais, d'où peut venir cette persuasion même? si ce n'est de ce sentiment intérieur, que le mensonge est un mal, que l'erreur même est au moins une imperfection; au lieu que la vérité est un bien et la sincérité une perfection, dont l'homme est né si jaloux, que, dans le temps même qu'il est menteur, il n'y a rien qu'il ne fasse pour paroître sincère. Ainsi, le vrai, ou l'apparence du vrai, est toujours présent à mon esprit : il ne sauroit ni penser, ni parler, sans l'avoir en vue d'une manière plus ou moins explicite, mais toujours réelle et toujours efficace, puisqu'elle influe dans toute affirmation, dans toute négation et dans toute espèce de doute.

Je ne craindrai donc pas de dire, que tout homme

devient aisément menteur, mais que tout homme
naît véritable, c'est-à-dire, ami même de la vérité.
Il ne mentiroit jamais, s'il n'étoit entraîné dans le
parti du mensonge par l'image trompeuse, et par le
désir aveugle d'un bien qui lui paroît plus grand que
celui de dire vrai. Son mouvement naturel le porte
donc à la vérité. Si ce mouvement n'est pas toujours
le plus fort, il est au moins le premier; et il existe
sans doute avant tous les autres, puisqu'il faut que
tous les autres le vainquent et le surmontent.

Il y a plus, ce que nous sentons dans nous-mêmes,
nous le présumons dans nos semblables; nous aimons
la vérité, et nous jugeons naturellement qu'ils l'aiment;
de là vient la crédulité qu'on remarque dans tous les
enfans, et qu'ils conservent dans leur jeunesse. Presque
tous sont long-temps trompés, avant que de devenir
trompeurs. L'expérience diminue ce fond de confiance avec lequel nous sommes nés, mais dans un âge
même plus avancé. Nous avouerons, si nous voulons
être de bonne foi, que, lorsqu'une personne non suspecte nous raconte un fait qu'elle assure avoir vu
elle-même, et qui n'a rien de contraire à la vraisemblance, la première impression nous porte naturellement à le croire, et qu'il faut que nous fassions
quelqu'effort sur nous pour douter et pour suspendre
notre croyance. Bien loin que les nations grossières
et ignorantes soient moins susceptibles de cette impression, que celles qui ont plus de politesse et de
connoissances, elles la reçoivent et la suivent encore
plus facilement. La défiance des hommes croît ordinairement avec leur esprit, dont le progrès, presque
toujours fatal à la bonne foi des uns, excite dans
la même proportion les soupçons des autres. C'est ce
qui affoiblit peu à peu, et qui, à la fin, éteint presqu'entièrement cette confiance naturelle avec laquelle
les hommes naissent pour leurs semblables. Des mœurs
sévères ou même sauvages, un esprit plus pesant,
plus épais et moins exercé par des passions fines et
délicates la conservent plus long-temps; et comme,
d'ailleurs, un genre de vie plus simple, plus grossier,

ne donne pas tant de matière à la fraude et à l'artifice, les hommes étant moins en garde les uns contre les autres, se livrent beaucoup plus à cette présomption réciproque de sincérité, qui, suivant l'ordre naturel, devoit faire un des plus forts liens de la société humaine.

Concluons de toutes ces réflexions que l'amour de la vérité, qui est naturel à tous les hommes; que l'opinion qui naît avec eux de la véracité, ou de la sincérité de leurs semblables, est encore un de ces sentimens *innés* que Dieu a imprimés à son ouvrage, ou qu'il lui inspire du moins toutes les fois qu'il lui est important d'y faire attention.

C'est ainsi qu'il lui a plu de me former par rapport à la connoissance du vrai, qui est le premier objet de mes recherches; mais il ne m'a pas traité moins favorablement à l'égard du second, je veux dire, de la cause de mon existence ou de tout ce qui existe comme moi; il me donne aussi des lumières naturelles sur ce point, qui suffisent pour exciter mon esprit, et pour le conduire jusqu'à la découverte de la cause unique et universelle.

A peine commençons-nous à avoir une étincelle, une foible lueur de raison, que notre esprit devient avide de savoir, et se plaît naturellement à faire des questions sur le grand nombre de choses qui lui paroissent nouvelles; mais toutes ces questions, quelque fréquentes qu'elles soient, se réduisent presque toujours à ces deux points. Pourquoi parle-t-on ainsi et quelle en est la raison? c'est le premier. Qui est-ce qui a fait cela et qu'elle en est la cause? c'est le second. Ces deux questions sont à tout moment dans la bouche des enfans, et en général dans celle de tous les ignorans; les savans mêmes, s'ils ont de la bonne foi, sont réduits à le faire souvent. Or, elles supposent nécessairement ces deux vérités: l'une, qu'on ne doit rien dire sans raison, et que toute conséquence doit avoir un principe dont elle tire son origine; l'autre, que rien ne se fait sans cause, et qu'on en doit supposer une

partout où l'on voit un effet. Qu'on dise, si l'on
veut, que ces deux notions générales ne sont pas
clairement et pleinement développés dans l'esprit
des enfans et des ignorans, j'y consens très-volontiers; mais il faut toujours qu'ils en aient une idée
confuse, ou qu'ils les sentent au moins s'ils ne les
conçoivent pas évidemment, puisqu'ils demandent
toujours quelle est la raison de ce qu'on leur dit,
quelle est la cause de ce qui se fait. Ils les sentent
tellement, ces deux vérités, que si on veut leur expliquer des raisons et des causes visiblement frivoles
et chimériques, ils les rejettent avec une espèce d'indignation; ils se plaignent même de ce qu'on cherche
à se moquer d'eux, tant ils sont naturellement persuadés, non-seulement, que tout ce qui se dit
doit avoir une raison, et que tout ce qui se fait doit
avoir une cause, mais encore, qu'il faut que cette
raison et cette cause aient un rapport et une liaison
au moins vraisemblables : l'une, avec la conséquence
qu'on en tire; l'autre, avec l'effet qu'on prétend en
être une suite.

Dira-t-on que ces questions naissent sur leurs
lèvres de la seule curiosité de leur esprit, et non
pas de ces notions qu'on y suppose gratuitement;
mais cette curiosité même d'où leur vient-elle? Pourquoi ce désir de savoir et de s'instruire est-il commun à tous les hommes? Peut-on s'empêcher d'y
reconnoître une impression vive et agissante du Créateur qui, voulant que l'homme découvre par son application une grande partie des vérités dont la connoissance lui est nécessaire, allume continuellement
en lui cette soif, cette ardeur d'apprendre et de
remonter toujours de cause en cause jusqu'à la première?

J'approfondis encore plus cette réflexion, et je
remarque que, dans ces questions des enfans ou des
ignorans, il y a quelque chose de plus qu'une simple
curiosité, ou un désir général d'apprendre quelque
chose de nouveau. Si Dieu ne leur avoit donné que
ce désir, sans leur enseigner en même temps que

rien ne se dit sans raison et ne se fait sans cause, leur esprit ne feroit que courir rapidement de fait en fait, et il suffiroit de lui présenter toujours quelque objet nouveau pour amuser au moins son inquiétude si l'on ne pouvoit la fixer. Mais il ne court point, ou du moins il ne court pas toujours; il s'arrête très-souvent; il interroge ses maîtres ou ceux qui sont plus avancés en âge et en connoissances; il demande la raison de ce qu'on lui dit; il veut en savoir la cause. Or, comment se porteroit-il de lui-même avec empressement à faire ces questions, si, outre le désir de découvrir de nouveaux objets, il n'avoit pas aussi naturellement la connoissance de cette vérité, qu'on ne doit rien dire sans raison, et qu'il n'y a aucun effet qui n'ait une cause?

Répondra-t-on, qu'il ne le sait que parce qu'il l'a entendu dire? Mais les questions de cette nature, que les enfans mêmes font sur tout ce qu'ils aperçoivent de nouveau, précèdent en eux toute instruction: leur raison ne se fait pas plutôt sentir, qu'elles y naissent comme un fruit qui croît de lui-même dans le fond de leur ame, et ils embarrassent quelquefois les meilleurs philosophes, long-temps avant qu'ils soient en âge d'apprendre ce principe, dont ils n'entendent guère parler expressément que lorsqu'ils entrent dans l'étude de la philosophie.

On dira peut-être, que ce principe se développe insensiblement dans leur esprit, par les observations qu'ils font sur les causes qui agissent à leurs yeux. Mais à qui pourroit-on persuader qu'une raison naissante, qui est encore toute plongée dans la matière, et qui ne se montre presque que par le sentiment, ait déjà assez de force pour faire des abstractions, pour se former par là des idées universelles ou des règles générales, et pour conclure, de quelques raisons ou de quelques causes particulières qu'elle aura entendu expliquer, qu'il faut nécessairement que tout ce qu'on dit ait une raison, et que tout ce qui se fait ait une cause?

Ainsi, plus j'observe que ces deux vérités sont tou-

jours également supposées dans la plupart des questions qui sortent de la bouche des enfans, plus je me
sens frappé de cette pensée, que c'est Dieu, la véritable lumière des esprits, le maître et la source de
toute intelligence, qui, sur ces deux points, éclaire
et illumine par lui-même tout homme qui vient au
monde, ou du moins qui commence à y faire usage
de sa raison. Je crois même reconnoître dans cette
conduite de Dieu un des plus grands traits de sa profonde sagesse. Il a voulu que l'homme n'eût, pour
ainsi dire, qu'un pas à faire pour connoître et pour
démontrer l'existence de son auteur. Je n'examine
pas encore si l'idée de la Divinité, ou d'un être nécessairement existant, est naturellement présente à
notre esprit; mais, quand on voudroit la mettre au
nombre des connoissances *acquises* plutôt qu'*innées*,
cette grande vérité, *il y a un Être suprême, il y
a un Dieu*, ne seroit que la conséquence directe
et comme le premier corollaire de cet axiome général, *rien ne se fait sans cause*. En effet, dans le
moment qu'on suppose un principe dont notre esprit
est si intimement convaincu, qu'y a-t-il de plus
simple ou de plus facile que d'en tirer cette conclusion? Donc, il y a une cause suprême et universelle de
tout ce qui est fait; et, comme il seroit absurde de
supposer que la cause de toutes choses eût elle-même
une cause, supposition qui renferme une contradiction grossière et évidente, il faut nécessairement que
la première cause n'en ait point, et qu'au lieu que
tous les esprits qui en dépendent ont été faits, il y
en ait un qui existe par lui-même et qui soit le seul
dont on puisse dire, non pas qu'il a été fait, mais
qu'il est. L'existence de Dieu est donc une conséquence immédiate que tout esprit attentif voit clairement, et presque intuitivement dans ce principe
général, que rien ne se fait sans cause. Faut-il s'é-
tonner, après cela, que Dieu l'ait tellement imprimé
dans l'âme de tous les hommes, qu'il n'y ait pas un
Caraïbe ou un Hottentot qui n'en soit aussi persuadé

13 *

que les plus grands philosophes, quoique M. Locke prétende qu'on n'a trouvé dans ces nations aucune trace, aucun vestige de l'idée de Dieu.

Après de si grands exemples d'idées ou de connoissances *innées*, sur ce qui regarde le *vrai* et sur la cause de mon existence, ou de celle de tout être créé, il ne me reste plus qu'à examiner ce qui a rapport à la conservation et au bonheur de mon être. Troisième et dernier objet que j'ai distingué dans ce qui excite mes recherches.

Pourrai-je y trouver aussi de ces connoissances naturelles et fondamentales, que Dieu présente immédiatement et généralement à toute intelligence créée? Mais il n'y a peut-être point de matière où j'en découvre un plus grand nombre.

On en convient déjà, comme je l'ai dit ailleurs, par rapport à cette impression, à cette pensée, à ce désir perpétuel qui me porte sans relâche à ma conservation et à mon bonheur. Mais les premières conséquences ou les premières vérités que je regarde comme une suite de cette inclination, sont-elles moins *innées* que cette inclination même?

La plus commune de toutes est qu'il est permis de repousser la force par la force, et pour se servir des termes d'un jurisconsulte romain (1), que tout ce qu'un homme fait pour la seule défense de sa vie, il est censé avoir eu droit de le faire, selon la justice naturelle. *Jure hoc evenit* (c'est-à-dire, *jure naturali*), *ut quod quisque ob tutelam corporis sui fecerit, jure fecisse existimetur.*

Tous les hommes naissent avec cette opinion; les enfans la suivent avant que d'avoir pu l'apprendre, et il ne faut pas croire qu'ils n'agissent en ce point que par un mouvement de la machine, à peu près comme les bêtes. Reprenez un enfant, qui a déjà l'usage de la parole, de ce qu'il a battu son frère ou son camarade; il ne manquera pas de vous répondre,

_____

(1) Florentin, liv. 3, ff. *de Just. et Jur.*

si le fait est véritable, que c'est parce que l'un ou
l'autre l'a battu le premier.

Les plus grands ennemis des *idées innées* et de ce
qu'on appelle la justice naturelle, sont eux-mêmes
si persuadés que cette maxime est gravée dans le
cœur de tous les hommes, qu'ils en font la seule
règle de ce qu'ils appellent le premier état de liberté, l'état naturel du genre humain, où ils représentent les hommes à peu près comme ces enfans
de Cadmus, race meurtrière des dents d'un dragon,
c'est-à-dire, comme naissant tous les armes à la main
les uns contre les autres, tout occupés à attaquer ou
à se défendre; ce qui donne lieu à ces auteurs d'appeler ce premier état de la nature, *omnium adversùs
omnes perpetuæ suspiciones, bellum omnium in
omnes.*

Ce n'est pas encore ici le lieu d'examiner, s'ils ont
raison d'aller si loin, et de supposer que les hommes
naissent tous ennemis de leurs semblables. Je me sers
seulement de leur hypothèse, pour faire voir que de
leur aveu même il y a dans l'homme des sentimens
ou des principes innés, puisque celui qui se croit
permis d'attaquer, se croit sans doute permis de se
défendre, et j'en conclus que Cicéron n'a pas eu
tort d'expliquer ainsi cette loi naturelle, qu'il est
licite de repousser la force par la force.

*Est enim hæc, Judices, non scripta, sed nata
lex : quam non didicimus, accepimus, legimus,
verùm ex naturâ ipsâ, arripuimus, hausimus, ex-
pressimus : ad quam non docti, sed facti, non insti-
tuti, sed imbuti sumus.*

Les Barbares ou les Sauvages savent encore mieux
cette règle que Cicéron même, quoiqu'ils ne puissent
pas l'exprimer si éloquemment : plût à Dieu que tous
les hommes n'en fussent pas si instruits, ou du moins
qu'ils sussent la renfermer dans les justes bornes de
l'impression naturelle !

Mais ce n'est pas la seule conséquence qu'ils tirent
tous également de l'amour qu'ils ont pour eux-mêmes.
Quel est l'homme à qui il faille apprendre, que c'est

un avantage d'être le plus fort, et de l'emporter sur
ses égaux par la vigueur du corps ou par celle de
l'esprit ? N'est-ce pas là même ce qui donne lieu à
Hobbes de dire, que si l'on approfondit bien la nature de l'homme, on trouvera que c'est l'amour de
la domination qui est né avec lui, beaucoup plus
que celui de la société ?

Est-il nécessaire de nous instruire de bonne heure,
pour nous persuader que le plaisir est préférable à la
douleur, et la gloire à l'infamie ? Je m'arrête au
dernier de ces deux sentimens, parce qu'il a quelque
chose de plus délicat et de plus spirituel que le premier. L'homme, dès sa plus tendre enfance, cherche
l'estime de ses semblables ; il veut exceller dans leur
esprit au-dessus de ses égaux ; il supporte la peine,
et quelquefois même une douleur actuelle, pour acquérir un bien aussi frivole que les louanges. Ce sentiment précède l'usage de la raison, et dans plusieurs
enfans celui de la parole ; ils supposent donc tous,
que l'estime, que l'approbation des autres hommes
est un bien ; ils le savent sans que personne le leur
enseigne. Je pourrois en dire autant de la sensibilité
qu'ils ont pour l'amitié qu'on leur témoigne, et de
plusieurs autres inclinations, ou aversions naturelles,
qui prouvent toutes également, que les enfans mêmes
sentent que ce qu'ils désirent est un bien, et que ce
qu'ils craignent ou ce qu'ils fuient est un mal ; mais
il est temps de donner des bornes à ces exemples,
où je dois désormais craindre plus l'abondance que
la disette. Je finirai seulement cette longue énumération par une réflexion générale.

Comment seroit-il possible que nous eussions tous
les mêmes pensées sur les différens points que je viens
de toucher, si nous n'avions tous le même maître ?
Qui est-ce qui nous donne tant de connoissances et
nous apprend tant de vérités, avant même que nous
soyions en état de les bien comprendre, si ce n'est
l'Auteur même de notre être ? C'est donc lui qui
nous les révèle immédiatement ; c'est lui qui nous
les donne à tous sans exception, comme un présent

renfermé dans la production de notre être. Ce ne sont donc point des connoissances acquises, ce sont des connoissances libéralement *données*, et *données* véritablement dans le sens le plus rigoureux, et par conséquent ce sont des connoissances *naturelles* ou *innées*.

Je pourrois finir ici cette méditation, dont je crois avoir rempli tout l'objet, puisque j'ai tâché de définir exactement ce qu'on peut appeler des vérités ou des connoissances *innées*; et que je viens de me convaincre, par des exemples sensibles et incontestables, qu'il y en a plusieurs auxquelles ma définition convient parfaitement.

Mais, si j'en ai dit assez pour fixer mon esprit sur cette matière, et si mes réflexions sont suffisantes par rapport à moi, elles ne suffisent peut-être pas pour dissiper tous les nuages que d'autres philosophes ont répandus sur des notions si simples, qui ne s'obscurcissent, si je l'ose dire, entre leurs mains, que parce qu'ils veulent y trouver ce qui n'y est pas, ou parce qu'ils refusent d'y reconnoître ce qui y est.

D'un côté ils soutiennent, ou qu'il n'y a point d'idées ou de connoissances *innées*, ou que s'il y en a de cette nature, elles doivent avoir ces trois caractères :

1.º D'être des connoissances explicites, qui soient aperçues non-seulement toujours, mais toujours distinctement et formellement par l'esprit humain;

2.º D'être des idées parfaites, qui représentent si fidèlement et si pleinement leur objet, que tous les hommes soient également éclairés à cet égard, sans examen, sans discussion, sans preuves; en sorte que, comme il y a sans doute très-peu d'idées de ce genre, il soit facile d'en faire un dénombrement ou un catalogue, dont toutes les nations conviennent également;

3.º D'être tellement invincibles, ineffaçables ou inaltérables, que leur impression ne puisse jamais s'affoiblir, et qu'elle demeure aussi fixe et aussi constante dans notre ame, que le seroit une image profondément gravée sur le diamant.

Et, comme ces philosophes prétendent qu'on ne sauroit leur montrer aucune idée, aucune connoissance qui réunisse ces trois caractères, ils en concluent que tout ce qu'on dit des idées ou des connoissances *innées*, est l'effet des préjugés de notre esprit, plutôt que l'ouvrage de la nature même.

D'un autre côté, ils ne se contentent pas d'en avoir fait une espèce de chimère, en leur attribuant une perfection qu'on ne sauroit y trouver, ils veulent leur ôter même ce qui leur est le plus essentiel, soit en refusant de reconnoître aucune différence entre ce qu'on appelle une idée *innée*, et la simple faculté de connoître le vrai qui est naturel à notre esprit; soit en soutenant que toute connoissance à laquelle on prodigue le nom d'*innée*, étant aussi foible, aussi imparfaite qu'ils prétendent qu'on est obligé d'en convenir; ce seroit très-inutilement qu'elle auroit été donnée à l'homme, et que, par conséquent, c'est une supposition aussi gratuite que chimérique, d'admettre dans l'homme, des connoissances naturelles, qui ne lui sont pas plus utiles par elles-mêmes, que si elles ne lui avoient point été accordées par son auteur.

J'ai donc à examiner :

1.º S'il est vrai qu'une connoissance et une vérité ne puissent être innées, sans avoir les trois caractères qu'on ne leur attribue que pour en défigurer l'image par des traits étrangers ;

2.º Si elles en ont de naturels et de véritables, par lesquels on puisse en même temps, et les distinguer de la simple faculté générale de connoître le vrai, et découvrir les avantages réels qui sont attachés au présent de la nature.

En un mot, effacer les couleurs empruntées, rétablir les couleurs naturelles, c'est à quoi se réduit ce qui me reste à faire dans cette méditation.

Je considère d'abord ces trois caractères, qui sont comme des ornemens suspects, dont une main ennemie ne cherche à parer les connoissances *innées*, que pour nous les faire méconnoître; et je me demande à moi - même, en premier lieu, si toute idée de cette nature doit être nécessairement une idée implicite, c'est-à-dire, une idée dont notre esprit s'aperçoive toujours, et dont il puisse se rendre à tous momens un témoignage formel à lui - même. C'est le point sur lequel les adversaires des idées *innées* exercent le plus la subtilité de leur raisonnement.

Il est absurde, disent - ils, de prétendre qu'une connoissance naturelle à notre esprit, une connoissance née avec nous, puissent ne nous être pas toujours présentes ; qu'est-ce qu'une connoissance qui n'est point connue, et qui demeure cachée comme dans un coin obscur de notre esprit, où elle dort, pour ainsi dire, jusqu'à ce qu'une autre pensée plus vive et plus agissante la réveille ? La simplicité, l'indivisibilité, l'unité de notre ame, peuvent-elles admettre une supposition si grossière, et une image si corporelle ? Ou notre esprit n'aperçoit point du tout cette vérité, et alors on ne peut pas dire qu'elle y soit imprimée, puisque les vérités ne sont dans notre ame que par la connoisance qu'elle en a ; ou au contraire elle aperçoit cette vérité ; et, si cela est, elle sent qu'elle l'aperçoit, et ce n'est plus pour elle une pensée implicite, ou si profonde, que cette pensée se dérobe à ses yeux. Si l'on veut donc parler correctement, on se contentera de dire, qu'entre les vérités, il y en a que nous découvrons avec tant de facilité, que nous croyons les apercevoir de nous-mêmes, ou les avoir toujours aperçues, et les trouver dans notre propre fond ; parce que nous sommes frappés de leur évidence aussitôt qu'on nous les présente. Ainsi, ces prétendues connoissances intimes, imperceptibles ou inaperçues, auxquelles on est souvent forcé de réduire ce qu'on appelle des pensées *innées*, se réduisent à la facilité naturelle que nous avons pour les acquérir. Autrement, répètent toujours les mêmes philosophes, il y auroit des connoissances qui ne seroient pas connues, ou des idées dont on pourroit dire dans le même instant, que notre

ésprit les a et qu'il ne les a pas : *il les a*, par la supposition même des défenseurs de ce genre d'*idées*,
puisque, selon eux, elles y sont renfermées au moins
implicitement : *il ne les a pas*, puisqu'il ne les aperçoit point, et qu'avoir une idée n'est autre chose
que l'apercevoir. Donc, selon ces philosophes, ou
les *idées innées* ne sont qu'une chimère qui se détruit d'elle-même, ou il faut nécessairement qu'elles
soient des idées explicites, ou, si l'on veut, des idées
plus ou moins aperçues, mais toujours aperçues par
notre ame.

Telle est la première et la plus grande objection du
célèbre M. Locke, s'il est qu'un vrai philosophe ait
pu se rendre célèbre en ne travaillant qu'à obscurcir
toutes nos idées sous prétexte de les éclaircir.

Il me semble que je puis y répondre en trois manières, dont les deux premières sont si simples et si
décisives que je ne serois pas même obligé d'avoir
recours à la troisième.

1.º Quand il seroit vrai qu'une connoissance *innée*
devroit être toujours présente à mon ame, il ne s'ensuivroit nullement, qu'il n'y en eût aucune autre de
cette nature, et je serois en droit d'en conclure directement le contraire, puisque j'ai rapporté plusieurs
exemples de pensées ou de sentimens qui ne nous
abandonnent jamais. Quel est l'homme qui ne sache
pas toujours qu'il existe, qu'il vit au milieu d'un
monde existant; qu'il est son confident à lui-même,
de tout ce qui se passe dans son ame; qu'il désire
sa conservation et son bonheur; qu'il est né libre,
et qu'il fait continuellement usage de sa liberté ?
L'objection que j'examine ne prouve donc point
qu'il n'y ait aucune connoissance *innée*. Elle pourroit faire voir tout au plus, qu'il y en auroit beaucoup moins qu'on ne pense, si l'on n'appliquoit ce
terme qu'aux seules vérités qui sont toujours actuellement présentes à notre esprit.

2.º J'ai encore prévenu cette objection, lorsque
j'ai montré qu'il n'étoit pas essentiel aux *idées innées* d'être toujours aperçues, et, que pourvu qu'elles

vinssent de Dieu immédiatement, soit pour la connoissance ou pour la conviction, et qu'elles fussent
données également à tous les hommes toutes les
fois qu'ils ont besoin de les apercevoir, elles pouvoient être mises justement au nombre des connoissances *innées*.

3.º Mais, quoique ces deux réponses me satisfassent
pleinement, une certaine curiosité naturelle qui
m'excite à vouloir toujours pénétrer, autant qu'il
m'est possible, dans le fond le plus intime de mes
pensées, ne me permet pas d'en demeurer là. Elle
me presse de m'interroger de nouveau pour tâcher
de découvrir comment et jusqu'à quel degré de force
ou de foiblesse les idées que Dieu me donne peuvent être présentes à mon esprit.

Je suis dans la vérité une espèce d'énigme à moi-
même ; et si, dans certaines occasions, je crois savoir
plus que je ne sais en effet, il y en a d'autres, au
contraire, où je m'imagine apercevoir que je sais
plus que je n'avois cru savoir. Mais, comment se
peut-il faire que je sache une chose, et que je ne
sache pas en même temps que je la sais ? Puis-je
sentir une vérité sans l'apercevoir, ou l'apercevoir
sans faire réflexion que je l'aperçois ? M'arrive-t-il
quelquefois de savoir, pour ainsi dire, à mon insu,
et de connoître sans remarquer que je connois ?
Commençons par examiner le fait, voyons ce que
mon expérience m'apprendra sur ce point ; et, si le
fait est certain, il faudra bien essayer ensuite d'en
trouver la raison.

Il s'agit de savoir si j'ai quelquefois des pensées
ou des sentimens dont je ne m'aperçoive pas moi-
même. Mais ai-je besoin d'en chercher bien loin des
exemples ?

Je m'applique fortement ou à faire des vers, ou
à résoudre un problème de géométrie, ou à tout
autre genre d'ouvrage qui occupe et qui remplit
la capacité actuelle de mon intelligence. Je ne pense
nullement dans cet état à l'attitude ou à la situation

de mon corps. Je ne sais si je suis assis ou debout;
souvent même, il m'arrive de me lever ou de m'as-
seoir sans y faire attention ; je fais aussi des gestes
dont je ne m'aperçois pas, surtout si je travaille
avec un autre homme, et qu'il ne soit pas du même
sentiment que moi. Je sens néanmoins si réellement
ces divers mouvemens de mon corps, que j'ai soin
d'y éviter ce qui pourroit me nuire. Si je me lève
au bord d'une rivière ou d'un précipice, je me tiens
debout de telle manière que je ne sois pas en danger
d'y tomber; si je m'assieds, je prends garde que mon
corps ne perte à faux ; si je fais des gestes, je n'é-
tends pas les mains jusqu'à la flamme d'une bougie
qui brûle devant moi. J'ai donc un sentiment, une
impression secrète qui me conduisent, qui me dirigent
sans se faire remarquer formellement, et je les ai si
véritablement, que la moindre chose qui m'y rapelle,
en interrompant le cours de mon application principale, me fait reconnoître que je les aperçois. Je
croyois, par exemple, ne faire aucune attention au
visage d'un philosophe, contre qui je disputois avec
une grande contention d'esprit. Cependant s'il vient
tout d'un coup à se trouver mal, s'il change de couleur, je m'en aperçois dans le moment, et je n'en
puis juger, qu'en comparant sa couleur passée avec
sa couleur présente. Je voyois donc auparavant cette
couleur passée sans croire la voir, ou sans remarquer
que je la voyois, et par conséquent, il y a dans moi
des sentimens qui n'en existent pas moins, pour
n'être pas actuellement aperçus.

Que dirai-je à présent des jugemens naturels dont
j'ai déjà parlé ? Tous les hommes mesurent la distance d'un objet par les autres corps qui sont entr'eux
et cet objet. Tous les hommes jugent d'abord de sa
grandeur par sa distance ; tous les hommes, lorsqu'ils le peuvent et qu'ils sont pressés d'arriver, prennent, sans hésiter, le chemin le plus droit, comme
le plus court; tous les hommes sentent que rien ne
se fait sans cause ; et toutes les fois qu'ils voient un
fait nouveau, ils ne manquent guère de demander

qui a fait cela ou pourquoi l'a-t-on fait? Mais combien y en a-t-il qui s'aperçoivent formellement et
actuellement de| ces jugemens naturels? Ils les font
néanmoins, puisqu'ils agissent conséquemment à ces
jugemens ; puisque, pressés de rendre raison de
leur action, ils expliqueront d'abord le jugement
qui en est le principe, et, en l'expliquant, ils croi-
ront ne rien dire que ce qu'ils ont toujours senti intérieurement.

Entrons encore plus avant, s'il se peut, dans ce
fond de l'ame qui est si réel, et qui néanmoins
nous échappe si souvent. Non-seulement, j'ai une conscience intime de tout ce qui l'affecte ; mais, comme
je l'ai observé plus haut, j'ai encore la conscience
de cette conscience même, et de tous les degrés successifs d'un sentiment qui naît toujours comme d'une
espèce d'écho de celui qui le précède sans avoir
aucunes bornes certaines. Cependant, quel homme
les suit et les distingue tous, quoiqu'il n'y en ait
aucun sur lequel on ne dise d'abord, lorsqu'on est
excité à y faire attention, qu'on le sent effectivement?

De même, nous sentons toujours notre liberté ;
mais souvent le sentiment en est si foible, si délicat,
si peu aperçu, que dans le temps même que nous
agissons le plus librement, nous ne pensons pas actuellement que nous sommes libres.

Une passion violente m'entraîne avec une impétuosité qui ne laisse presque aucune place à la réflexion. Je la suis sans avoir une vue directe et formelle des autres partis que je pourrois prendre. Il
reste cependant un fond de sentiment en moi, qui
me parle contre ma passion, et qui me dit que je
suis le maître d'y résister ; mais il me parle si bas
que je ne l'entends point, ou que je ne crois pas
l'entendre. Il est cependant si réel qu'il devient bientôt le fondement des reproches que je me fais de
n'avoir pas mieux usé de ma liberté.

Je ne suis donc plus surpris d'entendre l'homme
se plaindre si souvent de ne se pas connoître lui-

même, et de ne pouvoir s'assurer des véritables dispositions de son cœur. M. Locke nous dira-t-il gravement, que cela ne peut pas être; qu'une pensée ou un sentiment qui ne sont pas aperçus, ne sont pour nous ni une pensée, ni un sentiment, parce qu'ils n'existent à notre égard, et ne deviennent notre pensée ou notre sentiment, que par la perception ou la conscience actuelle? mais tout homme raisonnable ne répondra-t-il pas avec moi : Je ne sais si cela peut être, mais je sais que cela est. J'éprouve au-dedans de moi une guerre intestine, sans pouvoir mesurer exactement la force et le progrès des sentimens qui me déchirent. Je sens qu'ils agissent tous deux sur moi; mais lequel est le plus fort? de quel côté sera la victoire? C'est ce que j'ignore souvent. Ce n'est donc point une fiction de la poésie, c'est la nature même qui parle dans la bouche des héros de théâtre, lorsqu'ils nous peignent si vivement ce trouble, cette agitation, ce combat intérieur dans lequel ils ne se connoissent plus eux-mêmes, et quand Hermione s'écrie ainsi, dans l'Andromaque de Racine :

> Ah! ne puis-je savoir si j'aime ou si je hais!

Ou lorsqu'elle dit à Oreste :

> Ah! falloit-il en croire une amante insensée!
> Ne devois-tu pas lire au fond de ma pensée!
> Et ne voyois-tu pas, dans mes emportemens,
> Que mon cœur démentoit ma bouche à tous momens?

Elle ne fait qu'exprimer cette profondeur de notre ame, souvent impénétrable à notre ame même, qui ne connoît pas toujours le fond de sa pensée, qui ignore souvent jusqu'où vont ses sentimens; dominée par celui qu'elle croit dominer, pendant que la passion qui paroît victorieuse est en effet vaincue, se trompant elle-même, et ne s'apercevant pas qu'elle se trompe; devenue tellement le jouet des deux mouvemens contraires, qu'elle sent seulement leurs forces opposées, sans savoir si elle demeure dans l'équilibre

ou si elle en sort, et de quel côté la balance est en-
traînée.

La religion nous convainc encore plus de cette
vérité que les raisonnemens des philosophes, ou les
images des poëtes ; parce qu'elle nous oblige à étudier
notre cœur plus exactement, et à en développer autant
qu'il se peut les replis les plus secrets. Ce qui fait
le tourment des ames les plus passionnées, fait aussi,
par rapport à d'autres objets, celui des ames les plus
vertueuses. Le juste même est obligé d'avouer, qu'il ne
sait s'il est digne d'amour ou de haine, et pourquoi est-
il condamné à une si affligeante incertitude, si ce n'est
parce qu'il ignore, si c'est l'amour de Dieu ou celui
de la créature qui domine dans son cœur ? Il sent
l'un et l'autre néanmoins, et il les sent tels qu'ils sont ;
mais, en les sentant ainsi, il n'aperçoit pas distinctement le dégré actuel et effectif de ces deux amours
contraires ; l'un des deux est certainement le plus
fort, celui qui l'emporte n'est supérieur à l'autre
que parce que l'ame le sent davantage, quoiqu'elle
ne puisse s'assurer elle-même qu'elle le sent plus en
effet. Peu de cœurs peuvent dire à Dieu, avec autant
de confiance que saint Augustin : « ce n'est point avec
» doute, ô mon Dieu, mais sur le témoignage cer-
» tain de ma conscience, que je sais que je vous
» aime ». Les saints mêmes sont souvent dans
une triste hésitation sur ce sujet, et les plus hum-
bles s'accusent de ne pas donner à Dieu une entière préférence, pendant que Dieu voit au fond
de leur ame qu'ils le préfèrent en effet à tout ce
qu'ils aiment. Il est donc fort possible qu'il y ait
en nous, non-seulement un sentiment réel, mais un
sentiment fixe, habituel, persévérant, qui soit la
source constante de notre justice, et suivant lequel
nous agissons presque toujours, quoique nous ne l'a-
percevions pas assez pour nous assurer pleinement de
sa réalité.

Enfin, y a-t-il rien que nous sentions plus fortement ou plus certainement, que notre propre existence ? Mais y pensons-nous toujours distinctement

et formellement ? Ne remarquons-nous pas même que plus nous existons en un sens, c'est-à-dire, plus nous faisons des actes qui demandent toutes les forces de notre être, moins nous faisons de réflexions actuelles et expresses sur notre existence ? L'ennui nous y rend plus attentifs que les passions, surtout quand elles sont violentes; et, comme elles nous font oublier la durée du temps, qui est la mesure de notre existence successive, elles nous empêchent aussi de penser à notre existence actuelle, ou du moins de nous apercevoir que nous y pensons.

Je n'écouterai donc point les discours d'une vaine philosophie, dont toute la subtilité ne peut faire que des efforts inutiles contre mon expérience continuelle. J'éprouve tous les jours, non pas qu'il peut y avoir, mais qu'il y a en effet dans moi des pensées auxquelles je ne pense pas, ou auxquelles je ne crois pas penser, et des sentimens que je ne sens point, ou que je ne crois pas sentir; le fait est donc certain par le témoignage de ma conscience même. Mais, comment pourrai-je expliquer cette espèce de paradoxe, et par quelle voie me sera-t-il permis de concilier une supposition qui paroît d'abord si étrange, mais dont je ne saurois plus douter, avec ce que je sais aussi certainement de l'indivisibilité et de l'unité de mon ame ?

Je remarque d'abord que j'ai des perceptions plus ou moins claires les unes que les autres; et que, par conséquent, leur lumière ou leur clarté est susceptible d'augmentation, comme de diminution; mais le dernier terme de leur clarté m'est beaucoup plus connu que le premier; j'ai quelquefois des idées si évidentes, qu'il me semble que leur lumière ne peut plus croître pour moi dans l'état présent de cette vie. Et, en effet, j'ai beau les envisager, les contempler de nouveau, je n'y découvre rien de plus, et je demeure toujours dans le même degré de clarté. Mais, comme mes idées sont souvent obscures dans leur naissance, il m'est presqu'impossible d'y démêler ce premier rayon de lumière qui commence à m'éclairer. Il faut qu'il ait fait déjà un certain progrès, non pas peut-être afin que je le voie, mais afin que je sente que je le vois. Quand le soleil dans son midi n'est obscurci par aucun nuage, je vois si clairement, qu'il ne me paroît pas possible que sa clarté augmente pour moi; mais je ne réussis pas de même à m'assurer du point où commence précisément ce qu'on appelle le crépuscule et le lever de l'aurore. Je le vois néanmoins, ce premier trait de la lumière renaissante, et il est physiquement impossible qu'il y ait le moindre changement dans le passage de la nuit au jour, que mon ame n'en reçoive l'impression par mes yeux. Elle la reçoit donc dès le premier instant; mais elle ne s'en aperçoit pas encore, et elle n'y fait attention que lorsque le soleil a fait un progrès plus marqué vers notre horizon. Ainsi, je sens et je m'aperçois aussi que je sens dans mes perceptions claires, comme dans celles que j'ai du soleil à son midi. Au lieu que si mes perceptions sont obscures, je sens bien toujours, puisqu'il se fait une impression sur moi, mais je ne m'aperçois pas toujours que je sente; et c'est ce qui m'a donné lieu de dire, que le dernier terme de ma connoissance m'est plus connu que le premier.

J'observe ensuite qu'il y a aussi quelque chose de semblable dans ce qui n'est que sentiment.

La vivacité ou la distinction en est inégale, comme celle de mes perceptions. Le dernier terme m'en est aussi beaucoup plus connu que le premier, avec cette différence, que, non-seulement dans le premier terme, mais dans le dernier, mes sentimens ont toujours quelque chose de plus confus et de plus difficile à pénétrer que mes perceptions.

La perception, ou l'ame qui aperçoit arrête et fixe en quelque manière son objet; elle se fixe elle-même et demeure comme immobile pendant qu'elle le considère; elle l'embrasse autant qu'elle le peut de tous côtés, et elle en prend en quelque manière la mesure. Mais le sentiment ne fixe point son objet, et ne se fixe point lui-même; il ne fait que le toucher et couler, pour ainsi dire, le long de cet objet, sans s'y conformer et s'y mesurer exactement. Quelquefois il demeure au-dessous, souvent il le surpasse, et rarement il l'égale avec une entière précision; elle est comme dans un flux et reflux perpétuel qui n'a rien de réglé, et dont les révolutions incertaines ont des degrés si imperceptibles, que nous ne pouvons ni les suivre, ni les compter exactement.

De là vient, comme je l'ai remarqué ailleurs, que le sentiment n'admet aucune définition, parce qu'il faut l'éprouver pour le connoître, et que cette connoissance même n'est encore qu'un sentiment.

Nous faisons l'analyse de nos perceptions; nous les divisons, nous les subdivisons; elles nous présentent un objet que nous pouvons envisager distinctement par toutes ses faces. C'est une monnoie que nous changeons en toutes sortes d'espèces qui la représentent, et qui nous donnent toujours la même valeur. Il n'en est pas ainsi de nos sentimens, l'anatomie de notre cœur, de ce cœur dont je veux parler ici, qui est le siége de toutes nos passions, est infiniment plus difficile que celle de notre esprit. Les bornes qui séparent nos divers sentimens, et qui distinguent les degrés du même sentiment, sont si minces et si déliées, que les nuances des couleurs les plus changeantes n'ont rien qui en approche.

Aussi, réussissons-nous beaucoup mieux à exprimer nos perceptions qu'à exprimer nos sentimens. Notre esprit peut souvent se contenter lui-même à l'égard des connoissances; il trouve des paroles qui y répondent et qui en remplissent toute l'étendue : mais il n'est presque jamais entièrement satisfait, quand il veut égaler ses sentimens par ses expressions. Nous faisons pour cela des efforts inutiles; il reste toujours au dedans de nous je ne sais quoi, que nous ne saurions faire entendre aux autres, et que souvent nous ne pouvons nous bien expliquer à nous-mêmes. C'est ce qui fait que les ouvrages de sentiment ne nous paroissent presque jamais aussi parfaits que nous le désirerions. Ils affectent, ils remuent ce fondé de sen-

sibilité qui est en nous, mais ils ne l'épuisent point.
Notre sentiment va encore au-delà de l'expression
la plus touchante, et dans le temps que nous en
sommes le plus pénétrés, nous voudrions l'être
encore davantage, parce qu'en effet nous sentons
plus, que l'éloquence la plus pathétique ne sauroit
exprimer.

Ainsi, au lieu que dans nos perceptions, qui sont
portées jusqu'à l'évidence, nous en connoissons au
moins le dernier terme si nous n'en distinguons pas
le premier, on peut dire au contraire, que dans nos
sentimens nous ne connoissons bien ni le premier
ni le dernier terme; nous ne savons précisément,
ni où le sentiment commence, ni où le sentiment
finit. Il naît avant que nous nous apercevions de
sa naissance, et il vit quelquefois long-temps après
ce que nous avions regardé comme sa mort; tant
il est vrai, comme je l'ai dit d'abord, qu'en parlant
même dans une rigueur métaphysique, le cœur de
l'homme est une énigme inexplicable à l'homme
même.

Tout ce que je viens d'observer seroit véritable,
quand il ne s'agiroit que d'une seule pensée ou d'un
seul sentiment, dont notre ame seroit toute occupée.
Mais, comme elle est capable d'avoir plusieurs pensées
ou plusieurs sentimens dans le même instant, la difficulté de les apercevoir tous, ou plutôt de sentir
qu'elle les aperçoit, croît avec le nombre des impressions qu'elle reçoit dans un seul moment.

Si des objets différens qui me frappent tous à la
fois agissoient sur moi avec une égale vivacité, il
n'en résulteroit qu'une modification si composée et
si confuse, que pour voir trop de choses en même
temps, je n'en verrois aucune distinctement, et je
serois à peu près dans l'état que je veux exprimer
quelquefois lorsque je dis que je ne pense à rien.

Mais Dieu, qui a voulu que je pusse faire usage
de ma raison, ne permet pas que je sois vraiment
dans cette situation, ou du moins que j'y demeure
long-temps. Entre les pensées et les sentimens qui

14 *

concourent dans mon esprit, il y a toujours une idée
principale ou un sentiment dominant, qui m'affecte
plus fortement que les autres; le reste ne peut être
appelé qu'idées, ou sentimens accessoires. Il y en a
même qui ne méritent que le nom d'accidentelles,
parce qu'elles ne concourent que par accident avec
l'impression principale. Je m'explique :

Les pensées véritablement accessoires sont celles
qui naissent de l'idée principale, ou à l'occasion de
cette idée, soit que la liaison secrète, qui est entre
le principal et l'accessoire, vienne de la nature même
de la chose, ou qu'elle ne soit qu'une suite de la
manière dont j'ai accoutumé de la concevoir ou de
l'exprimer. Ainsi, quand je dis *l'écriture sainte nous
apprend que Dieu punira le crime, ou dans ce
monde, ou dans l'autre*, mon attention principale
peut n'avoir pour objet que l'autorité de la révélation qui nous apprend cette vérité; mais le nom
de Dieu réveille en même temps dans mon ame l'idée
d'une justice souveraine et toute-puissante qui se joint
à la révélation, pour affermir mon jugement, et cette
idée accessoire est du nombre de celles qui naissent
de la chose même; mais ma mémoire peut me fournir
quelqu'un des passages de l'écriture sainte, auxquels
j'ai accoutumé de penser quand je fais réflexion à cette
vérité; je puis même me rappeler un souvenir confus de la doctrine des anciens philosophes qui ont
vu clair sur ce point au milieu des ténèbres du paganisme. Ce n'est point la nature de la chose même
qui produit en moi ces sortes de pensées, c'est
seulement une habitude ou une disposition qui
m'est propre. Mais elles n'en sont pas moins des
idées accessoires qui forment, avec celles qu'on
peut appeler *naturellement accessoires*, la compagnie,
et, si j'ose parler ainsi, le cortège de la pensée
dominante.

Celles que j'ai nommées accidentelles sont d'un
autre genre; elles n'ont aucune liaison ni naturelle,
ni habituelle avec l'objet principal de mon attention,
et c'est le hasard seul qui en forme la rencontre.

plutôt que l'union; ainsi ceux qui disputoient dans
le jardin d'académie sur les questions les plus abstraites de la philosophie, dans le temps même qu'ils
en étoient le plus fortement occupés, ne laissoient
pas d'y voir des arbres, des prairies, des fontaines,
dont l'image concouroit dans leur esprit avec des
idées purement métaphysiques; mais elle n'y concouroit que par accident, et c'est ce qui m'a donné
lieu d'appeler ces sortes d'images ou de pensées,
des images ou des pensées *accidentelles* plutôt qu'accessoires.

Voilà donc ce qui se passe en moi, soit lorsque
je n'ai qu'une seule idée ou qu'un seul sentiment,
soit lorsque j'en ai plusieurs; et je ne me suis attaché à l'expliquer si exactement, que parce qu'il me
semble que je conçois, par là, comment il se peut
faire qu'une pensée soit en moi quoiqu'en un sens
je n'y pense pas, et qu'un sentiment m'affecte quoique
de même je ne le sente pas.

Le paradoxe apparent de cette proposition vient
de l'équivoque du terme de penser et de celui de
sentir, qui ont des significations différentes, selon
les différens degrés de pensée ou de sentiment.

Est-ce assez que je pense ou que je sente, pour
me faire apercevoir que je pense ou que je sens?
L'expérience m'apprend le contraire; et je n'aurois
eu besoin pour m'en convaincre, que du seul exemple de mes jugemens naturels, comme de celui que
je fais sur la distance ou sur la grandeur apparente
de la lune, sans m'apercevoir que je porte aucun
jugement?

Mais, comment puis-je concilier cette vérité avec
cet autre principe, qui est pour le moins aussi certain que je suis le témoin, le confident nécessaire de
tout ce qui se passe en moi? Et, si cela est, comment
est-il possible que j'ignore une pensée ou un sentiment qui est en moi, ou que je ne m'en aperçoive pas?

Je crains, en effet, d'avoir été un peu trop loin,
lorsque j'ai dit, qu'il pouvoit y avoir en moi des

pensées ou des sentimens qui ne fussent pas aperçus. Ils le sont en un sens, par une conscience à laquelle rien n'échappe ; mais ils le sont si foiblement, si rapidement, si obscurément, que c'est presque la même chose que s'ils ne l'étoient pas. Notre ame ne les voit, si j'ose parler ici la langue des mystiques, que par un acte direct et non réfléchi. Nous les apercevons, mais sans nous apercevoir que nous les apercevons, parce que c'est la réflexion seule qui nous fait remarquer nos propres pensées et sentir que nous sentons; sans elles, nos idées paroissent et disparoissent dans le même instant. Je les comparerois volontiers au vol d'un oiseau qui fend l'air sans y laisser aucune trace de son passage, ou à ces éclairs dont la lueur est si foible et passe si rapidement devant nos yeux, que, quoiqu'ils les aient frappés, nous serions souvent prêts à assurer que nous ne les avons point vus. Si l'impression directe est presqu'insensible, la conscience de cette impression l'est encore plus. Qu'est-ce donc que la conscience de cette conscience même ? Cependant il faut que ces trois choses concourent, pour nous faire apercevoir de notre propre perception ; je veux dire, qu'il se fasse une impression, qu'il y ait une conscience de cette impression, enfin une conscience de cette conscience ; car c'est ce dernier degré qui fixe et qui réalise, pour ainsi dire, les deux premiers. Nous n'avons qu'une perception simple quand il n'y est pas, et nous n'y joignons l'*apercevance*, si je puis rappeler ici ce vieux mot, que lorsqu'il y est.

Un auteur moderne, aussi philosophe que théologien, et dont je fais gloire d'emprunter ici les pensées, a remarqué avec assez de raison, que nous ne concevons, ou que nous ne sentons distinctement que ce que nous exprimons par des paroles, au moins présentes à notre imagination, si notre langue ne les prononce pas actuellement. Nous appelons ineffable, ce qui nous paroît incompréhensible; et, dans le langage ordinaire, ces deux termes *inexplicable* et *inin-*

telligible deviennent souvent des mots synonymes ;
l'expression, ou la possibilité d'exprimer, est pour
nous la marque et comme le gage de l'intelligence
actuelle ou possible ; nos pensées ou nos sentimens
ont besoin d'une espèce de couleur ou de vêtement
pour nous frapper nous-mêmes ; et nous sommes sur
ce point, comme ceux qui méconnoissent le portrait
de leur ami lorsqu'il n'est pas habillé, et à qui un
extérieur pareil à celui dans lequel ils le voient tous
les jours est nécessaire pour y retrouver sa ressemblance.

Tout ce qui n'est donc point ou assez clair ou
assez sensible pour exciter notre réflexion, soit par
la profondeur et la durée de l'impression, soit par
les caractères dont notre esprit ou notre imagination
le revêtit, passe rapidement devant les yeux de notre
ame sans marquer sa route ; et, comme il n'en reste
aucune trace, elle doute si elle l'a vu, ou elle se
trompe même en croyant n'avoir point vu du tout
ce qu'elle n'a pas assez vu.

C'est ce qui nous arrive encore plus, lorsque notre
esprit est fortement occupé d'une pensée ou d'une
passion dominante, qui fait presque le même effet à
l'égard de nos pensées ou de nos sentimens accessoires ou accidentels, que la pleine lune par rapport
à une grande partie des étoiles fixes dont elle rend
la lumière si obscure par le contraste de sa clarté,
que le sentiment, quoique réel mais foible et superficiel, en échappe à notre vue.

Il en est de même dans la musique. Ceux qui n'ont
pas l'oreille assez juste ou assez exercée pour en bien
distinguer les différentes parties, ne s'aperçoivent
presque que de celle qui domine, surtout quand
c'est une belle voix qui la chante. Le reste ne forme
qu'un sentiment confus dans leur ame ; ils sentent
néanmoins si véritablement toutes ces parties qui se
perdent, pour ainsi dire, dans ce sentiment général,
que, si celui qui en chante une ou qui l'exécute sur
un instrument, vient à détonner ou à frapper une
corde pour une autre, ils s'en aperçoivent dans le

même instant ; tant il est vrai qu'il y a une différence
réelle entre sentir et s'apercevoir que l'on sent, ou
du moins s'en apercevoir assez pour s'en rendre
témoignage à soi-même.

Enfin, pour donner des bornes à une digression
trop longue, et peut-être plus curieuse qu'utile par
rapport à mon véritable objet, il est très-vraisemblable que dans tout ce qu'on nomme disposition
habituelle et permanente de notre ame, il y a toujours un fond de sentiment qui subsiste, et qui vit
secrètement en nous, quoique nous ne l'apercevions
pas actuellement, ou que nous ne remarquions pas
que nous l'apercevons.

Jugeons-en par le désir que nous en avons d'être
heureux, c'est l'état habituel, ou l'habitude la plus
fixe et la plus constante de notre ame. Cependant,
si nous voulons bien nous tâter nous-mêmes avec
une attention vive et pénétrante, nous reconnoîtrons
que nous ne nous apercevons pas toujours actuellement que nous sentions ce désir. Il se réveille,
à la vérité, presque continuellement ; mais il y a
aussi des momens où il dort comme un feu caché
sous la cendre, par le défaut d'occasions ou de pensées, qui nous le fassent sentir d'une manière assez
explicite pour nous donner lieu de nous dire à
nous-mêmes : *nous le sentons*. C'est donc cette parole secrète, cette expression intime de notre conscience, et cette expression entendue de nôtre ame,
qui font la différence de ce qui est seulement senti,
et de ce qui est véritablement aperçu. D'un côté,
elle ne se prononce pas toujours, même à l'égard de
ce que nous sentons le plus réellement, comme le
désir d'être heureux ; et de là vient, que nous pouvons avoir l'habitude, c'est-à-dire, le sentiment profond de certaines dispositions, sans y donner une
attention formelle et aperçue ; mais, d'un autre côté,
comme ce sentiment se conserve au dedans de nous,
la moindre chose qui le réveille nous trouve aussi
toujours prêts à le suivre, parce qu'il respiroit véritablement dans notre cœur, quoique, s'il est permis

de parler ainsi, sa respiration fût trop foible pour se faire entendre.

Les ressorts secrets de mon ame peuvent donc être émus sans me donner un signe sensible de leur émotion, et je crois concevoir à présent, que je puis avoir une pensée et un sentiment, qui, bien loin d'être toujours distinctement aperçus, sont, au contraire, si obscurs et si cachés, que je ne crois pas m'en apercevoir. Je ne connois pas seulement le fait de cette vérité par des exemples incontestables, j'en découvre encore la raison par la nature de mes pensées ou de mes sentimens, et par les réflexions que je viens d'y faire.

Mais tout ce qu'on appelle des vérités ou des connoissances *innées*, ne sont que des pensées ou des sentimens auxquels je peux appliquer tout ce qui convient en général à toute vérité et à toute connoissance. Elles peuvent donc être explicites ou implicites, perceptibles ou imperceptibles, du moins en certains momens; si fortes, que nous remarquions leur présence; si foibles, que nous ne la remarquions pas, ou que nous la remarquions sans nous en apercevoir.

Je retrancherai donc, sans aucun scrupule, le premier caractère qu'on veut attribuer aux connoissances *innées*, non pour les admettre, mais pour les rejeter, et je me garderai bien de dire avec certains philosophes, qu'il n'y a point d'idées qui méritent ce nom, sous prétexte que s'il y en avoit, elles seroient toujours distinctement aperçues. Il est non-seulement possible, mais certain, par une expérience constante, que nos idées ou nos sentimens nous frappent souvent, sans que nous croyions en recevoir l'impression; et je dois en tirer cette conséquence, que semblables, en ce point à toute autre connoissance, celles qu'on appelle *innées* peuvent être explicites ou implicites, distinctement aperçues ou d'une manière si confuse, que nous ne nous en apercevions pas formellement.

J'entre donc à présent dans l'examen du second

caractère qu'on donne aux idées *innées*, et qu'on ne leur donne qu'avec le même dessein d'en détruire la réalité.

Non-seulement, dit-on, ces idées devroient être toujours aperçues, mais elles devroient l'être si parfaitement, que tous les hommes fussent également éclairés à cet égard, sans examen, sans discussion, sans preuve ; en sorte que, comme le nombre de ces sortes d'idées ne sauroit être fort grand, rien ne fût plus facile que d'en faire un dénombrement dont tous les peuples de la terre conviendroient également. Qu'on nous montre donc, dit M. Locke, ces connoissances parfaites, qui sont naturellement présentes à l'esprit humain, et que tout homme possède sans les avoir acquises. Qu'on en fasse, si l'on ose l'entreprendre, une liste ou un catalogue exact auquel toutes les nations souscrivent ; ou, si l'on ne peut nous produire rien de semblable, qu'on ne nous parle plus des idées *innées*, ou qu'on nous permette de ne les regarder que comme une illusion de notre esprit.

Mais la chimère ne seroit-elle point dans le caractère même qu'on veut attribuer sans fondement à ces idées, dont on parle toujours, comme s'il falloit nécessairement qu'elles fussent tout, ou qu'elles ne fussent rien ? C'est ce que je dois examiner attentivement, et, pour le faire avec plus d'ordre, je supposerai d'abord que ce second caractère est véritable, et je tâcherai ensuite de découvrir s'il l'est en effet.

J'accorde donc d'abord aux ennemis de connoissances *innées*, qu'elles doivent être parfaites, également présentes à tous les esprits, et telles en un mot, qu'il soit très-aisé d'en faire le dénombrement ; conclurai-je de là, qu'il n'y a aucune connoissance de cette nature ? Mais plutôt, comme je l'ai déjà dit par rapport au premier caractère, n'en conclurai-je pas qu'il y en a, puisque la certitude que j'ai de mon existence et de celle des êtres qui m'environnent, puisque la conscience que j'ai de mes pensées et de mes sentimens, puisque le désir de ma conservation et de mon bonheur, puisque l'opinion que j'ai de ma liberté, etc., sont des dispositions ou des connoissances parfaites, autant que la nature de mon être le demande, des connoissances communes à tous les hommes, sans examen et sans discussion, enfin, des connoissances dont il est très-aisé de faire un dénombrement qui ne sera démenti par aucun être raisonnable?

Mais est-il nécessaire que toutes les vérités *innées* aient ce même caractère de perfection? C'est ce qui mérite peut-être un plus long discours, dans lequel je m'engage volontiers, parce qu'il me servira à éclaircir encore plus ma pensée sur la nature de ces vérités.

Une connoissance peut être appelée parfaite en deux sens très-différens Ou l'on ne se sert de cette expression que pour en marquer la certitude et la vérité; ou l'on veut exprimer par là l'étendue et ce que la logique appelle la compréhension de notre connoissance ou de notre perception. Dans le premier sens, une idée est parfaite, quand elle me fait voir si certainement son objet, que je ne saurois conserver aucun doute sur sa vérité; mais, dans le second sens, sa perfection consiste à renfermer ou à représenter si pleinement cet objet, qu'il n'y en ait aucune partie qui échappe à mes regards, et qu'il ne me reste aucun nuage dans l'esprit sur sa véritable nature. Je suis certain, par exemple, que je vois la terre, lorsque j'ouvre les yeux et que je regarde autour de moi dans une vaste campagne, quoique je n'en voie que la très-petite partie qui est renfermée dans le cercle de mon horizon apparent; mais si j'étois placé dans la moyenne région de l'air, et que je visse tourner successivement devant moi tout ce globe terrestre, alors je ne verrois pas seulement la terre, je la comprendrois toute entière, et ma perception seroit parfaite dans tous les sens, parce qu'elle seroit certaine, et qu'en même temps elle seroit aussi étendue que son objet.

Dieu pouvoit, sans doute, réunir ces deux genres de perfection dans mes idées que j'appelle *innées*, au lieu de leur donner seulement la première, je veux dire une certitude inébranlable ; mais le défaut de la seconde perfection, laquelle consiste dans l'étendue de l'idée, et qui doit être le prix de mon application, n'a rien qui puisse donner atteinte à la vérité de la première. L'une peut exister sans l'autre ; et je dois recevoir avec reconnoissance ce que l'auteur de mon être m'a donné libéralement, au lieu de douter du don même que j'ai reçu, parce qu'il ne m'a pas tout donné.

Autrement, je pourrois conclure par un semblable raisonnement, que je n'ai pas non plus d'idées évidentes, parce que j'en ai très-peu, et peut-être même que je n'en ai aucune dont l'étendue égale la clarté ? Je conçois très-clairement l'idée d'un cercle, quand je sais que c'est une figure qui renferme un espace, et qui est formée par la révolution du rayon autour du centre, en sorte que toutes les lignes tirées de ce point à la circonférence, sont égales. Mais s'ensuit-il de là que je comprenne toutes les propriétés de cette figure, ce que je ferois, sans doute, si j'en avois une idée véritablement parfaite dans tous les sens ?

C'est ainsi, pour rappeler ici un des exemples favoris de M. Locke, que j'ai naturellement l'idée de *l'identité*. Il épuise inutilement toute la subtilité de son esprit pour m'en faire douter, aussi bien que tous les hommes qui croient l'avoir comme moi. Pourquoi, selon lui, ne l'ont-ils pas véritablement ? C'est parce qu'ils ne l'ont pas parfaite ; c'est parce que si on les presse de s'expliquer sur ce point, on verra qu'ils hésitent, qu'ils s'embarrassent, qu'ils s'égarent ; c'est enfin, parce que les anciens philosophes, qui se sont amusés à disputer sur cette idée, n'ont pu convenir entr'eux de ce qui forme véritablement *l'identité*.

Mais, par de pareils sophismes, on parviendra à prouver qu'un paysan parmi nous, et à plus forte raison un sauvage de l'Amérique, ne sait pas qu'il est le même aujourd'hui qu'il étoit hier, parce qu'il n'a pas une idée parfaite de l'*identité*. Est-il donc si difficile de distinguer deux choses dans cette idée? L'une, est cette conscience ou ce sentiment intérieur de notre existence successive et continue, ou de celle des êtres qui sont autour de nous, par lequel chaque être pensant est assuré qu'il est toujours lui-même; par lequel un enfant sait qu'il n'est pas son frère ou son camarade, et que la nourrice qui lui offre sa mamelle aujourd'hui, est celle qui la lui présentoit hier. L'autre, est la connoissance exacte et complète de tout ce qui entre dans la notion de l'*identité*, par laquelle nous pouvons juger pleinement de la force de ces mots *lui-même* ou *la même*, et de ce qui est nécessaire pour nous mettre en droit de les appliquer avec une entière connoissance, ou aux autres êtres simples comme notre ame, ou aux autres êtres composés comme notre corps. C'est ce dernier point qui est obscur, si l'on veut, et qui a exercé l'oisiveté des anciens philosophes par rapport au vaisseau des Argonautes, ou à la métempsycose de Pythagore. Mais le premier, qui consiste uniquement dans la conscience de l'*identité*, n'est ni douteux, ni équivoque. Nous le sentons, comme nous nous sentons nousmêmes, et l'idée de l'identité n'est en effet que la continuation de ce sentiment. Or, qui est-ce qui nous l'a donné? Ne précède-t-il pas en nous toute instruction, toute réflexion même, comme on le voit dans l'exemple des enfans? Y a-t-il jamais eu un maître qui ait entrepris de prouver d'abord à son disciple qu'il étoit toujours le même maître, comme d'un autre côté son disciple étoit toujours le même disciple? C'est donc la nature, ou plutôt son auteur, qui apprend cela également à tous les hommes; et c'est là seulement ce qu'on doit appeler *inné*. Le reste, c'est-à-dire, une connoissance plus étendue de l'*identité*, est l'ouvrage de nos réflexions, parce qu'il appartient à l'extension, à la plénitude de l'idée, plutôt qu'à sa certitude. Ainsi, en distinguant toujours ces deux choses, je veux dire, l'entière perfection, ou l'étendue et la certitude, ou la réalité de nos connoissances, on conçoit aisément comment une idée peut être naturelle ou *innée*, sans être entièrement parfaite et égale à son objet.

Veut-on en avoir un exemple encore plus sensible dans cette inclination que M. Locke regarde lui-même comme *innée?* Tous les hommes désirent d'être heureux; mais combien nos réflexions, notre expérience et l'exemple de nos semblables ajoutent-ils à la vivacité et à la distinction de ce sentiment? Un philosophe, un esprit attentif à s'étudier lui-même n'en sont pas plus affectés qu'un enfant ou qu'un Caraïbe. Mais ils pénètrent bien plus avant dans la profondeur de ce sentiment : ils en font une anatomie plus exacte; ils en découvrent beaucoup mieux la nature, l'étendue, les effets, les conséquences, et ils parviennent à comprendre ce que le commun des hommes ne fait que sentir.

Il est donc très-possible qu'un sentiment soit véritablement *inné*, quoiqu'il ne soit nullement parfait, et le désir même du bonheur que M. Locke ne peut s'empêcher de regarder comme l'ouvrage de la seule nature, est si imparfait, que c'est son imperfection même qui est la source d'une partie des erreurs de notre esprit et de tous les égaremens de notre cœur. Il n'y auroit point de vice dans le monde, si ce désir étoit aussi parfait, aussi épuré, qu'il le doit être; parce que la vertu n'est autre chose, que l'amour éclairé de notre véritable bien. Ainsi, prétendre qu'il n'y a point d'idées vraiment *innées*, parce qu'il n'y en a point qui naissent parfaites, c'est comme si l'on vouloit prouver que notre corps n'est pas l'ouvrage de la nature, parce qu'il ne naît pas avec toute la force, toute la légèreté et toute l'adresse qu'il acquiert dans la suite. Dieu a voulu, comme je le dirai bientôt, qu'il y eût une espèce d'enfance dans les perceptions et dans les sentimens de notre ame, comme il y en a une dans les qualités et dans les dispositions de notre corps. Nous sentons que cela est ainsi; la volonté de Dieu nous est connue par le fait ; et qui osera lui demander pourquoi il l'a voulu ?

Il n'est donc point nécessaire qu'une connoissance soit parfaite en tous sens, pour mériter le nom de connoissance *innée*, il suffit qu'elle soit certaine et commune à tous les hommes, sans preuve et sans discussion.

Telles sont toutes celles que j'ai proposées pour exemple, et j'avoue que je n'entends pas bien ce que M. Locke veut dire, quand il demande pourquoi des vérités que l'on veut faire passer pour *innées*, paroissent nouvelles à ceux qui en entendent parler pour la première fois : ce qui lui donne lieu de dire, qu'il est absurde de supposer qu'une idée puisse être ignorée de celui-là même, en qui l'on prétend qu'elle est innée. Je ne connois point d'idées véritablement *innées*, qui puissent paroître nouvelles à aucun être raisonnable ; et s'il y a des philosophes qui en aient donné des exemples susceptibles de cette critique, je déclare que pour moi je n'y reconnois point le véritable caractère d'une connoissance *innée*.

M. Locke voudroit-il soutenir qu'on trouve des hommes qui soient surpris d'apprendre qu'ils existent, qu'ils sont environnés de plusieurs corps qui existent comme eux ; qu'ils sentent en eux-mêmes tout ce qui s'y passe ; qu'ils sont libres ; qu'ils croient certainement ce qu'ils voient évidemment ; qu'ils s'aiment eux-mêmes ; et qu'il leur est permis de se défendre, en repoussant la force par la force, etc., etc. Y a-t-il quelqu'un, encore une fois, à qui ces vérités paroissent nouvelles, quoiqu'il n'en ait peut-être jamais entendu parler ? Mais voici ce qui peut avoir trompé M. Locke, si ce sont des vérités de cette nature qu'il avoit en vue lorsqu'il a dit que les connoissances mêmes innées, ou que l'on prétend être telles, paroissent nouvelles à certains esprits.

Rappelons ici la distinction qui m'a occupé si long-temps ; je veux dire, celle des vérités seulement senties, et des vérités formellement aperçues. Il

n'est peut-être pas absolument impossible qu'il y ait
des hommes si stupides, si éloignés de toute société
avec des esprits véritablement raisonnables, si dé-
pourvus de toutes réflexions, en un mot, qui vivent
d'une manière si animale, qu'ils ne s'appliquent pas
assez à leurs propres sentimens, pour les remarquer
d'une manière distincte et pouvoir se les bien exprimer à eux-mêmes. S'il y a donc quelque chose
qui leur paroisse nouveau quand on leur parle, c'est
l'expression de leur sentiment et non pas leur sentiment même. Ils sont à peu près, pour me servir d'un
exemple comique, mais qui fait très-bien entendre
ma pensée, ils sont comme ceux à qui on apprend
qu'ils font de la prose sans le savoir. Ce n'est pas la
chose qui est nouvelle, c'est l'attention marquée et
sensible qu'on les oblige d'y donner; et, s'il faut employer ici une comparaison plus noble, leur surprise,
s'ils en ont véritablement, est tout au plus semblable
à celle d'un homme qui, n'ayant jamais vu dans son
pays qu'un crépuscule peu différent de la nuit, seroit
tout d'un coup transporté dans un climat où il
verroit luire le soleil sur sa tête. Il seroit d'abord
étonné, et même ébloui, de l'éclat d'une si vive
lumière; mais, pour peu qu'il fût capable de réflexion, il reconnoîtroit bientôt que c'étoit cette
même lumière qu'il avoit aperçue, quoique très-
foiblement, dans ce crépuscule ténébreux, dont il
remarquoit à peine la sombre lueur.

Je réponds à peu près de la même manière à une
autre difficulté que M. Locke propose pour faire voir
qu'il n'y a point d'idées qui soient véritablement
communes à tous. Pourquoi, dit ce philosophe, les
hommes demandent-ils souvent la raison des vérités
mêmes qu'on appelle *innées*, s'il est vrai que ces
vérités soient profondément gravées dans le fond de
leur être? Une pareille demande ne peut être fondée
que sur un doute; et, si l'on peut douter des idées
même *innées*, il n'est donc pas vrai qu'elles fassent
une partie de notre nature, ni que tous les hommes les
reconnoissent, sans examen et sans difficulté. Elles

ont même moins d'avantage que certaines vérités évidentes, comme cette proposition : *Ce qui est, est;*
ou comme celle-ci : *Il est impossible qu'une chose
soit et ne soit pas dans le même temps :* personne,
jusqu'ici, ne s'est avisé d'en douter. On ne demande
point la raison de ces propositions ; on la demande
tous les jours des vérités qu'on veut faire passer pour
innées, comme celle-ci : *Ne faites pas à un autre
ce que vous ne voulez pas qu'un autre vous fasse.*
Donc, ces prétendues connoissances *innées* n'ont pas
même le caractère d'être évidentes à tous les esprits,
sans preuve et sans examen.

1.º Je n'examine point encore ici si cette dernière
proposition doit être mise au rang des vérités *innées ;*
mais c'est toujours beaucoup que leur plus grand
adversaire soit obligé de reconnoître qu'il y a du
moins certaines vérités qui sont naturellement et également certaines dans l'opinion de tous les hommes.
Il ne restera plus, après cela, que d'examiner quelles
sont ces vérités, et s'il n'y en a point qui aient, outre
cela, l'avantage d'être toujours données libéralement
à l'homme, ou du moins toutes les fois qu'il en a
besoin.

2.º Je nie absolument la vérité du fait; je veux
dire qu'il y ait des connoissances *innées,* dont les
hommes doutent quelquefois, ou dont ils demandent
la raison pour s'assurer de leur certitude; et il est
même impossible que cela arrive jamais, puisque je
n'appelle *idées innées* que celles qui ont pour premier
caractère d'être évidentes par elles-mêmes à tous les
esprits. M. Locke convient qu'il y en a de ce genre ;
et c'est uniquement dans le nombre de celles qui
y sont comprises que je prétends trouver les vérités
que je regarde comme *innées.*

Mais, pour éclaircir encore plus cette difficulté,
je distingue toujours ces deux choses ; je veux dire,
d'un côté, la perception certaine, et, de l'autre, l'étendue de la perception. Dire que tout homme qui conçoit certainement une vérité, ne peut pas demander
qu'on la lui prouve; ou, la mettre à l'épreuve de sa

raison, c'est une proposition équivoque et qui doit être expliquée par cette distinction. Elle est vraie, si l'on suppose non-seulement qu'il conçoit mais qu'il conçoit pleinement cette vérité, qu'il la comprenne et qu'il l'embrasse toute entière; alors, il ne l'aperçoit pas seulement, il n'en est pas seulement assuré par un sentiment intérieur, mais il en connoît la raison et la preuve, toujours renfermées dans la plénitude de son idée. Mais la proposition est fausse, si l'on suppose qu'il ne fait que concevoir la même vérité, sans en comprendre toute l'étendue. Comme dans cette hypothèse il ne possède pas encore la plénitude de l'idée, il peut fort bien être intérieurement persuadé de ce qu'il conçoit, et sentir en même temps qu'il n'en pénètre pas la raison. Ainsi, lorsqu'il la demande, ce n'est pas qu'il doute de la vérité qui lui est intimement présente; il cherche seulement à la comprendre plus parfaitement, et à découvrir, dans cette connoissance entière, la raison lumineuse de son sentiment.

Il n'y a point d'homme, par exemple, qui ne voie la lumière, lorsque le soleil brille à ses yeux. Il en est si certain, que c'est de là même qu'il tire ses comparaisons les plus familières, pour exprimer la clarté de la certitude de ses connoissances; mais il ne laisse pas de demander la raison de ce sentiment; et, lorsqu'on lui a fait entendre que c'est Dieu même qui le cause en lui, à l'occasion du mouvement des parties de la lumière corporelle, sa perception n'en devient pas plus certaine; elle est seulement plus éclairée et plus étendue: il comprend, d'une manière exacte, ce qu'il ne faisoit auparavant que savoir d'une manière certaine.

C'est ainsi, pour appliquer cette réflexion aux idées *innées*, qu'il n'y a point d'homme qui ne soit intérieurement persuadé qu'il peut affirmer comme vrai tout ce qu'il conçoit clairement; mais, quoiqu'il en soit assuré, il ne pénètre pas toujours la raison de sa certitude; il faut, pour cela, qu'il médite sur la cause de ses idées, sur la vérité et sur l'infaillibilité

essentiellement attachées à celui qui les lui donne ;
sur l'absurdité de supposer que ce soit Dieu même
qui le trompe. Mais, jusqu'à ce qu'il ait fait cet effort,
il lui reste toujours une espèce de doute à éclaircir,
non sur la certitude même, qui est ce qu'il y a de
véritablement *inné*, mais sur la cause de sa certitude ;
ce qui dépend de l'exacte compréhension et de la
plénitude de son idée ou de son sentiment.

Enfin, pour porter cet éclaircissement aussi loin
qu'il peut aller, comparons les idées ou les vérités
innées avec celles qui sont seulement évidentes par
elles-mêmes. Y en a-t-il qui le soit plus que celle-ci :
Le tout est plus grand que sa partie? Cependant
M. Locke trouve le moyen d'obliger les hommes à
en chercher la raison, en étudiant ce que c'est que
la grandeur, l'extension ou le nombre, et en se formant une idée des rapports d'égalité ou d'inégalité.
Il devroit donc en conclure, suivant ses principes,
qu'il n'y a pas non plus de vérités évidentes par
elles-mêmes ; car, si elles sont évidentes, pourquoi
en demander la raison ? Et, si l'on en demande la
raison, comment peut-on dire qu'elles soient évidentes ? Il désavoueroit sans doute ce raisonnement,
et il ne manqueroit pas de dire qu'on peut être certain d'une vérité sans la comprendre assez pleinement
pour la pouvoir expliquer dans toute son étendue ;
qu'il applique donc la même réponse à son objection
sur les idées *innées*, et il comprendra comment on
en demande la raison, pour savoir parfaitement ce
que l'on connoît déjà certainement.

Je devrois peut-être me dispenser, après cela,
de répondre à une troisième objection du même philosophe, qui me paroît si peu sérieuse, ou plutôt
tellement comique, que je pourrois me contenter de
dire ici :

Solventur risu tabulæ, tu missus abibis.

Mais, quand ce ne seroit que pour égayer mon
esprit, ennuyé d'une méditation si abstraite, j'en rap-

15 *

porterai ici la substance, dégagée de cet amas de paroles dont elle est surchargée dans le livre de M. Locke.

Selon lui, il n'est point de vérité qui soit également reconnue de tous les hommes, parce qu'il faut toujours excepter de ce nombre *les enfans et les imbécilles*, qui ne pensent pas aux proportions mêmes sur lesquelles on veut faire valoir le consentement universel du genre humain. Je suis surpris qu'il n'y ait pas ajouté tous ceux qui dorment : l'exception auroit été bien plus étendue ; et, comme il y a environ la moitié des hommes qui dort, pendant que l'autre veille, il en auroit conclu beaucoup plus solidement qu'il n'est point de vérité qui soit également aperçue de tous, puisque ceux qui dorment, et qui en font la moitié, n'y pensent pas pendant qu'ils dorment. Ce seroit, en effet, porter bien loin le privilége des *idées innées*, de prétendre qu'elles doivent nous apparoître, même dans nos songes, comme des fantômes toujours attachés à nous poursuivre jusque dans les bras du sommeil. Mais M. Locke ne va pas plus loin, lorsqu'il veut faire déchoir les idées *innées* de leur réalité, si elles n'éclairent pas continuellement l'ame des enfans, et même des imbécilles. Quand on parle des connoissances qui sont communes à tous les hommes, on n'a pas besoin d'ajouter, quoique je croie l'avoir fait plus d'une fois, qu'on n'entend parler que des hommes qui sont en état de connoître et d'user de leur raison. M. Locke diroit, lui-même, qu'il est naturel à tout homme de marcher, quoique les enfans et ceux qui sont estropiés, ou qui ont perdu l'usage de leurs jambes, ne le puissent faire. Pourquoi donc trouve-t-il étrange que toute idée, donnée également à tout homme capable de penser et de réfléchir sur ses pensées, soit regardée comme *innée*, quoique ceux à qui l'âge, l'infirmité ou le sommeil ne permettent pas de penser raisonnablement, ou de s'apercevoir qu'ils pensent, n'y fassent pas de réflexion ?

Je n'examine point ici ce qui peut se passer dans

le fond de l'ame des enfans ou des insensés, et s'il n'y luit pas toujours quelque légère étincelle de cette lumière naturelle qui éclaire toute créature raisonnable, comme il semble qu'on pourroit le conjecturer avec assez de vraisemblance ; mais, à quoi serviroit-il de s'arrêter plus long-temps à examiner une difficulté si peu solide, et qui ne mérite pas même d'être traitée sérieusement ? Tout ce qu'on peut conclure de l'exemple des enfans ou des imbécilles, c'est qu'il y a des hommes qui ne pensent pas toujours, actuellement, aux vérités les plus *innées;* et il ne faut point, pour le prouver, aller chercher ce qui se passe dans l'esprit de ceux qui n'en ont pas encore acquis ou qui en ont perdu l'usage. Combien y a-t-il d'hommes dans le monde qui, sans être ni enfans ni insensés, ne donnent souvent aucune attention formelle aux connoissances que j'ai regardées comme *innées;* mais, pour n'y pas faire une réflexion expresse, ils n'en sont pas moins d'accord sur ces connoissances, ou sur ces vérités, avec tous les autres hommes. Il n'est pas nécessaire, pour cela, qu'ils y pensent toujours ; il suffit que, toutes les fois qu'ils y pensent, ils y donnent leur consentement ; il suffit que leur ame en conserve l'habitude, comme je l'ai expliqué plus haut, c'est-à-dire, une connoissance qui vit en nous, lors même qu'elle n'attire point nos regards, et qui est plutôt sentie qu'aperçue. Il suffit enfin , comme je l'ai observé en établissant les principes généraux de cette matière, que Dieu présente également ces vérités à tous les hommes dans le temps qu'ils en ont besoin ; et, si l'assiduité ou la continuité de leur présence n'est point un caractère essentiel aux connoissances *innées,* il est évident que l'exemple des enfans ou des imbécilles, et si l'on veut y joindre encore l'exemple de ceux qui dorment, ne prouve rien du tout contre ce principe ou cette vérité de fait, qu'il y a des sentimens sur lesquels tout le genre humain est d'accord. M. Locke voudroit-il soutenir que le désir d'être heureux soit toujours actuellement aperçu ou senti par tous les enfans, par tous les insensés, par tous ceux qui dorment? C'est cependant, selon lui, une disposition véritablement *innée*. Donc, selon lui-même, il est fort possible, ou plutôt il est très-vrai qu'un sentiment peut être *inné*, quoiqu'il ne soit pas toujours présent à notre ame.

Que s'il insiste encore, après cela, à me demander le catalogue ou le dénombrement de ces idées *innées*, dont tous les hommes conviennent également : je lui répondrai d'abord, que ce catalogue est déjà tout fait, dans l'énumération que j'ai ébauchée des vérités de cette nature. Je ne crois pas qu'il puisse y en retrancher aucune; et, s'il veut y en ajouter de nouvelles, il travaillera contre lui-même.

Je lui dirai ensuite que, quand même il seroit vrai qu'on ne peut faire souscrire ce dénombrement à tout le genre humain, il ne s'ensuivroit nullement de là qu'il n'y eût point de vérités également reconnues par tous les hommes. Quel seroit le philosophe assez hardi pour entreprendre de faire signer, même aux seuls philosophes, une liste exacte de toutes les vérités évidentes par elles-mêmes? Combien une telle liste souffriroit-elle de contradictions? Ce qui seroit de la dernière évidence pour les uns, ne paroîtroit pas seulement probable aux autres; et cette liste, qui ne seroit qu'une pomme de discorde, jetée dans le pays de la philosophie, ne serviroit qu'à allumer une guerre plus que civile entre ses habitans. Conclura-t-on de là qu'il n'y ait aucune vérité évidente par elle-même, et M. Locke ne s'élèveroit-il pas le premier contre une conséquence si injuste, lui qui veut réduire les *idées* qu'on appelle *innées* à n'être que des vérités simplement évidentes? Quiconque y fait une réflexion expresse, ne sera-t-il pas convaincu que, quelque retranchement que l'ignorance, l'inapplication, la bizarrerie, ou la prévention de certains esprits, veuillent faire sur le nombre de vérités de ce genre, il en restera toujours plusieurs dont l'évidence sera si uniformément attestée par tous les hommes, que ceux qui oseront les nier, passeront pour des fous ou pour des aveugles? Mais je commence à me lasser de suivre si long-temps M. Locke dans de pareils raisonnemens. Passons à l'examen du troisième caractère, qu'il veut trouver dans une idée ou dans une connoissance, pour la juger digne du nom d'*idée* ou de *connoissance innée*.

Il a lu, sans doute, dans plusieurs auteurs, que ces idées étoient comme *gravées* ou *imprimées* dans le fond de notre ame, et, suivant toutes les apparences, c'est cette expression peu approfondie qui l'a révolté contre ces idées. Il semble, en effet, n'avoir entrepris de les combattre que parce qu'il s'imagine que leurs défenseurs les regardent comme l'impression d'un cachet ou d'un sceau gravé par l'auteur de la nature sur la substance même de notre ame, dont les traits seroient si profondément enfoncés, qu'il en résulteroit une image non-seulement indélébile, mais inaltérable, comme celle d'une figure gravée sur le diamant.

C'est de ce troisième caractère, dont il se plaît à revêtir ces idées, qu'il tire tant d'argumens vagues et superficiels, par lesquels il croit avoir pleinement réfuté le système des idées *innées*, en faisant voir qu'il n'y en a point, non-seulement qui soient inaltérables comme elles le devroient être selon lui, mais qui ne soient effectivement altérées, obscurcies et presqu'effacées dans l'esprit de la plupart des hommes.

Je serai encore obligé ici de me servir des armes de M. Locke même pour le combattre.

1.° Il ne sauroit rien dire sur ce point que je ne rétorque contre le désir de la béatitude et la crainte de la misère, qu'il appelle lui-même des sentimens *innés*. Ce désir renferme sans doute celui de notre conservation, puisque, pour être heureux, il faut être, et cette crainte renferme pareillement l'horreur de tout ce qui tend à notre destruction; mais ces deux mouvemens ont-ils toujours le même degré de vivacité? Sentons-nous le désir de notre conservation dans la santé comme dans la maladie, et le désir d'être heureux dans la prospérité comme nous le sentons

dans l'adversité ? Ces deux dispositions sont donc en
même temps et des dispositions *innées*, et des dispositions susceptibles de plus ou de moins d'augmentation et de diminution ; dispositions, par conséquent, qui peuvent s'altérer au moins, si elles ne
peuvent entièrement s'effacer ; mais il y a plus, et il
est facile de trouver des exemples où le désir même
de notre conservation ne s'affoiblit pas seulement,
mais s'efface et s'anéantit, vaincu et comme détruit
par des sentimens contraires.

Un chagrin, un remords, une passion vive, ou une
douleur violente, et, ce qui est encore plus surprenant, une coutume et une mode ont porté souvent
l'homme, et le portent encore tous les jours à sacrifier
sa vie, qu'il regarde cependant, selon l'impression
naturelle, comme le plus précieux de tous les biens.
C'est un fait attesté par tous les voyageurs, qu'il y
a encore des pays où les femmes des Indiens se précipitent dans le bûcher de leurs maris, pour leur
donner cette dernière preuve de leur fidélité. Dira-
t-on que c'est l'espérance d'une vie plus heureuse,
qui est la cause réelle de ce désespoir apparent ?
Mais, parmi ceux qui se sont portés à une si étrange
extrémité, il y en a plusieurs qui croyoient que leur
ame étoit mortelle, et qu'elle périssoit avec leur corps.
Si Caton s'immole à la liberté de sa patrie, parce
qu'il croit son ame immortelle, et après s'être con-
firmé dans ce sentiment par la lecture du Phedon
de Platon, Cassius se tue lui-même, quoiqu'affermi
depuis long-temps dans l'opinion d'Épicure, et persuadé que son ame n'est qu'une matière subtile
dont le mouvement se détruit avec celui de son sang,
comme il le dit lui-même à Brutus peu de jours avant
sa mort. Dira-t-on que, si ce n'est pas l'espérance d'un
meilleur sort qui inspire aux hommes cette funeste
résolution, c'est au moins la crainte d'un malheur,
qui leur paroît plus grand que l'anéantissement même?
C'est, en effet, ce que l'on peut dire de plus raisonnable. Il y a donc, en ce cas, deux sentimens naturels
ou *innés*, qui se combattent mutuellement : l'un, est

le désir de conserver sa vie ; l'autre, est la crainte
de vivre dans la misère ; le premier domine dans
ceux qui ont le courage de survivre à leur disgrâce ;
le second est le plus fort, dans ceux qui aiment
mieux mourir que de vivre malheureux. Mais, si cela
est, je vois deux sentimens *innés* qui peuvent être,
et qui sont en effet souvent vaincus l'un par l'autre,
et celui qui avoit été victorieux dans un temps est
quelquefois vaincu dans la suite. Brutus, qui avoit
blâmé la mort de Caton, et avoit composé un livre
pour montrer que c'étoit une foiblesse, imite à la
fin ce qu'il a lui-même condamné, parce que, comme
il le dit à Cassius, d'autres circonstances lui inspi-
roient d'autres sentimens. Ce n'est donc point un
caractère attaché aux sentimens les plus *innés,* d'être
absolument invincibles et insurmontables ; il y en a
de contraires les uns aux autres, non en eux-mêmes,
mais par l'abus que les hommes en font ; et, dans
le combat, il arrive nécessairement que l'un des deux
succombe, sans qu'on en puisse conclure que celui
qui est vaincu ne fût pas aussi *inné* que celui qui
est victorieux. Il n'est même nullement impossible
qu'un sentiment qui n'est pas *inné* emporte la balance
sur celui qui l'est véritablement ; c'est ce que j'éclair-
cirai encore plus par les réflexions suivantes.

2.º M. Locke reconnoît plusieurs vérités évidentes par elles-mêmes ; mais si, pour prouver qu'il
n'y a point d'idées *innées*, il suffisoit de faire voir
que celles à qui on donne ce nom peuvent être
vaincues, je prouverai, par le même argument, qu'il
n'y a point non plus de vérités évidentes par elles-
mêmes. Je dirai, comme ce philosophe le dit des
idées *innées*, que, s'il y avoit des idées évidentes par
elles-mêmes, elles devroient être absolument inaltérables, invincibles, ineffaçables. Or, je prouverai
comme lui, par une longue induction, qui sera
l'histoire humiliante de l'extravagance et des égaremens de l'esprit humain, qu'un grand nombre de
vérités, qui, par elles - mêmes, sont de la dernière

évidence, ont été néanmoins obscurcies, effacées, anéanties dans certains pays, et pendant le cours de plusieurs siècles.

N'étoit-il pas manifestement évident que des dieux de pierre ou de bois, que des porreaux et des oignons ne pouvoient être d'aucune utilité à ceux qui les invoquoient ? Il n'est point d'enfant qui n'applaudisse aujourd'hui, de tout son cœur et sans hésiter, à cette exclamation ironique de Juvénal :

O sanctas gentes, quibus hæc nascuntur in hortis numina !

· Ou qui ne soit étonné d'apprendre, du même poète, que ceux qui regardoient comme un crime de manger la chair d'un chevreau se permissent, sans horreur, de dévorer celle de leur semblable, et qu'un Égyptien fût puni plus rigourousement pour avoir tué un veau que pour avoir égorgé un homme. Mais, quoi ! c'étoit peut-être une autre opinion évidente, ou du moins très-vraisemblable, qui les empêchoit d'apercevoir l'absurdité évidente d'une superstition si insensée ! Non, il n'y avoit point de combat dans l'esprit de ces peuples entre deux idées ou évidentes ou vraisemblables; ils se laissoient emporter contre l'évidence même, par un préjugé aussi obscur et aussi destitué de toute apparence que celui de l'autorité de leurs prêtres ou de l'exemple de leurs pères. Conclurai-je donc, de leur aveuglement, qu'il n'y a point d'idées évidentes par elles-mêmes à l'esprit humain, parce qu'une vérité aussi claire que l'impuissance d'une pierre, d'un veau ou d'un oignon, pour exaucer nos prières, a été ignorée ou méprisée par des peuples entiers, qui ne pénétroient point dans les symboles et dans les allégories imaginées par leurs prêtres ou par leurs philosophes, et qui se prosternoient de bonne foi devant une statue, devant un veau, devant un oignon, comme s'ils eussent été aux pieds d'une véritable divinité ?

Je remarque, à la vérité, cette différence entre

les idées *innées* et celles qui sont seulement évidentes par elles-mêmes, que les premières sont aperçues par l'esprit humain, sans que personne les lui révèle; au lieu que souvent il ignore les autres, jusqu'à ce qu'on les lui découvre, ou du moins qu'on les lui présente : mais la différence qui étoit entre ces deux espèces d'idées, avant la découverte, cesse absolument dès que le moment de la manifestation est arrivé. Lorsque cette proposition : *le tout est plus grand que sa partie*, m'est une fois connue, je n'en suis pas moins convaincu que de ma liberté, de ma conscience et de toutes les autres vérités que j'ai données pour exemple de connoissances *innées*. Peut-être même trouvera-t-on plus d'hommes qui n'aient jamais fait une réflexion expresse sur cette conscience naturelle de leur sentiment, qu'on n'en pourra trouver qui aient douté si leur bras étoit plus grand que leur main, ou leur tête que leur bouche; en un mot, la parité est entière entre une idée *innée* et une idée seulement évidente par elle-même, lorsque la dernière nous est aussi connue que la première. C'est par l'évidence seule que l'une et l'autre peuvent se conserver et résister à toutes les impressions qui sont capables de les altérer. Mais, si l'évidence même peut s'obscurcir, si elle s'obscurcit, en effet, dans certains esprits, si elle souffre une espèce d'éclipse, par les nuages que l'éducation, que les préjugés, que les passions, les mœurs ou l'exemple élèvent entre nous et sa lumière, pourquoi les idées *innées*, qui n'ont d'autre ressource, pour se soutenir, que leur évidence même, ne pourroient-elles pas éprouver un obscurcissement, une défaillance semblables? Dira-t-on, pour éluder ma comparaison, que, comme elles nous sont plus nécessaires que les autres, et que c'est par cela que Dieu nous les donne gratuitement, ainsi que je l'ai expliqué, on doit croire aussi que Dieu nous fait encore une seconde grâce, en nous les conservant d'une manière assez distincte pour empêcher qu'elles ne nous échappent. Mais, qui peut savoir jusqu'à quel point Dieu a voulu que son bienfait fût durable, et

au-dessus de la corruption de notre cœur ou de l'illusion
de notre esprit ? Il pouvoit, sans doute, nous donner
des idées *innées* qui fussent toutes inaltérables, et, en
effet, il nous en a donné plusieurs qui ont ce privilége ;
mais il auroit pu aussi nous en donner d'autres qui
fussent plus dépendantes du bon ou du mauvais usage
que nous ferions de notre liberté. Les idées qui ne
sont qu'évidentes par elles-mêmes, ne sont-elles pas
aussi un présent de sa libéralité ? Présent plus tardif,
à la vérité, et qui nous coûte peut-être un peu plus
d'efforts que celui des vérités *innées*, mais qui est
toujours un véritable don du ciel, par rapport à la
certitude qui accompagne ces idées. Cependant, il est
certain qu'il y en a plusieurs qui ne sont ni invincibles, ni ineffaçables ; notre raison même, qui doit se
servir des idées de l'une et de l'autre espèce, et qui
est certainement une faculté *innée* à notre ame, ne
s'éclipse-t-elle pas quelquefois entièrement par les
maladies, par la démence, par la vieillesse ?

Rétorquons donc ici, contre M. Locke, ce grand
principe, qu'il a si bien connu et si mal suivi. Dire :
*une chose seroit mieux si elle étoit d'une telle ou
d'une telle manière, donc Dieu l'a fait ainsi*, c'est
faire un raisonnement injuste et téméraire. Dire, au
contraire : *Dieu a fait une chose ainsi, donc elle est
bien faite*, c'est raisonner conformément à la nature
de Dieu et à la nature de l'homme. Il nous paroîtroit mieux que nos idées *innées* fussent absolument inaltérables ; ne seroit-il pas mieux aussi que
toutes nos idées qui ne sont qu'évidentes par elles-
mêmes, jouissent du même privilége ? Mais il ne
s'ensuit nullement de là que Dieu l'ait accordé ni
aux unes ni aux autres. Nous ne pouvons connoître la volonté de Dieu sur ce point, que par le
fait, c'est-à-dire, par notre expérience ; et, s'il y a,
en effet, des idées *innées*, comme des idées seulement évidentes en elles-mêmes, qui s'altèrent ou
qui s'effacent même quelquefois dans l'esprit humain, nous ne saurions en conclure ni que les unes
ne soient pas *innées*, ni que les autres ne soient pas

évidentes en elles-mêmes, parce que Dieu a pu nous les donner *innées* sans nous les donner inaltérables, comme il nous en a donné d'évidentes, qui peuvent s'obscurcir et disparoître même entièrement de notre esprit.

C'auroit peut-être été ici le lieu d'examiner si M. Locke, qui se donne tant de peine pour détourner ses lecteurs de croire que l'idée de Dieu soit véritablement *innée*, le prouve aussi bien qu'il se l'imagine, par l'exemple de ces nations qui, selon le récit de quelques voyageurs, ignorent tellement cette idée, que leur langue n'a pas même de nom pour l'exprimer.

Mais j'ai cru devoir éviter d'entrer dans cette question, parce que j'ai craint qu'elle ne m'emportât trop loin de mon sujet; et, en effet, elle demanderoit une méditation toute entière. Je me réduis donc, sur ce point, à un raisonnement bien simple, qui est une suite naturelle des réflexions que je viens de faire.

Je consens, si l'on veut, que M. Locke ne mette l'existence de Dieu qu'au nombre des vérités que notre raison peut découvrir évidemment; mais il doit aussi convenir que, comme nous pouvons l'acquérir, nous pouvons aussi la perdre. Il n'en faut point d'autre preuve que l'exemple de ces athées qui, après avoir été d'abord très-convaincus de cette grande vérité, en étouffent ensuite le souvenir par le libertinage de leur cœur, suivi de celui de leur esprit; et qu'on ne dise point qu'ils ne cessent pas d'avoir l'idée de Dieu pour en nier l'existence. La plus grande partie des athées, ou du moins ceux qui raisonnent, ne le sont que parce qu'ils nient la possibilité d'un Être spirituel, et qu'ils n'en reconnoissent point d'autre que la matière. Ainsi, c'est l'idée même de la divinité qu'ils s'efforcent de détruire, en se persuadant qu'elle implique contradiction. Mais, si une idée de cette nature, si une opinion aussi ancienne et aussi étendue que le monde même, si une vérité, que tout ce que nous y voyons, tout ce que nous y entendons, tout ce que nous y connoissons confirment et renouvellent dans notre ame, peuvent néanmoins être tellement obscurcies, qu'elles soient en nous comme si elles n'y étoient pas ; pourquoi cette vérité n'y éprouveroit-elle pas le même sort, quand elle seroit véritablement du nombre des connoissances *innées ?* En auroit-elle plus de force pour être plutôt et plus gratuitement donnée à notre esprit ? Car c'est en cela seul qu'elle différeroit d'une idée acquise ou contingente, lorsque l'une et l'autre sont également portées jusqu'à l'évidence. Je ne vois donc rien qui m'empêche de croire qu'une lumière, quoique naturelle à notre ame, peut cesser d'y luire par notre faute et par l'aveuglement volontaire de notre esprit. Jugeons-en par ce dernier exemple.

Quelle idée *innée* peut être jamais plus profondément imprimée, que l'idée de l'unité de Dieu l'étoit dans l'esprit de Salomon ? La tradition de ses pères, les leçons de David, le corps entier de sa religion l'y avoient gravée dès son enfance ; des révélations particulières l'y avoient affermie ; il avoit lui-même déploré, dans ses écrits, la vanité, l'illusion, l'égarement de ceux qui adoroient plusieurs dieux. Cependant, aveuglé par la corruption de son cœur, il oublie ce Dieu unique, immense, éternel, dont il avoit eu le bonheur d'entendre la voix ; ce Dieu, qui l'avoit élevé en science, en sagesse, en puissance et en gloire au-dessus de tous les rois de la terre ; et il l'oublie au point de prostituer son culte à tous les dieux de ses femmes et de ses concubines. Encore une fois, aucun de ceux qui soutiennent que nous avons des idées *innées* n'a jamais prétendu qu'elles fussent aussi affermies ; et, si je l'ose dire, aussi enracinées dans notre esprit que la connoissance de l'unité de Dieu l'étoit dans celui de Salomon. Il n'est donc nullement impossible qu'une idée, quoique vraiment *innée*, s'altère, s'obscurcisse et devienne presqu'imperceptible à notre ame ; je dis presque, parce qu'il en reste toujours un sentiment confus, qui, comme je l'ai dit ailleurs, n'en est pas moins réel, pour n'être pas actuellement aperçu.

Ainsi s'évanouissent et disparoissent successivement les trois caractères qu'on ne veut attribuer gratuitement aux idées *innées*, que pour avoir droit de
les rejeter sous prétexte qu'il n'y en a point qui
en soient revêtues. Je crois donc m'être suffisamment
aperçu, convaincu :

1.º Qu'il n'est point nécessaire que toute idée *innée*
soit une idée explicite dans tous les momens, c'est-à-
dire, toujours distinctement et formellement aperçue
par l'esprit humain ;

2.º Qu'il n'est pas plus nécessaire que toute idée
innée soit une idée parfaite dans tous les sens, soit
par rapport à sa certitude, soit par rapport à son
étendue ; d'où j'ai conclu qu'il n'étoit pas surprenant
que les hommes en demandassent quelquefois la raison, ni même que ces sortes d'idées leur parussent
nouvelles en un sens, parce qu'ils ne les avoient pas
comprises assez exactement ;

3.º Qu'enfin, il est encore moins nécessaire de
supposer qu'elles doivent avoir la propriété d'être
invincibles et inaltérables.

Mais je n'ai exécuté encore que la première partie
de mon dessein, je veux dire que je me suis con-
tenté, jusqu'ici, d'effacer les couleurs fausses ou
étrangères qu'on veut répandre sur les idées *innées*,
et qui ne servent qu'à les faire méconnoître. Il me
reste, à présent, d'en rétablir les véritables ; et ce
second objet, beaucoup moins étendu que le premier,
me paroît, comme je l'ai déjà dit, se réduire à deux
choses :

L'une, de montrer en quoi les idées *innées* diffèrent de la simple faculté de connoître le vrai, et de
faire voir ce qu'elles ajoutent à cette faculté ;

L'autre, d'en tirer des conséquences qui me servent à découvrir les avantages réels qui sont attachés
à ce présent de la nature, ou plutôt de son auteur.

Pour entrer dans ce qui regarde le premier point,
je ne sais si je n'ai point travaillé pour les adversaires des idées *innées*, lorsque j'ai soutenu qu'il

pouvoit y en avoir qui ne fussent ni toujours explicites, ni toujours parfaites, ni toujours invincibles
et inaltérables ; en effet, voici la conséquence qu'ils
en tirent :

Si ce qu'on appelle une *idée* ou une connoissance
innée peut subsister sans toutes ces propriétés, elle
n'a donc rien de réel, et on ne peut attacher aucun
sens clair et intelligible à cette expression, qu'en la
réduisant à la faculté générale de connoître la vérité,
qui est, sans doute, une faculté *innée* à tout être
raisonnable ; et, ce qui nous trompe sur ce point,
c'est qu'il y a des vérités si évidentes, que, comme
nous les apercevons tous sans aucun effort, nous
nous imaginons les avoir toujours eues, et nous les
regardons comme si elles étoient nées avec nous.

Mais cette proposition, qu'il n'y a que la faculté
de connoître le vrai qui soit *innée* à notre ame, en
suppose nécessairement une autre, qui est que toute
vérité, toute connoissance, de quelque nature qu'elles
soient, ont besoin d'être présentées à l'homme, ou par
ses propres réflexions, ou par une instruction étrangère, ou par une opération singulière de Dieu qu'il
ne fait, ni toujours, ni à l'égard de tous, sans qu'il
y en ait aucune qui nous soit naturellement présente,
par une libéralité purement gratuite et générale de
notre auteur.

J'ai déjà prouvé la fausseté de cette proposition
par des exemples si incontestables, empruntés même
de M. Locke, que je pourrois, après tant de preuves,
me contenter de dire ici qu'il est évident que Dieu
nous donne naturellement beaucoup plus que la
simple faculté de connoître le vrai, et, par conséquent, que ce n'est pas la seule chose qui soit *innée*
à notre esprit.

Voyons néanmoins comment M. Locke établit sa
proposition : j'y trouverai peut-être de nouvelles
raisons pour la combattre et pour m'affermir dans
mon sentiment, par les efforts mêmes de ceux qui
l'attaquent.

Il est absurde, me dit-on, de reconnoître, d'un

côté, que Dieu nous a donné une faculté qui nous suffit pour découvrir la vérité, comme la raison et l'expérience nous l'apprennent, et de supposer, de l'autre, que Dieu nous donne des connoissances *innées* qui ne dépendent point de l'usage que nous faisons de notre raison, qui précède même cet usage, et qui, si elles existoient véritablement, feroient que nous raisonnerions sans le secours de la raison. C'est prétendre que Dieu nous doit faire voir clair avant que d'ouvrir les yeux, ou qu'il a dû donner, à l'homme, des ponts tout construits pour traverser les rivières, ou des maisons toutes prêtes à le recevoir, comme s'il ne lui suffisoit pas que Dieu lui eût donné de la raison, des mains et des matériaux pour en élever.

Je ne sais si je me trompe, mais il me semble que s'il y a ici quelque absurdité, elle est toute dans la supposition que l'on se plaît à faire d'une contradiction qui n'en a pas même l'apparence.

Des comparaisons ne furent jamais des démonstrations; mais s'il faut se servir de cette manière d'argumenter, raisonnerois-je bien en disant, à l'exemple de M. Locke : il est absurde de penser qu'un père, qui n'a rien négligé pour former le corps et l'esprit de son fils par une excellente éducation, et qui l'a mis par là en état de gagner sa vie et de faire fortune, lui donne outre cela un bien tout acquis, qui ne coûte aucune peine, aucun travail à son fils, et qu'il le rende riche avant qu'il ait usé de la faculté de s'enrichir.

Il semble, en effet, que M. Locke ait eu peur de croire Dieu trop libéral envers l'homme, et de supposer que celui qui est le père des esprits leur donne, en même temps, et des richesses présentes ou actuelles, et le pouvoir ou la faculté d'en acquérir de nouvelles ; ne nous accorde-t-il pas à tous une certaine mesure de force corporelle, et n'y joint-il pas aussi le moyen de l'augmenter par la nourriture, par l'exercice et l'habitude du travail ? Ou pour me servir d'une comparaison encore plus proche de la matière présente, n'est-ce pas ainsi qu'il forme immédiatement lui-même, dans notre ame, les impressions des différentes couleurs, et qu'en même temps il nous donne la faculté de comparer ces couleurs l'une avec l'autre, d'étudier la réfraction qui les cause, et de parvenir à connoître qu'elles ne sont produites en nous, qu'à l'occasion des différentes impressions que la lumière différemment rompue fait sur la rétine de notre œil, et sur le nerf optique ?

Je ne prétends donc point que Dieu me fasse voir clair avant que j'aie les yeux ouverts ; ceux de mon ame le sont toujours, mais je suppose seulement, que, comme au moment que j'ouvre les yeux de mon corps, Dieu me fait voir la lumière à la faveur de laquelle je parviens successivement à distinguer les objets corporels qui sont à la portée de ma vue ; de même, aussitôt que mon ame est capable d'attention, Dieu me présente des idées que j'appelle *innées*, parce que c'est lui seul qui me les donne gratuitement, et qui sont comme le moyen naturel dont je me sers, pour découvrir par degrés les objets spirituels qu'il m'est nécessaire de connoître.

Je n'exige pas non plus que Dieu m'envoie un nouvel Amphion, et qu'au son de la lyre je voie s'élever une maison qui ne me coûte rien à construire, ou que je la trouve même toute bâtie, en sorte que je n'aie plus qu'à m'y établir ; mais je rétorque cette comparaison contre son auteur, et je me sers, pour éclaircir la vérité, de la même image qu'on emploie pour l'obscurcir.

En vain Dieu auroit-il donné aux hommes de l'esprit et des mains pour construire un édifice, s'ils n'avoient trouvé sur la terre qu'un sable mouvant, qui ne pût le soutenir, ou s'il ne leur avoit donné des matériaux, qu'ils pussent assembler et joindre l'un à l'autre, pour en former la structure d'un bâtiment. Je dis la même chose des ouvrages de mon esprit. Que nous serviroit-il d'avoir en général la faculté de découvrir le vrai, ou de nous aider de nos réflexions, qui sont comme les mains de notre ame,

s'il n'y avoit aucun fondement solide sur lequel nous
pussions élever nos connoissances ? Si tout étoit
douteux, incertain ; si, par exemple, nous n'étions
pas naturellement persuadés de cette vérité primitive,
qui est comme la pierre angulaire de tout ce que
nous voulons édifier dans notre esprit, je veux dire,
que tout ce qui est évident est vrai ? Enfin, si Dieu
ne nous avoit pas donné comme des matériaux spirituels, par ces idées ou ces connoissances *innées*, dont
j'ai remarqué tant d'exemples, qui entrent dans tout
raisonnement, dans toute science, et dans tout ce
qu'on peut appeler une construction, ou un édifice
de notre esprit ? Sans cela, toute sa force se seroit
épuisée inutilement, faute d'un point d'appui sur
lequel elle pût se soutenir. J'aurois reçu mon ame
en vain comme parle l'Écriture, si Dieu ne m'avoit
donné un entendement que pour me mettre dans la
triste situation de vouloir toujours entendre et de
n'entendre jamais, ou du moins de n'être jamais assuré
que j'entende bien. Qui peut concevoir que des mains
de l'Être infiniment parfait, il sorte un ouvrage si défectueux, et plus misérable par son intelligence
même que s'il n'étoit pas intelligent ?

Non, me dit M. Locke, il n'est point nécessaire
que Dieu vous donne lui-même ces premières notions : votre raison vous suffit pour les acquérir,
et pour en faire le premier degré de vos connoissances.

Mais, premièrement, je lui demanderai comment
ma raison pourra se fier à elle-même, pour faire
cette découverte ? Je vais plus loin, et je suppose
qu'elle l'ait déjà faite ; comment saura-t-elle qu'elle
doit y acquiescer ? Le fera-t-elle sur la foi de l'évidence ? Mais cette évidence même, qui est sa seule
ressource, pourra-t-elle la regarder comme la marque
et le signe infaillible du vrai, si elle n'a pas au fond
de son être un maître intérieur qui l'assure que l'évidence ne sauroit la tromper, et qui l'en assure tellement, qu'elle sente par une disposition naturelle et
invincible, qu'il ne lui est pas possible de douter

16 *

toutes les fois qu'une vérité se montre à elle évidemment. Otez cette disposition de mon esprit, il
n'y a plus pour moi de vérité certaine; et celui qui
me la donne ne peut être que l'auteur même de mon
intelligence, puisqu'il n'y a que lui seul qui ait pu
former en moi un sentiment, que je suis nécessairement sans pouvoir souvent même en expliquer la
raison.

Secondement, Dieu ne m'a-t-il créé que pour
moi seul, et mon intelligence est-elle un bien dont
je doive jouir, sans le partager avec cette grande
société que Dieu a formée entre tous les hommes,
pour leur bonheur comme pour le mien? Je serai
bientôt obligé de prouver le contraire; mais en attendant, je puis le supposer ici comme une vérité que
nos désirs, que nos craintes, que nos besoins, que
l'intérêt de notre esprit, comme celui de notre corps,
attestent également. Mais comment seroit-il possible
qu'il y eût une liaison réelle et vraiment utile entre
les hommes, s'il n'y avoit aucune vérité, aucun principe qui réunissent leurs sentimens, et dont ils re-
connussent également la certitude? Bien loin d'être
unis les uns avec les autres, ils ne pourroient même
traiter ensemble si chacun d'eux pensoit différemment sur ces premières vérités, qui influent dans
toutes nos opinions, qui entrent dans toutes nos démarches, et que souvent nous ne nous donnons pas
même la peine d'exprimer, parce qu'elles sont également reçues, et toujours sous-entendues entre
tous les hommes. Les renverroit-on à ce bon usage
qu'on veut qu'ils fassent de leur raison, pour découvrir ces notions communes, dont on dit qu'ils
doivent tous convenir? Mais s'ils n'ont jamais pu
s'accorder sur la philosophie, sur la religion, sur
l'usage même d'une langue commune, par quel heureux hasard se réuniront-ils tous également, et sans
que Dieu s'en mêle, sur la vérité de ces connoissances primitives qui doivent être la source de toutes
les autres? Nous verrions donc dans le monde, si
Dieu n'avoit pourvu lui-même aux besoins d'une

société qu'il a formée, nous verrions, dis-je, dans le monde, une confusion de sentimens plus funeste et plus durable que celle des langues. Celle-ci peut cesser, comme elle a cessé au moins à l'égard de tous les hommes qui ont bien voulu apprendre la même langue, ou comme elle cesse tous les jours par le moyen d'un interprète. Mais l'effet de la première dureroit toujours, il s'étendroit également à tous les hommes, sans aucun moyen d'y remédier, et l'uniformité même des paroles seroit un secours bien inutile contre la diversité et la contrariété des pensées.

En un mot, ou il faut que les hommes, par eux-mêmes et par le seul usage de leur raison, puissent convenir tous des premiers principes de leurs connoissances, ce qu'il est impossible d'espérer, comme l'expérience que nous en faisons sur les vérités que Dieu a livrées à leurs disputes le montre manifestement; ou bien il a été nécessaire, que ce fût Dieu même qui formât en eux ces connoissances fondamentales, dont il a fait un des principaux liens de la société humaine, et qui les y imprimât si fortement, que leur liberté, source ordinaire de division et de discorde, n'y eût aucune part.

Ainsi, soit que je n'envisage que moi seul, soit que je me considère comme un des membres de cette grande société, je comprends que la faculté de connoître le vrai est sans doute le plus grand des biens que Dieu ait donnés à mon entendement; mais que ce n'est pas le seul présent qu'il m'ait fait. Il y a joint de premières connoissances qui me mettent en état de m'en servir, et je ne pourrois, sans ingratitude, confondre ces deux présens, dont le premier me seroit presque inutile sans le dernier. Il a su tempérer avec tant de sagesse le mélange des impressions nécessaires qu'il a fait sur moi, avec l'usage de ma liberté, afin que je fusse d'abord instruit par lui-même et immédiatement des vérités qui doivent me conduire dans la recherche de toutes les autres. Il a voulu que tous les hommes le fussent comme moi, afin que nous puissions tous exercer utilement notre liberté pour la découverte et la communication de ces connoissances que Dieu ne nous révèle pas immédiatement ; toujours déterminés à l'égard des unes, toujours libres à l'égard des autres, jusqu'à ce que l'évidence nous découvre les conséquences aussi clairement que nous en avons vu les premiers principes, et nous fasse perdre alors volontairement une liberté, qui ne nous a été donnée que pour nous conduire à ce dernier terme.

Il n'est pas difficile, après cela, de répondre à la question de M. Locke, que j'ai réservée exprés pour la fin de cette méditation, parce qu'elle me servira à en recueillir le véritable fruit, et à me fixer entièrement sur la nature des connoissances *innées*, en achevant d'expliquer quelle en est l'utilité.

Que nous servent, dit donc M. Locke, ces prétendues idées *naturelles* ou *innées*, s'il est vrai qu'elles ne soient pas toujours ni explicites, ni parfaites, ni inaltérables ; si nous sommes souvent obligés d'en demander la raison, de les sonder, de les approfondir, de les mettre à l'épreuve comme nos autres idées, lorsque nous voulons les connoître pleinement ?

Premièrement, il n'est point vrai qu'elles soient ordinairement obscures, imparfaites, faciles à se corrompre ou à s'effacer. Ceux qui le supposent ainsi, font, d'un accident rare et passager, l'état habituel et permanent des connoissances *innées*. Parce qu'il y a des momens où l'on peut dire, qu'elles se conservent dans le secret de notre ame, plutôt confusément senties, que distinctement aperçues, ils veulent les réduire à ne sortir jamais d'une obscurité presque impénétrable, ou d'une foiblesse et d'une imperfection qui les rendent entièrement inutiles. Dire qu'elles fassent toujours sur nous une impression vive, distincte, dominante, ce seroit se porter à une extrémité démentie par l'expérience. Dire, au contraire, qu'elles n'agissent jamais sur nous que d'une manière confuse, presqu'insensible, ou non reconnoissable, c'est se jeter dans l'extrémité opposée, encore plus désavouée par notre conscience que la première. Quel est donc le juste milieu où réside toujours la vérité ? C'est de dire, que pour l'ordinaire et presque continuellement, ou du moins toutes les fois que nous en avons besoin, ces idées nous affectent par un sentiment formellement aperçu ; et que ce n'est que dans l'enfance, dont on ne sauroit marquer bien précisement le terme à cet égard, ou dans certains intervalles de passion, ou d'application forte et déterminée par un seul objet, qu'elles dorment en quelque manière dans la profondeur de notre être. Il y en a plusieurs que, dans cet état même, nous ne cessons pas de sentir intimement ; mais nous ne les sentons que comme ces voix foibles qui sont tellement étouffées par un chœur de voix et d'instrumens, que nous les entendons sans croire les entendre, si l'on prend le terme *d'entendre* à la rigueur et dans le sens de l'*intelligere* des Latins, que signifie *entendre avec réflexion*, et se dire à soi-même qu'on entend. Ainsi, ceux qui sont nés, qui passent leur vie sur le bord de la mer, s'accoutument à n'en plus entendre le bruit ; il frappe néanmoins si bien leurs oreilles, qu'ils s'en aperçoivent dès qu'ils y font attention. Dans le premier état, ils ne font qu'*ouïr* ; dans le second, ils entendent véritablement ; c'est ce que nous éprouvons à l'égard de certaines connoissances *innées*. Mais, au lieu que le premier état est le plus commun par rapport à ceux qui vivent sur le bord de la mer, et que l'autre est le plus rare, tout au contraire par rapport aux idées *innées*, notre état ordinaire ou habituel est de les apercevoir formellement, et l'exception rare et passagère de cet état est de ne faire que les sentir confusément.

Ainsi, sommes-nous disposés à l'égard du sentiment de notre propre existence, et de celle du monde visible ; à l'égard de la conscience des opérations de notre ame, de la connoissance de notre liberté, et en général par rapport au premier genre de nos idées *innées*, dont l'impression est continue, parce que le besoin est continuel.

Il est vrai que celles que j'ai placées dans le second rang, comme cette proposition, que *l'évidence est le caractère du vrai*; comme ce principe, que *rien ne se fait sans cause*; ou comme ce sentiment, qu'*il est permis de repousser la force par la force, etc.*; il est vrai, dis-je, que, dans certains temps, ces connoissances peuvent n'être ni distinctement aperçues, ni même senties confusément; mais c'est parce qu'elles ne nous sont pas continuellement nécessaires. Il suffit que Dieu nous les présente dans tous les cas où nous en avons besoin; et elles font alors une impression si forte sur nous, qu'il n'est pas à craindre que leur obscurité nous les rende inutiles.

Que si M. Locke insiste encore, après cela, sur leur imperfection, ou sur leur foiblesse, et qu'il fasse ce raisonnement : ou Dieu n'a pas dû nous donner de connoissances *innées*, ou il a dû nous les donner vraiment utiles, c'est-à-dire, parfaites, invincibles ineffaçables. Or, nous savons qu'il n'a pas pris le second parti; donc nous ne devons pas croire qu'il ait pris le premier, parce que l'un sans l'autre nous étoit inutile.

Je ne m'amuserai point à répéter tout ce que j'ai déjà dit pour prévenir cette difficulté; mais je la rétorquerai encore contre M. Locke; et, répondant à une question par une autre, je lui demanderai à mon tour : que nous sert une raison aussi foible, aussi bornée que la nôtre, aussi sujette à l'erreur et à l'illusion, et par conséquent aussi imparfaite et aussi peu invincible? Ou Dieu ne devoit pas nous donner un bien qui devient si souvent un mal entre nos mains; ou il devoit nous le donner avec tant de perfection et de plénitude, que nous ne pussions jamais en abuser, et que nous n'eussions qu'à ouvrir les yeux pour voir clairement et parfaitement tout ce qui peut nous rendre aussi intelligens et aussi heureux qu'il convient à la mesure de notre être. M. Locke ne répondra-t-il

pas lui-même à cette question, qu'il seroit absurde
de révoquer en doute l'existence ou la réalité de
notre raison, sous prétexte qu'elle n'est pas entièrement parfaite ; que toute foible qu'elle est, il vaut
toujours mieux l'avoir que d'en être privé ; et que
ce bien quelque médiocre qu'on le suppose, est
cependant le plus grand trésor de l'homme, puisqu'il
n'a qu'à en faire un bon usage pour s'élever au
comble de la félicité.

J'accepte cette réponse, et je l'applique à nos connoissances *innées*. Quand elles ne seroient que des
semences de lumière, la plus foible lueur vaut toujours mieux qu'une entière obscurité. Elles ne sont
pas entièrement parfaites ; nous n'en avons pas d'a-
bord, et nous n'en aurons peut-être jamais, ce que
j'ai appelé une compréhension totale ; elles peuvent
même s'affoiblir, s'altérer, se perdre dans l'ombre
des fausses opinions ou dans le tumulte des passions.
Mais n'en est-il pas de même des vérités que nous
découvrons le plus clairement par le secours de notre
raison ? Sont-elles toujours absolument parfaites ? Ne
disparoissent-elles jamais ? Les regarderons-nous donc
comme des biens inutiles et superflus ? D'ailleurs,
si ces connoissances *innées* n'ont pas toute l'étendue
que nous désirerions, leur manque-t-il quelque
chose du côté de la certitude, qui est ce qui nous est
le plus nécessaire ? Ne sont-elles pas de telle nature,
que sans elle l'homme ne pourroit faire aucun progrès
assuré dans ses connoissances, ni pour sa perfection
particulière, ni pour celle des autres hommes ? Ainsi,
pour me servir encore d'une image que j'ai déjà employée, demander à quoi elles servent, c'est demander à quoi servent les pierres fondamentales d'un
édifice dont l'architecte connoît seul tout le prix,
pendant que les ignorans n'admirent que l'élévation
et le faîte du bâtiment ; parce que, comme dit Quintilien, *fundamenta latent, fastigia spectantur.* Posez
ce fondement, notre raison s'élève jusqu'aux sciences les plus sublimes. Otez ce fondement, notre raison retombe dans le vide, et, pour mieux dire, dans

le néant, ou elle ne trouve plus rien qui puisse être la base et le soutien de toutes ses opérations.

Mais il seroit à souhaiter, que nos connoissances *innées* eussent quelque chose de plus lumineux, et que la perception y eût toujours plus de part que le sentiment. J'en conviens; ne seroit-il pas à souhaiter que notre raison fût semblable à celle des intelligences célestes, qui voient toutes les conséquences clairement renfermées dans le principe même? Ainsi, au lieu de nous épuiser en souhaits inutiles, étudions seulement notre être; et tout ce que nous en découvrirons nous fera comprendre que, dans l'ordre de la nature, comme dans l'ordre de la grâce, il a plu à Dieu de tempérer tellement ses dons à notre égard, qu'ils devinssent aussi nos mérites; et que, comme je l'ai dit dans ma troisième méditation, l'homme fît quelque chose, pendant que Dieu feroit tout.

Telle est donc, autant que je le puis concevoir, la conduite de Dieu à notre égard, par rapport à l'ordre, au progrès, à la perfection de nos connoissances. Il nous a créés capables de connoître le vrai, soit par voie d'intelligence ou de perception, soit par voie de sentiment. Il nous a créés libres et raisonnables, afin que comme libres nous puissions choisir, et que comme raisonnables, nous puissions bien choisir.

Mais, pour nous mettre en état d'exercer notre intelligence, notre liberté et notre raison, il falloit qu'il nous donnât lui-même, ce que lui seul pouvoit nous donner, c'est-à-dire, des idées et des sentimens; car nous ne sommes point notre lumière à nous-mêmes. Son dessein étoit néanmoins que l'homme fît quelque chose, et qu'avec le secours de l'opération divine, il fût en quelque manière l'artisan de sa perfection et de son bonheur. Si Dieu lui avoit d'abord tout donné, l'homme n'auroit eu rien à faire; il seroit né riche, pour ainsi dire, sans être obligé de s'enrichir par son travail; il n'auroit eu qu'à jouir du bonheur de son être et de la magnificence de son auteur.

D'un autre côté, si Dieu ne lui avoit rien donné, l'homme n'auroit pu rien acquérir faute de principes ou de connoissances générales, qui fussent le fondement solide de toutes ses recherches. Il étoit donc de la bonté de Dieu, comme de sa sagesse, de ne pas nous donner tout d'abord, afin que nous eussions à travailler pour notre perfection; et de nous donner quelque chose, afin que nous y pussions travailler sûrement et utilement. C'est ce qu'il a fait par le don des connoissances *innées*; et si l'on examine attentivement, soit celles qui tiennent le premier rang par leur utilité et par leur fécondité, soit celles qui participent au même caractère, quoique dans un ordre inférieur, on trouvera que Dieu a fait en nous tout ce qui convenoit à la nature de notre être, pour nous mettre en état de concourir avec lui à notre perfection et à notre félicité.

Nous avions besoin, par exemple, d'un principe certain, qui nous servît de règle dans la recherche de la vérité, et qui fût capable de réunir tous les esprits. Dieu nous l'a donné, ce principe, en nous apprenant, par une connoissance naturelle et *innée*, que l'évidence est le caractère infaillible de la vérité.

Nous n'avions pas moins besoin d'une règle constante pour diriger tous les mouvemens de notre cœur dans la conduite de la vie et dans la pratique des devoirs. Nous la trouvons dans le désir naturel et *inné* de la souveraine félicité, comme dans la crainte aussi naturelle et *innée* de la souveraine misère, afin que l'homme, averti par ce sentiment intérieur, ne se livrât qu'à ce qui porte le caractère de l'un, ou qui peut lui faire éviter l'autre, et qu'il fût en garde contre ce qui n'a qu'une vaine apparence du bien ou du mal.

Ces connoissances *innées* sont comme le talent que nous recevons immédiatement de la main de Dieu, et dont il fait, pour ainsi dire, l'avance à notre raison, en nous imposant l'obligation de le faire valoir. Il n'étoit donc pas nécessaire que ces connoissances

fussent toujours formellement et distinctement aperçues, toujours pleines, parfaites, inaltérables; il
suffisoit qu'elles nous fussent offertes dans tous les
temps, où il nous est utile et important d'y faire
attention; il suffisoit que, sans être entièrement parfaites, elles fussent si absolument certaines que nous
ne pussions en douter, afin qu'elles portassent toujours
le même caractère que nous remarquons dans tous
les présens du ciel, je veux dire que Dieu nous y
donnât d'abord l'essentiel, et nous mît par là en
état d'aller plus loin, et d'acquérir, par son secours,
des connoissances plus étendues et plus parfaites : il
suffisoit enfin, que ces idées *innées*, sans être absolument invincibles ou inaltérables, fussent de telle
nature, qu'elles ne pussent être vaincues ni altérées
que par notre faute, et par le mauvais usage que nous
ferions de notre raison; afin que la crainte même de
les perdre, nous engageât à les cultiver avec soin, et
à augmenter, par notre travail, cette espèce de bien
que j'ai appelé le patrimoine de l'esprit humain.

Outre ces vérités *innées*, que Dieu nous révèle immédiatement dans toutes les occasions, au moins où
elles nous sont nécessaires, il y a d'autres vérités
simplement évidentes par elles-mêmes à l'égard de
tous les hommes; mais elles ont besoin de nous être
présentées : elles ne le sont pas également à tous.
C'est ce qui m'a porté à dire, qu'elles étoient données
en partie, et en partie acquises. Il y en a, enfin, qui
ne sont évidentes qu'à une raison attentive et persévérante, laquelle n'est pas donnée à tous les hommes,
et qui leur est encore moins donnée dans le même
degré.

J'aurai donc à examiner, dans la suite, de quelle
espèce est l'idée du juste ou de l'injuste; si elle est
vraiment *innée*, ou simplement évidente par elle-
même à tous les hommes, ou évidente du moins pour
ceux qui la considèrent assez fixément pour en apercevoir la clarté; ou, enfin, si elle n'a aucun de ces
caractères, et s'il n'y a rien de réel dans cette idée
que la conformité ou l'opposition d'un sentiment,

d'un jugement ou d'une action, avec le désir de notre conservation et de notre bonheur, ou avec une loi positive, établie par un supérieur légitime.

Mais, avant que d'entrer dans cet examen, il me reste de bien méditer sur le caractère de ce sentiment véritablement *inné*, qui nous porte continuellement à l'*être* et au *bien-être*. Et à l'égard du caractère de la loi positive, je différerai de l'approfondir jusqu'à ce que je sois parvenu à découvrir s'il y a une loi naturelle, et en quoi elle peut consister ; ce qui doit être le fondement de toute justice, et ce qui est aussi le principal objet de mes recherches.

SEPTIÈME MÉDITATION.

SOMMAIRE.

Cette inclination dominante et générale qui nous porte à désirer notre conservation et notre bien-être, n'est autre chose que l'amour-propre. Quels sont l'objet, la nature et la route la plus sûre d'un amour-propre conduit par la raison? L'objet de cet amour est tout ce qui peut contribuer à la conservation, à la perfection et au bonheur de notre être. Les vœux ou les efforts que nous faisons pour notre conservation, ne tombent que sur notre corps, tant nous sommes assurés de l'immortalité de notre ame. La perfection de notre corps consiste dans une disposition favorable qui le mette en état de suivre sans résistance l'ordre que Dieu a établi en le créant. La perfection de notre ame n'est autre chose que le bon usage de son intelligence et de sa volonté pour connoître et aimer ce qui est le vrai bien de son être. La perfection de l'homme, considéré comme un tout, est de connoître exactement les deux parties dont il est composé, de bien distinguer leur nature, leurs propriétés, leur usage, leur destination, leur durée; et de mesurer sur cette règle, ses sentimens et ses actions. Le souverain bien est celui dont l'acquisition dépend de notre volonté, dont la possession remplit toute l'étendue de nos désirs, dont la durée égale celle de notre être. La béatitude, qui en est le fruit et l'effet, consiste dans le plaisir ou dans le consentement parfait de notre ame. Si elle suivoit en tout la lumière de la raison, son plaisir seroit toujours proportionné à la grandeur réelle du bien qui en est la cause. Nul plaisir ne peut être notre bonheur véritable, s'il n'est en notre pouvoir de l'acquérir et de le conserver, s'il n'est assez grand pour satisfaire nos désirs, s'il n'est stable et éternel. Le souverain mal est celui que nous souffrons uniquement par notre faute, qui épuise notre aversion et notre sensibilité, qui n'a point de bornes dans sa durée. Ni le bien, ni le mal, ni le plaisir, ni la peine n'arrivent jamais en ce monde à leur dernier période. Un milieu, où l'ame livrée à une absolue insensibilité, n'éprouve ni plaisir ni peine, est un état imaginaire. L'amour est en nous cette inclination dominante et foncière d'où naissent toutes les autres. Quoiqu'il demeure toujours le même, il prend diverses formes, et reçoit des noms différens suivant les divers rapports qu'il a avec son objet. Notre amour est formé sur le modèle de celui que Dieu a pour lui-même : c'est un sentiment naturel de complaisance en nous qui tend toujours à s'accroître et à s'étendre, en ajoutant sans cesse à sa perfection et à son bonheur : sentiment qui se nourrit d'abord de sa propre substance, mais qui cherche, quand la raison le conduit, à se rassasier de la Divinité même, en s'unissant intimement à ce souverain bien. Parvenu à ce dernier terme de ses désirs, il n'est plus que l'amour de Dieu pour Dieu même, autant qu'un être borné peut participer à ce sentiment de complaisance que Dieu a en lui-même et dans ses ouvrages. Ainsi, le véritable objet qui réunit tous les caractères de notre souverain bien, et qui est par conséquent notre souveraine béatitude, n'est autre chose que notre entière perfection, qui fait que nous nous complaisons parfaitement en nous-mêmes, ou plutôt en Dieu qui nous unit à son être, et qui nous associe à sa félicité. L'unique voie pour tendre sûrement à la félicité, est de travailler à nous rendre parfaits autant que l'exige la destination et la mesure de notre être, sans nous rebuter par les peines et les amertumes dont cette voie est semée. Aveuglement de ceux qui l'abandonnent, pour se jeter dans la route trompeuse des passions. Toute cette méditation peut se réduire à quelques propositions aussi simples qu'évidentes : nous désirons d'être heureux, et ce désir est en nous, naturel, permanent, invincible. Mais, puisque nous sommes des êtres raisonnables, nous ne pouvons tendre au bonheur d'une manière convenable à notre nature, qu'en suivant les lumières de la raison. Or, elle nous montre clairement que c'est dans notre perfection, et dans le plaisir que nous goûtons à la contempler et à en jouir, que consiste notre bonheur. Il n'est donc pas vrai, comme le prétend Hobbes, que l'amour-propre soit par lui-même ennemi de toute règle, qu'il ne tende qu'à en secouer le joug, pour suivre au hasard l'attrait du premier plaisir qui s'offre à sa vue. Vaine objection prise de la conduite ordinaire des hommes. Mais, outre l'amour-propre dont on vient de parler, amour direct et immédiat qui s'attache à nous comme à son premier et principal objet, il y a un amour-propre relatif qui tend au même but, mais par un détour. C'est cette seconde espèce d'amour-propre qui est le sujet de la méditation suivante.

J'approche, par degrés, du véritable objet de mes recherches; et je sens une espèce de plaisir en sortant de ces notions générales qui m'ont occupé si long-temps par le désir que j'avois de mettre mon esprit en état de juger sainement de ses idées. Un nouveau pays semble s'ouvrir devant moi, et il me paroît moins sec et moins aride que celui qu'il m'a fallu traverser. J'y découvre un mélange de sensible, qui soulage mon imagination, et qui m'offre en même temps assez d'intelligible pour exercer utilement ma raison. Je me livre donc sans peine à l'examen de ce sentiment qui me porte à désirer ma conservation et mon bonheur : inclination dominante en moi, comme dans tous les hommes, dont les philosophes, que j'ai en vue dans cet ouvrage, font tantôt l'ennemie de ce que j'appelle la justice naturelle, et tantôt la seule règle de cette prudence ou de cette politique inté-ressée, qu'ils mettent à la place de la justice.

Je suspends encore mon jugement sur leur doctrine, et je cherche seulement ici à bien connoître la nature de cette inclination, que j'appelle en général, *l'amour de moi-même*, ou *mon amour-propre*. Je veux en sonder toute la profondeur, en développer les différens caractères, et faire, pour ainsi dire, une anatomie exacte de mon cœur, qui, à proprement parler, n'est qu'amour.

Mais, qu'est-ce que j'entends par ce terme ? Quelles idées ou quel sentiment réveille-t-il dans mon ame ?

Me contenterai-je de l'étudier dans cette fiction ingénieuse, dont Socrates fait honneur à une prê-tresse étrangère qui l'avoit initié, comme il le dit lui-même, dans les mystères du véritable amour ? Et dirai-je, avec elle, que l'amour, fils de la pauvreté et du Dieu de l'abondance, est une espèce de génie placé entre la nature humaine et la nature divine, qui tient également de sa mère et de son père.

Comme fils de la pauvreté, il est toujours pauvre, nu, indigent, affamé; privé de tous les biens, il cherche à remplir le vide infini qu'il sent au dedans de lui. Curieux et amateur des sciences, des arts, et de tout ce qui peut fixer ou amuser l'inquiétude de son esprit avide de plaisirs, de richesses, de gloire, et de tout ce qui peut apaiser ou soulager la soif insatiable de son cœur; méprisant tout ce qu'il possède, et désirant tout ce qu'il ne possède pas; incapable d'être jamais pleinement rassasié, il saisit une félicité fugitive qui lui échappe dans le moment même qu'il croit en jouir, parce que s'il n'y prend garde, il est menacé d'être toujours pauvre comme sa mère, et de vivre dans un désir aussi immense que ses besoins.

Comme fils du Dieu de l'abondance, il a reçu de son père l'idée de la grandeur, de la force, de la beauté, de la sagesse, en un mot, de toutes les qualités, de tous les avantages dont l'union peut former un bonheur parfait. Il ose même y prétendre par un sentiment que la noblesse de son origine lui inspire, et se croire non-seulement capable de posséder ce bonheur, mais né pour y parvenir. Ainsi, sentant toujours l'indigence de sa mère, et voyant, au moins comme en songe, les richesses de son père, toujours également excité à désirer, et par la vue de la misère qu'il tient de l'une, et par celle de la félicité qu'il attend de l'autre; pauvre en effet, mais riche en espérances, il n'est, à proprement parler, ni mortel ni immortel : il semble mourir quelquefois et s'éteindre par la possession d'un bien passager; mais on le voit bientôt renaître de sa cendre, se rallumer à la vue d'un bien éloigné qui efface toute la douceur du bien présent, et courir d'objet en objet, ou plutôt d'illusion en illusion : voulant sans cesse être riche, sage, savant, heureux, et ne l'étant jamais : réduit à la condition de l'homme, et souvent au-dessous, lorsqu'il s'arrête dans sa course, et s'élevant en quelque manière jusqu'à celle de la divinité, lorsqu'il suit raisonnablement le progrès de ses désirs, en passant du sensible à l'intelligible, et de l'intelligible jusqu'à l'Être suprême, source et modèle de toute beauté comme de toute bonté, bien éternel, immense, inépuisable, dont la jouissance éteint tous les désirs de l'amour ; car, que peut désirer celui qui possède tout, et qui le possède pour toujours ?

C'est donc alors qu'oubliant l'imperfection, la bassesse, la honte de son origine maternelle, l'amour s'attache si intimement à son véritable objet, qu'on diroit qu'il soit devenu Dieu, comme son père, par une union qui fait en même temps sa perfection et son bonheur.

Ainsi, parloit à Socrate la prêtresse Diotime, dont je ne fais ici qu'abréger les leçons.

Substituons à présent la vérité à la figure ; mettons la foiblesse, l'infirmité, l'indigence de notre nature à la place de la pauvreté, mère de l'amour ; mettons Dieu, auteur de notre être, source féconde des véritables richesses, à la place du dieu de l'abondance, et nous pourrons ensuite conclure, d'une si noble allégorie, que notre amour-propre consiste dans ce goût, dans cette soif insatiable du souverain bien que notre ame cherche partout, et qui seul est capable de remplir la vaste étendue de ses désirs.

Mais, après tout, quelqu'admirable que paroisse ce tableau de l'amour, me représente-t-il parfaitement son original ? Mon amour-propre, comme tout autre amour, n'est-il qu'un désir, et s'éteindroit-il entièrement quand même je posséderois pour toujours tous les biens que je désire ? C'est une question que je ne saurois résoudre, si je n'entre dans un examen plus profond de la nature du sentiment que j'appelle l'amour, et principalement de celui qui m'attache à moi-même.

J'ai besoin, pour cela, d'imiter ici la méthode des géomètres, c'est-à-dire, de supposer d'abord des

axiomes ou des *demandes* qui ne peuvent m'être raisonnablement contestées, et qui me seront utiles pour
bien diriger les opérations de mon esprit dans une
recherche si intéressante.

PREMIER AXIOME, *ou* PREMIÈRE DEMANDE.

La nature de mon être renferme non-seulement un
amour perpétuel, mais une pensée ou une connoissance toujours subsistante, quoique les objets de l'une
ou de l'autre soient variables. Tout acte de ma volonté suppose un jugement de mon intelligence. Je
n'aime jamais rien sans penser que ce que j'aime est
aimable. Je connois donc en même temps que j'aime;
et cette connoissance bien conduite et portée jusqu'au
degré de perfection dont mon être est susceptible,
est ce qu'on appelle la raison. Je ne suis donc pas
seulement un être amateur de ce qui lui paroît bon :
je suis aussi un être raisonnable. Et puis-je douter
que le principal usage de ma raison ne consiste à
faire un juste discernement de ce qui peut être
avantageux ou nuisible à mon être ! Mais, si cela est,
en examinant la nature de mon amour-propre, je dois
poser pour premier fondement de ma recherche, que
ce n'est pas une puissance aveugle par laquelle je
suis emporté au hasard vers tous les objets qui font
sur moi une impression agréable ; et que c'est, au
contraire, une inclination éclairée et raisonnable, qui
ne m'est donnée que pour tendre avec connoissance
à mon plus grand bien : inclination qui, par conséquent, peut et doit être accompagnée de réflexion,
de délibération, de choix. En un mot, je m'aime
moi-même ; mais, puisque j'ai une raison qui m'éclaire
et qui me conduit, il est évident que je dois m'aimer
raisonnablement, à ne considérer même que la nature de mon être qui ne renferme pas moins la connoissance que le désir de ce qui peut me rendre
vraiment heureux.

SECOND AXIOME, *ou* SECONDE DEMANDE.

Le bon usage de ma raison consiste à suivre, dans mes actions comme dans mes jugemens, la lumière de la vérité, je veux dire, ce qui me paroît clairement et évidemment vrai, après avoir pris toutes les précautions possibles pour m'en assurer. Je trouve encore cette règle écrite dans le fond de mon être, qui, comme je m'en suis pleinement convaincu dans ma quatrième méditation, est formé de telle manière, que la parfaite évidence est, pour lui, le caractère unique et infaillible de la vérité.

TROISIÈME AXIOME, *ou* TROISIÈME DEMANDE.

Ces deux dispositions de mon ame, c'est-à-dire, ce désir naturel de la félicité, et ce goût aussi naturel du vrai, sont également en moi des sentimens *innés* que j'ai reçus de Dieu comme tous les hommes, et les deux premiers mobiles de toutes les opérations de mon ame.

Le premier est regardé comme tel par les philosophes mêmes qui se sont déclarés les ennemis de tout ce qu'on appelle *idées* ou *connoissances innées*, et le second a le même caractère, comme je l'ai fait voir dans ma sixième méditation.

Il est donc vrai que l'homme n'est pas plus né pour suivre les impressions agréables de ce qui lui paroît un bien, que pour se livrer aux impressions lumineuses de ce qui lui paroît une vérité.

Ces deux impressions ne sont même jamais absolument séparées l'une de l'autre; et ce qui est vrai, est accompagné pour moi d'un sentiment de plaisir qui le rend aimable, comme ce qui est aimable a un caractère ou une apparence de vérité qui fait que mon esprit y consent en même temps que mon cœur l'aime.

17 *

QUATRIÈME AXIOME, *ou* QUATRIÈME DEMANDE.

Je puis me tromper également sur l'un et sur l'autre : prendre pour un bien ce qui est un mal, et pour une vérité ce qui est une erreur; mais, comme je ne me trompe à l'égard du vrai qu'en n'usant pas ou en usant mal de mes facultés, je ne m'égare aussi, par rapport au bien, que parce que je tombe dans les mêmes défauts. Je ne saurois concevoir que Dieu m'ait créé pour y tomber toujours; et si mon esprit peut les éviter, il ne lui est pas plus impossible de discerner le bien réel, que de distinguer le vrai évident. La connoissance de ce bien, ou de sa nature, peut devenir elle-même une vérité évidente; et elle fait partie de ce vrai que les philosophes, auxquels j'ai affaire, ne refusent pas à l'homme la capacité de découvrir.

CINQUIÈME AXIOME, *ou* CINQUIÈME DEMANDE.

Ces deux facultés, l'une d'aimer le bien, l'autre de connoître le vrai, peuvent souvent produire en moi des sentimens ou des mouvemens contraires; en sorte que l'impression qui me porte au vrai, combatte celle qui me porte à un bien particulier. Je dis *à un bien particulier,* parce qu'il n'est pas possible que l'impression de la vérité évidente et celle du souverain bien soient jamais opposées l'une à l'autre. Dieu qui les produit également comme une vérité essentielle, et comme auteur de tout bien, ne sauroit être contraire à lui-même, ni faire sur mon ame deux impressions contradictoires qui soient toutes deux également invincibles. Cette contradiction, que j'éprouve si souvent entre le désir d'un bien particulier et l'amour que j'ai en général pour le vrai, ne vient donc pas de Dieu. Je me laisse dominer par le sentiment agréable que la vue de ce bien excite dans mon ame; et une impression séduisante m'empêche d'entendre distinctement la voix de la vérité qui la combat au fond de mon cœur.

SIXIÈME AXIOME, *ou* SIXIÈME DEMANDE.

Q'arrivera-t-il donc dans ce combat, et quel en sera l'événement? Ce sera une autre faculté naturelle qui décidera de la victoire, en donnant la préférence à l'une ou à l'autre impression. Il n'y a que la vérité évidente, ou le souverain bien qui affecte mon ame invinciblement. Tout ce qui est d'un ordre inférieur me laisse encore le maître de mon consentement ou de mon amour. Je ne suis point nécessairement vaincu, et je puis être victorieux. C'est en cela précisément que consiste ma liberté, comme je l'ai fait voir dans ma troisième méditation; et ce pouvoir que Dieu me donne sur ma volonté, comme sur mon intelligence, n'est pas une faculté moins *innée* en moi que mon amour-propre ou le désir de mon bonheur.

Ce sera donc ma liberté qui prononcera entre l'attrait d'un bien particulier, dont ma volonté sent la force et la lumière de la vérité, dont mon intelligence est frappée, et qui condamne la recherche de ce bien; c'est-à-dire, que ce sera moi qui déciderai entre moi et moi-même, en prenant le parti qui me paroîtra le plus convenable à mon être. Ainsi, je supposerai, comme un principe certain, que mon amour-propre, lorsqu'il ne désire que des biens particuliers, est soumis et subordonné, comme tous mes autres mouvemens, au pouvoir de ma liberté, soit que je m'attache à ces biens, ou que j'aime mieux y renoncer.

SEPTIÈME AXIOME, *ou* SEPTIÈME DEMANDE.

Je puis faire un bon ou un mauvais usage de ce pouvoir; et ce qui caractérise l'un ou l'autre, est la conformité ou l'opposition de mon choix avec la droite raison, je veux dire, avec les idées les plus claires, ou du moins les plus apparentes, de ce qui convient le mieux à la nature de notre être.

J'appellerai donc un usage légitime de ma liberté celui qui s'accordera entièrement avec ces idées; et je dirai que celui qui y répugne ou qui s'en éloigne, en est un abus ou un usage déréglé, parce que l'un tend à mon bonheur, qui est la fin de mon amour-propre ; au lieu que l'autre ne peut se terminer qu'à mon malheur, c'est-à-dire, à ce que mon amour fuit naturellement, et qu'il ne peut rechercher que parce qu'il se trompe, en ne suivant pas les lumières de la raison.

De ces premières notions, qui me paroissent autant de principes incontestables, je tire des conséquences qui seront comme des points fixes que j'aurai toujours devant les yeux en méditant sur la nature de mon amour-propre.

Première conséquence. S'il est vrai que cet amour soit une inclination raisonnable, ce sera donc par la raison seule, et non par un instinct aveugle, par des préjugés reçus sans examen, ou par l'impression des passions, que je jugerai de son véritable caractère.

Deuxième conséquence. Si la raison ne consiste qu'à suivre des idées claires et distinctes qui portent le caractère de la vérité ou de la plus grande vraisemblance, c'est donc par des idées de ce genre que je dois me fixer sur les véritables qualités de mon amour-propre.

Troisième conséquence. Si je parviens à les connoître exactement par cette voie, il ne me sera pas plus possible d'en douter, que de cesser de m'aimer moi-même, ou de désirer d'être heureux, parce que ma déférence pour les vérités évidentes est aussi naturelle à mon être que le désir de la béatitude.

Quatrième conséquence. Si je ne me trompe dans la recherche du vrai ou dans la poursuite du bien, que parce que je n'use point ou que j'use mal de mes facultés, je ferai donc tout ce qui est en moi pour en user dans l'examen de mon amour-propre ; et, si je puis parvenir à en faire un bon usage, toutes les conséquences qui résulteront clairement de la nature de cette inclination, me paroîtront des règles infaillibles de ma conduite.

Cinquième conséquence. S'il se forme une espèce de combat dans mon ame sur ce qui est véritablement renfermé dans l'idée de mon amour-propre ; si le sentiment n'est pas d'accord sur ce point avec ma raison, j'userai du pouvoir que me donne ma liberté pour terminer ce différend à l'avantage de mon être.

Sixième conséquence. Enfin, comme pour y réussir, il faut que mes idées et mes sentimens reconnoissent également l'empire de ma raison, je ne consulterai que ses lumières pour me former une notion exacte de mon amour-propre ; et c'est en cela que je ferai consister le bon usage de ma liberté dans une matière si importante.

Il est temps à présent d'entrer dans la recherche que je me propose, après avoir expliqué les règles que j'y dois suivre.

Je sens d'abord en général que je m'aime moi-même, et, pour dire quelque chose de plus, je sens encore que je ne saurois m'empêcher de m'aimer. L'affection que j'ai pour moi-même ne m'abandonne jamais : une connoissance intime me la rend toujours présente, et j'en suis aussi convaincu, ou peut-être encore plus, que de la vérité des premiers axiomes de la géométrie. Si j'aime les autres hommes, c'est par un effet de l'amour que j'ai pour moi ; et, comme j'aime en eux le bien que j'en attends ou le plaisir qu'ils me font, il est vrai de dire que c'est toujours moi que je chéris dans tous ceux qui sont l'objet de ma tendresse.

Mais, si cela est, je puis distinguer ici deux sortes d'amours, dont mon ame est susceptible :

L'un, est un amour direct et absolu qui s'attache à moi comme à son premier et à son principal objet ;

L'autre, est un amour plus réfléchi qui tend toujours au même but, mais d'une manière plus indi-

recte, et par une espèce de détour. Il sort de moi,
si je peux parler ainsi, pour se répandre au dehors et
courir après ceux qui peuvent contribuer à mon bonheur; mais il n'en sort que pour y rentrer : c'est ce
qui fait que je peux l'appeler un amour relatif, qui
m'unit à d'autres êtres par rapport à moi, autant qu'ils
sont en état de m'attacher encore plus à moi-même
par la jouissance des biens qui sont entre leurs
mains.

Telles sont les deux espèces d'amours dont je dois
approfondir la nature. Je commencerai par la première, comme la plus importante, et à laquelle même
la seconde se rapporte toujours.

Mais, pour mettre un ordre certain dans cet examen, je m'interrogerai moi-même, selon ma méthode
ordinaire; et je me ferai trois questions générales qui
me paroissent renfermer tout ce que je désire de connoître sur cette matière :

1.° Qu'est-ce que j'aime, lorsque je m'aime moi-
même ? et comment est-ce que je me considère pour
nourrir en moi une affection qui est la source de
toutes les autres ?

2.° Quelle est ma disposition ? Comment suis-je
affecté ? Qu'est-ce qui se passe en moi, lorsque je sens
que je m'aime ? Est-ce le seul désir qui domine alors
dans mon ame ? Ou bien y a-t-il quelqu'autre sentiment qui forme et qui caractérise la nature de mon
amour ?

3.° Quelle est la voie que je dois prendre pour satisfaire raisonnablement cette inclination qui me paroît non-seulement invincible, mais insatiable ?

En un mot, quel est l'objet, quelle est la nature,
quelle est la route la plus sûre d'un amour-propre
toujours conduit par la raison ? Ce sont les trois points
que je me propose d'approfondir, autant qu'il me
sera possible, par rapport à l'amour direct ou absolu
que j'ai pour moi-même. Il n'est pas inutile d'observer
ici que, dans tout ce que j'ai à dire sur ce sujet, je
me considérerai comme si j'étois après Dieu l'unique
artisan de mon bonheur, ou même comme si je vivois

sur la terre sans connoître encore d'autre intelligence
que l'Être suprême et mon ame.

Je m'attache donc d'abord à ma première question, et je me demande encore une fois : qu'est-ce
que j'aime, lorsque je m'aime moi-même ?

Si je consulte mes idées claires, ou des sentimens
dont je ne suis pas moins certain, tout ce que j'aime
me paroît toujours bon ; et il a pour moi ou la réalité
ou l'apparence de ce que j'appelle un bien. Je trouve
donc ou je suppose en moi quelque chose de bon ou
une espèce de bien, et c'est ce que j'aime lorsque je
m'aime moi-même. Je crois renfermer dans mon être
une bonté ou un bien auquel je m'attache par l'amour
que j'ai pour moi.

Mais ce bien, qui est l'objet de mon amour, en
quoi le ferai-je consister ?

Il me semble d'abord que le terme de bien en général, ou ce qui est bon considéré en lui-même et
absolument, est une expression qui ne signifie autre
chose que ce qui est parfait selon sa nature. C'est en ce
sens qu'il est dit dans l'Écriture, qu'après avoir créé
le monde, Dieu vit que tout ce qu'il avoit fait étoit
bon : *Viditque Deus cuncta quæ fecerat, et erant
valdè bona.*

Mais, quelque juste que puisse être cette première
notion, je crois sentir distinctement, quand j'aime le
bien ou ce qui est bon, que je ne le considère pas
absolument en soi et indépendamment du rapport
qu'il a avec mon être. Je l'envisage non-seulement
comme bon, mais comme bon pour moi, comme
convenable à la nature de l'homme, comme propre
à s'y unir, à suppléer à ce qui lui manque et à
la rendre telle qu'elle doit être dans toute son intégrité.

Ainsi, ce que j'appelle bon, ou ce qui me paroît
un bien, est ce qui convient, ce qui est avantageux, ou à mon corps, ou à mon ame, ou à ce
tout composé de l'un et de l'autre qui porte le nom
d'*homme.*

Or, cette convenance à laquelle je réduis l'idée

générale du bien, ne peut consister qu'en trois choses :

1.º Il convient à toute essence d'exister, ou de joindre l'existence actuelle à la simple possibilité ; et, par la même raison, une existence continue et permanente lui est beaucoup plus convenable qu'une existence momentanée et passagère ;

2.º Il lui convient d'être parfaite, ou absolument, ou du moins autant que la nature de son être l'en rend capable ;

3.º Il lui convient, enfin, d'être aussi heureuse qu'une essence bornée et limitée peut le devenir.

Je distingue donc trois genres de biens qui renferment tout ce qui peut être l'objet de mon amour : mon existence continue et durable, ma perfection, mon bonheur; puisque je ne saurois imaginer aucune espèce de bien qui ne tende, ou à me conserver dans l'être, ou à perfectionner mon être, ou à le rendre plus heureux.

La connoissance de ce qui mérite le nom de bien me découvre en même temps, le caractère et les différentes espèces du mal qui est son contraire : si le bien est ce qui convient à ma nature, il est évident que le mal est ce qui n'y convient pas : et si sa conservation, sa perfection, son bonheur, sont les trois espèces de bien qu'elle aime; sa destruction, son imperfection, son malheur, seront sans doute les trois espèces du mal qu'elle hait.

Mais j'ai dit, dans un de mes axiomes généraux, que je puis me tromper également sur l'un et sur l'autre, en prenant pour un bien ce qui est un mal, ou pour un mal ce qui est un bien : *Maxima pars hominum*, comme Horace a eu raison de le dire, *decipimur specie recti* ; et il pouvoit ajouter aussi, *specie mali*. Soit par la foiblesse de notre esprit, soit par l'illusion des sens ou par le prestige de l'imagination, soit par l'impression encore plus vive des passions, une apparence trompeuse de bien ou de mal nous impose également; et, puisque cette méprise est si commune à tous les hommes, elle

me donne lieu de distinguer ici deux sortes de biens
et de maux : les uns, réels et véritables; les autres,
apparens et imaginaires. J'appelle biens réels, ceux
qui conviennent véritablement à ma conservation,
à ma perfection, à mon bonheur; et *maux réels*, ceux
qui y sont véritablement contraires.

J'appelle *biens imaginaires*, ceux qui n'y conviennent qu'en apparence; mais qui, dans le fond
y sont réellement opposés : et *maux imaginaires*,
ceux qui n'y sont opposés qu'en apparence, mais
qui, dans le fond, ont une convenance réelle avec
ma conservation, ma perfection, mon bonheur.

J'aurai donc toujours cette distinction devant les
yeux, en expliquant ces trois sortes de biens, qui
méritent par leur importance, que je m'arrête ici
à les considérer plus attentivement, aussi bien que
les maux qui leur sont contraires.

Je passerai légèrement sur la première. Le désir
d'exister, ou l'amour que j'ai pour mon être, en
tant qu'existant, est du nombre de ces sentimens
qu'on ne peut qu'obscurcir en voulant les définir.
J'observerai seulement, que si je me considère comme
un être spirituel, il me semble que je ne suis guère
occupé du soin de ma conservation, ou pour mieux
dire, que je ne le suis point du tout. Ne seroit-ce
pas que, par cette espèce d'inattention ou de sécurité
sur la durée de cet être, Dieu auroit voulu m'en
faire sentir l'immortalité? Il est certain, au moins, que
naturellement je ne fais rien pour conserver mon ame:
je ne sais même s'il m'est jamais arrivé d'en désirer
expressément la conservation; et, lorsque je ne fais
que suivre l'impression de la nature, sans écouter
ceux qui s'efforcent de me jeter dans quelque mé-
fiance sur ce sujet, la crainte que j'éprouve le moins,
ou plutôt qui m'est entièrement inconnue, est celle
de l'anéantissement de mon esprit.

Les vœux ou les efforts que je fais pour ma conservation, tombent donc seulement sur mon corps,
ou sur le tout qui résulte de son union avec mon
ame. Le lien de cette union est si fragile, la ma-

chine dont elle fait la destinée, est si souvent attaquée ;
elle a, d'ailleurs, un si grand besoin d'une réparation
continuelle, que je suis aussi continuellement excité à
en désirer et à en procurer la conservation. Tous les
accidens qui la menacent de sa ruine, sont accompagnés de sentimens pénibles, qui me font craindre que
celui qui en produira l'entière dissolution, ne soit encore plus douloureux et plus funeste pour moi. Ainsi,
toutes les précautions ou tous les remèdes que je puis
employer pour me préserver, ou pour me délivrer de
ces accidens, et pour éloigner le plus fâcheux de
tous, je veux dire la mort, me paroissent des biens,
parce qu'ils tendent à la conservation de ce tout composé de corps et d'esprit, dont l'existence est le fondement de tous les sentimens qui flattent mon amour-
propre.

A la vérité, ce corps est une compagnie souvent
onéreuse à mon ame, surtout dans ces temps de
vieillesse et d'infirmité, où il faut qu'elle le traîne
plutôt qu'elle ne le porte. Je pourrois donc peut-
être devenir assez indifférent à sa conservation, si
je prévoyois clairement que mon ame sera plus heureuse lorsqu'elle sortira de cette espèce de prison
où elle est renfermée : mais, comme la raison seule
ne me donne que des conjectures probables, et non
pas une assurance entière sur ce point, j'aime à demeurer dans cette prison que je regarde comme
un mal peut-être plus supportable pour moi que celui qui en pourra suivre la destruction.

Ainsi, lorsque je dis que j'aime ma conservation,
cette expression signifie seulement que je me porte
à vouloir persévérer dans un état où mon ame éprouve ordinairement plus de sentimens agréables, à
l'occasion de son corps, qu'elle n'en éprouve de
pénibles, et où elle est au moins retenue par la
crainte d'un état encore plus fâcheux après la rup-
ture de ses liens.

Ma perfection, qui est le second genre de bien
que j'aime en moi, demande une explication plus
exacte que ce qui ne regarde que ma conservation.

Je conçois d'abord, que le terme de perfection, pris dans toute son étendue, ne peut jamais s'appliquer à un être aussi borné, et par conséquent aussi imparfait que le mien. Dieu seul possède en lui la plénitude de cette perfection absolue et sans limites, qui est incommunicable à la créature ; et je ne saurois aspirer qu'à une perfection relative et proportionnée à la courte mesure de mon être.

Mais pourroit-elle même mériter ce nom, si elle n'étoit formée sur le modèle de l'Être infiniment parfait ? Etudions-la donc dans son original ; c'est la méthode que j'ai suivie dans mes autres méditations : jugeons par la perfection absolue de ce que doit être la perfection relative.

Malgré la foiblesse de mes lumières, je crois concevoir que la première, je veux dire la perfection suprême ou la perfection divine, consiste à penser, à vouloir, à agir toujours conformément à cet ordre immuable que Dieu voit clairement dans son essence, ou plutôt qui n'est que son essence, puisqu'il n'y a rien en Dieu qui ne soit Dieu ; et comme cet ordre est infiniment parfait, les pensées, les volontés, les actions de Dieu, qui y sont toujours entièrement conformes, ne peuvent être non plus qu'infiniment parfaites.

Mais, si tel est le véritable modèle de ma perfection, quelque limitée qu'elle soit, je dois aussi consentir à penser, à vouloir, à agir conformément au même ordre ; et il n'y a que cette conformité qui puisse rendre mes pensées, mes volontés, mes actions parfaites, relativement à la médiocrité de mon être.

Par là, j'imite d'autant plus la perfection divine, que, comme Dieu est parfait en agissant selon son essence, je travaille aussi à me rendre parfait, autant qu'il m'est possible, en agissant conformément à ma nature : car, puisque telle est la condition de mon être, qui n'existe ou qui ne vit que par Dieu et pour Dieu, agir conformément à l'essence de Dieu même, source de toutes mes pensées, règle de toutes mes volontés, c'est agir conformément à ma nature ; c'est tendre à la fin à laquelle je suis destiné ; c'est participer, en quelque manière, à l'Être suprême ; c'est faire, par conséquent, tout ce que le désir de ma perfection peut exiger de moi. Et j'adopte très-volontiers, en ce sens, cette vérité si souvent répétée dans les écrits des stoïciens, qu'être sage ou parfait, c'est vivre conformément à la nature de l'homme, c'est-à-dire, d'un être raisonnable : *naturæ convenienter vivere.*

Essayons à présent de rendre cette pensée non-seulement plus sensible, mais plus utile pour moi, en l'appliquant à chacune des deux parties dont mon être est composé, et au tout qui en résulte.

J'envisage d'abord cette portion de matière à laquelle mon ame est unie ; mais comme elle tombe sous les sens, et que par là même elle a beaucoup moins de rapport avec la nature divine, je regret-terois le temps que j'aurois employé ici à en expli-quer la perfection. Je me contenterai donc de dire en un mot, ce qui n'est ignoré d'aucune créature raisonnable ; je veux dire que la perfection de mon corps consiste dans l'intégrité et dans la bonne dis-position de toutes ses parties, dans le mélange et dans le mouvement égal et bien ordonné des li-queurs qui l'animent ou qui le tempèrent ; enfin, dans cette force, cette flexibilité, cette adresse de tous ses membres, qui le mettent en état de suivre l'ordre que Dieu a établi en le créant, qui le ren-dent docile à mes volontés, prompt à exécuter les désirs de mon ame, et capable de me causer un grand nombre de sentimens agréables, sans en exciter de contraires, que le moins qu'il est possible.

Ainsi, vivre à cet égard conformément à la nature, ou être parfait, c'est contribuer, par mes pensées, par mes sentimens, par mes actions, à entretenir cette disposition favorable de la machine ; c'est éviter ou prévenir tout ce qui peut en troubler l'ordre ou l'harmonie. Si je ne puis imiter par là l'essence de Dieu même, j'imite au moins sa volonté, qui tend à la conservation de cette harmonie, ou plutôt qui se sert de moi pour la conserver, et qui la conserve même en grande partie, indépendamment de mes soins.

Je me hâte de passer à la perfection de mon esprit, qui mérite beaucoup plus mon attention, soit par l'excellence de son être, soit comme bien plus propre à retracer au moins une foible image de la perfection divine.

Quelque simple que soit l'essence de mon ame, j'y distingue néanmoins comme deux parties ou deux facultés principales, l'intelligence et la volonté, dont je dois examiner ici les différentes perfections.

Par le nom d'intelligence, j'entends mon ame même, en tant qu'elle conçoit des idées, qu'elle les joint ou qu'elle les sépare, qu'elle les arrange et les met en ordre pour en faire la matière de ses jugemens, de ses raisonnemens et des ouvrages qui en dépendent.

La perfection de cette première faculté ne peut donc consister qu'à rendre ces différentes opérations aussi parfaites, c'est-à-dire, aussi exactes qu'elles le peuvent être; et, puisque la perfection de l'intelligence suprême, consiste, comme je l'ai dit ailleurs, à voir et à bien voir toutes choses, immédiatement et sans aucun circuit, la seule perfection qui puisse convenir à une intelligence bornée, mais formée sur le modèle de la divinité, est de voir aussi et de bien voir, par les moyens qui lui sont possibles, tout ce qui est proportionné au degré de pénétration ou à la nature de sa vue.

Mais, ce n'est pas assez que mon ame atteigne à cette perfection dans quelques actes particuliers, il faut qu'elle se forme une heureuse habitude de bien penser et de bien digérer ses pensées, qui deviennent pour elle un état fixe et permanent, afin qu'elle ne tombe jamais ou presque jamais dans l'erreur, qui est le mal de mon entendement, et qui ne peut venir que de son imperfection.

Ce n'est pas tout : comme il y a des vérités qui

sont au-dessus de mon intelligence, et que je chercherois inutilement à comprendre, une partie de ma
perfection consiste à connoître mon imperfection, à
savoir jusqu'où mon esprit peut aller, et à ne pas
l'épuiser par des efforts superflus, pour passer au-
delà des bornes posées par la main du créateur,
qui a dit à l'esprit humain comme à la mer : *Huc
usque venies, et ibi confringes tumentes fructus
tuos.*

Enfin, dans les choses même dont l'intelligence
n'excède pas les bornes de ma capacité, il ne m'est
pas possible de tout voir et de tout connoître. La
courte mesure de mon attention aussi bien que de
ma vie, y met un trop grand obstacle ; et, par conséquent, si mon amour-propre tend aussi raisonnablement qu'il le doit, à la perfection possible de
mon entendement, il en dirigera toujours les opérations à ce qu'il m'importe le plus de bien connoître,
je veux dire la nature de Dieu, celle de l'homme
et la juste estimation des vrais biens et des vrais
maux, dont la connoissance décide de mon bonheur
autant que de la perfection dont je suis capable.

Ainsi, pour réunir toutes ces idées comme dans
une seule définition, la perfection de mon intelligence n'est autre chose que l'habitude de voir ce
qui est, (en quoi consiste toute vérité aperçue, selon ma quatrième méditation), de renoncer par
conséquent, à ce que je ne saurois voir, et de diriger principalement ma vue à ce qui est convenable
ou contraire à ma nature, pour juger par là de ce
que je dois croire ou ne pas croire, rechercher ou
éviter ; en un mot, aimer ou haïr.

Si je veux examiner ensuite quelle est la véritable
perfection de ma volonté, je sentirai d'abord que
cette faculté n'est qu'une capacité sans bornes d'aimer
tout ce que mon intelligence, ou mon sentiment, me
fait regarder comme bon ou convenable à mon être,
et de fuir ou de haïr tout ce qui me paroît y être contraire.

Ainsi, être parfait dans ce qui appartient à ma

volonté, c'est vouloir ce qui peut rendre mon ame plus parfaite ou plus heureuse, et suivre, dans tous ses mouvemens, les idées claires de mon intelligence, pour ne pas me tromper dans la recherche de ce qui me paroît un bien, ou dans la fuite de ce que je regarde comme un mal.

Mais, s'il ne suffit pas à mon entendement de réussir dans quelques actes particuliers, il ne suffit pas non plus à ma volonté de vouloir dans quelques occasions ce qui m'est le plus avantageux; il faut qu'elle le veuille constamment, et qu'elle s'y attache par une habitude persévérante, qui produit en elle non - seulement la perfection d'un acte particulier, mais celle de son état même.

J'ai dit qu'il y a des vérités qui sont au-dessus de mon intelligence; mais il y a aussi des biens que tous les efforts de ma volonté ne peuvent lui procurer; et, comme la perfection de l'une consiste en partie à se renfermer dans les bornes de ce qu'elle peut connoître, la perfection de l'autre doit être de ne pas désirer plus qu'il ne peut posséder.

Enfin, puisqu'il y a des degrés entre les biens que je puis acquérir, comme entre les vérités qu'il m'est possible de découvrir, et qu'il y en a de même entre les maux qui ne sont pas inévitables, comme entre les erreurs dont je peux m'exempter, la perfection de ma volonté consistera aussi à rechercher toujours le plus grand bien, à fuir toujours le plus grand mal; elle ne craindra pas moins la méprise dans son amour ou dans sa haine que mon entendement la doit craindre dans son affirmation ou dans sa négation.

Je réduirai toutes ces pensées à une seule. Je dis que la perfection de ma volonté consiste dans une résolution constamment suivie, ou dans une habitude continuelle de préférer toujours dans ma conduite les vrais biens aux vrais maux, tels que ma raison me les représente dans la spéculation ; habitude que je ne saurois acquérir, si je ne m'accoutume à tourner toujours mes pensées et mes désirs vers l'objet qui en est le plus digne, et à les détourner toujours de celui qui en est indigne.

Ainsi, comme mon intelligence est parfaite, lorsqu'elle voit toujours ce qui est, c'est-à-dire, le vrai; de même ma volonté est parfaite, lorsqu'elle veut toujours ce qui est absolument bon à mon être, je veux dire le souverain bien.

Mais ne puis-je pas exprimer, par une idée encore plus simple et plus générale, ce que j'appelle la perfection de mon ame toute entière? Considérée comme intelligence et comme volonté, n'y a-t-il pas en moi une faculté supérieure, en quelque manière, aux deux autres; un pouvoir de choix et d'élection, que je nomme ma liberté, et qui préside aux opérations de mon intelligence comme à celles de ma volonté? C'est par le bon usage de ce pouvoir que je parviens à connoître ce qui est, et à aimer ce qui est bon. Ainsi, pour renfermer dans une seule expression tout ce que je viens de dire sur mon intelligence et sur ma volonté, considérées séparément, je dirai que la perfection de mon ame entière n'est autre chose que l'habitude persévérante de faire un bon usage de ma liberté, pour connoître et pour vouloir toujours ce que je dois regarder comme le bien réel de mon être.

Je rejoins à présent mon corps à mon esprit, que j'en avois séparé, en quelque manière, pour examiner la perfection qui est propre à chacun de ces êtres; et je cherche à me former une notion aussi claire de celle qui convient au tout, c'est-à-dire, à l'homme entier.

Je conçois d'abord qu'elle ne consiste pas seulement dans la perfection de chacune des deux parties dont je suis composé, ni même dans l'assemblage ou dans la réunion des qualités qui rendent l'une et l'autre parfaite. J'y entrevois quelque chose de plus, et j'essaierai de l'exprimer, en disant: que c'est la perfection du lien qui les unit et qui en fait un tout, plutôt que celle des êtres qui sont unis. Ainsi, dans un tableau ou dans un grand morceau d'architecture,

outre les beautés de chaque partie considérée séparément, outre le concours de toutes ces beautés particulières, il y a une perfection du tout ensemble,
qui résulte du rapport, de la convenance et de la
proportion qu'une main habile a su y faire régner, et
qui charme les yeux du spectateur par le plaisir de
la variété, joint à celui de l'unité.

C'est donc dans ce qui regarde l'union de mon
corps et de mon ame que je dois chercher ce troisième ordre de perfection, que j'appelle la perfection
du tout ou de l'homme entier. Or, cette union ne
consiste que dans la fidelle correspondance qui est
entre les mouvemens de l'un et les pensées ou les
sentimens de l'autre : le corps est remué, et l'ame
conçoit une pensée ou elle éprouve un sentiment :
l'ame pense ou elle sent, et le corps est remué. Dieu,
qui a su former, par sa volonté, le tissu imperceptible de deux substances si différentes, entretient
continuellement cette réciprocité d'opérations entre
mon corps et mon esprit. C'est tout ce que je puis
comprendre du mystère d'une union si étroite,
qu'elle nous porte souvent à confondre les opérations
des deux substances, et à rapporter au corps ce qui
n'appartient qu'à l'ame ; mais c'est cela même qui me
fait comprendre que la première perfection de
l'homme, considérée comme un tout, doit être de
connoître exactement les deux parties dont il est composé, et de bien distinguer leur nature, leurs propriétés, leur usage, leur naissance, leur progrès et
leur fin, ou la différence de leur durée.

De cette première perfection, il en naît nécessairement une seconde, qui consiste à en estimer les différens avantages, selon leur juste valeur pesée dans la
balance de la raison, et à ne les aimer que suivant le
degré réel de bonté relative à l'homme entier, qui
appartient aux prérogatives de chacune de ces
substances.

Mais, si cela est, j'agirois directement contre la
perfection de mon être, si je me laissois assez séduire
par mes sens ou par mes passions, pour donner une

18*

préférence déraisonnable à la partie terrestre et animale sur la partie céleste et spirituelle. Je ne comparerai pas même, si c'est la raison qui me conduit,
une substance grossière qui n'a pour partage que la
figure et le mouvement, à une nature capable de
connoissance et de bonheur qui peut croître toujours en lumières et en amour, qui porte en elle-
même le principe de sa détermination, et qui a par là
une action ou une activité dont le corps ne me paroît
pas susceptible; enfin, à une nature qui, pendant
que mon corps est condamné à une destruction inévitable, sent au contraire en elle-même comme une
réponse de vie qui lui garantit, en quelque manière,
son immortalité, dont elle trouve une autre preuve
dans l'indivisibilité de son être, sur lequel toutes les
autres créatures ne lui paroissent avoir aucune prise:
ce qui fait, comme je l'ai déjà observé, que mon
ame ne pense pas même expressément à désirer sa
conservation.

Ainsi, le second degré de ma perfection, lorsque je
me considère comme un tout, sera de juger que mon
ame est infiniment au-dessus de mon corps, et par
conséquent de m'attacher à l'une beaucoup plus qu'à
l'autre; parce qu'en réglant ainsi mon estime et mon
amour, je vois véritablement ce qui est, et j'aime véritablement ce qui m'est le plus avantageux, en quoi
consiste la perfection de mon être.

Mais, malgré l'excellence de mon ame, je sens
que, dans cette espèce de prison où elle est comme
enchaînée par des liens invincibles, elle dépend, en
un sens, de mon corps, non-seulement pour avoir
des sentimens agréables à son occasion, ou pour en
éviter par lui de désagréables, mais aussi pour exercer
librement ses fonctions les plus spirituelles. En vain
mon esprit est-il capable de concevoir, de juger, de
raisonner: en vain mon cœur peut-il goûter ce bonheur dont il est avide, si des vapeurs grossières, qui
s'élèvent du fond de ma nature corporelle, obscurcissent les lumières de mon intelligence, et troublent
encore plus la tranquillité de mon cœur; en un mot,

si le déréglement d'une machine, qui est l'occasion d'une infinité de pensées ou de sentimens, déconcerte les opérations de mon ame, en interrompt le cours, et me force à n'être plus occupé que des impressions qui se font en moi malgré moi-même. Le pouvoir réciproque, que la substance spirituelle exerce sur le corps qui lui est uni, m'expose presqu'aux mêmes inconvéniens. Une application trop violente, une abstraction trop forte des choses sensibles, un goût excessif pour ce qui n'est qu'intelligible, en un mot, une vie, pour ainsi dire, trop spirituelle, altèrent ou ralentissent le mouvement des esprits animaux, qui, au lieu de se répandre en assez grande quantité dans toutes les parties de mon corps, pour en conserver la bonne disposition, se réunissent tellement dans mon cerveau, qu'il n'en reste plus ailleurs autant qu'il le faudroit pour entretenir le jeu de la machine, dont les ressorts, trop tendus en un seul endroit, trop relâchés dans les autres, me font tomber insensiblement dans une langueur qui se communique à son tour du corps à l'ame, et qui la venge, pour ainsi dire, de l'indifférence qu'elle a eue pour lui, parce qu'elle souffre à son occasion.

La perfection de l'homme entier exige donc que ma raison soit l'arbitre et la modératrice des opérations réciproques de mon corps sur mon ame et de mon ame sur mon corps. Il faut qu'elle les tempère tellement que mon corps soit toujours en état de servir mon ame sans lui nuire jamais, et que mon ame ménage aussi de sa part un serviteur non-seulement utile, mais nécessaire ; en sorte que, pour vouloir en abuser, elle n'en fasse pas un sujet rebelle et un ennemi.

Ainsi, je ferai consister la troisième perfection de l'homme entier dans ce concert et dans cette heureuse harmonie des mouvemens de mon corps avec les pensées et les sentimens de mon ame, ou dans cette espèce de traité de bonne correspondance que ma raison établira, et qu'elle entretiendra toujours

entre deux substances, qui doivent être également
soumises à son autorité.

Ce traité aura néanmoins ses bornes et ses exceptions.

Je veux dire, non-seulement que l'indulgence de
mon ame pour mon corps se renfermera dans les
choses qui sont nécessaires ou du moins utiles à la
substance corporelle pour sa propre perfection, et
par contre-coup pour celle de la substance spirituelle,
sans s'étendre jamais jusqu'à celles qui sont contraires
à l'une ou à l'autre, mais que je serai même obligé
quelquefois de négliger la perfection du corps pour
parvenir à celle de l'ame.

En effet, il peut se présenter des occasions où ces
deux genres de perfection ne sauroient se concilier,
et où l'homme, composé de corps et d'esprit, est
forcé de prendre parti entre les intérêts opposés de
ces deux substances. Mais, comme dans cette espèce
de combat, qui se passe entre moi et moi-même,
l'ordre naturel des êtres, que la raison suit toujours,
exige nécessairement que les avantages de la substance la plus parfaite et la plus durable l'emportent
sur ceux de la substance la moins parfaite, qui doit
se dissoudre en peu de temps, je regarderai comme
la quatrième et dernière perfection de l'homme entier, le sacrifice que je ferai, en ce cas, de ce qui ne
m'est utile que pour mon corps à ce qui m'est avantageux pour mon ame.

Telles sont les idées générales que je conçois de ce
qui peut être appelé ma perfection, soit que j'examine séparément chacune des deux parties dont je
suis composé, soit que je les considère réunies et
comme ne faisant qu'un seul tout. Je m'attache d'autant plus volontiers à ces idées, qu'elles me présentent
toutes également ce caractère essentiel qu'il m'a paru
d'abord que ma perfection devoit avoir, je veux dire
d'être formée sur celle de Dieu même; car, en suivant
les règles que je viens de me prescrire, il est évident
que je me conforme à l'ordre immuable que Dieu lit
dans son essence. Je vois les choses telles qu'elles

sont en elles-mêmes : je m'y attache selon le degré
de bonté qu'il a plu à Dieu de leur communiquer ; je
régle mes jugemens, mes sentimens, mes actions sur
les idées et sur la volonté de mon auteur ; je vois
donc ce qui est en moi comme Dieu le voit ; je l'aime
comme Dieu l'aime ; et par conséquent, si je pouvois
demeurer toujours dans cette disposition, je serois
parfait, selon la mesure de mes forces, puisque, dans
un être borné, je retracerois, autant qu'il m'est possible, la perfection de l'Être infini.

Mais, comme je crois sentir que le motif qui me
porte à vouloir être parfait, est le désir d'être heureux, ce seroit inutilement que j'aurois essayé de
connoître l'état le plus parfait où je puisse parvenir,
si je ne tâchois aussi de découvrir le véritable caractère de cette félicité, à laquelle il m'est impossible de
ne pas aspirer.

Tous les hommes, en effet, désirent d'être heureux ; c'est une première vérité que le sentiment intérieur leur apprend comme à moi. Il n'est point
d'inclination plus *innée*, plus dominante dans le fond
de leur ame. Cependant, est-il question de définir ce
qu'ils entendent par le terme de bonheur, non-seulement les ignorans, mais les savans se partagent,
lors même qu'il s'agit de connoître ou d'expliquer en
quoi consiste le souverain bien de l'homme, qu'il ne
cesse jamais de désirer et dont il fait à tout moment
la comparaison avec les biens d'un ordre inférieur,
puisqu'il ne s'en dégoûte et ne les méprise successivement que parce qu'ils ne remplissent pas cette mesure de félicité que chacun a présente dans lui-même,
sur laquelle il juge de la grandeur réelle ou apparente des biens.

On a donc vu, à la honte de l'esprit humain, les
plus grands philosophes de l'antiquité disputer éternellement entr'eux sur la véritable notion d'un objet
qui agit toujours sur notre ame et qui est comme
le fonds de tous ses sentimens.

Les uns, comme Épicure, ont soutenu que le véritable bonheur de l'homme consistoit uniquement dans la volupté.

D'autres, comme Zénon, et tout le Portique après lui, ont cru qu'il étoit non-seulement plus honnête, mais plus conforme à la vérité de placer le souverain bien dans l'exercice de la vertu.

Aristote et le Lycée semblent avoir voulu réunir ces deux opinions, lorsqu'ils ont dit que la parfaite félicité ne dépend pas de la vertu seule, et qu'elle consiste dans l'union de la vertu avec tous les autres avantages du corps et de l'esprit., qui conviennent à la nature humaine.

Entre ces trois sectes dominantes, un grand nombre de philosophes ont voulu s'ouvrir une infinité de routes singulières pour arriver à la connoissance ou à la possession du souverain bien: chacun d'eux s'est donné la liberté d'ajouter ou de retrancher ce qu'il lui plaisoit à la doctrine des autres philosophes, comme si l'idée du vrai bonheur pouvoit se former par addition ou par retranchement. Mais, dans le fond, si l'on écarte ces légères différences, qui ne consistent que dans le plus ou dans le moins, leurs sentimens se peuvent toujours réduire à l'une des opinions principales que je viens d'expliquer.

Heureusement pour moi ce n'est point par l'autorité d'aucun philosophe que je dois me déterminer sur une question si importante: je n'ai pas oublié la profession solennelle que j'ai faite d'abord de ne consulter que la raison ou les idées claires qu'elle me présente; et, quand je rappelle ici la doctrine de ces anciens philosophes, qui se donnoient pour les docteurs de la sagesse, j'ai principalement en vue de faire voir, par leurs combats mêmes, que s'ils se sont partagés sur ce point, c'est parce qu'ils ont séparé deux choses qu'ils auroient dû réunir, et qui entrent toutes deux dans la notion exacte et complète du véritable bonheur. Ainsi, pendant qu'ils ne font que s'attacher diversement à l'une de ces deux choses plutôt qu'à l'autre, il arrive nécessairement qu'ils ont tous raison en partie, et tort en partie; ce qui fait, comme il est aisé de le voir en lisant leurs disputes, qu'ils sont tous beaucoup plus heureux à attaquer l'opinion de leurs adversaires qu'à soutenir leur propre sentiment.

Ces deux choses, qu'ils n'ont pas assez distinguées, ou qu'ils ont séparées au lieu de les réunir, sont le souverain bien et la souveraine béatitude. Notre esprit confond souvent ces deux expressions en y attachant le même sens; et les idées en sont si proches l'une de l'autre, qu'il faut avouer que la méprise est presque pardonnable.

Elles me paroissent néanmoins aussi différentes que la cause l'est de son effet. Et pour développer entièrement ma pensée sur ce point, je remarque que, lorsque je m'applique à étudier la nature de mon bonheur, je puis ou chercher à découvrir ce qui me rend heureux, et qui est la cause de ma félicité, ou tâcher de connoître et de m'expliquer à moi-même ce que c'est que cette félicité, je veux dire cet état où je suis, ce sentiment que j'éprouve, quand je dis que je suis heureux. Le premier est ce que l'école appelle la *cause efficiente* de mon bonheur; le second est ce qu'on y explique par le terme barbare et peu lumineux de *cause formelle*; et telle est précisément la différence que j'observe entre le souverain bien et la souveraine béatitude.

L'une est la cause, et l'autre est l'effet: l'un me rend heureux, l'autre est mon bonheur même; et, pour en sentir encore mieux la distinction, j'adopte volontiers la comparaison ingénieuse d'un philosophe moderne, qui a plus renfermé de vérités dans deux pages sur ce sujet, que tous les philosophes anciens dans des volumes immenses.

On propose, dit-il, un prix ou une récompense à celui qui aura le mieux tiré dans un blanc. Le prix est le motif ou l'attrait de ceux qui s'assemblent, pour faire preuve à l'envi de leur adresse; il est comme le bonheur ou la félicité à laquelle ils aspirent tous également: mais le blanc, frappé avec le plus de justesse, est le moyen de parvenir à ce bonheur ; il en est la cause immédiate. En vain exposeroit-on le blanc aux yeux des combattans, si l'on ne leur annonçoit en même temps le prix qui est attaché à la victoire ; en vain, d'un autre côté, proposeroit-on ce prix, si l'on ne montroit aussi le blanc ou le but auquel il faut viser pour l'obtenir : mais, comme ces deux choses se touchent, pour ainsi dire, et que l'une est la suite de l'autre, notre esprit les joint et ne fait souvent qu'une seule. Ainsi, pour exprimer l'avantage du victorieux, il dit tantôt que c'est d'avoir mieux atteint au but, et tantôt que c'est d'avoir remporté le prix, prenant la cause pour l'effet, lorsqu'il parle de la première manière, et expliquant seulement l'effet lorsqu'il parle de la seconde.

C'est une image naturelle de ce qui est arrivé aux philosophes, lorsqu'ils ont disputé si long-temps sur la nature du souverain bien. Les uns ne se sont attachés qu'à la cause ou à ce qui nous la donne : mais entre ceux qui ont pris ce parti, Zenon et ses sectateurs ont supposé que le bonheur de l'homme devoit dépendre de lui-même ; et la vertu leur paroissant le seul bien qui fût véritablement en son pouvoir, ils l'ont regardée comme son bonheur suprême, parce qu'elle est la cause du seul état où ils ont jugé que l'homme pouvoit raisonnablement se trouver heureux.

Aristote, au contraire, et ses sectateurs, ayant éprouvé, comme tout le genre humain, qu'il y a encore d'autres biens qui donnent à l'homme une espèce de bonheur actuel et dont la privation diminue le plaisir qu'il goûte dans l'exercice de la vertu, ils ont réuni toutes les causes différentes qui peuvent exciter en nous des sentimens agréables, sans avoir rien de contraire à la vertu, et ils ont fait consister le souverain bien dans le concours de toutes ces causes.

D'autres philosophes ont pris une route différente, et ne s'attachant qu'à l'effet, comme les premiers ne s'étoient attachés qu'à la cause, ils ont fait consister notre félicité dans le plus grand plaisir ; et, parce que Épicure a peut-être été le premier qui ait enseigné méthodiquement cette doctrine, il a été décrié par des philosophes plus austères en apparence, comme ayant moins été le maître de la sagesse que le docteur de la volupté : malheureux de s'être servi d'un nom qui a révolté contre lui tant d'ames vertueuses ; mais aussi plus malheureux que coupable, s'il est vrai, comme ses défenseurs l'ont soutenu, que par le nom de volupté il n'entendoit que ce plaisir pur, cette joie innocente, cette paix intérieure dont jouit une ame qui vit toujours conformément à la raison naturelle.

Réunissons donc deux idées qui n'ont jamais dû être séparées ; et, puisque pour être heureux, il faut qu'il y ait un bien qui cause notre bonheur, et que la possession de ce bien nous remplisse d'un sentiment agréable, méditons également et sur la cause de notre félicité et sur notre félicité même, qui en est l'effet.

Je conçois d'abord clairement sur le premier point, qu'un bien, capable de me rendre pleinement heureux, doit avoir ces trois caractères :

1.º Il doit être en mon pouvoir, et dépendre entièrement du bon usage que je fais des facultés de mon être ; autrement, je ne pourrois le regarder que comme un bien qui seroit, en quelque manière, étranger à mon égard. D'un côté, je ne serois pas en état de me le procurer ; de l'autre, je serois perpétuellement en danger d'en être privé. Mon bonheur seroit donc toujours douteux, et par là même mon malheur ne seroit que trop certain.

Pourquoi, dit fort bien le même philosophe que j'ai déjà cité, pourquoi ne désirons-nous pas d'avoir plus de bras ou plus de langues que nous n'en avons ? Et pourquoi aspirons-nous, au contraire, à posséder plus de richesses, plus de plaisirs, plus de gloire, plus de crédit et d'autorité ? C'est parce que nous ne désirons que les biens qui sont de telle nature, que nous croyons pouvoir nous les approprier. L'impossible met des bornes à nos souhaits, parce qu'il en met à nos espérances ; et l'homme ne s'estime point malheureux de ne pas posséder ce que son esprit lui montre clairement qu'il ne peut acquérir. Nous cherchons, à la vérité, ce qui nous manque, mais c'est parce que nous nous flattons de pouvoir faire en sorte qu'il ne nous manque plus ; et, comme c'est toujours nous qui sommes l'objet de notre amour, nous ne pouvons regarder comme de vrais biens que ceux qui, étant à nous aussi pleinement que notre volonté même, peuvent rassasier continuellement cet amour.

Le goût de la propriété entre donc nécessairement dans le vœu du bonheur. Tout ce qui nous vient du dehors nous paroît comme un bien emprunté qui ne nous satisfait pas entièrement, par cette raison même que nous en sommes redevables à d'autres que nous. Notre esprit sent avec peine que la nécessité de leur secours nous met dans une dépendance inévitable et dans une espèce de servitude. Quiconque peut nous donner ce genre de bien, ou nous le refuser à son gré, est notre maître en quelque manière : notre orgueil souffre donc toujours dans le temps même que nous en jouissons le plus ; et le sentiment du besoin que nous avons des autres, mêle une amertume secrète à la douceur des services que nous en recevons. De là vient que la reconnoissance nous est à charge, et que l'ingratitude est un vice si commun parmi les hommes. Ils croient contracter une espèce de dette par le bien qu'on leur fait : la vue de leur bienfaiteur leur est importune ; c'est un créancier dont la présence leur reproche, en quelque manière, leur impuissance.

Quand même les biens du dehors seroient plus en notre pouvoir, nous sentirions toujours qu'il nous seroit impossible de nous les donner aussi pleinement que nous le désirerions. En quelque degré que nous puissions les obtenir, nous en désirerions encore davantage ; et ce que nous possédons nous paroît toujours moindre que ce qui nous manque.

Parvenus au comble de nos premiers vœux, nous nous apercevons bientôt que notre élévation n'a fait que nous mettre à portée de découvrir, comme du sommet d'une plus haute montagne, un nouveau pays qui s'offre à nos désirs. La vue des objets qu'il nous présente, nous fait sentir ou imaginer en nous de nouveaux besoins, que nous avions auparavant le bonheur d'ignorer ; et un bien nouvellement aperçu multiplie nos désirs beaucoup plus que celui dont nous jouissons actuellement ne nous cause de plaisir : heureux si nous apprenions, par ces désirs mêmes, que des biens qui ne peuvent pas même être appelés nos biens, puisqu'il n'est pas en notre puissance de les posséder pleinement, ne sauroient jamais être notre souverain bien ; et que celui qui mérite justement ce nom, doit avoir pour second caractère de remplir et d'éteindre tous nos vœux.

2.° Je m'étendrai bien moins sur ce second caractère, parce qu'il est beaucoup plus à la portée de toute sorte d'esprits : il n'en est point qui ne comprenne que l'effet direct et essentiel du bien suprême, doit être de nous mettre en état de n'avoir plus rien à souhaiter, en faisant succéder au trouble et à l'agitation de nos désirs ce calme profond, cette paix inaltérable, qui est comme le fond de l'idée que nous nous formons du vrai bonheur. Le désir est une maladie de notre ame, et nous ne voulons en guérir, par la possession du bien qui en est la cause, que pour arriver à cet état de santé, et, pour ainsi dire, d'intégrité, où nous ne souffrons plus parce qu'il ne nous manque plus rien. Nos désirs tendent donc d'eux-mêmes à s'éteindre et à expirer dans la jouissance du bien qui en est le terme : *eunt ut non sint*, comme je crois l'avoir dit ailleurs, après saint Augustin ; et ils nous avertissent par là que leur extinction totale entre nécessairement dans le caractère de notre parfaite félicité. Ils nous animent, à la vérité, sur la route qui nous y conduit ; mais en nous animant, ils nous fatiguent par les efforts qu'ils nous font faire ; et si cette route devoit durer tou-

jours, nous ressemblerions à des voyageurs qui seroient obligés de marcher tous les jours de leur vie
sans arriver jamais, d'autant plus à plaindre, qu'ils
auroient plus d'ardeur, et qu'ils se donneroient plus de
mouvement pour achever leur course. Pour peindre
l'état d'une ame malheureuse, il suffit de dire que
c'est une ame condamnée à désirer éternellement
ce qui lui manquera éternellement ; et, au contraire,
pour former d'un seul trait l'idée d'une ame véritablement heureuse, c'est assez de la représenter
comme ne désirant plus rien, ou n'ayant plus rien à
désirer.

3.º Je conçois, enfin, et il ne m'est plus possible
d'en douter, que le dernier caractère du souverain
bien est sa durée ou son immutabilité. Une vérité
si évidente n'a pas même besoin d'explication; et
il n'y a personne qui ne souscrive de bon cœur à
ces paroles de Cicéron : *Si amitti vita beata potest,
beata esse non potest* (1). Réunissons donc, comme
lui, ce dernier caractère au premier, et disons que
si le vrai bonheur doit être immuable, il doit aussi
consister dans ce qui est en notre pouvoir, dans
ce qui dépend de l'homme sage et raisonnable : *Si
modo sit aliquid esse beatum, id oportere totum
poni in potestate sapientis* (2). Quiconque se défie
de la perpétuité de son bonheur, est toujours nécessairement dans la crainte de devenir malheureux
en le perdant ; et celui qui craint de le devenir,
l'est déjà par sa crainte. Ainsi parloit Cicéron, d'après
la nature même. Les stoïciens étoient d'accord avec
les épicuriens sur ce point ; et, malgré le doute obs-
tiné des académiciens, il n'y en a aucun qui ait
jamais pu penser de bonne foi que la propriété, la
plénitude, la perpétuité, ne soient pas les caractères

(1) Cicéron, *De finibus bonor. et malor.*, lib. 2.

(2) *Qui dissidet perpetuitati bonorum suorum, timeat necesse
est, ne aliquando amissis illis, sit miser. Beatus autem esse in
maximarum rerum timore non potest.* Ibid.

essentiels du souverain bien. Il est évident, en effet,
qu'il ne peut en avoir ni plus ni moins.

Il ne peut en avoir moins ; car s'il lui en manquoit un seul, le bien qui les réuniroit tous mériteroit de lui être préféré, et ce seroit ce dernier bien qui seroit le plus grand, et non pas le
premier.

Il ne peut en avoir plus ; car, que peut-on ajouter
à un bien dont l'acquisition dépend de ma seule
volonté, dont la possession remplit toute l'étendue
de mes désirs, et dont la durée égale, si je le veux,
celle de mon être ?

Tels sont donc les traits sensibles et ineffaçables
auxquels je puis et dois reconnoître la véritable nature du souverain bien ; mais quel est l'objet qui
renferme ou qui réunit en soi ces trois caractères
éclatans ? C'est ce que la simple explication de ce
qui constitue l'essence de mon amour-propre me fera
bientôt découvrir, et c'est même là que je dois le
chercher, parce que si je travaille ici à connoître
en quoi consiste mon bien suprême, c'est uniquement
pour parvenir à me former une juste idée
de l'amour que j'ai pour moi. Mais, avant que de
passer à ce second point de ma méditation, il me
reste à réfléchir sur ma souveraine béatitude, qui
est l'effet de mon souverain bien, aussi attentivement que je viens de le faire sur le souverain bien
qui en est la cause.

Je ne puis étudier les mouvemens de mon cœur
sur une matière si intéressante, sans apprendre
d'abord, par son témoignage, que l'essence formelle
de mon bonheur, je veux dire ce que j'éprouve
lorsque je crois être actuellement heureux, au moins
pour quelques momens, n'est autre chose qu'une
disposition agréable de mon ame, une impression
de plaisir, qui la charme d'autant plus, qu'elle
l'occupe ou la remplit davantage, et qu'elle étouffe
en elle tout autre sentiment.

Pour développer encore plus mes idées sur ce
sujet, je compare ce qui se passe dans mon ame,

à l'égard du vrai, avec ce qui l'affecte par rapport au bien.

Lorsque j'aperçois clairement une vérité, je puis distinguer deux sortes d'impressions, qui se font sur mon esprit : l'une, est la vue ou la perception de ce qui est vrai ; l'autre, est ce sentiment de repos, d'adhésion, d'acquiescement, qui fait que je ne cherche plus rien, et que je jouis tranquillement de la vérité comme avec une entière évidence. La première impression est la cause, et la seconde est l'effet. L'évidence produit, sans doute, ce repos, cette parfaite sécurité de mon esprit ; mais elle n'est pas ce repos ou cette sécurité même, et ce sont deux modifications différentes de mon ame : l'une, par laquelle j'aperçois ou je découvre le vrai ; l'autre, par laquelle j'y adhère et j'y acquiesce : c'est même la dernière qui est la marque et comme le caractère infaillible de la première, puisque c'est à ce calme ou à ce repos intérieur que je reconnois la lumière de l'évidence et la présence indubitable du vrai.

Je remarque à peu près la même chose dans l'impression que le bien fait sur moi : j'y distingue, d'un côté, le sentiment ou la conscience intime du bien qui m'affecte ; et de l'autre, le plaisir ou la satisfaction qui se repand dans mon ame : l'un est la cause, l'autre est l'effet. C'est le bien agissant sur moi qui produit ce plaisir ou cette satisfaction, mais il n'est pas ce plaisir ou cette satisfaction même. Ce sentiment agréable que j'éprouve fixe mon cœur par rapport au bien, comme le repos qui suit l'évidence fixe mon esprit par rapport au vrai. C'est par ce sentiment que ce qui me paroît bon pour moi devient vraiment mon bien ; et le plaisir, dont mon ame goûte la douceur, est le signe ou le caractère du bonheur, comme je sens la présence du vrai par ce calme intérieur qui en est la suite ; en sorte que, pour peindre l'état d'un homme heureux, il faut toujours que je tâche d'exprimer ce contentement parfait en quoi consiste formellement sa félicité.

Épicure ne se trompoit donc pas tout-à-fait, lorsqu'il enseignoit que le plaisir étoit l'essence de la
béatitude : mais la doctrine de ce philosophe étoit,
à son tour, aussi imparfaite que celle de ses adversaires, puisqu'il ignoroit la source de ce plaisir, c'est-
à-dire, le vrai bien qui en est l'unique cause ; et
comment l'auroit-il connue, lui qui ne conservoit,
comme Cicéron l'a dit, que le nom de la Divinité,
et qui reléguoit les dieux dans un coin du monde,
où il leur permettoit d'être heureux par le seul plaisir
de l'oisiveté !

Ne le suivons pas dans ses égaremens ; mais pourquoi rougirions-nous de parler comme lui, lorsqu'il
ne parle lui-même que d'après notre cœur, le seul
juge, encore une fois, de ce sentiment en quoi consiste notre bonheur ?

Je ne craindrai donc pas de dire, dans un certain
sens, avec l'épicurien, que Cicéron fait parler dans
son livre *de fin. bon. et mal.* (1) J'aime les autres
biens pour le plaisir que je sens en les aimant ; mais
j'aime le plaisir pour le plaisir même. Et si tel est
le caractère du souverain bien, qu'il ne se rapporte
à aucun, et que tous les autres, au contraire, s'y
rapportent comme à leur dernier terme, puis-je
m'empêcher de reconnoître que le plaisir parfait est
aussi mon souverain bonheur ? La raison peut bien
me montrer la règle de mes devoirs et en convaincre
mon intelligence : je comprends par elle le mérite
et le prix de la justice, de la prudence, de la force,
de la tempérance et de toutes les autres vertus ;
mais je ne les aime que par l'attrait de ce consentement intime, de cette satisfaction profonde qui en
est la récompense ; et, pour parler encore comme
l'épicurien de Cicéron, la sagesse même ne me plaît
que parce que je la regarde, avec raison, comme

---

(1) *Quoniam autem, id est, vel summum bonum, vel ultimum
vel extremum, quod ipsum nullam ad aliam rem, ad id autem
res referantur omnes, fatendum est summum esse bonum ju-
cundè vivere.* Cicéron, *De fin. bonor. et malor.*, lib. 1.

l'artisan du plaisir le plus pur ; de la joie la plus
solide, et de la volupté la plus désirable : *Tan-
quam artifex conquirendæ comparandæque voluptatis.*

Je juge donc du bien par la disposition qu'il produit en moi : je mesure la cause par l'effet, et ce
qui est bon pour mon être, ne me paroît tel que
parce qu'il m'est agréable. Le bien parfait me donne
un plaisir parfait, le bien imparfait ne me fait goûter
qu'une satisfaction imparfaite ; mais, dans tous les
degrés de l'une et de l'autre, leur nature demeure
toujours la même, puisque le bien est toujours la
cause parfaite ou imparfaite de mon contentement,
et que mon bonheur, qui en est l'effet, est toujours
mon contentement, même fini ou infini.

J'aperçois deux conséquences clairement renfermées dans ce principe :

1.º Quoique j'aie distingué trois objets de mon
amour-propre, ma conservation, ma perfection, mon
bonheur, il est cependant très-vrai que c'est la troisième espèce de bien que je cherche uniquement
dans les deux premières.

Dieu a attaché un plaisir et une satisfaction intime
à la conscience que j'ai de mon existence. Pour être
heureux, il faut être ; et je ne saurois penser que
je suis, sans penser en même temps que je porte
dans mon être même le germe du bonheur auquel
je me crois destiné. Comme la maladie me fait connoître le bien de la santé, ainsi la moindre crainte
de ma destruction m'oblige à sentir plus distinctement combien je trouve de douceur dans le sentiment
de mon existence : de là vient que ceux qui sont attaqués de douleurs violentes, ou réduits à une si
grande misère qu'ils ne voient plus pour eux aucune
ressource, souhaitent quelquefois la mort, parce
qu'ils ne vivent plus que pour souffrir, et que la
continuation de leur être ne leur paroît plus que la
continuation de leur malheur ; ou s'ils se repentent
bientôt de ces désirs insensés, et si le bucheron
d'Ésope renvoie la mort, trop prompte à exaucer ses

prières, c'est parce que l'espérance d'un meilleur sort commence à renaître dans leur cœur : et, comme ils ne vouloient cesser d'être que pour cesser d'être malheureux, ils ne veulent aussi continuer d'être que parce qu'ils se flattent de pouvoir devenir heureux. Ceux même qui croyoient que leur ame périssoit avec leur corps, ont pensé sur ce point comme ceux qui l'ont cru immortelle : tant il est vrai que le bonheur est ce que l'homme désire, ou qu'il aime en aimant son être, comme le malheur est ce que l'homme craint, ou qu'il hait en se haïssant pour ainsi dire lui-même, et en souhaitant sa propre destruction.

L'amour de ma perfection a aussi le même caractère : comme je dois être toujours attentif à l'augmenter, la conscience que j'en ai est accompagnée d'un sentiment encore plus agréable. Tel est l'ordre de Dieu, que la nourriture, le sommeil, le mouvement, le repos et tout ce qui contribue à la perfection de mon corps me causent un plaisir sensible qui m'invite à en faire usage, et qui ne suit pas moins leur effet, je veux dire la vigueur ou la bonne disposition de mon tempérament. Tout ce qui sert à augmenter la perfection de mon ame, lectures, réflexions, discours, nouvelles découvertes dans les sciences ou dans les arts, a aussi un charme secret qui n'agit pas moins sur moi, quoiqu'il soit plus spirituel, soit qu'il excite mon application, ou qu'il en soit le prix et la récompense.

Je veux donc être parfait, mais je le veux pour être heureux, par le plaisir que j'en reçois; et mon cœur, en aimant ma perfection, se porte directement à cette volupté, tantôt vicieuse et tantôt innocente, mais toujours réelle, que je trouve à sentir la grandeur ou l'excellence de mon être.

2.º Mais, si cela est vrai, je pourrois bien n'avoir plus besoin de cette division tant vantée dans les écrits des anciens philosophes, je veux dire de la distinction qu'ils faisoient entre l'honnête, l'utile, l'agréable, et je ne sais même s'ils attachoient une

19*

idée bien claire à ces expressions, quoiqu'elles fussent comme la clef de toute leur morale, et que Cicéron y ait trouvé le plan de son célèbre traité des offices ou des devoirs de l'homme.

Ce qu'ils appeloient *l'honnête* ne peut être qu'une action honorable dans l'opinion des hommes, et la gloire qui en résulte ou le témoignage que chacun peut se rendre à lui-même, lorsqu'il a suivi les règles que la droite raison nous enseigne sur nos devoirs. Ainsi, *l'honnête*, si l'on veut le définir plus exactement, est ce qui fait que nous sommes honorés par les autres ou que nous nous honorons nous-mêmes.

Mais n'est-ce pas l'attrait du plaisir qui me fait désirer cette espèce de culte étranger ou domestique? Ne seroit-il pas un bien insipide pour moi, s'il ne produisoit dans mon ame un sentiment flatteur pour mon amour-propre, qui me contemple avec plaisir dans le portrait que les autres font de moi ou dans celui que je m'en trace à moi-même? Je veux donc être heureux en voulant être honoré, et par conséquent c'est toujours l'agréable que je cherche dans l'honnête même.

L'utile n'excite mes désirs que par une raison semblable. Tout ce qu'on peut entendre par ce nom n'est qu'un moyen de me procurer des sentimens agréables, soit par la possession des dignités, soit par l'acquisition des richesses, ou en général par la facilité de satisfaire mes passions au gré de mes souhaits. Ainsi, je ne désire *l'utile* comme *l'honnête*, qu'autant qu'il m'est agréable; et c'est par le degré du plaisir que je règle toujours mon affection pour l'un et pour l'autre.

Il n'y a donc, à proprement parler, qu'un seul bien que l'homme aime en s'aimant lui-même : son contentement, ou sa satisfaction, est comme le centre et le point commun où tous les mouvemens du cœur humain se réunissent. Tous les autres biens, comme ce qu'on appelle *l'honnête* et *l'utile*, ne sont que des moyens qui me conduisent à cette fin; mais c'est la fin que j'aime dans les moyens mêmes. En un mot, je veux être heureux, et je ne saurois l'être que par un sentiment agréable. Voilà ce qu'il faut que le portique et le lycée reconnoissent également, non comme une production étrangère et sortie des jardins d'Épicure, mais comme une vérité qui est née avec l'homme, et qui a jeté de si profondes racines dans son cœur, qu'il sent qu'elle est en lui l'ouvrage de la nature, ou plutôt une impression donnée et entretenue continuellement par son auteur.

Ainsi, au lieu de ne nous apprendre que des noms, dans le temps que nous leur demandons des choses, les anciens philosophes qui ont combattu Épicure auroient travaillé plus utilement pour notre instruction s'il avoient établi d'abord ce premier principe, que nous tendons toujours à la félicité, et qu'elle consiste dans le plaisir ou dans le contentement parfait de notre ame.

Après cela, est-ce par des actions vertueuses ou conformes aux lois de la raison qu'on y doit aspirer? Est-ce au contraire en suivant la route plus commode des passions? C'étoit le grand problème qu'ils auroient eu à résoudre : ils en auroient peut-être trouvé le dénoûment dans le principe même bien approfondi; et le genre humain leur auroit eu l'obligation de découvrir par eux toutes les règles de la morale renfermée dans un amour-propre raisonnable, c'est-à-dire, dans le désir du véritable bien et du plaisir le plus solide.

Il leur eût été libre ensuite de donner tel nom qu'ils auroient voulu au chemin de la raison ou à celui des passions; d'appeler l'un *l'honnête*, ou plutôt le chemin convenable à la nature de l'homme; de nommer l'autre, non pas *l'utile*, mais la route qui est contraire à la véritable nature de notre être; surtout ils se seroient bien gardés d'opposer l'agréable, tantôt à *l'honnête* et tantôt à *l'utile*, sans jamais définir exactement ces différens biens, puisque l'agréable se trouve toujours dans l'un ou dans l'autre, comme le but auquel tendent également ceux qui suivent deux routes si contraires ; et toute la question se seroit réduite à savoir, si le plaisir, auquel on tend par le chemin de la raison, n'est pas plus sûr, plus grand, plus durable que celui qui est l'objet ou le terme de la route des passions ?

C'est pour me préparer à résoudre dans la suite une question si intéressante, que je dois achever ici d'épuiser, autant qu'il m'est possible, ce qui regarde la nature de mon bonheur ; et, après m'être bien convaincu qu'il consiste essentiellement dans le plaisir, il me reste à méditer sur les différens caractères de celui qui forme la souveraine béatitude, comme je l'ai fait sur ceux du souverain bien.

Je remarque d'abord que tout plaisir réside dans mon ame, parce que tout plaisir est un sentiment, et qu'en moi il n'y a que mon ame qui soit capable de sentir. Ainsi, la distinction célèbre des plaisirs du corps et de ceux de l'esprit n'en est peut-être pas plus juste pour être plus ancienne, si ce n'est que par les premiers on entende ceux dont mon ame ne jouit qu'à l'occasion des mouvemens de son corps, et que par l'expression contraire on veuille faire concevoir ceux qui en sont indépendans. Il n'en est donc aucun dont la scène, pour parler ainsi, ne se passe dans la partie spirituelle de mon être : mais, comme d'un côté elle est intelligence et sentiment, et que de l'autre elle est une il n'y a point de sentiment en elle qui ne soit mêlé d'intelligence, comme il n'y a point d'intelligence qui ne soit aussi mêlée de sentiment.

Tout plaisir renferme donc un jugement secret ou un acte intime de mon intelligence ; et cet acte, ou ce jugement, n'est autre chose que l'opinion dont je suis frappé, qu'en jouissant de ce plaisir je possède un bien naturel ou acquis, c'est-à-dire, ce qui est non-seulement bon en général, mais bon pour moi en particulier. Ce n'est donc pas précisément, comme je l'ai dit ailleurs, par la valeur absolue de chaque bien que j'en juge, c'est par sa valeur relative, ou par la convenance qu'il me paroît avoir avec mon être.

Si j'étois entièrement raisonnable, je veux dire si mon ame connoissoit évidemment, et si elle sentoit pleinement cette valeur relative, telle qu'elle est dans la vérité, son plaisir, ou son contentement, seroit toujours exactement proportionné à la grandeur réelle du bien qui en est la cause ; mais, comme je ne suis pas encore dans cet état, il lui arrive souvent de se tromper sur ce sujet en deux manières différentes, c'est-à-dire, par défaut ou par excès.

Elle se trompe par défaut, lorsque sa paresse, ses préjugés ou ses passions émoussent, pour parler ainsi, la pointe du plaisir que lui fait un bien convenable à sa nature. Alors l'effet de ce bien, c'est-à-dire, l'impression qu'il fait sur moi, n'est pas égal à la grandeur réelle du bien même, et cela, non par le défaut de la cause, mais par la résistance qu'elle trouve dans mon ame ; résistance que je puis comparer ici, en un sens, à celle de la matière, qui a été appelée par des grands philosophes une force d'inertie ou de paresse : *vis inertiæ*. Il en est donc à-peu-près de mon ame comme d'un corps en repos qui ne reçoit qu'une partie du mouvement, avec lequel un autre corps vient le frapper, parce que la paresse, ou la résistance de sa masse, repousse cet autre corps ou en diminue l'action et l'effort.

Mon ame se trompe, au contraire, par excès, lorsqu'au lieu de diminuer l'impression naturelle d'un bien qui lui plaît, elle l'augmente par un jugement faux et trompeur, en y attachant des idées accessoires qui y joignent une force étrangère, et, pour ainsi dire, fantastique, imitant, en quelque manière, ces princes mal conseillés, qui croient réparer la foiblesse réelle de leur monnoie en lui donnant une valeur fausse et imaginaire.

La raison exige donc de mon amour-propre, que s'éloignant également de ces deux extrémités, il sache apprécier exactement la valeur du bien qui s'offre à mes désirs ; afin que, d'un côté, ce bien ne trouve pas en moi une résistance imprudente, qui l'empêche d'agir avec toute sa force naturelle, et que, de l'autre, mon imagination ne lui prêtant pas plus d'activité qu'il n'en a par lui-même, la valeur véritable de ce bien soit aussi la juste mesure de mon sentiment.

Je conclurai encore de ce principe, que tous les plaisirs, qu'on appelle indélibérés, plaisirs de surprise plutôt que de réflexion, qui préviennent l'usage de ma liberté, et qui m'affectent avant que j'aie pu examiner si ce qui les produit est un bien réel, ou s'il n'en a que l'apparence, me doivent être toujours suspects; parce que leur effet naturel est de corrompre leur juge, si je peux parler ainsi, en séduisant ma raison par une impression agréable, qui l'empêche de bien juger si l'objet dont je suis frappé est tel que le sentiment me le représente.

J'en tirerai, enfin, cette dernière conséquence, que s'il n'est point de vrai bien pour moi, au jugement de ma raison, que celui qui est convenable ou avantageux à la nature de mon être, tous les plaisirs qui y sont contraires, qui la dégradent, ou qui l'avilissent, dont ma raison condamne l'usage présent, ou dont elle me reproche l'usage passé, ne sont point ceux qui peuvent faire mon bonheur; parce que je ne saurois m'y attacher sans blesser cette règle inviolable, que ma satisfaction doit toujours être proportionnée à la véritable valeur du bien qui la cause. Or, il est évident que ce qui produit ces sortes de plaisirs, ne peut avoir une valeur réelle, et que c'est même un mal plutôt qu'un bien pour moi, puisqu'il est nuisible à la conservation ou à la perfection de mon être.

Mais, si toutes ces réflexions sont justes, en expliquant les caractères du bien parfait, j'ai expliqué par avance ceux du plaisir parfait; parce qu'il faut nécessairement que l'effet, s'il est tel qu'il doit être, soit entièrement conforme à la cause qui le produit.

Je conçois donc clairement, que nul plaisir ne peut être mon bonheur véritable, s'il n'est en mon pouvoir de l'acquérir, et de le conserver, en me procurant à mon gré le bien qui me le donne.

Je conçois qu'il n'en est point de parfait, si mon ame toute entière n'en est tellement pénétrée, qu'il n'y reste plus de place que le désir d'une autre satisfaction puisse occuper.

Je conçois, enfin, que la durée de ce plaisir doit être stable, permanente, éternelle, comme celle du bien auquel il est attaché.

Je raisonne donc en tout sur le plaisir, comme je l'ai fait sur le bien; et je dis que, s'il ne m'est pas donné de jouir dès à présent d'un plaisir qui ait ces trois caractères, la raison m'ordonne d'y aspirer au moins, d'y tendre de toutes les forces de mon amour; et que, plus j'en approcherai, plus je serai près de ma félicité parfaite et consommée; en sorte que, pour réunir ici les deux choses qui entrent dans l'idée de mon bonheur, l'objet direct de mon amour-propre, ou de ce que j'aime en m'aimant moi-même, est ce plaisir que je goûte dans la propriété, dans la plénitude, dans la perpétuité de mon véritable bien.

Mais le mal est le contraire du bien, comme la peine est le contraire du plaisir; et mon amour-propre ne fuit pas avec moins d'ardeur ce qui m'est nuisible et douloureux, qu'il cherche ce qui m'est avantageux et agréable. Je dois donc m'attacher à connoître l'un, comme j'ai essayé de me former une notion exacte de l'autre; et il ne me sera pas difficile d'y parvenir, si j'applique au mal et à la peine, dans un sens opposé, ce que je viens de dire du bien et du plaisir.

L'idée du souverain bien et celle du souverain plaisir forment, par leur union, l'idée du bonheur parfait. Ainsi, pour bien comprendre ce que c'est que le malheur porté au plus haut degré, je dois savoir aussi en quoi consiste le plus grand de tous les maux et la plus grande de toutes les peines.

Comme le véritable bien doit dépendre de moi, doit remplir et éteindre tous mes désirs, doit être constant et toujours durable; de même le véritable mal est celui qu'il est en mon pouvoir d'éviter,

ou que je souffre uniquement par ma faute, celui
qui épuise, pour ainsi dire, toute mon aversion,
en sorte que je ne puisse rien haïr qui n'y soit
renfermé; enfin, celui qui n'a point de bornes dans
sa durée comme dans son excès.

L'essence du bonheur est le plaisir ou le contentement de mon ame; et par conséquent l'essence du
malheur n'est autre chose que la peine ou la douleur,
qui le rend un malheur pour moi.

C'est l'attrait du plaisir qui me fait aimer mon
être et ma perfection; c'est aussi l'horreur de la peine
ou de la douleur qui me fait haïr ma destruction
et mon imperfection.

Ce que les anciens philosophes appeloient l'*honnête et l'utile*, n'a de charmes pour moi que par le
sentiment agréable qui en résulte; et ce qui est contraire à l'un ou à l'autre, ne me déplaît que par
le sentiment pénible, qui en est une suite.

La peine, ou la douleur, a son siége dans mon ame
seule, de même que la joie ou le contentement; et,
comme tout plaisir renferme l'opinion de posséder
un bien convenable à mon être, toute peine suppose
aussi un jugement contraire, qui me fait croire que
je souffre un mal opposé ou répugnant à ma nature.

Ainsi, la raison qui me prescrit de régler mes sentimens réfléchis de joie ou de plaisir sur la valeur
réelle de chaque bien par rapport à moi, m'ordonne
aussi de proportionner mes sentimens réfléchis de
tristesse ou de douleur, au véritable degré du mal
qui les cause; en sorte que je haïsse souverainement
la peine qui a les trois caractères que j'ai distingués
dans le plus grand de tous les maux, je veux dire,
d'être en mon pouvoir d'épuiser toute ma haine, et
de durer autant que mon être.

Enfin, ni le bien ni le mal, ni le plaisir ni la
peine ne sont jamais portés dans ce monde jusqu'à
leur dernier période; et, comme cela n'empêche pas
que je ne doive tendre toujours au plus grand bien
et au plus grand plaisir, mon amour-propre seroit
bien aveugle, s'il ne s'éloignoit pas toujours avec

autant de soin du plus grand mal, ou de la plus
grande douleur.

Mais la comparaison que je fais ici du bonheur
et du malheur, ne me donne-t-elle pas lieu d'a-
percevoir un état qui semble tenir le milieu entre
l'un et l'autre, c'est-à-dire, une situation où, d'un
côté, je ne souffre aucune peine, pendant que de
l'autre, je ne goûte aucun plaisir, sans qu'on puisse
dire de moi, ni que je suis malheureux puisque je
n'ai aucun sentiment pénible, ni que je suis heureux
puisque je n'ai aucun sentiment agréable?

Je pourrois bien mettre cette question au nombre
de celles qui sont plus propres à amuser la curiosité
de mon esprit, qu'à le satisfaire par leur utilité. Je
conçois, en effet, que cet état réel ou imaginaire
ne sauroit être le véritable objet de mon amour ou
de ma haine. Je n'aime que ce qui me paroît bon,
et j'en juge par le plaisir qui est le caractère du
bien, comme l'évidence est le caractère du vrai.
Je hais ce qui me paroît mauvais pour moi, et
j'en juge par la peine, ou par la douleur, qui est
aussi le caractère propre du mal. Comment pourrai-
je donc aimer ou haïr un état qui, étant également
éloigné du plaisir et de la peine, ne peut être regardé par mon ame, ni comme un bien, ni comme
un mal pour moi? Ainsi, quand cet état auroit quelque
chose de réel, il ne seroit jamais, ni ce que mon
amour-propre cherche quand il me fait désirer d'être
heureux, ni ce qu'il fuit lorsqu'il me fait craindre
d'être malheureux.

Si cependant il faut traiter ici légèrement cette
question pour approfondir encore plus la nature des
impressions que le bien et le mal font sur moi, je
m'attache d'abord à examiner, ce qui a pu la faire
naître dans certains esprits.

Ils se trouvent quelquefois tellement disposés, que
leur ame demeure dans une espèce d'inaction ou de
repos presqu'insipide pour elle, non qu'en effet ils
ne sentent ni peine, ni plaisir en cet état, mais
parce qu'ils ne sentent l'un et l'autre que très-foi-

blement, et., pour ainsi dire, imperceptiblement.
L'homme a besoin, comme je l'ai dit dans ma sixième
méditation, d'être frappé avec une certaine force,
pour bien discerner ce qui domine dans son cœur;
et, lorsqu'il n'est pas remué de cette manière, il se
trouve, ou il se croit trouver dans cette situation,
qu'il prend pour une espèce de milieu entre la peine
et le plaisir.

Mais ce milieu peut-il être exactement juste, en
sorte que la balance ne penche pas plus d'un côté
que de l'autre?

Pour résoudre cette difficulté, je distingue deux
sortes de plaisirs et deux sortes de peines : les uns
me viennent des objets extérieurs, qui font sur moi
des impressions tantôt agréables et tantôt pénibles;
les autres, plus constans et plus uniformes, viennent
du dédain, et elles sont l'effet de ce regard que je
jette continuellement sur moi-même, et qui m'inspire de la joie ou de la tristesse, selon que mon
amour-propre est flatté ou mortifié par la vue du
bien ou du mal qu'il découvre en moi.

J'observe d'abord, à l'égard de la première espèce
de plaisirs ou de peines, que pour trouver ce milieu,
dont j'examine ici la possibilité, il faut supposer que
j'éprouve en même temps deux impressions qui m'affectent toutes deux également : l'une agréable, l'autre
pénible; l'une qui me plaît, l'autre qui m'afflige.
Mais, si je consulte ici mon expérience, ai-je jamais
été frappé par deux mouvemens contraires dans cette
égalité parfaite et absolue, et ne m'apprend-elle pas
qu'il y en a toujours un des deux qui l'emporte sur
l'autre, en sorte que j'ai actuellement plus de plaisir
que de peine, ou plus de peine que de plaisir?

Ma raison, que je dois interroger ensuite, ne
s'accorde-t-elle pas avec mon expérience? Le combat de deux sentimens qui se balancent dans mon
cœur, peut être justement comparé au doute qui
se forme dans mon esprit, entre deux opinions contraires; mais ce doute même m'est pénible. Toute hésitation, toute incertitude me déplaisent; et la guerre

intérieure, qui s'excite entre mon ame et mon ame
même à l'égard de ses sentimens, lui est encore plus
triste que celle qui ne regarde que ses pensées, parce
que les objets de son amour la touchent bien plus
vivement que ceux de son jugement. Elle ne pourra
donc éprouver qu'à regret cette espèce de combat
entre le plaisir et la peine, entre l'amour et la haine,
qui la déchire intérieurement, et ne cherchant qu'à
en sortir, elle s'écriera volontiers comme l'Hermione
de Racine.

> Dieu ! ne puis-je savoir si j'aime ou si je hais !

Dira-t-on que je ne serai point dans cette agitation, parce que, d'un côté, les deux mouvemens
contraires seront foibles, et que, de l'autre, ils seront
si également balancés, qu'ils se détruiront réciproquement sans qu'il m'en coûte aucun effort? Mais il
faudra bien que je sente au moins cet état même,
je veux dire la privation de tout plaisir, l'exemption
de toute douleur. Si je pouvois sentir l'un et l'autre
également, j'aurois en même temps de la joie et de
la tristesse, ce qui est contre l'hypothèse où l'on
suppose que j'en suis également éloigné. Mais la
vérité est que ces deux sentimens ne seront jamais
parfaitement égaux, parce que le mal nous étant toujours plus sensible à proportion que le bien, comme
je le ferai voir dans la suite, je trouverai plus de
douceur à ne souffrir aucune peine, que d'amertume
à n'avoir aucun plaisir, et par conséquent il ne sera
vrai, en aucun cas, que je sois entièrement exempt
de tristesse et privé de toute satisfaction
Qu'on suppose néanmoins, si l'on veut, un équilibre si parfait entre les deux impressions contraires
que mon ame ne puisse décider elle-même, si elle
sent plus de plaisir que de peine, ou plus de peine
que de plaisir ; mais comment pourra-t-on appliquer
une supposition si étrange à ces sentimens plus intimes
dont mon ame est frappée à la vue d'elle-même ?
Je ne m'amuse point ici à discuter ce qui peut

regarder ceux qui ne sont qu'accidentels ou passagers, parce qu'ils naissent de mon attention aux modifications particulières de mon ame, qui peuvent me faire de la peine ou du plaisir.

Je considère tout d'un coup ce sentiment supérieur à tout autre par sa constance et sa durée, sentiment inséparable de mon essence, que j'ai toujours mon être tout entier. Si l'on dit ordinairement que l'esprit humain est naturellement *conscius suæ operationis;* il est encore plus *conscius sui ipsius,* ou plutôt il ne sent toutes ses opérations que parce qu'il se sent toujours lui-même.

Mais quel autre sentiment pourroit suspendre ou balancer cette conscience inébranlable, et en être comme le contre-poids? Il n'y a que le néant qui soit opposé à l'être. Ainsi, afin qu'il y eût en moi un sentiment contraire à celui que j'ai de mon ame comme existante, il faudroit que j'eusse aussi le sentiment de mon ame comme non existante: ce qui est absurde, à moins qu'on ne me suppose dans l'état où il plaît aux nouveaux géomètres de concevoir ce qu'ils appellent les *infiniment petits;* et que, placé entre l'être et le néant, et tenant en quelque manière de l'un et de l'autre, je sente en même temps que je suis et que je ne suis pas Chimère trop ridicule, pour pouvoir jamais être proposée sérieusement.

Or, ce sentiment, cette conscience de mon être m'est agréable; j'ai déjà remarqué qu'elle étoit comme la base et le fondement de toutes mes perfections et de tous mes plaisirs; ainsi, quand on supposeroit que toutes les autres impressions, du dehors ou du dedans, s'effaceroient pour ainsi dire, et se détruiroient mutuellement, il seroit encore très-véritable que je ne serois point privé de tout genre de plaisir.

Qu'on ne me dise point, qu'il peut y avoir des peines si vives, et qui m'affectent si fortement, que le plaisir qui naît du sentiment de mon être est comme étouffé sous le poids de la douleur qui m'accable. L'hypothèse que j'examine fait cesser cette difficulté, puisqu'on y suppose que, si je ne sens point de plaisir, je ne sens aussi aucune peine.

Au contraire, puisqu'on veut que toute autre impression y demeure comme suspendue, la vue de mon être, et l'amour qui en est inséparable doivent agir sur moi avec une entière liberté ; et comment leur impression ne me seroit-elle pas agréable, puisque dans les temps où mon ame souffre une grande douleur et au milieu de ses plus pénibles angoisses, c'est ce même sentiment de son être, qui est sa plus douce et souvent son unique ressource ? Elle sent qu'elle existe, et c'en est assez pour sentir qu'elle peut devenir plus heureuse. Si elle n'aperçoit pas en elle une perfection présente qui la satisfasse, un plaisir actuel qui la contente, elle y voit au moins la capacité d'en jouir ; et cette capacité, considérée en elle-même, est un très-grand bien, parce que c'est la source de tous les autres ; c'est un fond que nous aimons par l'espérance des fruits qu'il peut produire ; et ce plaisir le plus ordinaire de notre ame, qui vit plus dans l'avenir que dans le présent, ne nous est moins sensible que parce que nous y sommes trop accoutumés. Je l'ai déjà comparé à celui de la santé ; et, comme la maladie nous fait voir combien ce plaisir est réel, ainsi, lorsque nous tombons dans quelque imperfection ou dans quelque douleur imprévue, nous sentons tout d'un coup par le contraste du mal, le grand bien de ce contentement intérieur qui est attaché au sentiment de la capacité que nous avons de devenir plus parfaits et plus heureux.

L'hypothèse que j'examine n'est donc qu'une illusion de notre esprit, puisque, quand on pourroit l'admettre à l'égard de certains plaisirs suspendus par certaines peines, elle n'aura jamais lieu par rapport à cette satisfaction intime que produit en nous la vue des propriétés de notre être ; et si l'on prétendoit que cette vue même et la satisfaction qui en résulte pourroient être interrompues, la supposition n'en seroit pas moins fausse, parce que si je cessois

entièrement de me regarder moi-même avec plaisir;
je cesserois aussi de m'aimer, l'amour ne pouvant
subsister sans plaisir. Et qu'y auroit-il de plus malheureux que moi, si je ne m'aimois plus? Que seroit
ce même qu'une ame sans amour; elle, dont l'amour
est l'être et la vie, et à qui la faculté de penser seroit
à charge, si elle n'aimoit ses pensées en même temps
qu'elle les produit.

En un mot, tant que je m'aime je suis heureux,
ou du moins, j'ai du plaisir jusqu'à un certain point,
pourvu, comme on le suppose ici, qu'aucune sorte
de peine n'afflige mon amour-propre; et si je cesse
de m'aimer, je deviens véritablement malheureux;
et je souffre une peine très-réelle, puisqu'on suppose
aussi que je ne suis d'ailleurs consolé par aucun sentiment de plaisir, et qu'il n'en est point en effet
pour quiconque cesse de s'aimer soi-même.

Ne cherchons donc plus ce milieu incompréhensible
entre le bonheur et le malheur, entre tout sentiment
de plaisir et tout sentiment de peine. Disons, au contraire, que l'exemption totale de ce qui me déplaît,
quoiqu'elle ne soit accompagnée d'aucune satisfaction
particulière, a un plaisir qui en est inséparable, parce
qu'elle me laisse dans une entière liberté de m'aimer moi-même. Je vais encore plus loin, et je comprends qu'elle n'est seulement pas une espèce de bonheur négatif, qui consiste dans l'exclusion du mal
plutôt que dans la possession du bien. Je sens qu'elle
renferme un bonheur ou un plaisir très-réel, puisqu'il n'en est point de plus formel pour moi que
celui de jouir tranquillement de mon être, de ce
moi que je suis si porté à croire parfait, surtout
lorsqu'aucune impression pénible distinctement sentie
ne m'avertit de son imperfection.

C'est aussi le jugement que tous les hommes portent naturellement de cet état. Pourquoi ont-ils du
plaisir à contempler du port un vaisseau battu par
l'orage? Ce n'est point que le malheur d'autrui
soit pour eux un spectacle agréable, c'est, comme
le dit Lucrèce, parce qu'il leur est doux de sentir

qu'ils sont exempts du mal dont ils voient les autres menacés :

Sed quibus ipse malis careas, quia cernere dulce est (1).

Quelle impression ne feroit donc pas sur nous cette tranquillité que nous goûterions intérieurement, si nous pouvions nous dire avec vérité, que nous ne sentons aucune espèce de peine, ni pour le passé, ni pour le présent, ni pour l'avenir.

Il nous arrive quelquefois d'approcher au moins, ou de croire approcher de cet état, et le sentiment qui en naît nous est d'autant plus agréable, que ce calme succède ordinairement à une espèce de tempête. Je veux dire, que la cessation d'une douleur sensible nous prépare et nous assaisonne, pour ainsi dire, cette innocente volupté. Il y a, dans ce passage de la peine au plaisir, un changement et une révolution qui affectent si doucement notre ame, qu'il semble que nos plus grandes joies ne consistent que dans cette succession de la douleur à l'indolence. Ainsi, l'éprouvera Socrate, lorsque, délivré de la pesanteur et de la gêne de ses fers, il dit à ses amis, que le plaisir et la peine qui semblent s'exclure et se chasser l'un l'autre comme deux ennemis irréconciliables, se suivent néanmoins de si près et sont tellement liés ensemble, comme par une espèce de nœud invincible, que si le plaisir produit souvent la peine, il arrive aussi souvent, que la peine enfante le plaisir.

Ce ne sont donc pas seulement les épicuriens qui ont dit, que la délivrance ou l'exemption de tout sentiment pénible est toujours accompagnée d'un sentiment agréable : *Ipsa liberatione et vacuitate molestiæ gaudemus, et in omni re, doloris amotio successionem efficit voluptatis* (2). Ni la subtilité des stoïciens, ni toute l'éloquence de leur orateur, c'est-

(1) Lucrèce, *de rer. nat.; lib. 2, v. 5.*

(2) Cicéron, *de finib. bonor. et malor., lib. 1.*

à-dire, de Cicéron, ne peuvent me faire douter de cette vérité, et si l'exemption de peine étoit entière et durable, comme elle supposeroit qu'il ne manqueroit plus rien à mon ame, dont l'absence pût lui faire la moindre impression, je dirois encore volontiers avec Épicure, que l'exclusion de toute douleur seroit non-seulement un plaisir, mais le plus grand de tous les plaisirs : *Omni dolore carere, non modo voluptatem esse, sed etiam summam voluptatem* (1).

Finissons donc une discussion qui m'a mené plus loin que je ne le pensois, et disons que, comme le commencement de la sagesse est d'être exempt de folie:

> *Virtus est vitium fugere, et sapientia prima*
> *Stultitiâ caruisse......* (2).

Ainsi, la cessation des peines sensibles est au moins un bonheur commencé; et de même que l'homme n'est exempt de folie que par une disposition réelle de son ame, qui est une partie de la sagesse, il ne peut aussi être exempt de toute tristesse, que par un sentiment réel de satisfaction qui fait partie de son bonheur.

Je connois donc à présent le véritable objet de mon amour-propre. Je sais qu'il tend à mon bien, ou à ce qui est bon pour moi, c'est-à-dire, à ma conservation, à ma perfection, à mon bonheur : trois espèces de bien, qui se réunissent dans une seule, parce que je n'aime ma conservation et ma perfection même que pour mon bonheur. J'ai défini les deux choses qui sont comprises dans l'idée de cet unique terme de mes désirs, je veux dire mon souverain bien et ma souveraine béatitude, dont j'ai appelé l'une la cause de mon bonheur, et l'autre mon bonheur même.

Et comme le même mouvement de mon amour

---

(1) Cicéron, *de finib. bonor. et malor.*, lib. 1.
(2) *Horat.*, lib. 1, *Ep.* 1.

propre, qui porte vers le bien, m'éloigne aussi du
mal, et me fait fuir la peine autant que je cherche
le plaisir ; l'un de ces deux contraires m'a servi à
connoître l'autre, aussi exactement qu'il m'a été possible, par la comparaison que j'ai faite de leurs caractères opposés.

Enfin, j'ai reconnu qu'il n'y avoit point de véritable milieu entre ces deux extrémités, et que
l'exemption de peine devoit être mise au nombre des
plaisirs, quoiqu'elle ne fût accompagnée d'aucun
autre sentiment agréable.

Ainsi, après avoir étudié l'objet de mon amour-
propre, il est temps d'en examiner la nature. C'est le
second point que je me suis proposé d'éclaircir, et
où je dois essayer de résoudre la question que l'allégorie de Socrate, sur l'amour, a fait naître dans mon
esprit.

Cet amour-propre, cette inclination, qui est la
source de toutes les autres, n'est-elle autre chose
qu'un désir ardent et insatiable ? Mais, puisque c'est
ici une matière de sentiment, qu'est-ce qu'une conscience certaine, distincte, invariable, qui peut seule
me servir de règle infaillible, pour connoître le fond
de mon cœur, m'enseigne sur ce point ?

A la vérité, le désir se fait presque toujours sentir
dans ce que j'appelle l'amour, parce que je suis imparfait, et que mon imperfection même me porte à
désirer ce qui me manque. Cependant, au milieu de
cette continuité de désirs, je sens aussi qu'il y a des
momens de jouissance ; momens courts et rapides,
qui servent souvent à augmenter mes souhaits plutôt
qu'à les remplir ; mais qui me laissent au moins la
liberté d'apercevoir au-dedans de moi, un spectacle agréable, auquel je m'arrête avec une secrète
volupté.

Le désir même, si je considère bien l'impression
qu'il fait sur moi, renferme une espèce de jouissance,
soit par le plaisir que je sens naturellement à être
ému, soit par l'espérance dont il ne manque guère
de me flatter, et qui est comme une possession anti-

cipée du bien que je désire, soit enfin par l'idée avantageuse qu'il me donne lieu de concevoir de moi-
même, en me faisant connoître la perfection et la
félicité dont la nature de mon être est capable, et à
laquelle mon désir même semble me dire que je suis
destiné.

Je commence donc à entrevoir en moi deux sortes
d'amours, qui, peut-être dans la suite, se réduiront
à une seule. Un amour de désir, qui est vraiment le
fils de l'indigence ou de la pauvreté; un amour de
jouissance qui me fait sentir en quelque manière
qu'il est le fils du Dieu de l'abondance. Je désire
toujours, mais je jouis quelquefois; et, dans cette
situation heureuse, quoique peu durable, je me
nourris, je me repais agréablement de ma propre
substance, et je sens en moi non-seulement un amour
de désir, mais ce que je puis appeler un amour de
complaisance ou de délectation dans la vue des perfections de mon être.

Cette expression ne me satisfait pourtant pas encore
pleinement; rien n'est plus difficile à bien développer
que le fond intime de mes sentimens.

J'essaierai donc d'appeler cet amour un amour
d'union ou d'adhésion; parce que je m'unis ou j'adhère étroitement par ma volonté, au bien ou à l'objet
que j'aime, et qui est la cause de ma satisfaction ou
de ma complaisance.

Ne seroit-ce point même dans cette disposition
que consisteroit le véritable caractère de mon amour?
Et ce qui ne s'est d'abord présenté à moi dans la
suite de mes pensées, que comme une qualité acci-
dentelle et passagère de l'amour, n'en seroit-il point
la nature même ou la propriété essentielle?

En effet, si je considère attentivement la naissance, le progrès et la perfection du sentiment que
j'appelle l'amour, je remarque que lorsqu'un bien se
présente aux regards de mon ame comme convenable
à son être, et capable de la rendre plus parfaite et
plus heureuse, elle se joint à ce bien par sa volonté;
elle le regarde comme dû en quelque manière,

comme appartenant à sa nature, comme faisant ou devant faire une partie d'elle-même; parce qu'elle sent qu'il lui manque quelque chose tant qu'elle ne le possède pas entièrement, et que sa perfection, ou, si je l'ose dire, son intégrité ne peut être réelle et absolue, jusqu'à ce que cette partie d'elle-même, qu'elle en regarde comme séparée, s'y réunisse et ne fasse avec elle qu'un seul tout.

Un être borné n'a donc point d'amour qui ne tende à l'union, mais, dans ce premier degré, l'amour n'est encore qu'un désir.

Si les efforts que je fais, pour unir et comme pour ajouter à mon être l'objet de mes vœux, m'en font approcher plus près, en sorte que je me croie à portée d'y parvenir, ce premier amour de désir s'accroît par un amour d'espérance, qui renferme cette espèce de jouissance anticipée dont je viens de parler.

Si mon ame, au contraire, rencontre des obstacles qui retardent ou qui embarrassent sa course, et qui la font douter si elle pourra atteindre au terme de ses désirs, le même amour se transforme en un sentiment de crainte et d'inquiétude, qui est comme un mélange de la passion qu'elle a pour le bien auquel elle veut s'unir, et des réflexions qu'elle fait sur les difficultés qui l'empêchent d'en jouir.

Que si elle parvient à surmonter ses obstacles en s'unissant à l'objet aimé, elle sent que son être est augmenté, pour ainsi dire, de tout ce qu'elle y a joint de perfection et de bonheur, par la possession de cet objet ou par le sentiment qu'elle en a, et son amour devient alors un amour de joie, de repos, de tranquillité, à la vue de la grandeur de son être, dont l'imperfection ou le vide diminue, parce qu'il se remplit d'un bien qui manquoit à son intégrité.

Mais, si par malheur elle vient à en être privée, elle croit, par la même raison, avoir perdu une partie d'elle-même, et ce retranchement pénible qui l'oblige à regarder son être comme souffrant une espèce de diminution, et devenu, en un sens, moindre qu'il n'étoit, la plonge dans un sentiment de tristesse, que l'on peut appeler un amour de douleur.

Je m'arrête ici néanmoins, et je me demande à moi-même, si ces termes d'accroissement et de diminution de mon être me présentent une idée claire et intelligible, ou si ce ne sont point des expressions plus oratoires que philosophiques, et plus propres à exciter je ne sais quel sentiment confus dans mon ame, qu'à me faire concevoir distinctement une vérité.

J'ai craint d'abord, en effet, de tomber dans cet inconvénient, en me servant de ces termes; mais, plus je les examine attentivement, plus il me semble que mon esprit s'y familiarise, et qu'il s'y attache non-seulement par goût et par sentiment, mais par lumière et par réflexion.

J'observe, premièrement, que mon être ne seroit rien pour moi, et qu'il me deviendroit comme étranger, si je ne le sentois pas, ou si mon existence n'étoit tellement présente à mon esprit, que je ne saurois en douter un seul moment.

Je remarque ensuite, que le sentiment intime de mon existence n'est autre chose que la conscience qui est en moi de mes pensées ou de mes sentimens, et qui me fait toujours raisonner ainsi, au moins d'une manière implicite : je pense ou je sens, donc j'existe; car ce qui n'existe pas, ne sauroit ni penser, ni sentir.

Ainsi, penser ou sentir, et connoître que je le fais, c'est la preuve intérieure et continuelle que j'ai de mon existence; mais, par la même raison, penser plus, ou sentir davantage, et en avoir la conscience, c'est pour moi la marque ou le caractère d'un plus grand être ou d'un être plus excellent; et, comme je connois que je suis par la conscience de mes pensées ou de mes sentimens, je mesure aussi ce que je suis par la grandeur des uns et des autres, qui me montre non-seulement la réalité, mais l'étendue de mon être, ou qui forme du moins l'opinion que j'en ai, ce qui revient au même, par rapport à la satisfaction de mon amour-propre.

En effet, il importe peu à cet égard, que je devienne réellement plus grand, par l'élévation, la vivacité, la perfection des opérations de mon ame, ou que je demeure réellement le même. Il suffit, pour nourrir et pour animer mon amour de complaisance, que je croie devenir plus grand ou plus parfait, et l'objet de cet amour qui est moi-même, croît également à mes yeux, soit que mon être acquière un nouveau degré de réalité, soit qu'il s'augmente seulement dans mon opinion.

Or, plus j'ai de pensées ou de sentimens, plus j'y aperçois d'étendue ou d'élévation, plus aussi je crois avoir de réalité d'être, ou d'excellence dans l'être, et plus je me flatte d'approcher, ou du moins de n'être pas si éloigné de la plénitude et de la perfection de l'être infini.

Chaque défaut, ou chaque privation d'un avantage qui me paroît dû à ma nature, est comme une négation d'être que je sens avec peine; parce que plus je reconnois en moi de ces privations ou de ces défauts, plus je suis forcé de m'avouer à moi-même combien je tiens du néant, si je puis parler ainsi; et, au contraire, à mesure que ces privations cessent, et que le vide se remplit, je crois éprouver en moi une espèce de création, qui me donne comme un nouveau degré d'être.

Je le crois d'autant plus volontiers, que ce qui m'est connu dans mon ame, n'est pas tant son essence que ses actes, ou ses différentes modifications; semblables, en un sens, aux vagues de la mer qui en agitent la surface, sans en laisser voir le fond, mes pensées se suivent sans intervalle, mes volontés se succèdent l'une à l'autre sans aucune interruption.

Est-ce cette continuité même de pensées et de volontés qui fait toute l'essence de mon ame, ou y a-t-il encore quelque chose de plus? C'est ce qu'il ne m'est pas donné de connoître certainement. Je ne vois donc, ou je ne sens distinctement que des actes ou des modifications de mon être qui m'occupent successivement; et, comme c'est par là que je juge de sa dignité, aussi bien que de son existence, je m'imagine croître à proportion de la perfection des actes par lesquels je me connois, et pour tout dire, en un seul mot, je pense que *je suis plus être.*

Ne puis-je pas même observer des vestiges de cette espèce de métaphysique naturelle à l'homme dans nos expressions les plus familières? Nous disons tous les jours qu'un homme *a plus d'esprit* que les autres, ou que c'est *un grand génie;* comme si nous voulions marquer, par là, que son être spirituel a quelque chose de plus que celui du commun des mortels ; et nous ne jugeons pas autrement de son cœur, lorsque, pour exprimer son courage, sa constance, sa générosité, nous disons que c'est *une grande ame ou un cœur magnanime.* Nous supposons donc qu'il y a une espèce d'inégalité dans les ames comme dans les corps, et non-seulement dans des ames différentes, mais dans la même ame comparée avec elle-même. Qu'un prince ou un général d'armée se soit signalé par une action plus héroïque que celles qu'il avoit faites jusqu'alors, nous lui disons, qu'après avoir surpassé les autres, il vient de se surpasser lui-même; et cette expression, que la flatterie a rendue trop commune dans les panégyriques, n'a été d'abord applaudie que parce qu'elle renferme un fond de vérité, c'est-à-dire, parce qu'il est naturel à l'homme de penser, qu'il peut toujours croître du côté de l'esprit, ou de celui du cœur, et que lorsqu'il le fait, il reçoit, en quelque manière, comme une nouvelle et plus grande mesure d'être.

Les expressions contraires, dont nous nous servons à l'égard de ceux qui sont l'objet de notre mépris, supposent la même manière de penser; et quand nous disons qu'un homme *n'a point d'ame,* qu'il *n'est rien,* ou qu'il est *immédiatement au-dessus du rien,* nous faisons voir, sans y penser, combien il nous est ordinaire de compter les degrés de l'être par ceux du mérite ou de la perfection, et que celui

qui en a moins, est aussi regardé, en un sens, comme
existant moins que celui qui en a plus.

Je ne me repens donc point d'avoir dit, que lorsqu'un nouveau bien s'unit à mon ame par le sentiment que j'ai de sa présence, il me semble que mon
être reçoit une espèce d'augmentation ou d'accroissement, parce que je m'imagine devenir quelque
chose de plus à mesure que je sens croître les idées
ou les sentimens de mon ame, dont les actes et les
modifications me font juger, non-seulement que je
suis, mais de ce que je suis.

J'ai dit, et j'ai dû dire, par la même raison, que
lorsqu'au contraire, je perds une partie des pensées
et des sentimens qui me donnoient une plus grande
idée de mon être, je crois aussi qu'il a souffert une
espèce de diminution, parce que le sentiment de mon
existence est pour moi la même chose que mon existence, et que plus je reconnois en moi de vide ou
de privation, moins je sens que j'existe, ou bien je
crois exister plus imparfaitement et être quelque
chose de moins.

Que si je souffre non-seulement la privation du
bien, mais un mal réel et positif, comme une douleur vive, qui me fait presque perdre la liberté de
penser, en sorte que mon ame ne s'aperçoive plus
de sa vie que par un sentiment pénible et humiliant,
c'est alors que son être lui paroît d'une nature si vile
et si misérable, que, comme je l'ai dit ailleurs, elle
aimeroit presque mieux cesser d'être entièrement,
que de continuer d'être seulement pour souffrir.

Ainsi, m'aimant toujours dans tout ce que j'aime,
d'un côté, mon amour-propre est content et satisfait,
lorsque je possède ce qui m'est avantageux, ou ce
qui me le paroît, parce qu'il se complaît dans mon
être, devenu plus grand et plus parfait par la jouissance d'un bien auquel ma volonté s'unit, et qu'elle
s'approprie en quelque manière. Mais par une suite
du même principe, mon amour-propre s'afflige au
contraire, et se plaint lorsque je suis forcé de me déplaire, pour ainsi dire, à moi même, par la vue de

cette espèce de diminution et d'avilissement que le mal me fait sentir dans mon être, soit en me privant de ce qui me paroît lui être dû, ou en me faisant souffrir une peine dont je crois qu'il doit être exempt.

Mon amour est donc un amour d'union, par rapport au bien que ma volonté tend toujours à joindre et à identifier, si je puis parler ainsi, avec mon être; et mon amour est aussi un sentiment d'horreur, de séparation, d'éloignement, par rapport au mal, qui me paroît si étranger, ou plutôt si contraire à mon être, que je fais tous mes efforts pour le fuir par un mouvement naturel à ma volonté, qui évite, autant qu'il lui est possible, tout ce qui me menace de mon imperfection ou de mon malheur.

C'est ce qui rend mon aversion pour le mal, susceptible des mêmes degrés ou des mêmes différences que j'ai distingués dans mon affection pour le bien. Je suis diversement affecté par la vue de l'un, comme par la vue de l'autre, selon les diverses situations dans lesquelles je l'aperçois; et ma haine pour le mal reçoit des noms différens, selon qu'il s'approche ou qu'il s'éloigne de moi, que je le souffre actuellement ou que je crains de le souffrir.

En un mot, mon amour est toujours le principe et la mesure de ma haine. La diminution de mon être ne me déplaît que par un effet de la complaisance que j'ai dans son augmentation. L'un de ces sentimens est comme le contre-coup de l'autre; et la même inclination qui me porte au bien, me fait fuir le mal, comme un ruisseau qui court vers le nord, s'éloigne autant du midi qu'il s'approche du septentrion.

Je n'ai donc, à proprement parler, qu'une seule inclination, une seule passion, un seul principe de mouvement ou de repos, que j'appelle l'amour, dont la haine tire sa naissance; passion ou inclination vraiment mère et primitive, qui demeure toujours la même, quoiqu'elle agisse diversement, et qu'elle prenne les différentes formes de désir ou de crainte, d'espérance ou de désespoir, de joie ou de tristesse, de douceur ou de colère, de bienveillance ou de vengeance, selon les divers points de vue dans lesquels elle envisage son objet.

J'en ai donné la description jusqu'à présent, plutôt que la définition ; j'ai essayé d'en découvrir les principaux caractères ; j'y ai aperçu un mélange de désir, de complaisance en moi, de pente à l'union. Mais, entre ces différens caractères, quel est celui qui lui est essentiel, qui forme véritablement sa nature, et par lequel on puisse le définir exactement ?

Il doit consister, sans doute, dans ce qui est commun à ces différentes révolutions heureuses ou malheureuses de l'amour, dont je viens de faire l'énumération, et qui peut en être la véritable cause.

Mais le sentiment qui y domine, et qui en est comme le premier mobile, c'est cette complaisance intime que j'ai en moi ; ce regard flatteur que je jette sur mon être ; ce plaisir secret avec lequel j'en contemple les propriétés ou les modifications ; cette délectation, supérieure à toute autre, que je trouve à me sentir aussi parfait et aussi heureux que je puis l'être.

Si je l'étois pleinement et constamment, mon amour pour moi ne seroit jamais qu'un amour de complaisance, d'adhésion, de repos, parce que cette espèce de volupté, que je trouverois à me contempler moi-même, rempliroit toute l'étendue de mes désirs. Mais, comme il s'en faut de beaucoup que je ne sois dans cet état, mon amour de complaisance produit nécessairement l'amour de désir, et toutes les autres formes de l'amour dont je viens de parler, dans lesquelles je veux toujours ajouter quelques degrés à la perfection ou à la plénitude de mon être, et par conséquent à la complaisance avec laquelle je le considère.

Or, si les différentes espèces de l'amour conviennent toutes en ce point, qu'elles tendent à me mettre en état de me complaire parfaitement à moi-

même, ce qui constitue l'essence de mon amour ne
peut être que cette complaisance même dont je suis
rempli pour moi, et que je cherche continuellement
à augmenter.

De là viennent tous ces mouvemens intérieurs,
auxquels les hommes ont donné le nom de passions,
parce qu'ils sont comme la souffrance et le tourment
de leur ame, toujours agitée d'une manière pénible,
tant qu'elle ne peut se regarder elle-même avec une
complaisance entière et durable.

Le désir, à quoi il semble que Socrates, ou la prê-
tresse, ait voulu réduire la nature de l'amour, en
est l'effet plutôt que l'essence ; effet qui naît de deux
causes, dont ce philosophe a comparé l'union au
mariage de deux divinités. Je souscris volontiers au
choix de la mère qu'il donne au désir ; ce mouvement
naît sans doute de notre indigence, ou de la pauvreté de notre nature. Mais c'est l'amour de complaisance qui en est le père ; c'est cet amour qui,
joint au sentiment de notre imperfection, engendre
nécessairement le désir, ou cette bienveillance par
laquelle nous nous souhaitons à nous-mêmes tous les
biens dont la possession peut justifier et faire croître
notre complaisance dans notre être. Voilà tout le
mystère de la naissance de l'amour, si on le regarde
seulement comme désir ; ce n'est pas qu'il n'ait aussi
pour première cause le dieu de l'abondance, ou l'être
infiniment parfait dont la bonté nous présente les
idées de ce qui manque à notre perfection, et qui
montre, pour parler ainsi, à l'amour de complaisance, les enfans qu'il doit produire ou les désirs
qu'il doit former ; mais c'est cet amour qui les produit immédiatement et qui, par conséquent, doit
être appelé le père de tous les autres amours.

Ne seroit-il donc point (s'il m'est permis de
porter plus loin le progrès et la suite de mes pensées),
ne seroit-il point une image et une émanation de
l'amour que Dieu a pour lui-même ? J'ai osé chercher l'idée de ma perfection dans celle de la perfection divine ; et, pour bien connoître la nature de

mon amour, ne dois-je pas aussi l'étudier dans cet amour immuable, éternel, infini que Dieu a pour son être ?

J'avoue néanmoins que je ne m'élève jamais sans frayeur jusqu'à ce divin modèle. L'homme se trouble, se confond, et sa langue ne fait presque que balbutier, lorsqu'il veut parler de la nature du premier être. Mais s'il ne m'est pas défendu d'essayer de la connoître, au moins en partie, par les idées qu'elle me donne d'elle-même, je comprends d'abord que l'amour, considéré en Dieu comme s'aimant lui-même, ne peut jamais renfermer la moindre étincelle d'un désir. Le désir naît du besoin, et le besoin naît de l'imperfection. Ainsi, admettre en Dieu des désirs, ce seroit y supposer l'un et l'autre, c'est-à-dire, blasphémer contre la majesté de l'être infiniment parfait.

Que peut désirer celui qui possède nécessairement, parfaitement, éternellement la plénitude de tous les biens, c'est-à-dire, l'essence de l'être, de la perfection, de la béatitude ? Mais si cela est, je ne puis concevoir l'amour de Dieu pour Dieu même, que comme un amour de complaisance par lequel Dieu, jouissant du spectacle de son être infini, est toujours infiniment heureux ; ou si, pour soulager la foiblesse de mon intelligence, je cherche à distinguer, comme des faces différentes, dans ce qui est essentiellement un, ne dirai-je pas, Dieu se complaît souverainement dans son être qui renferme son existence nécessaire et éternelle, dans sa perfection immense, dans sa félicité infinie, et que c'est précisément dans cette complaisance ineffable que consiste, autant que je puis le concevoir, cet amour parfait que Dieu a pour lui-même ?

Si je ramène à présent ma vue sur la créature, après avoir entrepris de l'élever, en tremblant, jusqu'au Créateur, tout concourt à me persuader que mon amour a été formé sur ce modèle de toute affection légitime.

Je sens, malgré tous les défauts de mon être,

que Dieu a imprimé sur moi quelques traits de sa grandeur. Je ne saurois être, à la vérité, qu'une image ou une copie nécessairement imparfaite d'un original nécessairement parfait; mais il lui a plu néanmoins de faire rejaillir sur mon ame comme un rayon de sa divinité (1).

Elle y luit pour mon être même, *Dieu est celui qui est ;* et j'existe d'une manière bornée et dépendante, mais qui ne laisse pas de représenter son auteur, par cet être emprunté que je tiens de lui.

Elle y luit par mon intelligence, qui est l'image de la sienne, et qu'il rend capable d'apercevoir une partie de ses idées éternelles et des ouvrages dont elles sont le modèle.

Elle y luit encore plus par ma volonté qui, quoique inefficace par elle-même, imite de loin et d'une manière imparfaite le pouvoir divin, par la bonté qu'il a de produire certains effets dans mon ame et dans mon corps, à l'occasion de mes seuls désirs, comme je l'ai expliqué dans ma troisième méditation.

Mais, si cela est, puis-je douter que ce qui domine dans ma volonté, ce qui en est comme le fonds, et qui en dirige tous les mouvemens, je veux dire, l'amour que j'ai pour moi, ne porte aussi le caractère de la même ressemblance, et qu'il ne soit comme l'écoulement de l'amour que Dieu a pour lui-même?

En effet, d'où pourroit venir cet amour que je sens naturellement pour mon être? Il naît avec moi, il croît, il vit avec moi ; mais je crois sentir qu'il ne meurt point avec moi, ou du moins avec ce corps qui est uni à mon ame. Il porte ses vœux bien au-delà des bornes de cette vie fragile et périssable. Il veut que je sois heureux lors même que j'aurai cessé d'être sur la terre. Mon espérance, comme dit le sage, est pleine d'immortalité (2).

(1) *Signatum est super nos lumen vultus tui Domine.* Ps. 4. 7.

(2) *Spes illorum immortalitate plena est.* Sap. 3.

Mortel par la foiblesse du lien qui m'unit à une petite portion de matière, je me crois immortel par l'étendue, et, si je l'ose dire, par l'éternité de mes désirs, ou par ce sentiment intérieur qui me fait deviner, comme disoit Socrate, que ces désirs ne me sont pas donnés en vain, et qu'ils renferment comme un secret présage de la durée immortelle de mon être. Mais qui peut m'avoir inspiré un tel sentiment? Qui peut l'avoir donné à tous ceux qui me sont semblables? Un effet commun ne peut avoir qu'une cause commune; et ce qui se trouve dans mon être comme dans celui de tous les hommes, ce qui en est également inséparable, ne sauroient venir que de la main qui l'a formé. C'est par ma raison, c'est par des idées claires, ou par des sentimens, dont la certitude égale celle de mes idées, que je travaille ici, comme je l'ai déclaré d'abord, à connoître la nature de mon amour-propre. Mais ma raison, mes idées, mes sentimens m'apprennent également qu'une inclination, gravée par le doigt de Dieu dans le fond de mon être, doit porter le caractère de sa sagesse; et elle ne le porteroit pas, si elle n'imitoit l'amour que Dieu a pour lui-même, si elle ne retraçoit, en quelque manière, l'image de cet amour, en un mot, si je ne m'aimois pas comme Dieu s'aime.

Prenons garde néanmoins, et craignons de porter trop loin ce parallèle. Suis-je donc ma dernière fin à moi-même? Suis-je le terme de ma complaisance, et mon bonheur consiste-t-il à contempler la perfection de mon être, comme celui de Dieu est de se complaire dans la perfection de son essence? C'est pour résoudre une difficulté si importante, que je dois m'appliquer ici à démêler l'équivoque de ces expressions, qu'il faut que je m'aime comme Dieu s'aime, ou que mon amour est formé sur le modèle de l'amour divin.

Il est vrai que je suis obligé de l'imiter, et je ne saurois en douter, puisque mon amour n'en est qu'une émanation, comme je viens de le dire; mais puis-je croire que je l'imite, lorsque je m'arrête à moi-même, lorsque mon affection ne se porte pas plus loin, et que je deviens l'unique objet de ma complaisance?

Dieu, en s'aimant lui-même, aime l'être infiniment parfait; et moi, en m'aimant moi-même, j'aime un être si imparfait, que mon amour est nécessairement autant éloigné de l'amour divin, qu'il y a de distance entre le fini et l'infini.

Qu'est-ce donc que j'éprouverai dans cet état, et quelle sera la destinée de mon amour-propre?

Mon être a des bornes, et des bornes fort étroites. Mon amour, ou ce qui est la même chose, ma volonté n'en a point. Quelle est la raison de cette différence, et pourquoi un être si limité a-t-il une volonté si indéfinie? C'est qu'il faut nécessairement que tout être inférieur soit fini, autrement il seroit égal à Dieu, ou plutôt il seroit Dieu même; mais comme il sent ses bornes et son imperfection, et que c'est là ce qui allume ses désirs, ils s'étendent à tout ce qui leur manque, et ce qui leur manque étant infini, la volonté ou l'amour d'un tel être tend aussi, par sa nature, à l'infini, en sorte que son imperfection même semble devenir par là le principe ou l'occasion de sa perfection. Je dois donc, comme tout être borné, mesurer ma volonté, non par ce que j'ai, mais par ce que je n'ai pas, à peu près de la même manière que les épicuriens disoient, que le vide étoit infini, afin qu'il pût contenir des mondes infinis.

Mais, si tel est le caractère de ma volonté, ou de mon amour, comment un être aussi limité, aussi défectueux que le mien pourroit-il épuiser une faculté si immense et si insatiable?

Quelque affection que j'aie pour moi, ce moi que j'aime tant ne peut être jamais un bien proportionné à mon affection même, parce qu'il a des bornes et que cette affection n'en a point.

Je ne jouis pas même véritablement de mon être (et ce n'est point un paradoxe de parler ainsi), lorsque je me borne à ne jouir que de mon être. Je crois prendre le réel et je ne saisis que le vide. Plus je m'occupe d'un être si imparfait, plus je cherche à m'en nourrir, plus aussi j'en découvre l'imperfection, le défaut, le néant, par la privation que j'y sens d'une multitude infinie de biens. Je me vois donc condamné par là à n'être jamais qu'un désir, et un désir qui ne peut être satisfait, tant que je ne lui donne que moi-même pour lui servir d'aliment et de pâture.

Ce n'est pas tout : non-seulement ce désir ne trouve pas en moi sa suffisance, si je puis parler ainsi ; mais c'est un imposteur, toujours attentif à m'amuser par une apparence de bien, qui me conduit tôt ou tard à un mal très-réel. Il me remplit d'une idée fausse et chimérique de mon être ; je me représente à moi-même sous une infinité de formes séduisantes, comme si sous ces différens masques, qu'il me fait prendre successivement, je pouvois fixer en moi mon amour et ma complaisance. Mais ces vains portaits, qu'il me trace de ma perfection, disparoissent en un instant, comme ces fantômes agréables, que l'illusion du sommeil produit quelquefois. Je me réveille bientôt, et non-seulement je ne trouve rien dans mes mains, mais je me sens véritablement malheureux, soit par le désespoir d'obtenir ce que je désire, soit par l'impossibilité d'éviter tout ce que je crains.

Est-ce donc là l'effet que devroit produire en moi l'imitation de l'amour divin si elle étoit parfaite? Dieu est heureux par l'amour qu'il a pour lui-même, et celui que j'ai pour moi ne sert qu'à me rendre malheureux; mais quelle peut être la cause de ma disgrâce? si ce n'est qu'en ne voulant aimer que mon être, je m'éloigne infiniment de Dieu, bien loin d'imiter, comme je le devrois, ce parfait modèle de mon amour.

En quoi ferai-je donc consister cette imitation fidèle, qui seule est conforme à la véritable nature de mon amour, puisqu'elle peut seule nous rendre heureux, unique objet de l'inclination qui m'attache à moi-même? Pour résoudre cette question, méditons plus profondément sur l'idée de l'amour divin, d'autant qu'il nous est permis de la concevoir.

Nous reconnoîtrons d'abord, que Dieu aime ses créatures ; car comment les auroit-il créées, s'il ne les avoit aimées ? Il n'y a point de volonté sans amour. Or, Dieu a voulu ses ouvrages : donc il les a aimés. Je n'ai pas besoin de m'arrêter plus long-temps à prouver une vérité si évidente, et dont j'ai d'ailleurs tant de témoignages sensibles au dehors et au dedans de moi, comme je le dirai dans un moment.

Mais Dieu ne sauroit aimer que lui-même, puisque son amour, comme je l'ai déjà dit, n'est que sa complaisance infinie et éternelle dans son être infini et éternel.

Donc, si Dieu aime les êtres inférieurs, comme je n'en saurois douter, et surtout les être intelligens, il ne peut les aimer qu'en lui-même, ou, pour m'exprimer peut-être plus correctement, c'est lui seul qu'il aime en eux. Il y aime ses idées infinies sur lesquelles il en a réglé la nature et l'essence : il y aime sa volonté toute-puissante qui les a créées, en ne faisant que vouloir leur existence : il y aime sa providence par laquelle il les conduit et les gouverne suivant les lois de sa sagesse : il y aime enfin sa justice, par laquelle il les punit s'ils abusent de ses bienfaits ; et sa bonté, par laquelle il les récompense s'ils en font l'usage auquel il a attaché leur félicité.

Tel est donc le caractère de l'amour divin, autant que ma foible raison peut le connoître. Dieu aime ses créatures, et il ne les aime qu'en lui-même, ou plutôt il n'aime que lui-même dans ses créatures. Voilà le modèle que je dois imiter si mon amour-propre est raisonnable, c'est-à-dire, s'il sait tendre à sa véritable fin.

Je conclus de ces principes :

1.° Que si je puis m'aimer légitimement, puisque Dieu m'aime, et que c'est lui-même qui me donne ce plaisir que je goûte en m'aimant, je ne dois m'aimer que comme Dieu m'aime ; puisqu'il n'est pas moins le modèle que la source de mon amour, et que je

ne saurois m'aimer raisonnablement, si je m'aime
d'une autre manière que je ne suis aimé de celui
qui est la souveraine raison ou la sagesse même.

Mais, comment est-ce que Dieu m'aime ? Et si
tout amour est une complaisance dans l'objet aimé,
quel est le caractère de celle que Dieu a dans mon
ame comme dans son ouvrage, et méritant seulement
par là un regard de sa bienveillance paternelle.

Dieu ne peut se complaire que dans la vérité,
c'est-à-dire, dans ce qui est conforme et convenable
à l'essence des êtres qu'il a créés. Ainsi, puisqu'il
lui a plu d'aimer mon ame et de s'y complaire en
la créant, en la conservant, en lui donnant un commencement et comme une semence de bonheur et
de félicité, je dois croire qu'elle ne peut être l'objet
de sa complaisance ou de son amour, qu'en tant
qu'elle participe à l'être, en tant qu'elle est aussi parfaite que sa nature le lui permet, en tant qu'elle est
aussi heureuse qu'il lui est possible de le devenir.

Je m'aime donc comme Dieu m'aime; et ma complaisance en moi est semblable à celle de Dieu même,
lorsque j'aime mon être, comme participant à l'être
divin, comme parfait ou travaillant à le devenir,
selon les bornes de sa condition ; enfin, comme
heureux par la vue de sa perfection même. Car,
puisque Dieu ne peut se complaire en moi comme
son ouvrage qu'en tant qu'il me rend parfait, je ne
puis aussi avoir pour moi cette complaisance qui
imite celle de Dieu, et qui seule peut faire mon
bonheur, si ce n'est en me considérant comme aussi
parfait qu'il a plu à Dieu de me donner le moyen
de le devenir.

Quand je m'attache ainsi à m'aimer comme Dieu
m'aime, mes désirs n'ont plus rien d'inquiet, d'in-
constant, de défectueux. Ils tendent à acquérir ce
qui me manque réellement ; et ils y tendent par la
seule voie qui puisse me conduire à cette plénitude
de bien qui est leur objet : ils me rendent déjà heureux, en quelque manière, par l'espérance, et par
cette espèce de sécurité où je vis, quand je puis me

rendre ce témoignage à moi-même, que mes vœux ne se trompent ni dans la fin ni dans les moyens, puisque la fin de tout être raisonnable est sans doute de jouir du plus grand bonheur dont il soit capable, et qu'il ne peut y avoir de moyen plus sûr pour y parvenir, que l'imitation de l'être souverainement parfait et souverainement heureux, duquel seul il peut attendre sa perfection et son bonheur.

Mais, comme Dieu n'aime que lui-même dans tous ses ouvrages, il ne me suffit pas de n'aimer en moi que ce que Dieu y aime : et mon ame n'est parfaite que quand je parviens à n'aimer plus que Dieu en moi. Il faut donc que ma complaisance, dans mon être, qui est l'essence de ma félicité, sorte, pour ainsi dire, des bornes étroites de mon être même, pour ne se reposer que dans son auteur comme dans son dernier terme, et se fixer totalement en Dieu, comme Dieu se complaît uniquement en son essence. Mais si c'est Dieu que je dois aimer en moi, la perfection de mon amour, et sa ressemblance, consommée avec l'amour divin, consisteront à aimer Dieu beaucoup plus que moi-même, parce que la raison me montre évidemment que mon amour doit toujours être proportionné à son objet, et s'attacher, par conséquent, avec une préférence absolue, à celui qui est non-seulement le plus grand bien, mais le bien unique et infini, au-dessus de toute mesure et de toute proportion.

Est-il bien vrai cependant, et ai-je une idée bien claire de cette vérité, qu'il y a un objet que je puis aimer plus que moi, et cela par une suite nécessaire de l'amour même que j'ai pour moi ? C'est la dernière et la plus importante difficulté qu'il me reste à éclaircir sur la nature de mon amour-propre.

Rappelons ici ce principe général dont j'ai tâché de me bien convaincre, je veux dire que mon amour tend toujours à l'union, parce que tout bien qui m'attire me paroît devoir faire une partie de moi-même, au moins par le sentiment que j'en ai. Si cette partie en est séparée, je conçois un amour de désir par lequel j'aspire à la réunir à son tout. Si l'union se consomme par la jouissance du bien que j'avois désiré, alors mon amour de complaisance confond ce bien avec moi : il l'unit, il l'approprie à mon être, que je regarde comme augmenté de ce qui lui est joint par l'effet de mes désirs, et que j'aime comme ne faisant qu'un seul tout avec moi.

Un objet fortement aimé me paroît donc devenir une partie de mon ame : je m'aime dans cet objet, et je l'aime en moi. Le goût que je sens pour mon ami, et l'assurance de celui qu'il sent pour moi, sont des modifications agréables de mon ame : c'est le bien que je possède le plus intimement ; et la privation de ce bien me plonge dans une profonde tristesse, parce que je perds réellement les pensées et les sentimens qui me plaisoient le plus.

Les poètes mêmes se sont formé cette image de l'amour ou de l'amitié ; et Horace ne faisoit qu'exprimer une opinion si naturelle à l'homme, lorsqu'il disoit à Mecenas :

> *Ah te, meæ si partem animæ rapit*
> *Maturior vis, quid moror altera,*
> *Nec carus æque, nec superstes*
> *Integer.....................*

Il sentoit qu'en survivant à son protecteur et à son ami, il ne lui auroit pas survécu tout entier, puisqu'il auroit perdu, avec lui, ce qui le flattoit davantage dans les pensées ou dans les sentimens de son ame : et, comme c'est par là que nous mesurons la grandeur et la félicité de notre être, Horace pouvoit dire, sans figure, qu'il sentiroit en lui une véritable diminution, s'il avoit le malheur de perdre Mécénas.

Cet effet que l'amour heureux ou malheureux produit en nous; ces jugemens que nous portons sur l'augmentation ou sur la diminution de notre être; ces sentimens contraires qui en naissent, croissent dans notre ame, selon la mesure du bien qui excite notre amour, et, par conséquent, ils doivent croître sans mesure , lorsque ce bien n'en a point, et qu'il nous frappe par son immensité, comparée avec la petitesse de notre être.

J'étudie donc, pour le mieux comprendre, ce qui se passe en moi, dans cette comparaison où je vois, d'un côté , ce que Dieu est , et , de l'autre , ce que je suis.

Dieu est tout , et je ne suis rien : il est l'être par lequel j'existe, la perfection par laquelle je deviens parfait, le bonheur qui me rend heureux ; et ces trois choses , comme je l'ai dit ailleurs , renferment tous les biens. Si j'entre dans un plus grand détail, je sens que Dieu est également et la vie de mon corps , dont il produit tous les mouvemens, et la vie de mon ame, dont il éclaire l'intelligence, dont il anime la volonté ; et la vie de ce tout composé de matière et d'esprit, dont il forme et conserve le lien par ce rapport mutuel de pensées et de mouvemens qu'il y entretient continuellement : en un mot , pour ne pas m'étendre plus long-temps sur une vérité si évidente, Dieu est le bien général où je puise tous les biens particuliers, et qui peut en répandre sur moi infiniment davantage, parce que ce qui lui reste est infiniment au-dessus de ce qu'il me donne. Je sens non - seulement qu'il le peut , mais qu'il le veut ; j'en juge par tout ce que j'en ai reçu , mais beaucoup plus encore par ce désir insatiable que j'ai d'en recevoir davantage. Auroit - il allumé en moi cette soif immense d'une béatitude parfaite, s'il n'avoit voulu la satisfaire ? Et cette soif même n'est-elle pas pour moi un gage assuré du bonheur qu'il me prépare , si je suis fidèle à chercher dignement le bien infini qu'elle me présage par son immensité ?

Voilà ce que Dieu est en moi : encore une fois , je ne suis rien , lorsque je me compare avec lui ; ou si j'ai une espèce de réalité , ce n'est qu'une portion d'être infiniment petite, qui disparoît presqu'à la vue de l'infini, et qui n'a de grandeur , de force , de richesses, qu'autant qu'elle est animée et comme pénétrée de la divinité. La perfection , et, si je puis m'exprimer ainsi, l'accomplissement ou le complément de mon être, c'est Dieu seul. Tout ce qui me manque est en lui, et ma raison me dit intérieurement que c'est là seulement que je puis le trouver.

Je vois de loin cet être incompréhensible, dont les richesses doivent suppléer à mon indigence : je ne l'aperçois que comme au travers d'un nuage ; mais j'en connois assez pour sentir l'impression de cette vérité, et pour raisonner ainsi avec moi-même.

Ce que je suis, ce que je possède n'est rien en comparaison de ce que je ne suis pas, et de ce que je veux posséder. Je vais encore plus loin ; et je sens que si je connoissois mieux que je ne le fais, et Dieu et moi-même, la vue d'une nature aussi bornée, aussi imparfaite, aussi misérable en soi que la mienne, bien loin d'être l'objet de ma complaisance, ne seroit pour moi qu'un spectacle triste et humiliant. Je me verrois si près du néant, si éloigné du véritable être, que je tomberois presque dans le désespoir, si l'idée de cet être, connu comme souverainement bon, ne me soutenoit par l'espérance de participer à sa plénitude, et de réparer par là le défaut d'une nature dont le partage est le désir de la perfection plutôt que la perfection même.

Mais si je ne suis, à proprement parler, qu'un désir, comme je l'ai dit dans ma troisième méditation, et si j'éprouve, tous les jours, que nul bien particulier ne peut me satisfaire, je dois aimer infiniment plus ce qui est seul capable de remplir ce désir, que ce désir même, et, par conséquent, si mes idées font, comme elles le doivent être, la règle de mes sentimens, mon amour-propre doit se complaire beaucoup plus en Dieu que dans moi : il ne faut par là que suivre sa nature, et je ne saurois m'aimer véritablement, sans aimer Dieu infiniment davantage, et, comme je viens de le dire, au-dessus de toute proportion.

Pour développer encore plus cette pensée, je puis considérer Dieu, par rapport à moi, dans deux situations différentes.

Si je le regarde comme étant encore éloigné de mon être, dans une distance infinie, je dois sentir aussi un désir infini de m'en approcher pour posséder, pour aimer en lui ce qui me manque, et qui peut seul remplir ce vide affligeant que je reconnois au dedans de moi; et, comme ce désir surpasse tous ceux que je puis former pour ma félicité, je commence dès-lors à aimer Dieu plus que moi, puisque c'est lui seul que j'aspire à aimer en moi.

Qu'il me soit permis ensuite de le considérer de près, comme s'unissant à moi d'une manière si intime, que je n'aie plus, pour ainsi dire, que les pensées et la volonté de Dieu même. Alors, si j'ose me supposer, pour un moment, dans l'état de cette union consommée, je sens que l'amour de jouissance succède à l'amour de désir : mon être s'étend et se dilate véritablement; il devient, en un sens, comme une partie de l'Être suprême. Et qu'est-ce que j'aime en cet état? Quel est le véritable objet de ma complaisance? Ce n'est plus moi, à proprement parler; c'est Dieu qui s'unit à moi, ou plutôt qui m'unit à lui, qui supplée à l'imperfection de mon ame, et qui en remplit toute la capacité. Ce qui n'étoit qu'un néant, et qui aspiroit à être, ne sauroit plus aimer ce néant dont il est sorti : il aime uniquement l'être auquel il est parvenu, ou, pour parler encore avec plus de précision, je n'étois auparavant qu'un être commencé, si je puis hasarder cette expression, je deviens un être achevé, selon la mesure qu'il a plu à Dieu de donner à mon essence; et, quelque bornée qu'elle soit, je n'en suis pas moins heureux, parce que le vide de mon ame est entièrement rempli, comme le plus petit vaisseau n'est pas moins plein que le plus grand, lorsqu'il renferme tout ce qu'il peut contenir.

Je ne m'aime donc plus qu'en Dieu, ou plutôt c'est Dieu seul que j'aime en moi. Comme ce qu'il ajoute à mon être, en s'y unissant, est infiniment au-dessus de ce que j'étois avant cette union, et qu'il fait, sans aucune comparaison, la meilleure partie de moi-même, je me complais aussi infiniment plus dans l'Être

divin qui me remplit, par un écoulement de sa perfection, que dans mon premier être, qui n'étoit que
foiblesse et imperfection.

Ainsi, Dieu devient alors le seul objet de ma complaisance : il épuise toute mon affection, sans me laisser
aucun mélange de cet amour-propre défectueux que
j'avois autrefois ; ou, si je fais encore quelque retour
sur moi, ce n'est que pour y contempler, pour y admirer, pour y aimer tout ce que Dieu a fait dans mon
être.

Tel est, autant qu'il m'est permis de le concevoir,
l'état de ces âmes qui ne sont pleinement heureuses
que parce que leur union avec Dieu est pleinement
consommée dans le séjour de la félicité éternelle.
Absorbées et comme anéanties dans l'Être divin, elles
s'oublient et se perdent heureusement elles-mêmes :
la vue de leur ancienne foiblesse ne trouble point
leur bonheur, parce qu'elles ne sentent plus que la
force de l'Être infini qui les soutient, qui les anime,
qui les remplit ; et, devenues aussi semblables à Dieu
qu'un être borné peut l'espérer, elles ne s'aiment plus
que par l'impression de ce sentiment de complaisance
que Dieu a en lui-même et dans ses ouvrages.

Je ne me reconnois point, à la vérité, dans cette
peinture, et je sens combien je suis éloigné d'une situation si heureuse : mon intelligence est tellement
obscurcie, par cette foule importune d'images sensibles qui partagent et qui troublent son attention, que
je ne connois pleinement ni l'extrême imperfection
de l'homme, qui va presque jusqu'au néant, ni la
souveraine perfection de celui qui mérite seul le nom
d'être. C'est ce qui fait que ma complaisance s'arrête
si souvent à moi, et qu'elle ne tend pas toujours à se
reposer en Dieu seul : mais, malgré toute ma foiblesse, il me reste encore assez de connoissance pour
sentir, au fond de mon âme, que, comme mon être
ne sauroit être achevé et accompli s'il ne trouve ce
qui lui manque en s'unissant à l'être de Dieu, mon
amour ne peut être aussi entièrement satisfait, s'il ne

se consume et ne se dévore lui-même, pour parler ainsi, par l'amour de son auteur, comme une étincelle qui se perdroit dans la lumière et dans l'ardeur du soleil.

En effet, pour réunir ici, en peu de mots, toute la force du raisonnement que je viens de faire, il n'y a aucune des propositions dont il est composé, qui ne me paroissent autant de vérités évidentes et éternelles.

1.° Il est clair que mon amour est formé sur le modèle de celui que Dieu a pour lui-même.

2.° Par conséquent, il consiste en général dans cette complaisance que j'ai naturellement en mon être, comme Dieu se complaît dans le sien.

3.° Si je m'arrête à ce premier degré, je m'aperçois bientôt que mon amour pour moi ne sauroit me rendre heureux. Ma complaisance, bornée à mon être, est aussi défectueuse que mon être même : ainsi, ma félicité, qui dépend de cette complaisance, est nécessairement très-imparfaite ; et une félicité imparfaite, ne mérite pas même le nom de félicité, parce qu'elle n'a aucune proportion avec mes désirs.

4.° Il m'est donc impossible de ne pas aspirer toujours à étendre mon être, et à le rendre plus parfait par l'union du bien qui lui manque, afin de pouvoir m'y complaire davantage, et, par là, devenir plus heureux.

5.° Or, il est évident que cette augmentation, ou cet accroissement de mon être, ne peut consister que dans une plus grande participation à l'Être divin qui produit en moi les degrés de l'être, comme l'être même, et qui peut seul suppléer à mon indigence, en unissant à son être, infiniment parfait, une nature aussi imparfaite que la mienne.

6.° Il n'est pas moins évident que cette union me donne infiniment plus que ce que j'avois auparavant, puisque c'est la grandeur des pensées et des volontés de Dieu même qui remplit le vide de mon ame.

Donc, je dois me complaire infiniment plus en Dieu, s'unissant à mon être et devenant pour moi tout ce qui me manquoit avant cette union, que dans un être si borné et si défectueux.

Donc, mon amour de complaisance, pour mon ame, tend essentiellement, et par sa nature même, à se réunir à cette complaisance infinie que Dieu a dans son être infini.

Je prends plaisir à faire ici une courte et simple récapitulation de ces vérités, parce que cette précision même me fait voir encore plus distinctement que, quelques abstraites qu'elles paroissent, elles ne sont néanmoins que des conséquences aussi claire-ment renfermées dans l'idée de l'Être infini, et dans celle de l'être borné, que les propriétés du cercle ou de la parabole sont contenues dans la notion exacte de ces deux courbes. J'y trouve même cet avantage, qu'elles sont beaucoup plus à la portée des esprits ca-pables d'attention; elles doivent l'être, en effet, puis-qu'elles sont le fondement du bonheur auquel tous les hommes sont également destinés.

Qu'est-ce donc que mon amour-propre, si je veux réduire, à une espèce de définition précise, l'idée que je viens de m'en former ?

C'est un sentiment naturel et continuel de com-plaisance en moi, qui tend toujours à s'augmenter, en augmentant l'objet de cette complaisance, je veux dire la perfection et le bonheur de mon être : senti-ment qui vit d'abord en moi et de moi; ou, comme je l'ai dit ailleurs, qui se nourrit de ma propre subs-tance; mais qui, ne trouvant bientôt qu'une nourri-ture si peu solide irrite sa faim au lieu de l'apaiser, cherche, quand la raison le conduit, à se rassasier de la divinité même, en s'y unissant intimement pour y trouver tout ce qui lui manque : sentiment enfin qui se consume, comme je viens de le dire, qui se dé-truit lui-même, en quelque manière, à mesure qu'il se perfectionne, et qui, se dégoûtant d'un objet fini, aspire à vivre dans l'infini ; en sorte que, parvenu à ce dernier terme de ses vœux, il n'est plus, à proprement parler, que l'amour de Dieu pour Dieu même, autant qu'une nature bornée peut participer à cet amour.

Je reprends donc à présent ce que j'avois laissé comme en suspens, lorsque j'ai expliqué les caractères de mon souverain bien. Il me restoit, après les avoir connus, à examiner quel est l'objet qui les réunit tous, et qui, par conséquent, est l'unique cause de ma souveraine béatitude. Mais la nature de mon amour-propre, telle que je viens de la définir, me montre si clairement cet objet, qu'il ne m'est plus possible de le méconnoître, et je puis à présent raisonner de cette manière.

D'un côté, il est certain que l'essence de mon bonheur consiste dans le plus grand de tous les plaisirs; de l'autre, je conçois qu'il n'en est point qui égale celui que me donne la vue de mon entière perfection, parce qu'alors je me complais parfaitement en moi ou plutôt en Dieu, qui m'unit à son être et qui m'associe à sa félicité. Je trouve dans ma perfection et dans le sentiment que j'en ai, les deux choses qui entrent dans l'idée de mon véritable bonheur, je veux dire, ce qui m'est souverainement bon, puisque rien ne peut m'être plus avantageux que ma perfection même, et ma souveraine béatitude, qui est le plaisir suprême que je goûte à en jouir.

L'un, comme je l'ai déjà dit, est la cause de mon bonheur; l'autre est mon bonheur même; et, par conséquent, pour le redire encore une fois d'une manière plus courte et plus précise, il ne manque rien à mes désirs, parce que dans la perfection de mon être, je trouve mon véritable bien, et dans le plaisir qui en résulte, ma véritable félicité.

Mais, peut-être n'y a-t-il que mon intelligence qui acquiesce à cette vérité, pendant que mon sentiment intérieur y résiste, et ne peut comprendre qu'un bonheur si abstrait, qui ne consiste que dans la vue de ma perfection et dans ce plaisir délié et purement spirituel qui l'accompagne, puisse être néanmoins l'objet direct et naturel de l'amour que j'ai pour moi-même ?

Je m'arrêterai donc encore un moment en cet endroit, pour interroger mon cœur, après avoir parlé si long-temps à mon esprit ; et j'interrogerai en même temps celui de tous les hommes, pour examiner si les preuves de sentiment s'accordent avec celles de raisonnement sur la vérité des principes que j'ai établis, soit à l'égard de mon véritable bonheur, soit par rapport à la nature de mon amour-propre conduit par la raison.

J'inviterai donc tous ceux qui peuvent avoir quelque doute sur ces principes, à rentrer comme moi dans le fond de leur cœur, et à leur faire ces deux questions :

1.º Y a-t-il aucun bien (si ce n'est pas leur perfection), où ils puissent trouver les trois caractères que j'ai attribués au plus grand de tous les biens et au plus grand de tous les plaisirs, je veux dire, qui soient véritablement en leur pouvoir, qui remplissent tous leurs désirs qu'ils possèdent aussi long-temps qu'il leur plaît et qu'ils ne puissent perdre que par leur faute ?

2.º Au contraire, leur perfection ne réunit-elle pas ces trois caractères, et n'est-elle pas le plus solide objet, là nourriture la plus délicieuse de cette complaisance parfaite qu'ils veulent avoir en eux-mêmes, et qui est non-seulement le fonds, mais la félicité de leur amour-propre.

Pour approfondir d'abord le premier point, je ne m'amuserai pas à faire ici une longue et ennuyeuse énumération de tous les biens que je puis comparer avec ma perfection. Je dirai seulement qu'il n'y en a que de deux sortes : les uns qui nous viennent du dehors, par l'action d'une cause étrangère, et qu'on appelle par cette raison les biens extérieurs ; les autres qui nous viennent du dedans, par l'effet de notre seule volonté, et ce sont ceux qu'on nomme les biens intérieurs.

Les avantages de la naissance, la santé, la force du

corps, les richesses, les honneurs, la gloire, les plaisirs des sens, et tout ce qu'on appelle en général les biens de la fortune, sont du premier genre.

La clarté, la justesse, l'étendue de l'esprit, la bonté, la droiture, la fermeté du cœur, la multitude et la variété des connoissances, le discernement des vrais biens et des vrais maux, le choix des uns et la fuite des autres appartiennent au second.

Mais ai-je besoin de prouver que les biens du premier ordre n'ont aucun des caractères du véritable bonheur? Le cœur humain ne le sent-il pas lui-même? Trouve-t-on des hommes qui prétendent de bonne foi que ces biens soient en leur pouvoir, qu'ils remplissent tous leurs désirs, et qu'ils ne puissent jamais leurs échapper malgré eux? La vérité contraire n'est-elle pas presque le seul point de morale sur lequel il n'y ait aucune diversité de sentimens entre tous les philosophes anciens et modernes, qui en ont fait le sujet ordinaire de leurs ouvrages? Les poëtes mêmes, si je voulois les appeler ici en témoignage, ne parlent-ils pas sur ce point comme les philosophes? Tous les hommes, enfin, dans ces momens de dégoût, qui sont comme les intervalles lucides de leur raison, où ils commencent à sentir l'imposture de leurs désirs et la vanité de leurs espérances, n'attestent-ils pas également l'incertitude, l'insuffisance, la fragilité des biens extérieurs? Comme si la lumière éternelle qui éclaire tous les esprits avoit voulu que le vice, ou le néant de ces biens, fût marqué à des caractères si évidens, qu'il n'y eût point de créature raisonnable qui pût s'empêcher de les reconnoître.

Je sais que les biens intérieurs sont beaucoup plus en mon pouvoir; je sens que je puis toujours penser, juger, raisonner; je sens de même que je puis toujours vouloir, désirer, aimer, acquérir de nouvelles connoissances du côté de l'esprit, ou former des nouvelles dispositions dans mon cœur, qui augmentent ma complaisance pour mon être, en augmentant sa perfection.

Mais, quoique cette espèce de biens ait une relation plus directe avec ma véritable félicité, parce qu'ils dépendent beaucoup plus de moi, il y en a plusieurs que je ne saurois ni acquérir, ni conserver sans de grands efforts, et même sans le secours des autres hommes. La hauteur, ou la subtilité de certaines connoissances étonne ou rebute mon esprit, si elles ne sont pas absolument au-dessus de ses forces : la contention longue et opiniâtre qu'elles en exigent, les met à si haut prix, qu'il renonce souvent à les acheter.

Quand même l'acquisition de tous les biens spirituels seroit plus facile, elle ne feroit, à l'égard d'une grande partie de ces biens, qu'irriter ma curiosité naturelle, sans la satisfaire jamais pleinement : semblables, en ce point, aux objets extérieurs de mes désirs, ils ne sauroient les remplir ; la même ardeur en précède la jouissance ; le même dégoût la suit. Et qu'importe que je sois la dupe des spéculations de mon esprit, ou que je sois trompé par les mouvemens de mon cœur, si, en suivant les uns ou les autres, je m'éloigne également de la véritable route du bonheur.

Ne puis-je pas dire, enfin, que ces biens, quoique spirituels, participent, en quelque manière, à la condition de mon corps, qu'ils ont une caducité inévitable et qu'ils éprouvent une espèce de mort ? L'âge, la mauvaise santé, le soin des affaires publiques ou domestiques, la lassitude même du travail et la difficulté de le soutenir constamment, me font perdre peu à peu ces trésors de lumières et de connoissances que je m'étois fait un plaisir d'amasser ; quelque longue qu'en soit la durée, elle est toujours renfermée dans le cercle étroit de ma vie, et je suis souvent obligé de m'écrier, comme le plus sage des mortels le faisoit à la fin de ses jours : *Et agnovi, quod in his quoque esset labor et afflictio spiritûs* (1).

(1) *Ecclesiast., ch.* 5, *v.* 17.

Ce seroit donc en vain que je chercherois les caractères de la véritable félicité, ou dans les biens du
dehors, ou même dans ceux du dedans, qui ne sont
point ma perfection ; mon sentiment intérieur me
l'apprend, comme à tous mes semblables, *sans le
secours du raisonnement.* C'est la première vérité sur
laquelle j'ai interrogé le cœur de tous les hommes :
j'espère qu'il ne me répondra pas moins favorablement sur la seconde, et qu'il reconnoîtra aussi avec
moi que tous ces caractères se réunissent, au contraire, dans ma perfection, telle que je l'ai expliquée.

Je l'ai fait consister uniquement dans le bon usage
de mon intelligence et de ma volonté, pour procurer, et à mon corps et à mon esprit, et au tout
qui en résulte, ce qui convient véritablement à leur
nature ou ce qui leur est le plus avantageux.

Je demande donc à tout homme raisonnable s'il
n'y a rien qui soit plus en sa puissance et qui dépende
plus de sa volonté que le bon usage de ses facultés
naturelles ? Me dira-t-il qu'il n'est pas toujours le
maître de son intelligence ? Il sera donc aussi obligé
de m'avouer qu'il a des momens où il n'est pas un être
raisonnable ; car, qu'est-ce qu'un être raisonnable ?
Si ce n'est un être qui a non-seulement l'usage de
la raison, mais le pouvoir d'en bien *user ;* sans quoi
le don de la raison, le plus grand présent que nous
ayons reçu de ciel, ne serviroit qu'à nous rendre dé-
raisonnables. Mais si une telle proposition révoltoit
justement tous les esprits, il n'y en a donc point qui
ne doive reconnoître qu'il est autant en son pouvoir d'acquérir la perfection qui convient à son intelligence, qu'il dépend de lui d'être raisonnable,
puisque être raisonnable c'est faire un bon usage de
sa raison, c'est être parfait du côté de l'intelligence.

Prétendra-t-on que notre volonté est moins soumise que notre entendement au pouvoir de notre
raison ? Mais tous les hommes ne sentent-ils pas
qu'il n'y a rien qui soit plus en leur puissance
que leur volonté ? Pour soustraire notre intelligence
aux lois de la raison, il faut supposer que l'homme

n'est pas un être raisonnable; et, pour y soustraire notre volonté, il faut supposer que l'homme n'est pas libre : supposition aussi absurde que la première, et que je crois avoir pleinement réfutée par avance, dans ma troisième méditation. Le sentiment du pouvoir que nous avons sur notre volonté ne peut cesser en nous qu'avec celui de notre existence, c'est la seule de nos facultés qui se suffise à elle-même à l'égard d'un bien dont elle jouit aussitôt qu'elle l'aime véritablement. Or, telle est précisément notre perfection : vouloir être parfait, c'est déjà l'être en partie; et l'être totalement, n'est autre chose que le vouloir entièrement.

Pour développer encore plus ma pensée sur ce sujet, je conviendrai volontiers qu'une grande partie de ce qu'on appelle les qualités de l'esprit et du cœur, sont des biens que la nature partage souvent d'une manière très-inégale entre les hommes. Les uns naissent avec beaucoup plus de pénétration, de sagacité, d'étendue et de justesse d'esprit que les autres : il y a des cœurs naturellement foibles et pusillanimes, il y en a qui sont naturellement fermes et courageux; mais on ne trouve point autant de différence dans ce qui regarde la connoissance et l'amour de la perfection dont ils sont susceptibles, les dispositions sont presque égales à cet égard, dans tous les hommes; et je comprends, de même qu'il a été digne de l'être infiniment bon qui nous a formés, que le bien le plus nécessaire de tous à une créature intelligente, fût aussi celui que tous les hommes eussent plus également le pouvoir d'acquérir.

Comme notre perfection ne consiste que dans le bon usage de notre liberté, c'est un bien qui se proportionne non-seulement aux différens états, mais aux divers degrés de lumières que chaque homme en particulier a reçus de la nature. Un esprit médiocre peut être aussi parfait, dans ce qui forme véritablement son bonheur, que le génie le plus sublime; un poids d'une livre ne fait pas moins sa charge dans l'univers, quand il soutient un pareil poids,

que le corps immense de Jupiter, lorsqu'il se maintient en équilibre avec un égal volume de la matière
éthérée qui l'environne ; ou, pour me servir d'une
comparaison plus familière, un ouvrier qui fait en
un jour autant d'ouvrage que la mesure de ses forces
le lui permet, est aussi parfait, à proportion que
celui qui, ayant le double de force, fait aussi le
double d'ouvrage. Souvent même, ceux qu'on appelle des esprits médiocres trouvent une espèce de
dédommagement dans leur propre médiocrité, parce
que, donnant moins d'essor à leurs pensées, ils n'ont
pas tant d'obstacles à vaincre pour arriver à la perfection dont ils sont capables, et qu'ils sont moins
exposés, par leur caractère, à ces piéges imperceptibles, et par là plus dangereux que l'esprit tend
à l'esprit même. Tout homme est parfait, autant que
sa condition le lui permet, s'il pense, s'il veut, s'il agit
toujours conformément à la nature de l'homme ; et,
encore une fois, y a-t-il une connoissance plus intime, plus inhérente, si je puis parler ainsi, à l'esprit humain ? Le seul livre que nous ayons à lire pour
l'acquérir, est notre cœur : un sentiment qu'il ne
s'agit que d'écouter avec réflexion, une conscience
véridique, qui nous parle autant qu'il nous plaît, et
souvent plus qu'il ne nous plaît, nous enseigne d'elle-
même, non-seulement que nous savons ce qui peut
nous rendre parfaits, mais que nous pouvons le devenir.

Elle ne nous apprend pas moins que si notre perfection est le bien qui est le plus en notre pouvoir,
il est aussi celui qui est le plus capable de remplir
et d'éteindre tous nos désirs. L'homme pourroit-il en
conserver encore, s'il goûtoit véritablement le plaisir
de pouvoir se dire à lui-même : je suis aussi parfait
que les bornes étroites de ma nature me le permettent ? Rien ne manque à ce moi que j'aime si ardemment, et dans lequel je cherche toujours à me
complaire : il est parfait, il se sent parfait ; donc il
est pleinement heureux. Mon plaisir, si la raison en
décide, est toujours proportionné à la valeur du bien

que je possède ; mais ce que j'appelle ma perfection comprend tous mes biens ; le sentiment que j'en ai comprend donc aussi tous mes plaisirs ; il s'étend sur toutes les parties de mon être ; il les affecte toutes également : chacune de ces parties, considérée séparément, me cause un sentiment agréable, et leur union me charme encore plus, lorsque je jette les yeux sur le tout qui en résulte. En un mot, tout ce que je connois, tout ce que j'aime en moi, devient l'objet de ma complaisance, et la source inépuisable de mon bonheur.

En effet, pour passer à ce qui en regarde la durée, comment pourrois-je me dégoûter jamais d'un tel plaisir, si je le possédois dans sa plénitude ? Je cesserois donc de m'aimer moi-même, s'il est vrai, comme je l'ai fait voir, que ce que j'aime en moi c'est l'excellence ou la perfection de mon être. Au contraire, le plaisir que j'en ai, tend par sa nature, à croître toujours à mesure que je deviens plus parfait, et il ne lui manqueroit plus rien, si je pouvois faire en sorte qu'il ne me manquât plus rien à moi-même.

Comme l'acquisition des autres biens n'est pas en mon pouvoir, leur conservation n'en dépend pas davantage ; des causes étrangères me les donnent, des causes étrangères me les ôtent. Mais, quelle seroit la puissance qui m'enleveroit la propriété de ma perfection, et du plaisir dont elle est accompagnée ? Dieu l'augmentera toujours, si je le veux, bien loin de la diminuer. A l'égard des créatures qui m'environnent, c'est un bien tellement intérieur, tellement renfermé dans la perfection de mon être, qu'il y est comme dans un asile inaccessible à l'envie, à la haine, à la violence, à l'artifice de tous mes ennemis ; aucun homme ne peut me le donner, aucun ne peut me le ravir : je possède tout si j'en jouis, et je ne perds rien, à proprement parler, si l'on me dépouille des autres biens ; car, que peut avoir perdu celui à qui la fortune laisse toute la perfection de son être, et le bonheur qui en est inséparable ?

Je sens donc intérieurement, et une conscience intime m'en assure, que ma perfection, si elle étoit portée au plus haut point, renfermeroit seule les trois caractères de propriété, de plénitude, de perpétuité que j'ai attribués au souverain bien : et, quoique je ne puisse parvenir en cette vie à la posséder dans toute son étendue, il est vrai de dire, néanmoins, comme je l'ai déjà insinué dans un autre endroit, que la comparaison de ce bien avec les autres, est juste dans tous les degrés. Qu'on les suppose de part et d'autre dans leur dernier période, les autres biens auront toujours les trois défauts de n'être point en mon pouvoir, de ne pas combler mes désirs, de pouvoir m'être enlevés à chaque instant, et ma perfection aura toujours les trois caractères opposés : qu'on les suppose dans un moindre degré, ma perfection, quoique médiocre, approchera beaucoup plus de ces trois caractères. Ainsi, ou je serai pleinement heureux, si je suis pleinement parfait, ou je serai plus proche du véritable bonheur, si, connoissant mon imperfection, je travaille de bonne foi à devenir véritablement parfait.

La seconde vérité, sur laquelle j'ai interrogé le cœur humain, n'est donc pas moins certaine que la première. D'un côté, nul bien qui n'est pas ma perfection, n'a les caractères du bien suprême ; de l'autre, ma perfection les réunit tous, et par conséquent elle est le seul objet auquel je puisse m'attacher avec cette complaisance parfaite qui est l'essence de mon amour et le comble de mon bonheur.

Je vois en effet que, par un mouvement naturel qui précède toutes ces réflexions, l'homme aspire de lui-même à se reposer dans la possession de ce bien ; et c'est ici que, renonçant encore plus à la voie longue du raisonnement, pour me renfermer dans les seules preuves de sentiment, je demande à tous mes semblables, s'ils ne désirent pas tous d'être parfaits. Y en a-t-il un seul qui hésite un moment à me répondre qu'il le désire, et qui ne s'offense même si je parois douter de la sincérité de ses paroles ?

Nè sentent-ils pas tous que le vœu de leur perfection est renfermé dans celui de leur béatitude, parce qu'aucun plaisir ne les affecte aussi intimement que celui de se croire parfaits ? Cette inclination est tellement née avec eux, qu'il faut leur faire une espèce de surprise pour les écarter de cet objet continuel de leur désir : ce n'est jamais qu'une ombre, une apparence de perfection qui les détournent de la perfection réelle ; leur volonté y aspire dans le temps que leur conduite s'en éloigne, et en la fuyant même ils la cherchent.

Faut-il approfondir encore plus la nature et l'étendue de ce sentiment ? Étudions-le toujours dans le fond de notre cœur, que je regarde ici comme notre unique maître. Comment sommes-nous disposés à l'égard de nous-mêmes ? Comment le sommes-nous à l'égard des autres ?

Nous aimons tout ce qui nous plaît et qui fait sur nous des impressions agréables : de là naissent toutes nos passions, et c'est la véritable ou plutôt l'unique origine de tous nos vices. Mais qu'est-ce que nous aimons en nous y livrant ? Quel est l'objet commun que nos passions et nos vices nous présentent également pour nous séduire ? Nous y sommes attirés, sans doute, par un plaisir, par une satisfaction présente, qui est propre à chacun des objets qu'ils offrent à nos désirs. Mais, outre cet attrait particulier, il y en a un qui leur est commun, et qui agit peut-être le plus puissamment sur notre ame. Qu'on examine attentivement ce qui nous flatte le plus dans tout ce qui excite nos désirs, on trouvera toujours que c'est la satisfaction de sentir notre force, notre adresse, notre industrie, la vivacité ou la délicatesse de nos sentimens, les talens, le mérite, l'agrément, une espèce d'excellence ou de supériorité que nous croyons avoir sur nos semblables, et qui ne nous charme que par la complaisance qu'elle nous inspire dans notre perfection.

Une idée si agréable à notre amour-propre se glisse même dans ce qui ne peut être attribué qu'à un bonheur qui nous paroît purement gratuit, ou à ce qu'on appelle le caprice de la fortune.

Pourquoi des hommes, qui se prétendent raisonnables, sont-ils flattés du succès qu'ils ont dans les jeux de pur hasard, et dans ceux même dont le gain n'est pas assez considérable pour exciter leur cupidité ? Non-seulement ils conçoivent je ne sais quelle idée confuse de prudence et d'une espèce de divination qui leur a fait saisir un moment favorable, mais ils s'imaginent trouver dans leur bonheur une preuve de l'excellence de leur être, comme si le ciel ou les étoiles s'intéressoient à leur satisfaction. A force d'être heureux et de l'être constamment, l'homme se persuade insensiblement qu'il est aussi plus parfait que ses semblables, et que son être est formé d'une meilleure pâte que celui des autres hommes.

Et meliore luto finxit præcordia Titan (1).

Le fils de Philippe croit enfin sur la foi de ses succès plutôt que sur celle de ses oracles, qu'il est le fils de Jupiter : ce qui le touche le plus dans son incroyable fortune, est la haute opinion qu'il conçoit de lui-même; et, se regardant comme élevé au-dessus de l'homme et devenu semblable à la divinité, il se dit dans le fond de son cœur, avec un autre conquérant dont parle Isaïe : *Ascendam altitudinem nubium, similis ero altissimo.*

Tous les hommes ne portent pas si loin leur folie, parce que la fortune, moins prodigue pour eux, ne leur cause pas une ivresse si excessive; mais le même sentiment influe dans toutes leurs passions; et la joie qu'ils ont de réussir dans ce qui les flatte, soit qu'ils en fassent honneur à leur mérite, soit qu'ils en rendent hommage à la fortune, n'a pour principe que le plaisir qu'ils prennent à regarder le bonheur qui les accompagne comme le dernier trait du tableau qu'ils se tracent à eux-mêmes de leur perfection.

Du même principe naissent encore cette joie, cette

(1) *Juven. Sat.* 14, *v.* 35.

satisfaction profonde avec laquelle ils s'applaudissent de leurs bonnes actions; et cette douleur, la plus amère de toutes pour un esprit raisonnable, dont ils sont pénétrés à la vue des fautes que leur amour-propre ne sauroit se dissimuler. Toujours pleins de l'idée et du désir de leur perfection, rien ne les charme plus que le plaisir de pouvoir s'en rendre témoignage; rien ne les afflige plus que d'être réduits à la dure nécessité de s'avouer à eux-mêmes leurs erreurs et leurs foiblesses, de soutenir la vue humiliante de leur être avili et comme déchu de cette élévation à laquelle tendent sans cesse tous les désirs de leur cœur.

C'est ainsi que tout homme est naturellement disposé à l'égard de lui-même; mais le mouvement qui le porte toujours à sa perfection éclate encore plus dans la manière dont il est disposé à l'égard des autres hommes.

Leur approbation lui plaît souverainement; leur censure le mortifie encore plus. S'il y a peu d'hommes parfaits, il n'y en a aucun qui ne désire de le paroître et qui ne craigne de ne le paroître pas. Nous aimons à nous contempler dans les portraits avantageux de nous-mêmes que nous croyons apercevoir dans l'esprit de nos semblables; nous évitons, au contraire, de nous reconnoître dans la peinture peu favorable et peut-être trop fidèle qu'ils se tracent de notre caractère. Être parfait ou le paroître, nous semble même un si grand avantage, que nous en sommes toujours jaloux, et que nous voudrions le posséder seuls, à l'exclusion des autres hommes, ou du moins y avoir la meilleure part. De là vient que nous leur refusons souvent les louanges que nous en exigeons, et que nous craignons de les trouver plus parfaits que nous; de là cette malignité secrète, qui fait que, repoussant leur censure, nous voulons toujours leur faire éprouver la nôtre : nous nous plaisons à décrier leur vertu, à y découvrir une espèce de fausseté, ou du moins, un mélange de vices et d'imperfections; à remarquer et à faire sentir leurs défauts, à les relever avec

art, et à exagérer leurs foiblesses autant qu'à diminuer l'opinion qu'on a de leur force : de là enfin
cette satisfaction inhumaine que nous goûtons lorsque
nous croyons avoir acquis le droit de les mépriser
ou de les rendre méprisables. La critique ou les
railleries qu'on en fait nous chatouillent bien moins,
par le sel dont elles sont assaisonnées, que par le
plaisir qu'elles nous donnent de nous mettre au-
dessus d'eux dans notre esprit, de nous élever sur
leurs ruines, et de nous applaudir intérieurement
de n'avoir pas les ridicules qu'on leur reproche.

Tous les hommes naissent amateurs, et par là rivaux de la gloire : c'est ce qui fait qu'aucune passion
ne produit des effets plus funestes que l'envie, parce
qu'elle s'efforce continuellement de ravir à ceux qu'elle
attaque le bien que nous désirons le plus, je veux
dire l'avantage de paroître parfaits. Ainsi, et l'estime
que nous avons pour nous-mêmes, et le mépris que
nous voulons avoir pour les autres, nous montrent
également que de tous nos désirs il n'y en a point de
plus dominant dans notre ame que celui de nous complaire dans notre perfection.

Qu'on dise, si l'on veut, que c'est notre orgueil
qui nous l'inspire; mais cet orgueil même est la plus
grande preuve de la vérité que j'établis.

Qu'est-ce, en effet, que ce sentiment, ou quelle
en peut être la source, si ce n'est cette complaisance
intime avec laquelle nous voulons pouvoir toujours
nous regarder? Nous aimons dans l'estime, dans les
louanges de nos semblables, ce qu'une femme, idolâtre d'elle-même, aime dans son miroir; et, comme
le témoignage qu'il lui rend de sa beauté ne la charme
que parce qu'il justifie et qu'il augmente la complaisance qu'elle a dans ses attraits, les hommes veulent
aussi autoriser et fortifier la bonne opinion qu'ils ont
d'eux-mêmes par l'approbation de ceux qui les environnent; ils cherchent des témoins et comme des
garans de leur perfection, pour en jouir avec plus
de sécurité et pour se rassasier en paix, si je puis
parler ainsi, de l'excellence de leur être.

C'est donc ma perfection que j'aime dans ma gloire même. Mon amour-propre confond l'une avec l'autre; et ne sépare point ce qui mérite les louanges d'avec les louanges mêmes; il mêle au plaisir d'être loué celui qui naît du jugement, bien ou mal fondé, qu'il porte sur ma perfection. Je goûte la satisfaction de me croire parfait, parce que j'entends dire que je le suis; et mon erreur consiste, non pas à me plaire dans cette opinion, mais à la recevoir trop légèrement sur la foi d'un éloge trompeur que je crois mériter, parce qu'on me le donne. Ainsi, mon orgueil même et la soif que j'ai des louanges, me prouvent que je tends naturellement au plaisir qui résulte de ma perfection comme à la plus pure et à la plus solide de toutes les voluptés.

En effet, si je ne désire de paroître parfait qu'afin de pouvoir croire que je le suis, je désire donc toujours de l'être; mais ce que je désire constamment, ce qui domine dans tous les mouvemens de mon ame, ce qui en est comme le premier et le plus puissant ressort, doit être pour moi, à en juger par mon sentiment même, le plus grand de tous les biens : donc mon sentiment intérieur suffit pour m'apprendre que mon bien suprême et le seul objet de cette complaisance en moi, qui est l'essence de mon amour-propre, sont ma perfection tellement constante, que tous les hommes m'en rendent témoignage. Mais je crains et j'abhorre le blâme avec autant de persévérance que je cherche et que j'aime les louanges: cette crainte, ou cette aversion agit également sur moi dans toutes mes actions, parce que l'improbation des autres, trouble la douceur de la bonne opinion que je veux avoir de moi-même, et que le moindre doute sur ce sujet me paroît insupportable.

Donc mon sentiment intérieur m'enseigne aussi que mon mal suprême, et ce qui s'oppose le plus à cette complaisance en moi, qui est le fonds de mon amour-propre, sont mon imperfection portée jusqu'au point que je ne puisse plus me la cacher à moi-même; et, par conséquent, puisque le désir de la gloire et la

crainte de l'infamie sont les plus fortes et les plus
constantes de toutes mes passions, mon cœur même
m'atteste, sans le secours d'aucun autre maître, que
le souverain bonheur de l'homme est d'être entièrement parfait, comme son souverain malheur est
d'être entièrement imparfait.

Je vais encore plus loin, et je remarque que les
hommes vont d'eux-mêmes, en suivant les seuls mouvemens de la nature, jusqu'à connoître, au moins
en général, en quoi consiste leur véritable perfection,
source de leur véritable gloire ; et la délicatesse de
leur sentiment égale sur ce point la précision des
raisonnemens les plus métaphysiques.

Plus ce qu'on loue en eux leur est propre et leur
appartient véritablement, comme l'ouvrage de leur
raison seule ou de leur seule vertu, plus aussi ils s'en
applaudissent intérieurement, et plus encore ils sont
sensibles à l'applaudissement extérieur qu'ils en reçoivent, comme s'ils naissoient tous également persuadés que ce qu'on appelle notre perfection, ne mérite
ce nom et ne sauroit faire notre bonheur qu'autant
qu'elle dépend de notre volonté, et que par là, elle
est véritablement notre bien.

Pourquoi le philosophe, l'astronome, le géomètre,
passent-ils agréablement les jours et les nuits à pénétrer les mystères de la nature, à étudier le mouvement des cieux, à découvrir les propriétés aussi sèches
qu'abstruses d'une ligne courbe ? Si ce n'est parce que
la perfection qu'ils acquièrent par leurs travaux,
n'étant due qu'à la justesse et à la sagacité de leur
esprit, est de tous les objets le plus satisfaisant pour
leur amour-propre, avide de se complaire dans les
avantages de son être. Et ce qui marque combien
le sentiment commun des hommes est conforme à
cette manière de penser, c'est que la postérité juge
d'eux comme ils en ont jugé eux-mêmes ; elle place
hardiment Aristote à côté d'Alexandre ; elle met Pto-
lomée au niveau des Antonins ; elle égale Archimède
au vainqueur de Syracuse.

Ce n'est pas seulement à l'égard des sciences sublimes, qui sont l'ouvrage de la seule raison, que les hommes pensent ainsi; ils portent le même jugement sur les actions morales, qui sont l'effet de la pure vertu.

Un trait de justice, de générosité, de clémence, de grandeur d'ame, leur paroît un objet plus digne de leur complaisance en eux-mêmes que l s faveurs les plus signalées de la fortune. Ont-ils su éviter un piége préparé à leur vertu, protéger l'innocence contre un crédit ou une autorité redoutable, pardonner à un ennemi qu'ils pouvoient sacrifier à leur vengeance ; ou, portant encore plus haut l'élévation de leurs sentimens, ont-ils fait éclater au dehors des signes d'une ame libre et indépendante, capable de se suffire à elle-même, de préférer hautement le devoir à l'intérêt, et de s'immoler, s'il le faut, au salut de la patrie ? C'est par là qu'ils mesurent leur véritable grandeur ; c'est l'endroit de toute leur vie dont ils se parent le plus, et par lequel ils veulent que la postérité juge de leur caractère. Ils diroient volontiers comme cet empereur, qui, semblable à Néron, pendant sa vie, voulut imiter Caton dans sa mort, pour éteindre dans son sang le feu de la guerre civile : *Hinc Othonem posteritas æstimet* (1). Il lui restoit encore assez de forces pour faire trembler à son tour ses ennemis; mais le plaisir d'une action qu'il regardoit comme héroïque, lui parut préférable à l'empire de l'univers, tant l'idée de la perfection a de pouvoir sur l'esprit humain, tant il sent naturellement que sa véritable grandeur ne réside que dans son ame, et que sa seule gloire solide est celle qu'il tire de son propre fonds, sans en partager le mérite avec ses semblables.

Cicéron ne faisoit donc qu'exprimer ce sentiment commun à tous les hommes, lorsque, pour élever la clémence du vainqueur au-dessus de la victoire même, il adressoit à César ces célèbres paroles : *Totum hoc quod certè maximum est, totum est,*

---

(1) *Tacit. Hist.*, lib. 2, 47.

inquam, tuum. Nihil sibi ex ista laude Centurio, nihil Præfectus, nihil cohors, nihil turma decerpit; quin etiam illa ipsa rerum humanarum Domina fortuna, in istius se societatem gloriæ, non offert : tibi cedit : tuam esse totam et propriam fatetur (1). Et ce ne sont pas seulement les orateurs qui ont parlé ainsi aux conquérans ; les conquérans eux-mêmes ont senti que la perfection, dont l'homme n'est redevable qu'à lui seul, étoit préférable à l'éclat et à la pompe de leurs triomphes. Celui qui, déjà vainqueur de la Grèce, dévoroit dans son cœur le trône de l'Asie, ou plutôt l'empire de la terre, portoit envie au bonheur de Diogène, à qui l'espace d'un tonneau suffisoit pour borner ses désirs.

> *Sensit Alexander, testat cum vidit in illa*
> *Magnum habitatorem, quanto fœlicior hic, qui*
> *Nil cuperet, quam qui totum sibi posceret orbem* (2).

Je ne me suis donc pas trompé quand j'ai dit que notre cœur, le plus profond et le plus sûr de tous les philosophes, nous apprend de lui-même, que la perfection qui dépend de nous, et le plaisir qui en est inséparable, sont en même temps et le plus grand de tous nos biens et le seul objet qui puisse fixer pleinement la complaisance de notre amour-propre.

Il me seroit donc bien inutile de m'arrêter long-temps à méditer ici sur la troisième et dernière partie du plan que je me suis tracé d'abord, je veux dire sur le choix de la route la plus sûre que je puisse prendre pour satisfaire entièrement cette inclination dominante que j'appelle mon amour-propre. Je conçois à présent que je ne puis rien dire sur ce troisième point qui ne soit pleinement renfermé dans les principes que j'ai établis sur les deux premiers.

En effet, si ma perfection est mon souverain bien et le seul objet qui soit digne de ma complaisance

(1) *Orat. pro Marcello.*

(2) *Juven. Sat.* 14, *v.* 31:.

en moi-même ou de mon amour pour moi; il est
de la dernière évidence que je n'ai point d'autre
voie à choisir, pour tendre sûrement à la félicité,
que de travailler à me rendre parfait. Ainsi, l'unique
ouvrage de mon amour-propre, le seul moyen par
lequel il puisse se rassasier pleinement, c'est d'agir
conformément au vœu de la nature, qui me porte
à augmenter toujours ma complaisance pour moi,
en augmentant les véritables avantages de mon être,
en m'appliquant à en étendre les bornes et à le faire
passer chaque jour, comme le désiroit Socrate, du
fini à l'infini, parce que tous les degrés que j'ajoute
à ma perfection, je les ajoute aussi à mon bonheur
ou à cette complaisance en moi qui en est le comble,
lorsqu'elle est juste et parfaite.

Je ne sais donc pas seulement quel est l'objet de
mon amour-propre et quelle en est la nature; je
connois aussi la route qu'il doit suivre pour arriver
à sa véritable fin. Ainsi, les trois questions que je
me suis faites à moi-même au commencement de
cette méditation, sont également résolues; et le fruit
le plus précieux que j'en recueille est de concevoir
clairement cette grande et importante vérité, que
plus je m'aime raisonnablement, plus je tends aussi,
par la nature même de mon amour, à la perfection
de mon être, comme au seul moyen de parvenir à
une entière félicité.

Je prévois, à la vérité, que je trouverai sur ma
route un grand nombre de peines, de difficultés,
peut-être même de douleurs, qui pourront m'en
dégoûter. Serai-je donc réduit, pour les soutenir,
à chercher une ressource dans ce fameux dilemme
d'Épicure : *Si la douleur est violente, elle est courte;
si elle est longue, elle est légère. Si gravis dolor,
brevis; si longus, levis !* (1) Mais je craindrois que
mon expérience n'y opposât bientôt cet autre dilemme, que ma foiblesse trouveroit peut-être plus
juste. Si la douleur est vive, elle ne me paroît jamais

(1) *Cicéron. de fin. bonor. et malor.*, lib. 2.

courte; si elle est longue, elle ne me paroît jamais légère, et sa longueur même suffit pour me la rendre très-pénible.

Dégoûté des consolations d'Épicure, aurai-je recours à celles des stoïciens, qui se contentent de me dire gravement que mon ame doit avoir assez de force et de pouvoir sur elle-même pour étouffer les sentimens désagréables qui la frappent, et pour s'affermir dans cette heureuse *apathie*, dont ils avoient gratifié leur sage imaginaire? Mais prétendre que je puisse détruire la nature pour la perfectionner, c'est m'inspirer plus de vanité que de force, ou plutôt c'est me montrer d'un côté ma foiblesse, et de l'autre, l'impossibilité d'y remédier. Si je ne puis y parvenir que par une extinction totale de sentiment qui n'est jamais en ma puissance, loin de moi cette perfection fantastique, qui ne sert qu'à me faire désespérer de pouvoir jamais être parfait. Un des plus dangereux offices que l'on puisse rendre à la vertu est de la peindre si élevée qu'elle paroisse impossible : *Pessimum inimicorum genus, laudantes.* Le portrait que l'école de Zenon faisoit de son sage n'étoit propre qu'à désabuser les hommes d'une trop belle chimère. C'est aussi l'effet qu'il a produit dans le monde; et je n'avancerai point un paradoxe, si je dis que les stoïciens ont peut-être fait plus d'épicuriens qu'Épicure même.

Que ferai-je donc pour me rassurer avec plus de succès contre les peines que j'éprouverai sans doute dans le chemin qui me conduit à la perfection de mon être?

J'en découvre d'abord qui sont involontaires et inévitables, comme des maladies ou d'autres accidens que ma prévoyance ne sauroit prévenir, et que j'éprouve sans y avoir contribué par le bon ou par le mauvais usage de ma liberté; mais ces peines sont communes à toutes les voies que je puis prendre pour arriver à une félicité réelle ou imaginaire. L'exemption totale de toute sorte de maux n'est pas plus accordée à l'homme, en quelque état qu'il soit, que la perfection absolue; et, puisqu'il y a des obstacles que je ne saurois éviter, soit que je tende à devenir parfait, soit que je marche dans une route contraire, il y a déjà un genre entier de peines, je veux dire celui des peines involontaires, qui ne doit entrer pour rien dans le calcul ou dans l'estimation que je puis faire des difficultés du chemin de la perfection comparées avec celles de la voie qui y est opposée.

Entre les peines volontaires, ou auxquelles ma volonté a quelque part, j'en distingue de deux sortes :

Les unes sont véritablement et absolument volontaires ; c'est moi seul, et par mon propre choix, qui me les fait souffrir à moi-même.

Les autres peuvent être appelées mixtes, c'est-à-dire, volontaires en partie et en partie involontaires; volontaires dans leur origine, parce que c'est ma volonté qui, donnant lieu à d'autres agens de me nuire, en est la cause primitive, quoiqu'éloignée; involontaires par rapport à l'action étrangère qui me les fait souffrir immédiatement; action dont j'ai voulu le principe ou l'occasion, dont je n'ai pas voulu directement l'effet, que je souffre par conséquent malgré moi.

Je ne parlerai point encore ici de ce dernier genre de peines; je le ferai plus convenablement lorsque je considérerai mon amour-propre par rapport aux autres hommes. Je me renferme à présent dans le seul genre de celles que j'ai appelées purement et absolument volontaires, et que je pourrois éprouver, quand je serois seul dans le monde, sans que mon amour-propre pût avoir aucun autre objet que moi-même.

Est-il bien vrai néanmoins qu'il puisse y avoir des peines que je subisse par choix, et dont je sois non-seulement le principal, mais l'unique artisan ? Puis-je vouloir ce que j'abhorre naturellement, s'il est vrai, comme je l'ai dit, que l'essence du mal, qui est l'objet continuel de mon aversion, ne con-

siste que dans la peine ou dans la douleur ? Comment
l'homme, qui s'aime si ardemment, et qui ne peut
aimer en soi que sa félicité, est-il capable d'agir
d'une manière si contraire à ses vœux, qu'il semble
se haïr en un sens, s'éloigner du plaisir qu'il désire,
s'approcher de la peine qu'il déteste ; et, au lieu
d'être à lui-même sa joie et ses délices comme il
le veut toujours, devenir, par sa volonté, la cause
de sa douleur et l'auteur de son tourment ? Quelle
est donc cette étrange espèce d'amour-propre, qui
mériteroit plus justement le nom de haine, puisqu'il
en produit les effets, et qu'il fait souvent, comme
on le dit tous les jours, que l'homme n'a point de
plus grand ennemi que lui-même ?

Dirai-je encore quelque chose de plus surprenant ?
Non-seulement je deviens mon ennemi, lorsque mon
amour-propre se trompe et me fait agir contre mes
véritables intérêts ; je le suis encore, ou du moins
il y a des peines que je suis obligé de me faire précisément, parce que je m'aime moi-même d'un
amour raisonnable. Condition triste et singulière de
l'homme ! Quelque sage qu'il soit, il se voit forcé de
se rendre malheureux, en quelque manière, par le
désir même qu'il a d'être vraiment heureux.

Cette espèce de problème n'est pas cependant bien
difficile à résoudre, et mon expérience m'en montre
tous les jours le dénouement.

En effet, ou mon amour-propre est aveugle, c'est-à-
dire, que se trompant dans le choix des biens et
des maux, il se laisse conduire, sans examen et sans
réflexion, au gré de tous ses désirs, et alors, comme
leur objet ne peut s'acquérir sans beaucoup de peines,
il est réduit à vouloir ces peines mêmes, comme le
seul moyen de satisfaire ses passions ;

Ou, au contraire, mon amour-propre est éclairé,
attentif à distinguer les vrais biens de ceux qui n'en
ont que l'apparence, et, en ce cas, comme il m'en
coûte toujours beaucoup, soit pour résister à l'impression des faux biens, soit pour tendre avec effort
aux véritables, il est impossible que l'amour-propre

le plus sage ne soit pour moi la cause innocente d'un grand nombre de peines volontaires, et je dois m'attendre même à en souffrir d'autant plus d'abord, que je m'aimerai plus véritablement.

Ce n'est pas que je puisse jamais trouver de la douceur dans ce qui m'afflige ; je ne saurois certainement me complaire dans la privation du plaisir, et je me complais encore moins dans la souffrance de la douleur : mais, parce que mon bonheur est le prix de mes peines, je les aime comme moyen, si je ne puis les aimer comme fin ; ou plutôt c'est le plaisir même que j'aime dans la douleur, dont il est la récompense. Je n'aime pas ce que je souffre, disoit fort bien saint Augustin ; mais j'aime à le souffrir pour arriver au but de mes vœux : cependant, quoique je le supporte volontairement, quelquefois même avec joie, j'aimerois encore mieux n'avoir rien à supporter : *Nemo, quod tolerat amat ; et si tolerare amat. Quamvis enim gaudeat se tolerare, mavult, tamen nihil esse quod toleret* (1).

Je trouve donc encore ici cette loi suprême dont parloit Socrate, qui, dans toutes sortes d'états, assujettit l'homme à n'arriver à la joie que par la douleur. L'amour déréglé de soi-même a ses peines comme l'amour raisonnable ; et, condamné à souffrir, quelque route que je prenne pour tendre à la félicité, toute ma sagesse consiste à savoir choisir celle qui me présente moins de peines et plus de plaisirs, ou des plaisirs d'un ordre si supérieur, qu'il n'y a point de peines qui ne doivent me paroître légères s'il faut les essuyer pour y parvenir.

Je dois donc comparer les peines et les plaisirs de chacun de ces deux amours ; mais si je voulois entrer dans le détail de celles que l'amour vicieux de soi-même fait souffrir aux ames qui s'y livrent, le dénombrement en seroit aussi infini qu'inutile : il seroit infini, parce que ce seroit écrire l'histoire de toutes les passions du genre humain et des déplaisirs

(1) **Confess.**, liv. 10, ch. 28.

D'Aguesseau. Tome XIV. 23

qui en sont inséparables; et il seroit inutile, parce
que cette histoire même ne montreroit aux hommes
que ce qu'ils lisent encore mieux dans leur cœur.

Je ne m'attacherai donc qu'au caractère essentiel
qui domine également dans toutes les peines que je
me fais souffrir à moi-même, si je suis la voie des
passions opposées à la perfection de mon être.

De quelque nature que soient ces peines, je ne
les éprouve que par ma faute : ainsi, outre le sentiment direct que j'en ai, j'y distingue encore ce
sentiment réfléchi qui m'en accuse, et que je puis
appeler la peine de la peine même, quand il m'avertit
que c'est moi qui suis la cause de ma douleur. La
raison qui me console souvent des autres peines, ou
du moins qui en diminue l'impression, augmente
au contraire toutes celles qu'elle me reproche; elle
y ajoute une honte et une confusion d'autant plus
grande, que je suis d'ailleurs plus raisonnable : l'idée
même que j'ai de ma perfection et le désir que j'en
conserve toujours se tournent contre moi et me
rendent mon mal encore plus sensible. En un mot,
comme rien ne m'est plus agréable que de pouvoir
me dire à moi-même : je suis heureux et je le suis
par ma perfection volontaire, il n'y a rien aussi qui
me soit plus pénible que d'être réduit à me dire intérieurement : je suis malheureux, et je le suis par
ma faute ou par une imperfection qui est l'effet de
ma seule volonté. Les peines de ce genre ont donc
un caractère de malignité qui les distingue de toutes
les autres; j'y trouve le principe et comme le germe
de mon souverain malheur; elles me portent presque
à me haïr moi-même; et, tarissant la véritable source
de mon contentement, elles changent en amertume
cette vue de mon être qui auroit dû faire toute la
douceur de ma vie.

De là vient, en grande partie, qu'il n'est rien de
plus triste, pour la plupart des hommes, que d'être
forcés de rentrer dans leur cœur, de vivre avec eux-
mêmes et de soutenir seuls la vue de leur être seul;
ils n'y voient rien qui les satisfasse; ils y trouvent

au contraire leur accusateur, leur témoin, leur juge,
leur supplice : ils éprouvent alors, et ils l'avouent
quand ils sont de bonne foi, que la plus cruelle de
toutes les peines est d'être mal avec soi-même : aussi
se hâtent-ils d'en sortir et de se répandre au dehors,
pour demander aux objets extérieurs le plaisir qui
les attache le plus, je veux dire, celui de n'être
réduits au spectacle de leur être. Ils se fuient donc
encore plus qu'ils ne courent après d'autres biens;
et ce n'est point ici une pensée nouvelle; je la
trouve d'autant meilleure, qu'elle est plus ancienne,
et que c'est un poète même qui a dit il y a long-
temps :

> *Hoc se quisque modo fugit* (1).

Mais Sénèque n'a-t-il pas raison d'ajouter, *quid
si non effugit?* Que m'importe, en effet, de me fuir
sans cesse, si je me trouve toujours ? Je me poursuis
aussi rapidement que je me fuis ; et, plus fatigué que
rassasié par des biens qui m'échappent ou qui deviennent des maux, je retombe toujours malgré moi
sur moi-même, et je m'accable de mon propre poids.
Omnis stultitia laborat fastidio sui, dit encore le
même philosophe. Il y a une lassitude, un ennemi,
un dégoût qui se fait sentir tôt ou tard à ceux dont
la raison condamne la conduite, et à qui elle reproche leur folie. Quelque effort que l'homme fasse
pour se mettre au-dessus de son mécontentement
secret, et pour recueillir en lui le goût naturel qu'il
a pour lui-même, il est forcé de reconnoître qu'il
en est indigne : ce sentiment, qu'il ne sauroit étouffer,
est une espèce de fièvre lente qui corrompt tous les
alimens dont il cherche à nourrir son amour-propre,
et qui fait que, voulant toujours se complaire en lui,
il se voit condamné à s'y déplaire toujours.

Quelle est, au contraire, ma destinée, si je suis le
mouvement d'un amour raisonnable pour moi ? Et

(1) *Lucret. de rer. natur., lib.* 3, *vers.* 1082.

quelles seront les peines que j'aurai à souffrir, si je tends, par cet amour, à ma perfection?

Je remarque d'abord, pour en bien approfondir la nature, que ces peines n'ont presque rien pour l'ordinaire que de négatif; je veux dire qu'elles consistent plus dans la privation de certains biens que dans la souffrance de certains maux. Il faudra, sans doute, que je résiste à l'impression séduisante que des objets plus agréables qu'utiles feront sur mon ame : mais cette résistance n'est qu'une négation; y céder, c'est vouloir; y résister, c'est ne pas vouloir. Il s'y joint, à la vérité, un sentiment pénible, qui est quelque chose de positif, mais ma raison peut en diminuer la vivacité, soit par une diversion, qui, en détournant mon ame vers d'autres objets, la rend moins sensible à l'attrait de ceux que je veux éviter, soit par mon attention à en considérer les suites, qui m'y font découvrir un véritable mal caché sous l'apparence du bien. Et, après tout, cet effort, quoique accompagné de quelque peine, se termine enfin à une privation ou à une abstinence volontaire de quelques sentimens agréables, dont l'absence ou le retranchement peut bien m'empêcher de goûter un plaisir passager et toujours rapide, mais non pas me rendre vraiment malheureux par la souffrance d'un mal réel, outre que cette absence a même de grands dédommagemens, comme je le dirai dans un moment.

J'observe, en second lieu, que cet effort ou cette espèce de combat, que me coûte le soin de ma perfection, se passe entre moi et moi-même. Quand je veux être heureux par une autre voie, il faut, comme je l'ai déjà dit, que j'engage ou que je contraigne d'autres volontés à concourir avec la mienne : j'ai besoin de plusieurs causes étrangères pour éviter les peines que je crains; et ces causes étant aussi libres que ma volonté, avec combien de soins, d'agitations, d'inquiétudes suis-je obligé de remuer continuellement tous les ressorts du cœur humain, ressorts souvent indociles, intraitables, qui se refusent à mon industrie, qui se brisent entre mes mains, et qui quelquefois, se tournant contre moi, produisent un effet tout contraire à celui que j'en attendois : en sorte qu'après bien des mouvemens inutiles ou dangereux, je tombe dans le mal que je craignois par les efforts mêmes que je fais pour l'éviter? Au contraire, lorsque mon amour-propre ne s'expose qu'aux peines volontaires qui me conduisent à la perfection de mon être, mon action est toute renfermée au-dedans de moi ; sans rien emprunter du dehors, je trouve dans mon ame et dans le secours de Dieu tout ce qui m'est nécessaire pour y parvenir.

En quoi consistent même ces peines que je prends par choix, cet effort, ce combat qui se passe au-dedans de moi lorsque je travaille à me rendre parfait ? C'est une troisième réflexion aussi importante que les deux premières. Tout ce qu'il y a de plus pénible dans cette situation ne tend qu'à tarir la source de toutes mes peines, en éteignant dans mon cœur tous les désirs contraires à ma perfection. J'ai déjà dit ailleurs qu'il n'en est point qui ne renferme une espèce de tourment, surtout quand le bien que je désire est d'une acquisition incertaine, difficile, peu durable et incapable de me satisfaire pleinement. Multiplier ces sortes de désirs, c'est multiplier les causes de mes peines ; les diminuer, c'est diminuer aussi les instrumens de mon supplice.

Ne dois-je donc pas supporter sans regret une douleur, ou plutôt une contrainte médiocre qui m'épargne des peines beaucoup plus insupportables ; et si la raison me conduit, un moindre mal ne deviendra-t-il pas une espèce de bien pour moi, dès le moment qu'il me fait éviter des maux infiniment plus grands, et qui n'ont aucun dédommagement réel et véritable ?

En effet, et c'est la dernière réflexion générale que je fais sur la nature des peines que j'éprouve en travaillant à ma perfection. Si j'en compare les suites avec celles des peines de l'état contraire, je trouverai que les dernières n'enfantent que d'autres peines, et je ne dois pas en être surpris, puisque les plaisirs mêmes de cet état en produisent. Je me reproche de courir après des faux biens ; je me reproche de ne les pas obtenir ; je me reproche même de les avoir obtenus lorsque le temps m'a ouvert les yeux et m'en a fait découvrir l'illusion. Le désir blesse et déchire mon ame tant qu'il n'est pas satisfait : la jouissance qui paroît la guérir, passe en un instant ; et le repentir plus durable qui y succède, me fait éprouver une espèce de mort, soit par la privation d'un bien qui s'évanouit, soit par la conviction où cette privation me laisse de mon infirmité et de mon impuissance.

Ma situation est bien différente, lorsque je n'aspire qu'à être parfait. Les peines de cet état, au lieu d'en produire d'autres, s'adoucissent chaque jour par la réflexion : je sens qu'elles sont conformes à ma nature imparfaite en elle-même, et qui ne peut devenir parfaite sans un effort plutôt pénible qu'affligeant, parce qu'aucun trouble ne l'accompagne, et qu'aucun remords ne le suit. Mon ame sent qu'elle est dans l'état où elle doit être, qu'elle fait ce qu'elle doit faire, et que, si son bonheur n'est pas encore accompli, elle est au moins dans la seule route qui puisse l'y faire parvenir.

J'y trouve même cette satisfaction réelle et positive, qui semble être la volupté propre au véritable philosophe. Il se rend heureux en un sens par la vue des malheurs que les autres hommes s'attirent par leur faute, et dont il se garantit par sa sagesse : c'est à lui que convient parfaitement ce vers de Lucrèce que j'ai déjà cité :

Sed quibus ipse malis careas, quia cernere dulce est.

Si la raison l'empêche de goûter certains plaisirs, il sent qu'il y gagne encore par le grand nombre de peines qu'elle lui fait éviter : plus content par le soin qu'il prend pour se rendre toujours moins malheureux, que les autres ne le sont par les efforts qu'ils font pour se rendre quelquefois plus heureux.

Non-seulement il se dédommage par là des peines inévitables dans le chemin même de la perfection, mais ces peines mêmes deviennent pour lui une source de contentement, et peut-être de celui qui flatte le plus l'esprit humain. A quoi se réduisent-elles, si on les pèse exactement ? A résister aux impressions des objets sensibles pour ne pas tomber dans l'amour déréglé de soi - même, et à soutenir la continuité d'une attention persévérante sur tout ce qui peut favoriser au contraire l'amour raisonnable qu'il se porte. Les efforts qu'il fait dans cette vue, sont comme les douleurs par lesquelles il enfante sa perfection et son bonheur ; mais ces douleurs mêmes ont leurs plaisirs : il n'en est aucune qui ne lui rende un témoignage consolant de la force, de la grandeur, de l'excellence de son être. Si l'on n'est pas parfait quand on les a surmontées, il faut l'être déjà jusqu'à un certain point pour travailler à les surmonter. Il jouit donc par anticipation, et il a une espèce d'avant-goût de cette félicité qui sera le prix de sa perfection consommée ; en un mot, comme il n'attend son bonheur que du bon usage de ses facultés, il se regarde toujours avec un plaisir secret, parce qu'il y tend toujours, et par la voie la plus sûre : ce plaisir n'est pas même interrompu par la vue des défauts qui lui restent encore, parce qu'il s'applique sans relâche à les diminuer ; comme un malade qui sent le progrès qu'il fait chaque jour vers la santé, est d'autant moins affligé de ce qui lui reste d'infirmité, qu'il éprouve plus sensiblement l'effet et la vertu des remèdes qui le guérissent.

Ainsi, pour réunir en deux mots ce que je viens de dire sur les difficultés inséparables du chemin de la perfection, je vois d'un côté, que celui qui y marche a beaucoup moins de peines réelles à craindre que celui qui suit la route contraire ; je vois de l'autre, que celles qu'il éprouve lui sont infiniment moins sensibles, soit par les dédommagemens qui y sont

attachés, soit parce qu'elles se changent même en
plaisirs. M'en faudroit-il donc davantage pour conclure de cette comparaison des peines d'une route
avec celle de l'autre, que mon choix ne peut être
incertain entre ces deux voies si mon amour-propre
est raisonnable, et que je dois prendre sans hésiter
celle qui renferme moins de peines, plutôt que celle
qui m'en prépare un plus grand nombre.

Je suppose cependant, pour mettre cette vérité
dans un plus grand jour, que les peines soient égales
des deux côtés : je veux même qu'elles soient plus
grandes dans le chemin de la vertu que dans celui
du vice.

Dans cette supposition même, la première route
mériteroit encore la préférence, parce que, comme
je l'ai dit d'abord, je ne dois pas seulement comparer les peines avec les peines, je dois aussi opposer les plaisirs aux plaisirs ; et, si je trouve qu'aux
yeux de ma raison ceux de la vertu l'emportent
beaucoup plus sur ceux du vice, que les peines de
l'une ne surpassent celles de l'autre, j'agirois d'une
manière bien contraire à l'amour que j'ai pour moi,
si je ne m'efforçois de mériter, à quelque prix que
ce soit, un plaisir que je ne puis acheter trop chèrement.

Mais je l'ai fait par avance cette comparaison de
plaisirs de ces deux états, lorsque je me suis convaincu que le contentement, attaché au sentiment
de ma perfection, ne surpasse pas seulement tout
autre plaisir, mais qu'il est même le seul plaisir
véritable, réel, absolu ; ce qui le met au-dessus de
toute comparaison et de toute proportion. Il est tel
par sa certitude, parce qu'il est le seul qui soit proprement en mon pouvoir ; il est tel par sa plénitude,
parce que c'est le seul qui remplisse toute la capacité de mon ame ; il est tel enfin par sa durée, parce
qu'il est le seul que je ne puisse perdre, tant que je
veux le conserver. Mon sentiment me l'apprend,
autant que ma raison, par l'expérience que je fais
comme tous les hommes de l'incertitude, de l'insuf-

fisance, de l'instabilité de tout autre plaisir. J'ai même montré que celui qui est attaché à la vue de ma perfection est d'un ordre supérieur, non-seulement dans son dernier terme, mais dans chaque degré de la route qui y conduit, comparé à chaque degré de la route contraire. C'est ainsi, pour achever de m'expliquer sur ce sujet par une image sensible, que si le séjour de la félicité, ou ce que les anciens appeloient les îles fortunées, étoit situé au midi, le pilote qui dirigeroit sa course vers le sud, seroit plus heureux que celui qui feroit voile vers le nord, non-seulement lorsqu'il entreroit dans le port, mais dans tous les momens de sa route où il auroit le plaisir de voir qu'il en approche.

. Que me reste-t-il donc après cela? si ce n'est de me dire à moi-même : certainement, les peines que je puis éprouver en tendant à ma perfection, quelque grandes qu'on les suppose, ne sont pas des peines insupportables ; et, si je veux être de bonne foi, j'avouerai même que j'en dévore tous les jours de plus sensibles dans la route des passions.

Mais ces peines supportables m'assurent le bonheur le plus parfait, ou plutôt le seul bonheur véritable. Ne serois-je donc pas ennemi de moi-même, si la crainte de ces peines me faisoit abandonner la seule route de la félicité, qui, pour le répéter encore une fois, n'est que ma complaisance dans ma perfection?

Est-ce ainsi que l'homme raisonne naturellement à l'égard des autres biens, qui sont l'objet de ses vœux? Ne mesure-t-il pas toujours le degré de la peine sur celui du plaisir qui la suit? Et y en a-t-il aucune qui ne lui paroisse légère, si le bien qu'il désire le plus en doit être la récompense? Le marchand s'expose à toutes sortes de dangers pour acquérir des richesses incertaines, fuyant la pauvreté, comme dit Horace, au travers des rochers, des ondes et des feux.

Per mare pauperiem fugiens, per saxa, per ignes (1).

(1) *Epit.*, *lib.* 1, *v.* 46.

L'ambitieux achète les honneurs qu'il désire, souvent au prix de l'infamie qu'il abhorre : le guerrier méprise la douleur et la mort, pour obtenir des lauriers sujets à se flétrir : le savant même pâlit sur les livres, et se consume souvent par de pénibles veilles, pour laisser après lui un grand nom dont personne ne profitera moins que lui-même. Tous les hommes, sans exception, se livrent volontairement aux plus grandes douleurs, pour prolonger des jours qui doivent finir. Ils aiment même le chirurgien qui leur fait une incision cruelle, et ils paient bien cher celui qui retranche une partie de leur corps pour sauver tout le reste. Il ne répugne donc point à la nature de l'homme, au contraire, rien ne lui est plus convenable dans son imperfection présente, que de tendre, s'il le faut, au sentiment du bien par celui du mal même. La raison me le prescrit également dans tous les cas où cette voie pénible est une voie unique et nécessaire. Dois-je moins faire pour la perfection de mon être tout entier, que je ne fais pour celle de mon corps qui n'en est qu'une partie, et la moins noble partie ? Un amour-propre raisonnable peut-il me donner ce conseil ? Donc, celui qui ne me le donne que parce qu'il se laisse effrayer par la vue des peines semées sur la route de la perfection, est un amour déréglé, un amour vicieux de moi-même, un amour faux et trompeur qui me rend malheureux par la crainte d'une peine passagère, dont mon bonheur est le prix.

Je prévois, il y a long-temps, que si cette méditation, où je n'ai en vue que moi seul, tombe jamais en d'autres mains, je trouverai bien des esprits qui se récrieront, en lisant mes principes, que la vérité ne peut être évidente, mais que l'homme est trop foible pour les suivre ; et, ils le feront peut-être parler contre moi de cette manière :

« Dominé comme je le suis par l'amour des biens » extérieurs, ma raison peut-elle être jamais d'une » trempe assez forte pour y résister continuellement » par le seul attrait de ce bien plus intelligible que

» sensible, qui consiste dans la perfection de mon
» être? Si je veux jouir de la volupté que les sens
» me présentent, je n'ai qu'à suivre ma pente natu-
» relle, en me laissant aller doucement aux impres-
» sions agréables qu'un objet présent fait sur mon
» imagination, et qui m'affectent si fortement, que,
» quoique passagères et incapables en elles-mêmes
» de satisfaire entièrement mes désirs, elles occupent
» cependant presque toute mon ame, pendant qu'elles
» durent et qu'elles conservent encore toute leur
» activité. Au contraire, pour tendre à ce plaisir
» purement spirituel que l'idée de ma perfection me
» présente, il faut que je résiste toujours au pen-
» chant de mon cœur, et que je rame avec un
» effort continuel contre un courant qui m'entraîne.
» La raison, à laquelle on me renvoie, est un maître
» dur, austère, inexorable, qui s'oppose toujours à
» mes désirs, plus capable de m'éclairer par sa lu-
» mière, que de m'attirer par un charme efficace,
» et plus propre à me condamner quand j'ai mal
» fait, qu'à me donner la force de bien faire, parce
» que ses leçons froides et inanimées ne sauroient
» l'emporter sur la douceur séduisante d'un plaisir
» actuel qui me paie comptant, pour ainsi dire;
» au lieu que la raison me remet toujours à un
» terme éloigné, pour me dédommager dans l'ave-
» nir de ce qu'elle me fait perdre dans le moment
» présent.

» Je conviens, si l'on veut, que je trouve dans
» mon intelligence toutes les idées qui me font con-
» noître la véritable route du bonheur, et, dans
» ma volonté, si elle est pleine et entière, toute
» la force dont j'ai besoin pour les suivre. Mais,
» je ne l'ai jamais cette volonté pleine et entière : je
» ne veux ma perfection qu'à demi, ou plutôt je la
» veux et je ne la veux pas : une partie de moi-
» même la désire, et c'est la plus foible ; une autre
» partie s'en éloigne, et c'est la plus forte. Malheu-
» reux, si vous voulez, mais sans pouvoir l'éviter,
» et réduit à chercher au moins une consolation et

» un adoucissement de mon malheur dans les biens
» sensibles, parce que ma foiblesse ne peut l'at-
» tendre de cette perfection prétendue qui est au-
» dessus de mes forces dans la situation où je me
» trouve.

» Telle est, me dira-t-on, la véritable condition
» de l'homme, qu'il ne peut se dissimuler à lui-
» même, et qui suffit pour montrer ou la fausseté ou
» du moins l'inutilité de mes principes. Parler au-
» trement, et vouloir persuader à l'homme que son
» amour-propre même le conduit naturellement à
» sa perfection, unique source de son bonheur,
» c'est ignorer le fond de la nature humaine, à la-
» quelle on veut donner des lois ; c'est tomber dans
» l'inconvénient de ces orateurs ou de ces poètes
» qui perdent le vrai et le naturel, en voulant at-
» traper l'extraordinaire et le merveilleux ».

On ne m'accusera pas au moins d'avoir voulu
diminuer ou affoiblir, par mes paroles, le poids de
cette objection. Loin d'en être effrayé, j'en prends
au contraire un grand avantage pour m'affermir dans
mes principes, et pour mieux développer l'usage que
j'en dois faire par rapport à la vue principale que
je me propose dans cet ouvrage.

Qu'on donne donc autant de force et d'étendue
que l'on voudra aux argumens que l'on tire contre
moi de ma foiblesse ; qu'on les amplifie à l'infini,
comme il est facile de le faire, il n'en résultera jamais
autre chose, si ce n'est qu'il est rare et difficile à
l'homme d'être vraiment raisonnable. Mais est-ce là
le point où se réduit la question que j'examine ? Quel
est l'objet commun de toutes mes méditations en général et de celle-ci en particulier ?

Ai-je entrepris de prouver que l'homme fait ordinairement un bon usage de sa raison, soit pour
découvrir la règle de ses devoirs dans la spéculation,
soit pour la suivre dans la pratique ? Loin de vouloir démentir une expérience trop certaine, j'ai employé au contraire deux méditations presque entières
à me bien convaincre que les opinions des autres

hommes, et encore plus leur conduite, n'étoient pas
la règle de mes jugemens sur l'idée que je cherche
à me former de ce qu'on appelle la justice naturelle. C'est la découverte de cette idée qui est le
véritable sujet de mes longues recherches. Entre
ceux qui en nient la réalité et moi qui crois la sentir,
il ne s'agit pas même de savoir précisément si je puis
la suivre dans la pratique, ou si j'ai besoin pour
cela d'un secours étranger. La seule question qui
nous divise, consiste à examiner s'il m'est possible
de découvrir clairement, par les seules lumières de
ma raison, l'idée d'une justice qui soit telle par sa
nature, et indépendamment de la volonté positive
de tout législateur. Qu'il soit facile ou difficile à
l'homme de conformer ses pensées, ses sentimens,
ses actions à cette idée ; qu'il soit commun ou qu'il
soit rare de trouver dans le monde des esprits capables de la connoître et de la suivre, c'est une
question étrangère qui, pour parler comme les jurisconsultes ou comme les théologiens, est plus de
fait que de droit, et dont il est même inutile, pour
ne pas dire dangereux, de se trop remplir l'esprit :
elle ne sert qu'à l'embarrasser par l'opposition de
l'exemple à la règle ; et que m'importe d'examiner
ce que les hommes font ou ce qu'ils ne font pas,
puisque si je suis une fois bien convaincu que la justice naturelle n'est pas une chimère, je ne suis pas
moins obligé d'en observer les lois, quand tous
les hommes du monde conspireroient ensemble à
les violer.

L'objection qu'on tire des difficultés attachées à
la pratique du devoir, n'en est donc pas une par
rapport à l'idée même du devoir, qui est l'objet
commun de toutes mes méditations; car il est évident qu'une règle distinctement aperçue, ne devient
pas obscure et douteuse, parce que l'observation en
est pénible.

Mais cette objection a-t-elle quelque chose de
plus solide, ou même de plus spécieux, contre la
vérité, qui est l'objet particulier de ma méditation

présente, je veux dire, contre ce principe fondamental que mon amour-propre, lorsqu'il est raisonnable, tend naturellement à la perfection de mon être comme à son souverain bien? C'est un doute qui n'est pas plus difficile à résoudre.

Si je me suis arrêté si long-temps à prouver en tant de manières la vérité de cette proposition, quoique ce ne soit encore qu'un préliminaire par rapport à l'idée de la justice que je cherche à découvrir, c'est que j'avois à combattre ce préjugé faux, mais qui n'en est pas moins commun que notre amour-propre, la seule règle qu'on veut que nous connoissions de nous-mêmes, est essentiellement l'ennemi de toute justice, parce qu'il ne la souffre jamais qu'avec peine, et qu'il se porte toujours à s'y soustraire.

J'ai donc été obligé d'étudier à fond cette inclination dominante qui est le premier mobile de notre cœur, pour me mettre en état de bien connoître s'il est vrai que naturellement elle résiste à tout ce qu'on appelle devoir, ou si elle ne le fait que par accident, ou plutôt par un déréglement contraire à sa véritable nature.

J'ai supposé dans cette vue que mon amour-propre étant le fonds même de la volonté d'un être raisonnable, devoit aussi, en agissant selon son essence même, se conduire par la raison. Voilà le premier principe de cette méditation : c'est le point d'où je suis parti, et dont il faut nécessairement que tous les hommes partent avec moi, s'ils ne veulent pas renoncer à la qualité d'êtres raisonnables : car comment le seroient-ils si leur amour-propre, qui anime et qui dirige tous leurs mouvemens, ne l'étoit pas?

Or, ce principe une fois supposé, toute la question se réduit à savoir, non pas ce que l'amour opère le plus souvent en moi, mais ce qu'il y opérera véritablement si c'est la raison qui le conduit; et, sans m'embarrasser de ce que les hommes font, j'ai dû me réduire à examiner ce qu'ils doivent faire agissant raisonnablement.

Il falloit pour cela connoître exactement ces trois points importans, je veux dire l'objet, la nature de mon amour-propre, et la route qu'il doit suivre pour tendre sûrement à son but et remplir toute sa destination.

J'ai tâché de me former une juste idée de ces trois choses : je les ai étudiées non-seulement dans mon esprit, mais dans mon cœur : j'ai joint partout, autant qu'il m'a été possible, les preuves de sentiment aux preuves de raisonnement, et, sans répéter ici ce que j'ai dit avec tant d'étendue sur une matière si féconde, je conçois à présent que toute cette longue méditation peut se réduire à quatre propositions aussi simples qu'évidentes, qui forment une espèce de démonstration de la vérité que j'ai voulu établir.

Je désire nécessairement, invinciblement, perpétuellement d'être heureux.

Mais moi qui ai ce désir, je suis un être raisonnable, qui ne peut tendre à mon bonheur d'une manière convenable à ma nature, qu'en y aspirant suivant les idées que me donne ma raison.

Or, elle me montre clairement que c'est dans ma perfection et dans le contentement attaché à la complaisance avec laquelle je la regarde, que consiste mon bonheur.

Donc elle me montre aussi que le seul moyen d'être heureux, est de travailler à me rendre parfait.

Je connois donc clairement ces deux vérités également incontestables : l'une que mon amour-propre doit être raisonnable ; l'autre, que s'il l'est, il doit suivre la route que je viens de me tracer pour arriver à la félicité.

Il y a donc un devoir que j'aperçois par les seules lumières de la raison ; et il n'est pas vrai que mon amour-propre, ennemi par essence de toute règle, ne tende lui-même qu'à en secouer le joug, pour suivre au hasard l'attrait du premier plaisir qui s'offre à sa vue.

Combat-on bien cette conclusion générale, qui est comme le fruit de ma méditation, en me disant qu'il

est rare que l'homme ait assez de raison et de force
pour conformer sa conduite aux règles que je viens
de me prescrire ? C'est comme si l'on vouloit me
prouver que toutes les idées de la plus profonde géométrie sont fausses ou impossibles à découvrir, parce
qu'il y a très-peu d'hommes qui aient ou assez d'attention dans l'esprit, ou assez de persévérance dans
la volonté pour en comprendre les démonstrations.
Ne répondrois-je pas d'abord à ceux qui me tien-
droient ce langage : que m'importe de savoir s'il y
a beaucoup d'hommes qui puissent ou qui veuillent
devenir géomètres ; en ai-je moins, pour cela, une
idée claire des règles de la géométrie que tout esprit,
suffisamment attentif, est capable de comprendre ?
En sais-je moins, pour cela, ce qu'il doit faire pour
y parvenir ; et, comme je ne cherche que cette connoissance, que m'importe, encore une fois, de deviner si le plus grand nombre des hommes voudra l'acquérir ? Leur caprice ou leur paresse ont-ils quelque
pouvoir sur mes idées ? Et prouve-t-on bien le défaut
de puissance par le défaut de volonté ? Il n'y a que
la répugnance des idées mêmes, qui en montre l'impossibilité ou la fausseté, et celles de la géométrie
demeureront toujours également certaines, soit qu'il
y ait beaucoup d'autres hommes qui les contemplent
comme moi, soit que je sois, sur la terre, le seul
mortel qui s'y applique.

Je fais donc la même réponse à ceux qui combattent, de la même manière, l'idée que j'ai conçue
des devoirs de mon amour-propre. Que leur sert de
me dire qu'il y a peu d'hommes qui soient véritablement raisonnables, encore moins qui agissent comme
s'ils l'étoient ? Mon objet unique est d'examiner, non
pas s'ils le sont, mais ce qu'ils doivent faire, s'ils le
sont effectivement ; de même que j'examine, sur la
géométrie, non s'il y a beaucoup de géomètres, mais
ce que doit faire celui qui veut remplir toute l'étendue de ce nom.

Or, les idées que j'ai, sur ce point, ne sont ni
plus claires ni plus distinctes que celles qui ont frappé

mon esprit, sur le devoir de mon amour-propre; en
le supposant raisonnable et agissant raisonnablement;
donc, j'ai une égale certitude des deux côtés, c'est-
à-dire, que je conçois, aussi évidemment, par quelle
route mon amour-propre doit tendre à mon bonheur,
que je sais par quelle méthode un géomètre peut découvrir les propriétés d'une ligne courbe. La supposition, sur laquelle ma connoissance est fondée, n'est
ni plus douteuse ni plus arbitraire dans un cas que
dans l'autre; le géomètre suppose que l'homme ne
doit donner son consentement qu'à des idées claires,
comme il ne sauroit le refuser à celles qui le sont.
La même vérité est la base de tous mes raisonnemens
sur les devoirs de l'amour-propre. Nous supposons,
tous deux également, que l'homme est raisonnable.
Or, le supposer tel, c'est prendre pour principe,
non-seulement ce qu'il doit être, mais ce qu'il est
par sa nature; c'est raisonner sur le fondement de son
essence même; en un mot, c'est supposer simplement
qu'un homme est un homme. Tout ce que j'ai établi
n'est qu'une conséquence directe et nécessaire de
cette première vérité. La difficulté de la suivre, quelque grande qu'on veuille l'imaginer, en détruit-elle
l'évidence? Il faut ou combattre ce principe ou admettre les conséquences : mais, comment pourroit-on
combattre un principe si évident? Dira-t-on,

Ou que l'homme n'est pas un être raisonnable?

Ou qu'il a reçu, en vain, ce qu'il appelle sa raison,
puisqu'il n'est pas le maître d'en faire un bon usage,
dans le point le plus important de tous, c'est-à-dire,
dans ce qui regarde sa félicité?

Ou qu'il est faux que tout homme désire souverainement d'être heureux?

Ou enfin, que la nature, ou plutôt son auteur, ne
lui en inspire le vœu, que pour en faire la cause infaillible de sa misère, parce que, s'il veut être parfait, unique moyen de se rendre heureux, il rencontre d'abord l'impossible, ou, s'il se réduit au facile,
je veux dire, à demeurer imparfait, il y trouve toujours son malheur?

D'Aguesseau. Tome XIV.   24

D'un côté, il est clair qu'il faut soutenir, au moins, une de ces quatre propositions, pour attaquer la vérité que j'ai établie ; de l'autre, il n'est pas moins évident qu'elles sont toutes également absurdes, et constamment désavouées, je ne dis pas seulement par l'esprit, mais par le cœur de tous les hommes.

Par conséquent, je trouve encore ici ce genre de démonstration que les géomètres appellent la *réduction à l'absurde*, et qui n'est jamais mieux placée que lorsqu'elle ne sert, comme ici, qu'à confirmer ce qui a été déjà démontré par des preuves directes et naturelles, tirées des idées les plus pures et les plus lumineuses que la raison puisse nous donner. Elles acquièrent toutes un nouveau degré de certitude, quand je vois que pour les combattre il faut aller jusqu'à méconnoître dans l'homme ce qui constitue l'essence de l'homme même. L'absurdité de l'opinion contraire ne vient donc ici qu'à l'appui de l'évidence qui caractérise celle que j'ai embrassée ; et, après avoir reconnu qu'il suffit d'être sensé pour concevoir clairement la vérité que j'ai établie, ce dernier genre de preuve me montre encore qu'il faut être insensé pour n'y pas soumettre son esprit.

La démonstration me paroît donc complète sur ce point : ainsi, je demeure tranquille dans la possession, non-seulement de mon être raisonnable, mais de l'amour raisonnable que j'ai pour cet être ; et je me fais un plaisir de remarquer que je ne suis parvenu à cette démonstration, que parce que j'ai suivi fidèlement les axiomes que j'ai pris pour guide en commençant mes recherches, c'est-à-dire, que j'ai tâché uniquement de faire un bon usage de ma raison, pour me former une notion exacte de mon amour-propre ; et, comme en examinant les difficultés qui m'arrêtent souvent lorsque je veux agir conformément à sa véritable nature, je me suis trouvé dans le cas où un sentiment confus qui vient de ma foiblesse se révolte contre les idées claires et distinctes de mon esprit, j'ai observé la règle que je m'étois prescrite dans mon cinquième axiome, et ma raison seule a déterminé ce combat de moi-même contre moi-même, en prenant le parti qui convient uniquement au bonheur de mon être, véritable fin ou plutôt unique terme de mon amour-propre.

Il ne me reste donc rien à désirer sur la connoissance de cette inclination, considérée en elle-même, qu'on m'avoit représentée comme essentiellement ennemie de ma perfection, sans prendre garde qu'on en faisoit par là l'ennemi de mon bonheur ; au lieu qu'en étudiant mon amour-propre avec les yeux de la raison, j'ai été pleinement convaincu qu'il ne m'a été donné par mon auteur que pour être au contraire l'ami de ma perfection, et devenir par là l'instrument de ma félicité.

Mais j'en ai distingué d'abord deux espèces : j'ai dit qu'il y a un amour-propre direct, immédiat, absolu, qui m'attache à ma perfection comme à mon bonheur ; et un amour-propre médiat, relatif, qui m'unit aux êtres dont je puis recevoir le bien qui est l'objet de mon affection, ou qui peuvent contribuer à m'en faire jouir.

J'ai épuisé dans cette méditation, autant qu'il m'a été possible, tout ce qui regarde la première espèce d'amour-propre, et j'y ai même jeté les premiers fondemens de ce que je dois dire sur la seconde : c'est celle que je dois examiner présentement en méditant sur la nature de l'amour relatif qui m'attache à d'autres êtres par rapport à moi, avec autant d'attention que je viens de le faire sur l'amour direct et absolu ; et je destine la méditation suivante à approfondir cette matière qui ne sera guère moins intéressante pour mon cœur et pour mon esprit.

24 *

HUITIÈME MÉDITATION.

SOMMAIRE.

Est-il naturel à l'homme d'aimer ses semblables? Ou n'a-t il reçu de la nature pour eux qu'une indifférence absolue, en sorte qu'il ne se détermine à les aimer ou à les haïr que par accident et suivant que son intérêt l'exige? Pour résoudre ce problème, il faut démêler exactement l'objet, la nature et les caractères de l'amour et de la haine; il est nécessaire aussi de connoître la situation naturelle des hommes comparés les uns avec les autres. Ces deux préliminaires sont l'objet de la méditation présente. Il n'y a que les êtres placés à côté de moi, c'est-à-dire, les hommes, mes semblables, qui soient proprement l'objet de mon amour relatif: je les considère comme ayant le pouvoir et le vouloir de contribuer à ma perfection et à mon bonheur; il n'y a que mes semblables non plus qui puissent être l'objet de ma haine. Les hommes sont l'objet de mon amour par le bien que je leur fais, autant et souvent plus que par celui que j'en reçois: et ceux à qui j'ai fait du mal, me sont souvent plus odieux que ceux de qui j'en ai reçu. Les biens et les maux qui excitent mon amour ou ma haine, peuvent être réels ou imaginaires. C'est une vérité reconnue de tous les hommes, que le bien ne les touche pas à proportion aussi vivement que le mal. Ce sentiment est fondé dans la nature. On distingue dans l'amour, outre le sentiment direct et principal, d'autres sentimens réfléchis ou accessoires qui lui donnent de nouvelles forces et en augmentent le plaisir. Ces sentimens accessoires accompagnent toujours l'amour que j'ai pour mes semblables, soit que cet amour soit excité par la vue du bien qu'ils peuvent me faire, soit qu'il le soit par celle du bien que je leur fais, soit qu'il ait pour fondement et pour motif les qualités et les vertus de ceux qui en sont l'objet. Douceur et avantage d'une amitié réciproque. Elle adoucit mes peines: elle augmente mes plaisirs. L'amour ne sauroit être pénible ni douloureux par lui-même: les peines qui en troublent la douceur viennent d'une cause étrangère. La haine fait sur mon ame une double impression, l'une triste et l'autre consolante. Les sentimens principaux ou accessoires de la haine, sont directement contraires à ceux de l'amour. La haine est malheureuse lors même qu'elle est excitée par des maux réels; plus malheureuse encore quand

elle est allumée par des maux imaginaires. Vains adoucisse-
mens qu'elle cherche dans la vengeance ou dans d'autres
sentimens. L'amour pur et sans mélange est le comble du bon-
heur ; et la haine pure, l'extrémité de la misère. Impressions
que l'amour et la haine font sur notre corps ; effets qu'ils pro-
duisent dans la société : nouvelle preuve que l'homme trouve,
sans comparaison, plus de plaisir dans l'amour que dans la
haine. On entend ici par le terme d'amour, une pente rai-
sonnable à recevoir des autres hommes les biens qui convien-
nent à la nature de mon être, et à leur en faire de semblables
par quelque motif que ce puisse être, pourvu qu'il se rapporte
à ma perfection et à ma félicité. Après le premier prélimi-
naire, on étudie attentivement la situation naturelle de
l'homme considéré en lui-même, ou dans les rapports qu'il a
avec ses semblables. Sa foiblesse et sa misère dans l'état de
solitude, où il n'a encore aucune liaison avec les autres
hommes. S'il s'unit à eux pour suppléer à ce qui lui manque :
ce qui se présente d'abord à ses regards, c'est le pouvoir qu'il
a sur eux et qu'ils ont sur lui ; ce sont les rapports et les liens
qui unissent les hommes entr'eux, et les obstacles qui les di-
visent ; les biens qu'ils peuvent attendre, et les maux qu'ils
ont à craindre les uns des autres ; les moyens par lesquels un
particulier peut se procurer les uns et éviter les autres : ces
traits développés donnent une juste idée de l'homme considéré
au milieu de la société. Avantages et inconvéniens de la so-
ciété : les biens y surpassent de beaucoup les maux. Six
grands canaux par lesquels la société nous communique ses
avantages ou nous en assure la possession, savoir : la parole
et l'écriture, les arts et le commerce, la puissance des armes
et la protection des lois. Trois moyens pour se procurer les
biens qu'on peut attendre des autres hommes, et pour éviter
les maux qu'on peut craindre de leur part : la violence, l'ar-
tifice et une affection sincère pour eux. Les deux premiers,
non-seulement inefficaces, mais funestes à celui qui les em-
ploie : le dernier est le seul qui soit raisonnable et constam-
ment utile.

Mon amour, ne trouvant pas en moi seul de quoi
rassasier ses désirs, se plaît à se répandre au dehors,
et, ne se renfermant plus dans mon sein, il s'attache
à d'autres êtres pour y trouver les biens qui me manquent ; mais il ne cesse pas, pour cela, de conserver
toujours le caractère d'amour-propre : s'il semble se
porter directement vers ces objets, ce n'est que par
une espèce de tour ou de circuit qui le ramène bientôt
à moi. Je veux m'aimer en eux et par eux ; et c'est

ce qui m'a donné lieu de dire que ce mouvement de mon cœur, qui tend à des biens étrangers, pouvoit être appelé un amour médiat et indirect de moi-même, ou un amour relatif à mon amour-propre, parce qu'il renferme toujours un rapport intime et essentiel à ma propre satisfaction. Mais je remarque d'abord une grande différence entre ces deux espèces d'amour, quoiqu'elles tendent à la même fin.

L'une n'a rien d'obscur ni d'équivoqué : l'homme n'a jamais douté, l'homme ne doutera jamais qu'il ne s'aime naturellement ; une conscience certaine lui rend cet amour présent dans tous les momens de sa vie ; aussi n'ai-je fait aucun effort pour m'en convaincre dans ma dernière méditation ; et, sans m'a-muser inutilement à me prouver que je m'aime, je n'ai fait usage de ma raison que pour tâcher de m'apprendre à me bien aimer.

Mais est-il aussi naturel à l'homme d'aimer d'autres êtres en qui il trouve une apparence de bien ? et cette inclination a-t-elle sa source, comme la première, dans le fond même de l'humanité ? C'est sur quoi l'homme n'est pas toujours d'accord avec lui-même ; et je crois sentir deux raisons de cette différence :

1.º Il n'est point de véritable haine qui soit opposée à l'amour que j'ai pour moi. Je peux bien n'être pas aussi content de mon cœur ou de mon esprit que je désirerois ; et, en effet, il m'arrive souvent de me regarder avec une espèce de douleur, mais c'est une douleur d'amour, et non pas de haine. Je suis affligé de ne pas me trouver assez parfait ou assez heureux ; mais je ne saurois tendre, par une volonté expresse et formelle à mon imperfection ou à mon malheur, ce qui seroit le véritable effet de la haine ; et, si mes actions m'y conduisent souvent, c'est parce que je suis trompé par une fausse apparence de per-fection ou de félicité.

J'éprouve, au contraire, une haine qui est direc-tement contraire à l'amour que je sens quelquefois pour d'autres hommes. Leur perfection m'importune, leur bonheur me déplaît; j'aime à les trouver imparfaits ou à les voir malheureux; et, comme ils me nuisent souvent, je cherche aussi souvent à leur nuire.

Ainsi, également susceptible, à leur égard, d'amour ou de haine, je ne sais si ces deux sentimens me sont également naturels, ou s'il n'y en a qu'un des deux qui le soit; et j'ignore, ou je doute, en ce cas, si c'est l'amour ou la haine; je puis même m'imaginer, que ni l'un ni l'autre ne sont en moi l'ouvrage de la nature, et que je n'ai reçu d'elle qu'une indifférence absolue pour tout autre être que le mien, laquelle ne se détermine, ou du côté de l'amour ou du côté de la haine, que par accident, selon que les autres êtres me deviennent utiles ou nuisibles, agréables ou désagréables.

Mon esprit demeure donc suspendu entre ces différentes pensées, dont aucune ne le frappe d'abord avec une entière évidence; et telle est la première raison qui m'empêche de reconnoître en moi un amour naturel pour mes semblables, aussi aisément que j'y connois un amour naturel pour moi-même.

2.º L'affection que les hommes se témoignent quelquefois les uns aux autres, n'est jamais si clairement marquée, qu'il n'y reste toujours quelque chose de suspect ou d'équivoque. L'intérêt, la vanité, l'amour du plaisir, la crainte de la douleur, n'empruntent que trop souvent le dehors d'une amitié pure et sincère. Trompés plusieurs fois par de vaines apparences, nous tombons insensiblement dans une défiance universelle, qui nous porte enfin à penser que tout ce qui passe pour un amour réciproque entre les hommes, pourroit bien n'être qu'un nom spécieux dont notre intérêt se sert, pour mieux parvenir à ses fins sous une face plus agréable.

Ainsi se forme ce problème célèbre, qui consiste à savoir s'il est naturel à l'homme d'aimer ou de haïr ses semblables; et il se trouve même des philosophes qui daignent à peine donner le nom de problème à cette question.

Ces hommes, me disent-ils, qui vous semblent

rechercher votre connoissance, et désirer votre amitié, ne connoissent et n'aiment qu'eux-mêmes. Le désir d'être heureux leur est naturel ; mais, c'est ce désir même qui les porte à vouloir rendre tous les autres malheureux. Ils croient avoir un droit acquis sur tout ce que vous possédez, et qui leur convient ; droit aussi absolu qu'universel, qui réside dans leur seule volonté, et qui renferme la puissance de vie et de mort. Malheur à vous, si vous n'avez point d'autre ressource que cet amour imaginaire dont vous supposez que la nature a jeté les semences dans leur cœur ; vous seriez bientôt sacrifié à leurs passions. Travaillez donc à devenir plus fort qu'eux ; et, ne pouvant vous empêcher vous-même de les haïr, apprenez seulement à les haïr habilement, c'est-à-dire, d'une manière qui leur nuise, s'il en est besoin, et qui vous profite véritablement.

Frappé d'une peinture si effrayante du genre humain, je crois voir cette troupe meurtrière, qui sortit du camp où Cadmus avoit semé les dents d'un dragon.

Tous les hommes sont-ils donc semblables à ces enfans de la Terre, comme Ovide les appelle, qui vinrent au monde les armes à la main, et qui les tournèrent d'abord contre leurs pareils, ou plutôt contre leurs frères ? Mais cette comparaison n'effrayera point mes philosophes : elle est juste, me diront-ils, et nous l'adoptons dans tous ses points ; car, comme les restes malheureux de cette troupe furent avertis par Minerve de déposer des armes funestes, et de sauver leur vie, en s'abstenant de l'ôter aux autres, il vient aussi un temps où les hommes, las de se déchirer mutuellement, et perdant plus par les injustices de leurs semblables qu'ils ne gagnent par celles qu'ils leur font, s'unissent enfin par crainte plutôt que par amour, et, conservant au-dedans le même fond de haine, ils le couvrent au-dehors d'une apparence d'amour, toujours prête à disparoître, et qui disparoît, en effet, toutes les fois qu'ils croient pouvoir haïr et nuire impunément.

J'avouerai, si l'on veut, que la conduite d'une grande partie des hommes ne donne que trop de couleur à une opinion qui fait si peu d'honneur à l'humanité.

Mais est-ce par leurs actions que je dois décider de la nature et des mouvemens réguliers de mon amour ? Et n'est-ce pas, au contraire, comme je l'ai établi d'abord par la seule idée de cet amour considéré tel qu'il est en lui-même ; je veux dire, comme l'inclination d'un être raisonnable, qui, soit qu'elle se renferme au-dedans de moi, soit qu'elle se répande au-dehors, doit toujours tendre à la perfection et au bonheur de mon être ?

J'ai suivi constamment ce principe dans ma méditation précédente ; je le suivrai aussi fidèlement dans celle-ci, et surtout dans l'examen du problème que je viens d'exposer, et qui en sera le plus important sujet.

Mais, pour me mettre en état de juger plus sûrement, si c'est l'amour ou la haine, le désir de faire du bien ou celui de faire du mal, qui sont naturels à l'homme, j'ai besoin d'acquérir des connoissances que j'appelle préliminaires, parce qu'elles me sont absolument nécessaires pour résoudre une question si intéressante.

Je dois m'attacher d'abord à développer exactement jusqu'aux moindres replis de ces deux sentimens, qui dominent si ordinairement dans mon cœur, et que j'opposerai toujours l'un et l'autre, afin que leur opposition et leur contraste même les mette, à mes yeux, dans un plus grand jour.

Mais ce seroit peu, pour moi, d'avoir bien compris, en général, quels sont les différens caractères de l'amour et de la haine, si je n'y joignois la connoissance du véritable état, ou de la situation naturelle des hommes, comparés les uns avec les autres ; connoissance sans laquelle je ne saurois faire un juste discernement de ce qui convient, ou de ce qui peut être contraire à leur nature. Ce sera donc là le point préliminaire que je tâcherai d'approfondir, en suivant les idées les plus simples que la raison et l'expérience me donnent sur ce sujet.

Après cette double préparation, j'entrerai dans le fond de la question principale que je me suis proposé de traiter ici, et si je puis la résoudre par les notions que j'aurai acquises; si elles me convainquent que l'amour dont je parle à présent est aussi conforme à la nature de mon être, que la haine y est contraire, il ne me restera plus, pour suivre encore, sur cette matière, l'ordre de ma dernière méditation, que d'examiner quels sont les devoirs de cet amour, et de connoître la route dans laquelle il doit me faire marcher, pour me rendre aussi parfait et aussi heureux par mon affection pour les autres, que par mon attachement pour moi-même.

Mais, comme mon esprit aura besoin de respirer plus d'une fois, en traitant des sujets qui demandent une si longue et si profonde discussion, j'y trouverai aisément de quoi remplir trois méditations différentes. Les deux points que j'ai appelés préliminaires seront l'objet de celle-ci; la suivante sera destinée, toute entière, à l'examen du problème dont je cherche la solution, et j'emploirai la dernière à l'explication des conséquences ou des règles qui en résultent, sur la conduite de mon amour à l'égard des autres hommes.

J'entre donc, à présent, dans ce qui fait le sujet propre de cette méditation; et, m'attachant d'abord au premier point, que je dois y approfondir, c'est-à-dire, à la connoissance exacte de l'amour et de la haine, je commence par l'amour. Je distingue deux choses dans celui qui m'attache à d'autres êtres que le mien : l'une, est l'objet; l'autre, est la nature de cet amour.

La première ne mérite pas que je m'y arrête; c'est une vérité évidente par elle-même; et je l'ai déjà supposé par avance, que, de tous les êtres qui me sont connus par la lumière naturelle, il n'y a que les autres hommes qui puissent être l'objet de cet amour, dont je dois examiner la nature.

La Providence m'a placé entre Dieu et ses créatures ; mais Dieu est trop grand pour n'être pas l'objet d'un amour relatif à moi-même. J'ai fait voir, au contraire, que c'est moi qui dois me rapporter entièrement à Dieu. Et, parmi ses créatures, celles qui sont privées d'intelligence sont trop petites pour mériter, de ma part, un véritable amour, même relatif, parce qu'elles ne contribuent point par elles-mêmes ni à ma perfection réelle, ni à ma vraie félicité ; et, s'il y a des règles que je doive suivre dans l'usage de ces sortes de créatures, elles sont toutes renfermées dans celles de mon amour direct pour moi-même.

C'est donc uniquement dans les êtres qui sont à côté ou au niveau du mien, c'est-à-dire, dans les hommes, que je trouve l'objet propre et spécifique de mon amour relatif. Ils ont assez de perfection et de moyens de me faire des biens réels, pour exciter mon affection : ils n'en ont pas assez pour l'épuiser, et pour changer mon amour relatif en amour absolu, qui, me portant à m'unir à eux comme à ma dernière fin, fasse que je m'aime pour eux, au lieu de les aimer pour moi, et, par conséquent, ils ont le véritable caractère que doit avoir l'objet d'un amour, qui, en s'attachant à d'autres êtres, se réfléchit toujours sur moi-même.

Mais, comment, et en quoi précisément sont-ils l'objet de cet amour ? Il n'est pas moins évident que c'est en tant que je les regarde comme bons pour moi, c'est-à-dire, comme capables de contribuer à ma conservation, à ma perfection, à mon bonheur, car, telle est l'idée que j'ai attachée à ce que j'appelle bon ou avantageux à mon être.

En un mot, le bien, ou ce qui me paroît tel, est toujours l'objet essentiel de mon amour ; mais, comme je l'ai remarqué aussi ailleurs, mon cœur n'aime pas seulement le bien, ou le plaisir qui en est le caractère, il aime aussi la cause, ou l'auteur de ce bien, parce qu'en effet cette cause, ou cet auteur, est un bien pour moi, auquel je désire de m'unir pour posséder celui qui peut me le donner.

Ainsi, ou je crois être moi-même cette cause, et alors je n'aime que moi seul, épuisant, en ce cas, toute cette complaisance, qui est toujours le fond de mon amour, ou cette cause est hors de moi; je veux dire que le bien qui excite mes désirs me paroît être entre les mains d'un autre, qui peut m'en faire part; et, en ce cas, je l'aime aussi bien que moi, parce que je me complais en lui, comme dans la source de ma satisfaction, et je me complais en moi, comme goûtant ou espérant de goûter cette satisfaction, qui dépend de lui.

Les mêmes idées me découvrent aussi quel peut être l'objet de ma haine, et en quoi il consiste.

D'un côté, un être raisonnable et docile à la raison ne sauroit jamais se porter à haïr l'Être suprême; car ce seroit haïr le bien par essence, ou le souverain bien, ce qui répugne manifestement à notre nature; et, s'il y avoit des ames capables d'un tel excès, elles seroient aussi insensées que vicieuses, puisqu'au lieu de se haïr elles-mêmes, comme la cause du mal qu'elles souffrent, elles haïroient celui qui ne les punit que parce qu'elles n'ont pas su s'aimer autant qu'il les aime.

D'un autre côté, il seroit absurde que j'eusse une véritable haine pour des créatures privées de raison, qui ne peuvent avoir la volonté de me nuire. Elles me déplaisent à la vérité, par les sentimens pénibles que j'ai à leur occasion, comme elles me plaisent par les sentimens agréables que j'éprouve dans leur usage. Mais ce déplaisir, ou ce plaisir, mérite plutôt le nom de goût ou de dégoût que ceux d'amour ou de haine, parce que je n'aime et je ne haïs véritablement et raisonnablement que ce qui peut contribuer librement à mon bonheur ou à mon malheur.

Il n'y a donc que mes semblables qui puissent être l'objet de ma haine, comme de mon amour relatif; et, de même qu'ils excitent l'un par le bien qui est en leur pouvoir, ils allument aussi l'autre par le mal qu'ils peuvent me faire souffrir. J'aime non-seule-ment le bien, mais celui qui en est la cause; et ma

haine ne s'arrête pas non plus au seul mal que je
sens ; elle ne seroit, en ce cas, qu'une douleur ou
un déplaisir, plutôt qu'une véritable haine. Elle
s'étend donc jusqu'à celui qui en est l'auteur, et
c'est seulement à son égard qu'elle porte justement
le nom de haine.

: Mais les hommes ne sont-ils l'objet de mon amour
ou de mon aversion que par la seule vue du bien
ou du mal que j'en reçois ? Ne puis-je pas aimer en
eux le bien même que je leur fais, ou y haïr le mal
que je leur cause ? Je m'explique, et je développe
plus exactement ma pensée.

Je remarque tous les jours que je m'attache à ceux
à qui j'ai fait du bien, souvent même plus qu'à ceux
de qui j'en ai reçu ; et, quoique cela paroisse d'abord
surprenant, la raison n'en est pas cependant bien
difficile à découvrir. Je me sens, en quelque manière, au-dessous de mes bienfaiteurs ; ils me forcent,
par leurs faveurs mêmes, à reconnoître que je n'avois
pas ce qu'ils m'ont donné ; l'obligation que je leur en
ai renferme donc un aveu tacite de ma foiblesse, ou
de mon indigence ; et de là vient, comme je l'ai
dit ailleurs, que la reconnoissance m'est souvent à
charge. Au contraire, lorsque c'est moi qui fais du
bien à mes semblables, je crois, par la même raison,
exercer une espèce de supériorité sur eux, en leur
donnant ce qu'ils n'avoient pas. Non-seulement je me
complais dans ce sentiment, qu'ils me font concevoir, mais j'aime en eux la preuve qu'ils semblent
m'offrir de ma force et de ma perfection, dont l'opinion est toujours ce qu'il y a de plus agréable pour
moi ; et c'est ainsi qu'il arrive que les hommes deviennent l'objet de mon amour, par le bien que je
leur fais, autant et souvent plus que par celui qu'ils
me font.

J'éprouve à peu près la même chose dans la haine.
Ceux à qui j'ai fait du mal me sont peut-être encore
plus odieux que ceux de qui j'en ai reçu, parce que
je hais en eux jusqu'à ma haine même. Leur présence, leur nom seul semble me reprocher les effets

de mon animosité, qui ne peut se justifier, à mes yeux, qu'en me les peignant avec des couleurs d'autant plus noires, que je leur ai fait plus de mal ; en sorte que, par là, mes torts deviennent, en quelque manière, les leurs ; et que, voulant les rendre coupables de mes fautes mêmes, je hais en eux le mal dont je suis l'auteur, encore plus que celui qu'ils m'ont fait souffrir.

Enfin, outre les biens et les maux que je reçois des autres hommes, n'y a-t-il pas encore des motifs plus déliés, et en un sens plus spirituel, qui m'attachent à eux, ou qui m'en éloignent? J'ai encore besoin d'éclaircir cette nouvelle pensée.

Indépendamment du bien que j'en puis attendre, et avant même que d'y avoir fait attention, je sens que leurs qualités personnelles, comme la droiture de leur cœur, la solidité de leur esprit, l'égalité de leur humeur, l'uniformité de leur conduite, me préviennent en leur faveur, et me forcent à les estimer.

Mais toute estime produit en moi une espèce d'amour, soit parce que je désire naturellement de posséder les avantages que j'admire dans les autres, et qui réveillent en moi l'idée du souverain bien, soit parce que mon goût pour leurs vertus me paroît une marque de ma perfection, et devient, par conséquent, un nouvel objet de ma complaisance en moi-même.

A ces qualités, qui excitent mon estime, les hommes joignent souvent des grâces qui me les font aimer, sans faire aucun retour sur les services réels qu'ils peuvent me rendre. Une douceur naturelle, des talens agréables, un génie vif et amusant dont le commerce me plaît, le dirai-je même, un certain rapport, une convenance, et ce qu'on appelle une secrète sympathie de leur esprit avec le mien, qui fait que je m'aime en les aimant, m'attachent et m'unissent à eux, sans aucune autre raison que celle du plaisir que je trouve dans leur société.

Que tout cela soit compris, si l'on veut, sous le nom général de bien, sans quoi je ne puis concevoir aucun amour. J'y consens très-volontiers ; mais j'ai dû au moins en observer ici cette espèce singulière, et fort différente des avantages qui forment en moi ce qu'on appelle des désirs, ou un amour intéressé, dans le sens qu'on attache communément à ces expressions.

Je puis faire la même réflexion par rapport à la haine. Je hais souvent, sans pouvoir bien définir ce que je hais ; et je dis, comme Martial :

Non amo te sabidi, nec possum dicere quare,
Hoc tantum possum dicere, non amo te (1).

Comme toute estime est un commencement d'amour, tout mépris ou toute improbation renferme une disposition à la haine, soit parce que je crains de ressembler à ceux que je méprise, soit parce que la haine de l'imperfection me paroît une espèce de perfection ; souvent même, outre les défauts qui me les rendent méprisables, ils en ont qui excitent mon aversion, quoiqu'ils ne pensent point, actuellement, à me nuire. La dureté de leur caractère, la pesanteur et la grossièreté de leur esprit, l'inégalité ou la bizarrerie de leur humeur, une espèce d'opposition ou d'antipathie que je trouve entre leur manière de penser et la mienne, m'indisposent contr'eux, me les rendent insupportables, et, par là, odieux, sans aucun autre motif que le dégoût ou le désagrément que j'éprouve dans leur commerce.

On peut, à la vérité, donner le nom de mal à ces sentimens pénibles qu'ils excitent en moi ; mais, comme le genre en est différent de celui qui porte ordinairement ce nom, j'en ai dû faire ici une observation particulière.

Je connois donc, à présent, au moins en général, tout ce qui peut être dans les autres hommes, l'objet de mon amour ou de ma haine. C'est, d'un côté, le bien ou le mal qu'ils me font ; c'est, de l'autre, le bien ou le mal que je leur fais ; et je comprends,

(1) *Epigr. L. 1, Epigr. 33.*

sous ces deux noms, les sentimens agréables ou désagréables qui naissent en moi à la vue de leurs bonnes
ou de leurs mauvaises qualités, et surtout celles qui
ont le plus de rapport ou d'opposition avec mon caractère.

Je n'ai bas besoin d'observer ici que ces biens ou
ces maux, qui excitent ou mon amour ou ma haine,
peuvent être ou réels ou imaginaires, et qu'ils ren-
trent, par là, dans une des distinctions que j'ai faites
ailleurs sur ce sujet. Mais une question plus importante mérite que je m'arrête encore un moment sur
ce premier point, qui regarde l'objet de mon amour
relatif. Le bien qui le fait naître, et le mal qui allume en moi le sentiment contraire, me sont-ils également sensibles? Mon ame en est-elle également
affectée? Ou l'un y fait-il plus d'impression que
l'autre, quand on les supposeroit tous deux dans un
égal degré? C'est une difficulté que je dois tâcher
de résoudre ici, à cause de l'usage que je pourrai
être obligé d'en faire dans la suite.

Il me suffiroit, à la vérité, d'attester, sur ce point,
la conscience de tous les hommes. Ils sentent, comme
moi, que le bien ne les touche pas, à proportion,
aussi vivement que le mal, et qu'il s'en faut même
beaucoup que l'un ne leur plaise autant que l'autre
leur déplaît. La santé les réjouit moins que la maladie
ne les afflige, quoique ce soit un mal qui n'ait rien
de dangereux. La disgrâce les abât plus que la prospérité ne les élève, et la vue de leurs fautes leur
cause plus de tristesse que celle de leurs bonnes actions ne leur inspire de joie.

Mais, s'il faut chercher, dans la nature de l'homme,
la raison de cette différence, je reconnois sans peine,
non-seulement que cela est ainsi, mais que cela doit
être.

Le bien nous plaît, mais il ne nous surprend pas,
ou il nous surprend beaucoup moins que le mal;
nous regardons le premier comme quelque chose qui
nous est dû, et qui nous appartenoit de droit avant
que nous en eussions acquis réellement la possession.

Le mal, au contraire, nous paroît non-seulement étranger, mais opposé ou répugnant à notre être ; l'impression en est toujours accompagnée de surprise, de trouble, d'indignation, parce que nous croyons en devoir être exempts. La nature ne nous semble qu'une bonne mère qui ne fait que ce qu'elle doit pour ses enfans, lorsque nous goûtons la douceur du bien ; mais, si nous éprouvons l'amertume du mal, nous la regardons comme une marâtre, qui nous prive de nos droits les plus légitimes. A-t-elle été, en effet, l'une ou l'autre à l'égard de l'homme ? C'est ce que Pline, le naturaliste, a voulu mettre en question. Mais ce qui n'est pas douteux, c'est que nous la haïssons toujours plus comme marâtre que nous l'aimons comme mère.

A cette idée, que nous avons tous également de ce qui est dû à notre être, nous joignons l'opinion que chacun de nous se forme de son excellence propre, ou de son mérite personnel. Mais cette opinion même diminue notre sensibilité pour le bien, autant qu'elle l'augmente pour le mal. Les plus grands bienfaits perdent une partie de leur prix, et l'estimation des maux les plus légers croît sans mesure, lorsque nous comparons les uns et les autres avec ce que nous croyons mériter. Si les premiers passent à nos yeux pour une simple justice qu'on nous rend, nous nous imaginons souffrir, dans les derniers, une injustice insupportable ; et il faudroit n'avoir pas vécu avec les hommes, pour ignorer qu'ils sont bien moins touchés d'une justice véritable, qu'ils ne se sentent blessés par une injustice, quoique imaginaire, et c'est ce qui fait que ceux qui ont le plus d'orgueil sont les plus ingrats, et en même temps les plus vindicatifs de tous les hommes.

Enfin, après la bonne opinion que nous avons de nous, ce qui nous flatte le plus, c'est celle que les autres en ont. Nous croyons la voir croître par le bonheur dont nous jouissons, et décroître, au contraire, par le mal qui nous afflige ; mais le mépris nous est toujours plus sensible que l'approbation ;

D'Aguesseau. Tome XIV. 25

l'un ajoute peu à l'idée que nous avons de notre mérite ; l'autre la combat directement ; il en trouble au moins la tranquillité ; et, si notre vanité nous rassure contre la censure des hommes, elle nous porte en même temps à haïr beaucoup plus ceux qui nous méprisent qu'à aimer ceux dont l'estime ne nous paroît qu'un témoignage forcé qu'ils rendent à notre perfection.

Je ne dis rien ici que ceux qui ont étudié avec le plus d'attention les mouvemens du cœur humain n'aient remarqué avant moi ; mais, plus ces réflexions sont simples et communes, plus elles me sont utiles pour m'assurer de cette vérité, dont je tirerai ailleurs les conséquences, que le mal qui excite ma haine fait, à proportion, plus d'impression sur moi que le bien qui excite mon amour, quoique l'un et l'autre, considérés en eux-mêmes, soient dans un égal degré.

Concluons donc, de tout ce que j'ai dit sur l'objet de mon amour ou de ma haine, autant qu'ils se répandent au dehors, que cet objet est uniquement le bien ou le mal véritable ou apparent que mes semblables me font, ou que je leur fais, ou les sentimens agréables ou désagréables que j'éprouve à leur occasion, dont les premiers sont toujours moins vifs que les derniers. Je passe maintenant à la nature de mon amour ou de ma haine, qui exigera une méditation plus profonde que leur objet.

Je commence par ce qui regarde l'amour, et j'y distingue d'abord deux sortes de sentimens : l'un, que j'appelle le sentiment direct ou principal ; l'autre, que je nomme le sentiment réfléchi ou accessoire, qui augmente ou qui redouble la force du premier. Il s'agit, à présent, d'expliquer cette distinction.

Suivant les principes que j'ai établis ailleurs, le désir de me complaire, ou ma complaisance actuelle dans mon être, est le fond et l'essence même de mon amour.

Ainsi, celui qui m'attache à un objet étranger doit avoir ce caractère général, c'est-à-dire, qu'il doit

tendre à augmenter ou à affermir ma complaisance
en moi, par mon union ou mon adhésion à des êtres
qui peuvent ou faire croître ou assurer la perfection
ou le bonheur du mien, et c'est même le rapport
de cet amour avec mon bien propre, qui m'a porté
à lui donner le nom d'amour relatif. Or, ce plaisir,
que je goûte en m'appropriant les avantages de l'être
qui excite mon affection, est précisément ce que j'appelle le sentiment direct et principal de mon amour,
lorsqu'il a pour objet le bien que j'attends de mes
semblables.

Mais en quoi consistera ce même sentiment direct,
lorsque j'aime en eux non le bien que j'en reçois, mais
celui que je leur fais? Il est évident que ce sera alors
ma complaisance dans ma bonté ou dans mon pouvoir,
qui sera le plaisir dominant de mon ame; et, au lieu
que, dans le premier genre d'amour, je cherche à
augmenter ma complaisance en moi par le bien que
je veux ajouter à mon être, je cherche, dans le
second, à la faire croître, par la satisfaction de communiquer aux autres le bien que je possède. Le premier plaisir est donc celui d'un indigent, qui aspire
ou qui parvient à acquérir ce qui lui manque; et le
second est celui d'un homme opulent, qui se plaît
à enrichir les autres de son abondance.

Enfin, si ce sont les seules qualités personnelles de
mes semblables, et leur convenance avec les miennes
qui excitent mon affection, comme tout ce qui a
quelque degré de bonté plaît naturellement à mon
ame; le sentiment direct de mon amour sera, en ce
cas, ma complaisance dans cette satisfaction, qui,
comme je l'ai déjà dit, devient, pour moi, une
preuve de ma perfection, par le goût même que je
sens pour la perfection d'autrui.

Mais, outre ces sentimens directs, qui caractérisent chaque espèce d'amour, j'ai dit qu'il y en a
de réfléchis ou d'accessoires, qui lui donnent de nouvelles forces, et qui en augmentent les plaisirs.

En effet, si mon amour est excité par la vue du
bien que j'attends ou que je reçois d'un homme,

outre le plaisir d'espérer ou de posséder ce bien, je crois apercevoir, dans la bienveillance de mon semblable, une preuve de ma propre excellence. Comme je sens que tout amour est accompagné d'un degré d'estime, celui que les autres me témoignent par leur bienfait passe aisément, dans mon esprit, pour un signe de la bonne opinion qu'ils ont de moi. Je me trouve donc autorisé, par là, à me complaire avec plus de confiance dans l'idée que j'ai de ma perfection ; et c'est ce qui forme le premier de ces sentimens accessoires qui augmentent le plaisir direct ou principal de l'amour.

Si les marques de leur affection me font croire que je suis estimable, elles me persuadent encore plus directement que je suis aimable ; qualité qui a même quelque chose de plus touchant pour moi que la première ; et la satisfaction qui est jointe à ce second sentiment accessoire de l'amour, lui est tellement propre, elle en est tellement inséparable, que, quand je ne recevrois aucun gage réel de l'amitié qu'un autre homme a pour moi, je ne saurois penser qu'il m'aime sans goûter une secrète volupté. Mon amour le plus pur, et le moins intéressé, renferme toujours cette espèce d'intérêt, purement spirituel ; et, sans avoir rien de ce qu'on appelle mercenaire, il cherche au moins une récompense noble et délicate dans le sentiment même de l'amour que les autres ont pour moi.

Ainsi, l'effet de cet amour, comme celui de l'amour le plus direct, est toujours de faire croître mon être à mes yeux, soit parce que j'acquiers un nouveau bien, soit parce que le plaisir même de me sentir estimé et aimé me donne une plus grande idée de ce que je suis ou de ce que je crois être.

Par conséquent, mon amour pour mes semblables est aussi un amour d'union, ou qui tend à l'union ; je veux dire qu'en les aimant j'aspire à m'approprier, à m'unir, et incorporer, comme je l'ai dit ailleurs, à ma propre substance, ce qu'ils ont de bon ou d'avantageux pour moi. S'ils étoient donc entièrement parfaits, je voudrois devenir une même chose avec eux; mais, comme ils sont bien éloignés de cette perfection, qui ne se trouve qu'en Dieu, l'union que je veux avoir avec eux est du même genre que l'amour dont ils sont l'objet: union de moyen, si je puis parler ainsi, et non pas de fin ; et je ne la désire , si je suis raisonnable, qu'autant qu'elle me conduit à m'unir à l'Être infiniment parfait.

Tout ce que je viens de dire des sentimens accessoires de l'amour, excité par le bien que mes semblables me peuvent faire, je le dirai aussi de ceux qui accompagnent l'amour que je conçois pour eux par le bien que je leur fais.

Mon estime pour moi croît même encore plus dans cette espèce d'amour, qui flatte plus intimement ma vanité, comme je l'ai déjà remarqué, parce qu'il est une preuve de mon abondance, au lieu que l'autre me reproche, en quelque manière, ma pauvreté.

Je me persuade, d'ailleurs, que l'estime de ceux que j'oblige, ou qui sont témoins de mes bienfaits, s'augmente, pour moi, autant que la mienne, ou du moins leur approbation m'en fait goûter le plaisir avec plus de sécurité.

En acquérant leur estime, je compte encore plus sûrement d'acquérir leur affection. Aussi aimable qu'estimable à leurs yeux, je le deviens encore plus aux miens, et mon amour pour moi est comme un feu qui se nourrit de celui qu'il allume dans le cœur des autres hommes.

L'espérance du retour que j'en attends se joint à ces différens plaisirs, et ajoute, à cette seconde espèce d'amour, tous ceux de la première, qui est excitée par la vue du bien que je reçois et que je désire.

Que, si mon amour n'est fondé que sur les vertus ou les qualités aimables de ceux qui en sont l'objet, il ne manque pas non plus de ces sentimens accessoires qui en augmentent la douceur.

Soit que j'estime ou que j'aime un autre homme, je me sens porté naturellement à mériter aussi son

estime, ou son affection, qui me flatte, d'autant plus
qu'il me paroît plus digne de la mienne. Mais ce désir
même, et les efforts qu'il m'inspire, me sont agréables, parce qu'ils renferment un témoignage de ma
perfection, ou de l'envie que j'ai d'y parvenir. Leur
succès me l'est encore plus, parce qu'il ajoute le
plaisir de me croire estimé et aimé, à celui d'estimer
et d'aimer.

En effet, si je puis y réussir, je goûte en même
temps la satisfaction de l'amour actif et celle de l'a-
mour passif. Deux espèces d'amour qui se réunissent
très-souvent, parce qu'il est rare que j'aime long-
temps sans me croire aimé, et encore plus que je le
croie, sans aimer aussi ceux qui ont de l'affection
pour moi.

Mais cette opinion d'une amitié réciproque me
prépare encore de nouveaux plaisirs.

Elle mêle aux charmes ordinaires de l'amour, la
douceur de sentir les rapports secrets, qui de deux
cœurs semblent n'en faire qu'un seul ; et par là, elle
me conduit bien plus directement à la fin naturelle de
tout amour, qui est l'union de deux êtres.

Outre le plaisir de voir les liens délicats qui sont
comme le tissu de cette union, il se forme par là une
société, et, si je puis parler ainsi, une communauté
de sentimens, qui fait que le bonheur de mon ami,
devient le mien, pendant que le mien croît par l'impression réciproque qu'il fait sur lui, et qui rejaillit
sur moi. Que si cette société renferme aussi la communication des peines qui lui sont propres, outre que
cette communication me fait sentir avec plaisir la
bonté de mon cœur, j'y trouve encore l'avantage de
partager à mon tour mes peines avec mon ami, et
par là d'en supporter plus aisément le poids ; en
sorte que d'un côté l'amitié diminue ma douleur, et
de l'autre, elle augmente mes plaisirs.

Tels sont, sans doute, les sentimens principaux ou
accessoires qui forment la nature et l'agrément de l'a-
mour. Mais si je le considère encore plus intimement,
et par rapport à la situation où il me met, j'y trou-

verai une nouvelle source de plaisir, qui influe même dans tous ceux dont je viens de parler.

Tout amour est une action ou un mouvement de mon ame ; mais toute action ou tout mouvement lui plaît parce qu'elle croit y sentir sa force, comme au contraire, tout état de langu ur et d'inaction lui déplaît, parce qu'elle y trouve une preuve de sa foiblesse.

De là vient, comme je l'ai dit ailleurs, que le désir même lui est agréable, et qu'elle en préfère l'agitation à une entière indolence. Ainsi l'amour, pour nous plaire, n'a besoin que d'être amour ; et je souscris volontiers à la pensée de cette sainte, qui, pour exprimer les tourmens du diable, disoit que c'est un malheureux qui est condamné à ne rien aimer. L'amour est en effet la vie de notre être spirituel, et comme tous les mouvemens qui nous font sentir celle de notre corps, sont accompagnés d'un sentiment de plaisir, ainsi tous les actes de notre amour qui nous montrent, si j'ose le dire, la vigueur de notre ame, nous le rendent agréable, précisément parce qu'il est amour.

Mais, après tout, l'amour n'a-t-il pas ses peines comme ses plaisirs ? Le trouble, l'inquiétude, la jalousie, ne l'accompagnent-ils pas souvent ? Les remords, les regrets, le désespoir même, ne le suivent-ils pas quelquefois ? Et si, dans certains temps, il fait les délices de notre être, n'y en a-t-il pas d'autres où il nous fait payer si chèrement ses plaisirs, que nous voudrions presque ne les avoir jamais goûtés ?

Je pourrois répondre à cette question, qu'il ne s'agit ici que de l'amour raisonnable, qui est le seul dont je cherche à approfondir la nature ; et comme cet amour tend toujours au vrai bien, comme il est assuré d'y parvenir en suivant les conseils de la raison, je trancherois aisément le nœud de la difficulté, en disant que cet amour, s'il pouvoit être tel que je le suppose, n'auroit que des plaisirs sans aucun mélange de ces peines sensibles, que le seul déréglement de l'amour fait souffrir à ceux qui ne savent ni ce qu'ils doivent aimer, ni comment il faut l'aimer.

Mais, comme on ne manqueroit pas de me dire, que je dois peindre l'amour, non tel qu'il devroit être et qu'il n'est presque jamais, mais tel qu'il est en effet dans le commun des hommes, je ne m'arrête point à cette première réponse, et je cherche une solution plus complète dans la nature même de ces peines qui troublent si souvent les peines de l'amour.

Souvenons-nous ici de ce principe général, **que** toute peine vient d'un mal réel ou apparent, comme tout plaisir naît d'un bien véritable ou imaginaire, et que l'un est la cause de ma haine, comme l'autre l'est de mon amour.

Toutes les peines que j'éprouve en aimant sont donc fondées sur un mal qui m'afflige. Tels sont les obstacles qui s'opposent à mes vœux, ou qui retardent pour moi la possession de l'objet aimé ; les événemens imprévus qui me la font perdre après que je l'ai acquise, ou enfin, le changement et l'inconstance de cet objet, la préférence qu'il donne à mes rivaux ou à mes concurrens, l'ingratitude dont il paie mes bienfaits : tout cela certainement n'est pas un bien pour moi, ou du moins je ne le regarde pas de cette manière ; donc il ne sauroit être l'objet de mon amour ; donc les sentimens qui en résultent ne lui appartiennent point, et j'aurois grand tort de lui attribuer ce qu'il abhorre, et qu'il fuit de toutes ses forces : tout cela, au contraire, est un mal, ou il m'en paroît un ; donc c'est l'objet propre de ma haine ; donc les sentimens qui en naissent lui appartiennent ; et c'est elle seule qui, interrompant l'action de l'amour, me fait sentir les peines dont j'accuse mal à propos l'amour qui n'y a aucune part, ou, pour parler encore plus correctement, qui ne fait que les souffrir sans en être la cause ; donc la véritable conséquence que j'en dois tirer, n'est pas que l'amour puisse jamais m'être pénible ou douloureux par lui-même ; mais qu'il faut que la haine me le soit beaucoup, puisque c'est elle qui corrompt et qui empoisonne souvent la douceur de l'amour.

Examinons donc plus à fond la nature de cette passion, qui donnera encore un nouveau jour à celle de l'amour, et qui ne mérite pas moins mon attention, si je veux me mettre en état de juger lequel de ces deux sentimens convient le mieux à mon être.

J'y découvre d'abord un caractère singulier, dont la connoissance est une suite des réflexions que je viens de faire ; et il m'est important de le bien développer, pour comprendre ce qu'il y a de plus essentiel à toute haine.

L'amour peut, sans doute, être troublé par un mélange de peines, qui, comme je l'ai fait voir, ne viennent que d'un mélange d'aversion ; mais il peut aussi n'en éprouver aucune, au moins dans quelques momens, et alors l'impression est simple ou unique, je veux dire, qu'il n'en résulte qu'un sentiment de plaisir.

Il n'en est pas ainsi de la haine ; je n'en connois point qui ne renferme une double impression, ou pour parler plus exactement : je sens, lorsque je hais, qu'il se fait toujours deux impressions différentes sur mon ame ; d'un côté, une impression triste ; de l'autre, une impression consolante ; en sorte que toute haine me déplaît, et me déplaît en même temps. Je m'explique.

D'un côté, comme toute haine est fondée sur un mal réel ou apparent, je ne saurois haïr, sans ressentir une espèce de souffrance ou de douleur, effet naturel du mal dont je crois être frappé ; et c'est même cette souffrance ou cette douleur qui est la cause immédiate de ma haine. Je ne haïrois jamais un objet, si je n'avois que des sentimens agréables à son occasion. Je l'aimerois, au contraire, et pour tout dire en un mot, une haine qui ne supposeroit en moi aucune peine précédente, ne seroit pas même une haine ; comme un amour qui ne supposeroit aucun plaisir causé par la vue de quelque bien, ne seroit pas un amour. Par conséquent, comme toute peine me

déplaît, il n'y a point aussi de haine qui ne me dé-
plaise, quand ce ne seroit que par rapport à la peine
même qui la fait naître.

D'un autre côté, si la haine ne faisoit que me déplaire sans aucun mélange de satisfaction, elle me
jetteroit dans un état qui me seroit entièrement insupportable, puisque la peine qu'elle me feroit souffrir,
n'auroit aucun dédommagement. Je m'efforcerois
donc de sortir au plus tôt d'une situation si désagréable ; et je ne serois pas assez ennemi de moi-
même, pour conserver long-temps dans mon sein
une passion qui se nourriroit, pour ainsi dire, de
mon sang et en pure perte pour moi. Cependant, je
sens souvent que je me plais à l'y faire vivre, et que,
de tous les sentimens de mon cœur, il n'y en a peut-
être aucun qui soit plus durable. Il faut donc nécessairement qu'elle me plaise par quelque endroit, et
que ce plaisir balance au moins les impressions tristes
qu'elle fait sur moi.

Mais rien ne me plaît que ce qui me paroît bon ou
convenable à mon être ; et puisqu'il y a une douceur
attachée à la haine, cette douceur ne peut venir que
d'un avantage que j'espère quand je hais ; comme
la satisfaction d'enlever à d'autres le bien qui excite
mes désirs, ou de leur rendre le mal que je crois en
avoir reçu.

Or, tout bien, ou tout ce qui en a l'apparence,
est ce qui fait naître mon amour. Donc, toute haine,
en tant que j'y joins l'espérance d'un bien véritable
ou imaginaire, est accompagnée d'un mélange d'a-
mour, et c'est ce qui me fait comprendre, comment
il est vrai de dire qu'elle me déplaît et me plaît en
même temps. Elle me déplaît, par la vue du mal qui la
cause, et par la souffrance qui en est une suite ; elle
me plaît, par l'attente du bien qu'elle me promet, et
que je regarde comme le remède de ce mal ; ou, pour
m'expliquer d'une manière encore plus courte, elle
me déplaît en tant qu'elle est haine, elle me plaît en
tant qu'elle est amour.

C'est donc sous ces deux faces contraires que je

dois là considérer, si je veux la bien connoître. Je commence par la première, et je n'envisage d'abord la haine que comme toute occupée du mal qui l'allume dans mon cœur.

Il est évident, par la nature des contraires, que ces sentimens principaux ou accessoires doivent être directement opposés à ceux de l'amour.

Ainsi, quels que soient les motifs de mon aversion, c'est-à-dire, soit que je haïsse dans mes semblables, ou le mal qu'ils me font, ou celui que je leur fais, ou enfin des défauts qui me blessent en eux, surtout par l'opposition que je trouve entre leur caractère et le mien ; le fond de ma haine, contraire à ce que j'ai appelé le fond de l'amour, ne peut être qu'une crainte de me déplaire à moi-même, ou un déplaisir actuel que je sens en me regardant comme privé d'un bien qui m'étoit dû, ou comme souffrant un mal dont je devrois être exempt. Ma complaisance en moi combattue, altérée, humiliée, est donc ce que j'appelle le sentiment direct ou principal de la haine, ou ce qui en constitue véritablement la nature. Il n'est pas plus difficile de développer les sentimens accessoires qui s'y joignent, en les opposant toujours à ceux de l'amour.

Le mal que je reçois des autres me dispose naturellement à croire, que je leur parois peu digne de leur estime ou de leur affection ; au lieu que je me flatte de trouver une preuve du contraire dans leur amour. Mais autant qu'il m'est doux de me croire estimé ou aimé de mes semblables, autant il m'est dur et pénible de penser que je suis l'objet de leur mépris, ou de leur aversion.

Il résulte donc de ces sentimens accessoires de la haine, une peine qui la suit toujours, comme le plaisir opposé est inséparable de l'amour ; et en effet, quand ceux qui me haïssent ne me feroient aucun mal actuel, il suffit qu'ils me haïssent pour me paroître haïssables ; et j'ai pour lors une espèce de haine qu'on peut appeler désintéressée, parce que, sans souffrir aucun préjudice réel, la seule haine, que d'autres ont pour moi, est ce qui sert d'aliment à la mienne.

Serai-je surpris, après cela, de voir que si l'amour tend, par sa nature, à l'union, parce qu'il veut s'approprier le bien qu'il désire, en s'unissant à ceux qui le possèdent, la haine, au contraire, tend d'elle-même à la division ou à la séparation. Je cherche, dans l'un, à faire croître mon être, ou la complaisance avec laquelle je le regarde, et c'est ce qui me porte à m'approcher, autant qu'il m'est possible, de ceux qui peuvent me donner cette satisfaction ; mais la haine étant fondée sur une espèce de diminution de mon être, ou de ce que je crois lui appartenir, elle doit m'éloigner toujours de ceux qui en sont l'objet, parce qu'il m'est aussi naturel de fuir ce que je prends pour un mal, que de courir après ce que je regarde comme un bien.

Que si je hais, dans les autres, le mal que je leur ai fait, je sens de même que j'ai perdu leur estime ou leur affection, et j'y ajoute encore, d'un côté, la peine du reproche que je me fais, d'avoir provoqué leur inimitié, et, de l'autre, la crainte du retour que j'ai sujet d'en attendre.

Lors même que ma haine est seulement fondée sur des défauts personnels qui me blessent, je deviens bientôt haïssable à ceux que je hais, et j'éprouve, par là, quelqu'un des sentimens pénibles que je viens d'expliquer. Cette espèce de haine, qu'excite la diversité ou l'opposition des caractères, des inclinations, des sentimens, a même cela de singulier, que, de toutes les aversions, c'est celle qui nourrit le plus long-temps, entre les hommes, un éloignement réciproque, dont les effets sont entièrement contraires à ceux de l'amour mutuel.

Celui-ci me plaît par la vue des rapports qui en ont formé les nœuds ; l'autre me déplaît, au contraire, parce qu'elle me rappelle toujours l'opposition ou la contrariété qui la fait naître ; je trouve, dans une amitié réciproque, comme je viens de le dire, l'adoucissement de mes peines, l'augmentation de mes plaisirs. Mais, dans la haine du même genre, mes peines croissent par la joie qu'en ont mes ennemis, et mes plaisirs diminuent par la crainte que j'ai de leur envie, ou de tout ce qu'elle leur inspire pour les troubler.

A la vérité, toute haine, comme tout amour, est une action ou un mouvement de notre ame, qui n'agit pas moins en fuyant le mal qu'en poursuivant le bien, et c'est ce qui fait, en partie, qu'il y a bien des hommes qui préfèrent l'activité pénible de la haine à l'inaction froide et insipide de l'indifférence. Mais, dans l'aversion dont je parle à présent, c'est-à-dire, dans celle qui n'est tempérée par aucun mélange d'amour, la douceur qui peut être attachée à son action est tellement surpassée par les sentimens désagréables qui l'accompagnent, que son agitation même, dont elle sent toute l'inutilité, ne sert qu'à rendre son état encore plus insupportable.

Je n'ai rien dit, jusqu'ici, qui ne soit vrai, de la haine, même la moins déraisonnable ; je veux dire de celle qui n'est excitée que par des maux réels, qu'il convient à notre nature d'éviter, autant qu'il lui est possible ; mais, si ce sont des maux imaginaires qui la produisent, elle ajoute encore de nouvelles peines aux premières.

D'un côté, elle multiplie les causes de mon aversion, en y joignant celle qui n'existe que dans ma manière de penser ; elle me montre ou des biens apparens, dont la privation m'irrite, ou des maux aussi peu réels, dont la crainte, ou la souffrance m'est aussi peu sensible. Séduit par son illusion, je n'augmente l'idée de mon être, et le nombre des biens qui me paroissent lui être dus, que pour augmenter, par un effet d'imagination, la mesure de mon indigence. Je n'étends, de même, l'idée des maux dont je crois devoir être exempt, que pour me former de nouveaux genres de disgrâces qui me touchent souvent plus que des malheurs véritables. Ma passion se fait des ennemis que ma raison n'auroit jamais connus ; et plus elle se livre à son erreur, plus elle forge, pour ainsi dire, d'instrumens de son supplice.

D'un autre côté, non-seulement elle augmente le nombre de mes peines; mais il n'en est point dont elle ne redouble la vivacité. Quintilien disoit, en parlant de la mort de son fils : *Non sum ambitiosus in malis, nec augere causas lacrimarum volo. Utinamque esset ratio minuendi* (1).

Et tel est, en effet, le caractère de toute passion qui se laisse encore conduire par la raison; mais la haine, qui en a secoué le joug, fait précisément le contraire. Ingénieuse à irriter sa douleur, et vraiment ambitieuse dans les maux, elle ajoute, à ce qu'ils ont naturellement de fâcheux, des idées fausses, des sentimens étrangers, qui allument le feu de ma colère au lieu de l'éteindre ; et, comme si la malignité de mes ennemis n'étoit pas encore assez grande, elle les peint, à mes yeux, plus méchans ou plus animés qu'ils ne le sont en effet, pour goûter le triste plaisir de les haïr encore plus qu'ils ne le méritent.

Tels sont les principaux caractères de la haine pure, c'est-à-dire, qui n'est adoucie par aucun mélange d'amour. Mais il faut avouer qu'une telle disposition de notre ame a quelque chose de si forcé et de si contraire à notre nature, qu'elle ne pourroit se terminer qu'au désespoir, si elle duroit long-temps, et si le mal qui l'a produit étoit assez grand pour occuper toute la capacité de notre esprit. La ressource ordinaire de tous ceux qui haïssent, est d'espérer un bien qui les dédommagera du tourment de la haine, et un plaisir qui en surpassera la douleur. C'est par là seulement que la haine nous peut plaire, comme je l'ai déjà dit, et vivre même long-temps dans notre sein. Mais, j'ai dit aussi, que si on l'a considérée sous cette face, elle n'est plus haine, à proprement parler, et qu'elle devient un amour de ce bien qui doit réparer le mal que je souffre.

Ainsi, en passant à cette seconde manière d'en-

_____

(1) *De Instit. orat.*, *lib.* 6.

visager la haine, je ne dois pas oublier d'observer
ici que l'amour doit être quelque chose de bien
doux à notre nature, puisqu'il faut que la haine
même se transforme en amour, pour pouvoir nous
plaire.

Deux réflexions, aussi courtes que sensibles, me
suffiront, après cela, pour découvrir quel est alors
son véritable caractère.

1.º Puisqu'elle participe, en cet état, à la nature
de l'amour, je comprends qu'elle doit aussi en acquérir les sentimens, jusqu'à un certain point.

Ainsi, soit que le bien qu'elle espère soit un avantage réel ou apparent, qu'elle veut enlever à ceux
qu'elle poursuit, soit que ce bien ne consiste que
dans l'éloignement ou dans la délivrance du mal qui
la cause, je conçois que son sentiment, direct et principal, est la complaisance que me donne, en moi-
même, ou la jouissance d'un bien certain, ou l'exemption de ce que j'ai regardé comme un mal.

Une partie des sentimens accessoires de l'amour
pur, se retrouve aussi dans celui qui se joint à la
haine.

Ma vanité, surtout, y est souvent flattée. Ma supériorité éclate même, quelquefois davantage, dans
le mal dont je suis l'auteur, que dans le bien qui
vient de moi. J'étouffe, en quelque manière, par
cette pensée, le reproche que je me fais souvent au
fond de mon cœur, quand je hais, dans mes semblables, le mal que je leur ai fait ; et, comme ce mal
se présente à mon esprit, sous la forme du bien,
parce qu'il me montre ma puissance ou mon habileté
dans l'art de vivre, mon amour-propre peut se reposer agréablement dans cette image.

Si ce sont les défauts des autres qui me blessent,
ou l'opposition de leur caractère au mien, haïr en
eux ce qui me paroît une imperfection, devient, pour
moi, une preuve de ma perfection, comme l'horreur du vice est un signe de vertu : et leurs sentimens me paroissent faux, parce que les miens me
paroissent véritables. Je m'imagine que ma haine,

pour leurs erreurs, est le mouvement louable d'une ame qui sait connoître et aimer la vérité.

Enfin, une haine réciproque, quoique souvent dangereuse par ses retours, peut aussi contribuer à faire croître l'estime que je veux avoir toujours pour moi; elle forme comme un combat de force, de talens, d'industrie, de crédit, qui, à la vérité, n'auroit que des peines pour moi, si j'étois sûr d'y être vaincu; mais l'espoir de la victoire, que je regarde comme un grand avantage, soutient ma haine, par l'attente du succès dont je jouis d'avance, par mon espoir même. Ainsi, ce combat me plaît souvent, non parce que je hais le mal, qui en est la première cause, mais parce que j'aime le bien qui me paroît en devoir être le prix.

En un mot, sans entrer dans un plus long détail sur ce sujet, je sens continuellement, en moi-même, la vérité de ce principe, que tout ce qui peut me rendre ma haine agréable ou même supportable, vient uniquement des sentimens, principaux ou accessoires, que l'amour d'un bien, opposé au mal qui excite mon aversion, répand dans mon ame.

2.º Mais, si ces sentimens peuvent adoucir ou balancer l'impression propre à la haine, ils ne peuvent l'effacer ou l'éteindre entièrement, et me mettre dans une situation aussi douce, aussi tranquille, aussi favorable pour moi, que si l'amour seul y dominoit. J'éprouve donc, en même temps, deux sentimens contraires: l'un de déplaisir ou de douleur, parce que le mal, qui est l'objet ou la cause de ma haine, ne cesse point d'agir sur moi; l'autre, de joie ou de consolation, par l'attente du bien que j'espère de faire succéder à ce mal; et je ressemble assez à un malade, qui ne laisse pas de sentir l'ardeur de sa fièvre, ou la violence de sa douleur, dans le temps même qu'il se flatte le plus de sa guérison prochaine.

Ces deux impressions se combattent quelquefois très-long-temps dans mon ame, à mesure que celle de l'amour y acquiert plus de force. Le sentiment

pénible de la haine s'affoiblit et diminue ; et si le
bien que j'aime, comme pouvant réparer le mal qui
excite mon aversion, étoit assez grand pour effacer
entièrement l'impression de ce mal, ma haine s'éva-
nouiroit alors avec sa cause ; le sentiment de l'a-
mour, pleinement victorieux, régneroit seul dans
mon ame.

Or, c'est à cet état d'une réparation parfaite du
mal qui la cause que tend toute haine. Personne ne
hait, qui n'aimât encore mieux n'avoir rien à haïr,
ou voir cesser pleinement, à son avantage, le sujet
de sa haine. Personne, au contraire, ne souhaite de
n'aimer plus, ou de voir périr l'objet de son amour.
L'amour satisfait peut encore croître, quand ce ne
seroit que par le plaisir attaché à sa durée ; et il croît
même toujours, si je le considère, en général, comme
une inclination qui a un objet infini, c'est-à-dire,
le souverain bien. La haine, au contraire, s'éteint par
ce qui la satisfait entièrement. Ainsi, l'un de ces deux
sentimens tend à se conserver, et même à augmenter
toujours ; l'autre, au contraire, aspire à n'être plus :
preuve sensible que la haine, toujours triste et souf-
frante par sa nature, ne se soutient que par l'espérance
de sa fin. Son bonheur consiste à s'éteindre, et à se
transformer en amour ; au lieu que l'amour, bien loin
de tendre jamais à dégénérer en haine, trouve sa félicité à croître, à se dilater, à s'affermir, et à devenir
aussi étendu qu'éternel.

Ces dernières réflexions me conduisent d'elles-
mêmes à comparer, encore plus exactement, l'état
de l'amour avec celui de la haine : comparaison qui
sera pour moi le fruit le plus utile de la connoissance que je viens d'acquérir de l'un et de l'autre,
parce que c'est ce qui me servira le plus, dans la
suite, à juger lequel des deux sentimens m'est le plus
naturel.

Reprenons donc, encore une fois, la distinction de
l'amour pur et de la haine pure, de l'amour mêlé de
haine, et de la haine tempérée par l'amour. Opposons
chaque espèce à chaque espèce, et n'oublions pas,

non plus, les différences qui peuvent se trouver ici entre l'amour et la haine raisonnable, qui ne sont excités que par le désir des vrais biens, ou par la crainte des vrais maux, et l'amour ou la haine, contraires à la raison, que des biens ou des maux imaginaires font souvent naître dans mon cœur.

Si je mets d'abord, dans la balance, l'amour pur d'un côté, et la haine pure de l'autre, je ne vois que des plaisirs dans le premier sentiment, et je ne vois que des peines dans le dernier.

Si mon amour est raisonnable, il me conduit à ma perfection, et, par conséquent, à ma félicité, par le chemin le plus agréable; puisque rien ne me plaît tant que d'aimer. Aucun trouble, aucun remords ne s'oppose à ma satisfaction, parce que mon amour étant raisonnable, j'aime ce que je dois aimer, et je l'aime comme il faut l'aimer.

Quand même mon amour ne seroit pas conforme aux lois de la raison, il me plaît toujours, au moins pendant qu'il dure : autrement je cesserois d'aimer. Je suis, à la vérité, dans l'erreur ou dans l'illusion; mais c'est une erreur agréable, et une illusion qui me flatte, puisque je suppose ici un amour pur sans aucun mélange de haine, c'est-à-dire, un amour qui n'aperçoit encore qu'un bien au moins apparent, et qui n'est point troublé par la vue du mal qu'il se prépare pour l'avenir.

Tout m'afflige, au contraire, comme je viens de le dire, dans l'hypothèse de la haine pure, et rien ne me console.

Si elle est déraisonnable, elle ajoute des peines étrangères à celles qui sont naturellement propres à la haine.

Si elle n'a rien de contraire à la raison, qui ne condamne point l'aversion que j'ai pour ce qui est véritablement nuisible à mon être, elle me fait toujours sentir ma foiblesse ou ma misère : je la devrois même sentir, d'autant plus que le bien dont je suis privé, ou le mal dont je suis affligé, ont une convenance ou une opposition plus réelle avec mon véri-

table bonheur. Mais, quand cette espèce de haine
me rendroit moins malheureux que la haine déraisonnable, c'est une étrange espèce de bonheur, d'être
réduit à penser que l'on pourroit être encore plus malheureux qu'on ne l'est en effet.

Avançons, et disons aussi que, non-seulement,
l'amour pur l'emporte de beaucoup sur la haine pure;
mais qu'il a même un grand avantage sur la haine tempérée, par la vue d'un bien qui y mêle une espèce d'a-
mour. Celle-ci commence à goûter quelque sentiment
de plaisir, mais qui n'étouffe point l'impression de ses
pensées. Et quelle comparaison pourrai-je faire de
cet état avec le bonheur d'un amour, qui, sans aucune
ombre de mal, jouiroit pleinement de son objet ?

Au contraire, la haine pure est un tourment encore
plus cruel que celui de l'amour le plus troublé par un
mélange de haine. Il n'est point absolument malheureux, tant qu'il conserve encore quelque chose de sa
nature : il peut souffrir beaucoup de peines ; mais il
lui reste des plaisirs, puisqu'il n'a pas perdu l'espérance d'obtenir le bien qui le soutient et qui l'anime :
mais la haine pure, destituée de cette espérance même,
puisqu'elle n'aperçoit aucun bien, est un malheur
complet, et sans aucun dédommagement.

Concluons donc, de ce premier degré de comparaison entre le sentiment de l'amour et celui de la
haine, que l'amour pur seroit, pour moi, le comble
du bonheur, et que la haine pure seroit l'excès de la
misère, si l'un et l'autre étoient possibles ou durables
dans l'état présent de l'humanité.

Que dirons-nous, après cela, de l'amour mêlé de
haine, comparé avec la haine mêlée d'amour ? C'est
un second degré, dans le parallèle de ces deux sentimens, qui ne souffre pas plus de difficulté que le
premier.

Comme, dans ce cas, il y a, des deux côtés, un
mélange de bien et de mal, d'affection et d'aversion,
il est évident que, plus mon état approchera de l'a-
mour pur, plus je serai proche de ma félicité, parce
que j'aurai beaucoup moins de peines que de plaisirs;

26 *

et qu'au contraire, je serai d'autant plus malheureux, que je serai plus près de l'état d'une haine pure et sans mélange, parce que j'aurai alors bien moins de plaisirs que de peines. Mon bonheur, ou mon malheur sera donc dans la même proportion que mon amour et ma haine; et, selon que l'un ou l'autre sentiment dominera plus ou moins dans mon cœur, je serai ou plus heureux que malheureux, si c'est l'amour qui l'emporte, ou plus malheureux qu'heureux, si c'est la haine qui est la plus forte.

Cette conséquence sera même également juste, de quelque genre que soit mon amour ou ma haine, parce que je n'examine ici que mon sentiment actuel, considéré tel qu'il est en lui-même, indépendamment de la qualité du bien ou du mal qui le produit. Or, soit que ce sentiment naisse d'un bien ou d'un mal réel, ou qu'il ne soit l'effet que d'un bien ou d'un mal imaginaire, il est également évident, quelque combinaison que l'on fasse ou de l'amour raisonnable avec la haine raisonnable, ou de l'amour contraire à la raison, avec la haine opposée à la raison, ou enfin, de l'amour bien ordonné, avec la haine déréglée, ou de la haine bien ordonnée avec l'amour déréglé; il est, dis-je, également évident que si l'amour, de quelque espèce qu'il soit, prédomine dans mon ame, je serai actuellement plus satisfait que mécontent; et que si c'est la haine qui a l'avantage, de quelque genre aussi qu'elle puisse être, je serai, aussi actuellement, moins satisfait que mécontent.

Mais qu'arriveroit-il, si l'impression du bien, qui allume mon amour, étoit tellement égale à celle du mal qui excite ma haine, qu'il en résultât comme un équilibre parfait? Il semble d'abord que je devrois alors avoir autant de plaisirs que de peines, ou autant de peines que de plaisirs, parce que des causes égales doivent naturellement produire des effets égaux; et j'éprouverois sans doute cette égalité parfaite, entre deux sentimens contraires, s'il étoit vrai que la haine ne m'affectât pas davantage que l'amour, en supposant l'un et l'autre dans un égal degré. Mais

il s'en faut bien que cela ne soit ainsi : je sens que
tout amour me plaît moins, à proportion que toute
haine ne me déplaît ; et cette vérité, que l'expérience m'apprend, est clairement renfermée dans le
principe que j'ai établi, lorsque j'ai fait voir qu'un
mal égal en soi à un bien me touche toujours d'une
manière plus vive et plus profonde par les sentimens accessoires qui s'y joignent.

Les effets sont donc pareils ou proportionnés à
la cause qui les produit, et par conséquent la haine
agit sur moi plus vivement ou plus fortement que
l'amour, quand on supposeroit l'un et l'autre dans
un égal degré. L'amour est l'effet du bien que je reçois, comme la haine est l'effet du mal que j'éprouve;
mais le bien me plaît moins à proportion que le
mal ne me déplaît, comme je m'en suis déjà convaincu. Donc, l'amour qui est le fruit de l'un, et
la haine qui est la suite de l'autre, doivent participer également à la bonté ou au vice de leur cause,
et suivre la même proportion de vivacité dans l'impression qu'ils font sur mon ame.

Ainsi, quelque équilibre qu'on veuille imaginer
entre le mouvement de l'amour et celui de la haine,
je n'y trouverai point cette compensation exacte des
peines de l'une avec les plaisirs de l'autre ; et tel
sera toujours le triste avantage de la haine sur le
sentiment contraire, que dans l'égalité même, elle
me rendra plus malheureux que l'amour ne me rend
heureux, parce que encore une fois je goûte toujours
moins le bien qui produit l'amour, que je n'abhorre
le mal qui est le père de la haine.

Je pourrois m'arrêter ici et finir par ce dernier
trait la peinture et le parallèle que j'ai cru devoir
faire de l'amour et de la haine ; mais comme je prévois que les ames sujettes à la haine, et qui sont
dans l'habitude de s'y livrer aveuglément, pourront
opposer à toutes mes réflexions les charmes séduc-
teurs de la vengeance qu'elles prennent pour le
remède naturel de la haine, et un remède qu'elles
ne pensent pas acheter trop cher par le mal que

cette passion leur fait souffrir ; je ne croirai pas avoir perdu mon temps si je fais ici une espèce de digression sur le caractère de ce remède.

Je consulterai donc sur ce point, comme sur tous les autres, cette raison par laquelle seule je puis juger de ce qui convient à un être raisonnable. Je sais qu'on veut me la rendre suspecte, parce qu'en un sens elle contraint souvent ma liberté ; mais quoiqu'on en veuille dire, ou je n'ai aucune règle qui puisse me conduire à ma perfection et à mon bonheur, ou il faut avouer que ma raison est la seule qui puisse me donner des lois convenables à l'une et à l'autre. Qu'est-ce donc qu'elle m'enseigne sur la prétendue douceur de la vengeance que l'homme regarde souvent comme la consolation ou le dédommagement des peines attachées à la haine ? Je ne dois envisager ici que celle qui est contraire à la raison, parce que celle que la raison approuve, tend moins à se venger qu'à se préserver des maux réels, ou à les réparer par des moyens qui ne soient pas un nouveau mal plutôt qu'un véritable remède.

Je suppose d'abord, comme une vérité évidente, que la plus grande peine de la haine déraisonnable, celle qui est même le fondement ou la source de toutes les autres, est la triste nécessité où je me trouve réduit lorsque je hais, de me déplaire en quelque manière à moi-même, par la crainte ou par la souffrance d'un mal qui me paroît comme une diminution de mon être, ou des sentimens que je crois lui être dus par mes semblables : mais cette peine cesse-t-elle véritablement par l'ardeur de la vengeance, ou par la vengeance même ?

Si je considère sans prévention le plaisir de se venger, bien loin d'y trouver des preuves effectives de ma ... ou de ma supériorité, idée flatteuse dont ... pour me séduire, ma raison n'y aperçoit ... aire, que des marques réelles de ma foiblesse ou de mon imperfection, et les réflexions les plus simples suffisent pour m'en convaincre.

Si j'étois véritablement fort, je ne serois pas réduit à chercher les moyens de me venger : j'aurois prévenu le mal que je veux réparer. Ainsi, le désir même de la vengeance m'oblige à reconnoître, malgré moi, que j'ai été le plus foible, puisque je n'ai pu m'empêcher de souffrir ce qui me paroît une diminution de ma grandeur. C'est même cet aveu que je suis forcé de me faire qui m'inspire le plus d'ardeur pour la vengeance ; et le crime que je pardonne le moins à mes ennemis, est de m'avoir trop fait sentir leur force et ma foiblesse.

Si, n'étant pas le plus fort, j'étois du moins le plus habile, j'aurois su détourner le coup que je veux repousser. Ma prudence m'eût fait éviter les piéges qu'on m'a tendus, et je ne serois pas obligé de chercher une consolation tardive dans le plaisir incertain de rendre aux autres le mal que j'en ai reçu.

Enfin, si n'étant ni le plus fort ni le plus habile, j'étois le plus sage ou le plus raisonnable, bien loin de me faire des maux imaginaires qui n'ont de réalité que dans mon imagination, ou de grossir des peines légères par les faux jugemens de mes passions, j'aurois su, au contraire, ou guérir mon imagination vainement effrayée par un fantôme de mal, ou réduire celui que j'ai souffert à ses justes bornes, en le dépouillant de tout ce qu'il a de chimérique ; et, le regardant ainsi avec les yeux de la raison, je me serois convaincu de bonne heure qu'il ne méritoit pas que, pour le réparer, je m'exposasse imprudemment aux peines qui accompagnent toujours la vengeance.

Ainsi, avant que je puisse savoir quel en sera le succès, cette passion commence par me rendre un témoignage secret de ma foiblesse, de mon imprudence, de mon déréglement ; et ne seroit-ce point par cette raison que l'homme a souvent tant de peines à avouer qu'il est dévoré d'un désir de vengeance ? Il le dissimule tant qu'il peut aux autres, hommes : on diroit qu'il voudroit se le cacher à lui-même : il affecte les dehors et le langage de la modération dans le temps qu'il en a le moins les sentimens, comme s'il ne pouvoit s'empêcher de reconnoître que la vengeance a je ne sais quoi de honteux, et que les desseins qu'elle met dans notre cœur, sont du nombre des choses que l'homme aime mieux faire qu'avouer.

Considérons-la dans ses suites, après l'avoir envisagée dans son principe : ou elles ne répondront point à mes vœux, et alors je trouverai mon supplice dans sa violence même ; ou elles seront plus heureuses : mais, outre qu'elles ne remplissent presque jamais toute l'étendue de ma passion, puis-je examiner, de sang-froid, les efforts, le trouble, l'agitation qu'elles me coûtent ; la haine implacable qu'elles allument dans le cœur de mes ennemis sans l'éteindre dans le mien ; les retours funestes qu'elles me préparent ; ces révolutions de fortune ; cette vicissitude des choses humaines qui me font succomber à mon tour sous la puissance de ceux que je croyois avoir accablés, ou sous celle de leur vengeur ; enfin, cette cruelle nécessité de sentir toujours que je hais et que je suis haï ? Puis-je, encore une fois, envisager tous ces effets de la vengeance la plus heureuse, et ne la pas regarder comme un nouveau tourment, bien loin d'être le remède ou le dédommagement de celui de la haine ? Que sera-ce donc si je lui oppose la paix, la sérénité, la satisfaction intérieure de cette modération, ou de cette grandeur d'ame qui sait mépriser ou pardonner, et qui me rend un témoignage si pur, si flatteur, si constant de la force, de la perfection de mon être, que par elle je parviens beaucoup plus sûrement, plus facilement et plus dignement à cette complaisance en moi-même, qui est l'objet de tous les mouvemens de mon ame ?

Ou si je n'ai pas le courage de suivre sur ce point les conseils de ma raison, si je n'écoute pas même ce qu'un sentiment intime et l'expérience que j'ai des effets de la vengeance ne m'enseignent pas moins que la raison, je retombe donc nécessairement par là dans ce que j'ai remarqué d'abord, c'est-à-dire, que ma vengeance même me devient une preuve de ma foiblesse ou de mon imperfection ; en sorte que, malgré moi, je m'estime toujours moins comme vindicatif, que je ne m'estimerois comme magnanime.

Me dira-t-on que le plaisir de cette modération qui travaille à éteindre ma haine beaucoup plus qu'à la satisfaire, et qui me donne par là une plus haute idée de mon être que la vengeance, n'est qu'une chimère et comme un songe philosophique, dont la douceur n'est propre qu'à amuser ceux qui ont dormi, pour ainsi dire, dans le portique de Zénon ? Je pourrois m'en défier en effet, si je n'étois soutenu dans cette pensée que par une pure spéculation, et si je ne voyois que tous les hommes en sont frappés naturellement, lorsque la haine n'aveugle pas leur esprit.

Qui n'applaudit pas volontiers à Juvenal, lorsque, pour montrer combien la vengeance suppose de foiblesse ou de petitesse d'esprit, ce poëte la représente comme la passion favorite du sexe le plus imparfait ?

> .... *Quippe minuti*
> *Semper, et infirmi est animi, exiguique voluptas*
> *Ultio : continuò sic collige ; quod vindictâ*
> *Nemo magis gaudet, quam fœmina.... (1).*

Il n'y a point d'homme qui, en lisant ces vers, ne se félicite en secret d'avoir reçu du ciel une ame d'une trempe plus forte que celle d'une femme, parce qu'il croit, sur la foi de Juvenal, qu'un homme est plus capable d'étouffer dans son cœur le désir de la vengeance, tant nous sentons de nous-mêmes

(1) *Satyr.* 13, v. 150.

qu'y céder, c'est foiblesse ; qu'y résister, c'est courage, et que la vaincre, c'est grandeur d'ame.

Le théâtre, en nous montrant des passions feintes, nous donne souvent lieu de reconnoître nos dispositions réelles ; et les diverses impressions que la fiction fait sur nous, nous font sentir la vérité de la nature.

J'applique donc cette pensée à la vengeance comparée avec la modération, et je demande si tous les spectateurs ne sont pas saisis d'une horreur secrète, lorsqu'ils entendent Cléopatre dire, dans Rodogune :

> Tombe sur moi le Ciel, pourvu que je me venge (1)!

Ou lorsque Camille, furieuse de venger la mort de son amant, fait cette horrible imprécation contre son frère et contre Rome :

> Puissé-je, de mes yeux, y voir tomber ce foudre,
> Voir ces maisons en cendre et ces lauriers en poudre!
> Voir le dernier Romain à son dernier soupir,
> Moi seule en être cause, et mourir de plaisir (2)!

Nous louons, il est vrai, la force du pinceau qui a su exprimer si vivement la violence de la passion : mais notre cœur n'en déteste pas moins cette fureur même dont il admire le portrait ; et si Cléopatre ou Camille étoient en notre pouvoir, nous les traiterions comme des phrénétiques, ou comme des bêtes féroces qu'on enchaîne jusqu'à ce que l'excès de leur rage soit passé.

Quelle douceur au contraire, quelle satisfaction se répand dans notre ame quand nous voyons Auguste, vainqueur de son ressentiment, faire grâce à Cinna et à Émilie. Ce n'est plus seulement la beauté des

(1) *Rodogune, Act.* 5, *Sc.* 1.

(2) *Horace, Act.* 4, *Sc.* 5.

expressions, c'est celle des sentimens qui nous touche
lorsque Corneille fait dire à cet empereur :

> Je suis maître de moi comme de l'univers ;
> Je le suis, je veux l'être. O siècles ! ô mémoire !
> Conservez à jamais ma dernière victoire.
> Je triomphe aujourd'hui du plus juste courroux,
> De qui le souvenir puisse aller jusqu'à vous (1) !

Les siècles suivans l'ont conservé en effet. L'idée
d'un empire clément et magnanime a presque effacé
la mémoire des horreurs du triumvirat : la postérité déteste Auguste, tant qu'elle le voit transporté
par un désir insatiable de vengeance : elle ne commence à l'admirer que lorsqu'il commence à pardonner ; et telle est l'impression de la grandeur
d'ame sur l'esprit humain, que celui qui, dans la
vérité, n'étoit qu'un usurpateur, semble être devenu par elle un prince légitime.

Notre cœur place donc naturellement la magna-
nimité au-dessus de la vengeance. Nous nous applau-
dissons même en secret de penser comme un héros
qui pardonne. Nous rougirions au contraire de nous
avouer que nous avons les sentimens de Cléopatre
ou de Camille. Y a-t-il quelqu'un qui aimât mieux
les imiter que de ressembler à Auguste ? Si cela est,
n'ai-je pas eu raison de dire que tous les hommes
entendent au fond de leur cœur une voix qui leur
crie, que, quel que soit le dédommagement de la
vengeance, elle est toujours moins digne de notre
grandeur que la modération. S'il est donc vrai que
la vengeance soit le remède le plus doux de la
haine, il ne l'est pas moins, comme je l'ai déjà
dit, que le remède même est un mal, puisqu'il ra-
baisse et qu'il avilit l'homme à ses propres yeux.
Et en effet de tous ceux pour qui la vengeance a
le plus de charmes, il n'y en a aucun qui n'aimât
mieux n'avoir rien à venger, que de goûter tout ce
que la vengeance peut avoir de plus flatteur pour lui.

(1) *Cinna, Act. 5, Sc. dern.*

Par conséquent, rien ne peut ébranler toutes les réflexions que j'ai faites pour prouver que l'homme trouve, sans comparaison, plus de plaisir dans l'amour que dans la haine ; et si je veux m'en convaincre par des preuves de sentiment qui souvent ont plus de pouvoir sur certains esprits que les raisonnemens métaphysiques, je n'ai qu'à étudier ces deux mouvemens dans les impressions contraires qu'ils font sur la machine même de mon corps, et dans les effets aussi opposés que la société humaine en éprouve.

Telle est la loi de l'union formée par la main de Dieu même entre les deux substances dont je suis composé, qu'il ne s'élève aucune passion dans mon ame dont mon corps ne reçoive le contre-coup par des mouvemens qui répondent avec une justesse infaillible aux affections de mon ame, et qui agissent sur elle à leur tour par le sentiment qu'elle en a. Voyons donc ce qui se passe dans cette portion de matière qui m'est unie, lorsque l'amour, ou la haine règne dans la partie spirituelle de mon être.

L'amour réglé par la raison ne produit que des mouvemens favorables à la conservation et à la bonne disposition de mon corps.

Des désirs modérés animent doucement la masse de mon sang, l'empêchent de tomber dans une espèce de langueur qui lui est contraire, et le font circuler avec la liberté et le degré de vitesse qui lui convient ; l'espérance y répand comme un baume salutaire ; et si une joie plus parfaite y succède par la possession du bien que je désire, elle met tous les ressorts de mon corps et les esprits qui les animent dans un état si convenable, que je me sens plus sain et plus fort à mesure que le contentement augmente dans mon ame.

J'éprouve cet effet d'un amour raisonnable non-seulement dans celui qui m'attache à moi-même, mais dans l'affection que j'ai pour mes semblables. Le plaisir de leur faire du bien n'agit pas moins sur mon corps que sur mon esprit. Je me trouve alors

dans une situation douce et agréable, dont l'effet
rejaillit sur mon extérieur même. On voit éclater
sur mon front un air de sérénité et comme un rayon
de la joie qui règne dans mon cœur. Tacite remarque
que Tibère parloit ordinairement avec un arrange-
ment qui n'avoit rien de naturel, et que ses paroles
sembloient sortir avec effort de sa bouche ; mais
que s'il se portoit quelquefois à soulager un malheureux, il parloit plus librement, et ses expressions
moins lentes couloient avec plus de facilité. *Ipse
compositus aliàs, et velut eluctantium verborum,
solertius promptiusque eloquebatur, quoties subve-
niret* (1). Il y avoit peut-être en cela autant de physique que de morale. Malgré la profonde malignité
de cet empereur, le plaisir de faire du bien qui se
fait sentir aux ames les plus noires, ouvroit un
chemin plus libre aux esprits animaux : ils se répan-
doient plus promptement et avec plus d'abondance
sur les organes de la parole ; en sorte que sans qu'il
y fît attention, sa langue se dénouoit d'elle-même
et s'expliquoit plus aisément par la seule impression
que ce plaisir faisoit sur la machine.

Nous éprouvons tous quelque chose de semblable,
quand nous avons la satisfaction de donner aux autres
des marques de notre amour. Mais si les effets de
cette satisfaction s'étendent jusqu'à notre corps, ils
ne s'y terminent pas. De cette impression purement
machinale qu'il reçoit, il naît un sentiment agréable
dans notre ame, qui, après avoir goûté d'abord le
plaisir propre à l'amour, jouit aussi de celui qui
résulte de la bonne disposition de son corps. Il rend
à l'ame, autant qu'il le peut, le bien qu'il en a reçu ;
et, comme elle l'a mis dans l'état le plus favorable
à ses mouvemens, il lui cause à son tour un nouveau plaisir par le sentiment qu'elle en a.

Je ne suis point surpris que la sagesse de mon
auteur ait attaché cette douceur sensible et presque
corporelle à l'exercice d'une bienveillance si utile

(1) *Annal.*, *liv.* 3, c. 31.

au genre humain ; mais je le serois fort si la haine ne produisoit pas des effets directement contraires.

La raison me montre que cela doit être, et une expérience aussi certaine que celle dont je viens de parler, m'assure que cela est.

L'aversion même la moins déraisonnable renferme une tristesse et une espèce de noirceur dont mon sang reçoit bientôt l'impression ; mais si elle dégénère dans une haine déréglée qui y joint le trouble et l'inquiétude de mon imagination ; si la crainte, le dépit, l'envie, la colère, l'ardeur de la vengeance, compagnes ordinaires de la haine, s'assemblent dans mon ame pour la troubler, mon corps est aussitôt agité d'un mouvement contraire non-seulement à sa perfection, mais souvent même à sa conservation. Ni mon sang, ni les esprits qui en sont comme l'ame et la vie, ne circulent plus avec la même liberté ou avec la même égalité : ils abandonnent certaines parties de mon corps pour en surcharger d'autres par une affluence excessive : tantôt ils se retirent et se concentrent dans mon cœur, dont le mouvement irrégulier et presque convulsif me fait sentir qu'il y a un dérangement dans la machine : tantôt ils montent à ma tête avec une telle rapidité, qu'ils y excitent une commotion importune et des secousses si violentes, que si cet état duroit plus long-temps, il me seroit impossible de le soutenir.

Enfin, pour ne pas me jeter ici dans un trop long détail sur cette physique qui a tant de rapport à la morale, comme j'ai dit que mon corps rend à mon ame une partie du bien qu'elle lui fait en le mettant, par l'amour, dans une situation qui lui convient, j'éprouve aussi que la haine y produisant une disposition contraire, mon corps fait souffrir réciproquement mon ame par la peine qu'elle ressent de sa mauvaise disposition.

Au reste, on me feroit ici une objection que j'ai déjà réfutée par avance, si l'on m'opposoit que l'amour cause aussi des dérangemens contraires à la bonne constitution de mon corps. Les principes que j'ai établis font voir que si l'homme éprouve ce mal, c'est non-seulement parce que son amour n'est pas conduit par la raison, mais encore plus, parce qu'alors ce sont les mouvemens de la haine qui, se mêlant, comme je l'ai expliqué, à ceux de l'amour, produisent le désordre sensible que le corps partage en quelque manière avec l'ame. On ne peut donc en tirer aucune conséquence ni contre l'amour raisonnable, ni même contre l'amour en général à qui l'on ne doit pas faire un crime des fautes de la haine.

Ainsi, je conclus de tout ce qui se passe en moi, que je sens une loi dans mes membres, si je puis hasarder cette expression, et comme une espèce de raison mécanique qui m'avertit continuellement que les passions douces, bienfaisantes, agréables et utiles à mes semblables, qui sont des suites naturelles de l'amour, conviennent autant à la bonne disposition de mon corps qu'à celle de mon ame ; et qu'au contraire les passions dures, malfaisantes, ennemies de mes semblables, effets naturels de la haine, ne troublent pas seulement la tranquillité de mon ame, mais qu'elles altèrent la situation favorable de l'économie de mon corps.

Il me resteroit à considérer encore les effets de ces deux passions, mères de toutes les autres par rapport à la société ; mais, comme je pourrai être obligé d'en parler dans la suite avec plus d'étendue, je me contenterai d'en ébaucher ici les premiers traits.

D'un côté, il est évident que l'amour, toutes les fois que la haine n'y mêle point son poison, tend par sa nature même au bonheur de ceux qui en sont l'objet ; et s'il pouvoit embrasser tous les hommes, il seroit par conséquent utile à tous les hommes selon la mesure de ses forces.

De l'autre, il n'est pas moins évident que la haine tend à la ruine et au malheur de tous ceux qu'elle poursuit ; en sorte que si elle pouvoit s'étendre à tout le genre humain, elle aspireroit à le détruire, étant entièrement semblable à cet empereur dont le nom

semble être devenu celui de la tyrannie, qui souhaitoit que tout le peuple romain n'eût qu'une tête,
afin de pouvoir l'abattre d'un seul coup.

L'amour ne respire que l'union et la paix : la haine
au contraire ne désire que la division et la guerre :
l'un se plaît à faire des heureux, et il en fait véritablement ; l'autre ne tend qu'à faire des malheureux,
et elle n'y réussit que trop souvent.

Ce n'est pas tout : l'amour en travaillant au bonheur
des autres, agit pour le mien même, non-seulement
par le sentiment intérieur dont j'ai déjà parlé, mais
parce que rien ne les excite plus à contribuer aussi
de leur part à ma félicité. Il y a dans l'amour une
espèce de réflexion ; comme dans la lumière le corps
qui est éclairé éclaire à son tour et renvoie la lumière
à celui de qui il l'a reçue ; ainsi, celui qui aime est
aimé ; et s'il a fait du bien, il en reçoit. Quoique
cette règle souffre ses exceptions par l'ingratitude
et la bizarrerie du cœur humain, un amour vraiment
raisonnable les éprouve rarement, et si je suis les
mouvemens de cet amour, il est sûr que le nombre
de ceux qui m'aimeront et qui se porteront à me
faire du bien, sera toujours plus grand que le nombre
de ceux qui me haïront et qui voudront me faire du
mal. La haine a aussi ses retours comme l'amour,
et quiconque hait est même encore plus sûr d'être
haï que celui qui aime ne l'est d'être aimé. On trouve
des ingrats dans le monde qui ne rendent pas à
leurs amis le bien qu'ils en ont reçu ; mais à peine
y voit-on quelques hommes qui ne cherchent à
rendre avec usure à leurs ennemis tout le mal qu'ils
croient en avoir souffert. Ainsi, autant que je désire
les biens et que je crains les maux qui sont entre les
mains de mes semblables, autant l'amour qui me
procure les uns et qui me fait éviter les autres, doit
me plaire naturellement : autant dois-je avoir d'éloignement pour la haine qui, par un effet directement
opposé, tend à me priver de ce que je désire, et à
me faire éprouver ce que j'abhorre.

Mais il n'y a point d'homme qui ne puisse et qui

ne doive faire le même raisonnement ; donc l'amour est aussi favorable au bonheur de chaque homme en particulier et de tous en général, que la haine est contraire à l'un et à l'autre.

Telle est la conséquence générale de l'étude que j'ai faite de la nature et des sentimens principaux ou accessoires de l'amour et de la haine. La comparaison que j'y ai jointe de ces deux mouvemens, soit qu'on les considère en eux-mêmes, soit qu'on les envisage dans les impressions qu'ils font sur mon corps, ou par rapport aux effets qu'ils produisent dans la société humaine, a mis cette vérité dans un plus grand jour. Il ne me reste donc plus, après cela, que de déterminer plus précisément en quoi peut consister cette affection ou cette haine sur laquelle tombe véritablement la question que l'on fait, lorsqu'on demande s'il y a dans l'homme une pente naturelle à aimer ou à haïr ses semblables. Tout ce que j'ai dit en général sur la nature de ces deux sentimens, me donne lieu de concevoir que chacun d'eux est susceptible de plusieurs différences qui peuvent en former comme autant d'espèces distinctes et séparées.

Il s'agit donc à présent de savoir quelle est celle qui sert véritablement de matière au grand problème que j'essaierai bientôt de résoudre. Je déclare donc premièrement que je ne prends point ici le terme d'amour pour cette liaison intime et réciproque, pour cette tendresse sensible, pour cette espèce de sympathie fondée sur des rapports personnels ou sur des convenances délicates, qui ne se trouvent que dans l'amitié proprement dite, et qui, par conséquent, ne peuvent former le caractère de cet amour naturel pour les autres hommes en général dont je cherche à connoître la réalité.

Je ne saurois non plus entendre ici, par le nom d'amour, ni cette affection désintéressée, qui ne cherche en aimant que le seul plaisir d'aimer et d'augmenter ma complaisance pour moi en contribuant à la perfection et au bonheur de ceux que j'aime, ni à plus forte raison cet amour héroïque qui porte quelquefois l'homme à sacrifier sa fortune et sa vie même au salut de ses semblables.

Tout ce qu'on peut regarder comme naturel à l'homme, et par conséquent à tout homme, ne sauroit être attaché à des circonstances singulières et personnelles, ni dépendre des sentimens que l'éducation, que l'étude, que la religion, que la vertu, ou une grandeur d'ame particulière, ajoutent aux dispositions communes de la nature. Je retranche donc d'abord toutes ces espèces d'amour qui ne conviennent point à la question que je dois examiner, et je me réduis à une idée plus simple qui la renfermera dans ses véritables bornes.

Ainsi, par le nom d'amour, j'entends seulement une pente raisonnable à recevoir des autres hommes les biens qui conviennent à la nature de mon être, ou à leur en faire de semblables par quelque motif que ce puisse être, pourvu qu'il se rapporte à ce qui me paroît augmenter ma perfection et ma félicité. Le fond de cet amour est donc une bienveillance pour les autres, excitée par celle que j'ai pour moi-même ; bienveillance qui est plus caractérisée par la bonté des actions que par la tendresse du cœur, et qui agit moins par une inclination particulière ou par un goût personnel pour chaque homme considéré séparément, que par un sentiment général, qui embrasse tous ceux de qui je puis recevoir ou à qui je puis faire quelque bien.

Mais, si je me réduis à ne prendre ici le terme d'amour que dans le sens qui y suppose le moins de perfection, je demande aussi qu'on m'accorde que plus le bien qui excite mon amour est digne de l'homme, plus le plaisir qui me fait désirer ou chérir ce bien est pur, noble et élevé, plus aussi mon amour pour mes semblables tend à me rendre parfait et heureux, parce qu'alors il réunit un plus grand nombre de ces sentimens qui nourrissent ou qui augmentent raisonnablement ma complaisance en moi-même.

Je passe maintenant à la haine pour fixer, s'il se peut, d'une manière aussi précise le sens que je dois attacher à cette expression.

Et, premièrement, il me paroît évident que la distinction de la haine, mêlée d'amour dont je me suis servi pour développer exactement la nature de cette passion, seroit inutile en cet endroit, soit parce que rien n'est plus rare, comme je l'ai observé, que de trouver une haine qui ne voit que le mal, et qui ne soit soutenue par aucune apparence de bien, soit parce que toutes les fois qu'il s'agit de savoir si la haine convient à la nature de l'homme, il faut nécessairement supposer que l'on parle d'une haine qui peut lui procurer quelque avantage réel ou imaginaire : car qui pourroit prétendre que la haine fût aimable par elle-même, et autant qu'elle est seulement l'effet d'un mal qui nous afflige ? Or, si elle renferme l'espérance d'un bien, elle renferme aussi un mélange d'amour, puisque le bien ne peut se montrer sans exciter mon affection, comme réciproquement partout où il y a de l'amour, il faut aussi qu'il y ait un bien réel ou apparent.

La question que je veux approfondir ne peut donc jamais être agitée que par rapport à la haine mêlée d'amour. Mais, comme on peut distinguer plusieurs espèces dans cette haine même, soit qu'on envisage la nature du mal qui la produit, ou celle du bien qu'elle en regarde comme la réparation, soit que l'on considère les motifs qui nous font haïr ce mal ou aimer ce bien, je dois rejeter d'abord toutes les espèces qui ne peuvent convenir à la supposition d'une haine naturelle à l'homme pour ses semblables, et me réduire à celle qui peut s'accorder avec cette supposition. Je connois donc aisément que le terme de haine ne sauroit signifier ici ni cette aversion sensible et cette antipathie particulière qui naissent ou de certaines qualités personnelles, ou de l'opposition que le caractère, l'humeur ou les sentimens d'un autre homme peuvent avoir avec les miens ; ni cette haine louable que l'amour de la vertu m'inspire pour le

27 *

vice, et qui m'éloigne avec raison des personnes vicieuses ; ni même cette haine rapportée à un très-petit nombre d'hommes, qui ne s'allume en moi que comme par accident, je veux dire, à l'occasion du mal qu'ils m'ont fait ou qu'ils me veulent faire souffrir.

Je dirai donc de la haine ce que j'ai dit de l'amour : toute aversion qui n'est fondée que sur des motifs singuliers, personnels, accidentels, ne sauroit être celle qu'on prétend être naturelle à l'homme ; et il faut nécessairement que j'attache une idée plus simple et plus générale au terme de haine, si je veux entrer dans la pensée des philosophes qui soutiennent cette opinion.

Mais que me reste-t-il pour la généraliser, comme parlent les géomètres, en retranchant tous les caractères de distinction qui en forment des espèces particulières, si ce n'est de la faire consister dans un éloignement commun ou une indisposition générale pour tous ceux qui possèdent un bien que je veux m'approprier, ou qui me paroissent un obstacle au désir que j'ai de l'acquérir ? A la vérité ce motif ne me fera pas haïr tous les hommes en même temps, parce qu'il y en a un très-grand nombre auquel je ne saurois l'appliquer ; mais il n'en donnera pas moins une étendue indéfinie à ma haine, parce que je les haïrai tous également, quoique successivement, à mesure qu'ils me paroîtront capables de s'opposer à mes vœux qui sont sans bornes, ou d'en retarder le succès. Je commencerai, dès ce moment, à les regarder comme mes ennemis ; et si telle est ma disposition naturelle, elle me portera toujours à leur nuire pour mon avantage, sans qu'ils aient encore mérité ma haine par un mal que j'en ai reçu.

Il s'agit donc ici d'une haine réelle, si je puis parler ainsi, plutôt que d'une haine personnelle, je veux dire qu'il est question d'une haine excitée par les choses beaucoup plus que par les personnes ; c'est une haine d'intérêt et non de ressentiment : en un mot, c'est une disposition malfaisante pour les autres, seulement parce qu'elle est bienfaisante pour

moi ; et elle ressemble en ce point à l'amour qui lui
est si directement opposé, qu'elle est plus caractérisée
par des actions nuisibles à ceux mêmes qui ne m'ont
pas offensé, que par un sentiment d'inimitié ou de
vengeance qui ne m'anime que contre ceux dont
la haine a provoqué la mienne.

Enfin, comme je l'ai dit par rapport à l'amour,
que plus le bien et les motifs qui le font naître
sont dignes de l'homme, et plus ils m'approchent
de ma perfection et de mon bonheur : je dois dire
aussi que plus ma haine est fondée sur des causes
indignes de ma perfection et contraires à mon bonheur,
plus elle m'éloigne de l'une et de l'autre ; et plus par
conséquent elle est vicieuse : d'où il suit aussi que
réciproquement elle est d'autant moins imparfaite
que les motifs en sont moins opposés à ce que ma
raison regarde comme convenable à mon véritable bien.

Mais, après tout, en ne parlant jusqu'ici que de
l'état de l'amour et de celui de la haine, et en tâchant
d'éclaircir avec tant de soin tout ce qui regarde ces
deux états, n'ai-je point omis mal-à-propos d'en
expliquer un troisième qui semble pouvoir tenir le
milieu entre les deux premiers ?

Mon objet principal est sans doute d'examiner s'il
est naturel à l'homme d'aimer ses semblables ou de
les haïr. Mais ne se pourroit-il pas faire, comme je
l'ai dit en passant dès l'entrée de cette méditation,
que l'homme ne fût né ni pour l'un ni pour l'autre,
et qu'il n'eût reçu de la nature qu'une indifférence
absolue pour tout autre être que le sien ; indifférence
qui ne cesse que par accident selon la rencontre
fortuite du bien qui excite son amour, ou du mal
qui allume sa haine ? Ainsi, au lieu de ne mettre que
deux membres dans la question qu'il s'agira bientôt
d'approfondir, ne faudra-t-il pas, pour lui donner
toute l'étendue qu'elle mérite, y en ajouter un troisième et proposer le problème en ces termes : est-ce
ou l'amour, ou la haine, ou l'indifférence qui est
la disposition naturelle de l'homme à l'égard de ses

semblables ? C'est une dernière difficulté qui me reste à éclaircir pour achever, s'il se peut, d'épuiser entièrement tout ce qui regarde directement ou indirectement la matière de l'amour ou de la haine.

Si je ne faisois attention qu'aux discours des philosophes qui me donnent lieu d'agiter ce problème, je n'aurois pas besoin d'entrer dans l'examen de l'état d'indifférence, ils sont bien éloignés de prétendre qu'elle soit naturelle à l'homme à l'égard des autres hommes ; et, comme si cette supposition lui faisoit encore trop d'honneur, ils le réduisent à les haïr par l'impression dominante de sa nature qui ne se cache que par intérêt sous une fausse apparence d'amour.

Mais, si je porte mes vues plus loin, et qu'envisageant ici non-seulement ce qu'ils ont dit, mais ce qu'ils pourroient dire, je veuille examiner ce que l'on peut appeler une indifférence parfaite, je puis ou l'envisager en elle-même et telle qu'elle se trouveroit dans le cœur de l'homme si elle étoit véritablement possible, ou la considérer par rapport aux objets extérieurs qui font des impressions différentes sur lui. Je n'ai pas besoin de répéter que par ces objets extérieurs, je n'entends ici que les autres hommes.

En quoi pourroit donc consister cette prétendue indifférence considérée en elle-même si elle avoit quelque chose de réel ? Je ne saurois m'en former aucune idée, qu'en supposant de deux choses l'une ; je veux dire qu'il faut nécessairement,

Ou qu'elle soit l'effet d'un combat qui se passe dans notre ame entre les sentimens du bien et du mal, ou entre ceux de l'amour et de la haine ; combat tellement égal ou tellement balancé, que les forces des deux impressions se détruisent mutuellement par un équilibre parfait ; en sorte que l'homme parvienne à ne plus sentir ni l'une ni l'autre ;

Ou que l'indifférence qu'on suppose ait son principe, non dans l'équilibre de deux mouvemens contraires, mais dans une exemption ou une absence totale de tout autre sentiment que celui de l'indifférence même.

J'ai fait voir, par avance, la fausseté de la première supposition, lorsque j'ai montré, dans ma méditation précédente, que cette égalité parfaite de deux impressions opposées, qui mettroit l'homme dans un état où il ne sentiroit ni bien ni mal, est absolument impossible; parce que la cessation de tout sentiment pénible est un bien, comme la privation de tout sentiment agréable est un mal.

Je m'en suis encore convaincu dans cette méditation même, lorsque j'ai reconnu que la haine, quand on la supposeroit égale à l'amour, m'affecteroit toujours plus vivement à proportion que l'amour, et me feroit sortir par conséquent de cet état d'indifférence, dont j'examine ici la possibilité.

Mais la seconde supposition me paroît encore plus absurde que la première.

Je conçois, à la vérité, que je puis n'avoir ni amour ni haine pour chaque homme considéré séparément, parce qu'il est fort possible, ou que je ne les connoisse point, ou que je n'y pense pas actuellement, ou que je n'y voie rien qui excite ma bienveillance ou mon aversion; mais s'ensuit-il de là que je puisse être dans un état où je n'aime ni ne haïsse aucun de mes semblables, en sorte que mon indifférence s'étende également à tout le genre humain ?

Je dis premièrement, que cette question est inutile, et même étrangère à la solution du problème que je dois examiner.

Qu'on suppose, si l'on veut, la possibilité de cet état : qu'on aille même jusqu'à soutenir, que c'est l'état naturel de l'homme, on sera toujours forcé par une expérience certaine, d'avouer qu'un tel état ne sauroit durer long-temps. La question sera donc différée par là plutôt que résolue; et il faudra toujours en revenir à examiner, par quelle porte, si je puis parler ainsi, il est plus naturel à l'homme de sortir d'une situation qu'il ne peut soutenir;

et si c'est par celle de l'amour, ou par celle de
la haine.

Je dis, que l'homme ne peut soutenir cet état,
et mon sentiment intérieur ne me permet pas d'en
douter. Je pourrois vivre à la vérité, dans une entière solitude, où ne connoissant point mes semblables, et leur étant inconnu, je n'aurois, à leur
égard, aucune occasion de haine ou d'amour : mais,

1.° Ce n'est point dans l'état de la solitude, qu'on
envisage l'homme, lorsqu'on demande, s'il lui est
naturel d'aimer les autres hommes ou de les haïr;
on ne le considère que dans l'état de la société,
où ceux qui l'environnent peuvent exciter à tous momens son amour et sa haine; et si l'hypothèse d'une
entière indifférence, ne peut être fondée que sur
celle d'une entière solitude, elle ne sauroit avoir
aucun rapport avec le problème dont on cherche
la solution.

2.° Dans ce désert même, qui est le seul endroit
où l'on pourroit placer la scène de l'indifférence,
l'homme ne seroit pas encore entièrement privé d'a-
mour pour ses semblables, à moins qu'on ne supposât
qu'il n'a jamais vu d'hommes, et qu'on en fît une
espèce de faune ou de satyre né dans les forêts, où
il n'auroit jamais connu que des bêtes aussi sauvages que lui; mais, s'il sait seulement ce que c'est
qu'un homme; s'il n'ignore pas les secours qu'il en
peut recevoir, il est impossible que, sentant des
besoins continuels, il ne sente aussi le désir de
pouvoir les remplir par le moyen de ses semblables.
Or, ce désir appartient à l'amour, ou plutôt ce désir
même est un amour. Donc, notre solitaire ne sera
jamais sans quelque degré d'affection : je veux qu'il
y résiste par caprice ou par vertu, mais il la sent
donc, puisqu'il y résiste, et le combat qui se passe
en lui sur ce sujet, est une preuve certaine de l'a-
mour qu'il a pour la société.

Retranchons donc une dissertation inutile; et, re-
mettant l'homme dans son véritable point de vue
par rapport à la question que je dois traiter, faisons-

le rentrer dans cette société qui est son état naturel. Pourra-t-il y vivre sans amour et sans haine pour les autres hommes ? C'est demander si l'homme peut vivre sans besoins, sans désirs, sans recevoir de ses pareils aucune impression agréable ou désagréable. Nous aimons tous le plaisir, et ceux qui nous le procurent; nous haïssons tous la douleur, et ceux qui nous la font souffrir. Donc, il est aussi impossible à l'homme de n'être touché d'aucun sentiment d'amour ou de haine, à l'égard de ceux qui tiennent entre leurs mains une partie de ses plaisirs ou de ses peines, qu'il lui est impossible de ne jamais chercher les uns, et de ne jamais fuir les autres. Ainsi, le cas d'une indifférence ou d'une insensibilité absolue et générale, est vraiment un cas métaphysique, qu'aucun homme n'a jamais éprouvé dans la société humaine, ou que personne n'y éprouvera jamais, si ce n'est dans des momens de distraction, ou l'indifférence même n'est qu'apparente; parce que le seul effet de cette distraction, est d'empêcher l'homme d'apercevoir distinctement des sentimens qui n'en vivent pas moins dans le fond de son âme, comme il le reconnoît lui-même, aussitôt qu'il devient plus attentif à ses véritables dispositions.

Je ne ferai donc point entrer cette espèce de chimère dans l'examen d'un problème qui n'est que trop réel ; et, sans m'égarer dans la région immense des suppositions, je considèrerai l'homme tel que je le vois, c'est-à-dire, toujours porté à l'amour ou à la haine, souvent même à tous les deux, et ce sera dans cette vue que j'examinerai lequel de ces deux sentimens lui est le plus naturel.

Je n'ai travaillé jusqu'ici qu'à éclaircir les vérités fondamentales qui peuvent préparer la résolution de ce grand problème, et c'est pour cela que je me suis attaché à bien connoître d'abord, quel est l'objet, et ensuite quelle est la nature de cet amour ou de cette haine dont je me sens susceptible à l'égard de mes semblables : c'est le premier préliminaire que je me suis proposé d'approfondir, et il pourroit

me suffire à la rigueur, pour trouver la solution que
je cherche. Mais, pour la rendre aussi parfaite que
je le désire, j'ai besoin d'étudier aussi attentivement
le véritable état, ou la situation naturelle de l'homme
considéré en lui-même, ou dans les relations qu'il
a avec les autres hommes. Je ne saurois donc me
dispenser d'en faire ici une espèce de peinture abrégée, et ce sera par cette seconde notion préliminaire,
que je chercherai à me mettre en état de bien juger, si c'est l'amour ou la haine qui convient véritablement à la nature de l'homme.

En vain, voudrois-je me le dissimuler; si je me
considère seul, je sens à tous momens que je suis
un être aussi foible qu'indigent, un être à qui tout
manque, et dont les besoins nécessaires sont encore
augmentés par des désirs superflus.

Malgré cette excellence dont je me flatte, je ne
vois dans l'univers aucun animal qui naisse dans une
impuissance et dans une disette aussi générale que
l'homme. La nature, dit un ancien auteur, le jette
nu sur la terre nue : elle lui refuse jusqu'aux vê-
temens qu'elle prodigue aux bêtes les plus viles
et aux arbres mêmes (1). Celui qui doit régner un jour
sur le reste des animaux, est couché les pieds et les
mains liés, implorant la compassion de toutes les
créatures, par ses cris, par ses larmes. Il commence
ses jours par une espèce de torture, comme si c'étoit
un crime pour lui d'être né homme. Combien de
temps dure encore son extrême foiblesse ? On voit
les autres animaux marcher ou ramper sur la terre,
voler dans l'air ou nager dans l'eau, presque en sortant du sein de leur mère. L'homme seul passe plusieurs années dans une dépendance entière et continuelle ; il a besoin de bras qui le portent, ou qui
le soutiennent. Inhabile très-long-temps aux mouvemens les plus nécessaires, pendant que les bêtes
savent faire d'elles-mêmes tout ce qui convient à leur
être, l'homme ignore tout ce qu'il devroit savoir, je

(1) *Pline, Hist. Nat., lib.* 7.

ne dis pas pour la perfection, mais pour la conservation du sien; il lui faut un maître pour apprendre
à marcher, à parler, à manger même; et l'on diroit
que la nature ne lui ait appris qu'à pleurer.

Encore, si cet état qui me distingue si tristement
des autres corps animés, ne se faisoit sentir que dans
le premier moment de ma vie, ou du moins dans
le cours de mon enfance, je pourrois y faire moins
d'attention; mais ma foiblesse et mon indigence, si
je n'ai de ressource que dans moi seul, durent autant
que mes jours. La nature offre libéralement aux bêtes
les plus sauvages, sans soin et sans culture, tout ce
qui doit leur servir d'aliment; et leur ouvre des re-
traites dans le fond des cavernes, ou elle leur en fait
trouver dans l'ombre des bois; elle leur enseigne
même les remèdes propres à guérir leurs maladies.

Le laboureur, le cuisinier, l'architecte, le mé-
decin, et tout ce qui marche à leur suite, sont des
noms qu'elles ignorent, plus heureusement que nous
ne les connoissons; et moi, qui me crois fort élevé
au-dessus de leur condition, je sens, d'un côté, que
j'ai besoin de beaucoup plus de choses pour vivre
sûrement, commodément, agréablement. Quelques
bornes que mettent à mes désirs, ou une pauvreté
forcée, ou une modération volontaire, je sens, de
l'autre, qu'il faut qu'une infinité d'agens ou de causes
médiates ou immédiates, viennent à mon secours,
pour me fournir tout ce qui me manque.

A la vérité, cette espèce d'inégalité si humiliante
pour moi, est plus que compensée par les avantages
inestimables, qu'un esprit fécond en ressources in-
connues aux autres animaux, me donne sur eux. Par
là, ma foiblesse même devient ma force, et la multitude de mes besoins me prépare une abondante
variété de plaisirs. Si je nais donc plus pauvre que
les bêtes, c'est parce que je suis destiné à devenir
plus riche, par une industrie qui me donne ce qu'elles
ont, et qui y ajoute ce qu'elles n'ont pas. Une partie
de ma grandeur consiste en ce que ma fortune n'est
pas faite; et c'est par là que je suis excité, et comme

forcé à m'en faire une plus grande sans comparaison, que si la nature avoit tout fait pour moi, comme pour les autres animaux.

Mais cet esprit qui me distingue d'eux, cette intelligence, ou cette raison, qui doit me donner dans la suite ce qui m'est refusé d'abord, par une avarice qui peut m'être si utile, ont aussi leur foiblesse et leur indigence, qui ne me sont guère moins pénibles que celles dont je suis affligé dans ce qui ne regarde que mon corps.

La force de mon ame est très-bornée, lorsqu'elle agit seule. Destinée à une perfection beaucoup plus grande que ce corps qu'elle anime, elle sent en elle-même un vide presque immense, qui forme ce qu'on peut appeler ses besoins; et par là ses désirs sont infiniment plus étendus par rapport à elle, que ceux qu'elle conçoit par rapport à cette portion de matière qui lui est unie. Une soif ardente de la vérité, une faim encore plus insatiable de la béatitude, semblent ne la dévorer toujours, que pour lui faire mieux sentir son ignorance et sa misère. Les efforts pénibles qu'elle fait pour y remédier par ses propres forces, lui montrent bientôt combien il lui est difficile de se suffire à elle-même, pour tendre, sans aucun secours étranger, à ce vrai et à ce bien qui sont l'objet perpétuel de ses vœux. Ainsi, cette raison tant vantée, si elle est réduite à elle seule, m'indique ce que je devrois avoir; mais elle ne me le donne pas, et il n'en résulte souvent qu'une connoissance stérile et affligeante de tout ce qui me manque pour ma perfection et pour mon bonheur.

A la vue de cette foiblesse et de cette indigence naturelle que je sens en moi, soit du côté du corps ou du côté de l'esprit, je me porte à sortir hors de moi par une espèce de pente commune à tous les hommes, pour suppléer à ce qui me manque, par le moyen de mes semblables; et le premier effet de ma raison, si j'en suis le mouvement, est de m'inspirer le désir de connoître comment je puis agir sur eux, et comment ils peuvent agir sur moi; en quoi consistent les rapports et les liens qui nous unissent, ou les différences et les obstacles qui nous séparent; quels sont les biens que je puis attendre d'eux, ou les maux que j'ai lieu d'en craindre; enfin, par quels moyens il m'est possible d'obtenir les uns et d'éviter les autres. Ce sont là les principaux traits qui doivent entrer dans la peinture de mon état, considéré non plus en lui-même, ou dans la solitude, mais au milieu de la société.

Je remarque donc d'abord, que si les autres hommes ne pouvoient agir sur moi, et si réciproquement je ne pouvois agir sur eux, il n'y auroit entre nous ni relation ni commerce, ni aucune espèce de liaison ; de même qu'il n'y en auroit point entre mon corps et mon ame, si l'un n'agissoit pas sur l'autre par des sentimens ou des pensées, qui sont suivis de mouvemens corporels, ou par des mouvemens corporels qui font naître des pensées ou des sentimens. Ainsi, ce principe ou le premier fondement de toutes les liaisons qui sont entre les hommes, n'est autre chose que cette action mutuelle, qu'ils ont le pouvoir d'exercer les uns sur les autres, et qui n'est qu'une suite et comme une image de la plus étroite de toutes les sociétés, je veux dire, de celle que la main de Dieu même a formée entre notre ame et notre corps.

En effet, je sens que mes membres obéissent à ma volonté dans tout ce qui n'excède pas la mesure de mes forces naturelles. Le mouvement que je leur imprime se communique par eux aux corps des autres hommes, tel est le premier degré du pouvoir que j'exerce sur eux, et qui ne s'étend d'abord que sur ce qu'ils ont de matériel. Mais à ce premier degré il en succède bientôt un second, qui agit jusque sur leur ame, où il s'excite certaines pensées ou certains sentimens à l'occasion du mouvement dont leur corps est frappé par le mien ; et, comme la première cause au moins apparente de ces pensées ou de ces sentimens, réside dans ma volonté, qui donne lieu à cette succession d'effets, dont elle est suivie dans le corps et dans l'ame de mes semblables, ils me regardent comme l'auteur de tout ce qui se passe chez eux en conséquence de mon action, action qui leur plaît, ou qui leur déplaît selon que les sentimens qu'ils éprouvent à l'occasion de ma volonté, leur sont agréables ou désagréables.

Le droit que j'ai sur eux, ils l'ont aussi sur moi, ils l'exercent de la même manière ; et je ne saurois m'empêcher d'observer ici, en passant, que les mouvemens que nous produisons ainsi réciproquement sont indépendans, au moins dans ce qui les cause, des lois générales de la nature corporelle, en sorte que chaque homme paroît être comme un premier moteur dans la sphère de son activité, où il imite en quelque manière la puissance divine, donnant à son corps tel mouvement qu'il lui plaît, par le seul acte de sa volonté, et agissant par là, directement sur le corps, et indirectement sur l'ame des autres hommes

Ce n'est pas même seulement par son corps qu'il agit ainsi sur ses semblables. Tout corps qu'il peut mouvoir par le sien, devient le canal ou l'instrument de cette action plus ou moins médiate ou immédiate, mais toujours efficace jusqu'à un certain point sur ceux qui l'environnent.

Comment s'opère cette communication merveilleuse que je vois régner entre les hommes ? Il seroit trop long et peut-être inutile de l'expliquer en détail, par rapport à toutes les percussions et tous les ébranlemens, ou à toutes les modifications différentes que le corps d'un homme, et son ame par son corps, reçoivent à l'occasion de la volonté et de l'action d'un autre homme. Il me suffira d'en approfondir exactement une seule, par laquelle on pourra juger de toutes les autres.

Un homme me parle, c'est-à-dire, que sa langue frappe l'air d'une certaine manière, et que l'air, ainsi frappé, vient causer un certain ébranlement dans les nerfs et dans les muscles de mon oreille ; je reçois en même temps deux impressions différentes :

La première, n'est qu'une simple sensation qui s'excite dans mon ame par l'organe de l'ouie, et qui me fait dire que j'entends certains; sons la seconde, est une image, une idée ou un sentiment qui s'excite en moi à l'occasion de ces sons dont mes oreilles sont agitées.

L'une est purement physique et nécessaire, parce qu'elle se fait en moi suivant une loi uniforme que Dieu a établie et qui s'accomplit toujours de la même manière, indépendamment de ma volonté, pourvu que mes organes soient bien disposés.

L'autre a quelque chose de moral et de libre, qui a dépendu au moins, dans son origine, de l'usage que les hommes ont fait de leur volonté : elle est fondée sur l'habitude où nous sommes de concevoir certaines idées, ou d'éprouver certains sentimens à l'occasion de certains sons que nous entendons. Or, les hommes ont contracté volontairement cette habitude ; et la langue même qu'ils parlent, n'est que l'effet d'une convention libre, faite originairement entre ceux qui l'ont inventée, convention dans laquelle je suis entré comme eux, en apprenant cette langue.

Mais Dieu n'agit pas moins pour cela, dans le moral que dans le physique.

Lui seul peut produire dans mon ame cette sensation que j'appelle l'ouie, à l'occasion d'un mouvement dont mes organes sont ébranlés.

Lui seul aussi peut rendre efficace cette convention libre à laquelle les langues doivent leur naissance. En vain les hommes auroient établi entr'eux que tels et tels sons signifieroient une telle chose, une telle pensée, un tel sentiment, cette espèce de traité seroit sans effet, si Dieu ne le ratifioit, pour ainsi dire, et n'en devenoit comme le consommateur ou l'exécuteur, en formant dans mon ame le sens qui répond au son que j'entends. Il le fait même si promptement que le moral se joint au physique, comme si ce n'étoit qu'une seule et même impression. Le son d'un mot ne frappe pas plus vivement mon ame, et elle ne le distingue pas plus promptement, que la pensée dont il est le signe n'affecte mon intelligence. L'organe est ébranlé, j'en sens l'ébranlement; et dans le même instant Dieu trace dans mon ame, comme avec un pinceau invisible, l'image ou l'idée de tout ce que les hommes sont convenus d'exprimer par des paroles. Les deux modifications se confondent, se réunissent; et ce qui n'étoit dans son origine qu'une impression morale, parce qu'elle dépendoit du concours de ma volonté, devient dans les suites aussi nécessaire, ou pour parler correctement, aussi infaillible que si elle étoit absolument physique.

C'est ainsi que Dieu agit pour l'homme, pendant que l'homme se flatte d'agir lui-même sur ses semblables. Mais jusqu'où s'étend le pouvoir qu'il croit exercer? Comment les autres hommes peuvent-ils y résister? C'est un second point qui mérite que je m'arrête encore un moment à l'expliquer, si je veux connoître la force ou l'étendue de ce pouvoir, après en avoir étudié la nature.

J'y distingue comme trois degrés : le premier consiste dans l'impression qui se fait directement sur mon corps; le second, dans celle qui du corps passe jusqu'à l'ame; le dernier, dans le consentement ou le désaveu que je donne à cette impression.

L'un n'a rien en soi qui dépende de ma liberté, c'est-à-dire, qu'il ne m'est pas possible de n'être pas frappé, quand un autre corps rencontre le mien. Je puis bien en repousser le mouvement par un mouvement contraire; mais je ne repousserois pas si je n'étois poussé, et j'oppose seulement une résistance volontaire à une impression forcée.

L'autre, je veux dire la pensée, ou le sentiment qui se forme dans mon ame, n'est pas plus en mon pouvoir, par une suite nécessaire des lois qui produisent ce commerce, qu'il a plu à Dieu d'établir entre les hommes. Une modification indélibérée, s'excite dans mon ame à l'occasion du mouvement qui s'imprime sur mon corps; et à l'égard de ces deux premiers degrés, je suis dans une espèce de servitude ou de dépendance inévitable par rapport à mes semblables, lorsqu'ils peuvent agir sur moi. Ils éprouvent la même chose de ma part, et nous vivons sur ce point dans une sujétion mutuelle.

Mais je ne suis pas toujours passif ; j'agis après avoir souffert et sur ce que j'ai souffert. Il est un troisième degré, comme je viens de le dire, où il faut bien que ma liberté réside, puisque ces deux premiers retranchemens sont déjà forcés. Je puis donc examiner les idées ou les sentimens que j'ai reçus indépendamment de ma volonté. Je juge des unes et des autres ; je m'y attache, ou je les rejette librement ; j'y consens, ou je le désavoue ; ils demeureront donc enfin soumis au pouvoir de mon ame, qui ne peut être affectée invinciblement, comme je l'ai dit ailleurs, que par l'évidence parfaite ou par l'attrait du souverain bien. Les hommes peuvent bien agiter, pour ainsi dire, la surface de mon esprit ou de mon cœur ; mais leur pouvoir ne s'étend pas jusque sur le fond même de ma volonté où réside ce pouvoir indépendant, cette liberté, reine et maîtresse de mes actions, qui est le principe de mon choix et l'arbitre de ma détermination.

Un corps peut être plus fort qu'un autre corps ; plusieurs corps réunis l'emportent encore plus aisément sur un seul, qui n'a pas plus de force que chacun d'eux ; mais un esprit ne sauroit exercer une véritable contrainte sur un autre esprit, lors même que le mien paroît céder à celui de mes semblables ; ce n'est point à cet esprit que je cède, c'est à moi-même, ou plutôt à l'attrait du vrai ou du bien qu'il n'a fait que me présenter. En vain voudroit-il conspirer avec d'autres esprits, comme pour opprimer la liberté de mon ame, elle ne compte point le nombre de ses adversaires, elle n'en pèse que les raisons ; et, si je crois avoir la vérité pour moi, je puis résister seul aux efforts de tout le genre humain réuni contre mon sentiment.

Mais, quoiqu'à la rigueur, suivant le langage de l'école, ma volonté ne puisse jamais être contrainte, je sens néanmoins que mes semblables ne laissent pas d'exercer une espèce de domination indirecte sur mon ame, par le pouvoir qu'ils ont de faire naître en moi des sentimens agréables, qui me portent à suivre leurs désirs, ou des sentimens pénibles qui m'empêchent d'y résister.

Tel est même, à proprement parler, le seul genre de puissance qui soit entre les mains des hommes. Il n'appartient qu'à Dieu de régner directement sur mon intelligence ou sur ma volonté, et de produire immédiatement leur consentement ou leur adhésion. Le plus grand roi du monde n'agit efficacement sur moi qu'autant que j'y agis moi-même, par le désir de certains biens, ou par la crainte de certains maux. Quiconque méprise ceux dont les rois sont les dispensateurs, est en quelque manière affranchi de leur puissance, ou du moins elle ne sauroit le contraindre réellement à faire ce qu'ils veulent. Ils persuadent donc plutôt par une apparence de bien ou de mal, qu'ils ne commandent et qu'ils ne dominent véritablement par une puissance efficace qui opère ce qu'elle ordonne; et ce que Tacite n'a dit que de quelques rois de la Germanie, peut s'appliquer en un sens à tous les monarques de la terre; je veux dire, qui règnent sur les hommes : *Autoritate suadendi, magis quàm jubendi potestate* (1).

Mais tel est l'attrait que notre ame a naturellement pour le plaisir; telle est l'horreur naturelle dont elle est remplie pour la douleur, que quiconque peut nous faire éprouver l'un ou l'autre jusqu'à un certain degré, devient presque toujours notre maître. Nous pouvons résister à sa volonté; mais nous n'y résistons point, et comme tous les hommes participent en quelque manière à cette espèce d'autorité par le bien ou par le mal qu'ils nous peuvent faire, l'usage qu'ils en font ne se borne pas à agir sur notre corps, ou à exciter un premier mouvement involontaire dans notre ame; il s'étend jusqu'à en-

(1) *De mori. German.*

traîner quelquefois le consentement ou l'adhésion réfléchie de cette partie de nous-mêmes, qui est si jalouse de sa liberté.

Je connois donc à présent la nature et l'étendue du pouvoir que j'ai sur les autres hommes, et qu'ils ont aussi sur moi, je dois même remarquer ici, que ce genre de puissance est égal dans tous les hommes, au moins du côté de la nature. Si l'âge, la santé ou les forces du corps y mettent quelque inégalité, il n'en résulte que des différences accidentelles ou passagères, qui peuvent être réparées par des secours étrangers, et qui d'ailleurs n'empêchent pas qu'à regarder les choses en général, il ne soit vrai de dire que les hommes sont nés égaux, ou qu'ils ont tous les mêmes droits les uns sur les autres ; réflexion dont je tirerai ailleurs les conséquences. Mais, comme il s'agit moins de raisonner ici que de peindre l'état de l'homme par rapport à ses semblables, je me contente d'avoir indiqué à présent cette égalité de pouvoir, dont je serai obligé de parler plus d'une fois dans la suite ; et je passe aux principaux effets qui en naissent dans l'ordre de la société.

De quelque espèce qu'ils soient, je connois en général qu'ils se terminent à produire dans mon ame, ou des sentimens agréables qui excitent mon amour, ou des sentimens pénibles, qui allument ma haine ; et voilà ce qui forme, ou qui détruit toutes les liaisons que l'on peut imaginer entre les hommes.

Dans ces deux effets généraux du pouvoir qu'ils exercent les uns sur les autres, sont donc compris tous les avantages et tous les inconvéniens de la société humaine ; mais par combien de voies les biens ou les maux qui en résultent se répandent-ils sur nous ? Je ne finirois point si j'entreprenois d'en faire ici un dénombrement exact ; je me borne donc à en toucher ici les points principaux, et je n'en parlerai même qu'autant qu'il me sera nécessaire, pour me mettre en état de comparer les avantages avec les inconvéniens, et pour voir de quel côté penche la balance, dans l'état présent de la société.

Je m'arrête d'abord aux premiers, je veux dire à ses avantages, et je distingue comme six grands canaux par lesquels elle nous en communique ou nous en assure la possession :

1.º La parole et l'écriture que je joindrai ensemble à cause de leur grande affinité ;

2.º Les arts et le commerce que je fais marcher de front, par la même raison ;

3.º La puissance des armes et la protection des lois que je ne dois pas séparer non plus, parce qu'elles concourent également dans la société à établir ou à affermir la sûreté publique et particulière.

Tâchons donc d'ébaucher ici au moins les premiers traits des avantages que nous acquérons par toutes ces voies, et commençons par la parole et par l'écriture.

Soit que je m'occupe seulement des biens qui regardent mon corps, ou que je m'élève jusqu'à ceux qui enrichissent mon ame, la parole est pour moi comme un moyen général par où je puis obtenir ceux qui me manquent.

Par elle, je fais entendre tous mes désirs aux autres hommes ; par elle j'agis puissamment sur leur esprit ou sur leur cœur, pour les engager à me procurer les biens corporels, qui en sont l'objet. Elle leur rend les mêmes services qu'à moi ; c'est par son secours que notre foiblesse trouve les appuis, et que notre indigence trouve les remèdes ou les supplémens qui lui sont nécessaires, et que nous attendrions vainement de notre force seule ou de notre seule industrie.

Par elle, ce qu'il y a de foible et d'insuffisant dans mon ame ne parvient pas moins à acquérir et le soutien et les richesses qu'elle désire pour sa perfection ou pour son bonheur. Non-seulement elle me fait profiter des pensées et des sentimens de mes semblables, qui sont comme des trésors étrangers que j'ajoute à mes biens propres, mais encore par le commerce que j'ai avec eux, je vois croître en moi ma faculté naturelle de penser et de sentir. L'expérience

m'apprend que je pense mieux, et que j'ai des sentimens plus vifs lorsque je leur parle, que quand je ne
traite qu'avec moi seul. En les écoutant, je m'entends
plus distinctement moi-même, soit parce que la
nécessité de leur répondre redouble la vivacité de
mon attention, soit parce que le désir de leur plaire
fait faire un plus grand effort à mon esprit.

La parole ne communique ses biens qu'aux présens; l'écriture y fait participer les absens mêmes, et
elle y joint l'avantage de donner une espèce de durée
et d'utilité éternelle aux pensées, aux sentimens, aux
paroles, aux actions des hommes. Ceux mêmes que
la mort nous a ravis, vivent encore pour nous ou dans
ce qu'ils ont écrit, ou dans ce qu'on a écrit d'eux;
et le fruit de leurs actions ou de leurs discours se
perpétue dans la société, plusieurs siècles après qu'ils
ont cessé d'y agir ou d'y parler.

De ces deux talens réunis se forme cette société si
utile entre les intelligences, qui les met en état de
rassembler, de comparer, d'éclaircir, d'entendre, de
multiplier à l'infini leurs idées particulières et d'en
former dans chaque genre de science un système
suivi de connoissances, et comme un tout parfait.
J'aime naturellement à savoir, et l'ignorance me déplaît, mais la longueur du travail me rebute; et,
pour les biens de l'esprit, comme pour ceux du
corps, je voudrois presque pouvoir faire fortune en
un jour. La société me donne au moins les moyens
de la faire plus promptement et avec beaucoup
moins de peine que si j'étois réduit à y travailler
seul. Par elle, je mets à profit toutes les recherches
que les savans de tous les âges et de tous les pays
semblent avoir faites pour moi. Chacun a découvert
comme des étincelles de ce feu céleste qui éclaire les
esprits. Séparées les unes des autres, elles avoient peu
d'éclat; mais rapprochées et réunies, elles forment
par leur concours une si grande lumière, que je n'ai
presque qu'à ouvrir les yeux pour découvrir en un
instant ce que je n'aurois peut-être jamais eu le
courage, ni même la capacité d'apercevoir, si mes

yeux seuls avoient été obligés d'en faire la découverte.

Ces connoissances que je puise dans le fonds commun de la société, ne se bornent pas à ce qui peut
enrichir ou orner mon esprit ; elles ne règlent pas
moins les mouvemens de mon cœur. Plus sujet encore
à se méprendre sur le bien, que mon intelligence ne
l'est à se tromper sur le vrai, il trouve dans la raison et dans l'expérience de toutes les nations et de
tous les siècles, des maîtres qui lui enseignent la
route du véritable bonheur ; et ce qui lui est encore
plus avantageux, il y voit des exemples qui m'apprennent que cette route est praticable ; que l'idée
de la perfection n'est pas une chimère ; que je puis
la réaliser, puisque d'autres l'ont fait avant moi.
Ainsi, j'excite dans mon ame une noble émulation,
plus utile pour moi que tous les discours des philosophes. Je me réveille comme Thémistocle, par le
souvenir des grandes actions de Miltiade ; et j'éprouve
en moi-même combien Sénèque a eu raison de dire,
que la voie des préceptes est longue, et que celle
des exemples est aussi courte qu'efficace.

Enfin, si toutes les lumières que j'acquiers par le
moyen de la parole et de l'écriture servent directement
à la perfection de mon ame, elles contribuent aussi
d'une manière plus indirecte, mais non pas moins
utile, à celle de mon corps ; puisque c'est par le
secours de ces lumières que la science du commerce,
et la connoissance des arts ont été ou inventées ou
perfectionnées : deux sources nouvelles des avantages
que la société nous communique, et dont je ne ferai
ici que donner une idée aussi générale que celle des
deux premières.

L'homme ne se borne pas, comme le reste des
animaux, à ne produire que certains mouvemens,
ou à ne faire que certaines actions convenables à la
conservation de chaque individu, ou à la propagation
de leur espèce. Il a reçu comme une particule de ce
souffle divin, *divinæ particulam auræ*, qui le fait
participer en quelque sorte au génie de son auteur.

Il l'imite jusqu'à un certain point dans les arts, où par une espèce de création il multiplie les manières d'être, s'il ne peut multiplier les êtres mêmes; mais auroit-il jamais pu y parvenir, sans le secours mutuel que l'homme donne à l'homme dans la société? L'étude de la nature qui ne peut jamais être bien faite par un homme seul, souvent même l'heureux effet d'une rencontre fortuite, et de ce qu'on appelle le hasard, ont présenté les premières idées, et comme les traits les plus grossiers de chaque art. Mais, outre que les épreuves ne peuvent s'en faire sans le secours de plusieurs têtes et de plusieurs bras qui y concourent, ils ne parviennent jamais à leur perfection que par un progrès insensible, auquel il faut que l'application, l'industrie, l'usage et l'expérience de plusieurs esprits contribuent successivement : l'un y ajoute plus de simplicité ou de facilité; l'autre en retranche un obstacle ou un inconvénient : celui-ci trouve le moyen d'y épargner une perte de temps ou une dépense excessive; celui-là découvre le secret de rendre l'ouvrage plus sûr ou plus durable. Ainsi se sont formés tant de ressorts, d'instrumens, de machines que les hommes ont inventés pour satisfaire à leurs besoins les plus imaginaires, et pour contenter jusqu'à cette superfluité de désirs qui montre en même temps la grandeur et la petitesse de leur ame. Je laisse à d'autres le soin d'expliquer en détail le nombre infini des biens que nous en recevons; mais y a-t-il quelqu'un qui les ignore, ou qui ait besoin qu'on lui prouve que les arts ne sauroient être l'ouvrage d'un seul homme, et qu'il a fallu qu'une longue suite de sociétés se succédant l'une à l'autre de génération en génération, aient travaillé sans relâche pour nous y faire trouver notre utilité, notre commodité, et comme je viens de dire, la satisfaction même de notre sensualité?

Disons la même chose, et avec encore plus de raison, de ce commerce immense qui est si étroitement lié avec les arts; commerce qui unit non-seulement les hommes de chaque climat; mais tous les

climats de la terre habitable, qui semble ne faire du
genre humain que comme un seul corps, dont tous
les membres travaillent également à leur félicité
commune et particulière, et qui, réparant l'inégalité
de la nature ou de l'industrie, fait, suivant l'expression de Virgile, que toute terre semble produire
toutes choses : *Omnis feret omnia tellus*.

Par là, je veux dire par le commerce et par les
arts, il se forme entre les hommes une espèce de
compensation d'avantages réciproques, qui, tenant
lieu d'un partage plus égal, met le pauvre en état de
participer à la fortune du riche, et devient, pour
ainsi dire, l'apologie perpétuelle de la providence.

Dieu, à la vérité, par des vues dignes de sa sagesse, souffre que des êtres qu'il a créés libres abusent
souvent de leur pouvoir pour se mettre au-dessus
de leurs semblables du côté des biens extérieurs;
mais sa bonté remédie en même temps à cet abus
par la nécessité où les arts et le commerce mettent
le riche de répandre ses trésors sur les pauvres, par
une espèce d'aumône intéressée.

L'un a des besoins, et souvent il s'en fait qu'il ne
peut, et qu'il veut encore moins satisfaire par son
travail. Le marchand, l'artisan, le mercenaire, viennent à son secours. Leur industrie, leur adresse,
leur sueur, lui fournissent ce qui lui manque, ou ce
qu'il croit lui manquer. Mais, à leur tour, le marchand, l'artisan, le mercenaire, ont besoin d'argent,
moyen général de se procurer tout ce qui est nécessaire à l'homme, et ils le trouvent dans les mains du
riche, qui s'imagine follement être le seul proprié-
taire d'un bien dont le pauvre jouit comme lui;
puisqu'il ne le possède qu'à condition d'en partager
le revenu avec tous ceux qui travaillent pour son
service. Plus il fait de dépenses, plus il s'associe de
copartageans. Je suis étonné, quand je veux considérer en détail toutes les mains par lesquelles il
faut que le moindre ouvrage de l'art ait passé, avant
que d'arriver dans les miennes; et s'il falloit seulement compter le nombre de celles qui ont travaillé

pour me mettre en état de manger un morceau de pain, il me faudroit un temps considérable pour en faire un juste dénombrement; mais il n'est aucune de ces mains qui ne s'approprie une partie de mon bien en échange de son travail, et par conséquent il n'en est aucune dont je n'aie autant et peut-être plus besoin qu'elle n'en a de moi.

Ce n'est pas même seulement pour le bien du corps que tant d'hommes de toute espèce sont dans un mouvement continuel; et, comme j'ai dit que les sciences les plus abstraites me sont utiles pour acquérir ces biens qui tombent sur les sens, je puis dire de même, tant il y a de liaison entre toutes les parties du système de la société, que les arts et le commerce travaillent réciproquement pour les avantages qui appartiennent le plus à l'esprit. Où en seroit réduit l'astronome, le physicien, le géomètre même, si les arts ne leur fournissoient tous les instrumens dont ils ont besoin; soit pour faire descendre les astres du ciel, si j'ose parler ici comme les poètes, et les rapprocher de leurs yeux; soit pour dévoiler les mystères de la nature, et en faire comme l'anatomie; soit pour rendre sensible les démonstrations les plus abstraites, et en appliquer les conséquences aux machines les plus utiles? Combien le commerce rapporte-t-il d'observations de tous les climats de la terre, qui servent à redresser ou à confirmer celles de nos astronomes? Combien de faits nouveaux ou d'expériences singulières, qui donnent lieu aux physiciens de contempler la nature dans le théâtre entier de l'univers? Combien de méthodes différentes, que les mathématiciens mettent à profit, soit pour connoître ou pour exprimer les rapports des nombres et des grandeurs? Aurions-nous su, par exemple, qu'il y avoit des chiffres plus commodes, plus abrégés et d'un usage plus simple que ceux des Grecs et des Romains, si la navigation ne nous avoit fait connoître ceux que les Arabes ou les Chinois ont inventés, et qui ont aboli les anciens caractères des nombres dans toutes les nations savantes?

Mais, après tout, ce seroit inutilement que la société me procureroit tant d'avantages inestimables, soit par la parole et par l'écriture, soit par les arts et par le commerce, si je n'y trouvois encore ce qui m'est nécessaire pour m'en assurer la conservation et la durée ; et c'est aussi ce qu'elle fait par la force des armes et par l'autorité des lois, les deux derniers points que je toucherai encore plus légérement que les autres.

Dans quelque nation policée que je vive, je vois une puissance publique qui veille pour moi au dedans et au dehors. J'y trouve des lois, un gouvernement, des magistrats, des ministres inférieurs qui protégent, qui défendent mes biens, mon honneur, ma vie, contre l'avidité, contre l'insolence, contre la fureur, la violence ou les artifices de ceux qui voudroient me les ravir. L'intérêt commun des hommes et celui de chaque particulier, quand ce ne seroit pas leur raison, ont fait établir et maintiennent cet ordre salutaire, qui a heureusement aboli la loi brutale et tyrannique du plus fort. Ainsi, celui qui, sans ce secours, auroit été dans un danger continuel de se voir opprimé par des étrangers ou par ses propres citoyens, lignés contre lui, vit tranquille et en sûreté, à l'ombre des armes et des lois qui, suppléant à sa foiblesse naturelle, le rendent supérieur à ceux dont il pourroit redouter la violence, parce qu'il y a encore un plus grand nombre d'hommes chargés de sa défense ; en sorte que par le moyen de la société, un seul homme a pour lui toute la force du corps entier, dont il est le membre.

Tels sont, enfin, tous les avantages de cette société dont je viens de faire une foible peinture, qu'il n'est pas même nécessaire à l'homme pour les posséder, de s'attacher autant qu'il le doit à cultiver et à perfectionner sa raison. L'ignorant en jouit comme le savant ; celui qui vit au gré de ses désirs, pourvu qu'ils ne soient pas nuisibles à la société, en profite comme le philosophe, au moins dans tout ce qui regarde l'usage des biens extérieurs.

Cependant, au milieu de tant d'avantages et de tous ceux que j'y pourrois ajouter, je ne dois pas me dissimuler, que la société a aussi ses inconvéniens ; et, après ce que je viens de dire en parlant de ses biens, il me sera encore plus facile de donner une idée abrégée de ses maux.

Je conçois, en effet, que si les hommes, dont je suis environné, peuvent m'être fort utiles, ils sont souvent en état de m'être nuisibles. Si leur amour m'est avantageux, leur haine peut m'être funeste ; non-seulement ils ont le pouvoir de me faire du mal, mais il ne leur est que trop ordinaire d'en avoir la volonté. Je vois même que toutes les passions jalouses de mon repos et de mon bonheur, comme l'envie, l'avarice, la fraude, la violence, sont bien plus communes parmi les hommes, que les vertus contraires.

Je vis au milieu d'une multitude d'ennemis, et je n'en ai peut-être point parmi eux de plus redoutables que ceux qui veulent paroître mes amis.

La parole et l'écriture sont devenus dans le monde des signes équivoques et plus souvent dangereux qu'utiles. Ils devroient n'être employés que pour la vérité, mais ils travaillent encore plus pour le mensonge, et bien loin d'être les canaux naturels de la bonne foi et de la sincérité, le déguisement et la fraude n'ont point d'instrumens plus ordinaires ni plus nuisibles à l'humanité. Les connoissances que j'acquiers par leur moyen sont quelquefois moins sûres que celles que je pourrois acquérir par moi-même. La parole n'est souvent qu'un commerce d'erreurs aussi bien que de mensonges ; erreurs d'autant plus contagieuses qu'elles sont accréditées par le grand nombre de ceux qui les répandent. Les philosophes mêmes m'avertissent que les opinions les plus communes sont presque toujours les plus mauvaises : *Argumentum pessimi, turba est* (1). Les vertus que je vois dans le monde ne sont pas plus vraies que ses

(1) Senec. : *De vit. beat.*

opinions. Je perds souvent les miennes, au lieu d'y en acquérir de nouvelles ; et comme le disent les mêmes philosophes, j'ai bien de la peine à rapporter chez moi, lorsque j'y reviens, les vertus que j'avois lorsque j'en suis sorti : *Nunquam mores quos extuli, refero* (1).

Les arts et le commerce, souvent pleins d'injustice et de tromperie, ont toujours l'inconvénient de multiplier nos désirs beaucoup plus qu'ils ne nous donnent le moyen de les contenter : ils ne font que présenter de nouveaux appas à notre cupidité, qui l'étendent bien au-delà des bornes de la nature, et qui ne servent ordinairement qu'à exciter entre les hommes une émulation vicieuse, un combat insensé de luxe, de mollesse, de vanité, pendant que chacun veut exceller au-dessus de ses égaux par l'excès de sa dépense, plutôt que par le retranchement de ses désirs.

Le secours du gouvernement et la protection des lois ne sauroient prévenir toujours la malice de mes ennemis ou de mes concurrens, et les dédommagemens qu'elles me promettent sont si lents, si difficiles à obtenir, quelquefois même si onéreux, et presque toujours si peu proportionnés à mes pertes, qu'une triste expérience m'oblige souvent à les mettre au rang des maux mêmes. Enfin, cette puissance publique, qui ne devroit être employée qu'à conserver les hommes, dans la paisible possession des biens naturels ou acquis dont ils jouissent, devient, au contraire, un prétexte spécieux dont on se sert pour les y troubler, pour les réduire même souvent à manquer du nécessaire ; en sorte qu'elle ne se termine que trop souvent à faire un grand nombre de misérables, pour rendre trop heureux le petit nombre de ceux qui ont part à l'autorité ou qui en servent les passions.

Je connois ou j'éprouve même tous ces inconvéniens, et je sais ce que dit Tacite : *Vitia erunt, donec*

(1) *Epist.* 7.

homines (1). Toute société ne se forme qu'entre des hommes, et par conséquent il n'y en aura jamais qui ne soit mêlée de bien et de mal. Mais il ne s'agit point ici de disputer sur la réalité des défauts que je viens d'expliquer. La question se réduit uniquement à savoir, s'ils l'emportent sur les avantages dont la société me fait jouir, et mon parti n'est pas difficile à prendre sur cette question, si c'est toujours ma raison qui me sert de règle.

A la vérité, mon jugement pourroit demeurer suspendu, et je ne sais même de quel côté il pencheroit, si tous les biens que j'attends de la société dépendoient uniquement de la bonne volonté ou de l'affection de mes semblables. Je raisonnerai peut-être dans la suite sur cette supposition; mais je n'ai pas besoin de l'examiner ici, parce que, indépendamment de la bienveillance particulière des autres hommes, indépendamment même de l'amour qu'ils peuvent avoir pour le bien commun de leurs pareils, je vois que la providence dirige et tempère de telle sorte tous les mouvemens de la société humaine, que j'y trouve une infinité d'agens qui travaillent pour moi sans le savoir, sans me connoître même, et à plus forte raison sans m'aimer.

C'est pour moi que les savans cultivent tant de sciences qui éclairent mon intelligence et qui réglent ma volonté : c'est pour moi que le laboureur, que le vigueron, que tous ceux qui cultivent la terre font croître les fruits ou nourrissent les animaux qui servent à mon entretien nécessaire, et qui me fournissent même des délices superflus. C'est pour moi que les artisans exercent leur industrie; c'est pour moi que le négociant apporte de loin, et souvent au péril de sa vie, tout ce qui peut me convenir par son utilité, me plaire par sa beauté, me charmer même par sa rareté; c'est pour moi que des troupes nombreuses veillent sur les frontières de mon pays pour en éloigner les ennemis du dehors : enfin, c'est

(1) *Hist. lib.* 4. *c.* 74.

pour moi que les magistrats ou les ministres ne veillent pas moins pour réprimer les ennemis du dedans, et me faire jouir en paix de tout ce qui m'appartient légitimement.

Je profite donc des travaux de toutes ces professions différentes; ceux qui les exercent me sont aussi utiles que s'ils agissoient par une affection particulière pour ma personne : leur intérêt propre, qui prend la place de cette affection, sert le mien si efficacement, qu'avec tout l'amour que j'ai pour moi, de quelque autorité que je fusse revêtu, quelque soin que je prisse de bien diriger tous les mouvemens de mes semblables, il me seroit presque impossible de faire ce qu'ils font d'eux-mêmes pour mon avantage, sans penser à moi et sans que je pense à eux.

Tel est donc le premier caractère des avantages communs de la société : des inconnus y travaillent pour des inconnus; elle est utile à ceux qui ne l'aiment pas, comme à ceux qui l'aiment; elle l'est même à ceux qui la haïssent et qui ne paroissent occupés que du désir d'en troubler l'harmonie.

Les maux que j'y puis craindre sont-ils de la même nature? Renferme-t-elle une multitude d'hommes attentifs à me nuire, comme elle en renferme une infinité qui travaillent à me servir?

Mais combien y en a-t-il peu qui me connoissent? Le nombre de ceux qui peuvent avoir des intérêts opposés aux miens est encore beaucoup plus borné : ce sont cependant les seuls dont j'aie lieu de me défier. Car, quel est l'homme qui veuille me faire du mal, s'il ne croit par là se faire du bien à lui-même? La malice humaine ne va pas si loin : il n'est point de haine, comme je l'ai dit, qui n'ait une cause réelle ou apparente. Ainsi, tous ceux qui ne me connoissent pas, tous ceux qui n'ont aucune raison de me haïr, ou de vouloir me nuire, peuvent bien travailler pour mon avantage, sans y penser actuellement; mais je n'ai point à craindre qu'ils agissent contre moi sans le vouloir et sans le savoir même. Qu'est-ce donc que le très-petit nombre d'en-

nemis dont je puis avoir à me défendre, en comparaison de ce nombre prodigieux d'hommes que je
puis regarder en un sens comme mes amis, puisqu'ils
agissent pour mon bien, peut-être avec plus d'application, de capacité, d'assiduité que s'ils y étoient
engagés par une affection personnelle pour moi ?

En effet, et c'est un second caractère des avantages de la société : le service qu'ils me rendent est
un service continuel ; ils travaillent sans relâche pour
suppléer à mon indigence ou à ma paresse. A peine
se permettent-ils quelque repos pendant la nuit; je
les vois se lever de grand matin, pour me procurer,
comme à l'envi, une abondance de biens ; je les
retrouve encore le soir dans la même occupation, et
par la plus utile de toutes les illusions, ne croyant
agir que pour eux, ils ne cessent jamais d'agir
pour moi.

J'observe tout le contraire à l'égard des maux qui
peuvent m'effrayer dans la société. Je ne redoute
sur ce point, comme je viens de le dire, que le petit
nombre de ceux qui me haïssent ; mais leur haine,
ou leur mauvaise volonté a de grands intervalles. Elle
n'agit que dans certains momens ; ils ne pensent pas,
et ils ne sauroient penser toujours à me nuire ; les
moyens de le faire leur manquent souvent ; le succès
ne répond pas toujours à leurs vœux : je résiste quelquefois à leur colère ; je la dompte ou je la fléchis ;
je l'adoucis au moins, si je ne puis l'apaiser entièrement ; elle s'éteint tôt ou tard, et elle s'use par
le temps même ; enfin, elle ne sauroit s'éteindre au
delà du cours de leur vie, au lieu que la mort même
de ceux qui me servent, comme s'ils m'aimoient véritablement, ne me fait aucun préjudice. Ils laissent
sûrement après eux des successeurs qui s'occupent
aussi utilement pour moi ; et si ce ne sont pas toujours les mêmes hommes qui me servent, je suis
sûr au moins en vivant dans la société, que je ne
manquerai jamais de serviteurs.

Reprenons encore ici la distinction des biens et des
maux réels, des biens et des maux imaginaires. J'y

trouverai un troisième caractère de différence entre les avantages et les inconvéniens de la société.

D'un côté, le bien qu'elle m'offre et les maux dont elle me préserve, sont des biens ou des maux réels. Elle renferme toute ce qui peut contribuer à ma satisfaction raisonnable, soit pour la perfection de mon esprit, soit pour celle de mon corps. Je m'épargne aussi par elle les maux qui sont véritablement contraires à l'une ou à l'autre; elle y a ajouté même une facilité infinie de me procurer cette autre espèce de biens, ou d'éviter cet autre genre de maux que j'appelle imaginaires.

De l'autre, la haine des hommes et les passions qu'elle mène à sa suite, ne s'exercent communément que sur des biens apparens, dont ils veulent me priver, ou sur des maux aussi chimériques qu'ils tendent à me faire souffrir. La plupart des peines que j'éprouve par l'animosité de mes semblables dépendent le plus souvent de la manière dont je les considère. Si je sais les réduire à ce qu'elles ont de réel, elles disparoissent presque aux regards de ma raison. Les biens dont leur inimitié me prive, sont à peu près du même genre, des honneurs et des dignités, dont le poids surpasse l'agrément; des plaisirs incertains, peu durables et presque toujours suivis de regrets; un crédit qui m'expose à l'envi sans me rendre plus heureux; un superflu que je puis ne point désirer; un faste souvent onéreux, que la vanité cherche, que la nature n'exige jamais, et que la raison condamne toujours.

Tels sont les sujets ordinaires de cette haine ou de ces querelles, qui nous rendent quelquefois le commerce des hommes si odieux. Pendant que nous nous occupons à nous disputer vainement des biens frivoles, nous oublions ce que nous devons à une société, qui nous en procure tant de solides, et où les maux qui nous touchent le plus sont la plupart de telle nature, que notre raison pourroit ou les éviter, ou les adoucir, et les rendre supportables, si nous étions fidèles à la suivre.

Retranchons donc d'abord tous les inconvéniens imaginaires, qui ne méritent point d'être mis en parallèle avec les biens réels de la société, et réduisons-nous à ce qui peut être justement regardé comme des maux véritables.

Je sais en effet, qu'il y en a de cette nature, que la société ne me fait point éviter, et je ne cherche point à m'éblouir sur ce sujet. Qui pourroit ignorer les dangers réels que toutes les passions humaines nous préparent dans les sociétés les mieux réglées? Qui ne sait quelle est souvent l'imperfection ou l'impuissance même des lois, la négligence ou la dépravation de leurs ministres, l'incapacité ou l'injustice de ceux qui exercent la suprême autorité? Mais au lieu de faire une déclamation inutile sur ce sujet, nous serions plus sages et plus heureux, si nous méditions attentivement ces trois vérités, que je ne ferai qu'indiquer en un mot, pour justifier la société contre des reproches qu'elle ne mérite pas, et qui ne sauroient diminuer la reconnoissance que nous lui devons.

1.° Quelque grands que soient les maux dont nous nous plaignons, ils viennent des membres plutôt que du corps, au lieu que les biens de la société viennent du corps plutôt que des membres. Elle nous est donc utile par sa nature, et elle ne nous est nuisible que par accident; ou plutôt ce n'est pas elle qui nous nuit, c'est seulement une très-petite partie de ceux qu'elle renferme dans son sein. Lui imputerons-nous donc des malheurs dont elle n'est pas coupable, et la raison ne nous oblige-t-elle pas, au contraire à lui rendre grâces de tous les avantages, qu'elle nous procure par sa constitution même?

2.° Non-seulement elle n'est point la cause des maux qui nous affligent, mais elle en est le remède; et c'est par elle seule que nous parvenons à en obtenir la réparation. Elle les prévient même autant qu'il est possible, par la sûreté qu'elle nous procure, et par cette terreur des lois qu'elle établit comme une espèce de sauve-garde autour de chaque particulier.

3.º Je veux que son secours ne soit pas toujours suffisant pour notre repos et notre bonheur. Je veux que ses remèdes soient souvent tardifs et peu proportionnés à nos maux ; je veux enfin, que ceux qui président à la société nous fassent acheter trop chèrement la protection qu'ils nous donnent. Avec tous ces défauts, la société nous est encore plus avantageuse que l'état contraire ; et si quelqu'un en pouvoit douter, il n'auroit, pour s'en convaincre à ses dépens, qu'à en faire l'expérience.

Rompez, lui dirois-je, tous les liens que la société forme entre les hommes : mettez-vous pour un moment, au moins par la pensée, dans cet état où l'homme n'auroit rien de commun avec l'homme que la nature. Non-seulement vous perdrez avec la société tous ces avantages, dont je n'ai fait que marquer les premiers traits ; non-seulement vous vous trouverez abandonné sans ressource à votre foiblesse et à votre indigence naturelle, mais ces mêmes inconvéniens, qui font le sujet de vos plaintes, et une infinité d'autres que vous ne sentez pas, que vous ne prévoyez pas même, parce que la société vous en exempte, se multiplieront sans bornes et croîtront à l'infini, parce qu'il n'y aura plus rien qui puisse en arrêter le cours. L'innocence sera sans protecteur ; le crime ne craindra point de vengeur ; l'homme vivra avec l'homme dans une guerre continuelle, et il sera véritablement dans cet état qu'Hobbes appelle, *bellum omnium contra omnes* ; état contraire à la raison, et par conséquent à la nature d'un être raisonnable ; mais suite presque inévitable des passions humaines, lorsqu'il n'y a plus de frein qui les retienne. Or, ce frein ne peut se trouver que dans l'ordre et les lois de la société. Donc, elle est le seul remède des maux qui naissent malgré elle dans son sein même, et qui seroient infiniment plus grands si elle ne subsistoit pas. Donc, à tout prendre, et en faisant une juste compensation des biens et des maux, la société m'est plus avantageuse qu'elle ne peut m'être nuisible; si je veux fuir ce que j'en appelle les maux, je ne fais que m'y précipiter encore plus, je les aigris au lieu de les guérir; de pénibles qu'ils étoient je les rends insupportables, et d'une maladie qui avoit ses remèdes ou ses adoucissemens, j'en fais un mal incurable.

Achevons la peinture que j'ai commencée de la condition de l'homme.

Outre les avantages généraux que je tire de la société et que je reçois souvent, comme je l'ai dit, de ceux mêmes qui n'ont aucune relation avec moi, il en est qui dépendent de la bonne volonté de certains hommes à mon égard, comme il est aussi des maux que je puis craindre de leur mauvaise disposition pour moi. Le cercle de la société se resserre infiniment dans cette vue, puisqu'il ne comprend plus que ceux qui m'environnent de plus près, qui peuvent m'aimer ou me haïr personnellement, que je puis aimer ou haïr de la même manière; en un mot, de ceux qui sont renfermés dans cette sphère très-bornée, ou, pour parler comme les cartésiens, dans ce petit tourbillon qui se forme autour de moi. Si je veux donc achever la description que je fais ici des biens que je puis espérer, ou des maux que je puis craindre de la part des autres hommes, il me reste d'examiner quels sont les moyens les plus efficaces dont je me sers pour obtenir les uns, ou pour éviter les autres, en agissant sur la volonté de mes semblables; et ce sera par ce dernier trait que je finirai tout ce qui regarde la connoissance de mon état à leur égard : connoissance qui m'est absolument nécessaire pour bien approfondir la question générale que j'ai entrepris de résoudre.

Quand je considère ici les voies par lesquelles je peux me rendre les autres hommes favorables, ou les empêcher au moins de me nuire, je n'entends parler que de celles qui dépendent de moi seul, et que j'appelle, par cette raison, des moyens du premier ordre. Tout ce que la force, l'adresse ou l'in-

29*

dustrie de mes amis peut y ajouter, lorsqu'ils se joignent à moi, suppose la première espèce de moyens; je veux dire, qu'il faut que j'aie agi d'abord sur la volonté de ceux qui me prêtent leurs secours, avant que d'agir par eux ou avec eux sur d'autres hommes, et c'est par cette raison que ces moyens qui sont entre les mains de mes amis ou de mes alliés, plutôt que dans les miennes, ne doivent être appelés que des moyens du second ordre. Il n'en est point question ici, où je dois seulement expliquer ce qu'il m'est possible de faire par mes seules forces pour me procurer, soit directement ou indirectement, les biens que je désire, ou pour me préserver de la même manière des maux que je crains.

Or, en me réduisant à cette idée, je ne vois que trois voies qui s'offrent à moi :

La première, est celle de la force ou de la contrainte;

La seconde consiste dans la fraude et dans l'artifice, dont je puis me servir, pour dérober par la ruse ce que je ne saurois emporter par la violence;

La dernière, est de travailler à gagner l'affection de mes semblables, par le bien que je leur fais, ou par mon attention à détourner d'eux le mal qui les menace, afin d'obtenir de leur bonne volonté pour moi, ce que je ne puis leur ravir par la force, ou leur soustraire par l'artifice.

Je pourrois bien ajouter ici une quatrième voie, c'est celle de la persuasion; mais elle s'opère en deux manières différentes. Car, ou elle n'a point d'autres armes que la raison, ce qui lui fait donner plus proprement le nom de conviction, et alors il est rare de voir le commun des hommes entraînés par cette voie, surtout quand leurs passions y résistent : que je serois souvent fort à plaindre, si j'étois réduit à une si foible ressource ! Ou elle emprunte le secours de leurs intérêts, de leur amour pour le plaisir, ou en général pour tout ce qui leur paroît un bien, en quoi consiste, si l'on veut parler exactement, ce qu'on appelle l'art de la persuasion; et, en ce cas,

elle retombe dans la troisième voie, puisqu'elle ne
m'est avantageuse qu'autant que j'engage les autres
hommes à m'être favorables par la vue du bien que
je montre à leurs yeux, comme le prix de celui que
j'attends de leur affection pour moi.

Je me renferme donc dans ces trois voies que j'ai
expliquées, et pour en mieux juger je les considère,
non par rapport à un seul acte ou à une seule action
particulière, mais dans un état constant et habituel; parce que c'est cet état qui peut seul former
le véritable bonheur ou le véritable malheur de
l'homme.

Je remarque donc que la première voie peut me
réussir quelquefois dans des momens de surprise,
mais qu'à la longue, il est impossible que je n'aie
sujet de m'en repentir, en voyant retomber sur moi
le mal que j'aurai voulu faire aux autres.

Comme la force, dont je parle ici, n'est qu'une
force corporelle, il faut bien que je sois assujetti
sur ce point aux lois générales qui président aux
mouvemens ou au choc et aux impulsions réciproques
de tous les corps. Le succès de mes entreprises dé-
pendra donc toujours de la proportion qui se trouvera entre mes forces et celles d'un autre homme,
si je combats contre lui seul à seul; et il faudroit
que j'eusse celles d'Hercule, pour ne pas avoir au
moins autant à craindre qu'à espérer en prenant
cette voie.

Mais puisque, suivant l'ancien proverbe, Hercule
lui-même n'étoit pas assez fort pour se battre seul
contre deux, que m'arrivera-t-il, si plusieurs hommes
se réunissent contre moi, comme ils ne manqueront
pas de le faire, pour arrêter les suites d'une violence
que chacun commencera à craindre pour soi? Irai-je
aussi chercher de ma part des troupes auxiliaires?
Mais qui empêchera les autres d'en faire autant que
moi? Ou nos deux troupes seront égales, et alors
l'avantage ne sera pas moins incertain que dans le
premier cas où je n'avois affaire qu'à un seul homme;
tantôt vainqueur et tantôt vaincu, toujours en danger

de l'être, je passerai ma vie dans le trouble et dans l'agitation, sans jamais avoir un moment de repos et de sécurité. Est-ce donc là le chemin que la raison enseigne à mon amour-propre pour acquérir les biens, ou pour éviter les maux qui excitent ou mes désirs ou mes craintes ? Dirai-je que ma troupe sera plus nombreuse ou plus forte que celle de mes adversaires ? Mais par quel bonheur aurois-je cet avantage plutôt qu'eux ? Comment même parviendrai-je à avoir une troupe qui s'arme pour moi ? Comment me procurerai-je ces défenseurs, si je n'ai point d'autre voie que la force pour agir sur la volonté des autres hommes ? Il faudra donc que je commence par exercer ma violence, sur ceux mêmes que je veux obliger de devenir les instrumens ou les appuis de la mienne contre d'autres hommes ; mais si je les attaque en détail et un à un, il est très-douteux que je sois le plus fort, et si moi seul j'en attaque plusieurs, je serai certainement le plus foible ; je retombe donc toujours dans le même inconvénient, et je ne fais qu'un cercle vicieux, mais qui, par cette raison même, me montre évidemment que la voie habituelle de la force ne sera jamais pour moi qu'un moyen inutile, toujours dangereux et presque toujours funeste ou à mon bonheur ou à ma vie même.

Tout cela seroit vrai quand on supposeroit que les hommes vivroient encore dispersés dans les forêts ou sur les montagnes.

Que sera-ce donc si je me considère dans la société civile, dont le premier objet est d'empêcher de réprimer ou de punir toutes les violences particulières, et où, comme je l'ai déjà dit, quiconque attaque un des membres est censé attaquer tout le corps entier armé contre lui.

Mais les réflexions que je viens de faire sur la voie de la violence s'appliquent également à la deuxième, je veux dire, à celle de la fraude ou de l'artifice ; et le caractère du fourbe ou de l'imposteur ne sera ni plus facile à soutenir long-temps, ni plus heureux à la fin, que celui de l'homme plus simple dans le mal, qui aura mis toute sa confiance dans sa force corporelle :

Ou il ne donnera aux autres aucun signe d'affection ou de bienveillance, cherchant seulement à leur tendre des piéges, à mettre à profit leur crédulité, ou plutôt à en abuser continuellement; mais, en ce cas, s'il a le bonheur dangereux de surprendre d'abord ceux qui ne seront pas en garde contre lui, ce premier succès de la ruse ne soulèvera pas moins les autres hommes contre son auteur, que celui de la violence; ils ne manqueront donc pas de se réunir contre lui. Cherchera-t-il alors à se fortifier par le nombre? Mais, comme il ne connoît point d'autre moyen que la fraude pour agir sur la volonté de ses semblables, il faudra donc qu'il trompe aussi ceux qu'il voudra s'associer, pour en tromper d'autres par eux; et, ce qui est encore plus difficile, il faudra qu'il trompe ces premiers instrumens de sa fraude, sans leur faire ou sans leur promettre aucun bien, sans les amuser même par une apparence d'amitié. Mais, outre qu'il ne peut rien faire que ses ennemis ne fassent aussi, parce que tous les hommes ont naturellement le même pouvoir que chaque homme, il est bien sûr que ceux qui paroîtront toujours prêts à servir leurs amis et à leur donner des marques réelles de leur affection, en auront aussi un plus grand nombre, et par conséquent qu'ils seront toujours les plus forts, soit qu'il n'y ait encore aucune société réglée entre les hommes, soit qu'on la suppose déjà établie; et cela sera même encore plus vrai dans ce dernier cas, et parce que le corps entier de la société, ou ceux qui la gouvernent, s'éléveront encore plus contre un homme que ses fraudes et ses trahisons continuelles feront regarder comme une peste publique:

Ou si l'on fait une autre supposition, et si l'on prétend que pour mieux réussir dans ses artifices, il saura se couvrir des dehors d'une bienveillance apparente; en sorte qu'il rendra même des services à ceux qu'il voudra engager dans ses intérêts, ou qu'il méditera de perdre plus sûrement dans la suite;

cette seconde hypothèse me fera sentir deux vérités
également importantes.

1.º On ne sauroit s'y réduire, sans reconnoître
ouvertement que la voie de la fraude, considérée
seule en elle-même, est aussi inutile, ou plutôt aussi
nuisible à celui qui la prend, que celle de la violence ;
puisqu'on avoue que, s'il veut s'en servir avec succès,
il est obligé, ou de la tempérer par un mélange
d'affection réelle, au moins pour quelques-uns de
ses semblables, ou de la cacher, de la déguiser, de
la masquer, pour ainsi dire, du voile d'une bienveillance simulée, sans quoi, devenant bientôt odieux
à ses alliés mêmes, et détesté de tous les hommes, il
tomberoit enfin dans le piége qu'il auroit tendu aux
autres. Je puis donc distinguer deux choses dans le
personnage qu'on feroit agir de cette manière :

L'une, est le dessein qu'il a de tromper et de nuire ;
l'autre, est cette affection apparente, qui n'est que le
moyen dont il se sert pour tendre plus sûrement à
sa véritable fin : la première, est une suite de la haine
telle que je l'ai définie par rapport à la matière présente, c'est-à-dire, de cette inclination malfaisante
pour les autres et bienfaisante pour soi, qui en est
le vrai caractère ; la dernière appartient à l'amour,
ou du moins elle en emprunte les marques extérieures ; mais si la première agit seule, elle est fatale
à celui qui y met sa confiance, comme l'avouent les
auteurs mêmes de l'hypothèse que j'examine. La
dernière, à la vérité, est quelquefois avantageuse,
jusqu'à ce que le masque tombe, et que la vérité se
découvre. Mais elle ne l'est que par l'apparence de
l'amour. Donc, si l'artifice et la fraude peuvent m'être
utiles pour un temps, ce n'est point en tant qu'ils
naissent du dessein de nuire, ou en tant qu'ils appartiennent à la haine, c'est seulement en tant qu'ils
se cachent sous un désir apparent de faire du bien,
ou qu'ils prennent l'image ou la vraisemblance de
l'amour, dont ils tirent toute leur force, et à qui
seul ils sont redevables du succès passager dont ils
s'applaudissent.

2.º Ce succès, en effet, ne sauroit durer long-temps, le bonheur de la fraude est précisément ce qui donne lieu d'en rechercher et d'en découvrir la cause. L'imposture, une fois dévoilée, comme elle l'est tôt ou tard, met tous les hommes en garde contre celui qui s'est servi trop heureusement de cette voie. Il devient incapable de nuire à un plus grand nombre, parce qu'il a réussi dans le dessein de nuire à un seul; et l'apparence de l'amour dont il a abusé, se tourne tellement contre lui, qu'on ne le croit pas même lorsqu'il aime véritablement.

Ainsi, toute fraude ou tout artifice a ses deux caractères : l'un, de ne réussir qu'en empruntant le dehors de l'affection ; l'autre, de ne pouvoir même s'assurer par là un succès durable, ou plutôt de devenir bientôt funeste à celui qui en est l'artisan, en le démasquant par ses succès mêmes.

Mais, si la violence, réprimée sûrement par une plus grande force, retombe toujours sur son auteur; si la tromperie et la fraude sont enfin aussi malheureuses, il ne me reste donc que la troisième voie dont j'ai parlé d'abord, pour agir sur la volonté de mes semblables d'une manière qui me soit véritablement et constamment utile; c'est-à-dire, qu'il faut que, par une disposition réellement bienfaisante, je rende service à ceux de qui je veux en recevoir, ou que je les préserve des maux dont je suis en quelque sorte le maître, afin de les engager par là à me traiter de la même manière, et à faire pour moi ce que j'aurai fait pour eux.

Je sens, à la vérité, que cette voie a aussi ses inconvéniens, ou plutôt ses peines, surtout si j'en juge sur la foi de mes passions. Il faudra que j'y résiste souvent pour ne pas exciter celles des autres hommes ; il faudra que je ménage leurs intérêts, si je veux qu'ils ménagent les miens: en un mot, je serai obligé de supprimer une partie de mes désirs pour assurer le succès de ceux que ma raison approuve le plus; et je ne saurois douter que cette résistance, ce ménagement, cette modération n'incom-

modent, ne gênent, ne contristent souvent mon amour-
propre. Mais, après tout, n'est-ce pas un parti forcé
pour moi, puisque celui de la violence ou de la
fraude me prépare des peines sans comparaison plus
grandes, et me menace toujours d'une fin funeste?

En effet, le succès de ces divers moyens est bien
différent; si je fais du mal à mes semblables, j'a-
masse tous les jours, pour ainsi dire, un trésor de
colère suspendu sur ma tête, qui m'écrasera tôt ou
tard, et qui me fera souffrir beaucoup plus de maux
que je n'en aurai fait aux autres : au contraire, si je
leur fais du bien, j'en suis d'abord payé comptant
par le plaisir tranquille que j'en ressens, comme je
l'ai dit ailleurs; et ce bien que je leur fais est comme
une avance utile qui me rend avec usure dans la
suite beaucoup plus de biens que je n'en aurois pu
acquérir par tous les maux dont je les aurois accablés.

Je trouve même cette vérité tellement gravée dans
le cœur de tous les hommes, qu'il n'en est presque
point qui ne se porte naturellement à témoigner de
l'estime et de l'amitié à ceux dont il espère quelque
avantage. Telle est au moins la première voie que
l'esprit humain se plaît à tenter : obtenir de bon gré
ce qu'il désire a quelque chose de plus agréable
pour lui que de l'arracher par force; et il y a peu
d'hommes qui ne disent comme Cinna :

> Pour jouir de ses dons, faut-il l'assassiner?
> Et faut-il lui ravir ce qu'il me veut donner?

Il n'est pas même jusqu'aux enfans qui ne semblent
avoir appris de la nature à gagner, par des marques
extérieures de tendresse, par des discours flatteurs,
par des caresses innocentes, par le son même de leur
voix, ceux dont ils attendent un bien ou un plaisir
proportionné à leur âge. Qu'on dise, si l'on veut,
que si l'homme agit ainsi, c'est parce qu'il sent sa
foiblesse; mais a-t-il tort de la sentir, puisqu'il est
foible en effet? et ne suit-il pas, au contraire, le
véritable esprit de la nature, lorsqu'il veut s'atta-

cher par l'amitié ceux qu'il ne peut s'assujettir par la force? C'est ce que j'examinerai bientôt avec plus d'attention. Il me suffit d'avoir observé ici cette espèce d'indication naturelle qui est favorable à la voie de l'affection et de la bienveillance : je ne raisonne pas encore, et je me contente d'expliquer les faits généraux dont je tirerai ailleurs les conséquences.

Disons donc enfin, dans la même vue, que non-seulement le commun des hommes, mais les plus grands scélérats, je veux dire ceux qui conspirent, les uns avec les autres, contre les biens, le repos, la vie de leurs semblables, attestent, sans y penser, combien le secours d'une affection réciproque est nécessaire à l'homme, lors même qu'il ne pense qu'à nuire aux autres hommes. Quel est le lien qui les unit et qui forme entr'eux une société criminelle, mais sûre, mais fidelle, mais utile au succès de leurs desseins? Est-ce la violence ou la fraude? Ils sentent tous qu'un homme seul ne sauroit en obliger plusieurs, par ces deux voies, à devenir les complices, les flatteurs ou les instrumens de sa cupidité. C'est donc par des effets réels d'une amitié sincère ou contrefaite que s'unissent les voleurs mêmes ou les corsaires ; et Socrate a eu raison de dire que ceux qui violent la foi à l'égard du reste des hommes, sont obligés de la garder entr'eux, sans quoi ils deviendroient véritablement semblables à ces soldats de Cadmus, qui n'avoient des armes, et qui ne savoient les manier avec force et avec adresse que pour se détruire mutuellement.

Ainsi, de quelque manière que j'envisage le genre humain, soit que j'y étudie la conduite de ceux qui sont portés à faire du bien à leurs semblables, soit que je considère l'état de ceux mêmes qui ne pensent qu'à leur faire du mal, tout concourt à me faire comprendre que ni la voie de la violence, ni celle de la fraude ne me sont véritablement avantageuses pour agir sur une volonté indépendante de la mienne; et que la troisième voie, c'est-à-dire, celle d'une bienveillance, prouvée par les effets, est la plus sûre ou plutôt la seule dont je puisse me promettre un succès durable.

C'est donc par ce dernier trait que j'achève la peinture de ma véritable situation à leur égard, et que je termine en même temps ces recherches préliminaires que j'ai cru devoir faire avant toutes choses pour me mettre à portée de bien juger si c'est l'amour ou la haine qui est l'inclination la plus naturelle à l'homme par rapport à ses semblables. J'ai étudié d'abord, autant qu'il m'a été possible, la nature et les différens caractères de cet amour ou de cette haine ; j'ai examiné ensuite, avec autant d'attention, non-seulement ce que l'homme est en lui-même, mais ce qu'il est par rapport à ceux qui sont formés de la même pâte que lui.

Je connois donc à présent ce que c'est qu'aimer et que haïr ; je connois la véritable situation de celui qui doit opter, soit entre ces deux sentimens, soit entre les différens effets qu'ils produisent ; et c'est par ces deux genres de connoissances que je crois être enfin parvenu à l'état où mon esprit avoit besoin d'arriver pour entreprendre de résoudre le grand problème qui fera le sujet de ma méditation suivante.

NEUVIÈME MÉDITATION.

SOMMAIRE.

Est-ce l'amour ou la haine de l'homme pour ses semblables qui est conforme à sa nature ? Divers sens du terme naturel. Rien ne mérite ce nom à l'égard de l'homme, que ce qui tend à la perfection et au bonheur de son être. Vivre selon la nature, c'est d'abord vivre selon la volonté et l'intention du créateur, qui a marqué à tous les êtres, la fin à laquelle ils doivent tendre, et la voie qui peut les y conduire : c'est dans un autre sens, vivre selon ce qui convient à l'idée que nous avons de la nature des êtres, de l'homme, par exemple, ou

suivre en toutes choses la route qui le conduit plus sûrement à sa véritable fin, qui est d'être aussi parfait et heureux que la mesure de son être l'exige. Deux voies pour
découvrir cette volonté de Dieu : 1.º l'idée que Dieu nous
donne de son être ; 2.º la manière dont nous voyons qu'il
meut et dirige ses ouvrages ; les rapports qu'il a mis entre
les causes et leurs effets, entre la fin et les moyens. Il résulte évidemment, soit de l'idée de Dieu, soit de la manière dont il a formé et dont il gouverne les hommes, qu'aimer
mes semblables, c'est suivre l'impression, le vœu et la destination de la nature. Dieu aime les hommes ; et l'amour
qu'il a pour eux, est un amour gratuit, un amour bienfaisant, un amour constant, un amour enfin qui tend à
nous unir à lui pour nous faire jouir de ce bien immense
qui est lui-même. Or, Dieu veut que je lui ressemble ; et
c'est sa volonté qui forme l'ordre de la nature, ou qui
est la nature même de chaque être : il est donc vrai non-
seulement que je dois aimer tous les hommes, mais qu'il
m'est naturel de les aimer ; et que, pour suivre le vœu ou l'impression de la nature, mon amour pour mes semblables doit,
autant qu'il est possible, avoir les mêmes caractères que
l'amour divin. Ce n'est pas seulement dans l'idée de Dieu que
je découvre cet ordre et cette destination de la nature à laquelle je me conforme en aimant mes semblables : je trouve
aussi une preuve sensible de cette destination dans la manière
dont le créateur produit et gouverne ses ouvrages, et l'homme
en particulier, dans ce qu'il fait en lui, par lui et pour lui.
C'est Dieu qui en est le lien et comme le médiateur universel de tout le commerce qui est entre les hommes. Le
pouvoir réciproque que nous avons d'agir les uns sur les
autres, seroit toujours stérile, si Dieu, par son opération,
ne le rendoit efficace : nouvelle preuve que je dois aimer
mes semblables, et que tel est l'ordre de la nature. Le désir
d'être heureux offre plusieurs raisonnemens très-convaincans
pour établir la même vérité. De ce principe simple, qu'il est
naturel à un être raisonnable de vivre selon la raison, ou
selon ce que la raison lui représente comme convenable à sa
nature ; de ce principe, dis-je, naissent quatre démonstrations
claires et précises contre l'erreur d'Hobbes et de ses partisans. Il me suffit de rentrer dans mon cœur pour y reconnoître une inclination secrète et naturelle, qui me fait chérir la
société de mes semblables, soit que je considère celle qui me
lie avec tous les hommes en général, soit que je fasse attention
à ces sociétés particulières, que le mariage, la parenté, les
alliances, l'amitié, l'intérêt d'une commune patrie, peuvent
former entre les hommes : c'est par un instinct naturel que
nous préférons la société à la solitude : raisons de cette
préférence. Un amour-propre éclairé et raisonnable m'inspire de vivre avec les hommes dans la disposition cons-

tante et dans l'exercice assidu d'une bienveillance qui m'attire les effets de leur affection. Erreur et contradictions de ceux qui soutiennent que Bellum omnium contra omnes est le premier état du genre humain ; et que cet état dureroit encore si la crainte ne l'avoit fait cesser en prenant les apparences de l'amour. Vaine objection prise de l'exemple de tant d'hommes violens, injustes, livrés à la haine et aux passions qu'elle traîne à sa suite. De ce principe d'Hobbes, que l'homme s'aime naturellement lui-même, on déduit par des conséquences nécessaires et évidentes, cette vérité que l'homme est né pour aimer ses semblables ; et qu'en le faisant, il suit les plus légitimes mouvemens de la nature.

Est-il donc vrai que l'homme naisse avec une haine ou une aversion dominante pour ses semblables, c'est-à-dire, pour tout le genre humain ? Dois-je croire, au contraire, que le premier mouvement, ou la pente naturelle de son ame le porte à aimer ceux dont une nature commune semble lui faire désirer la société, et de qui il peut recevoir de si grands biens ? C'est le célèbre problème dont je dois chercher à présent la solution.

J'y remarque, du premier coup-d'œil, un terme important, qui peut être la clef ou le dénoûment de tout le reste, et qu'il m'est essentiel de définir exactement, si je veux bien poser l'état de la question et la mettre d'abord dans tout son jour. Ce terme est celui de *naturel* ; et j'examine avant toutes choses ce qu'il signifie, lorsqu'on demande si c'est l'affection ou la haine de l'homme pour ses semblables qui mérite d'être regardée comme vraiment conforme à sa nature.

L'usage semble avoir rendu cette expression équivoque en quelque manière : on l'applique très-souvent à ce qui est l'effet d'une disposition générale de la nature ; mais on s'en sert aussi quelquefois pour exprimer seulement ce qui est le plus ordinaire, ou ce que les hommes font le plus communément. Quel est donc celui de ces deux sens qui convient à la question présente ? C'est ce que je ne saurois mieux déterminer qu'en consultant, selon la

méthode que j'ai suivie en d'autres occasions, l'idée
primitive, et, pour ainsi dire, originale, que le
terme de *naturel* présente à mon esprit.

Je ne puis douter d'abord qu'il ne signifie ce qui
est compris dans l'essence de chaque être, ou dans
les propriétés qui constituent ou qui me font connoître cette essence, et en même temps la fin à laquelle je juge qu'elle est destinée.

C'est ainsi que je dis qu'il est *naturel* à l'homme
d'avoir un corps d'une certaine forme et capable de
certains mouvemens, et une ame qui a la faculté de
connoître et d'aimer le vrai et le bien, ou que sa nature
consiste à être un tout composé de matière et d'intelligence, qui, par les opérations de ces deux substances, peut tendre à sa perfection et à son bonheur : j'exprime même, si je veux, toutes ces notions
d'une manière plus courte et plus abrégée, quand je
dis qu'il est *naturel* à l'homme d'être un animal
raisonnable ; et le terme de *naturel*, pris dans ce
sens, a précisément la même signification que celui
d'*essentiel*.

Mais il n'est pas réduit à ne signifier que ce qui
appartient nécessairement à l'essence de chaque être ;
il s'étend à ce qui en est une suite directe et immédiate, ou, pour m'expliquer avec encore plus de
clarté et de précision, à ce qui dépend si évidemment de ses facultés principales, qu'on peut dire
qu'il n'en est que le simple exercice ou que ces facultés mêmes réduites en acte ; en sorte que, si cet
être agit autrement, il me paroît démentir sa nature,
la contredire en quelque manière, et aller directement contre sa fin.

Ainsi, quand je considère les animaux privés de
raison, je n'applique pas moins le terme de *naturel*
aux mouvemens qui se passent en eux pour la conservation de leur vie, pour la propagation de leur
espèce, pour la nourriture de leurs petits, qu'à la
faculté même qu'ils ont d'exercer ces mouvemens,
qui ne sont en eux que des suites immédiates ou des
effets directs de la disposition physique de leur

machine, ou une puissance réduite en acte, par laquelle ils tendent, autant qu'il leur est possible, à la perfection de leur nature et à la fin pour laquelle ils ont été créés.

Je ne juge pas autrement de l'homme, quand je n'envisage en lui que ce qui dérive le plus immédiatement de son essence, sans faire attention à ce qui naît du caprice de sa liberté.

Par rapport à son corps, je dis qu'il fait naturellement tout ce qui dépend de lui pour la conservation de sa vie et des biens qui peuvent en assurer ou en prolonger la durée. L'imprudence de ceux qui agissent comme s'ils étoient les plus grands ennemis de leur corps ou de leur fortune, ne donne aucune atteinte à l'idée que j'ai de ce qui leur est vraiment *naturel*, et ne me fait point dire que l'homme travaille naturellement à sa destruction et à sa ruine. Quelque grand que soit le nombre des débauchés ou des dissipateurs, je n'en conclus point que ce qui est le plus commun soit aussi le plus naturel ou le plus conforme à la nature; je vois même que ceux qui ont eu le malheur d'abuser le plus de leur santé ou de leurs biens sont souvent les premiers à reconnoître que la violence des passions l'a emporté chez eux sur le vœu ou sur l'inclination générale de la nature.

Si je parle de l'homme, par rapport à son ame, je m'explique encore de la même manière, lorsque j'examine plutôt ce qu'il est que ce qu'il fait. Je dis qu'il est *naturel* à l'homme de diriger son esprit à la connoissance du vrai, et son cœur à la possession du bien qui peut le rendre heureux. Je ne distingue point les actes directs qu'il fait pour y parvenir, du pouvoir qu'il a de les faire; l'un et l'autre me paroissent également naturels, parce qu'en effet l'acte est du même genre que la puissance qui le produit; d'où il suit que s'il est *naturel* à l'homme de pouvoir faire une chose, il lui est naturel aussi de la faire. En un mot, quiconque a ce pouvoir, a la nature de l'homme; et quiconque l'exerce, agit selon cette nature. Or, qu'y a-t-il de plus naturel à chaque être que d'agir selon sa nature? Et si quelqu'un s'avisoit d'en douter, ne ressembleroit-il pas à un homme qui conviendroit bien qu'il est naturel à un oiseau d'avoir des ailes dont le mouvement peut soutenir son vol, mais qui ne voudroit pas avouer qu'il lui est aussi naturel de voler?

Pourquoi donc nous arrive-t-il souvent de juger des actions de notre ame autrement que nous ne jugeons des mouvemens qui se passent dans les bêtes, ou de ceux même que nous donnons à notre corps? Pourquoi disons-nous, sans hésiter, qu'il est naturel à un animal de faire ce qui convient à sa nature, ou qu'il est naturel à l'homme de veiller à sa conservation, à la sûreté, au bien-être de son corps, pendant que nous sentons une espèce de répugnance à prononcer aussi décisivement qu'il est naturel à notre ame d'user tellement de ses facultés, qu'elles la conduisent à sa perfection et à son bonheur? Ne seroit-ce point parce que d'un côté le principe qui agit dans les bêtes nous paroît différent de celui qui agit dans l'homme; et de l'autre, parce que nous sommes bien plus frappés de ce qui convient à notre corps que de ce qui est avantageux à notre ame? Développons encore plus ces deux pensées:

1.º Nous voyons les animaux assujettis à une espèce de loi mécanique ou à ce que nous appelons un instinct, toujours semblable à lui-même dans chaque espèce, et qui, dans les mêmes circonstances, ne manque point de produire les mêmes effets, selon l'ordre que Dieu a établi. Nous reconnoissons donc sans peine, dans l'uniformité de leurs actions, la main qui les a formés, parce qu'il n'y a point de différence entre ce qu'ils font et ce qu'ils doivent faire, suivant la constitution de leur être, à moins qu'une force étrangère n'en arrête ou n'en change le cours. Les exemples chez eux ne sont jamais contraires aux lois; on n'y voit aucune contrariété entre les effets de la nature et d'un caprice indépendant de l'ordre commun : en sorte que dans

ce qu'ils font on ne sauroit opposer ce qui est le
plus ordinaire à ce qui est le plus naturel, parce
que ces deux choses, qu'on distingue trop souvent
parmi nous, n'en font qu'une dans la nation des
animaux.

L'homme, au contraire, a reçu du ciel le don de
la liberté, qui devient le principe d'une grande
partie de ses actions ; don inestimable en lui-même
et dans les vues de son auteur, mais dont l'effet est
toujours incertain et souvent dangereux entre les
mains d'un être susceptible de toutes les illusions des
passions. Ce don renferme sans doute la faculté d'en
faire un bon usage : mais nous ne serions pas véritablement libres si nous n'avions aussi le pouvoir d'en
abuser ; et telle est la source de cette triste distinction que nous sommes obligés de faire entre l'homme
et la bête, en avouant, malgré nous, que les animaux, privés de raison, font naturellement ce qu'ils
doivent faire, suivant la condition de leur être ; au
lieu que l'homme, qui joint à l'intelligence une liberté dont il abuse, fait souvent ce qui est directement contraire à sa nature. Ce désordre devient si
commun, que nous le regardons presque comme
naturel : nous jugeons par ce que les hommes font,
plutôt que par ce qu'ils doivent faire. Les mœurs ne
soumettent pas seulement les lois à leur empire ;
elles y asservissent aussi l'esprit qui fait les lois :
ainsi, ce qui est le plus ordinaire nous paroît enfin
le plus conforme à la disposition de notre être ; et
telle est la première cause de la confusion de nos
idées sur ce sujet. L'habitude de mal faire, si commune parmi les hommes, nous en impose jusqu'au
point que nous nous accoutumons à la regarder non-
seulement comme une seconde nature, mais comme
la nature même.

2.º Tout ce qui regarde le bien et le mal de
notre corps fait sur nous des impressions plus vives
et plus profondes que ce qui n'intéresse que notre
ame, parce que le sensible nous affecte tout autrement que l'intelligible. Or, il y a un mal sensible

qui suit ordinairement de près tout ce que nous faisons de nuisible à la santé, à la force, à l'intégrité de
notre corps ; au contraire, le mal que nous faisons
à notre ame agit plus sur l'intelligence que sur le
sentiment. Nous ne voyons point distinctement cette
espèce de diminution qu'il cause dans notre être, ou
cet obstacle qu'il met à sa perfection et à son bonheur :
le déplaisir que nous en ressentons a quelque chose
de si léger ou de si superficiel, en comparaison de
la douleur qui accompagne les maux du corps, qu'il
nous touche peu, et que son impression s'efface bien
plus aisément. Nous sommes donc avertis par des
sentimens beaucoup plus pénibles, lorsque nous
avons péché contre la loi de la nature à l'égard de
notre corps, que quand nous l'avons violée par rapport à notre ame ; et de là vient que nous nous
trompons si souvent dans l'application que nous
faisons, à ses mouvemens ou à ses actions, du terme
de *naturel*.

Mais, après tout, le véritable sens de ce terme est
indépendant de l'abus que l'homme peut faire d'une
liberté qui le distingue des bêtes, ou de la préférence qu'il donne aux intérêts de son corps sur ceux
de son ame.

La raison, qui doit régler toutes mes pensées, ne
permet pas qu'en parlant des opérations de mon
esprit ou de mon cœur, je donne au terme de naturel une signification différente de celle que j'attache à cette expression, lorsque je parle des bêtes
ou de mon corps. Je ne consulte que la nature même
dans ce dernier cas ; et, encore une fois, la multitude des hommes qui s'en écartent ne me porte
point à appeler *naturel* ce qui résiste à l'idée que
j'ai de leur nature. Pourquoi donc ne suivrois-je
pas la même règle, quand j'examine ce qui mérite
d'être regardé comme *naturel* par rapport à leur
ame ?

Cette liberté, dont ils se servent souvent contr'eux-
mêmes, ne peut leur avoir été donnée que pour
leur perfection et pour leur félicité : elle y tend, en

effet, lors même qu'elle s'en éloigne le plus, et elle ne s'écarte de ces deux objets que parce qu'elle les cherche où ils ne sont pas. Il lui est donc aussi *naturel* de se servir de sa liberté pour se la rendre parfaite et heureuse, qu'il lui est naturel d'être libre, puisque c'est pour cette fin que sa liberté lui a été accordée, et qu'elle résiste à son essence même, lorsqu'elle en fait un autre usage. La seule différence que la liberté met entre l'homme et les bêtes, est qu'elles font nécessairement ce qui convient au bien de leur être ; au lieu que l'homme agit librement pour la conservation ou la perfection du sien : mais, comme cette différence ne détruit point en lui l'impression ou la destination de la nature, elle ne sauroit aussi apporter aucun changement au véritable sens du terme *naturel*.

Je dois dire la même chose sur les différens effets que les biens du corps et les biens de l'ame font sur moi : quelque inégales qu'en soient les impressions, l'idée que j'ai de ma nature demeure toujours la même, et celle de ce qui convient à cette nature n'en est pas moins une suite nécessaire, lorsque je l'applique à mon ame, que lorsque j'en juge par rapport à mon corps. Je puis bien être plus touché des avantages de l'une de ces deux substances que de ceux de l'autre ; mais ce n'est pas par mon sentiment seul, c'est par mes idées, qui le corrigent ou qui le perfectionnent, que je dois connoître ce qui m'est véritablement *naturel*, puisque je suis un être intelligent comme un être sensible ; et, lorsque je consulte ces idées, je ne puis concevoir par quelle raison je refuserois le nom de *naturel* aux actions qui conviennent à la perfection de mon ame, pendant que je le donne à celles qui tendent à la perfection de mon corps.

Concluons donc de ces réflexions, que je dois appeler *naturel*, tout ce qui naît, pour ainsi dire, de l'essence ou des propriétés fondamentales de chaque être, ou qui n'en est qu'une conséquence directe ou immédiate, et qui ne consiste, à proprement parler,

que dans sa fidélité à suivre l'impulsion du mouvement qu'il a reçu de son auteur, pour tendre à
sa véritable fin, c'est-à-dire, au bien dont il est susceptible par sa condition. En un mot, vivre selon
la nature, c'est ce qui est vraiment *naturel*; vivre
contre la nature, c'est ce qui ne l'est pas. Voilà l'idée
la plus claire, la plus exacte, la moins disputable
que je puisse me former du sens que ce terme renferme, et une telle définition n'en est, à proprement
parler, que l'explication grammaticale Je ne pourrois rejeter une notion si simple et si évidente,
pour appeler *naturel* ce qui est le plus commun,
sans tomber dans l'étrange absurdité de dire qu'il
est *naturel* à l'homme de vivre contre sa nature:
proposition qui renferme une contradiction grossière.
Si je trouve donc d'un côté que sa nature exige qu'il
vive d'une certaine manière avec ses semblables;
si je vois de l'autre qu'il fait souvent tout le contraire, la seule conséquence que j'en doive tirer, est
qu'il est très-ordinaire à l'homme de faire ce qui
convient à ses passions plutôt que ce qui convient à
sa nature, comme j'ai déjà remarqué qu'il le fait
souvent à l'égard de son corps même, quoique le
désir de le conserver soit regardé comme la plus
naturelle de toutes ses inclinations.

Je me renferme donc dans cette proposition simple:
il est *naturel* à l'homme de vivre en homme; c'est
une majeure que personne ne sauroit me contester.
Il me reste à examiner, après cela, si c'est vivre en
homme que d'aimer ses semblables ou de les haïr.
Ce sera de cet examen que je tirerai la mineure de
mon syllogisme, et la conclusion naîtra infailliblé-
ment de ces prémices.

Peut-être cependant ne trouvera-t-on pas encore
la question réduite à des termes assez clairs; et je
pourrai avoir affaire à des esprits difficiles, qui exi-
geront de moi que je développe encore plus le sens
de ces mots: *Vivre en homme, ou vivre selon la
nature de l'homme.* J'aime donc mieux les prévenir,
et essayer d'attacher ici une notion si précise à ces

expressions, qu'il ne reste aucune ombre d'ambiguité dans la matière la plus importante que je puisse jamais approfondir.

Le terme de *nature*, qui est le seul que j'aie besoin d'expliquer, ne se prend pas toujours de la même manière.

J'en parle souvent comme d'une cause à laquelle j'attribue des vues, des desseins, une intention ou une fin à laquelle elle rapporte ses opérations. Ce langage n'est pas seulement celui du commun des hommes ; les philosophes mêmes s'en servent souvent : s'ils parlent de physique, ils disent qu'un tel mouvement, une telle mécanique est la voie que la nature prend pour la perfection de son ouvrage ; s'ils passent à la morale, ils veulent que ce soit la nature qui nous donne une pente, une inclination commune pour certains objets, un éloignement et une aversion aussi générale pour d'autres objets, qui nous inpirent l'amour du vrai, la haine du faux, le désir du bien et l'horreur du mal. Nous prenons donc tous si facilement l'habitude de personnifier la nature, que nous manquerions presque d'expression dans les matières les plus communes, si nous ne voulions trouver dans la nature de l'esprit, de l'art, de la conduite et de la sagesse même.

Mais, quand nous parlons ainsi, qu'est-ce que nous entendons par cette nature, dont nous nous formons une si haute idée ? Y a-t-il véritablement, je ne sais quelle intelligence ou je ne sais quelle raison, répandues dans tous les êtres, qui président à leurs actions corporelles ou spirituelles ? Imaginerons-nous, avec les platoniciens, une ame du monde, un esprit universel, qui animent toutes les créatures, qui les conduisent, qui les dirigent ou à leur fin particulière, ou à la fin commune de l'univers ?

Mais nous ne ferions par là que définir un terme vague par une expression encore plus obscure, et dont aucun philosophe de l'antiquité n'a pu nous donner une notion capable de satisfaire notre raison. Je ne m'égarerai donc point avec eux dans de vaines et incompréhensibles subtilités ; je n'y substituerai pas non plus, avec le vulgaire, ce qu'il appelle un instinct ; terme encore plus inintelligible, et auquel il m'est impossible d'attacher aucun sens. Si je parle donc quelquefois le langage ordinaire des hommes, en faisant entrer la nature comme une cause intelligente et universelle dans toutes les opérations des corps et des esprits, je reconnoîtrai, avec la plus saine philosophie, que tout ce que je dis de la nature, considérée de cette manière, ne peut jamais s'entendre que de son auteur. Je désigne alors la cause par l'effet ; et tout ce que j'applique ou que j'attribue à l'ouvrage n'est intelligible et ne renferme une idée qui puisse fixer mon esprit, qu'autant que je le rapporte à l'ouvrier ; sans quoi le terme de *nature*, comme celui de *fortune*, ne seroit qu'une chimère ou une expression absolument vide de sens, et directement contraire à la raison.

Telle est donc la première signification qu'on attache souvent à ce terme ; et c'est de Dieu même qu'on veut parler, lorsqu'on suppose dans la nature une conduite éclairée, sage, constante et toujours conforme à un ordre immuable dans la plus grande variété.

Ainsi, *vivre selon la nature*, dans ce premier sens, ou, ce qui revient au même, *vivre selon le vœu*, *selon l'esprit* de la nature, n'est autre chose que vivre selon les idées, selon la volonté, selon l'intention du Créateur, qui, en produisant chaque être, et surtout les êtres raisonnables, les a destinés à arriver, par certains moyens, à la perfection et au bonheur qui sont leur dernière fin.

Mais, outre cette première notion, dont le terme de *nature* est susceptible, il y en a une seconde, qui n'est pas si étendue : elle naît de la réflexion que nous faisons sur l'essence ou sur les propriétés de chaque être, et qui nous donnent lieu de juger, en l'étudiant tel qu'il est en lui-même, de ce qui convient à sa constitution, ou de ce qui peut le conduire au dernier degré de perfection et de félicité, dont il est capable, selon la mesure de sa condition.

C'est par là que, connoissant la nature d'un oiseau, d'un poisson ou d'un animal terrestre, nous pouvons dire ce qu'il doit faire pour sa nourriture, pour sa sûreté, pour sa conservation, pour celle de son espèce ; en un mot, pour remplir parfaitement, autant qu'il lui est possible, la place et pour ainsi dire la fonction qui lui est assignée dans l'ordre de l'univers.

Ainsi, pour appliquer la même pensée aux hommes, *vivre selon la nature*, dans ce dernier sens, c'est vivre selon ce qui convient à l'idée que nous avons de la nature humaine, ou suivre en toutes choses la route qui le conduit plus sûrement à accomplir ce vœu qu'il forme toujours, et qu'il ne peut s'empêcher de former ; je veux dire ce désir inné de se rendre aussi parfait et aussi heureux qu'il lui est possible dans les bornes de son être, considéré en lui-même, et sans faire une attention expresse et formelle à la volonté et à l'intention de son auteur.

Ce n'est pas sans dessein que je m'arrête si long-temps à éclaircir une expression qui paroît d'abord si simple, et que je distingue avec soin les deux sens différens dans lesquels on peut dire qu'il est naturel à l'homme de *vivre selon sa nature*. On ne sauroit mettre dans un trop grand jour les expressions fondamentales qui sont essentielles à chaque genre de connoissance ; et il m'est d'autant plus nécessaire de bien développer celles dont je dois me servir tant de fois dans la suite de cette méditation, que les deux sens dont elles sont susceptibles m'ouvrent comme deux chemins différens, et aussi sûrs l'un que l'autre, pour parvenir à la solution du problème qui est l'objet présent de mes recherches. *Est-il naturel à l'homme d'aimer ses semblables ?* C'est la grande et importante question qu'il s'agit de décider par les seules lumières de la raison. Mais, puisque ce qu'on appelle *naturel* n'est autre chose que vivre ou agir selon la nature, la question peut aussi être proposée en ces termes : *Aimer ses semblables, est-ce vivre selon la nature de l'homme?* Et comme cette expression a encore deux sens que je viens d'expliquer, il en résulte deux nouvelles manières d'énoncer le même problème :

1.° *Est-il conforme à la volonté de l'auteur de la nature et à la fin pour laquelle il m'a créé, que j'aime mes semblables?* Car, si cela est, en les aimant, je vivrai selon la nature, et par conséquent j'aurai raison de dire qu'il m'est naturel de les aimer.

2.° *Est-il convenable à ma nature, considérée en elle-même, indépendamment de ce que je peux connoître des intentions de son auteur, que j'aime mes semblables?* Car, si cela est, je ne ferai aussi, en les aimant, que vivre selon ma nature; d'où je serai obligé de conclure aussi qu'il m'est naturel de les aimer.

Je m'attache d'abord à la première manière de traiter la question. Je cherche à découvrir quelle est cette volonté de Dieu qui forme l'ordre de la nature, ou, pour me servir d'une expression de saint Augustin, qui est la nature même de chaque être : *Voluntas tanti conditoris, conditæ rei cujusque, natura est* (1); et j'appliquerai ensuite ce qu'il m'aura été permis d'en connoître, à l'amour et à la haine que je puis avoir pour les autres hommes.

Mais puis-je, sans témérité, vouloir entrer, pour ainsi dire, dans le conseil de l'Être infini? Et ne dois-je pas craindre de me tromper, lorsque j'entreprends de juger de ses intentions par des vues aussi bornées que les miennes? Je l'ai déjà dit ailleurs, l'homme doit sans doute adorer les desseins de Dieu sans oser en sonder la profondeur, lorsque ce n'est pas Dieu même qui les lui manifeste par une espèce de révélation naturelle. Mais aussi, quand il ne dédaigne pas de nous admettre ainsi à la connoissance des fins qu'il se propose, nous répondrions mal à sa bonté si nous fermions les yeux à ces rayons de

---

(1) *August. de Civitate Dei*, liv. 21, ch. 8.

lumières dont ils veut bien nous éclairer. Vouloir
y suppléer par notre foible intelligence, c'est témérité ; mais refuser de voir ce qu'il nous montre lui-
même, ce seroit ingratitude. Par quelles voies nous
le montre-t-il ? C'est ce qui me reste à éclaircir, pour
en faire ensuite une juste application à la question
présente.

J'en distingue deux principales : l'une, est l'idée
même qu'il nous donne de son être, et les conséquences
directes qui en résultent ; l'autre, est la manière dont
nous voyons qu'il meut et dirige ses ouvrages. Ainsi,
pour donner un exemple de la première voie, l'idée
que j'ai de Dieu, renfermant celle d'une bonté infinie, me fait comprendre que la fin ou le terme
de l'action, par laquelle il a produit les êtres intelligens, a été de les rendre heureux.

Ainsi, pour donner un exemple de la seconde voie,
peut-on penser, comme je l'ai dit ailleurs, que mes
yeux ne m'aient pas été donnés pour voir, mes oreilles
pour entendre, mes mains pour toucher, tout mon
corps pour sentir, et en général tous mes organes
pour me rendre le service que j'en reçois effectivement ? Quand je porte ce jugement, est-ce moi
qui cherche témérairement à pénétrer un secret que
Dieu renferme dans son sein, ou plutôt, n'est-ce
pas Dieu même qui me révèle au moins une partie
de ses vues, non par ses paroles, mais par ses actions ?

La connoissance des moyens me conduit naturellement à celle de la fin. Le rapport, la correspondance, la proportion que j'observe entre les causes
immédiates et les effets qui les suivent, ne me permettent pas de douter que celui qui a voulu ces causes
n'ait voulu aussi ces effets. La structure de l'ouvrage
et les différens usages à quoi il est propre, me montrent clairement le dessein de l'ouvrier. Quand je
vois les ressorts, les roues, l'aiguille d'une montre,
dont le mouvement régulier me représente la succession du temps partagée en heures, en minutes,
en secondes, ai-je besoin d'aller demander à l'hor-
loger le but qu'il s'est proposé dans son travail,

et sa machine même ne me l'explique-t-elle pas mieux que tous ses discours ne le pourroient faire? Je raisonne donc de la même manière sur les ouvrages de Dieu, et je dis : le soleil a été formé sans doute pour m'éclairer, puisque je sens qu'il m'éclaire. Dieu a produit la terre pour me porter et pour me nourrir, puisque je vois qu'elle me porte en effet, et qu'elle me nourrit. Il seroit inutile de pousser plus loin cette induction; mais il ne l'est pas de remarquer que je ne m'expose pas plus à tomber dans l'erreur quand je fais un raisonnement semblable sur ce qui regarde mon ame.

Tout ce que Dieu opère en elle et par elle, tout ce qu'il lui donne la faculté de faire, soit au dedans, et, pour parler ainsi, d'elle-même à elle-même, soit au dehors, et à l'égard des êtres qui lui sont semblables, m'annonce l'intention et les desseins de son auteur, par les propriétés dont il l'a pourvue, et par l'usage qu'elle en fait ou qu'elle en peut faire, pour exercer tous les actes ou toutes les fonctions dont il a bien voulu la rendre capable. Je connois, premièrement, qu'il a eu en vue que je me servisse de tous les biens dont il m'a mis réellement en possession : mais je ne m'arrête pas là; et portant encore plus loin la juste conséquence que je tire de ses bienfaits, je comprends, en second lieu, qu'il ne les répand sur moi, qu'afin que je m'en serve le mieux qu'il m'est possible. Ainsi, non-seulement il veut que je connoisse le vrai, puisqu'il m'a donné un esprit capable de le connoître; non-seulement il veut que j'aime le bien ou ce qui est véritablement bon pour moi, puisqu'il m'a donné un cœur qui y tend naturellement; mais son intention est que je fasse tous les efforts nécessaires pour découvrir clairement et pleinement la vérité, pour saisir sûrement et constamment ce qui peut faire mon bonheur; de même qu'il m'a donné des yeux non-seulement pour voir, mais pour bien voir, et des oreilles non-seulement pour entendre, mais pour bien entendre : principe simple, fécond, universel, que je dois appliquer également à toutes les opérations de mon corps et de mon ame.

Je conclus donc de toutes ces réflexions que l'idée de Dieu, toujours présente à un esprit attentif, et les traits de sa volonté qu'il a gravés dans la structure, dans les propriétés et dans les rapports de ses ouvrages, renferment ce que j'ai appelé la révélation naturelle, par laquelle Dieu me fait connoître ses vues, ses desseins, ses fins médiates ou immédiates, qui sont comme l'esprit, la raison, la loi de la nature; loi qui a deux caractères essentiels que je ne saurois remarquer trop exactement:

L'un, est la certitude de cette loi, qui est telle qu'il n'est pas possible à une ame vraiment raisonnable de la révoquer en doute, comme il est facile de s'en convaincre par les exemples dont je viens de me servir pour expliquer les voies par lesquelles nous pouvons la connoître.

L'autre, est la manifestation, et, si je puis m'exprimer ainsi, la publicité ou la notoriété de la même loi; je veux dire que, comme toute loi doit être connue de ceux qui y sont soumis, sans quoi ils ne seroient pas obligés da la suivre. Dieu a voulu que ces régles éternelles, sur l'usage que l'on doit faire de ses facultés, fussent non - seulement comprises d'une manière évidente, dans l'idée qu'il nous donne de son être; mais annoncées, déclarées, publiées par nos facultés mêmes, par les fins les plus sensibles auxquelles elles sont destinées, par les conséquences directes et immédiates que la raison humaine est toujours en état d'en tirer : en sorte que l'homme ne pût rentrer au dedans de lui et jeter un regard attentif sur ce qu'il y aperçoit, soit par voie de lumière ou par voie de sentiment, sans y reconnoître le but auquel Dieu veut qu'il tende continuellement, et le chemin même par lequel il doit y parvenir.

Il est temps maintenant de faire l'application de de ces vérités au problème que j'ai a résoudre, et d'examiner s'il ne résulte pas, soit de l'idée que j'ai de Dieu, soit de la manière dont il a formé et dont il gouverne les hommes, qu'aimer mes semblables, c'est suivre l'impression, le vœu, la destination de la nature, c'est-à-dire, de son auteur, et par conséquent qu'il m'est naturel de les aimer, selon la première notion que j'ai attachée à ce terme, *vivre selon le nature*.

Je commence par consulter l'idée de la divinité, et je conçois aisément, par cette idée même, comme je l'ai fait voir dans ma septième méditation, qu'il est essentiel à l'Être infiniment parfait, d'imprimer le caractère de sa perfection sur tous ses ouvrages, selon la mesure que sa sagesse leur a marquée, et de vouloir qu'ils portent avec leur auteur des traits de ressemblance.

Toute la question se réduit donc à savoir si Dieu aime tous les hommes, et comment il les aime ; car, si je puis parvenir à connoître ces deux sortes de choses, il sera évident que, comme Dieu veut que je suive le modèle de sa perfection infinie, et que j'en exprime les traits qui peuvent convenir à la médiocrité de mon être, il veut aussi que j'aime tous les hommes et de la même manière qu'il les aime.

Ai-je donc besoin d'un grand effort d'attention pour m'assurer du premier point? Demander si Dieu aime mes semblables, c'est demander si Dieu m'aime. Moi qui fais cette question, suis-je autre chose qu'un homme? Ai-je quelque distinction naturelle qui m'élève au-dessus de mes semblables du côté du corps ou du côté de l'esprit? Tout homme, considéré dans l'ordre de la nature, n'a rien aux yeux de son auteur qui puisse le rendre plus digne d'amour ou de haine qu'un autre homme. Nous sortons tous égaux des mains du créateur ; une essence commune nous donne les mêmes droits ou nous en exclut, et il faut nécessairement que Dieu n'aime ni moi ni aucun homme, ou qu'il les aime tous aussi bien que moi, en n'y regardant que cette nature à laquelle nous participons tous également. Or, je ne saurois douter que Dieu ne m'aime quand je pense à tous les biens que j'en reçois, comme je m'en suis plei-

nement convaincu dans ma septième méditation. Donc;
il ne m'est plus permis de douter que Dieu n'aime
ceux à qui il a donné la même essence et les mêmes
biens naturels.

En effet, et je n'aurois besoin que de cette seule
réflexion pour démontrer cette vérité : aimer, c'est
vouloir ; comme vouloir, c'est aimer. Or, Dieu a voulu
tous les hommes, si je puis parler ainsi, puisqu'il
les a tous créés, et que sa volonté seule donne l'être
à tout ce qu'il veut : donc, Dieu les a tous aimés ;
mais il ne cesse point de les créer, puisque la conservation n'est qu'une création continuée et successive : donc, Dieu ne cesse point aussi de les aimer.

Me demandera-t-on comment il est possible que
Dieu aime autre chose que lui-même, ou comment
en n'aimant que lui-même, il ne laisse pas d'aimer
véritablement ses ouvrages? Mais c'est une question
que je crois avoir assez éclaircie dans ma septième
méditation, pour n'avoir rien à répéter ici sur ce
sujet; et, d'ailleurs, il me suffit de considérer attentivement l'idée de l'Être infiniment parfait, pour comprendre qu'un de ses caractères essentiels, est de trouver sa félicité en soi-même, et de faire celle des autres
êtres, sans augmenter la sienne. Quiconque aspire
à se rendre heureux en aimant un autre objet, montre
par là même qu'il ne l'est pas, et par conséquent
qu'il est imparfait ; mais celui qui, ne pouvant croître
en bonheur, ne tend qu'à augmenter celui des autres,
fait voir qu'il est aussi souverainement parfait que
souverainement heureux, et nous fait sentir en même
temps comment il peut nous donner des marques
d'un amour réel, sans avoir jamais besoin d'aimer
autre chose que lui-même.

Non-seulement Dieu aime tous les hommes, mais je
conçois encore qu'il ne les hait jamais, suivant la notion précise que nous attachons au terme de haine,
c'est-à-dire, qu'il ne peut vouloir leur faire du
mal dans l'intention de faire du bien. Il les punit, à
la vérité, lorsque l'ordre le demande, parce qu'il se
complaît dans cet ordre, qui fait une partie de sa

perfection; mais il les punit sans aucun sentiment de haine ou de vengeance, dont le véritable caractère est de se complaire dans la peine qu'elle fait souffrir à ceux qui en sont l'objet; caractère qui résiste manifestement à l'idée de Dieu; puisque nous trouverions même qu'il seroit indigne d'un juge, qui n'est qu'un homme, de jouir avec plaisir de la vue d'un supplice qu'il auroit ordonné par une juste sévérité.

Dieu aime donc tous les hommes, et il est incapable d'en haïr aucun. C'est une première vérité que je ne peux jamais révoquer en doute; mais, comment les aime-t-il? C'est un second point qui peut être plus long, mais non pas plus difficile à expliquer.

L'idée même que j'ai de Dieu, me montre évidemment les principaux caractères de son amour pour les hommes; et, comme je sais qu'il est la bonté par essence, l'ordre par essence, l'éternité par essence, le souverain bien par essence, dont la participation peut seule nous rendre pleinement heureux, je conclus de ces notions, toutes également renfermées dans celle de la divinité, que l'amour de Dieu pour nous, qui sommes du nombre de ses créatures raisonnables, est un amour gratuit, un amour bienfaisant, un amour conforme à l'ordre, un amour constant et perpétuel, enfin, un amour qui tend à l'union, ou dont l'objet est de nous unir à lui, pour nous faire jouir de ce bien immense qui est lui-même.

Je dis, premièrement, que la gratuité en est un caractère essentiel, ou, pour parler encore plus correctement, je dis que son amour est le seul qui soit véritablement gratuit. Tout être borné cherche toujours dans ce qu'il aime, un bonheur ou un plaisir qui lui manque; et, comme c'est l'attrait de ce plaisir qui excite son affection, un amour absolument désintéressé, qui porte le détachement jusqu'à exclure le plaisir d'aimer ou d'être aimé, et même le désir de notre propre perfection est une chimère inventée par des théologiens qui ne l'étoient guère et encore moins philosophes, trompés par une fausse idée de la perfection, ils ont fait consister celle dont l'homme mortel peut être capable, dans la suppression ou dans l'extinction plutôt que dans l'ordre ou la règle de ses désirs, et ils n'ont pas vu qu'au contraire la perfection de tout être limité, qui est encore dans la voie et non pas dans le terme, consiste en partie à désirer ce qui lui manque, parce que le désir même d'être parfait est une perfection commencée, et le seul moyen d'arriver à la perfection consommée. Il n'appartient qu'à celui qui la possède dans sa plénitude, de n'avoir aucun désir, parce qu'il n'a aucun besoin ; et ce caractère étant incommunicable à la créature, l'amour de Dieu, pour les êtres qu'il a formés, est le seul amour véritablement gratuit que nous puissions concevoir ; amour fécond pour nous, mais stérile pour lui, puisque, dans le commerce qu'il veut bien avoir avec l'homme, il donne tout et ne reçoit rien, pendant que l'homme ne donne rien et reçoit tout.

2.° Comme il n'y a que Dieu qui soit la bonté par essence, et qui mérite le nom de bon, son amour n'est pas moins le seul amour bienfaisant que le seul amour gratuit. Je ne parle pas assez dignement de l'Être suprême. Quand je dis qu'il est le souverain bien, je dois ajouter qu'il est l'unique bien ou l'unique auteur de tous les biens ; c'est lui qui a créé en moi tout ce que je suis, et pour moi tout ce que je peux posséder ; ou, pour développer encore plus cette pensée, en remontant au premier principe, nul bien ne mérite ce nom par rapport à moi, comme je l'ai dit ailleurs, qu'autant que j'en jouis par ce sentiment agréable, qui en est le caractère. Mais c'est Dieu seul qui forme en moi ce sentiment à l'occasion de quelque objet que ce puisse être : donc, il est la cause directe et immédiate de tout ce qui est, ou de tout ce qui me paroît un bien. L'amour qu'un autre être peut avoir pour moi, seroit inutile et impuissant, si un amour véritablement efficace, qui est celui de Dieu même, n'opéroit en moi le sentiment de plaisir que cet être borné veut y exciter. Quelle liaison, en effet, quelle conséquence naturelle puis-je aperçevoir entre les volontés d'un tel être et les modifications de mon ame? Comment agiroit-il sur moi ; et par la même raison, comment agirois-je sur lui, et que deviendroient les désirs de deux êtres si indépendans l'un de l'autre, sans le concours ou plutôt sans l'opération de cette volonté d'un ordre supérieur qui peut seule les accomplir ? Dieu n'est donc pas seulement un être bienfaisant ; mais je dois dire que Dieu est tout bien ou même tout amour, puisque c'est lui seul qui rend tout autre amour agréable ou utile pour moi : en sorte que c'est lui seul que je dois aimer véritablement dans tout ce qui me paroît aimable, puisque c'est lui seul qui m'en donne le sentiment.

3.º Si l'amour de Dieu est le seul amour gratuit, le seul amour bienfaisant, il n'est pas moins le seul amour entièrement conforme à l'ordre, qui, étant l'essence même de la Divinité, est inséparable de son amour.

Or, en quoi puis-je faire consister cet ordre, si ce n'est dans le rapport qui est entre la volonté ou l'amour de Dieu et les idées primitives ou originales de tous les êtres ; idées qui, représentant les divers degrés de bonté ou de perfection qu'il a plu à Dieu de leur distribuer, sont la juste et constante mesure de son amour. L'ordre, qui l'accompagne toujours, n'est donc autre chose que l'accord parfait de la connoissance, de la volonté et de l'action, qui, dans Dieu, n'est que l'acte même de sa volonté. La notion que je me forme ainsi de cet ordre, est nécessairement renfermée dans ce que je puis concevoir de la perfection divine, parce qu'il appartient, sans doute, à l'Être infiniment parfait, de connoître tout ce qui est et tout ce qui peut être, de le voir tel qu'il est, de l'aimer selon qu'il le voit, et de le conduire, selon qu'il l'aime.

Je n'aperçois, à la vérité, qu'une légère partie

D'Aguesseau. Tome XIV. 31

d'un ordre aussi incompréhensible, en son entier, que Dieu même; mais il ne dédaigne pas de m'en découvrir au moins quelques règles, qu'il a rendues si évidentes, que leur éclat ne me permet pas d'en douter.

Je conçois, en premier lieu, que, par une suite nécessaire de l'idée générale que j'ai conçue de cet ordre, Dieu aime également tous les êtres égaux, et, par conséquent, tous les hommes, considérés dans cette égalité de nature où il les a créés : c'est l'égalité même de son amour qui les a rendus égaux dans tout ce qui est essentiel à leur être; et cette égalité ne pouvant changer de la part de l'Être immuable, il s'ensuit que si elle ne change pas, de la part des hommes, par le pouvoir qu'ils ont d'augmenter ou de diminuer leur perfection naturelle, Dieu continuera toujours de les aimer également.

Je comprends, en second lieu, et par la même raison, que Dieu aime inégalement les êtres inégaux, soit qu'ils soient tels par leur nature, dont l'inégalité montre celle de l'amour divin à leur égard, ou qu'ils le soient devenus par un usage inégal de leurs facultés égales en elles-mêmes. Ainsi, à une égalité absolue et arithmétique, qui ne peut plus avoir lieu en ce cas, succède une égalité proportionnelle ou géométrique, qui convient alors uniquement à l'Être parfait, parce qu'il est aussi conforme à l'ordre, d'aimer inégalement ceux qui ont une bonté inégale, que d'aimer également ceux qui ont un égal degré de bonté.

Je remarque, en troisième lieu, que, dans cette inégalité, aussi bien ordonnée que l'égalité même, Dieu conserve encore un degré d'amour pour ceux qui ont le plus abusé de ses dons. Il leur reste, dans cet état même, une partie de ce que Dieu leur a donné. La nature est défigurée en eux; mais elle n'est pas éteinte : ils ont au moins la capacité, renfermée dans leur essence, de faire un meilleur usage de leur liberté; et, quelque médiocre que soit ce degré de bonté, qui ne leur est pas ôté, comme il est l'effet de l'amour divin, il ne cesse pas aussi d'en être l'objet.

Je reconnois, en dernier lieu, que, s'il est possible que Dieu préfère aucun être particulier à un autre être entièrement égal au premier, il l'est encore plus, si l'on peut compter des degrés dans l'impossible, qu'entre plusieurs êtres égaux, Dieu ait plus d'égard aux intérêts d'un seul, qu'aux avantages de tous. Je conçois, au contraire, qu'il veut tellement le bien d'un seul, qu'il ne veut pas moins le bien de tous : comme, réciproquement, il veut le bonheur de tous, sans cesser de vouloir aussi le bonheur d'un seul.

La beauté de cette règle me suffit, pour en démontrer la vérité. Je dois attribuer à Dieu tout ce qui porte un caractère évident de perfection. Je dois en exclure tout ce qui est une marque aussi évidente d'imperfection ; mais, d'un côté, il est très-parfait de tendre au bien de tous ; de l'autre, il seroit très-imparfait que l'avantage d'un seul devînt la perte de plusieurs, quoique tous égaux devant Dieu ; ou que le bonheur du plus grand nombre ne pût s'accomplir que par le malheur d'un seul. Donc, l'un convient essentiellement à Dieu ; donc, l'autre répugne aussi essentiellement à sa nature. Donc, le bien particulier et le bien général ne sont jamais opposés l'un à l'autre, dans les vues du créateur ; et son amour y conduiroit également tous les hommes, s'ils étoient fidèles à s'y conformer.

L'homme, à la vérité, est souvent obligé de prendre parti entre deux biens qu'il ne peut procurer en même temps ; et il le prend d'une manière conforme à la droite raison, lorsqu'il fait céder l'intérêt d'un seul, à l'intérêt commun de tous, ou du plus grand nombre. Mais, s'il montre sa sagesse, par cette conduite, comme lorsque entre deux maux il choisit le moindre, il fait voir aussi sa foiblesse ou son impuissance, qui ne le réduit à ce choix, que parce qu'il n'est pas assez fort pour réunir les deux biens,

ou pour éviter les deux maux, entre lesquels il est
obligé de se déterminer ; mais l'un et l'autre étant
également faciles à celui qui peut tout ce qu'il veut,
je ne saurois douter que l'amour divin, toujours conforme à l'ordre, ne tende, à la fois, et au bien commun et au bien particulier de tous les êtres qu'il a
créés, sans que l'un puisse jamais nuire à l'autre, ou
que leur concurrence mette des bornes à la force
d'un être aussi infiniment bon qu'infiniment puissant.
Je pourrois m'étendre beaucoup plus, sur cette règle
de l'amour divin, et en faire une juste application,
non-seulement aux êtres matériels, mais encore plus
à ceux qui sont spirituels ; mais ce seroit une digression qui m'écarteroit trop de mon sujet, et ce que
j'en viens de dire, en général, me paroît si évident,
que je ne crois pas avoir besoin de le mettre dans un
plus grand jour.

Pourquoi donc, malgré cette conformité à l'ordre,
qui est essentielle à l'amour divin, vois-je une si
grande inégalité, au moins dans les effets extérieurs et sensibles de cet amour que les hommes les
plus parfaits me paroissent souvent les plus malheureux : en sorte que la prospérité, signe trompeur et
équivoque, devient souvent la marque du vice,
comme l'adversité, aussi mal placée en apparence,
semble être un des caractères de la vertu ? D'où vient
que l'intérêt commun est tant de fois sacrifié à l'intérêt d'un seul, ou d'un petit nombre d'hommes qui
ne travaillent qu'avec trop de succès, à se rendre
heureux par le malheur de leurs semblables, quoiqu'il soit certain, par l'idée même de la divinité,
que Dieu veut également et le bien de tous, et le
bien de chaque homme en particulier.

Je n'entreprendrai point ici de traiter à fond une
difficulté dont les prophètes (1) mêmes ont avoué
que leur esprit avoit été quelquefois troublé ; et je

_____

(1) *Mei autem pœnè moti sunt pedes, pœnè effusi sunt
gressus mei ; quia zelavi super iniquos pacem peccatorum vi-
dens.* Ps. 72, 2, 3.

me réduirai, sur ce point, à deux réflexions générales, qui pourront suffire à tout esprit attentif,
ou pour rejeter la question, ou même pour la résoudre :

1.º Quand il me seroit impossible d'en trouver le
dénoûment, que pourrois-je conclure de mon ignorance, ou de la foiblesse de mes lumières, si ce
n'est que dans cette matière, comme dans beaucoup d'autres, il y a une vérité claire et une vérité
obscure.

Dieu ne sauroit aimer inégalement des êtres entièrement égaux, il est encore plus impossible que
Dieu aime davantage celui qui a le moins de perfection, ou qu'il aime moins celui qui est le plus
parfait. Soutenir le contraire, ce seroit se contredire
dans les termes mêmes, et avancer que Dieu aime
inégalement ceux qu'il aime également, puisqu'ils ne
peuvent être égaux que par l'égalité de son amour ;
ou dire que Dieu aime moins ce qu'il aime plus,
ou qu'il aime plus ce qu'il aime moins, puisque le
plus grand degré de perfection est l'effet du plus
grand amour de la part de Dieu, comme le moindre
est la preuve d'un moindre amour. Prétendre enfin
qu'entre plusieurs êtres égaux, Dieu puisse être sujet
à préférer l'intérêt d'un seul à celui de plusieurs, ou
obligé à procurer le bien de plusieurs, par le mal
d'un seul, ce seroit supposer en Dieu une acception
de personnes, ou un défaut de puissance qui ne
peut jamais se trouver dans l'Être souverainement
parfait. Voilà la vérité, ou les vérités évidentes
que j'aperçois clairement dans cette matière ; et il ne
m'est pas plus possible d'en douter que de l'idée
même de Dieu.

La vérité obscure est celle dont la connoissance
me mettroit en état de concilier les premières vérités avec cette distribution inégale des biens et des
maux extérieurs entre les hommes, qui ne suit point
la proportion de leurs vices ou de leurs vertus ;
mais le nuage, qui couvre à mes yeux cette vérité,
n'obscurcit point les premières ; et je n'éprouve ici

que ce qui m'arrive dans la plupart de mes connoissances.

J'y avance clairement jusqu'à un certain point,
qui est comme la fin de cette région lumineuse qu'on
peut appeler le pays de l'évidence ; au-delà, je
n'aperçois que des ombres, ou des ténèbres qui me
sont impénétrables ; mais l'obscurité des vérités qui
y sont encore cachées, ne me fait point douter de
celles dont j'ai découvert clairement la certitude.
C'est ainsi que les hommes étoient persuadés de
l'existence de l'ancien monde, pendant qu'ils disputoient encore sur celle du nouveau, et que Chris-
tophe Colomb ne s'avisa point de douter qu'il y eût
des hommes dans les îles de l'Amérique, parce qu'il
ignoroit par quelle route ces hommes, ou leurs pères,
avoient pu y passer.

Je raisonne donc de la même manière, sur ce qui
regarde l'amour de Dieu pour les hommes : ce que
j'en ignore ne me fait point perdre ce que j'en
connois. Je sais de plus, et je le sais très-certaine-
ment, que ce qui se dérobe encore à ma vue, sur
ce sujet, ne sauroit être contraire à ce que j'en découvre ; car ce qui m'en est connu, est une perfection, à laquelle il est impossible que la conduite de
Dieu soit opposée ; puisque cette conduite, quels
qu'en soient les motifs, ne peut être que parfaite ;
et qu'il seroit absurde de dire, qu'en Dieu une perfection puisse être contraire à une autre perfection.
Mon esprit demeure donc tranquille, parce qu'il
sait certainement, s'il ne le comprend pas encore
clairement, que le partage inégal des biens et des
maux de cette vie, ne sauroit être incompatible avec
cette égalité absolue ou proportionnelle, qui est un
caractère inséparable de l'amour divin.

2.º Il n'est pas vrai même que je n'entrevoie pas
au moins la manière de concilier l'inégalité des effets
extérieurs de cet amour, avec son égalité réelle,
dans le fond de sa disposition. Je la trouve renfermée
dans trois vérités, que je me contente d'indiquer ici,
parce que tout esprit raisonnable, qui les méditera

attentivement, y trouvera une solution suffisante de
la difficulté que je me suis proposée.

Première vérité. Qui sont ceux qui se plaignent
d'être maltraités, dans la distribution des biens et
des maux sensibles ? Il n'y en a aucun qui n'ait mérité le traitement dont il se plaint, par l'abus qu'il
a fait de sa liberté; et, si l'on me répondoit que les
moins coupables devroient aussi souffrir moins que
ceux qui le sont davantage, et que, cependant, on
voit, tous les jours, le contraire parmi les hommes,
on me féroit une objection aussi inutile que téméraire.

Je dis inutile, parce qu'elle ne sert de rien à quiconque peut la proposer. Que lui importe de se
croire moins coupable, s'il l'est toujours assez pour
justifier, à son égard, la providence qu'il accuse ?
En seroit-il plus heureux, quand ceux qu'il lui plaît
de regarder comme plus criminels, seroient plus malheureux qu'ils ne le sont ?

Et j'ajoute *téméraire*, parce que, faire cette objection, c'est vouloir entrer en jugement avec Dieu,
pour lui demander compte non pas du mal qu'il
nous fait, mais de celui qu'il ne fait pas à nos semblables; en sorte que, ne pouvant nous plaindre
qu'il soit injuste à notre égard, nous oserions lui
faire un crime de son indulgence pour d'autres coupables; indulgence dont nous ignorons les motifs et
la fin.

Seconde vérité. Ces biens ou ces maux extérieurs,
qui sont la seule matière de nos plaintes, sont-ce
des véritables biens ou des véritables maux ? Les
philosophes, païens mêmes, et surtout les stoïciens,
ne les ont-ils pas mis au nombre des choses indiffé-
rentes, qui ne deviennent bonnes ou mauvaises,
utiles ou nuisibles pour nous, que par la manière de
nous en servir, et qui, n'ayant point, à proprement
parler, ce qu'on peut nommer une bonté de fin,
ont également une bonté de moyen, puisqu'elles
peuvent contribuer également à notre perfection,
unique source de notre bonheur, et que, souvent

même, ce qui nous paroît un mal, nous y conduit plus sûrement que ce qui porte le nom de bien. Le plus ou le moins de l'un ou de l'autre, ne nous fait donc voir aucune inégalité de la part de Dieu; il nous en montre seulement une très-grande de la part de l'homme, dans l'usage des moyens, qui, quoique différens, peuvent le conduire à la même fin.

Troisième vérité. Quelle est la durée de ces biens ou de ces maux, si inégalement partagés? Quelque longue qu'on la suppose, elle est au moins aussi courte que notre vie, c'est-à-dire, qu'un instant, et moins qu'un instant, par rapport à l'éternité.

Nous la devinons cette éternité, pour me servir ici d'une expression de Socrate, si nous ne la comprenons pas parfaitement. Un sentiment intérieur nous apprend que notre ame n'ayant en elle-même aucune cause de destruction, est destinée à une vie immortelle. Il n'est presque aucune nation qui ne se promette un état plus heureux après la mort. Le vœu commun de tous les hommes en renferme une espèce de présage, et la fable même est d'accord sur ce point avec la vérité. Or, si nous suivons exactement l'idée que nous avons de la Divinité, pouvons-nous douter qu'une ame d'une trempe assez forte pour faire servir ses disgrâces à sa perfection, et pour tendre à la vertu par la douleur, ne trouve auprès d'un Dieu infiniment parfait le dédommagement infini et éternel d'une peine finie et passagère : en sorte que ceux qui ont paru pour un temps les moins aimés de Dieu, se trouvent dans l'éternité ceux qui auront été les plus grands objets de son amour?

Pourquoi donc ne dirions-nous pas avec Sénèque que si le chemin de la vertu est souvent rude et semé d'épines, c'est parce que Dieu, qui met l'homme de bien au nombre de ses enfans, est un père sévère, mais magnifique dans ses récompenses, qui veut le mettre en état de les mériter par une éducation dure et rigoureuse? Il ne lui prodigue donc point les délices, et il ne le regarde pas comme un ami de plaisir ; il l'exerce, il l'éprouve, il l'endurcit, en un mot il se le prépare : *Bonum virum in deliciis non habet : experitur, indurat, sibi illum præparat* (1).

Au reste, je n'ai pas même besoin de regarder cette vérité comme clairement démontrée; il me suffit qu'elle ne renferme rien d'impossible, et qu'elle se présente même à l'esprit de ceux qui, comme Sénèque, ne pouvoient consulter sur ce point que les seules lumières de la raison, pour me mettre en droit d'en conclure que le partage inégal des biens et des maux présens n'a rien en soi dont on puisse se servir, pour combattre ou pour révoquer en doute, ou l'égalité de l'amour divin pour tous les hommes, ou cette volonté générale, qui tend en même temps et au bien d'un seul et au bien de tous. Achevons d'expliquer les deux derniers caractères du même amour, il sera aisé de le faire en beaucoup moins de paroles.

3.° Cet amour gratuit, bienfaisant, toujours conforme à l'ordre, est l'amour d'un être immuable, et par conséquent un amour éternel, si l'homme est fidèle à y répondre. J'en trouve un gage certain et une preuve anticipée dans la continuité des biens que Dieu se plaît à répandre sur moi. Il n'est aucun moment de ma vie où, sans parler de tout le reste, je n'aie la satisfaction de sentir que j'existe, que j'ai une ame et un corps que je ne me suis pas donnés, et dont toutes les actions ou tous les mouvemens nourrissent en moi une secrète complaisance dans la force, dans la beauté, dans l'excellence de mon être ; et, si l'habitude diminue pour moi la douceur sensible de cette conscience intime qui ne me manque jamais, je n'ai, pour la bien comprendre, qu'à réfléchir sur ce que je souffre lorsque j'en perds une partie, et à juger par la privation des avantages de la possession.

4.° Enfin, je ne crains point d'ajouter que l'amour de Dieu pour les hommes est un amour d'union qui

_____

(1) *Senec., de Provid., lib.* 1*, c.* 1.

tend à ne faire de toutes les créatures intelligentes
que comme un seul tout avec Dieu ; caractère si fécond en conséquences, que j'aurois pu en déduire
facilement tous les autres ; caractère dont la certitude
se prouve évidemment par le seul principe que Dieu
veut rendre heureux tous ceux qu'il a créés capables
de l'être. Mais toute sa puissance ne sauroit les y
faire parvenir, s'il ne les unit intimement à la plénitude de tous les biens en les unissant à lui-même.
Ce n'est donc point l'Être infiniment parfait qui s'a-
baisse par là jusqu'au néant de la créature, c'est
au contraire ce néant même qui, par l'effet le plus
admirable de l'amour divin, s'élève jusqu'à la participation de l'Être infiniment parfait ; ainsi, et la
supériorité de cet Être, et la dépendance de l'homme
éclatent dans cette union même, bien loin d'y être
obscurcies. Dieu m'unit à lui, non pour augmenter
sa félicité, mais pour faire la mienne. En un mot,
c'est pour son bonheur que l'homme veut être uni
à Dieu : c'est pour le bonheur de l'homme que Dieu
veut bien s'unir à lui.

Reprenons à présent la suite des vérités qui résultent de tout ce que je viens de dire sur l'amour divin.

Dieu veut que je lui ressemble ; c'est le seul
moyen qui puisse me conduire à ma perfection et
à mon bonheur.

Dieu aime tous les hommes ; il ne les auroit jamais créés s'il ne les avoit pas aimés ; et il ne les con-
serveroit pas s'il ne continuoit pas de les aimer.

Enfin, Dieu les aime par un amour dont les principaux caractères sont d'être uniquement gratuits,
uniquement bienfaisans, essentiellement conformes à
l'ordre éternel par sa nature, et tendant toujours à
s'unir ceux qui en sont l'objet.

Plus je médite sérieusement ces vérités, plus j'ai
le plaisir de sentir que la solution du problème qui
m'occupe à présent tout entier, n'en est qu'une conséquence nécessaire ; et, pour m'en convaincre, je
n'ai besoin que de ce raisonnement simple, dont
toutes les parties ont déjà été prouvées séparément,

quoique j'eusse pu les regarder comme évidentes par elles-mêmes.

Vivre selon la nature, et par conséquent faire ce qui est naturel à l'homme, c'est la même chose que vivre selon l'esprit, selon le vœu, selon la destination de la nature, qui ne signifie ici que l'auteur de la nature; en sorte que vivre selon l'esprit de la nature, c'est vivre selon les desseins et la volonté de Dieu.

Mais, d'un côté, il est évident que Dieu veut que je lui ressemble, et de l'autre, il ne l'est pas moins que Dieu aime tous les hommes.

Donc, il est vrai non-seulement que je dois aimer tous les hommes, mais qu'il m'est naturel de les aimer, puisqu'en les aimant je ne fais que suivre ce que j'ai appelé le vœu ou l'esprit de la nature.

Arrêtons-nous encore un moment à réfléchir sur cette vérité, pour la comprendre dans toute son étendue.

Dieu s'aime lui-même en aimant ses créatures; donc, il m'est aussi naturel de m'aimer moi-même en aimant les autres hommes; ou, pour parler encore plus clairement, l'amour que j'ai pour eux est une suite naturelle de celui que j'ai pour moi. Je m'explique.

Dieu s'aime dans ses ouvrages, parce qu'ils portent le caractère de ses différentes perfections. Je ne puis, à la vérité, m'aimer par la même raison en aimant mes semblables. Ils ne tiennent de moi ni leur être, ni les propriétés qui y sont attachées : mais ils peuvent au moins me devoir en partie ce qui contribue à leur perfection et à leur bonheur par le pouvoir que Dieu me donne d'agir sur leur ame et d'y exciter des dispositions propres à les rendre plus parfaits ou plus heureux; donc, pour imiter l'amour de Dieu, autant qu'il m'est possible, et m'aimer raisonnablement en aimant les autres, je dois aimer le plaisir de leur faire du bien; plaisir qui est en effet une preuve de la perfection de mon être, et par lequel une foible créature participe en quelque ma-

nière à la nature du créateur, dont la complaisance
dans ses ouvrages est une suite de celle qu'il a en
lui-même : mais, quand j'agis par ce principe, je ne
fais que vivre selon cette volonté suprême qui est
l'ame de la nature ; donc, encore une fois, il m'est
naturel d'imiter ainsi l'Être parfait et par conséquent
d'aimer tous les hommes.

Non-seulement Dieu les aime tous, mais il est
incapable de les haïr dans le sens que j'ai expliqué ;
donc, il est aussi contraire à ma nature d'avoir pour
eux cette espèce de haine qui tend à leur faire du
mal par le seul désir de me faire du bien ; et s'il y
en a une qui convienne à mon être, elle ne peut
consister que dans une improbation, ou dans une
aversion raisonnable qui tend, suivant l'exemple de
Dieu, à réprimer ou à punir le vice sans haïr l'homme
vicieux : aversion si peu contraire au véritable amour,
qu'elle donne des preuves de sa bonté à ceux mêmes
qui en sont l'objet, par les efforts qu'elle fait, soit
pour les empêcher de se nuire à eux-mêmes ou à
leurs pareils, soit pour les porter par la crainte des
peines à ce qu'ils devroient faire par le seul désir
de leur perfection.

Allons plus loin : vivre selon la nature ou selon
l'intention de son auteur, ce n'est pas seulement
aimer ceux qu'il aime, c'est encore les aimer de la
même manière qu'il les aime ; et par conséquent mon
amour pour mes semblables doit avoir les mêmes
caractères que l'amour divin.

Donc, s'il ne peut être entièrement gratuit, il
doit au moins être aussi désintéressé que l'imperfection de mon être me le permet. Je ne puis, il est
vrai, me détacher tellement de tout intérêt propre,
que je ne désire toujours de me rendre heureux en faisant le bonheur des autres ; mais je puis vouloir l'être,
ou par la possession des biens extérieurs que j'attends
d'eux, ou seulement par l'attrait de ce plaisir plus
pur, que je goûte lorsque je fais du bien à ceux
mêmes de qui je n'espère aucun retour, ou sans penser actuellement à ce retour.

La raison ne condamne pas absolument le premier motif, qui n'a rien de contraire à ma nature toujours attentive à ajouter de nouveaux biens à ceux qu'elle possède : mais la raison me fait sentir aussi qu'en ce cas mon amour est bien éloigné de son modèle, puisque Dieu donne tout à ceux qu'il aime, sans pouvoir jamais rien recevoir d'eux. Je conçois même que mon affection devient non-seulement imparfaite, mais peu digne de moi, quand je n'aime les autres hommes que par le seul attrait du bien qu'ils me peuvent faire ; aussi, les esprits les moins éclairés l'appellent-ils un amour mercenaire, qui dégénère dans une espèce de commerce, semblable à ce contrat que les jurisconsultes romains appeloient *do ut des*, et qu'ils distinguoient avec soin de la véritable donation, ouvrage de la pure bienveillance du donateur. Mon amour ne porte donc vraiment le caractère de l'amour divin, que lorsque devenant aussi gratuit qu'il le peut être, il se nourrit du plaisir attaché à l'exercice même de la bienveillance, et qu'il me rend heureux par la seule satisfaction de faire des heureux. Mais, plus il approche de cette perfection, plus il devient conforme à ma nature, parce qu'il suit plus exactement l'intention de son auteur qui veut que je devienne semblable à lui.

Un second caractère de l'amour divin est d'être souverainement bienfaisant, ou même d'être le seul amour qui mérite véritablement ce nom.

Donc, si le mien ne peut atteindre parfaitement à ce caractère, il lui est naturel au moins de l'imiter autant qu'il le peut, en répandant sur mes semblables tous les biens qui sont en mon pouvoir.

Disons la même chose du troisième caractère de l'amour divin. Je ne fais, en effet, que suivre la nature ; et par conséquent j'agis naturellement, quand je travaille à rendre mon amour, pour les autres hommes, conforme à cet ordre qui dirige toutes les opérations de l'amour divin.

Ainsi, les aimer avec une égalité absolue ou proportionnée au degré de bonté que je connois en eux ;

Ainsi, conserver encore un degré d'amour pour ceux mêmes qui ont le plus abusé, à mon égard, de leurs facultés naturelles, parce qu'ils conservent encore quelque chose de bon dans la capacité qu'ils ont de se corriger : respecter en eux ce reste précieux de l'ouvrage du créateur, et aimer toujours l'humanité, si je ne puis aimer les défauts que l'homme y a mêlés ;

Ainsi, tendre toujours, autant qu'il m'est possible, au bien commun et au bien particulier de mes semblables : ne préférer jamais l'intérêt d'un seul à celui de tous ; et ne céder même qu'avec regret à l'imperfection humaine qui me force souvent à sacrifier le bien d'un seul à celui de tous ou du plus grand nombre, ce sont autant de sentimens qui me sont également naturels, puisqu'en les suivant, je ne fais que me conformer au vœu de la nature ; ou, ce qui est la même chose, à l'ordre de mon auteur dont la volonté est ma règle, et dont la conduite est mon modèle ;

Donc, pour retracer toujours ce modèle, comme l'amour de Dieu pour les hommes est un amour éternel, celui que j'ai pour eux sera au moins un amour continuel ; et il renfermera même comme un caractère d'éternité, par le désir d'être uni pour toujours avec mes semblables dans la possession du bien suprême ; donc, ce sera encore par ce désir que mon amour exprimera plus parfaitement son original ; je veux dire que, comme le dernier caractère de l'amour divin est de tendre à l'union, ou de vouloir que tous les êtres intelligens, réunis à leur principe, y trouvent leur souveraine béatitude, le caractère essentiel de mon amour pour les autres hommes, sera aussi d'aspirer à être uni avec eux au premier Être : et puisque je suis naturellement destiné à n'être qu'un avec eux dans le terme, je me garderai bien de vouloir ne l'être pas dans la route ; parce que, si mon bonheur éternel doit consister dans l'union, il est impossible que je n'éprouve pas au moins un malheur passager dans la division.

Il me suffit donc de bien méditer cette vérité, pour y trouver la preuve, ou plutôt une des preuves de ces deux grandes règles qui renferment tous les devoirs de la morale à l'égard de mes semblables:

L'une, que je ne dois jamais faire aux autres ce que je ne voudrois pas qu'ils fissent à mon égard;

L'autre, que je dois faire pour eux, selon la mesure de mon pouvoir, tout ce que je désire qu'ils fassent pour moi.

Car, s'il est vrai que je ne doive être qu'un avec eux; si leur bonheur, suivant l'ordre de la nature, ou plutôt de son auteur, fait une partie de ma félicité, je me nuis à moi-même lorsque je leur nuis; et au contraire, je travaille pour moi en travaillant pour eux, parce qu'en leur nuisant, je diminue la perfection et le bonheur d'un tout, dont je suis une portion; au lieu qu'en travaillant pour eux, je contribue à rendre ce même tout plus parfait et plus heureux.

Le raisonnement que je fais sur moi quand je me compare avec eux, ils doivent le faire aussi de leur part lorsqu'ils se comparent avec moi; et, par conséquent, il est également vrai des deux côtés que nous ne pouvons ni raisonner ni agir selon l'esprit de la nature, sans convenir réciproquement des deux règles générales que je viens d'expliquer, et qui ne sont qu'une suite nécessaire du dernier caractère de l'amour divin, source et modèle du mien.

Mais toutes ces pensées ne consistent point dans des idées recherchées ou tirées de bien loin, que je ne puisse apercevoir qu'en sortant, pour ainsi dire, de moi-même. Je les trouve toutes dans le fond de mon être; et je n'ai pour les découvrir qu'à étudier ma propre nature considérée par rapport à la volonté claire et évidente de son créateur. Toutes les propositions dont je tire ces conséquences, sont autant d'axiomes également incontestables. Dieu ne peut rendre heureux que ceux qu'il aime: Dieu ne peut aimer que ceux qui lui ressemblent. Je ne lui ressemble point si je n'aime ses créatures, surtout celles

qui me sont semblables, et si je ne les aime comme
il les aime lui-même. Donc, puisqu'il veut me rendre
heureux, et qu'il ne le veut qu'autant que je lui
ressemble; il veut que je les aime comme lui : mais
sa volonté est l'ame, l'esprit, la loi de la nature;
et vivre selon l'ame, l'esprit, la loi de la nature, c'est
vivre selon la nature : or, vivre selon la nature, c'est
faire ce qui m'est véritablement naturel. Donc, il
m'est naturel d'aimer les autres hommes, et de la
même manière que Dieu les aime. Donc, le problème
que j'examine est pleinement résolu; et je ne sais si
toute la géométrie peut m'offrir une démonstration
plus évidente : on ne peut la combattre qu'en soutenant ou qu'il n'y a point de Dieu, ou que je ne le
connois pas quand je le conçois comme un Être infiniment parfait; ou que l'idée de la perfection infinie
ne renferme pas tous les caractères que j'ai attribués à
l'amour divin, ou que cet amour n'est pas mon modèle,
et que je puis être parfait et heureux sans l'imiter;
ou qu'il n'est pas naturel à un Être intelligent d'agir
selon que l'exige sa nature, ou ce qui est la même
chose, selon la volonté et les desseins de son auteur :
en un mot, qu'il n'est pas naturel à un être de vivre
suivant sa nature; mais toutes ces propositions, de
quelque manière qu'on les énonce, sont si évidemment absurdes qu'il en résulte un autre genre de démonstration, je veux dire celui dont les géomètres
se servent contre ceux qui osent nier des vérités si
simples et si claires par elles-mêmes, qu'elles ne
peuvent être prouvées.

Mais, comme je l'ai dit d'abord, ce n'est pas seulement dans l'idée de Dieu que je découvre cet
ordre, cet esprit, cette destination de la nature, à
laquelle je me conforme en aimant mes semblables,
et qui m'a donné lieu d'en conclure qu'il m'est naturel de les aimer. J'aperçois encore d'autres traits
de cette volonté divine dans les propriétés, dans la
stucture de ses ouvrages, et dans la manière dont il
les gouverne, ou dont il agit sur eux et par eux. C'est
donc des effets sensibles de la volonté de Dieu, que

je tire une seconde espèce de preuve, qui sera du nombre de celles que l'école appelle *à posteriori*, preuve qui s'accordera parfaitement avec la première, que j'ai empruntée de l'idée même de Dieu, par une de ces démonstrations que la même école nomme *à priori*.

Passons donc à présent de l'ouvrier à l'ouvrage, et cherchons dans la peinture que j'ai faite de l'état où Dieu a mis l'homme par rapport à ses semblables, les premiers fondemens de cette affection mutuelle par laquelle il a voulu les unir.

Sans répéter ici ce que j'ai dit sur ce sujet, j'en tire seulement une suite de propositions évidentes, qui me conduiront par degrés à une nouvelle manière de résoudre le problème, dont j'ai déjà trouvé le dénoûment par une autre voie.

1.º Dieu veut, sans doute, que l'homme naisse et que l'homme vive dans cet état de foiblesse et d'indigence pour l'esprit et pour le corps, dont j'ai fait une triste, mais fidèle description, puisque c'est ainsi que l'homme naît et que l'homme vit.

2.º Dieu veut que cette foiblesse ne soit pas sans appui, et que cette indigence ne soit pas sans ressource puisqu'il fait trouver l'un et l'autre à l'homme par le moyen de ses semblables.

3.º Dieu assujettit également tous les hommes à ces deux situations. Tous éprouvent des besoins, tous n'en reçoivent le soulagement que par le secours d'une main étrangère; il n'en est aucun qui puisse se passer entièrement de ce secours. Bien loin que la naissance, les dignités, les richesses affranchissent de la loi générale ceux qui ont ces avantages, ce sont, au contraire, les plus nobles, les plus élevés, les plus riches, qui, en multipliant leurs désirs, multiplient encore plus leurs besoins, et qui augmentent par là la dépendance où ils sont des autres hommes.

4.º Je ne saurois concevoir que, selon l'ordre et les desseins de Dieu, l'homme doive mettre sa confiance dans la force ou dans la fraude pour suppléer à ce qui lui manque. Non-seulement l'idée que j'ai de la perfection divine et les caractères évidens de l'amour que Dieu a pour les hommes, me font rejetter nécessairement cette pensée ; mais l'expérience me montre que ces deux voies sont ou inutiles, ou même malheureuses pour l'homme ; que s'il y gagne dans quelque occasion particulière, il y perd dans le corps entier de sa vie, parce qu'elles retombent tôt ou tard sur celui qui les emploie, et ne servent à la fin qu'à le rendre plus misérable.

5.° La même expérience m'apprend que ces appuis de ma foiblesse et ces supplémens de mon indigence, qui me sont si nécessaires, deviennent le prix de ma bienveillance pour ceux dont je puis les attendre : bienveillance qui, suivant l'idée que j'en ai conçue, consiste plus dans la bonté des actions que dans la tendresse des sentimens, et dans des services réels plutôt que dans un goût personnel. Je ne saurois douter que Dieu ne le veuille ainsi. Car je vois qu'en effet, le seul moyen solide et durable dont je puisse me servir, pour obtenir des hommes les biens que je désire d'en recevoir, est de leur communiquer ceux qu'ils attendent de moi ; et je peux ajouter ici, comme dans ma troisième proposition, que je ne connois dans le monde aucun état, aucune condition, aucun genre de vie, où l'homme ne soit obligé de prendre cette voie. Que deviendroit le plus grand roi de la terre, s'il étoit réduit à ne se faire obéir que par la seule force de son corps, ou par la seule subtilité de son esprit, sans pouvoir y joindre l'appas des bienfaits qu'on désire d'obtenir de lui ? Trouveroit-il des ministres de sa violence ou de sa fraude, s'il étoit obligé de commencer par exercer l'une ou l'autre sur chacun de ceux qu'il veut employer à cet usage, et si leur amour-propre, animé par la vue du bien qui est entre ses mains, ne les rendoit dociles à ses volontés et capables par là de répandre la terreur dans l'esprit des autres, ou de les surprendre par leur industrie pour les réduire à faire ce qui lui plaît ; c'est donc l'affection, ou du moins le désir du bien ; qui est le premier mobile ou le plus puissant ressort du gouvernement. C'est par là qu'il faut que l'autorité la plus despotique commence à se faire respecter, et donne, pour ainsi dire, le premier branle à ce mouvement qui passe de degrés en degrés jusqu'à ceux qui sont les plus éloignés du souverain.

Réunissons à présent toutes ces propositions, et voyons quelle en est la conséquence.

Si Dieu veut que l'homme naisse et qu'il vive dans la foiblesse et dans l'indigence ; s'il veut que l'une et l'autre ne soient pas sans ressource, et que l'homme puisse trouver cette ressource dans le secours de ses semblables ; s'il veut, enfin, que l'homme l'obtienne non par la force ni par la fraude, mais par la bienveillance des autres hommes excités à lui faire du bien par celui qu'ils en reçoivent ; si ces vérités s'appliquent également à toutes leurs conditions et à celles des rois mêmes, que me reste-t-il à en conclure, si ce n'est que, pour se conformer à la volonté de Dieu, il faut que tous les hommes ne cherchent à soutenir leur foiblesse, ou à remplir leur indigence naturelle, qu'en méritant, par les effets de leur affection pour leurs semblables, d'en obtenir l'appui ou le secours dont ils ont besoin ?

Mais Dieu, qui est la vérité même, ne peut vouloir la fausseté, la dissimulation, le déguisement, en un mot, tout ce qui ne seroit qu'un dehors trompeur, et qui cacheroit une haine réelle sous une affection apparente.

Donc, si Dieu veut les effets d'un amour mutuel entre les hommes, il veut encore plus la cause de ces effets, je veux dire cet amour même, sans lequel les marques extérieures de la bienveillance ne sauroient être ni solides ni durables.

Donc, Dieu veut que tous les hommes s'aiment réciproquement ; mais agir selon la volonté de Dieu, c'est agir selon le mouvement de la nature ; et, pour dire la même chose en d'autres termes, c'est vivre selon la nature, et vivre selon la nature, c'est ce

qui est naturel à tout être ; il est donc naturel à
l'homme d'aimer ses semblables.

Mais je n'ai pas seulement étudié la condition et
l'état de l'homme en général ; j'ai encore examiné
la manière dont Dieu le gouverne, ou ce que Dieu
fait en lui, par lui et pour lui, dans le commerce
qui le lie avec les autres hommes ; et j'ai remarqué,
avec soin, que ce qui forme ou qui entretient principalement ce commerce est le pouvoir réciproque
que nous avons d'exciter les uns dans les autres des
sentimens agréables, qui nous paroissent un bien ;
ou des sentimens pénibles que nous regardons comme
un mal : pouvoir qui s'exerce tantôt par la parole,
tantôt par l'écriture, ou par d'autres signes semblables, et tantôt par des actions plus marquées ou plus
sensibles ; mais qui se terminent toutes, comme je l'ai
dit plus d'une fois, par nous affecter d'une manière
qui est tantôt agréable et tantôt désagréable. Quelle
conséquence cependant, ou quelle liaison nécessaire
puis-je découvrir entre la parole ou l'action d'un
autre homme et les modifications ou les affections
de mon ame ?

Ma raison, comme je l'ai aussi observé, n'y
en aperçoit aucune, et je me suis pleinement convaincu qu'il n'y a que l'Être tout - puissant qui
agisse véritablement en nous à l'occasion de nos volontés réciproques, et des mouvemens qui les suivent
dans notre corps : volontés ou mouvemens qui seroient stériles et inefficaces, si Dieu ne leur prêtoit
sa main toute-puissante, par une opération toujours
prête à seconder nos désirs. C'est donc lui qui est le
lien et comme le médiateur universel de tout le commerce qui est entre les hommes ; c'est par lui seul
qu'ils ont en quelque sorte le pouvoir de se rendre
réciproquement heureux ou malheureux ; heureux,
par le plaisir : malheureux, par la douleur qu'ils
se font sentir mutuellement.

Si je médite à présent sur les conséquences d'une
vérité si certaine, j'y découvrirai aisément une nouvelle lumière, qui me manifeste encore cette volonté

générale de Dieu, que j'ai appelée l'esprit ou l'ame de la nature, et qui n'éclate pas moins dans la manière dont il agit sur les hommes à l'occasion de leurs désirs réciproques, que dans l'état de foiblesse et d'indigence où il les a tous créés.

Je me demande donc d'abord à moi-même si je puis croire que des êtres si favorisés de Dieu qu'ils n'ont qu'à vouloir, pour ainsi dire, et que c'est Dieu même qui se charge d'exécuter tout ce qu'ils ont voulu, n'aient reçu une si grande prérogative que pour se nuire à eux-mêmes et aux autres hommes.

Je dis à eux-mêmes; car, puisque la violence ou la fraude retombe tôt ou tard sur leur auteur, si je me sers, pour l'une ou pour l'autre, de l'opération toute-puissante de Dieu qui se prête à mes volontés, je travaille véritablement contre moi, et j'use, pour mon malheur, de ce que Dieu ne peut m'avoir accordé que pour ma félicité et par un effet de son amour.

Ma raison peut-elle concevoir plus aisément que Dieu exauce et accomplisse si promptement mes souhaits dans le commerce que j'ai avec mes semblables, et qu'il n'agisse sur eux comme je le désire, que pour me donner un moyen prompt et facile de leur faire du mal? N'opère-t-il pas aussi en leur faveur tout ce qu'il opère pour moi? et si je les considère tous tels qu'ils sont sortis de ses mains, puis-je douter qu'ils n'aient tous autant de droit sur moi que je puis en avoir sur eux?

Qu'a-t-il donc prétendu faire par cette opération également prompte à servir des êtres égaux? A-t-il voulu les rendre tous également malheureux, ou tous également heureux les uns par les autres? La première supposition est absurde et résiste manifestement à l'idée d'un Dieu souverainement bon, qui n'a créé tous les êtres que par un effet de son amour, et qui veut leur donner le bonheur dont ils sont capables par leur nature. La seconde supposition est donc non-seulement la plus vraisemblable, mais elle porte le caractère d'une vérité évidente, parce qu'elle est une suite nécessaire de cette égalité de l'amour divin pour des êtres égaux, que j'ai expliquée ailleurs. Donc, il m'est impossible de présumer, que ce pouvoir d'agir sur l'ame de mes semblables, lequel devient efficace par l'opération de Dieu même, m'ait été donné pour une autre fin que pour me mettre en état de contribuer à leur bonheur, comme le même pouvoir leur est accordé pour concourir au mien.

Appliquons ce principe aux différentes manières d'exercer un pouvoir si remarquable.

Puis-je penser un seul moment, que celui qui, pour former, par la parole, une liaison étroite entre les hommes, réveille lui-même dans leur ame les pensées ou les sentimens qui y naissent à l'occasion des sons dont leurs oreilles sont frappées, ne fasse cette espèce de miracle continuel que pour mettre les hommes plus en état de se nuire réciproquement ?

Dieu peut-il avoir voulu que la parole, au lieu d'être l'expression simple de la vérité, ne fût qu'un signe trompeur et infidèle, dont l'usage fut de rendre la fausseté plus commune et moins reconnoissable ? ou qu'il devînt le canal ordinaire de la fraude, de la calomnie, de la trahison et de tous autres maux, qui sont des suites de l'abus que les hommes font de la parole ? En un mot, ce talent qui les met si fort au-dessus du reste des animaux, ne sera-t-il, dans les vues du créateur, qu'une distinction funeste, qui les réduira à un état plus fâcheux que les êtres qui en sont privés ; et Dieu, qui communique une partie de ses perfections à ses créatures suivant les degrés de son amour pour elles, n'aura-t-il plus aimé les hommes, qui sont les plus parfaits de ses ouvrages visibles, que pour leur donner lieu de se rendre plus dignes de son aversion, en abusant par la haine, d'une faculté qui devoit être le lien et comme l'interprète de leur amour ?

Ce que je dis de la parole, je peux l'appliquer également à l'écriture, et en général à toutes les

actions par lesquelles un homme fait quelque impression sur un autre homme.

Parce qu'un sentiment douloureux s'excite dans
l'ame de celui que je frappe, m'imaginerai-je que
quand Dieu veut bien remuer lui-même mon bras,
suivant les lois générales qu'il a établies, et former
dans mon ennemi le sentiment qu'il a du coup que
je lui porte, il veut que son opération efficace me
serve à satisfaire ma haine, ou à suivre au hasard
le mouvement de quelque autre passion.

Parce que plusieurs corps et souvent même plusieurs esprits sont plus forts qu'un seul, dirai-je
qu'il est conforme aux idées et à la sagesse de l'Être
souverainement parfait, que plusieurs hommes se
réunissent pour en accabler un seul qui ne leur fait
aucun mal, et qui ne leur déplaît que parce qu'ils
veulent s'approprier ce qu'il posséde, ou le forcer
à devenir l'esclave ou l'instrument de leur cupidité?

Si toutes ces conséquences sont également absurdes, si elles répugnent évidemment à la notion la
plus simple que je puisse me former de la perfection
divine, je ne saurois donc m'empêcher de reconnoître, que, lorsque Dieu prête son secours aux
hommes pour agir les uns sur les autres, ou plutôt
lorsque lui-même veut bien agir pour eux, sa volonté est qu'ils usent de son action, non pour se
nuire mutuellement et se rendre également malheureux, mais pour contribuer réciproquement à leur
perfection et à leur bonheur : ce qui renferme toutes
les vues et tous les effets d'un véritable amour.

Comment pourrois-je même douter de la volonté
de Dieu sur ce point? Je l'ai déjà dit ailleurs : je
dois affirmer de l'Être infiniment parfait tout ce qui
me paroît évidemment renfermé dans l'idée de la
plus haute perfection : je dois en nier ou en exclure
tout ce qui est aussi évidemment contraire à cette idée.
Mais, pour commencer par le dernier, rien ne seroit
plus imparfait que d'opérer continuellement des
miracles en faveur d'une créature, dans la vue de
la mettre aux mains avec ses semblables, et d'armer

tout homme contre tout homme. Rien de plus parfait au contraire, que de communiquer en quelque
sorte à des êtres bornés le pouvoir de la divinité
même, afin qu'ils deviennent, l'un pour l'autre,
les instrumens de l'amour divin, c'est-à-dire, de cet
amour essentiellement bienfaisant qui tend toujours
à la béatitude des êtres intelligens qu'il a formés
pour les associer à la sienne. Donc, il m'est impossible
d'attribuer à Dieu la première de ces intentions.
Donc, il ne m'est pas plus possible de lui refuser la
seconde.

Réunissons donc, à présent, toutes ces réflexions,
et voyons si elles ne renferment pas la solution du
problème que j'examine.

Je ne saurois ignorer les desseins de Dieu sur moi
et sur tous les hommes, lorsqu'il a établi entre nous
ce commerce merveilleux de pensées, de sentimens,
d'actions. Chaque fois que je sens ma volonté foible par
elle-même devenir puissante et efficace par le moyen
de l'opération divine, je dois entendre, au fond de
mon être, une voix secrète qui m'avertit que l'ordre
et la volonté de mon auteur sont que je me serve de
cette opération admirable pour le bien commun et
particulier des autres hommes, parce que tout usage
contraire que j'en puis faire est un abus et une espèce
de sacrilége par lequel je profane ce qu'il y a de plus
sacré, en faisant servir la divinité même à ma volonté
déréglée plutôt qu'à la sienne, qui est le principe de
tout ordre.

Mais être toujours dans la disposition de faire du
bien à tous mes semblables, c'est avoir pour eux cet
amour dont j'ai expliqué la nature dans ma dernière
méditation.

Donc, je dois les aimer de cette manière; et la loi
qui m'y oblige est une loi non-seulement renfermée
dans l'idée que j'ai de Dieu, mais toujours manifestée
à mes yeux, et comme publiée à tous momens par
son action même, qui est, pour moi, un signe écla-
tant et continuel de son intention.

Or, vivre selon la loi, selon l'intention de Dieu,

agissant comme auteur, comme conservateur, comme modérateur de la nature, c'est vivre véritablement selon la nature; et vivre selon la nature, c'est ce qui est naturel à tous les êtres.

Donc, non-seulement l'homme doit aimer ses semblables, mais il lui est naturel de le faire, et le problème qui m'occupe si fortement est résolu par la connoissance que j'ai de la manière dont Dieu nous gouverne, ou de l'action continuelle qu'il exerce, comme je l'ai déjà dit, en nous, par nous et pour nous.

Mais, s'il est vrai que l'idée même de la Divinité, que l'état où Dieu a créé l'homme, que la manière dont il agit en sa faveur prouvent également qu'il a voulu l'unir avec ses semblables par les liens d'une bienveillance réciproque, pourquoi donc cette volonté du souverain moteur, et de l'esprit universel de la nature, est-elle si rarement suivie de son effet, qu'à en juger par la conduite des hommes, on diroit presque qu'ils sont nés pour se haïr les uns les autres, beaucoup plus que pour s'aimer mutuellement.

Je pourrois bien me dispenser de répondre à cette question, qui est, en quelque manière, étrangère à mon sujet. Le seul but que je me propose ici est de découvrir ce qui est le plus naturel à l'homme, et non pas d'examiner pourquoi il ne fait pas toujours ce qui lui est le plus naturel; je vois, en toutes sortes de matières, qu'il ne lui arrive que trop souvent de démentir sa nature par ses actions; mais en subsiste-t-elle moins pour cela, et ne demeure-t-elle pas toujours telle qu'il a plu à Dieu de la former, quelque usage que l'homme en puisse faire? Sa conduite peut bien me faire connoître ce qui lui est le plus ordinaire; mais il n'y a que sa nature considérée en elle-même, suivant l'intention de son auteur, qui puisse m'apprendre ce qui lui est vraiment naturel; et n'est-ce pas pour cela que je me suis attaché avec tant de soin, dès l'entrée de cette méditation, à prévenir cette équivoque trop commune, qui nous porte à confondre ce qui est le plus ordinaire à l'homme, avec ce qui est le plus conforme à sa nature, quoique l'un soit différent de l'autre, et que souvent même il y soit directement opposé.

Que si l'on insiste encore, après cela, à me demander pourquoi l'homme ne suit pas toujours l'impression constante de l'auteur de son être, sans entrer dans une longue dissertation sur une matière si délicate, je me réduirai à deux propositions également incontestables, qui me suffiront pour répondre à cette question :

L'une, que l'homme est certainement un être libre, par quelque raison que Dieu ait voulu le créer ainsi ;

L'autre, que cet être libre n'est qu'un homme, c'est-à-dire, un être imparfait et sujet à se servir mal-à-propos d'une liberté qui ne mériteroit pas ce nom, comme je l'ai dit ailleurs, si elle ne renfermoit le pouvoir d'en abuser, comme celui d'en bien user.

Dieu veut donc, à la vérité, et toutes sortes de preuves m'en ont convaincu, que l'homme aime ses semblables ; mais il veut, en même temps, que cet homme qu'il a fait libre les aime librement. Créateur et modérateur de tous les êtres, il les gouverne selon la nature qu'il leur a donnée ; et, comme il assujettit les êtres nécessaires à une nécessité absolue, il dirige les êtres libres par des lois qui ne donnent aucune atteinte à leur liberté, mais qui n'en sont pas moins certaines, parce que l'homme a le triste pouvoir d'y résister. Dieu veut donc encore une fois que j'aime librement mes semblables ; mais vouloir que je les aime librement, c'est toujours vouloir que je les aime. Je peux bien contrevenir à cette volonté, mais je ne saurois la changer, et elle subsiste telle qu'elle est en elle-même, malgré l'abus que je fais de ma liberté. Une loi ne perd rien de sa certitude ou de sa notoriété par la désobéissance de ceux qui ne l'observent pas ; autrement, il y a long-temps qu'il ne resteroit plus de règles dans le monde ; et l'homme auroit acquis le funeste privilège de n'en reconnoître aucune, s'il suffisoit de les violer pour les anéantir, et si la transgression de la loi en étoit l'abrogation.

Elle vit donc toujours et elle vivra éternellement, cette loi écrite dans l'idée et dans la conduite de Dieu, qu'on peut appeler une loi d'amour, qui m'oblige à me servir de ce qu'il opère en ma faveur et au gré de mes désirs, pour faire du bien à mes semblables. Dieu ne cesse point de le vouloir ; et voilà ce qui forme vraiment l'ordre et l'esprit de la nature à mon égard. Mais, parce que je suis libre et imparfait, je ne le veux pas toujours, et voilà ce qui me montre, non pas l'essence, mais le déréglement ou la dépravation de mon être ; déréglement ou dépravation que Dieu ne laisse pas impunis, puisque le violement de la loi dont je parle, est la cause de tous les maux dont les hommes sont affligés. Ainsi, sa volonté éclate toujours également, ou par le bonheur, qui est ma récompense si je la suis, ou par le malheur, qui devient ma peine et mon supplice, si je ne l'observe pas. Il en est donc sur ce point de la loi du souverain maître de la nature, comme de celles des rois, ses images, qui ne conservent pas moins leur autorité par la récompense de ceux qui s'y soumettent, que par le châtiment de ceux qui y résistent.

Toutes les démonstrations que j'ai tirées de cet esprit de la nature, qui n'est autre chose que la volonté de son auteur, pour prouver qu'il est naturel aux hommes de s'aimer les uns les autres, ou de se faire du bien mutuellement, subsistent donc en leur entier. Je pourrois même en demeurer là, et me contenter de ces preuves que je ne saurois combattre sans renoncer à l'usage de ma raison : mais, comme elles paroîtront peut-être trop abstraites à certains esprits qui ont de la peine à remonter jusqu'à Dieu pour y chercher ce qui doit être regardé comme naturel à l'homme, je descendrai volontiers avec eux jusqu'à la bassesse ou à l'imperfection de mon être comparé avec Dieu, pour ne considérer plus que moi seul, et pour examiner si la connoissance de ma nature, indépendamment même de l'idée que j'ai de l'Être infini et de sa volonté, ne me suffit pas pour

découvrir, par une autre méthode, si je suis né pour
aimer les autres hommes ou pour les haïr.

Quand je veux m'étudier moi-même dans cette
vue, et faire comme l'analyse des mouvemens qui se
passent dans mon ame à l'occasion de mon amour ou
de ma haine pour les autres hommes, j'y remarque
une espèce de progrès, où je distingue comme quatre
degrés différens :

1.º Je sens d'abord les diverses impressions que
ces passions contraires font sur moi, et je puis, sans
aller plus loin, examiner seulement quelle est celle
qui me donne plus de satisfaction ;

2.º Je peux remonter ensuite à la cause de ces
impressions, c'est-à-dire, au bien qui fait naître
mon amour, et au mal qui excite ma haine ; et la
suite de mes pensées me dispose naturellement à
chercher par quels moyens je puis obtenir plus sûrement ce bien que je désire, ou éviter ce mal que
je crains.

3.º Ma raison, si elle est éclairée, ne s'arrête pas
là ; et, se levant du sensible à l'intelligible, elle
m'inspire le désir de savoir ce qui peut contribuer le
plus à la perfection de mon être. Est-ce mon amour,
est-ce ma haine pour mes semblables ? Et ce troisième degré excite d'autant plus mon attention, que
je ne saurois réfléchir sur moi-même, sans reconnoître que l'objet continuel de mes vœux est de jouir
en toutes choses de ma perfection.

Enfin, comme je ne désire ma perfection même
que parce que mon bonheur m'y paroît attaché, mon
amour-propre, s'il est raisonnable, se portera infailliblement à comparer l'état de l'amour considéré dans
toutes ses circonstances, avec l'état de la haine
envisagé de la même manière, pour me mettre en
état de bien juger si je suis plus heureux par l'un
que par l'autre.

Entrons à présent dans un plus grand détail, et
voyons si chacun de ses degrés ne me fournira pas
une nouvelle solution du problème que j'examine
avec tant d'attention.

Je commence par le premier, et je n'ai besoin pour le bien approfondir, que de me remettre devant les yeux le précis de ces propositions, dont j'ai établi la vérité dans ma dernière méditation, en expliquant la nature de l'amour et de la haine.

1.º Tout me plaît dans l'amour que j'ai pour les autres hommes, sentimens directs, sentimens accessoires.

Sentimens directs, qui consistent dans ma complaisance en moi, augmentée par les biens que j'ajoute ou que je veux ajouter à mon être, et que je regarde comme le fruit de mon amour.

Sentimens accessoires, qui sont le plaisir de me croire plus estimé et plus estimable, plus aimé et plus aimable ; de sentir les rapports et les consonnances qui forment les liens d'une amitié réciproque ; d'augmenter mes plaisirs et de diminuer mes peines, en les partageant avec ceux que j'aime.

2.º Si quelque chose me déplaît dans l'amour, ce n'est qu'un mélange de haine fondée sur le mal qui s'oppose au bien dont je veux jouir, ou qui m'en fait craindre la perte.

3.º Tout me déplaît, au contraire, dans la haine, sentiment direct ou principal, sentimens accessoires.

Sentiment direct, qui n'est qu'une espèce de déplaisir en moi-même, ou une douleur secrète de voir la complaisance que je voudrois avoir toujours dans mon être, combattue, humiliée et presque anéantie.

Sentimens accessoires, qui consistent dans la crainte d'être méprisé et méprisable, haï ou haïssable, ou dans le déplaisir de n'apercevoir que des oppositions ou des dissonnances qui me blessent ; de voir croître mes peines par le plaisir qu'elles font à d'autres, et décroître mes plaisirs par la peine qu'ils en ont, et par les efforts qu'ils font pour les troubler ; sentimens d'autant plus vifs et plus désagréables pour moi, que ma haine est plus déraisonnable, parce que ce genre de haine multiplie, d'un côté, les causes de mes peines, et de l'autre, en redouble la vivacité.

4.° Si quelque chose me plaît dans la haine, c'est un mélange d'amour causé par un bien réel ou apparent, que je me flatte d'acquérir par les effets de ma haine.

5.° Par conséquent, ai-je dit, en comparant ces deux sentimens ou ces deux passions, l'amour pur et sans aucun mélange de haine est le plus grand de tous les plaisirs ; la haine pure et sans mélange d'amour est la plus grande de toutes les peines. L'homme ne pourroit même en soutenir le poids, s'il n'aimoit dans le temps même qu'il hait, et si la vue du bien qu'il désire n'adoucissoit pour lui le tourment de la haine. Mais, quoique mêlée d'amour et tempérée par ce mélange, elle n'a encore rien de comparable à la douceur de cet amour pur, qui n'est empoisonné par la crainte d'aucun mal.

Par une raison semblable, l'amour, quoique mêlé de haine, m'est encore moins pénible que ne le seroit cette haine pure qui n'est corrigée par aucun mouvement d'amour.

Que si l'on met dans la balance, d'un côté, un amour mêlé de haine, et de l'autre, une haine mêlée d'amour, ma condition sera d'autant meilleure qu'il y aura plus d'amour dans l'un ou dans l'autre état. Si l'amour y domine, j'aurai plus de plaisir et moins de peine ; si c'est la haine, j'aurai plus de peine et moins de plaisir.

Enfin, la vengeance par laquelle je cherche à diminuer la torture de la haine, est un nouveau mal bien loin d'être le remède du premier ; et quelque heureuse qu'on la suppose, la modération et la grandeur d'ame, qui sont les effets de l'amour, font une impression encore plus agréable et plus flatteuse sur mon cœur.

6.° Après avoir comparé l'amour et la haine considérés en eux-mêmes, j'ai encore étudié les différentes impressions qu'ils font sur mon corps, et j'y ai senti comme une loi naturelle, qui m'avertit que l'amour m'est plus favorable que la haine.

D'un côté, tout amour réglé par la raison met

cette machine que j'anime dans la disposition la plus convenable à sa santé, à sa force, à sa perfection ; et le sentiment de cet état fait aussi participer mon ame au bien de son corps.

De l'autre, toute haine, même celle qui paroît le moins contraire à la raison, trouble et déconcerte l'harmonie des mouvemens de mon corps, et en fait sentir tristement le contre-coup à mon ame.

7.° J'ai reconnu que l'amour tend à la conservation ou à la félicité de ceux qui en sont l'objet, et que par là il assure la conservation et la félicité de celui qui aime, par les retours d'affection et de bienveillance qu'il lui attire.

J'ai remarqué, au contraire, que la haine, toujours avide de la destruction et du malheur de ceux qu'elle poursuit, n'est souvent pas moins fatale à celui qu'elle anime, par les maux dont ses ennemis ou leurs vengeurs l'accablent à leur tour.

De toutes ces propositions, que je crois avoir suffisamment établies ailleurs, je tire trois raisonnemens aussi simples que solides, pour me convaincre par autant de démonstrations évidentes, qu'il m'est beaucoup plus naturel d'aimer mes semblables que de les haïr.

1.° Rien ne m'est plus naturel que d'aimer ce qui m'est agréable, ou de fuir ce qui m'est pénible ; et, par une suite nécessaire de cette proposition, dont la vérité est également sentie pas tous les hommes, si le plaisir et la peine se trouvent mêlés dans une disposition de mon ame, il m'est naturel de l'aimer, d'autant plus que le plaisir en surpassera la peine, et de la haïr d'autant plus que la peine l'emportera sur le plaisir.

Or, d'un côté, l'amour considéré seul, m'est entièrement agréable, et la haine considérée seule, m'est entièrement pénible.

De l'autre, si ces deux sentimens vivent en même temps dans mon ame, l'amour me charme d'autant plus qu'il y est plus dominant, et la haine m'afflige d'autant plus qu'elle y domine davantage le plaisir de l'amour. Donc, il m'est naturel de me livrer à l'amour, et il ne me l'est pas de me livrer à la haine.

Mais ce qui est vrai de l'amour et de la haine, considérés en général, l'est aussi de l'amour et de la haine, considérés par rapport à mes semblables, puisque j'y éprouve les mêmes sentimens directs ou accessoires qui caractérisent ces deux mouvemens.

Donc, il m'est naturel d'aimer les autres hommes, parce qu'en les aimant, je goûte un plaisir qu'il m'est naturel de désirer; et il répugne à ma nature de les haïr, parce qu'en tant que je les hais, je sens une peine qui m'est naturel de fuir.

Donc, je ne hais, en quelque manière, que par accident, par un dérangement dans l'ordre naturel de mes inclinations, et comme par un mouvement forcé qui résiste à la première pente de mon cœur; au lieu que de moi-même je me porte à aimer, par une espèce d'instinct, ou plutôt par une inclination qui prévient même ma raison, et qui est comme le mouvement direct de ma volonté.

2.º Il m'est naturel de me plaire dans tout ce qui contribue au bon état de mon corps, et qui l'entretient dans la disposition la plus favorable au jeu de toute la machine, parce que cette disposition même répand dans mon ame une tranquillité, et une espèce de satisfaction qui en est inséparable.

Par la même raison, il m'est naturel de fuir tout ce qui met mon corps dans une situation opposée, et qui produit aussi un sentiment contraire dans mon ame.

Mais la première de ces dispositions est l'effet de l'amour, et la seconde est l'effet de la haine que j'ai pour les autres hommes.

Donc, il m'est naturel de me plaire à les aimer, et d'éprouver toujours un déplaisir secret lorsque je les hais; donc, l'amour de mes semblables est aussi conforme à ma nature, qu'il lui est contraire de les haïr.

3.º Il est naturel à un être raisonnable d'aimer ce qui produit des effets favorables au bien commun, et de haïr tout ce qui est suivi d'un effet directement opposé.

Or, l'exercice de mon amour pour les autres hommes a le premier de ces deux caractères, et l'exercice de ma haine contr'eux a le second.

Donc, en ne considérant que le seul attrait de mon plaisir ou de mon intérêt propre, j'aime naturellement mes semblables, et mon premier mouvement ne me porte point à les haïr.

En un mot, pour réunir ces trois démonstrations en une seule, je veux être actuellement heureux, et je crains d'être actuellement malheureux ; mais mon amour pour les autres hommes, de quelque manière que je le considère, soit dans l'impression qu'il fait sur mon ame, soit dans celle que mon corps en reçoit, ou dans les effets qu'il produit au dehors, me procure un bonheur actuel. Au contraire, la haine que j'ai pour eux, considérée de la même manière, me cause un malheur actuel. Donc, il m'est aussi naturel de les aimer, et il est aussi opposé à ma nature de les haïr, qu'il m'est naturel de vouloir être actuellement heureux, et qu'il répugne à mon essence de me plaire à être actuellement malheureux.

Donnons encore un nouveau jour à ce genre de démonstration, et faisons voir que, sans en pénétrer exactement les raisons, l'homme sent de lui-même combien l'amour, dont il s'agit ici, convient mieux à sa nature que la haine qui lui est opposée.

Qu'on dispute, tant que l'on voudra, sur la question présente, personne ne sauroit nier qu'il ne lui soit naturel de désirer d'être aimé de ses semblables. J'ai prouvé ailleurs cette vérité, lorsqu'en expliquant la nature de l'amour, j'ai fait voir qu'il y a un plaisir réel à sentir que l'on est aimé.

D'un autre côté, nous ne sommes pas moins persuadés, et je l'ai aussi observé dans le même endroit, qu'il y a un très-grand plaisir à sentir que l'on aime.

Mais nous désirons naturellement tout ce qui nous fait plaisir, et nous nous portons aussi naturellement à nous le procurer, surtout quand il ne dépend, en quelque manière, que de notre volonté.

Donc, nous désirons naturellement d'aimer et d'être aimés ; et nous sentons tous que nous avons ce désir, qui n'est autre chose qu'un commencement d'amour, puisque désirer d'aimer et d'être aimé, c'est aimer ; et par conséquent la seule douceur qui est naturellement attachée à ce sentiment suffit pour nous faire voir combien l'exercice nous en est véritablement naturel.

Le jugement même que nous portons sur les autres à cet égard, en est pour nous une preuve sensible, familière, continuelle. Quand nous voulons goûter le plaisir d'en être aimés, quand nous exigeons qu'ils nous donnent des marques de leur affection, croyons-nous attendre d'eux quelque chose d'extraordinaire ? Ne supposons-nous pas au contraire qu'ils ne font en cela que suivre la pente de la nature, et lorsqu'ils y manquent, ne nous paroissent-ils pas agir contre les premiers mouvemens de l'humanité ?

Mais que pouvons-nous dire d'eux, qu'ils ne soient en droit de dire de nous et qu'ils n'en disent effectivement ? Une nature commune nous inspire à tous les mêmes sentimens sur ce point, et nous apprend à en tirer les mêmes conséquences. Je juge qu'il est naturel à un autre homme de m'aimer ; donc, je dois juger aussi qu'il m'est naturel de l'aimer. Je juge qu'il n'est pas naturel à un autre homme de me haïr sans sujet ; donc, je dois juger aussi qu'il ne m'est pas plus naturel de le haïr de la même manière ; en un mot, je dois l'aimer, puisque je veux qu'il m'aime ; je ne dois pas le haïr, puisque je ne veux pas qu'il me haïsse ; et, pour tourner encore la même pensée d'une autre manière, si, selon mon jugement, il ne fait que suivre la nature lorsqu'il m'aime, s'il y résiste lorsqu'il me hait gratuitement, je la suis donc quand je l'aime, j'y résiste donc quand je le hais sans raison ; et, encore une fois, je n'ai besoin que de consulter le goût que j'ai pour aimer et pour être aimé. Ce goût qui m'est

commun avec tout le genre humain, me démontre
sensiblement, que l'homme est né pour aimer ses
semblables, et qu'il n'est pas né pour les haïr.

Mais, après tout, ces argumens qui me paroissent
si évidens, sont-ils entièrement démonstratifs; et des
esprits plus difficiles à contenter que le mien sur
une matière si importante, ne pourront-ils pas raisonner ainsi contre moi?

« L'homme, me diront-ils, est sans doute né pour
» aimer, et l'on peut dire, en un sens, qu'il ne hait
» que parce qu'il aime. Mais s'ensuit-il de là que
» ses semblables soient naturellement l'objet de son
» amour? Ce qu'il aime véritablement, ce sont les
» biens qu'il voit entre leurs mains, et c'est cet
» amour même qui devient la source de sa haine,
» parce qu'il veut les en dépouiller pour s'en revêtir.

» A la vérité, s'il ne considéroit que les im-
» pressions différentes de l'amour ou de la haine,
» il reconnoîtroit, en étudiant bien les mouvemens
» de son cœur, qu'il lui est plus agréable d'aimer
» les autres hommes que de les haïr. Mais l'homme
» ne se gouverne pas par des réflexions si profondes
» et si délicates; il agit plus grossièrement, il désire
» tous les biens qui excitent sa cupidité; il en voit
» une partie entre les mains de ses semblables, et
» par cela seul ils deviennent ses ennemis. Son amour
» pour les choses lui fait haïr les personnes qui l'em-
» pêchent d'en jouir, parce qu'elles les possèdent
» à son exclusion. Telle est son inclination domi-
» nante, et c'est par là qu'il faut résoudre le pro-
» blème qu'on agite sur son amour ou sa haine. A
» quoi sert-il d'étaler avec soin les différentes pro-
» priétés de ces deux sentimens, et d'en faire une
» comparaison exacte pour en tirer des démons-
» trations plus spécieuses que solides?

» Toute la question se réduit à savoir, si l'amour
» des biens que les autres possèdent n'est pas plus
» naturel à l'homme, que l'amour de ces autres
» hommes? Si cela est, comme il est difficile d'en
» douter, la haine étant l'effet du premier de ces

33 *

» deux amours, doit paroître aussi plus naturelle à
» l'homme que le second amour, où il n'a pour
» objet que la personne de ses semblables ».

Je ne crains pas de proposer ici cette objection
dans toute sa force, non-seulement elle ne me paroît
pas bien difficile à détruire, mais je me flatte même
d'en pouvoir tirer avantage pour la cause que je
soutiens. Je remarque d'abord que le fondement en
est vicieux, ou du moins imparfait. On y suppose
que les biens qui sont dans les mains des autres
hommes sont le seul motif de l'amour que je puis
avoir pour eux. J'ai fait voir au contraire, dans ma
dernière méditation, qu'indépendamment de ce
motif, j'éprouve dans l'amour bien d'autres sentimens que j'ai appelés accessoires, et qui m'attachent à mes semblables, quand ce ne seroit que
le plaisir dont je viens de parler, je veux dire
celui d'être aimé d'eux et de les aimer. Il n'est donc
pas vrai que le seul aliment naturel de mon affection
à leur égard, soit cet intérêt grossier que je cherche
à satisfaire par leur moyen. Je puis aimer en eux
autre chose que les biens qu'ils possèdent, et par
conséquent tous les argumens qu'on tire d'une supposition qui est évidemment défectueuse, tombent
d'eux-mêmes, aussitôt qu'on a rétabli le véritable
principe dans toute son intégrité.

J'observe, en second lieu, que ceux mêmes qui
font cette supposition ne peuvent s'empêcher de reconnoître que, si l'homme, attentif à étudier les
mouvemens de son cœur, jugeoit de l'amour et de
la haine qu'il a pour ses semblables par la différence
des impressions que ces deux sentimens font sur lui,
il préféreroit celle de l'amour à celle de la haine;
mais rien n'est plus naturel à un être intelligent et
raisonnable que d'en juger ainsi. Il suit donc nécessairement de ce principe, que l'amour a un titre
naturel de préférence sur la haine, et que si l'homme
commence à haïr ceux qu'auparavant il lui étoit
agréable d'aimer, c'est, comme je l'ai déjà dit, par
une espèce d'accident, et parce que le désir du bien

qu'il veut ravir à ses semblables le détourne de sa pente naturelle et primitive. En effet, s'il pouvoit acquérir ces biens par d'autres voies que celles qui lui sont inspirées par la haine, il continueroit à jouir du plaisir qu'il trouve à aimer et à être aimé. L'amour peut donc être regardé comme l'état commun, ou comme la règle générale. La haine, au contraire, n'est qu'un mouvement extraordinaire, et comme l'exception de la règle. Elle me prive du plaisir que je goûtois avant que de haïr, et elle ne me rendra jamais ce plaisir, puisqu'elle ne me fera jamais éprouver la douceur d'aimer et d'être aimé. Voilà donc un bien et un très-grand bien que je ne saurois acquérir par la haine. Au contraire, je le trouve toujours dans l'amour, sans perdre l'espérance d'acquérir, par son moyen même, les biens qui servent de prétexte à ma haine. Or, il m'est naturel de tendre nonseulement au bien, mais à tout bien; donc, il m'est plus naturel d'aspirer à l'état de l'amour, qui peut me procurer un bonheur complet, que de vouloir vivre dans l'état de la haine, auquel il manquera toujours une partie essentielle de ma félicité, je veux dire le plaisir de sentir que j'aime et que je suis aimé. Je n'ai pas même besoin, pour penser ainsi, de cette délicatesse d'attention qu'on me reproche d'attribuer trop facilement aux hommes. Nous sentons tous que l'union avec nos semblables est un bien pour nous, et la nature seule nous apprend que l'amour actif ou passif nous est agréable par luimême. Ainsi le savent tous les hommes, sans avoir jamais été exercés dans les spéculations métaphysiques; et il résulte évidemment de ce sentiment commun, que nous aimons tous naturellement à aimer les autres hommes; mais aimer à aimer, c'est aimer; ainsi, l'objection même à laquelle je réponds se tourne en preuve, lorsqu'on la médite attentivement, puisqu'on est obligé d'y avouer, que l'homme a du moins un goût naturel pour le plaisir d'aimer et d'être aimé, qui suffit pour nous attacher à nos semblables, tant que la haine, qui est en quelque sorte étrangère à notre nature, et qui survient, pour parler ainsi, à la vue de quelque bien extérieur, ne s'oppose pas à ce goût plus ancien qu'elle dans notre cœur.

Je vais encore plus loin; et, pour trancher entièrement le nœud de la difficulté, j'ajoute en troisième lieu que la question pourroit paroître plus douteuse s'il n'y avoit que la haine ou les armes qu'elle me présente, qui pussent me procurer ces biens dont les autres hommes sont les maîtres : on auroit au moins alors un prétexte pour soutenir que désirant naturellement ces biens, je me livre aussi naturellement à la haine comme au seul moyen par lequel je puisse me les procurer. Mais il s'en faut bien que je ne sois dans cette situation; les conseils de la haine ne sont pas les seuls que j'aie à suivre : si je veux obliger les autres hommes à me communiquer les biens qu'ils possèdent, les conseils de l'amour et les secours qu'il me donne sont au moins aussi favorables; et, quand on supposeroit que ces deux voies me sont également utiles pour satisfaire mes désirs, la véritable conséquence de cette supposition ne seroit pas que la haine m'est plus naturelle que l'amour, mais que l'une et l'autre sont des moyens qu'il m'est également naturel de mettre en œuvre pour acquérir les biens que je désire naturellement.

Mais est-il vrai qu'on puisse supposer une égalité parfaite entre ces deux voies? C'est ce qui me reste à éclaircir pour achever de répondre à l'objection que j'ai prévue; et c'est en même temps ce qui me conduit au second degré où j'ai dit que je pouvois considérer mon amour pour les autres hommes, non plus pour en étudier seulement l'impression et la comparer avec celle de la haine, mais pour envisager le bien qui en est l'objet, et chercher principalement si c'est par la voie de l'amour ou par celle de la haine que je puis m'approprier ce bien plus facilement, plus sûrement, plus solidement.

Pour en faire un juste discernement, et trouver

par là une nouvelle solution de mon grand problème,
j'ai besoin de me remettre encore une fois sur le
vaste théâtre de la société humaine ; et, reprenant en
peu de mots ce que j'en ai dit ailleurs avec plus
d'étendue, je dois distinguer ici les deux espèces
d'avantages qu'elle m'offre, soit par rapport aux
biens que je désire, ou par rapport aux maux que
je crains.

Dans les uns, je vois que l'image, ou l'apparence
de l'amour dont l'intérêt particulier des membres
de la société imite si bien les mouvemens, que, comme
je l'ai remarqué, leur affection personnelle ne pourroit
pas m'être plus utile. Il est vrai que j'y trouve aussi
un mélange d'inconvéniens presque inévitables : mais
je me suis aussi convaincu que les avantages en sont
infiniment plus grands ; en sorte que, toute compensation faite, la société m'est, sans comparaison, plus
utile que nuisible.

Dans la seconde espèce de biens que j'y découvre,
ce n'est pas seulement une image de l'amour qui me
le procure ; c'est l'amour même ou la bienveillance
des autres hommes, qui, par des motifs personnels,
se portent ou à me faire certains plaisirs ou à me
préserver de certaines peines. A la vérité la haine
peut m'offrir ici ses services comme l'amour, parce
que les instrumens qu'elle met entre mes mains
peuvent quelquefois me faire jouir des mêmes biens
ou éviter les mêmes maux que l'affection de mes
semblables. Mais, comme ces instrumens ne peuvent
être que la violence ou la fraude, je les ai comparés
avec les ressorts de l'amour, et j'ai reconnu que s'ils
me sont quelquefois utiles, ils me deviennent tôt ou
tard funestes, en sorte qu'à en juger par ce qui convient à toute la suite et au corps entier de ma vie, je n'ai
point de moyen plus sûr, plus efficace, plus durable
pour satisfaire mes désirs, que d'aimer pour être aimé,
et de donner à mes pareils des marques de mon affection pour les engager à m'en donner réciproquement
de leur bienveillance.

C'est donc de ces deux manières de considérer la

société humaine, que je tire deux nouvelles démons-trations qui ne seront pas moins le dénoûment de la difficulté dont je viens de parler, que celui du pro-blème qui m'occupe depuis si long-temps.

1.° Personne ne peut douter qu'il ne soit naturel à l'homme de tendre à l'état qui lui procure de plus grands biens et qui lui fait éviter de plus grands maux.

Or, tel est l'état de la société, quand on n'y con-sidèreroit que ce que j'ai appelé l'apparence de l'amour imité par cet intérêt qui produit les mêmes effets qu'une bienveillance effective.

Donc, il est naturel à l'homme d'aimer la société; et, comme elle lui seroit inutile s'il haïssoit chacun de ceux qui en sont les membres, et s'il ne cherchoit qu'à leur faire éprouver les effets de sa haine, je dois dire qu'il ne lui est pas naturel, ou plutôt qu'il est contraire à sa nature de les haïr, puisqu'il se priveroit par là de tous les avantages et de toute la douceur de l'état qui lui est le plus favorable, soit par rapport aux biens qu'il désire, ou par rapport aux maux qu'il peut craindre.

Me dira-t-on que le véritable point de vue où le problème que j'examine doit être placé est le premier âge, ou même la naissance du genre humain, temps qui a précédé l'établissement de toute société, et qu'ainsi l'homme qui ignoroit alors les avantages de cet établissement, ne pouvoit encore être engagé par ce motif à aimer ses semblables?

Mais si quelqu'un veut me faire cette objection, je le prierai de me dire s'il peut imaginer aucun temps dans lequel l'homme ait ignoré entièrement l'utilité et la douceur de la société! Les premiers hommes n'en ont-ils pas vu le commencement, et comme une ébauche imparfaite dans la famille même où ils étoient nés? Le père, la mère et les enfans n'ont-ils pas formé l'abrégé, et, pour ainsi dire, les élémens d'une petite république, où, dès l'enfance du monde, ils ont senti les avantages de l'union et les inconvéniens de la division? A mesure que les liaisons se sont multipliées, soit par la parenté et par l'alliance, soit par les relations que le voisinage et la convenance des inclinations ont ajoutées à celles qui sont plus naturelles, les hommes n'ont-ils pas encore mieux connu l'importance des secours qu'ils peuvent tirer les uns des autres? A-t-il donc jamais été bien difficile à un amour-propre raisonnable, tel que je ne cesse point de le supposer, ou à tout homme qui peut connoître ses véritables intérêts, de prévoir que les fruits de la société deviendroient toujours plus abondans à mesure qu'elle s'étendroit davantage? Les inconvéniens mêmes de l'état contraire ne suffisoient-ils pas (comme ils ont suffi en effet) pour lui faire comprendre cette vérité? Mais s'il n'y a eu aucun temps où l'homme ne l'ait reconnue par sa propre expérience; s'il n'y en a eu aucun où il n'ait pu s'en convaincre encore plus par ses réflexions, il n'y en a pas eu non plus où l'attrait des biens qu'il trouve dans la société, n'ait été capable de l'engager à aimer ses semblables. Ainsi, ma preuve subsiste dans toute sa force; et j'y ajoute seulement que ce motif devient d'autant plus puissant, que la société où l'homme peut vivre devient plus parfaite.

2.º Je passe maintenant à une seconde espèce de démonstration qui se tire moins des avantages généraux dont nous jouissons dans la société, que de la nature des moyens dont nous pouvons nous servir pour y acquérir ces avantages particuliers qui dépendent des dispositions personnelles où les autres hommes sont à notre égard, et je raisonne de cette manière :

Il est naturel à l'homme d'aimer non-seulement le bien qui est l'objet de ses vœux, mais les moyens qui peuvent l'y conduire, et surtout ceux qui l'y conduisent le plus sûrement. Ces moyens sont eux-mêmes un bien pour lui, puisqu'ils deviennent la cause de celui qu'il désire; et d'ailleurs ce seroit en vain que l'homme aspireroit naturellement à être heureux, s'il n'aspiroit aussi naturellement à prendre les moyens par lesquels il peut y parvenir.

Or le moyen, non-seulement le plus direct, mais l'unique qui puisse le faire jouir sûrement et tranquillement des avantages qu'il ne peut recevoir que par un effet libre de la volonté des autres hommes, est de mériter leur affection par les témoignages sincères de la sienne. Je dis *sincères*, parce que s'ils ne le sont pas, sa tromperie bientôt découverte, le livrera aux effets de leur haine au lieu de lui faire éprouver ceux de leur amour. C'est une vérité que j'ai suffisamment établie, lorsque j'ai montré combien la voie de la violence et celle de la fraude étoient non-seulement inutiles, mais nuisibles à celui qui les emploie.

Donc, il est naturel à l'homme que la raison conduit d'aimer, dans la société, non-seulement l'image mais la réalité d'une bienveillance effective, comme le seul moyen solide et durable d'acquérir et de conserver les biens qu'il ne peut attendre que de celle de ses semblables.

Donc, il lui est aussi naturel de se porter à les aimer que de tendre aux moyens qui peuvent le rendre heureux.

Donc, pour achever de détruire entièrement l'objection que je me suis proposée, plus je désire naturellement les biens qui sont possédés par d'autres hommes, plus mon amour-propre, s'il est raisonnable, me dispose aussi naturellement à les aimer, parce que c'est là le véritable moyen d'en obtenir beaucoup plus que je ne pourrois le faire par toute autre voie. C'est donc pour la seconde fois que je mets à profit l'objection dont il s'agit, et je vois avec plaisir que la raison même dont on se sert pour me prouver que la haine m'est *naturelle*, est au contraire une de celles qui me font mieux connoître combien l'amour est plus conforme à ma nature.

J'achève de m'en convaincre en me renfermant toujours dans la seule étude de mon être; et, après avoir trouvé deux sources de démonstrations, l'une dans la nature même des sentimens opposés de l'amour et de la haine, l'autre dans les moyens par les-

quels je puis me procurer les biens dont le désir
allume ces sentimens dans mon cœur, osons remonter encore plus haut. Passant au troisième degré
que j'ai distingué d'abord, voyons si le problème
que j'envisage, par tant de faces différentes, ne peut
pas être encore résolu par ce désir de la grandeur
ou de la perfection de mon être qui m'est si naturel,
qu'il influe dans tous mes autres désirs de quelque
espèce qu'ils puissent être.

J'ai assez prouvé ailleurs cette vérité importante,
pour n'avoir pas besoin de l'établir de nouveau en
cet endroit; mais il ne m'est pas inutile d'observer
ici que c'est une vérité dont je ne me vante nullement d'avoir fait la découverte. La connoissance
en est au moins aussi ancienne que l'étude de la
philosophie. Toutes les sectes qui s'y sont formées,
ont également annoncé qu'elles entreprenoient de
rendre l'homme parfait; et c'est par l'attrait de cette
promesse qu'elles ont toutes cherché à multiplier le
nombre de leurs disciples.

Partagées presque sur tout le reste des opinions
humaines, elles ont conspiré également à supposer
cette vérité, qu'il est naturel à tous les hommes de
désirer la perfection de leur être. Je vois en effet
que Cicéron, qui, dans ses ouvrages philosophiques
n'a presque fait que recueillir les principales notions
qu'il avoit trouvées dans les anciens philosophes,
appelle ce désir, le vœu commun de la nature (1),
qui se fait remarquer non-seulement dans les animaux, mais dans les arbres, dans les plantes et dans
tout ce qui est susceptible de progrès ou d'accroissement. Une force étrangère peut bien retarder ou
empêcher l'effet de cette pente naturelle; mais s'il
ne survient point d'obstacle de ce genre qui inter-

_____

(1) *Unde igitur rectiùs ordiri possumus, quam à communi pa-
rente naturá? quæ quidquid genuit, non modo animal, sed etiam
quod ita ortum esset è terra, ut stirpibus suis niteretur, in suo
quodque genere perfectum esse voluit.... ut.... omniaque in
omnibus quantum in ipsis est, nullá vi impediente perfecta
sint.* Cicer. Tuscul. Quast. l. 5.

rompe le cours ordinaire de la nature, elle achève toujours son ouvrage et le porte jusqu'au point de maturité ou de perfection dont il est capable; ainsi, l'observons-nous dans cette multitude infinie de créatures qui sont exposées à nos yeux, et surtout dans celles qui sont animées, et où nous croyons voir une image (1) de nos sentimens et de notre manière d'agir. Chaque espèce différente est distinguée par des qualités qui lui sont propres; et, ne pouvant acquérir les avantages d'une autre espèce, elles travaillent toutes également à perfectionner ceux qui leur appartiennent, fidèles à la loi de la nature, et ne s'éloignant jamais de la fin pour laquelle elles ont été créées. L'homme, ajoutoit Cicéron, l'homme qui excelle si visiblement au-dessus de tous les autres animaux, et dont l'esprit est comme une émanation de la divinité, sera-t-il donc le seul qui ne soit pas compris dans cette regle générale de la nature? Et pendant que chaque être, quoique matériel, tend par un ordre nécessaire à la perfection qui lui convient, osera-t-on dire qu'il ne soit pas naturel à un être spirituel d'aspirer par une volonté libre à cette perfection plus élevée qui lui est propre, et qui n'est autre chose qu'une intelligence ou une raison consommée en quoi consiste toute vertu? *Perfecta mens, id est, absoluta ratio, quæ est idem quod quod virtus* (2).

Ainsi raisonnoit cet orateur philosophe, en ne faisant que consulter la nature; et, pour citer encore ici un plus grand nom dans la science des mœurs; ainsi Socrate l'avoit pensé long-temps avant Cicéron, lorsqu'il faisoit cette réflexion simple en apparence, mais profonde dans son sens, que tous ceux qui élèvent des chevaux, des chiens, ou toute autre

---

(1) *Atque earum quæque suum tenens munus, cùm in disparis animantis vitam transire non possit, manet in lege naturæ : et ut bestiis aliud alii præcipui à naturâ datum est, quod suum quæque retinet, nec discedit ab eo.* Cicer. Tuscul. Quast. I. 5.

(2) *Cicer. Tuscul. l. 5.*

espèce d'animaux, s'attachent naturellement à leur
donner toute la perfection dont ces animaux peuvent
être capables. Dira-t-on donc qu'il est naturel à
l'homme de se gouverner lui-même ou de conduire
ses semblables d'une autre manière et dans d'autres
vues qu'il ne gouverne de vils animaux! S'il cherche
naturellement leur perfection, agira-t-il selon sa nature en nuisant à la sienne ou à celle des autres
hommes? Répondra-t-on que si l'homme s'applique
à perfectionner les animaux dont il prend soin, c'est
uniquement parce que leur perfection lui est utile?
C'étoit en effet l'objection qu'on faisoit à Socrate,
mais elle se tournoit en preuve dans la bouche de ce
philosophe : nous sentons donc tous, disoit-il, que
tout être nous devient d'autant plus utile, qu'il est
plus parfait selon sa nature, et si cela est vrai à l'é-
gard des bêtes, que ne devons-nous pas dire des
hommes dont la perfection ou l'imperfection nous
intéresse tout autrement: plus ils sont imparfaits,
plus ils nous sont nuisibles ; et au contraire plus ils
approchent de la perfection, plus leur société nous
est avantageuse. Mais, pour les rendre parfaits, il faut
que nous le soyons nous-mêmes ; et par conséquent
notre amour-propre suffit pour nous engager à le
devenir, puisque notre intérêt dépend de leur perfection, et que leur perfection dépend, au moins en
partie, de la nôtre.

Je raisonne donc ainsi sur ces principes que j'ai
établis ailleurs par les seules lumières de la raison ,
sans avoir recours à aucune espèce d'autorité ; et j'y
découvre une nouvelle suite de solutions du problème
que je crois avoir déjà résolu tant de fois.

1.° Je conçois évidemment qu'il est plus parfait
d'aimer et de se rendre aimable, de faire du bien et
d'en recevoir, que de haïr et d'être haïssable, de
faire du mal et d'en souffrir.

Donc, si je suis mes idées claires, ou ce qui revient
au même, si je suis raisonnable, le désir que j'ai naturellement d'être parfait, me porte à l'un, et m'é-
loigne de l'autre. Donc, il m'est aussi naturel d'aimer

les autres hommes, que de tendre à ma perfection. Donc, il m'est aussi peu naturel de les haïr, que de tendre volontairement à mon imperfection.

2.° Je ne désire pas seulement ma perfection propre, je désire encore celle de la société où je vis ; parce que plus elle est parfaite, plus elle me sert à obtenir les biens que je regarde comme une augmentation de mon être, et à éviter les maux qui m'en paroissent une diminution : mais qu'est - ce qu'une société parfaite, si ce n'est celle dont tous les membres, s'aimant véritablement les uns les autres, travailleroient de bonne foi, et avec une louable émulation, à leur félicité commune? Donc, de cela seul que j'aime naturellement une société parfaite, il suit nécessairement que la première pente de mon cœur tend à aimer mes semblables et à en être aimé.

Développons encore plus cette preuve par une reflexion dont j'ai jeté ailleurs les fondemens.

Il y avoit deux voies différentes pour nous faire jouir des avantages de la société : la première, étoit de créer des hommes si raisonnables, si pleins d'affection les uns pour les autres, qu'ils se portassent, par ce seul motif, à se rendre continuellement des services réciproques ; la seconde, étoit de faire que les hommes, en s'aimant eux - mêmes, aimassent leurs semblables pour en obtenir les biens ou la satisfaction qu'ils en peuvent attendre.

La première de ces deux voies auroit été la plus heureuse pour nous ; aussi fut-elle préférée dans la première institution de la nature. Mais elle a peu duré : le péché a renversé ce premier plan, et en a rendu un autre nécessaire. Dieu a su tirer le bien du mal ; et, par un effet de sa sagesse, il fait servir à la conservation de la société, dont il est l'auteur, les passions mêmes qui en devoient être l'entier renversement. Il veut que notre perfection, plutôt acquise que naturelle, soit le prix du bon usage de notre liberté ; que nos défauts mêmes deviennent en quelque manière le fondement de nos vertus ;

et que cet amour de nous-mêmes, qui, séduit par nos passions, auroit pu être fatal au genre humain, trouve un frein dans nos passions mêmes qui nous obligent à ménager nos semblables, quand ce ne seroit que pour nous les rendre plus utiles.

Mais comme un tel état, bien loin d'être la perfection de la société, n'est que le remède ou le correctif de son imperfection, Dieu met dans le cœur de tous les hommes des semences de cette vérité, qu'il n'est point de société parfaite, que celle qui se forme et qui se conserve par l'affection mutuelle et constante de ses membres. L'idée d'une société de ce genre est toujours présente à notre esprit, et notre cœur ne cesse point de la désirer comme la seule qui soit vraiment digne de l'humanité.

Le trouble même et le désordre qui ne règnent dans la société que parce qu'on n'y suit pas des principes si purs et si conformes à notre raison, nous donnent lieu de mieux concevoir qu'elle seroit la paix, la douceur, la félicité d'un état où les hommes feroient par amour ce qu'ils ne font souvent que par intérêt, et le feroient sans doute d'une manière non-seulement plus parfaite, mais plus solide et plus durable.

Ainsi le déclarons-nous tous les jours par les jugemens que nous portons sur les autres hommes, lorsque, libres des passions qui les agitent, nous condamnons en eux ou cette violence ouverte ou cette fraude plus cachée, mais non pas moins dangereuse, qui nous déplaisent par elles-mêmes quoique nous n'y ayons aucun intérêt personnel, et qui nous paroissent l'infraction et le déshonneur de la société humaine.

La délicatesse de notre censure va encore plus loin : nous méprisons ceux mêmes qui nous rendent des services réels, quand nous sommes persuadés qu'ils ne s'y portent que par des vues basses, intéressées, et beaucoup plus pour leur avantage que pour le nôtre. L'homme rougit naturellement d'avouer qu'il agit par de pareils motifs. Ceux qui les écoutent le plus, sont ordinairement les plus attentifs à les cacher; et leur dissimulation même rend hommage à cette vérité, que l'homme n'agit véritablement en homme, que lorsqu'il sert ses semblables sans intérêt et par les mouvemens purs et généreux d'un amour naturellement bienfaisant. Ce que nous pensons sur ce point à l'égard des autres, ils le pensent à notre égard; et par conséquent il n'est point d'homme qui ne porte au-dedans de lui cette idée d'une société accomplie dont une bienveillance effective seroit le lien indissoluble.

De là vient enfin le goût que nous avons tous pour cette liaison parfaite que l'amitié forme entre ceux qu'elle unit. Nous y sentons avec plaisir, comme en raccourci, et dans le cercle étroit d'un petit nombre de personnes, ce que nous voudrions pouvoir éprouver en général et dans une sphère bien plus étendue avec tous les membres de la société humaine.

Je tire donc un nouvel argument de ces réflexions, et je les applique ainsi à mon sujet.

Toute idée qui se trouve également dans l'esprit de tous les hommes, tout désir qui agit également dans leur cœur, ne peut être regardé en eux que comme l'ouvrage ou l'impression commune de la nature.

Mais tout homme a dans l'esprit l'idée d'une société unie par les nœuds d'une affection réciproque: tout homme désire au fond de son cœur qu'une telle société pût se trouver sur la terre. Tout homme sent que les hommes sont d'autant plus parfaits, qu'ils approchent plus de cet état, et qu'ils le seroient entièrement les uns à l'égard des autres s'ils y parvenoient véritablement.

Donc, cette idée et ce désir sont en nous l'effet d'une impression naturelle: mais désirer naturellement une société fondée sur le plaisir d'aimer et d'être aimé, c'est tendre naturellement à l'amour; et tendre à l'amour, c'est aimer. Donc, j'aime naturellement mes semblables; et mon problème se résout encore une fois par les seules conséquences qui résultent du désir que j'ai non-seulement de ma perfection, mais de celle de la société qui a une si grande part à la mienne.

Achevons, et ajoutons la quatrième source de démonstrations à la troisième, c'est-à-dire, les argumens qui naissent du désir que j'ai de ma félicité à ceux que j'ai tirés du désir de ma perfection, pour mettre la dernière main à ce genre entier de preuves que j'ai puisées dans le fond même de ma nature.

Deux ou trois réflexions simples et générales me suffiront, après tout ce que je viens de dire, pour résoudre encore le même problème par cette voie.

1.º Ma plus grande perfection est toujours la source de mon plus grand bonheur. C'est un principe que je crois avoir pleinement démontré dans ma septième méditation ; et ma plus grande perfection, quand je le considère par rapport aux autres hommes, est de les aimer et de m'en faire aimer.

Donc, je ne saurois être plus heureux à cet égard, que par l'exercice d'un amour réciproque.

Mais je désire naturellement mon plus grand bonheur dans tous les états où je puis m'envisager.

Donc, rien ne peut m'être plus naturel ou plus conforme à ma nature, que d'aimer mes semblables pour en être aimé.

2.º La plus grande perfection de la société, comme la mienne est la source de son plus grand bonheur ; et j'ai fait voir, ou plutôt c'est une vérité évidente par elle-même, que la plus grande perfection de la société, est d'être unie par les liens d'une affection mutuelle.

Mais le bonheur de la société en général, est mon bonheur particulier, et c'est ce qui fait, comme je viens de le dire, que je désire naturellement d'y voir régner cette union qui en fait la félicité.

Donc, ou il faut que je renonce à mon bonheur, ce qui est directement contraire à ma nature, ou il faut que je le cherche dans celui de la société.

Or, je ne saurois l'y trouver qu'en aimant ses

membres, et en contribuant par là, autant qu'il m'est possible, à ce qui la rend heureuse.

Donc, le désir de mon bonheur me conduit directement à aimer mes semblables, et par conséquent cet amour m'est véritablement naturel comme celui de ma béatitude.

3.° Indépendamment même du rapport essentiel qui est entre ma perfection propre ou la perfection commune de la société, et mon bonheur commun ou particulier, il me suffit de sentir que je veux être heureux par la possession des biens extérieurs pour en conclure que j'aime naturellement mes semblables, car je puis toujours faire ce raisonnement.

Il m'est naturel, premièrement, de prendre la voie qui me conduit le plus sûrement à l'acquisition et à la conservation des biens dont je veux jouir, parce que j'y fais consister une partie de ma félicité;

Secondement, de préférer un parti où je trouve non-seulement le moyen le plus efficace, par rapport à la fin que je me propose, mais le moyen le plus agréable et qui me fait un plaisir sensible par lui-même, indépendamment du succès que j'en attends pour satisfaire mes désirs, plutôt que de choisir une route qui ne me fait pas arriver si sûrement à mon but, et qui ne m'y conduit que par un chemin triste et pénible.

Or, la voie de l'amour a les deux premiers caractères.

J'ai fait voir, d'un côté, qu'elle est sans comparaison la plus sûre, pour obtenir les biens que je désire.

J'ai montré de l'autre, que l'exercice de l'amour a aussi, sans comparaison, plus de charmes pour moi que celui de la haine, quand même ils me procureroient aussi sûrement l'un que l'autre, les biens par lesquels j'aspire à me rendre heureux.

Donc, je ne sais point m'aimer moi-même; et j'agis directement contre mon véritable intérêt, si je me livre à la haine.

Donc, au contraire, je ne fais que m'aimer solidement moi-même et tendre à ma vraie félicité, lorsque
je me laisse conduire par l'amour de mes semblables,
qui, par conséquent, est aussi conforme à ma nature
que l'amour de mon être même.

Ce ne peut donc plus être un problème pour moi
de savoir s'il m'est naturel d'aimer les autres hommes; mais, comme j'ai donné tant de solutions de
ce prétendu problème, qu'elles pourroient se nuire
l'une à l'autre, et s'effacer ou se confondre en quelque manière par leur multitude, je ne ferai peut-être
pas mal d'en présenter ici comme une récapitulation
abrégée, et de les amener à l'unité en les déduisant
toutes de cette proposition simple, qu'il est naturel
à un être raisonnable de vivre selon la raison ou
selon ce que la raison lui montre, comme conforme
et convenable à sa nature; vérité qui éclate, surtout dans les choses où je trouve ces deux caractères
réunis :

L'un, de se rapporter directement au bonheur de
cet être; l'autre, de pouvoir être connu par la seule
lumière naturelle.

Or, telle est précisément la conduite que l'homme
doit suivre à l'égard de ses semblables. Il n'est rien
qui ait une relation plus directe avec sa félicité; il
n'est rien qui dépende si immédiatement de l'idée la
plus évidente que la lumière naturelle nous donne
de la nature de Dieu et de celle de l'homme.

C'est donc principalement sur ce point que je suis
en droit de dire qu'il est naturel à tout être raisonnable de vivre selon la raison ; et cette proposition
peut même être regardée comme un axiome qui n'a
besoin d'aucune preuve, puisque vivre selon la raison, c'est vivre selon la nature de l'homme, dont la
raison est la propriété essentielle. Or, rien ne peut
être plus naturel, comme je l'ai dit ailleurs, que de
vivre selon la nature, et c'est ce qui a donné lieu aux
plus grands jurisconsultes de dire que ce qu'on appelle le droit naturel n'est autre chose que *Dictamen
rectæ rationis.*

34 *

Mais, soit qu'on regarde une proposition si incontestable comme un axiome, ou qu'on la considère comme une espèce de théorème fondamental, suivant le langage des géomètres, il m'est aisé de faire voir que toutes mes démonstrations précédentes ne sont que des conséquences, ou des corollaires de cette première vérité, pour parler encore la langue géométrique.

Je reprends donc encore une fois cette proposition, et je dis : il est naturel à un être raisonnable, tel que je le suis, de vivre selon la raison.

Mais, vivre selon la raison, c'est vivre selon l'esprit général de la nature, qui n'est autre chose que celui de son auteur; c'est-à-dire, vivre selon l'intention, selon les vues, selon la destination de Dieu même, dont la volonté est la source, le modèle, la règle de la mienne.

Or, Dieu m'apprend, et, si je l'ose dire, il me révelle clairement, par l'idée qu'il me donne de son être et de son amour, par l'état de foiblesse et d'indigence où je nais, et où il me laisse vivre, par la manière dont il agit sur moi au gré de mes semblables, et sur eux à l'occasion de mes désirs, qu'il veut que je les aime comme il les aime lui-même.

Donc, je ne fais que suivre ma nature, en les aimant à son exemple, et selon sa volonté.

Vivre selon la raison, c'est vivre selon ce qui convient le mieux à la nature de mon être, considéré indépendamment même de son auteur.

Mais, premièrement, ce qui lui convient le mieux, est d'aimer le sentiment qui a le plus de charmes pour moi, c'est-à-dire, celui de l'amour; le sentiment qui met mon corps aussi bien que mon ame dans la situation la plus agréable; enfin, le sentiment qui produit au dehors les effets les plus favorables au genre humain, et de le préférer à celui qui a des caractères directement opposés, c'est-à-dire, au sentiment de la haine.

Mais, secondement, ce qui convient le mieux à ma nature, c'est d'aimer la société de mes semblables qui me procure de si grands biens, et qui me fait éviter de si grands maux, et de travailler à en augmenter les avantages pour moi, en méritant, par les marques de mon affection pour les autres hommes, qu'ils ajoutent aux biens généraux de la société, ceux qui dépendent de leur bonne volonté pour moi, ou de leur bienveillance personnelle.

Mais, en troisième lieu, ce qui est le plus convenable à ma nature, est de tendre à l'état le plus parfait, qui est celui de l'amour réciproque, soit que je considère la perfection par rapport à moi seulement, soit que je l'envisage par rapport à la société liée par l'affection mutuelle de ses membres.

Mais, en dernier lieu, ce qui est le plus convenable à ma nature, c'est d'aspirer toujours à ce qui me rend le plus heureux, et qui consiste dans l'amour de mes semblables, soit parce que ma perfection, ou celle de la société, est la source la plus certaine de ma félicité, soit parce que l'exercice de cet amour est la seule voie qui me conduise sûrement à la possession des biens que je désire, soit enfin, parce qu'il y a un bonheur attaché aux actes mêmes de cet amour, indépendamment de l'utilité que j'en retire.

Donc, il convient souverainement à ma nature d'aimer les autres hommes; donc, il m'est véritablement naturel de les aimer, puisque tout ce qui est renfermé dans ces quatre articles, et qui m'est également naturel, n'est autre chose que l'amour même de mes semblables, considéré sur toutes ses faces différentes.

Donc, par une suite nécessaire de toutes mes démonstrations, ou expliquées avec plus d'étendue, ou réunies comme en un seul point, il y a une absurdité évidente à soutenir qu'il est naturel à l'homme de haïr ses semblables, et cette absurdité n'a pu trouver de défenseurs que parmi ceux qui ont pris la dépravation ou le déréglement de la nature, pour ce qui lui est le plus contraire, c'est-à-dire, pour la nature même. Car si, d'un côté, vivre selon la nature, et vivre selon la raison est précisément la même

chose pour un être raisonnable ; si , de l'autre, vivre
selon la raison , c'est aimer les autres hommes; dire
qu'il est naturel à l'homme de les haïr, c'est vraiment
dire qu'il lui est naturel d'agir contre sa nature ; contradiction grossière dont j'ai déjà parlé ailleurs, et à
laquelle on peut toujours réduire ceux qui attaquent
les propositions dont je viens d'établir la vérité.

Faut-il mettre encore dans un plus grand jour une
absurdité si sensible ? je n'ai besoin pour cela, que
d'une seule réflexion qui sera également à la portée
de tous les esprits.

Pour bien juger s'il convient à ma nature de haïr
mes semblables, plutôt que de les aimer , je ne dois
considérer ni la haine, en tant qu'elle est adoucie,
tempérée ou corrigée par un mélange d'amour, ni
l'amour en tant qu'il est altéré, corrompu , et pour
ainsi dire infecté , par un mélange de haine. La raison veut que je suive en ce point la méthode de
Socrate ; et, comme il compare la suprême iniquité
avec la suprême justice, pour découvrir plus sûrement la nature et les suites de l'une et de l'autre,
il faut que je compare la haine pure avec l'amour
pur ; la haine consommée avec l'amour parfait; en
un mot, la haine portée à son dernier période, avec
l'amour considéré dans son plus haut degré.

En effet, si la haine est la disposition la plus conforme à la nature de l'homme , plus cette haine sera
ardente , générale ; continuelle , plus aussi l'homme
agira selon sa nature, plus il sera dans la situation
qui lui doit plaire davantage, et il ne lui manquera
pour être entièrement heureux, que de savoir se
mettre au-dessus de toute crainte; en sorte que s'il
pouvoit parvenir à se faire toujours craindre lui-
même , il seroit au comble de la félicité, puisque son
inclination dominante, par rapport à ses semblables,
seroit pleinement satisfaite.

Au contraire, si c'est l'amour pour la société ou
pour ses membres, qui est le sentiment le plus conforme à la nature de l'homme ; s'il n'y en a point à
qui le ciel n'inspire ce sentiment dès le premier

moment de sa vie raisonnable, et qui n'en donnât
des preuves aux autres hommes; si des passions contraires à sa véritable nature ne l'en détournoient, plus
cet amour sera ardent, général, continuel, plus aussi
l'homme agira selon son essence, plus il sera dans
la situation qui lui est la plus agréable, et il ne
manquera à son bonheur que de pouvoir secouer
entièrement le joug des passions qui l'empêchent de
suivre la première pente de son être; en sorte que
s'il parvenoit à n'être agité d'aucun mouvement de
haine, et à vivre dans un état où il seroit toujours
sûr d'aimer ses semblables et d'en être aimé, il
jouiroit d'une félicité parfaite à cet égard, puisque
l'inclination dominante de son cœur seroit entièrement
satisfaite.

Supposons donc, d'abord, un homme pleinement
persuadé, qu'il est naturellement l'ennemi de tous
les autres hommes, et que de leur part ils ne sont
pas moins ses ennemis; supposons qu'il ne donne
aucune borne à sa haine, et que ce soit un véritable et parfait misantrope, mais un misantrope avide,
violent, audacieux, qui veuille usurper les biens, les
honneurs, les plaisirs de tous les humains, se rendre maître même de leur vie, les rapporter tous à lui,
et les regarder comme ses esclaves, ou comme n'étant
au monde que pour servir d'instrument ou de jouet
à ses passions.

Que lui arrivera-t-il en cet état, et quelles en seront les suites? Il se déclarera contre tout le genre
humain, mais tout le genre humain se déclarera
contre lui; ce sera un nouvel Ismaël, dont on pourra
dire avec l'écriture, que sa main est armée contre
tous, et que la main de tous est armée contre lui. Est-
il nécessaire d'ajouter, qu'il sera sûrement opprimé
par le plus grand nombre; et que, bientôt sacrifié à
l'intérêt commun, il n'aura vécu que pour donner,
par sa mort, cette leçon salutaire à l'humanité: que
la haine, portée à son plus grand excès, est si peu
convenable à la nature de l'homme, qu'elle est au
contraire la cause infaillible de sa destruction.

Portons cependant nos vues encore plus loin ; et, puisque nous sommes dans le pays des suppositions, ne craignons point de les multiplier, et de hasarder même celles qui ont le moins de vraisemblance. Imaginons donc qu'un seul puisse être plus fort que tous, et que tous soient assez aveugles pour souffrir qu'il exerce sur eux tous les excès d'une haine assez heureuse pour être toujours impunie ; en sorte que, craint de tous et ne craignant personne, il puisse dire du genre humain ce que Tibère disoit du sénat : *O homines ad servitutem paratos* (1).

Il se procurera, à la vérité, tout ce qu'on appelle les biens extérieurs : richesses, plaisirs des sens, autorité fondée sur la crainte, en un mot, l'usage libre et illimité de tout ce qui peut flatter ses passions ; mais il lui manquera toujours la plus douce, la plus intime, la plus satisfaisante de toutes les voluptés, je veux dire, celle d'aimer et de sentir qu'il est aimé : plaisir que les rois, dans le plus haut point de leur grandeur, envient souvent aux derniers de leurs sujets, ennuyés eux-mêmes, comme Tibère, de ne voir autour d'eux que des esclaves, et forcés d'avouer tristement qu'ils n'ont point d'amis. Ce n'est pas tout, non-seulement celui que nous imaginons ici, comme le héros de la haine, sera privé de toutes les douceurs de l'amour actif et passif ; mais quelque barbare qu'on le suppose, il ne pourra s'empêcher de sentir le contre-coup de sa haine. Le tyran le plus inhumain ne cesse point d'être homme, et il n'y a aucun homme qui puisse sentir, sans un véritable déplaisir, que tout ce qu'il hait, le hait encore plus lui-même.

Quel sera donc le véritable état du personnage que nous mettons ici sur la scène, en supposant même ce qui est impossible, qu'il puisse se mettre en état de ne rien craindre ? D'un côté, il n'éprouvera aucun des plaisirs de l'amour, qui sont cependant la plus grande partie de notre bonheur, pour ne pas

(1) *Tacit. Annal.*, lib. 3, c. 65.

dire qu'ils sont notre bonheur même ; de l'autre, ne pouvant éviter le tourment de sentir qu'il est haï de tous ceux qu'il connoît, il sera également malheureux, et par le défaut d'amour et par l'excès de sa haine. Est-ce donc là ce qu'on appelle vivre selon la nature, dont le vœu commun et perpétuelle est de parvenir à sa plus grande félicité? N'est-il pas évident que celui qui hait, s'en éloigne d'autant plus qu'il s'éloigne de l'amour parfait, ou qu'il s'approche de la haine consommée ; et si c'est là suivre la nature, ne sera-t-on pas réduit à prétendre que la nature même porte l'homme à se rendre malheureux ?

Changeons à présent de supposition, et jetons les yeux sur un objet plus agréable, je veux dire, sur l'amour contemplé dans toute sa perfection.

Celui qui le portera au plus haut degré, ne regardera tout le genre humain que comme une seule famille dont il est un des membres ; il respectera dans tous les hommes l'égalité de la nature, et il les aimera non-seulement comme ses égaux, mais comme ses frères. Il veillera sur eux pour en détourner tous les maux qui les menacent, et il ne sera pas moins attentif à leur procurer tous les biens qui sont en son pouvoir. L'amour qu'il leur porte n'en fera que comme un seul être avec le sien, et sa complaisance en lui-même, croîtra à proportion du bien qu'il leur fera, parce qu'il croira augmenter par là, comme je l'ai dit ailleurs, la perfection ou la grandeur de son être.

Quels seront les fruits d'une disposition si favorable à la société? Il aimera tous les hommes et tous les hommes l'aimeront ; comme sa main sera le soutien de tous ses semblables, leurs mains seront aussi son appui ; et, bien loin de se voir en danger d'être accablé par le nombre, s'il y a des barbares ou des ingrats qui conspirent pour l'attaquer, un plus grand nombre d'hommes sans comparaison, s'armera pour le défendre. Il connoîtra donc par son expérience ; et il en sera un exemple utile à tout le genre humain ; que les biens de l'amour sont aussi avantageux à celui qui les donne qu'à ceux qui les reçoivent, et que, pour être heureux autant que la condition humaine le permet, il suffit d'aimer et d'être aimé.

Plus on exclut de la haine tout mélange d'amour, plus on prive l'homme de ce qui peut faire sa plus grande béatitude; et le succès même le plus favorable, ne dédommage point celui qui hait, du déplaisir, ou plutôt du supplice de n'aimer rien et de n'être point aimé. Mais il n'en est pas ainsi de l'amour, il devient au contraire d'autant plus heureux qu'il est plus pur et plus dégagé de tout mélange de haine. La privation de ce dernier sentiment est un bien au lieu d'être un mal. Quel est l'homme qui se soit jamais plaint de n'avoir rien à haïr, et qui ait cru avoir besoin de dédommagement, pour se consoler de ne sentir aucun mouvement d'aversion? Ainsi, celui qui porteroit la haine au plus haut degré, sentiroit toujours un vide immense dans son cœur, par l'absence de l'amour que l'homme veut éprouver sans cesse en toutes manières, pendant que celui qui jouiroit pleinement d'un amour parfait, regarderoit l'exemption même de tout sentiment de haine comme une très-grande partie de son bonheur.

Mettons à présent ces deux images : l'une de la haine absolue et consommée ; l'autre de l'amour universel et accompli à côté l'une de l'autre, comme Glaucon et Adimante, dans la république de Platon, vouloient placer ces deux tableaux ingénieux, dont l'un représentoit le juste et l'autre l'injuste. Y a-t-il un seul homme qui, les envisageant de sang-froid avec les yeux d'un amour-propre tant soit peu éclairé, ne voulût ressembler à l'une plutôt qu'à l'autre, ou, pour mieux dire, qui ne regardât la première avec horreur, comme le portrait d'un monstre plutôt que d'un homme, et qui ne s'attachât à la dernière comme à l'objet le plus digne, non-seulement de son amour, mais de son imitation ?

Or, ce qui est vrai de la haine et de l'amour, portés au plus haut point, ne l'est pas moins dans tous les degrés inférieurs, où des diminutions semblables, de part et d'autre, laissent toujours subsister la même proportion, que la fiction de la haine et de l'amour, considérés dans leur dernier période, ne sert qu'à mettre dans un plus grand jour.

Donc, il est évident que la nature même de l'homme le porte à l'amour autant qu'elle l'éloigne de la haine; et je commence même à comprendre que je n'avois peut-être pas besoin de toutes les preuves de raisonnement que j'ai entassées les unes sur les autres, pour me convaincre de cette vérité, il m'auroit suffi de me renfermer dans le fond de mon cœur pour y reconnoître une inclination secrète qui m'attache aux autres hommes; un sentiment intime qui prévient même l'usage parfait de ma raison; un goût que j'ai reçu en naissant, et qui me dispose, comme par un attrait ou un instinct naturel, à aimer la société de mes semblables, soit que je considère celle qui me lie avec tous les hommes en général, soit que je fasse attention à ces sociétés particulières, dont le cercle bien moins vaste ne renferme que ceux qui sont unis avec moi par des relations plus personnelles.

Je me suis trop étendu sur les preuves de raisonnement pour m'arrêter long-temps à développer ce nouveau genre de preuve, qui est de pur sentiment; mais je dois au moins en indiquer ici les principales sources, pour faire voir, en finissant cette méditation, combien mon cœur est naturellement d'accord avec mon esprit sur une matière si intéressante pour l'un et pour l'autre.

C'est dans cette vue que j'écarte d'abord toutes les raisons tirées de mon intérêt, qui m'ont fait concevoir jusqu'ici combien la société humaine est désirable pour moi par les biens extérieurs qu'elle me procure.

Je suppose, au contraire, que je sois aussi parfait et aussi heureux qu'un mortel le puisse être sans le secours des autres hommes, ne craignant aucun des maux, et ne désirant aucun des biens qui sont hors de moi, exempt de tous les besoins qui excitent mes désirs, ou ayant de quoi y satisfaire par mes seules forces; en un mot, je me mets, par une nouvelle fiction de mon esprit, dans la situation de ces peuples de la Germanie, dont Tacite disoit qu'ils étoient parvenus à un tel degré de jouissance, ou plutôt de modération et de bonheur, qu'il ne leur restoit plus rien à désirer. Je dis que, dans cet état même, je ne cesserai pas d'aimer encore les autres hommes; je les aimerai seulement d'une manière plus pure et plus dégagée de tout ce qu'on appelle ordinairement intérêt.

Si quelqu'un doute de cette vérité, et s'il demande par quel charme secret je m'attacherai dans cette supposition à ceux de qui je n'aurai rien à désirer, je le prierai de comparer l'état de la solitude avec celui de la société, non par rapport aux biens ou aux maux extérieurs de l'un ou de l'autre état; mais uniquement par rapport à l'impression que chacune de ces deux situations, je veux dire l'absence, ou la présence des autres hommes, fait sur moi, de quelque manière que j'en use, ou pour le vice, ou pour la vertu. Je ne demande à tout esprit attentif qu'un petit nombre de réflexions; pour le mettre en état de connoître, par voie de sentiment, la différence de l'une et de l'autre, et d'y découvrir la cause de ce que j'appelle une espèce d'instinct naturel qui m'attache à la société.

1.º Telle est la nature de mon être, qu'il m'est plus pénible, sans comparaison, de ne rien voir, que de beaucoup voir; de ne point parler que de parler suffisamment; et, en général, de ne pas agir que d'agir. Il est vrai que l'excès de l'action me fatigue et me déplaît; mais si je puis opter entre une cessation totale d'action et une action modérée, mon esprit n'hésite pas à prendre le dernier parti, et j'en ai expliqué ailleurs la raison, quand j'ai dit, qu'il a plu à Dieu, comme l'expérience me le montre, d'attacher un sentiment agréable à l'exercice de toutes mes facultés, parce que j'y aperçois plus distinctement la perfection de mon ame. De là vient que la privation de quelqu'un de nos sens, et surtout de ceux qui nous mettent le plus en état d'agir au dehors, nous est si sensible, que nous le regardons comme une espèce de diminution de notre être.

Non-seulement je désire d'agir, mais j'aime encore à recevoir les impressions agréables qui viennent des objets extérieurs, et qui sont de telle nature, que je ne saurois y suppléer aisément par mon imagination. C'est un peintre qui me plaît à la vérité, mais qui n'agit point sans un effort que je ne puis soutenir long-temps, et dont la peinture la plus fidèle demeure toujours fort au-dessous de son original.

J'aime donc également, en un sens, et à agir et à éprouver l'action des objets extérieurs; mais, en premier lieu, j'agis beaucoup moins dans la solitude que dans la société. Mes yeux, mes oreilles, ma langue, y sont dans une inaction pénible, qui me prive du plaisir de voir des portraits vivans de mon être, d'entendre des sons propres à réveiller en moi des idées ou des sentimens agréables, et de tracer, par mes paroles, dans l'ame de mes semblables, une image flatteuse de mon esprit.

Par la même raison, j'y reçois moins de sensations qui me plaisent, et j'apprends, par cette espèce de langueur où je tombe, loin du commerce des hommes, que la nature m'a formé pour la société, où mon ame, vivant dans une action et dans une passion continuelle, goûte également l'une et l'autre, parce qu'elles changent et diversifient, pour ainsi dire, à tous momens, la scène du spectacle qu'elle se donne à elle-même.

2.° Ce n'est pas seulement cette espèce d'action ou de passion, dont mes sens sont les instrumens, qui cesse ou qui languit dans la solitude; mes facultés les plus spirituelles y éprouvent aussi une espèce d'indolence, qui ne m'est pas moins insupportable. Je me perds, comme dans le vague de mes pensées, lorsqu'elles ne sont point fixées ou soutenues par l'appui que je trouve dans celles des autres hommes; et souvent je me trouve alors dans cet état, ou je dis que je ne pense à rien, parce que mon attention ne fait que couler négligemment sur une multitude

confuse d'objets, qui n'y excitent aucune pensée clairement et distinctement aperçue. De là vient que,
surchargé, en quelque manière, du poids de mon
esprit, je cherche naturellement la société, comme
un voyageur qui a été long-temps sur mer aspire à
revoir la terre, et la découvre de loin avec plaisir,
quand ce ne seroit que parce qu'elle lui présente des
points fixes et variés, où ses yeux, fatigués depuis
long-temps par la vue d'un objet immense, mais uniforme, se reposent agréablement à ce premier plaisir.
La société joint celui qui naît de la nouveauté, de la
singularité, de la diversité des pensées de nos semblables ; plaisir toujours accompagné d'un sentiment
agréable de notre perfection, qui nous paroît croître
à mesure que nos connoissances se multiplient. Notre
amour-propre augmente même souvent la douceur
de ce sentiment, soit qu'il nous persuade en secret
que, dans ce commerce d'esprit qui est entre nous
et les autres hommes nous donnons plus que nous
ne recevons, soit qu'il se nourrisse de leur approbation, ou qu'il sache mettre à profit leur contradiction
même, qui devient souvent une nouvelle matière
de complaisance en nous, parce que nous nous flattons d'y montrer encore mieux la supériorité de
notre génie.

3.º Si mes sens et mon esprit sont plus satisfaits
dans la société que dans la solitude, j'y jouis aussi
beaucoup mieux de mon cœur, qui ne se plaît pas
moins à éprouver les sentimens dont il est capable,
que mon esprit à exercer les opérations qui lui sont
propres. Outre que la société présente toujours de
nouveaux objets à mon amour, je suis fait de telle
manière, que je m'aime toujours moins, quand
je m'aime seul, que lorsque je m'aime en aimant
d'autres hommes. Comme ils m'engagent à me considérer sous les divers rapports que j'ai avec eux, je
me multiplie, pour ainsi dire, en autant d'objets
qu'il y a de faces différentes sous lesquelles je me
regarde, et dont chacune donne une nouvelle pâture
à mon amour-propre. S'il est donc vrai, d'un côté,

que je ne cherche qu'à m'aimer moi-même de plus
en plus; s'il est vrai, de l'autre, que je m'aime plus
dans la société que dans la solitude, puis-je douter que
je ne me porte naturellement à l'état qui satisfait le
plus mon inclination dominante, et qui augmente de
beaucoup le plus grand de tous mes plaisirs?

4.º Les impressions des sens, les pensées de mon
esprit, les mouvemens de mon cœur, m'excitent également à me produire au dehors, non-seulement par
la parole, mais encore plus par les actions. C'est par
là même que l'homme se flatte de faire éclater davantage sa force, sa sagesse, sa grandeur d'ame. Bien
penser, c'est beaucoup; bien parler, c'est encore
plus; mais bien agir et faire de grandes choses, voilà
ce qui nous donne la plus haute idée de nous-mêmes,
soit par le jugement direct que nous en portons,
soit par le contre-coup, et comme par la réflexion
de celui que nous croyons lire dans l'esprit des autres
hommes.

La solitude me refuse cette double satisfaction.
D'un côté, elle ne me peut fournir aucune occasion
de faire de ces actions qui frappent mon ame; et,
de l'autre, quand je pourrois en faire de ce genre,
comme elles seroient sans témoins, elles seroient
aussi sans gloire. Réduit au seul témoignage de ma
conscience, je serois, dans la solitude, un acteur sans
théâtre comme sans spectateurs; et, puisque je mesure autant ma grandeur sur l'opinion des autres que
sur la mienne, je ne jouirois jamais que d'une partie
de mon être.

5.º Qu'on ne me dise donc point qu'au contraire
je dois en jouir plus pleinement dans la solitude,
parce que je puis m'y posséder sans partage ou sans
distraction; n'y vivre que pour moi et n'y être occupé
que de moi seul; au lieu que, dans la société, je
suis souvent forcé de me prêter aux désirs des autres,
afin qu'ils se prêtent aux miens; de vivre pour eux,
autant et peut-être plus que pour moi, et d'acheter
ce qui me plaît dans leur commerce par la perte
d'une partie de cette liberté ou de cette indépen-

dance, qui est le plus flatteur de tous mes biens. Je sais qu'il y a eu des philosophes qui ont raisonné de cette manière, et qui ont cru que pour s'affranchir de toute servitude, et vivre librement au gré de ses désirs, l'homme devoit rompre les liens de la société et se retirer dans la solitude, comme dans un port favorable, où il goûteroit le même plaisir que les rois, suivant la pensée de Cicéron, je veux dire la satisfaction de ne reconnoître d'autre empire que celui de sa propre volonté ; mais je sais aussi que, si quelques philosophes ont enseigné cette morale, il n'y en a aucun qui l'ait pratiquée ; ou que, si l'on en a vu qui aient affecté de vivre dans une espèce de solitude, ils y ont cherché plutôt une société de choix et assortie à leur goût, qu'une entière séparation de toute société.

Aristote avoit donc raison de le dire : pour vivre dans un état si contraire à la nature, il faut être un Dieu ou une bête sauvage, et la raison n'en est pas difficile à découvrir, si l'on suit attentivement les idées dont je viens de me servir pour expliquer les causes de cette inclination naturelle qui me porte à la société.

Je veux jouir de moi-même, il est vrai, et c'est là le véritable principe de toutes mes amours. Mais ce *moi*, que j'aime avec tant d'ardeur, j'éprouve non-seulement qu'il me plaît moins dans la solitude, mais qu'il m'y déplaît en quelque manière ; qu'il m'y devient à charge, et quelquefois même presque insupportable. Dépouillé de tous ces avantages empruntés, dont je le revêtis dans la société, et qui augmentent, à mes yeux, l'image de ma perfection, il me paroît comme réduit à une nudité semblable à celle qui fit rougir nos premiers parens. Obligé d'avoir toujours les yeux fixés sur moi, je n'y aperçois que des défauts ou des besoins ; j'y sens continuellement ou mon imperfection ou ma misère ; et, pour tout dire en un mot, je m'y vois trop et de trop près pour m'aimer autant que je le désire. Quand même mon amour-propre seroit assez aveugle pour ne voir rien en moi

qui lui déplût, la seule uniformité du spectacle suffiroit pour me fatiguer, comme la vue du meilleur
de mes amis deviendroit non-seulement insipide, mais
ennuyeuse pour moi, si j'étois destiné à le voir toujours, et à ne voir jamais que lui.

La société me plairoit donc, quand elle ne feroit
qu'interrompre cette vue trop continuelle de moi
seul ; elle me fait sortir, pour ainsi dire, de ce tête
à tête importun qui se passe entre moi et moi-même,
pour jouir d'un autre moi, qui me plaît beaucoup
plus que le premier, soit parce que ses besoins, plus
promptement et plus aisément remplis, me le font
paroître moins imparfait, soit parce qu'il me semble
aussi plus heureux à cause du grand nombre d'impressions agréables qu'il reçoit, soit, enfin, parce
que l'approbation et l'estime qu'il croit trouver dans
les autres hommes augmentent la bonne opinion qu'il
a de lui-même. De là vient, comme on l'a remarqué
tant de fois, le plaisir que nous goûtons dans la
chasse, dans le jeu, en un mot, dans tout ce qui
nous dérobe la vue trop constante de notre être seul,
et n'existant, pour ainsi dire, que dans lui-même.
L'homme, qui se cherche toujours en un sens, se fuit
toujours en un autre, parce que, voulant se trouver
heureux, et ne pouvant rentrer au dedans de lui
sans se reconnoître malheureux, il se hâte d'en sortir
pour se jeter avidement dans la société, où il étour-
dit au moins le sentiment de sa misère, s'il ne peut
l'étouffer entièrement. Il lui en coûte, à la vérité,
une partie de son indépendance, et il est obligé de
se contraindre souvent pour les autres, afin que les
autres se contraignent pour lui ; mais il préfère une
espèce de servitude douce et agréable, qui lui épargne la vue de sa foiblesse ou de son imperfection,
à une liberté embarrassante et pénible qui le rend
malheureux, précisément parce qu'elle le livre trop
à lui-même ; et, comme une telle disposition est commune à tous les hommes, je n'aurois eu besoin, à la
rigueur, que de cette seule réflexion pour comprendre combien l'homme se porte de lui-même à aimer

la société par un sentiment né avec lui, dont il ne pénètre pas toujours la raison, mais qui n'en agit pas moins réellement sur son cœur, semblable, en ce point, à la plupart de nos inclinations naturelles, que nous sentons long-temps avant que d'avoir pu les bien connoître.

Je pourrois entrer ici dans un plus grand détail des plaisirs que je goûte et des peines que j'évite ou que j'adoucis par le moyen de la société. Mais, comme je m'exposerois par là à répéter une partie de ce que j'ai dit ailleurs sur ses avantages, tels que la raison me les fait connoître, je me renferme uniquement dans ces attraits généraux de la société que je viens de développer : attraits qui, comme je l'ai dit d'abord, préviennent en nous l'office de la raison, et qui font la même impression sur tous les hommes, de quelque caractère qu'on les suppose, raisonnables, portés à la vertu, ou enclins au vice; attraits, qui semblent même avoir plus de pouvoir sur ceux qui sont les moins parfaits; parce que, comme je l'ai dit ailleurs, ils sont moins capables de se suffire à eux-même, que ceux qui ont plus de perfection; attraits par conséquent qui démontrent pleinement cette vérité, qu'il n'est point d'homme qui ne sente dans son cœur une pente naturelle pour la société.

M'opposera-t-on ici le lieu commun de ses défauts ou de ses inconvéniens, et prétendra-t-on que parce qu'elle renferme un mélange de biens et de maux, le sentiment, ou l'intérêt de la nature doit en éloigner autant les hommes que les y porter? Mais j'ai prévenu cette objection, lorsque j'ai fait voir combien, toute compensation faite, la société m'est plus utile que nuisible.

Et, d'ailleurs, ce sentiment intérieur dont il s'agit uniquement en cet endroit, ce sentiment attesté par une expérience continuelle, ne m'apprend-il pas que, quelques peines ou quelques dégoûts que l'homme puisse éprouver dans le commerce de ses semblables, il ne peut se résoudre à y renoncer, parce qu'il sent que la solitude lui seroit encore plus insupportable, et que de tous les états, le plus difficile à soutenir, c'est celui où l'homme sans appui, sans secours, sans consolation sensible, retombe, pour ainsi dire, tout entier sur lui seul, et s'accable soi-même de son propre poids.

L'inclination qui le porte à vivre avec les autres hommes est donc non-seulement un sentiment naturel, mais un sentiment dominant, qui l'emporte surtout autre, et qui est infiniment plus fort dans son cœur que la crainte des inconvéniens qui sont inséparables de la société; inconvéniens qu'il espère toujours d'éviter ou de réparer, ou de compenser par de plus grands avantages, et qui, d'ailleurs, n'ont aucune proportion à ses yeux avec ceux d'une entière solitude.

Ainsi en jugent tous les hommes; et, plus éclairés et de meilleure foi sur ce point que Hobbes et ses sectateurs, ils me reprocheroient peut-être, s'ils voyoient cet ouvrage, d'avoir employé tant de temps à leur prouver ce qu'ils sentent tout aussi bien que moi, je veux dire, qu'ils aiment naturellement la société, indépendamment même, comme je l'ai dit d'abord, des biens extérieurs qu'ils en peuvent attendre.

Mais ce seroit bien en vain qu'ils naîtroient tous avec cette inclination, s'ils la rendoient inutile et même nuisible, par une aversion déraisonnable qui, les rendant ennemis les uns des autres, les mettroit dans une situation encore plus triste que la solitude. Ainsi, puisque c'est la nature même, ou plutôt son auteur, qui forme dans leur cœur le vœu permanent de la société, je ne saurois douter qu'il n'y ait joint aussi le vœu de cette bienveillance réciproque, sans lequel son ouvrage, toujours privé de l'effet auquel il est destiné, ne seroit qu'une contradiction perpétuelle et inexplicable; puisque, d'un côté, il inspireroit aux hommes une inclination dominante pour la société, et de l'autre, il allumeroit dans leur cœur une haine aussi puissante contre leurs semblables, qui anéantiroit la société même, ou qui la rendroit

35 *

non-seulement triste, mais presque toujours funeste
à tous ses membres.

Je pourrois donc n'en pas dire davantage sur ce
sujet, et je ne m'y suis même que trop étendu;
mais, puisque j'ai commencé à rechercher toutes les
traces de ce sentiment intérieur, qui nous enseigne,
sans le secours du raisonnement, que nous aimons
naturellement les autres hommes, je ne puis me
refuser la satisfaction d'en reconnoître encore les
effets dans le goût que nous avons pour ces sociétés
moins nombreuses, que le mariage forme entre le
mari et la femme, la naissance entre le père et les enfans, entre les frères, entre les parens et les membres
de la même famille ; l'amitié entre les amis ; l'intérêt
de l'état entre tous les citoyens.

Je fais d'abord une réflexion commune à toutes
ces sociétés.

S'il est vrai, comme je l'ai fait voir, que les sentimens qui m'attachent à la société humaine naissent
du fond de ma nature même, plus les liaisons que
j'ai avec mes semblables se resserreront par des
nœuds qui les rapprocheront de moi et me mettront
en état de mieux jouir des douceurs que je trouve
dans leur commerce; ou, pour m'exprimer encore
d'une autre manière, plus le cercle de mon affection se renfermera dans un espace proportionné à
la mesure de mon esprit et de mon cœur, plus
aussi je dois sentir croître ma satisfaction, en me
liant avec des objets qui sont plus à la portée de
mon amour, et qui, par leur familiarité même, me
font éprouver plus distinctement et plus fréquemment
les plaisirs qui m'attachent en général à la société.

Ma raison me montre que cela doit être ainsi ;
mais ce n'est plus elle que je consulte sur ce sujet, je
n'interroge que mon sentiment intérieur; et, pour
peu que je l'étudie dans les différentes espèces de
sociétés dont je viens de parler, je n'ai pas de peine
à reconnoître, qu'il n'en est aucune qui n'ait des
charmes naturels pour moi.

Je ne m'arrête point à considérer dans la première,

ou la plus ancienne, je veux dire dans le mariage,
ce qui n'est qu'une impression grossière et presque
animale. J'y pourrois trouver néanmoins une preuve
sensible de cette pente à l'union que nous appor-
tons tous en naissant ; et, comme elle se rapporte
directement à la conservation du genre humain, je
serois en droit d'en conclure, qu'il n'est pas croyable
que la nature nous eût donné une inclination si
forte pour la propagation de notre espèce, si le mariage ne devoit servir qu'à augmenter le nombre de
nos ennemis.

Mais j'aime mieux l'envisager d'une manière plus
élevée; et, m'attachant à l'idée même des jurisconsultes païens, le regarder avec eux comme consis-
tant principalement dans l'union des esprits, ou dans
ce qu'ils appellent, *Consortium omnis vitæ, divini
humanique juris communicatio, animorum consen-
sio, individua societas.* C'est donc cette société de
tous les biens du corps et de l'esprit ; c'est cette
communication de tout ce qui se rapporte à Dieu
et à l'homme; c'est cette union étroite et indissoluble selon le vœu de la nature, comme les mêmes
jurisconsultes l'attestent, qui forme véritablement
le lien du mariage : lien qui est fondé sur cette
première vérité dont j'ai expliqué les raisons, qu'il
ne convient pas à l'homme, qu'il ne lui est pas bon
d'être seul, et qu'il a besoin d'un secours semblable
à lui : *Non est bonum hominem esse solum, facia-
mus adjutorium simile sibi* (1); paroles qui renferment
la substance de tout ce que j'ai dit dans cette méditation, et par lesquelles Dieu, unissant la première
femme au premier homme, semble avoir voulu marquer dans ces deux créatures, qu'on peut appeler
les élémens du genre humain, le principe de cette
inclination naturelle, qui devoit porter tous leurs
descendans à aimer leurs semblables, par l'effet de
l'amour qu'ils auroient pour eux-mêmes.

Qui peut douter que nos premiers parens n'aient

(1) *Genes., ch. 2, v.* 18.

éprouvé, dès le commencement du monde, combien l'union leur étoit non-seulement plus utile, mais plus agréable et plus douce que la division? Qu'auroient-ils gagué à se haïr? Ils se seroient privés en même temps et des plaisirs de l'amour et de tous les secours qu'ils en pouvoient attendre. Pourquoi donc leur postérité n'auroit-elle pas hérité d'un sentiment qui ne convient pas moins à l'état où elle se trouve? Les jurisconsultes romains ont-ils cru faire une nouvelle découverte, ou imaginer quelque chose d'extraordinaire, lorsqu'ils ont dit que l'union des cœurs étoit l'essence du mariage? L'union physique des deux sexes n'appartenoit, selon eux, qu'à cette espèce de droit qu'ils regardoient comme commun entre l'homme et la bête; mais le mariage, considéré comme l'union morale des esprits, leur paroissoit l'ouvrage de ce droit des gens, qui est propre à l'homme dans sa qualité d'être raisonnable.

Ce n'est pas même ici une vérité qui n'ait été connue que de la sagesse romaine. Il n'est presque point de nation qui ne distingue l'état du mariage de celui du simple concubinage, et qui ne tende à cet état comme par une loi secrète de la nature. La véritable religion nous a fait connoître un état plus parfait, mais c'est parce qu'elle élève l'homme au-dessus de la nature même. Et, comme l'on prouveroit fort mal qu'il n'est pas naturel à l'homme de vouloir conserver sa liberté, parce qu'il y a des religieux qui s'en privent par vertu; leur exemple, ou celui des prêtres de l'église latine qui renoncent au mariage par le même principe, ne prouve pas non plus que l'homme ne tende pas naturellement à cet état. On voit, au contraire, que plus une nation sent fidèlement la simple impression de la nature, plus les mariages y sont fréquens; le célibat est bien plus récent dans le monde que l'état conjugal. Le premier de ces deux états n'est, sans la religion, que l'effet de la singularité de l'esprit ou du libertinage du cœur. On le voit devenir plus commun à mesure que les mœurs dégénèrent; et si l'on en trouve des exemples plus fréquens, c'est dans les pays où elles sont les plus corrompues. Il est ignoré, au contraire, dans les pays où les peuples plus vertueux ou moins déréglés conservent encore la première simplicité de la nature. On ne sauroit donc douter que cette espèce de société, qui se forme par le mariage, et qui est la source et comme le modèle de toutes les autres, ne soit naturellement désirée par tous les hommes, et que ce désir ne renferme une preuve sensible de l'inclination naturelle, et en un sens invincible qui les porte à la société par attirait et par sentiment.

Les fruits d'une union si intime en forment deux nouvelles espèces : la première, entre les pères et les enfans ; la seconde, entre les enfans mêmes, les uns à l'égard des autres, et à leur exemple, entre les parens comme sortis de la même tige.

L'amour, qui nous est naturel pour nos semblables, commence à se manifester par voie de sentiment dans ces deux genres d'union. Tout mariage, qui suit la nature pour guide, renferme le vœu des enfans ; mais, quand tous ceux qui se marient forment un tel vœu, ils ne désirent pas sans doute, comme je viens de le dire, de se donner des ennemis. Ils cherchent non-seulement à se consoler par là de leur mortalité, et à se procurer l'avantage de revivre en quelque manière dans leur postérité ; mais ils croient se rendre plus heureux en multipliant les objets de leur amour et le nombre de ceux qui les aiment. Ils comptent naturellement sur un retour d'affection de la part de ceux qui leur doivent la vie, l'éducation, les biens, la fortune. Ils espèrent d'y trouver un appui, un secours, une consolation, et de retirer dans leur vieillesse les avances qu'ils ont faites à leurs enfans dans leur jeunesse. S'ils les aiment en effet par ces motifs, nous croyons tous qu'ils ne font que suivre la nature. Les négligent-ils, ou semblent-ils même les haïr, nous les regardons comme des pères inhumains, dénaturés et plus barbares que les bêtes mêmes ; nous portons un semblable jugement sur les enfans : leur affection pour leurs pères nous paroît un mouvement naturel ; leur haine, au contraire, passe dans notre esprit, pour une extinction de tout sentiment d'humanité, et pour une espèce de monstre dans la nature, tant nous naissons tous persuadés qu'il est naturel à l'homme d'aimer ceux avec qui Dieu l'unit par ces premiers liens, qui sont le fondement de tous les autres.

Passons à ceux qu'un même sang forme entre les frères ou entre les parens, et joignons-y encore les alliés que le mariage égale, en quelque manière, aux parens par l'union étroite qu'il met entre le mari et la femme.

Quel est le père qui ne souhaite pas naturellement de voir régner l'union entre ses enfans, qui ne les y exhorte pas pendant sa vie, et encore plus en mourant, et qui ne regarde pas la paix qu'il leur laisse comme la plus précieuse partie de sa succession ?

Le désir de cette union se fait d'abord sentir aux enfans d'un même père ; à peine sont-ils capables d'une légère connoissance, qu'ils se portent d'eux-mêmes à se donner des marques d'une affection mutuelle ; et les plus âgés, bien loin de chercher à se prévaloir de l'avantage qu'ils ont du côté de la force, n'en sont ordinairement que plus attentifs à soutenir, à ménager, à respecter presque la foiblesse des plus jeunes. Ils se haïront peut-être réciproquement quelque jour ; mais nous voyons qu'ils commencent au moins par s'aimer ; et cette première inclination éclate en eux dans un âge où la seule nature y agit, sans être encore troublée ou étouffée par le mouvement irrégulier des passions, et avant qu'ils aient pu apprendre l'art de feindre ou de dissimuler leurs sentimens.

Les nœuds d'une parenté plus éloignée ne sont pas si serrés : ceux de l'alliance le sont encore moins ; mais cependant, lorsqu'aucune cause étrangère ne s'y oppose, les hommes conservent naturellement le souvenir d'une origine commune, ou d'un lien qui a uni deux familles ; et, s'ils peuvent se rendre les

uns aux autres des services utiles, ils le font avec
plus de goût et de satisfaction, que lorsqu'il s'agit
d'obliger des étrangers. Ainsi, sans examiner ce qui
se passe dans toute la suite de la vie, par le mélange
des passions, je vois que la scène de toutes ces sociétés, si l'on peut hasarder cette expression, s'ouvre
toujours par l'amour; et en faut-il davantage pour
me faire comprendre, par voie de sentiment, que
l'amour est en effet le premier mouvement de notre
ame, pour ceux qui ont les relations les plus directes
et les plus immédiates avec nous.

Mais ces relations mêmes ne nous suffisent pas,
notre amour se trouve encore resserré dans des
bornes trop étroites. Il cherche à s'étendre, à se dilater, à embrasser un plus grand nombre d'objets,
parce que plus l'amour peut aimer, si je puis parler
ainsi, plus il est heureux. De là cette disposition naturelle, que nous sentons à nous unir avec quelques-
uns de nos semblables par les liens de l'amitié;
union qui nous charme encore plus que celle qui
naît de la parenté. Volontaire dans son principe, au
lieu que l'autre ne l'est pas, nous l'aimons comme
notre ouvrage, parce qu'elle suppose un choix, ou
un discernement de notre esprit, une volonté libre
et une préférence éclairée de notre cœur : nous y
sentons, d'un côté, la douceur de ce charme secret
qui nous attache à la personne de nos amis, et de
l'autre, le plaisir de trouver, dans notre amitié
même, un témoignage de notre perfection, soit parce
qu'elle nous montre la justesse et la délicatesse de
notre goût, soit, et encore plus, par le rapport et la
conformité que nous trouvons entre les bonnes qualités de nos amis et les nôtres.

Ce plaisir si délicat, si spirituel, si désintéressé,
qui est le véritable élément de l'amitié proprement
dite, a cependant je ne sais quoi de si flatteur pour
tous les hommes, qu'on n'en voit presque point qui
ne désirent naturellement d'en jouir. Ils cherchent,
par intérêt, des amis puissans, dont la protection
leur soit avantageuse ; mais ils ne s'attachent par

goût et avec une véritable affection, qu'à ceux dont la société leur plaît par cette conformité de pensées, de sentimens, d'humeur et d'inclinations, qui leur procure la satisfaction de s'aimer dans leurs amis, et de s'y aimer encore plus qu'ils ne le feroient, s'ils ne s'aimoient, pour parler ainsi, que dans eux-mêmes.

On ne sauroit donc étudier avec attention les mouvemens du cœur humain, sans reconnoître qu'il porte toujours en lui-même, comme un besoin d'aimer et d'être aimé ; ou, si l'on veut, une espèce de soif du plaisir attaché à l'amour, qui, semblable à la soif ordinaire, nous cause une inquiétude et une agitation importune, jusqu'à ce que nous trouvions de quoi l'apaiser par la possession d'un objet qui nous paroisse digne de notre affection.

Si tous les hommes la méritoient, selon notre manière de penser, nous aurions volontiers autant d'amis que nous connoissons de personnes différentes. Si nous en avons moins, ce n'est pas que notre cœur manque de capacité, et c'est encore moins qu'il manque de goût, pour embrasser un plus grand nombre d'amis. C'est seulement parce qu'il est rare que le caractère des autres ait cette conformité parfaite avec le nôtre, qui forme la véritable amitié. Le défaut est donc dans l'objet ou dans la manière dont nous les considérons ; mais il n'est jamais dans la disposition de notre ame, et l'expérience nous le montre sensiblement. A peine un nouvel objet existe-t-il, cette sympathie dont l'amitié tire sa naissance, que nous nous y attachons d'abord, quelque nombre d'amis que nous ayons déjà ; et notre cœur s'y livre avec une facilité qui nous fait bien voir qu'il est né non-seulement avec une faculté, mais avec un désir insatiable d'aimer. Ainsi, d'un côté, le petit nombre de nos vrais amis, nous prouve seulement qu'il y a peu d'hommes que nous jugions dignes de ce nom ; et de l'autre, la promptitude avec laquelle nous saisissons les occasions favorables d'acquérir de nouveaux amis, nous fait sentir que nous voudrions pouvoir trouver tous les hommes aimables, afin d'avoir le

plaisir de les aimer tous. Ce vœu est même si naturel
à notre ame, qu'elle ne manque point d'éprouver une
peine secrète quand le caractère des autres nous
éloigne d'eux ; elle goûte, au contraire, une secrète
satisfaction lorsqu'il nous en approche, ou qu'il les
approche de nous. Nous sommes affligés, ou du
moins mécontens, quand ils nous déplaisent, comme
si nous leur reprochions de nous faire perdre une
occasion d'aimer ; et nous sommes contens ou satisfaits lorsqu'ils nous plaisent, comme si nous leur
savions bon gré de donner à notre amour une nouvelle pâture qu'il ne cesse jamais de désirer.

De là vient que l'homme ne se borne pas encore
à toutes les sociétés particulières dont je viens de
parler. De l'union qui est entre le mari et la femme,
il passe à celle qui se forme entre le père et les
enfans. De cette seconde espèce d'union, il va à
celle qui lie les frères, les parens, les alliés, d'où il
s'étend à celle des amis, et de là il se répand encore
sur cette société beaucoup plus nombreuse, que la
naissance dans le même pays, les mêmes mœurs,
les mêmes intérêts et les mêmes lois, forment entre
tous les citoyens d'un seul empire ou d'une seule
république.

J'ai déjà montré ailleurs qu'un amour-propre
raisonnable attache naturellement l'homme à cette
grande société, parce que les avantages en surpassent
de beaucoup les inconvéniens ; et qu'il seroit ennemi
de lui-même, s'il ne cherchoit pas à vivre dans l'état
où il lui est plus facile d'approcher de sa perfection et
de son bonheur.

Mais il ne s'agit plus ici de faire raisonner mon
amour-propre. Je ne cherche maintenant qu'à en
étudier les sentimens les plus communs ; et je n'ai
besoin d'aucun autre maître, pour apprendre que la
société civile où je vis, et cette région que j'appelle
ma patrie, m'attachent à elle par je ne sais quel
charme si puissant, que je la préfère même à ces
sociétés particulières dont j'ai fait l'énumération,
quoiqu'elles paroissent avoir pour moi des attraits

plus sensibles et plus directement inspirés par la nature.

Quelle est la cause d'un effet si surprenant ? Je connois, à la vérité, que la naissance, l'éducation, l'habitude, et cette espèce de familiarité que je contracte avec les objets qui m'environnent ordinairement, peuvent y contribuer : mais, après tout, ces liens ne seroient ni aussi forts, ni aussi efficaces qu'ils le sont, s'ils n'avoient pour principe quelque chose de commun à tous les citoyens du même état, et rien ne peut leur être commun que ce qui est une suite des sentimens les plus naturels au cœur humain.

Faisons donc, pour le découvrir, une espèce d'analyse de cette affection qui m'attache si fortement à ma patrie, et raisonnons de cette manière : l'amour que je puis avoir pour un tout moral qui renferme une multitude d'êtres, ne sauroit être un mouvement simple, et il doit nécessairement être composé d'autant d'amours particuliers, qu'il y a dans ce tout d'objets différens qui peuvent exciter mon affection : décomposons donc, si je puis parler ainsi, cette espèce d'amour, et tâchons de le ramener à ses premiers élémens, en le rapportant à chacun des objets particuliers qui sont renfermés dans ce tout général que j'appelle mon pays, où il se réunit tout entier.

J'y découvre tous les biens qui excitent continuellement mes désirs, soit pour ma conservation, soit pour ma perfection ou ma félicité réelle ou imaginaire : j'y retrouve ces mêmes sociétés plus bornées qui ont des attraits si naturels pour moi ; ce mariage dont l'union fait mon plus grand bonheur, ces enfans en qui je me complais comme dans d'autres moi-même ; ces parens et ces alliés qui font souvent mon appui ; ces amis dont le commerce est si doux et si utile pour moi. Je sens enfin que la société civile est comme la garde et la conservation fidelle de tous mes avantages et de tous mes plaisirs ; parce que c'est elle seule qui m'en assure la durée et la stabilité.

Mon amour pour elle est donc composé de toutes

moins au-dessus de la nature de mon être qui me porte à la société, et qui est formé de telle manière que je m'aime moi-même dans cet état beaucoup plus que dans la solitude.

Le second est encore plus contraire à mon bonheur; outre qu'il me prive de tous les plaisirs de l'amour qui font ma plus grande félicité, il ne tend qu'à allumer une division universelle et perpétuelle entre les hommes, état plus triste encore et plus difficile à supporter qu'une solitude tranquille. Quel est l'homme qui puisse aimer, et aimer par préférence les peines, les dangers, les craintes, les défiances, les jalousies, le trouble et l'anxiété, qui seroient inséparables d'une guerre non-seulement civile, mais domestique, dont il ne verroit jamais la fin? Personne n'aime la guerre pour la guerre même; l'homme ne s'y porte que malgré lui, et par une espèce de nécessité, pour acquérir un bien qu'il ne peut obtenir que par cette voie. Mais, que lui serviroit-il de l'avoir acquis, si ce bien devenoit encore entre ses mains le sujet d'une nouvelle guerre, comme cela arriveroit infailliblement dans l'hypothèse de ceux qui veulent qu'une haine réciproque soit le premier mouvement du cœur humain? Tout homme au contraire aime la paix pour la paix même, indépendamment des biens qu'elle produit : elle lui plaît d'autant plus qu'elle est plus profonde et plus durable : vérité qui seule auroit pu me suffire, pour montrer combien l'amour qui tend toujours à la paix m'est plus naturel que la haine qui tend toujours à la guerre. Je serois donc bien insensé si je prenois par choix un parti qui me conduit nécessairement à ce que je déteste et qui ne m'éloigne pas moins de ce que je chéris le plus. Par conséquent la raison la plus commune me dicte naturellement que le troisième état, je veux dire celui de l'amour, est le seul qui me convienne, puisque j'y trouve non-seulement cette paix que je désire toujours, mais tous les avantages que la solitude me refuse, et que la guerre ne peut me donner que d'une manière pénible, cruelle et souvent funeste.

En un mot, de trois partis que je peux prendre à l'égard des autres hommes : le premier me prive de toutes sortes de plaisirs ; le second me livre à des peines continuelles ; le dernier m'est en même temps agréable et avantageux, et, par conséquent, encore une fois, je ne fais qu'agir selon ma nature ou suivre mon penchant naturel, lorsque je préfère ce troisième parti aux deux premiers.

Que dirai-je donc à présent de l'opinion barbare de ces philosophes qui, voulant que la haine soit plus naturelle à l'homme que l'amour, regardent ce qu'ils appellent *bellum omnium contrà omnes*, comme le premier état du genre humain ? État qui dureroit encore selon eux, si la crainte, qui n'est qu'une des espèces de la haine, ne l'avoit fait cesser en prenant les apparences de l'amour : les poètes en jugeoient mieux, lorsqu'au lieu de ce siècle de fer qui ouvre, selon Hobbes, la scène du monde naissant, ils le faisoient commencer par l'âge d'or ; fiction qui conservoit cette ancienne tradition de leurs pères, que la douceur de l'amour y avoit précédé les rigueurs de la haine. Mais laissons-là les poètes, et revenons à nos philosophes.

Ne diroit-on pas qu'en parlant de l'homme, il ne leur soit pas seulement venu dans l'esprit qu'ils parloient d'un être dont le caractère le plus essentiel étoit la raison, et que par conséquent il ne faisoit qu'agir selon sa nature, lorsqu'il suivoit cette raison qui lui montre ce qui lui est plus avantageux ? Ainsi, le dépouillant d'abord du plus noble de ses attributs, ils n'en ont fait qu'une puissance aveugle, et comme une espèce de bête féroce qui ne conserve de sentiment que pour se livrer sans mesure aux impressions d'une haine fatale à ses semblables, et encore plus à elle-même.

C'est par cette raison qu'au lieu de suivre pas à pas ces philosophes dans les détours embarrassés de leurs raisonnemens captieux, j'ai cru devoir remonter tout d'un coup au premier principe ; je veux dire à cette vérité fondamentale que mon amour-propre, soit qu'il ne s'attache qu'à moi seul ou qu'il se porte vers les autres hommes, est essentiellement, avant qu'il soit perverti par les passions, l'inclination raisonnable d'un être raisonnable, qui tend de lui-même par lumière et par sentiment à l'état que cette raison, qui ne lui est pas donnée en vain, lui fait regarder comme le plus heureux.

Par cette seule vérité aussi évidente que féconde, et par les conséquences directes que j'en ai tirées, je crois avoir fait disparoître ces fantômes ténébreux qu'on se plaît souvent à mettre sur la scène, pour peindre les premières dispositions de l'homme, et qu'on ne manque pas de faire agir comme s'ils avoient oublié qu'ils le sont. Vaine production d'un esprit qui prend la passion pour la raison; et, comme je ne saurois trop le redire, le déréglement de la nature pour la nature même, je n'ai eu besoin pour dissiper toutes ces illusions, que de montrer, comme je l'ai fait en tant de manières, que tout homme qui suit le mouvement propre à sa véritable nature, préfère le sentiment et l'exercice de l'amour au sentiment et à l'exercice de la haine; proposition qui suffit pour saper par le fondement tout l'édifice que Hobbes veut élever sur une supposition qui résiste à l'essence même de l'homme.

En effet, ou l'on supposera que tous les hommes entrent dans le monde sans lumière, sans discernement, en un mot sans raison, et par conséquent sans aucune capacité de choisir ce qui convient le mieux à leur perfection et à leur bonheur; ou l'on reconnoîtra qu'ils ont tous dans leur nature un fond d'intelligence et de sentiment qui leur suffit pour faire ce choix et s'attacher à ce que la nature de leur être exige d'eux.

Si l'on s'arrête à la première supposition, il ne s'agit plus de raisonner avec des philosophes qui nient l'existence de la raison; ils agissent même contre leur propre principe, quand ils veulent raisonner sur cette matière et leurs argumens ne sont plus que des paroles vides de sens, puisqu'ils

refusent à tout homme, et, par conséquent, à eux-
mêmes, la seule faculté par laquelle il est possible de
juger si leurs preuves sont des démonstrations ou des
sophismes. L'homme dans leur système ne sera plus,
pour me servir d'une comparaison dont j'ai déjà
fait usage, qu'une girouette animée qui sent son
mouvement; et, en ce cas, il ne sera pas même vrai
de dire que l'homme se portera à haïr plutôt qu'à
aimer ses semblables : il les haïra ou les aimera,
selon l'impression qui se fera sur lui, mais sans lui;
et, pour juger de ce qu'il fera, il faudra voir de
quel côté souffle le vent qui règle sa direction. Ce
sera donc, dans cette seule versatilité, ou du côté
de l'amour ou du côté de la haine, que consistera
alors tout ce qu'on pourra appeler le droit naturel
de cette espèce d'automate sensible, auquel on donne
le nom d'homme.

Ou si l'on revient à la seconde supposition, si l'on
est forcé d'avouer que pour connoître ce qui est
naturel à l'homme, il faut nécessairement examiner
ce qui convient à sa nature connue par la raison,
toutes mes preuves demeurent sans réplique, parce
qu'elles ne sont que des suites évidentes de l'idée
que j'ai de l'homme, soit que je consulte mon intelligence ou que j'étudie le fond de mes sentimens
les plus naturels.

Donc, ou il faut que je tombe dans l'étrange et
absurde extrémité de refuser l'usage de la raison à
un être raisonnable, ou je ne saurois m'empêcher
de reconnoître qu'il lui est naturel d'aimer ceux qui
le sont autant que lui.

A quoi se réduit d'ailleurs tout le système que
j'ai attaqué par le principe? A faire faire un peu
plus tard à l'homme ce qu'on avoue qu'il doit faire
nécessairement pour éviter les maux d'un premier
état qui ne sauroient subsister, et que ses défenseurs
mêmes sont obligés de détruire presque aussitôt qu'ils
l'ont formé, c'est-à-dire, qu'au lieu de vouloir que
l'homme se conduise d'abord par la raison, Hoppes
les renvoie aux leçons tardives d'une expérience

funeste, comme s'il étoit essentiel à l'homme de commencer par être malheureux pour pouvoir devenir
heureux.

Je demande donc d'abord à ce philosophe, si
toutes les suites fatales d'une guerre universelle et
perpétuelle sont bien difficiles à prévoir entre des
êtres naturellement égaux, susceptibles des mêmes
passions, et qui pour les satisfaire n'ont pas plus
de force naturelle l'un que l'autre. Les effets d'une
haine réciproque, effets également contraires à la
sûreté, à la tranquillité, à la félicité de tous les
hommes, ne s'offrent-ils pas d'eux-mêmes aux regards
de la raison ? Et peut-elle s'empêcher de regarder
comme des insensés, ou comme des furieux, ceux
qui formeroient le dessein d'attaquer tous leurs pareils, comme si les autres ne pouvoient pas former
le même dessein contr'eux, et comme s'ils n'étoient
pas en état de l'exécuter bien plus sûrement par
le secours de ceux qui conspireroient avec eux contre
les oppresseurs de la liberté commune.

Je demande ensuite au même philosophe, s'il est
plus difficile à un être raisonnable de prévoir les
suites heureuses d'une union ou d'une société formée
par les liens d'une bienveillance réciproque, et de
juger du premier coup-d'œil, si je puis parler ainsi,
combien la paix est non-seulement plus douce, mais
plus utile que la guerre.

Or, s'il a été également possible, ou pour mieux
dire, également facile à la raison humaine, de découvrir et de comparer les effets opposés de la haine
et de l'amour, n'a-t-elle pas dû préférer ce qui en
produit de favorables à ce qui n'en a que de contraires au bonheur de l'homme, sans attendre que
ses malheurs lui eussent appris à en faire le discernement.

Je demande, enfin, si cette expérience, à laquelle
on renvoie l'homme, comme à son unique maître,
lui donne une raison qu'il n'avoit pas auparavant,
ou, si elle ne fait que l'obliger à la consulter plus
attentivement, pour découvrir la véritable route de

son bonheur, en réfléchissant sur la nature de son être, avec un amour-propre plus éclairé et plus pénétrant.

Dire que l'expérience fait à l'homme le présent de la raison qui lui manquoit auparavant, ce seroit soutenir que l'homme ne naît pas raisonnable, mais qu'il le devient, c'est-à-dire, qu'il n'acquiert son essence que long-temps après son être.

Mais, si cette pensée est absurde, s'il est aussi impossible à l'homme, en tout temps, de n'être pas doué de raison, que de n'être pas homme, si l'expérience peut bien la développer en lui, mais non pas la lui donner, il ne tenoit donc qu'à lui de faire marcher la raison avant l'expérience, et de découvrir, par ses réflexions, l'ordre qui doit régler les démarches d'une nature intelligente, au lieu de ne l'apprendre que par le désordre même de cette nature.

L'homme ne l'a pas fait, me dira-t-on, il s'est égaré d'abord ; et ce sont seulement ses égaremens qui l'ont enfin ramené dans le bon chemin. Il a commencé par haïr, et c'est par le mauvais succès de la haine qu'il a enfin appris les avantages de l'amour. Mais, 1.º que m'importe d'examiner ce que l'homme a fait, et par où il a commencé ? Il me suffit de savoir ce qu'il a pu faire en suivant sa raison, qu'il lui est, sans doute naturel de suivre, et qui a dû régler les premiers mouvemens de son cœur; c'est uniquement par là que je puis juger, non pas de ce qu'il a fait, mais de ce qu'il lui étoit naturel de faire : véritable objet de mes recherches, qui ne tendent qu'à découvrir à quoi un amour-propre raisonnable me porte naturellement. Or, puis-je douter qu'un amour-propre de ce caractère ne sente aisément combien l'état de l'amour est plus avantageux à l'homme que l'état de la haine ? Soit que j'élève mes regards jusqu'à Dieu, ou que je les abaisse sur mon être, soit que je raisonne avec moi, ou que je ne fasse que me tâter, pour ainsi dire, et étudier la pente naturelle de mon ame, tout ce que je connois, et tout ce que je sens, ne m'apprend-il pas également

les biens de l'amour et les maux de la haine ? Ai-je
besoin de quelque autre connoissance, pour opter
entre ces deux sentimens, et choisir le seul qui me
soit entièrement convenable ? S'il est donc vrai que
l'homme ne l'ait pas fait; si l'on peut dire, avec raison, qu'il a pris d'abord une route contraire à son
bonheur, est-ce la nature qui lui a manqué, ou plutôt, n'est-ce pas lui qui a manqué à la nature, et qui
s'est réduit à n'apprendre, que de l'expérience, ce
qu'il pouvoit et devoit apprendre de la raison ?

2.° Est-il vrai même que l'homme n'ait pas commencé par connoître les avantages de l'amour sur la
haine ? La première, et la plus ancienne de toutes
les sociétés, je veux dire celle du mari et de la femme,
a-t-elle été formée par d'autres nœuds que par ceux
de l'amour ? Les deux premières créatures raisonnables, qui ont été unies par le mariage, ont-elles pu
douter qu'il ne leur fût plus doux et plus avantageux de vivre en paix, et de s'entr'aider par des
services mutuels, que de se déclarer la guerre, et de
se nuire réciproquement ? Y a-t-il jamais eu un
père, pour parler encore d'une autre espèce de société, qui n'ait commencé par aimer ses enfans ? Où
a-t-on vu des enfans, dont le premier mouvement
n'ait pas été une inclination naturelle pour ceux dont
ils avoient reçu la vie ? S'il y a eu quelque exemple
du contraire, ce qui est fort douteux, les monstres,
dans la morale, dérogent-ils plus aux lois naturelles
que dans la physique ? Enfin, pour ne pas faire ici
une plus longue induction, qui ne seroit presque
qu'une répétition inutile de ce que j'ai déjà dit ailleurs, l'homme n'a-t-il pas toujours senti un plaisir
secret à voir son semblable ? N'a-t-il pas toujours
préféré la compagnie à la solitude ? N'a-t-il pas toujours mieux aimé obtenir, par la douceur, les biens
qui excitoient ses désirs, que de les ravir par la force?
Supposons même, qu'encore à présent, et au milieu
de toute la corruption qui a perverti notre nature,
deux hommes raisonnables se rencontrent seuls, dans
une île déserte, leur premier mouvement sera-t-il

de se détruire l'un l'autre, de se priver, par là, de l'unique société qu'ils peuvent avoir, et de tous les secours qu'ils ont lieu d'en attendre réciproquement? Ne chercheront-ils pas, au contraire, à goûter la douceur de cette société, à jouir du plaisir de se voir, de se parler, de s'aimer, à se procurer, par là, les avantages qui manquent à chacun d'eux, et qu'ils ne peuvent acquérir que par leur union?

C'est donc en vain qu'on veut opposer ici ce que l'homme fait à ce que l'homme doit faire : la première pente de son cœur est d'accord, sur ce point, avec les premières lumières de sa raison ; l'un et l'autre lui inspirent naturellement l'amour de la société, ou par voie de sentiment, ou par voie de jugement. La nature prévient l'expérience, et l'expérience ne sert qu'à confirmer et à justifier l'impression de la nature.

5.º Que sert, après tout, d'étaler, avec ostentation, le spectacle de tant d'hommes déréglés, violens, livrés à la haine, et aux passions qu'elle traîne à sa suite, ennemis de leurs semblables, ennemis de la société, enfin, ennemis d'eux-mêmes, et travaillant contre leur propre félicité? Les maux qu'ils causent, et ceux qu'ils souffrent, à leur tour, ne sont propres qu'à me convaincre, encore plus, qu'ils agissent contre leur véritable nature, en se livrant aux passions qui l'ont corrompue, sans la détruire; Hobbes lui-même est forcé de les condamner comme moi. Toute la différence qui nous sépare, est qu'il réduit leur faute à ne s'être pas instruits par l'expérience, au lieu que je la fais consister en ce qu'ils n'ont pas prévu, par la raison, ce que l'expérience leur a montré. Ils pouvoient le prévoir ; ils le devoient ; ils l'ont fait, même en partie, puisqu'ils ont commencé par avoir une inclination naturelle pour quelques-uns de leurs semblables; et qu'il n'est point d'homme qui n'ait aimé avant que de haïr. Donc, ils sont coupables contre la raison même, et, par conséquent, contre la nature ; donc, il leur étoit aussi naturel de ne l'être pas, qu'il est naturel à un être raisonnable de suivre les premières leçons de la raison.

Par conséquent, je ne me suis pas trompé, quand j'ai dit que le système du philosophe anglois se réduit uniquement à changer, mal à propos, l'ordre de ma route, en me ramenant à la nature, par le circuit dangereux d'une expérience que je ne saurois faire impunément. Quelque parti que je prenne, il faudra toujours que je revienne à cette raison naturelle, qui m'enseigne que je dois faire du bien à mes semblables, et que je finisse par où j'aurois dû commencer. S'il y a quelque distinction à faire entre celui qui se sera corrigé par l'expérience, et celui que la raison aura dirigé dès le commencement, elle sera à peu près semblable à la différence que les géomètres observent entre l'ordre analytique et l'ordre synthétique : l'un sera remonté des conséquences au principe; l'autre sera descendu du principe aux conséquences. Mais, après s'être séparés dans les moyens, ils se réuniront dans la fin; et ils se rencontreront, tous deux, dans ce point fixe et immobile, dont le second sera descendu, et où le premier sera remonté; je veux dire, dans cette règle, connue à l'un par la raison, et à l'autre par l'expérience qu'il convient à l'homme d'aimer ses semblables.

Mais, bien loin qu'on puisse conclure de la différence de ces deux routes, qu'il ne soit pas naturel à l'homme d'avoir cette disposition, c'est au contraire ce qui achève de le démontrer invinciblement.

Peut-on soutenir qu'il ne soit pas naturel à l'homme de prendre un parti que la raison et l'expérience lui présentent également, comme le seul qui puisse le conduire sûrement à l'état le plus heureux pour lui, dans cette vie ? Je m'arrête, même si l'on veut, à la seule expérience, et je dis : ou l'on conviendra qu'il est naturel à l'homme de suivre la route qu'elle lui montre, et alors on ne pourra s'empêcher de reconnoître aussi qu'il lui est naturel de mériter la bienveillance des autres par la sienne, puisque c'est là ce que l'expérience lui enseigne ; ou l'on prétendra qu'il ne lui est pas naturel de régler sa conduite sur cette expérience même, et qu'il ne le fait que par force, et comme malgré lui. Mais, en ce cas, il faudra donc soutenir aussi que tous les hommes agissent contre leur nature, en se conformant aux leçons de cette expérience. Ce n'est pas tout : comme on ne peut refuser de convenir que l'état où ils tendent par là, est le plus favorable à leur félicité, suivant la mesure de leur condition présente, il faudra aller encore plus loin, et dire qu'en tendant à la situation qui convient le mieux à leur nature, les hommes agissent continuellement contre leur nature même ; conséquences si étranges, si absurdes, si insoutenables, qu'elles se tournent en preuves contre un sentiment qui ne peut se soutenir que par de tels paradoxes.

Je puis donc imiter encore ici cette méthode des géomètres, qui, supposant d'abord une proposition fausse comme certaine, trouvent, dans les suites nécessaires de cette proposition même, la démonstration de la vérité qu'ils veulent établir.

En effet, tout le système de Hobbes se réduit à cette seule proposition, que je regarde, pour un moment, comme si elle étoit véritable. L'homme n'aime pas naturellement ses semblables, parce qu'il n'aime que lui-même. Voyons donc quelles sont les conséquences qui en résultent.

Donc, l'homme commencera par haïr ses semblables ; et c'est une conséquence avouée par le même philosophe.

Mais en les haïssant, il éprouvera une longue suite de peines, qui ne manqueront pas de le rendre malheureux.

Donc, une triste expérience le forcera à faire au moins semblant de les aimer, pour se procurer, par là, les biens que leur haine, excitée par la sienne, lui refuse, et que leur bienveillance, animée par les marques apparentes de son affection, peut seule lui accorder.

Mais la réalité de son amour pour eux lui est encore plus utile que les seules apparences de cet amour, et la même expérience lui montrera que les hommes, y prenant plus de confiance, seront plus portés à lui faire du bien, au lieu que sa dissimulation lui devient fatale, si elle est une fois découverte.

Donc, l'expérience lui apprendra que plus il s'aime lui-même, plus il doit se porter à aimer réellement les autres hommes.

Mais, dans tout cela, il ne fera que suivre l'impression de sa nature, qui le conduit d'elle-même à aimer, non-seulement son bien propre, mais ceux de qui il peut le recevoir.

Donc, il agira directement, selon la nature, en aimant ses semblables; et, par conséquent, de cette proposition même, qu'il est naturel à l'homme de s'aimer lui-même, je parviens, par une suite de propositions évidentes et nécessaires à celle-ci : *donc, il lui est naturel d'aimer* les autres hommes.

En un mot, l'homme s'aime naturellement lui-même : c'est une proposition qui m'est commune avec Hobbes. Il en conclut que l'homme hait naturellement ses semblables. Moi, au contraire, je conclus, de cette même proposition, que l'homme les aime naturellement. Il est aisé de juger, par tout ce que je viens de dire, quelle est la plus juste de ces deux conséquences; et la chose me paroît à présent si évidente, que je regrette presque le temps que j'ai employé à réfuter un système qui ne peut se soutenir, comme je l'ai dit plus d'une fois, qu'en supposant qu'il est naturel, à un être raisonnable d'agir non-seulement contre sa raison, mais contre une expérience qui la confirme pleinement, de l'aveu même des défenseurs de ce système.

Je passe donc, à présent, aux conséquences du principe, que j'ai établies dans cette méditation, ou aux règles que mon amour-propre doit me prescrire, en faisant usage de ma raison et de mon expérience pour tendre à ma perfection et à mon bonheur, par la société que j'ai avec les autres hommes. C'est le troisième point que je me suis proposé d'approfondir, et qui fera le sujet de ma méditation suivante.

DIXIÈME MÉDITATION.

SOMMAIRE.

L'objet de cette méditation est de tirer, des principes établis dans les trois méditations précédentes, les conséquences générales et particulières qui sont comme autant de règles que mon amour-propre, s'il est raisonnable, doit suivre par rapport aux trois objets essentiels de son attachement, Dieu, moi-même et les autres hommes. Tous les principes réduits à cette unique proposition, que mon véritable bonheur consiste dans la jouissance de ma perfection et dans la satisfaction qui en est inséparable. Règles générales qui naissent de cette proposition fondamentale. Les règles particulières et propres à chaque espèce d'amour ne sont que des suites naturelles de ces lois générales. De là l'obligation d'aimer Dieu : caractères de cet amour; devoirs qu'il m'impose. Amour que je me dois à moi-même : j'en découvre tous les devoirs et toutes les règles dans ce principe général que, si je suis raisonnable, je tends toujours à mon bonheur par ma perfection. Amour pour mes semblables : règles qui doivent en diriger les sentimens et les démarches : je puis avoir avec eux des liaisons plus ou moins étendues, et chacun de ces engagemens a des règles qui lui sont propres. Première société qui embrasse tout le genre humain. Toutes les règles qui y ont rapport, renfermées dans ces deux maximes générales : 1.° je m'aime d'autant plus moi-même que j'aime davantage les autres hommes; 2.° mon amour pour eux doit tendre uniquement à les rendre heureux en les rendant parfaits. La réunion de toutes les règles qu'un amour-propre, conduit par la raison, me prescrit par rapport à Dieu, à moi-même, à mes semblables, forme le droit naturel. Fausses idées des jurisconsultes romains sur cette matière. Après la société générale de tout le genre humain, viennent les sociétés formées d'une seule nation soumise au même gouvernement. On peut les considérer, les unes par rapport aux autres, ou chacune en particulier, dans les bornes de son territoire. Sous ce double point de vue, se présente un nouvel ordre de devoirs qui lient les membres avec les grands corps, ou les grands corps les uns avec les autres. De là le droit des gens. Notions fausses ou imparfaites des juris-consultes romains sur ce point. Diverses formes de gouvernement. Devoirs réciproques des citoyens envers la patrie, et de la patrie ou de ceux qui la gouvernent envers les citoyens. Principes généraux du droit civil des nations : devoirs qui en résultent. Règles que l'amour-propre, dirigé par la raison, prescrit par rapport à ces sociétés particulières que le mariage, la naissance, la parenté ou l'alliance et l'amitié peuvent former entre les hommes. Ainsi, l'amour-propre que Hobbes représente comme essentiellement ennemi de tous nos devoirs, devient, au contraire, quand il n'est pas perverti par les passions, un législateur parfait, un législateur universel. Vaine objection de ce que les règles d'un amour-propre, toujours raisonnable, sont trop au-dessus de la foiblesse humaine. Certitude et importance de ces règles indépendantes des vices ou de la fidélité des hommes. Obligation de recourir à Dieu pour trouver en lui le supplément et le remède de mon impuissance.

Les principes que j'ai établis, dans mes trois dernières méditations, sur les deux espèces d'amour que j'y ai distinguées, me paroissent non-seulement simples et certains, mais d'une si grande fécondité, que je puis y découvrir aisément toutes les règles que mon amour-propre doit suivre par rapport aux trois objets essentiels de son attachement, je veux dire Dieu, moi-même, et les autres hommes.

En effet, tous ces principes, bien médités, peuvent se réduire à cette unique proposition, que mon véritable bonheur consiste dans la vue, ou, s'il m'est permis de parler ainsi, dans la jouissance de ma perfection, et dans la satisfaction qui en est inséparable, lorsque je crois pouvoir, avec raison, me complaire dans moi-même.

Telle est la véritable fin que je me propose naturellement, soit que mon amour s'élève jusqu'à Dieu, soit que je le renferme dans moi seul, soit qu'il se répande au-dehors sur tous les objets qui peuvent exciter en moi des sentimens agréables. Je veux toujours être heureux, et je sens que le plus sûr moyen de le devenir, est de travailler en toutes choses à augmenter la perfection, ou pour parler comme je l'ai déjà fait, la grandeur et l'étendue de mon être, en m'appropriant, autant qu'il m'est possible, tous les avantages que je peux recevoir des objets qui sont hors de moi.

Toutes les règles générales ou particulières par lesquelles je dois diriger les démarches de mon amour-propre, s'il est raisonnable, ne sont que des conséquences directes et immédiates de cette vérité. Je dis *générales et particulières*, parce qu'en effet j'en distingue de deux sortes par rapport à l'objet propre de cette méditation qui doit renfermer les lois dont mes trois méditations précédentes ne sont, pour ainsi dire, que le préambule, ou m'apprendre à recueillir, dans la pratique, le fruit des vérités dont je me suis convaincu dans la spéculation.

Les premières règles sont celles que je nomme des règles générales, parce qu'elles conviennent également à tout amour, quel qu'en puisse être l'objet.

J'appelle les autres des règles particulières, parce qu'elles sont propres à chaque espèce d'amour considéré par rapport à son objet, qui, comme je viens de le dire, est ou Dieu, ou moi-même, ou les autres hommes.

Je commence par les règles générales, et je les renferme dans un petit nombre d'articles qui seront comme les principaux corollaires de ma proposition fondamentale, parce qu'elles naissent toutes de l'idée et du désir que j'ai de ma perfection et de mon bonheur.

I. La perfection de mon ame n'étant autre chose que le bon usage de ma liberté pour connoître par mon intelligence ce qui m'est véritablement utile, et pour m'y attacher par ma volonté, je dois rapporter à cette fin toutes les opérations de mon esprit, tous les mouvemens de mon cœur; et c'est à ce but que je tendrai toujours, si j'aime Dieu, moi-même, et mes semblables comme je dois les aimer.

II. Mon bonheur n'est qu'une suite de ma perfection; et quel que soit l'objet de mon amour, c'est dans mon ame seule que je dois chercher ce bonheur, non-seulement parce qu'elle est capable d'une perfection bien plus grande que mon corps, mais encore parce que tout sentiment agréable, en quoi consiste l'essence du bonheur, ne peut se trouver que dans un être capable de sentir. Ma seconde règle sera donc d'être toujours attentif à ce qui peut rendre mon ame véritablement et solidement heureuse par l'usage qu'elle fera, dans sa conduite, des connoissances que j'ai acquises sur ce sujet.

III. Mais, comme je l'ai dit dans ma septième méditation, tout bonheur ou tout plaisir actuel naît en moi de l'opinion que j'ai de posséder un bien : opinion qui me trompe souvent par excès ou par défaut, c'est-à-dire, parce qu'elle retranche ou parce qu'elle ajoute à l'idée réelle de ce qui m'est véritablement avantageux ; ainsi, pour éviter cette double méprise, à l'égard de tout ce que j'aime, je jugerai toujours de ce qui excite mon amour relativement à la valeur réelle qu'il peut avoir par rapport à moi. Sans diminuer cette valeur par une résistance aveugle et téméraire à l'impression naturelle du vrai bien, sans l'augmenter par une facilité aussi imprudente à suivre le rapport de mes sens, ou le jugement trompeur de mon imagination.

IV. Ce sera donc en observant toujours cette règle que je préfèrerai le plaisir le plus grand, le plus durable, et à plus forte raison le bonheur qui renferme tous les sentimens agréables ou qui remplit tous mes désirs, à une satisfaction imparfaite ou passagère qui ne sert qu'à irriter ma soif au lieu de l'apaiser ; et par conséquent je sacrifierai sans peine une joie plus sensible, mais de peu de durée, à un contentement moins vif, mais stable et permanent, qui me procure non pas un seul acte, mais une habitude constante, et ce que j'ai appelé un *état* de plaisir.

V. Pour m'affermir dans cette règle, j'envisagerai les plaisirs non-seulement en eux-mêmes, mais dans leurs suites ; et ces voluptés innocentes, qui ne peuvent m'exposer à aucun retour de douleur, me paroîtront bien au-dessus de celles qui, quoique plus grandes dans le moment présent, deviennent pour moi la source d'une longue suite de plaisirs.

VI. Comme le mal ou la douleur sont le contraire du bien et du plaisir, j'en ferai le discernement par les mêmes règles que je me suis prescrites par rapport à ce qui m'est bon ou agréable : règles qui m'apprennent également et ce que je dois recher-cher, et ce que je dois éviter.

VII. En comparant les peines avec les plaisirs, j'ai reconnu que la seule exemption de toutes sortes de peines est par elle-même un si grand plaisir, que s'il faut acheter l'état où je puis goûter cette satis-faction par la souffrance d'une peine supportable et passagère, je ne dois pas hésiter à prendre ce parti, comme je le prends en effet toutes les fois que je n'ai point d'autre voie pour conserver ou pour re-couvrer ma santé, qui n'a souvent pour moi que le simple plaisir de ne sentir aucune douleur à l'occasion de mon corps.

VIII. Par conséquent la crainte d'une peine ac-tuelle, qui n'est pas au-dessus de mes forces, doit encore moins m'empêcher de me procurer un état habituel qui ne m'offre pas seulement l'exemption de toute douleur, mais qui m'assure la jouissance d'un plaisir beaucoup plus grand que la peine par laquelle je suis obligé de l'acheter. Or, tel est celui qui résulte de la vue de ma perfection, soit que je m'occupe de moi seul, ou que je me regarde comme y aspirant par l'amour de Dieu, ou par celui de mes semblables. Donc, il n'y aura point de peine qui ne me paroisse supportable quand je la comparerai avec plaisir, soit que cette peine consiste dans la pri-vation d'un bien qui m'est agréable, soit qu'elle aille même jusqu'à me faire souffrir un mal réel, dont le sentiment soit triste et douloureux pour mon ame.

IX. Mais, d'un côté, ma souveraine perfection est d'être uni à Dieu; et de l'autre, ma perfection portée à ce dernier degré, me fait posséder aussi le souverain bonheur, ou le seul qui soit capable d'éteindre tous mes désirs en remplissant toute la capacité de mon cœur.

Ainsi, ma dernière règle, qui renferme toutes les autres, sera de tendre toujours à cette union comme à la dernière fin de mon amour-propre, qui, s'il est éclairé et conduit par la raison, ne m'attachera ni à moi-même ni à d'autres créatures bornées comme moi, que pour me rendre véritablement heureux en me rendant véritablement parfait, par l'imitation et la posséssion du souverain être.

Telles sont les règles générales et communes à toutes sortes d'amours qui sont renfermées, comme je l'ai dit, dans les plus simples idées de ma perfection ou de mon bonheur. Les règles particulières ou propres à chaque espèce d'amour qu'il s'agit à présent d'expliquer, ne sont que des suites ou des conséquences naturelles de ces lois générales.

Ainsi, pour apercevoir du premier coup-d'œil le principe de toutes les opérations régulières de mon amour par rapport à Dieu, je n'ai qu'à raisonner de cette manière.

Je veux m'aimer moi-même, et, pour pouvoir m'aimer raisonnablement, je cherche à me regarder comme parfait : mais je ne saurois y parvenir, comme je viens encore de le répéter, si mon être borné ne s'unit intimement à l'Être infini où je trouve tout ce qui me manque, et qui élève tellement mes pensées et mes sentimens, qu'ils deviennent, en quelque manière, ceux de la divinité même.

Si je ne m'aime parfaitement qu'autant que je suis uni à Dieu, parce que jusque-là l'objet de mon amour demeure toujours essentiellement imparfait, je dois donc aimer Dieu, je ne dis pas autant, mais plus que moi-même, ou plutôt je ne peux m'aimer raisonnablement qu'en lui ; ou pour m'exprimer encore d'une autre manière, c'est lui que j'aime véritablement en m'aimant moi-même ; puisque ce moi qui est l'objet de mes premiers regards, se perd.

et s'abîme, pour parler ainsi, dans l'immensité de l'Être divin qui devient l'unique terme de mon affection. Voilà la première règle que je dois me prescrire à moi-même.

Par conséquent, c'est l'idée de Dieu qui est la règle et la mesure de cet amour infiniment supérieur à tout autre que je dois avoir pour lui. Or, cette idée me le représente comme l'Être qui peut seul soutenir ma foiblesse, suppléer à mon indigence, ou, au contraire, augmenter l'une et l'autre en me refusant l'appui et le secours dont j'ai besoin, et qui en effet use continuellement de ce pouvoir, puisqu'il n'y a aucun sentiment agréable ou désagréable dans mon ame dont il ne soit l'auteur : en sorte qu'étant toujours le maître de me donner l'un et de m'épargner l'autre, il est le seul bien réel, ou plutôt il est tout bien pour moi, et par conséquent le seul objet véritable de mon amour.

Mais, si cela est, je dois l'aimer comme tenant en sa main tout ce qui me paroît aimable, et je dois le craindre comme disposant aussi absolument de tout ce que je trouve redoutable. Ce sera donc à lui seul que j'aurai recours pour obtenir l'un ou pour éviter l'autre ; et par conséquent je découvrirai dans mon amour-propre même, s'il est raisonnable, le fondement de la prière la plus digne de l'Être suprême, c'est-à-dire, de celle qui tend à obtenir de lui qu'il me donne les vrais biens, et qu'il détourne de moi les véritables maux, quand même je serois assez aveugle pour me tromper sur les uns ou sur les autres, et pour lui demander comme un bien ce qui doit être regardé comme un mal : prière dont les sages même du paganisme nous ont tracé le modèle, tant ils ont senti, par les seules lumières de la raison, que cette prière n'étoit qu'une suite de la nature de l'homme comparée avec la nature de Dieu. Ainsi, ma seconde règle, tirée de l'idée que j'en ai, sera d'aimer, de craindre, d'invoquer le maître de la vie et de la mort, le souverain dispensateur des biens et des maux, en qui seul je puis

trouver ce qui me manque, c'est-à-dire, cette perfection, cette intégrité, cet accomplissement de mon
être que je ne cesse jamais de désirer.

Mais l'Être infiniment parfait ne sauroit se communiquer ni s'unir qu'à ceux qui lui ressemblent,
autant qu'il leur est possible, ou qui s'efforcent
d'acquérir, au moins, quelques traits de cette auguste ressemblance par l'imitation de ses divins attributs. Or, je ne puis faire consister cette imitation
que dans la conformité de mes pensées, de ma volonté, de mes paroles, qui sont l'image de mes
pensées et de mes actions, qui sont l'effet de ma
volonté, avec les pensées et la volonté de Dieu même.
Mon amour pour Dieu ne sera donc véritable et ne
tendra jamais dignement à son unique fin, qu'autant
qu'il me portera à penser, à juger de tout comme
Dieu, à vouloir tout ce que Dieu veut, à rejeter
tout ce qu'il ne veut pas ; et ce sera la troisième et
la plus importante de toutes les règles que mon amour-
propre se prescrira par rapport à ce grand objet de
son attachement.

Mais, comment parviendrai-je à être suffisamment
instruit de ses idées et de sa volonté ? Je ne connois
que deux voies qui puissent me conduire à une
science si nécessaire et si importante pour moi :

La première, est celle que j'ai appelée dans ma
quatrième méditation, *la révélation naturelle*, je
veux dire ce que les lumières de notre raison nous
découvrent sur ce point, en y joignant ce qu'un sentiment intérieur, ou une conscience certaine, nous
fait connoître sur notre nature toujours comparée
avec celle de Dieu.

Je méditerai donc, d'un côté, sur les notions que
j'ai de la divinité, de sa science et de sa sagesse
infinie, de sa toute-puissance, de sa souveraine bonté,
en un mot de sa perfection absolue et universelle,
soit que je considère ces attributs dans toute l'étendue
de leur idée, soit que je les envisage dans les
ouvrages de Dieu et dans la manière dont il les
conduit.

J'étudierai de l'autre, la nature et les propriétés de mon être, sa grandeur et sa bassesse, sa force et sa foiblesse ; en quoi consiste la perfection de son intelligence et celle de sa volonté ; ce qui peut le rendre heureux ou malheureux ; ce qu'il a reçu et ce qu'il reçoit continuellement de Dieu ; ce qu'il doit en désirer et ce qu'il a lieu d'en attendre s'il est toujours fidèle à chercher dans l'Être infini ce qui manque à son être borné.

Par ces deux sortes de méditations, je parviendrai à établir des principes certains et comme des points fixes ou immuables qui seront autant d'axiomes évidens, parce qu'ils seront clairement compris dans l'idée même que j'ai de Dieu et de l'homme.

Il ne me restera donc, après cela, que d'en tirer des conséquences aussi directes que nécessaires, comme je l'ai fait en plusieurs endroits de cet ouvrage, qui me feront connoître en général et ce que Dieu juge et ce que Dieu veut dans les actions principales de ma vie, je veux dire dans celles qui ont un rapport plus essentiel avec ma perfection et mon bonheur. Et, comme ces conséquences seront aussi évidemment renfermées dans mes principes, que mes principes le sont eux-mêmes dans l'idée que j'ai de l'Être infini et de mon être borné, la connoissance que j'acquerrai par cette voie, sera aussi certaine et aussi démontrée que celle des vérités de la géométrie, parce que j'y serai parvenu par une voie aussi simple que lumineuse, et qui me paroît même à la portée d'un plus grand nombre d'esprits que la science profonde des mathématiques.

A la vérité mes lumières seront toujours bornées ou imparfaites ; mais elles ne le sont pas moins dans ce qui appartient à l'objet entier de la géométrie, parce qu'il n'y a aucune connoissance de l'esprit humain qui ne porte nécessairement le caractère de son imperfection ; et celle que la raison me donne des idées et de la volonté de Dieu, quelque médiocre qu'elle soit, me suffira néanmoins pour régler les miennes, si je suis toujours également attentif à juger, par lumière plutôt que par sentiment, de la conduite que Dieu exige d'un être qu'il a créé pour le rendre heureux par l'imitation de son auteur.

A cette première manifestation des lois du créateur, qu'on appelle la révélation naturelle, je conçois qu'il peut en joindre une seconde encore plus lumineuse, plus étendue et plus utile pour nous que la première, s'il veut bien venir au secours de notre foible raison pour nous révéler lui-même ses idées et sa volonté sur la vraie perfection, sur le bonheur solide de notre être, sur la voie par laquelle nous pouvons y parvenir, sur le culte par lequel il veut que nous honorions sa grandeur infinie, en un mot, sur tous nos devoirs par rapport à lui.

La quatrième règle sur la conduite de mon amour à l'égard de l'Être suprême, aura donc deux parties.

Je m'attacherai, premièrement, à méditer, à étudier, à découvrir ce que Dieu pense et ce que Dieu veut, en faisant le meilleur usage qu'il m'est possible de ma raison, pour m'élever par degrés à une connoissance qui est, à proprement parler, la seule science nécessaire à l'homme.

Mais, affligé de l'imperfection de mes découvertes, et de la foiblesse de mon ame, qui ne fait pas même encore tout le bien qu'elle connoît, je chercherai de bonne foi à y suppléer par le secours de la révélation surnaturelle. Je comprendrai que s'il y en a une, c'est le plus grand présent que la bonté de Dieu ait jamais pu faire au genre humain, puisqu'il l'a mis par là en état de le chercher et de le trouver. Ma raison pourra même aller jusqu'à me faire sentir deux vérités également importantes sur ce point.

L'une, que si Dieu a daigné m'expliquer lui-même les lois que je dois suivre pour régler les démarches de mon amour, il aura sans doute accompagné sa parole de tant de signes, de prodiges et d'effets évidemment surnaturels, que tout esprit raisonnable et attentif puisse reconnoître à ces marques éclatantes que c'est Dieu même qui a parlé.

L'autre, que, pour me mettre en état d'accomplir

37 *

ce qu'il me commande, il aura aussi joint à ces préceptes un attrait puissant et un secours capable de remédier à mon infirmité, et qui me donne la force nécessaire pour tendre à la véritable perfection par la route qu'il aura bien voulu me tracer.

Il me paroît certain que la véritable religion, c'est-à-dire, celle qui peut se vanter d'être la seule dépositaire de la révélation surnaturelle, doit avoir ces deux caractères. Mais y en a-t-il une dans le monde qui les réunisse effectivement ? C'est ce qui deviendra le plus digne objet de mes recherches. Heureux si je puis parvenir à la reconnoître, je n'aurai plus, après cela, qu'à m'instruire pleinement de tout ce qu'elle enseigne aux hommes pour leur apprendre à conformer leur volonté comme leurs pensées à celles de Dieu, et je jouirai alors du plaisir de voir, comme je le reconnoîtrai encore plus dans la suite, que c'est mon amour-propre même, toujours éclairé comme il le doit être par les lumières de ma raison, qui m'a conduit par degrés jusqu'à la connoissance et à la pratique de la véritable religion.

Un plus long détail sur mes devoirs à l'égard de l'Être infini seroit inutile par rapport à mon dessein dans cet ouvrage. Je conçois qu'ils sont tous éminemment renfermés dans les quatre règles que je viens de me prescrire; et l'ordre que je me suis proposé, demande que je passe maintenant au second objet de mon amour, je veux dire à moi-même, que j'aime toujours également, soit que ma complaisance se renferme uniquement en moi, soit qu'elle se détourne, comme je l'ai dit ailleurs, vers mes semblables, pour se ramener vers moi avec tous les avantages dont mon amour-propre croit s'enrichir dans le commerce qu'il a avec les objets extérieurs.

Je m'arrête d'abord à la première espèce d'amour qui se renferme dans moi seul, et j'en découvre tous les devoirs dans mon principe général, c'est-à-dire, dans cette vérité que si je suis raisonnable, je tends toujours à mon bonheur, par ma perfection.

Je croirai donc, premièrement, faire un usage légitime de mon amour-propre, en prenant un soin raisonnable de conserver, de rétablir, d'augmenter même, s'il se peut, la bonne disposition, la force ou l'adresse de mon corps, et d'éviter ou de prévenir tout ce qui peut y être contraire, parce que c'est en cela que consiste sa perfection, et qu'à cette perfection Dieu a bien voulu attacher des sentimens agréables, qui sont comme l'amorce et la récompense des peines que je prends pour cette partie de mon être.

Mais cette perfection de mon corps ne m'est pas seulement agréable en elle-même; je sens qu'elle m'est encore utile pour la perfection de mon ame qui remplit bien plus aisément toutes ses fonctions, lorsqu'elle n'y trouve point d'obstacle dans le dérangement d'une machine dont le secours lui est si nécessaire dans ses opérations même les plus spirituelles.

Ainsi, ma seconde règle et mon plus noble motif dans l'attention que j'aurai pour mon corps, sera de l'entretenir toujours, autant qu'il me sera possible, dans une situation où, loin de se rendre inhabile au service de mon ame, il soit entre ses mains comme un instrument souple et docile, dont elle dispose à son gré et qu'elle manie comme il lui plaît, pour parvenir à cette félicité qui ne réside qu'en elle seule, et qui est l'objet continuel de mes désirs.

Si c'est mon ame que j'aime véritablement, lorsque j'aime mon corps, ma troisième règle sera de travailler encore plus à la perfection de l'une qu'à celle de l'autre. Et, comme j'ai remarqué plus d'une fois que cette perfection consiste uniquement dans le bon usage de mon intelligence pour connoître le vrai bien, et de ma volonté pour l'acquérir, ce sera là l'objet continuel de mon attention, si je sais m'aimer véritablement, et si je suis bien convaincu de ce grand principe que pour être heureux, il faut être parfait. Pour développer un peu plus cette idée générale, je parviendrai à faire régner un ordre ou une harmonie parfaite entre toutes les facultés et les opérations de mon ame. Or, en quoi peut consister cet

ordre ou cette harmonie ? si ce n'est dans l'accord
constant de mes jugemens avec mes idées claires, de
mes sentimens ou des mouvemens de mon cœur avec
mes jugemens, enfin de mes paroles et de mes actions
avec mes sentimens et mes jugemens. Mais tout cela
est renfermé dans le bon usage de mon intelligence
et de ma volonté. Ainsi, j'ai eu raison d'en conclure que je dois m'appliquer sans relâche à perfectionner ces deux facultés, si je veux parvenir à
la perfection de mon ame, comme ma troisième règle
m'y oblige.

Mais le pays où mon intelligence peut voyager, n'a
point de bornes; et celui qui s'offre continuellement
aux désirs de ma volonté, en a encore moins s'il se
peut, parce que la capacité de vouloir est encore
plus grande dans mon ame que celle de connoître.
C'est cette immensité même, ou cette multiplicité
infinie des objets de ma pensée ou de mon amour,
qui est une des principales causes de mes égaremens;
parce que l'activité de mon esprit et de mon cœur,
ayant besoin d'une espèce de nourriture continuelle,
il m'arrive souvent de l'amuser plutôt que de l'occuper,
en saisissant le premier objet qui se présente à mes
regards ou à mes désirs. Ce sera donc pour éviter cet
inconvénient, que je ferai consister ma quatrième
règle à être en garde contre ces premières impressions, qui débauchent, pour ainsi dire, mon entendement et ma volonté, et qui lui font perdre de vue
l'objet général de ma perfection intérieure; afin que,
éloignant de moi tout ce qui distrait mon ame plutôt
qu'il ne l'attache à son véritable bien, elle conserve
toute la force de son attention et de son amour, pour
les moyens qui peuvent la conduire directement ou
indirectement à ce dernier terme; et, comme je n'en
connois point de plus efficaces que l'étude de Dieu
et de moi-même, j'expliquerai encore plus clairement ma quatrième règle, si je dis qu'elle consistera à éviter tout ce qui n'est propre qu'à me détourner d'une étude si nécessaire, afin que mon ame
puisse s'appliquer sans distraction et sans partage

à connoître et à aimer dignement ces deux grands objets.

En évitant la méprise qui me fait courir vainement après des objets, ou inutiles, ou même nuisibles à ma perfection, je puis encore tomber dans un autre inconvénient et pécher par une espèce d'excès, à l'égard des objets mêmes qui me paroissent les plus dignes de mon attention; c'est ce qui m'arrive, lorsque, par une curiosité téméraire et dangereuse, je veux découvrir, ou sur Dieu, ou sur moi-même, plus qu'il ne m'est permis de savoir. Je regarderai donc comme une des connoissances les plus nécessaires pour moi, celle de la mesure de mes forces; et j'en jugerai, comme de tout le reste, par les idées claires que je trouve dans mon ame. Tout ce qui pourra se résoudre par ces idées, ou par les conséquences aussi claires que mon esprit sentira qu'il en peut tirer, me paroîtra un objet proportionné à la capacité de mon intelligence bornée. Mais tout ce qui n'est point de ce genre, tout ce qui dépend de connoissances que je n'ai pas et que je ne saurois acquérir, soit qu'elles soient fondées sur des vérités qui surpassent la portée de mon entendement, soit qu'elles aient pour principe une volonté positive de Dieu ou des faits qu'il ne lui a pas plu de me révéler, je le regarderai comme un objet qui est hors de la sphère de mon esprit. Plus content de l'ignorer sagement, que si j'entreprenois de le sonder témérairement, je n'épuiserai point mon attention par des efforts inutiles, et je saurai ménager tellement les forces de mon ame, qu'elle conserve également toute l'activité et toute la vigueur de son intelligence pour connoître ce qu'elle peut concevoir, toute la constance et toute la stabilité de sa volonté pour parvenir à le posséder. En un mot, ma cinquième règle sera de savoir jusqu'où je puis aller, et où je ne saurois pénétrer; de fixer exactement les bornes qui séparent pour moi le connu et l'inconnu, le possible et l'impossible; de garder une juste mesure dans le bien, et de mériter la louange que Tacite donne à Agricola, d'avoir su tempérer sa curiosité par sa raison, et être sobre dans la sagesse même. *Sublime et erectum ingenium.... mox mitigavit ratio, et ætas; retinuitque; quod est difficillimum, ex sapientiâ modum* (1).

Je n'ai presque pas besoin d'ajouter, après cela, pour sixième règle, que si mon amour-propre, lorsqu'il suit les lois de la raison, a toujours pour objet la perfection de mon corps et celle de mon ame, il doit tendre, par une suite nécessaire, à la perfection du tout, qui se forme par l'union de ces deux substances, c'est-à-dire, à celle de l'homme entier. Mais, quoique cette règle soit évidemment renfermée dans les précédentes, elle mérite la place que je lui donne ici, par les conséquences que j'en peux tirer, pour établir les dernières règles qui me restent à expliquer sur l'amour-propre qui m'attache à moi-même.

Puisque je suis composé de deux substances si différentes, mon amour, pour tout ce qui en résulte, seroit bien peu raisonnable, s'il ne s'attachoit à connoître, non-seulement la nature de l'un et de l'autre, mais celle du lien qui les unit, et du pouvoir qu'elles exercent réciproquement sur les opérations qui sont propres à chacun de ces deux êtres; et si je ne puis douter que Dieu ne soit et l'auteur, et, comme je l'ai dit ailleurs, l'exécuteur continuel de ce pouvoir, je conclurai de l'union même, qui subsiste d'une manière si admirable entre mon corps et mon ame, que je pécherois contre les lois essentielles de cette union, si j'abusois de la puissance que j'ai par mon ame sur mon corps, ou par mon corps sur mon ame, pour nuire ou à la perfection de l'une et de l'autre, ou à celle d'un si admirable composé. Je regarderai donc, comme une règle inviolable pour moi, de ménager, avec une attention suivie, les intérêts de ces deux substances, afin qu'elles concourent également, suivant la proportion de leur nature, à la perfection du tout, dont elles sont les parties essentielles.

(1) *Tacit. Agric. vit.*, ch. 4.

Je dis *suivant la proportion de leur nature*, parce que les soins qu'elles exigent de moi, pour la conservation de leurs avantages, ne m'empêchent pas de sentir combien l'une est plus excellente que l'autre : d'où je tire cette huitième règle, que, s'il m'est permis et même ordonné de cultiver précieusement l'union que Dieu a établie entre mon corps et mon ame, je dois les apprécier suivant leur juste valeur, et me complaire beaucoup plus dans celle de ces deux substances, qui est sans comparaison la plus parfaite.

S'il se trouve donc des occasions, où la perfection de l'une soit incompatible avec la perfection de l'autre, mon amour-propre n'hésitera point à préférer les avantages de la partie la plus noble; et la raison, dont il suit les leçons, lui dictera cette neuvième et dernière règle, qu'il doit sacrifier généreusement les intérêts d'une substance fragile et périssable à ceux d'une substance, non-seulement plus durable, mais immortelle.

Ainsi me parle un amour-propre vraiment éclairé, et tels sont les conseils qu'il me donne sur la manière de m'aimer utilement moi-même, lorsque je me considère indépendamment des autres hommes. Il ne lui reste donc plus que de me prescrire aussi les règles que je dois suivre à l'égard de ce troisième objet de son attention. Mais, comme je puis avoir avec eux des liaisons plus ou moins étendues, et que chacun de ces engagemens a des règles qui lui sont propres, je les établirai aussi séparément, en commençant par les plus générales.

La première et la plus étendue de toutes les sociétés, est celle qui embrasse tout le genre humain, et qui est uniquement fondée sur les liaisons communes que la nature a formées entre tous les hommes. Ce sont les seules que je dois considérer ici, si je veux découvrir d'abord les règles que la raison dicte à mon amour-propre, par rapport à cette grande société. Je n'y envisagerai mes semblables qu'en tant qu'ils sont hommes comme moi; et en effet, il ne m'en faut pas davantage pour m'obliger à dire comme ce vieillard de Térence.

Homo sum, humani nil a me alienum puto (1).

Mais, plus je médite sur ce sujet, plus je reconnois que toutes les règles qu'il s'agit à présent d'expliquer, sont renfermées dans ces deux principes généraux que j'ai établis en tant de manières dans ma méditation précédente.

Le premier, est que je m'aime d'autant plus moi-même que j'aime davantage les autres hommes, soit par le goût naturel que j'ai pour aimer, soit parce que mon affection pour eux, et les marques que je leur en donne, étant le moyen le plus sûr que je puisse mettre en œuvre pour acquérir les biens qui me manquent et qui sont entre leurs mains, ma complaisance pour moi, qui est le fond de mon amour, croît et s'augmente toujours à mesure que j'étends mon être, et que je l'agrandis en quelque manière, par les avantages que je reçois de mes semblables.

Le second principe est que, comme l'objet direct, essentiel, légitime de mon amour rapporté à moi seul, est de tendre à mon bonheur par ma perfection, mon amour rapporté aux autres hommes, doit avoir la même fin, et aspirer, dans le même esprit, à les rendre heureux en les rendant parfaits; soit parce que telle est en général la véritable nature de tout amour; soit parce que contribuer à la perfection et à la félicité des autres, c'est augmenter réellement la mienne, et par conséquent le plaisir que je trouve à m'aimer.

De deux principes si féconds, je tire les conséquences suivantes, qui deviendront autant de règles pour mon amour-propre, par rapport à la société générale du genre humain.

Je dois donc aimer tous les hommes, c'est-à-dire, selon l'idée que j'ai attachée ailleurs à cette expres-

(1) *Terenc. Heautontir., Act.* 1, *Sc.* 1.

sion, être toujours dans une disposition réelle et
effective de leur faire du bien; et, comme ce qui est
un bien pour eux, de même que pour moi, est tout
ce qui contribue à les rendre plus parfaits, et par là
plus heureux, il est évident que mon amour-propre,
s'il est raisonnable, doit me porter à travailler, autant
qu'il m'est possible, à leur perfection et à leur bonheur, dans lequel le mien propre se trouve toujours
renfermé. Je pourrois me contenter de cette seule
règle, qui est la base et le fondement de toutes les
autres.

Mais, s'il faut entrer dans un plus grand détail
pour en faire mieux connoître toute l'étendue, j'ajoute
que le premier de tous les biens qui entrent dans
l'idée de la perfection et du bonheur de l'homme,
étant l'exemption des maux qui y sont contraires, ma
seconde règle sera de ne faire jamais aucun de ces
maux réels à mes semblables, et de leur épargner
même tous ceux qui ne consistent que dans leur imagination, lorsqu'il ne sera pas nécessaire qu'ils les
souffrent pour leur perfection et pour la mienne.
Car, quoique ces maux ne soient qu'apparens, à les
considérer en eux-mêmes, il en résulte un mal réel,
je veux dire la perte de leur amour, qu'il m'est
aussi utile qu'à eux de conserver, et par conséquent
je ne dois jamais m'exposer à cet inconvénient, si ce
n'est lorsqu'il s'agit des véritables biens, c'est-à-dire,
de notre perfection et de notre félicité commune, à
laquelle je dois tout sacrifier.

Les autres hommes n'auront donc aucun mal réel
à craindre de ma part, ni pour leur vie, ni pour leurs
richesses, ni pour leur honneur; et non-seulement je
ne leur nuirai pas moi-même, mais j'empêcherai,
autant qu'il me sera possible, tous les autres de leur
nuire; car, sans cela, il ne seroit pas vrai de dire,
que je fais tout ce qui est en moi, pour leur perfection et pour leur félicité, comme pour la mienne.

La parole étant le nœud qui me lie le plus étroitement avec mes semblables, et la raison m'ayant
convaincu que je ne puis en avoir reçu l'usage de

mon auteur que pour le bien commun de la société,
je n'aurai garde de m'en servir, pour induire les autres
hommes en erreur, ou pour leur faire croire ce que
je sais n'être pas véritable, parce que je travaillerois
par là à les rendre moins parfaits ou moins heureux.
Je regarderai donc le mensonge, quoiqu'il ne roule
que sur des faits, ou sur des vérités arbitraires et
contingentes, comme une des plus grandes infrac-
tions de la société humaine, et la loi qui m'oblige à
l'aimer. La vérité régnera toujours de ma part dans
un commerce dont elle est le principal lien, et la
fausseté en sera bannie, parce qu'elle en est la destruction.

Si j'évite avec soin de faire sur les autres hommes
des impressions contraires à la vérité, quoiqu'elle
n'ait pour objet que des faits contingens, je serai
encore plus éloigné de vouloir leur donner des idées
contraires aux vérités nécessaires, immuables, éternelles, ou leur inspirer des sentimens opposés à leurs
devoirs essentiels, et fondés sur un intérêt qui ne
change jamais; la première espèce de mensonge me
paroîtra un attentat contre le bien général de la
société; et la seconde, une espèce de blasphème
contre la divinité même. J'aurai donc en horreur,
non-seulement de tromper les hommes par la négation, le déguisement, ou la dissimulation des faits
dont je dois les instruire; mais encore plus, de corrompre leur jugement et leurs mœurs par de fausses
idées, parce que ce seroit vouloir les rendre imparfaits et par conséquent malheureux.

Et, comme, outre la liaison générale que j'ai avec
tous les hommes, la nature ou ma volonté en a
formé de plus étroites avec moi et quelques-uns de
mes semblables, je regarderai cette dernière espèce
d'engagemens comme subordonnée au bien principal
de la société commune, en sorte qu'ils ne me porteront jamais à rien faire pour aucun homme qui soit
contraire au bien de tous, ou qui soit opposé à l'intérêt général de l'humanité.

Mais, après tout, je ne suivrois qu'imparfaitement les mouvemens d'un amour-propre raisonnable, si je me contentois de ne faire tort à personne. Je serai donc dans la disposition de faire du bien à tous les hommes, non-seulement par l'espérance du retour, mais par la satisfaction naturelle qui est attachée à l'exercice de la bienveillance, et au plaisir de faire des heureux ; ainsi, assister les misérables et les indigens, soutenir les foibles, défendre les opprimés, consoler les malheureux, et donner à tous ceux qui m'environnent les secours qui dépendent de moi, par rapport à leur vie corporelle, me paroîtront les suites nécessaires de cet amour raisonnable, qui doit être commun à tous les hommes, parce qu'il est essentiellement conforme à leur nature. Je me dirai donc souvent à moi-même, si Dieu a permis que les biens extérieurs fussent inégalement partagés entre les hommes, ce ne peut être que pour donner lieu à ceux qui sont plus riches, d'exercer plus abondamment une bienveillance dont ils sont bien récompensés par les services qu'ils reçoivent de ceux qui sont plus pauvres. Le nécessaire de ceux-ci est entre les mains des premiers, mais il n'y est que pour en sortir, et les unir tous par les effets d'un amour réciproque. Je ne puis donc retenir ce nécessaire sans pécher essentiellement, je ne dis pas seulement contre la loi de la providence, mais contre celle de mon amour-propre même, qui, par sa nature, ne cherche qu'à se répandre au-dehors, et à augmenter ma complaisance en moi, soit par les biens que je verse sur ceux qui en manquent, soit par ceux que je reçois d'eux à mon tour.

La perfection de l'esprit et de la raison de mes semblables, qui est la plus grande source de leur félicité, ne me sera pas moins précieuse. Je chercherai à jouir du plaisir que j'éprouve lorsque je puis augmenter leurs lumières, faire croître leur intelligence, diriger ou redresser leurs pensées et leurs sentimens ; en un mot, leur faire connoître les vrais biens et les vrais maux ; et je sentirai en ce point, plus qu'en aucun autre, combien j'ai eu raison de dire, que je m'aime véritablement moi-même en aimant les autres hommes.

Non-seulement la parole ne me servira jamais à les tromper sur les vérités de fait, mais je leur communiquerai avec candeur toutes celles qu'il leur importera de savoir; et je leur serai toujours utile, au moins par mes discours, si je ne peux pas l'être toujours par mes actions.

Je leur ferai part, avec encore plus de libéralité, des connoissances qui tendent plus directement à leur perfection et à leur bonheur; c'est-à-dire, de ces vérités invariables qui sont la règle de notre vie; et, si je suis plus instruit qu'eux du chemin qui conduit à la véritable félicité, je ferai consister une partie de la mienne à leur servir de guide; je m'y porterai même d'autant plus volontiers que, suivant l'expression d'un ancien poète, je ne perds rien en souffrant qu'ils allument leur flambeau à celui qui m'éclaire; et qu'au contraire, il me semble que ma lumière croît à mesure qu'elle se répand sur mes semblables, dont l'approbation la redouble, et la rend plus éclatante pour moi-même, par une espèce de réflexion, comme je crois l'avoir déjà dit ailleurs.

Ce ne sera pas assez pour moi d'éviter les engagemens particuliers qui seroient contraires aux intérêts, de cette grande société que la nature a formée entre tous les hommes; j'irai encore plus loin; et, autant qu'il me sera possible, je rapporterai, au bien commun de l'humanité, toutes les liaisons que j'aurai avec ceux qui me touchent de plus près, parce qu'en effet c'est cette vue, ou ce rapport, qui rend ces liaisons plus parfaites, et qui, par conséquent présente un objet plus agréable et plus satisfaisant à mon amour-propre. Ainsi, dans quelque engagement que je sois, j'aimerai encore plus l'homme en général que chaque homme en particulier; et, par cette seule règle bien observée, j'éviterai tous les inconvéniens dans lesquels une inclination particulière, ou une prédilection personnelle, est si sujette à me faire tomber.

Comme, d'un côté, je n'ai point d'autre moyen

assuré pour me procurer les biens dont mes semblables peuvent m'enrichir, que d'être sagement prodigue en leur faveur de ceux qu'ils peuvent attendre de moi ; comme, d'un autre côté, leur perfection et leur félicité font la mienne, ou l'augmentent du moins considérablement, je n'ai besoin que de ces deux vérités, pour reconnoître clairement qu'en général, et pour renfermer toutes mes règles dans une seule, je ne dois jamais faire contr'eux ce que je ne voudrois pas qu'ils fissent contre moi, et qu'au contraire, je dois agir toujours pour leur avantage, comme je désire qu'ils agissent toujours pour le mien. Ainsi, cette règle fondamentale, ce premier principe de toute morale, ne sont qu'une suite nécessaire de l'amour éclairé, que j'ai et que je dois avoir pour moi, si j'en juge toujours par les seules lumières de la raison, suivant la nature de mon être.

Si les autres hommes manquent, de leur part, à l'observation de ces règles ; s'ils ne cherchent qu'à me nuire ou par la force et la violence, ou par la fraude et l'artifice, je pourrai leur résister à la vérité, et ma résistance, considérée en elle-même, n'aura rien de contraire à ma nature, qui ne m'oblige pas à consentir au mal que mes semblables me veulent faire. Mais, afin qu'elle demeure toujours conforme aux règles d'un amour-propre raisonnable, je serai attentif à y joindre des précautions qui en seront comme les préservatifs, pour m'empêcher de la porter à l'excès, et qui la renfermeront toujours dans les bornes d'une défense légitime.

Mais en quoi consisteront ces précautions ou ces préservatifs ? Je n'ai, pour le bien comprendre, qu'à méditer attentivement sur la distinction que j'ai faite ailleurs, entre les démarches de l'aversion que j'ai appelée raisonnable, et celles d'une haine aveugle et déréglée, parce qu'elle est toujours contraire à la raison.

Je reconnoîtrai par leurs différens caractères :

1.° Que je ne dois jamais chercher à grossir les

objets de mon aversion, ni joindre, au mal réel que les autres me font, des maux imaginaires qui ne subsistent que dans mon opinion.

2.° Que la raison m'oblige à me contenter de mettre les autres hommes hors d'état de me nuire, sans me porter jusqu'à leur faire un mal gratuit, si je puis parler ainsi, dans la seule vue de goûter le plaisir inhumain, dangereux et souvent funeste de la vengeance.

3.° Que par conséquent je préférerai toujours les moyens les moins nuisibles pour repousser les attaques de mes ennemis; et que s'il m'est possible de m'en défendre, sans leur porter aucun préjudice, ce sera toujours la voie que je choisirai par préférence à toute autre.

4.° Que comme la société entière du genre humain me doit être encore plus chère que moi-même, je ne ferai jamais rien pour ma défense qui puisse être contraire au bien général de l'humanité, et que je serai toujours disposé à souffrir un mal qui ne retombe que sur moi, lorsque je ne pourrai le détourner ou le réparer, qu'en faisant un plus grand mal à tout le genre humain, par le violement des régles qui en assurent la tranquillité.

J'ai donné une idée générale de ces règles dans les différens articles que je viens d'expliquer, et c'est mon amour-propre même, comme je l'ai dit plus d'une fois, qui est devenu mon premier législateur, en se conformant, comme il le doit, aux conseils de ma raison. Je trouve, en effet, dans les maximes qu'il m'a inspirées les deux principaux caractères de toute loi: l'un, d'être convenable à la nature et aux véritables intérêts de ceux qui en sont l'objet; l'autre, de renfermer des motifs capables de les y assujettir et d'assurer par là son autorité. Le premier caractère n'est pas douteux; les règles que j'ai établies ne sont que des suites ou des conséquences nécessaires de la nature de l'homme, considéré tel qu'il est, c'est-à-dire, comme une créature raisonnable; et, si l'on veut comprendre sans peine,

combien ces mêmes règles lui sont avantageuses,
chacun peut se figurer dans son esprit, quel seroit
l'état de la société humaine si tous les hommes,
conspirant également dans des sentimens si favorables
à l'humanité, vivoient entr'eux comme des frères, ou
comme les membres d'une même famille ; ce qui
arriveroit infailliblement s'ils étoient fidèles à suivre
les règles que je me suis imposées. Mais c'est cela
même qui rend le second caractère, je veux dire l'autorité de cette loi gravée par notre amour-propre dans
le fond de notre ame, aussi certain que le premier.
Je l'ai déjà dit ailleurs, toute puissance, toute autorité
humaine, pour parler dans l'étroite rigueur, est
principalement appuyée sur les motifs que celui qui
l'exerce, et qui nous persuade plutôt qu'il ne nous
commande, peut présenter à notre esprit. Or, il n'y
a que deux motifs de cette espèce, la crainte de la
peine, l'espoir de la récompense, et ces deux motifs
se réunissent dans la loi que mon amour-propre me
prescrit à l'égard de tous les hommes en général.
La peine dont il me menace est un malheur certain
si je n'en suis pas les règles, et un malheur dont
l'expérience me convainc autant que la raison. La
récompense qu'il me promet, si je me conforme à ses
avis, est le plus grand bonheur dont l'homme puisse
jouir sur la terre. Ainsi cette loi de mon amour-
propre, quoique non écrite ni publiée par aucune
puissance extérieure, a néanmoins en elle-même toute
la force de l'autorité nécessaire pour m'obliger à la
suivre, si je suis raisonnable ; puisqu'elle renferme
les deux plus puissans motifs qui puissent agir sur
une ame capable de connoître son véritable bien.
Par conséquent si elle ne domine pas sur moi, ce
n'est point qu'elle manque d'autorité ; mais c'est que
je manque de raison. Le défaut n'est pas dans la loi,
il est dans moi-même, et je ne saurois en douter.
Car plus je suis raisonnable, plus je suis soumis à
son pouvoir, et si je cherche à en secouer le joug, ce
n'est jamais qu'après avoir commencé par me soustraire à celui de la raison.

D'Aguesseau. Tome XIV. 38

C'est donc cette loi, ou ces règles qu'un amour-propre bien éclairé me dicte à l'égard de mes semblables, qui méritent beaucoup mieux le nom de droit naturel, que ce qu'il avoit plu aux jurisconsultes romains d'honorer de ce nom.

Supposer, comme ils le faisoient, que ce droit consiste dans ce que la nature enseigne également à tous les animaux, c'est, si je l'ose dire, ne connoître clairement ni le droit, ni la nature.

En effet, ou le nom de droit n'est qu'un son vague qui frappe vainement mes oreilles, ou je ne saurois entendre, par ce nom, qu'une règle générale qui dirige mes actions, et qui m'oblige à la suivre, au moins par la crainte d'une peine ou par l'espoir d'une récompense; mais, puisqu'il s'agit ici d'un droit, qui n'est encore soutenu par aucune puissance extérieure (car c'est ainsi que l'on considère le droit naturel), toute sa force ne peut consister que dans l'impression qu'il fait sur un esprit capable de le connoître; d'en sentir la convenance ou l'utilité; d'en mesurer l'étendue, et d'en fixer les véritables bornes. Ainsi, regarder le droit naturel comme une loi commune aux hommes et aux autres animaux, c'étoit ignorer le caractère essentiel à toute loi; et, pour développer encore cette pensée, c'étoit, ou prétendre qu'une loi peut obliger ceux qui ne la connoissent pas, ceux mêmes qui sont incapables de la connoître, et sur qui elle n'a point de prise, pour parler ainsi, par aucun motif qu'ils soient en état de sentir, ou admettre les bêtes en partage de cette intelligence, qui est le bien propre de l'homme. En un mot, pour suivre cette idée, il falloit nécessairement ou trouver un autre principe que la raison pour soumettre l'homme au droit naturel, ou, au contraire, y assujettir les bêtes mêmes par la raison. D'où vient donc que des esprits, d'ailleurs si éclairés, s'attachoient à une notion qui tend à dégrader l'homme jusqu'à l'état des bêtes, ou à élever les bêtes jusqu'à la condition de l'homme? C'étoit sans doute, parce qu'ils confondoient les mœurs, si je puis me servir ici de ce

terme, avec la règle des mœurs. Ils remarquoient
en certains points, une espèce de conformité entre
celles des hommes et celles des animaux, comme dans
ce qui regarde la propagation de leur espèce, la conservation ou la nourriture de leurs enfans, le soin ou
la défense de leur vie ; et, voulant rapporter des effets
semblables à une seule cause, ils les attribuoient à une
nature commune, dont ils faisoient comme le premier modérateur des hommes et des bêtes, éri-
geant ainsi de simples actions extérieures en une
espèce de droit, et prenant pour loi ce qui se faisoit, sans remonter jusqu'au principe par lequel on
le devoit faire.

Que pouvoient-ils même entendre par le nom de
la nature? Leurs idées n'étoient pas plus distinctes
sur ce point que sur le premier. Qu'est-ce, en effet,
que la nature, ce maître prétendu de tous les animaux, même de ceux qui sont privés de raison? Ne
veut-on désigner, par cette expression, qu'une cause
en général, sans savoir ce que c'est que cette cause,
ni peut-être même ce qui mérite ce nom? Mais, dire
qu'une cause, dont on n'a aucune idée distincte, instruit également les hommes et les bêtes, c'est résoudre
la question par la question même, ou plutôt, c'est ne
dire que des mots à ceux qui veulent apprendre des
choses. Entend-on, par ce terme vague et obscur,
une espèce d'*instinct* qui dirige les actions de ceux
mêmes qui ne sont pas capables de savoir pourquoi ils
agissent? Mais, le terme d'*instinct* n'est pas plus intelligible que celui de nature. Est-ce un simple mouvement de la machine? Mais, si cela est, comment
pourra-t-on y appliquer l'idée d'une loi dont cette
machine soit instruite? Est-ce une pensée ou un sentiment? Mais, ni l'un ni l'autre ne conviennent qu'à
un être spirituel. Se réduira-t-on à cette proposition
évidente, comme je l'ai montré ailleurs, que la nature
doit être prise ici pour l'auteur de la nature? On aura
raison de le dire, mais on n'en pourra rien conclure
en faveur de la définition du droit naturel. Car, ou
Dieu agit sur les animaux par un ordre purement

33 *

mécanique, c'est-à-dire, par une suite de mouvemens corporels, et alors je demanderai toujours,
comment il peut en résulter un droit enseigné également aux hommes et aux bêtes, qui forme ce qu'on
appelle un devoir? Je vois bien dans cet ordre un
législateur et une loi qu'il s'impose à lui-même; mais,
je ne vois point de sujets instruits de cette loi, et qui
l'exécutent avec connoissance. On pourroit dire avec
autant de raison, que le droit naturel s'étend à l'air,
à la terre, et en général à tous les corps inanimés;
puisqu'ils sont tous également soumis à ces lois communes qui président aux mouvemens de toutes les
parties de la matière. Ou l'on dira, au contraire,
que Dieu agit sur les animaux par les impressions
qu'il fait sur leur intelligence ou sur leur volonté;
mais, comment ces impressions formeront-elles un
droit par rapport à ceux qui n'ont ni volonté, ni
intelligence? Je ne trouve donc que des contradictions ou des absurdités inexplicables dans la définition que les jurisconsultes romains nous ont laissé de
ce droit, enseigné également par la nature à tous les
animaux.

Ainsi, sans pousser plus loin cette espèce de
digression, qui n'est pourtant pas entièrement étrangère à mon sujet, je donnerai au terme de *nature* le
seul sens dont il soit susceptible, en y substituant
le terme de *raison*, et, par conséquent, je réduirai
à l'espèce de l'homme, ce que les jurisconsultes romains ont voulu appliquer également à tout le genre
des animaux.

Le droit naturel ne sera donc pour moi que ce
qu'on appelle *Dictamen rectœ rationis ;* ou s'il faut
s'expliquer avec plus de précision, je dirai que ce
droit consiste uniquement dans ces devoirs généraux,
ou dans ces règles fondamentales, que la raison enseigne à tout amour - propre, fidèle à la consulter
sur le véritable intérêt de l'homme; règles qui sont
renfermées dans l'idée même que j'ai de mon être,
ou qui ne sont que l'application de la connoissance
que Dieu me donne de ma nature.

Ainsi, non-seulement toutes les maximes que je viens de me prescrire, par rapport à la société générale du genre humain; mais toutes celles que j'ai établies auparavant, pour régler la conduite de mon amour-propre, soit à l'égard de Dieu, ou par rapport à moi, appartiennent à ce droit naturel; puisqu'elles ne sont que des conséquences directes et immédiates de ce qui convient véritablement à mon être, considéré par rapport à ces trois grands objets de mon affection.

Je ne sais néanmoins, si ce droit ne comprend pas encore quelque chose de plus élevé que les régles, qui sont fondées sur mon intérêt bien entendu. Mais c'est une question qui ne peut être résolue, que lorsque je méditerai sur la justice naturelle étudiée en elle-même et indépendamment de mon amour-propre.

Je reprends donc la suite de mes pensées, et je découvre un nouvel ordre de règles qui se présentent à mon esprit, lorsque, resserrant, pour ainsi dire, le cercle de mon affection, je veux continuer d'en expliquer les devoirs, en passant à ces sociétés moins étendues, qui ne sont formées que d'une seule nation soumise au même gouvernement.

Je puis les envisager en deux manières ou sous deux faces différentes :

1.º En les considérant les unes par rapport aux autres, pour tâcher de découvrir les règles qu'elles doivent observer entr'elles ;

2.º En les regardant comme renfermées chacune dans l'étendue de leur sphère particulière, pour juger des devoirs que l'amour-propre qui convient à ces grands corps, leur prescrit à l'égard de tous ceux qui y sont compris, et des règles que ceux-ci doivent suivre réciproquement à l'égard de ces grands corps.

Je ne saurois m'attacher à l'une ou à l'autre manière de considérer ces sociétés, sans y découvrir les fondemens de ce qu'on appelle le droit des gens; et je ne serai peut-être pas plus d'accord sur ce point

avec les jurisconsultes romains, que sur ce qui regarde le droit naturel; mais, en s'écartant de la véritable route, ils pourroient bien m'avoir appris à
y marcher.

Ce que la raison naturelle établit entre les hommes,
ce qui s'observe de la même manière chez tous les
peuples de la terre, c'est, selon eux, ce qu'on doit
appeler le droit des gens, ou le droit des nations;
comme si l'on vouloit marquer par cette expression,
que c'est le droit dont toutes les nations se servent
également.

Les défauts de cette définition ne sont pas difficiles
à apercevoir.

Je remarque d'abord que la première partie en est
vicieuse; elle confond le droit des gens avec le droit
naturel, et elle attribue à l'un ce qui fait le caractère
de l'autre.

La seconde partie ne me paroît pas moins défectueuse, parce qu'elle réduit le droit au fait, si je
puis parler ainsi, et qu'elle fait dépendre les principes du droit des gens, de ce qui s'observe dans toutes
les nations, plutôt que de ce qui s'y doit observer;
en sorte que pour bien connoître ce droit, suivant
cette idée, il faudroit avoir fait le tour du monde
pour y étudier les mœurs de tous les peuples; et
celui qui auroit parcouru dans cette vue, toute
la terre habitée, reconnoîtroit peut-être à la fin de
ses longs voyages, qu'il auroit perdu, pour ainsi dire,
le droit des gens en voulant le chercher, parce qu'il
n'auroit trouvé presque aucune règle qui fût également observée en tout temps, de la même manière,
tant l'éducation, les préjugés, l'intérêt, les passions,
l'ignorance même, et le défaut d'attention obscurcissent les idées des hommes sur ce qui appartient essentiellement à ce droit.

Mais, ce n'est point pour avoir le plaisir de cri-
tiquer de grands jurisconsultes, que je relève ici les
défauts de leur définition; c'est, comme je l'ai dit,
parce que ces défauts mêmes me sont utiles, et
que, en me donnant lieu de connoître ce que le droit

des gens n'est pas, ils m'apprennent à découvrir ce qu'il est.

Je conçois donc, d'un côté, que s'il y a un droit qui mérite ce nom, il ne doit pas consister précisément dans ce qui forme le droit naturel. Je conçois, d'un autre côté, que pour connoître le vrai caractère du droit des gens, il faut qu'il y ait une voie plus courte et plus facile que celle de l'aller demander, pour ainsi dire, à chaque peuple de la terre.

Mais, quelle sera cette voie ? si ce n'est de consulter sur ce point, comme sur tout le reste, ce même amour - propre, conduit par la raison, qui a été jusqu'ici l'unique fondement de toutes les règles que j'ai établies, et qui pourra m'apprendre encore en quoi consiste ce droit des gens, dont les jurisconsultes romains ne m'ont donné qu'une notion si imparfaite.

Qu'il me soit donc permis de raisonner de cette manière !

Je puis juger de toute nation comme je juge d'un seul homme, parce qu'en effet, chaque nation ne forme que comme un seul corps, par les liens d'un intérêt commun, qui en unissent tous les membres, et qui font que ce tout moral imite l'unité d'un tout physique.

Il y a donc un amour-propre qui doit attacher chaque nation à elle-même, comme il y en a un qui agit ainsi dans chaque homme, et, de même que l'amour-propre d'un particulier, si c'est un amour raisonnable, le porte toujours à sa perfection et à son bonheur. Je puis dire aussi que l'amour-propre d'une nation, si c'est la raison qui la conduit, doit tendre également à ce qui peut la rendre plus parfaite et plus heureuse.

Enfin, comme j'ai tiré de l'amour que chaque homme a pour soi les règles qu'il doit suivre à l'égard de chacun de ses semblables, je puis tirer aussi de l'amour, que chaque nation a pour elle-même les maximes générales qu'elle doit observer au dehors et au dedans, si elle ne se trompe pas sur ses véritables intérêts.

C'est donc sur toutes ces notions préliminaires que j'essayerai de tracer ici la véritable idée du droit des gens, en ne les regardant que comme l'application des règles du droit naturel au véritable intérêt de ces grands corps, qui forment ce qu'on appelle une nation, un royaume, une république ; et, si l'on veut que j'en donne une définition plus exacte ou plus développée, je dirai que le droit des gens consiste dans les règles que l'amour raisonnable d'une nation pour elle-même lui prescrit, soit à l'égard des peuples qui l'environnent, soit à l'égard de ceux qu'elle renferme dans son sein, pour arriver à la perfection et à la félicité dont elle est capable.

Ce droit, ainsi défini, convient en partie avec le droit naturel, et il en est aussi distingué en partie.

Il convient avec ce premier droit, en ce qu'il n'est qu'une suite de cet amour-propre conduit par la raison, qui est la source commune de toutes les règles que je dois établir dans cette méditation.

Il diffère du même droit, en ce que l'un ne considère que le véritable intérêt de chaque particulier, par rapport à chacun de ses semblables, ou par rapport à la société humaine en général ; au lieu que l'autre, c'est-à-dire, le droit des gens a pour objet propre le véritable intérêt de chaque nation, ou par rapport à ses voisins, ou à l'égard de ses sujets. Et, comme ce n'est point la nature qui a divisé la terre en royaumes ou en républiques, puisque absolument parlant, le genre humain pouvoit subsister sans cette division, qu'il l'a même ignorée pendant plusieurs siècles, il a fallu donner à cette espèce de droit un nom qui la distinguât du droit naturel, et l'on n'en pouvoit guère trouver de plus convenable que celui de droit des gens, ou de droit des nations, parce qu'il naît de la résolution libre ou forcée, que les peuples d'un certain pays ont prise de réunir leurs intérêts et de vivre sous la même forme de gouvernement.

Mais, si c'est la volonté positive des hommes, plutôt qu'une loi de la nature, qui a donné la naissance aux différentes espèces de domination, il ne s'ensuit pas de là, que le droit qui résulte de leur établissement ait un autre principe que le droit naturel; au contraire, si j'en juge toujours par la raison, je trouve dans cet établissement même, une nouvelle preuve de la règle fondamentale dont j'ai tiré toutes les maximes que j'ai établies sur ce droit primitif, qui porte justement le nom de droit naturel. En effet, quel autre motif raisonnable a pu former les liens de ces grandes sociétés, qui se sont soumises aux mêmes lois? Si ce n'est le désir de tendre plus sûrement, par leur union, au véritable intérêt de tous les hommes; je veux dire, à leur perfection, à leur félicité générale ou particulière. Mais, si c'est là ce qui a créé, pour ainsi dire, ces grands corps, c'est aussi ce qui doit les conserver, présider à leur conduite, en diriger tous les mouvemens, et être comme la base de toutes les règles qu'ils se prescrivent pour arriver à la fin qu'ils se proposent. L'homme peut donc bien changer de situation à l'extérieur, par l'établissement des monarchies ou des républiques; mais il ne change point de principes, puisque c'est toujours un amour-propre, éclairé par la raison, qui doit le conduire en quelque état qu'il se trouve, et que c'est cet amour-propre qui, considéré dans chaque nation, forme ce qu'on nomme le droit des gens, comme il forme le droit naturel, lorsqu'on l'envisage dans chaque homme par rapport aux membres et au corps entier de la société humaine.

Que me reste-t-il après avoir éclairci toutes mes idées sur ce point? Si ce n'est d'en tirer les conséquences générales qui renferment tout ce qui est essentiel au droit des gens, soit par rapport à la conduite que les nations doivent suivre les unes à l'égard des autres, soit par rapport aux règles que chaque nation a intérêt d'observer dans sa sphère particulière, et ne considérant que les peuples qui y sont compris. Je commence par les premières, qu'on pourroit appeler le droit qui doit s'observer entre les nations, ou *jus inter gentes;* par une expression plus propre et plus exacte que le terme général de droit des nations, ou de *jus gentium,* terme qui, comme on l'a déjà vu, et comme on le verra encore dans la suite, peut avoir un autre sens.

Je viens de dire, et je le répète encore pour expliquer plus aisément ma pensée, que chaque nation peut être considérée comme un seul homme qui auroit toute la force de cette multitude de citoyens dont la nation est composée. Ainsi, deux nations, comparées ensemble, ne forment, à proprement parler, que deux hommes, et souvent, elles se réduisent en effet à un aussi petit nombre, parce que leurs intérêts, ou leurs vues de part et d'autre, se réunissent dans deux têtes qui en sont les maîtres.

Je conclus de là, et ce sera ma première maxime, que les règles du droit naturel, telles que je les ai établies, doivent avoir lieu entre deux nations, ou deux souverains, de même qu'entre deux particuliers; et ce que je dis de deux nations, doit s'entendre également d'un plus grand nombre, ou en général de toutes les nations considérées les unes par rapport aux autres. Par conséquent, si je ne suis que les idées de la raison, toutes les nations me paroîtront également nées pour s'aimer, et non pas pour se haïr réciproquement; par conséquent, leur bonheur me paroîtra dépendre de leur union, comme leur malheur de leur division; par conséquent, je dirai que si leur amour-propre est raisonnable, elles ne se nuiront jamais, elles se rendront au contraire les services mutuels dont elles auront besoin de part et d'autre, reconnoissant également que le moyen le plus sûr pour jouir d'un bonheur durable, est d'employer la voie de la crainte; en un mot, comme mes principes demeurent toujours les mêmes, soit qu'on les renferme dans un seul homme, soit qu'on les applique à plusieurs, une nation fera pour une autre nation, tout ce qu'elle voudra que cette autre nation fasse pour elle; ce qui renferme aussi cette

autre règle semblable, qu'elle ne fera jamais contre un
autre peuple ce qu'elle ne voudroit pas que cette autre
peuple fît contr'elle.

Si l'une des nations n'observe pas, de sa part,
les lois d'une fidelle correspondance; si elle rompt
cette union que la nature n'inspire pas moins à chaque état qu'à chaque homme en particulier; si la
plus funeste suite de la division, c'est-à-dire, la
guerre, est sur le point de s'allumer par des passions contraires à la raison, ce droit de résister à
la force par la force n'appartenant pas moins, suivant les règles d'un amour-propre raisonnable, à
une nation entière qu'à un seul homme, celle qui
sera attaquée pourra, sans doute, se défendre, repousser le mal par le mal, quelquefois même le prévenir, lorsque la sûreté l'exigera; mais, en ce cas, elle
observera les règles qui dépendent des principes établis sur ce qui regarde la défense de chaque particulier, je veux dire, qu'elle ne se conduira que
par les vues ou les conseils de l'aversion que j'ai
appelée légitime, et non par les motifs d'une haine déréglée; elle aura même, en ce point, un grand avantage sur un seul homme, parce que les querelles
des états ayant ordinairement beaucoup moins de
personnel que les différends des particuliers, par rapport à ceux qui délibèrent sur les moyens de les terminer, la passion entre moins dans leur conseil, et,
par conséquent, ils sont en état de prendre avec plus
de sang-froid les partis qui conviennent véritablement
au bonheur de la nation.

Chaque nation, comme chaque homme considéré
séparément, saura donc distinguer les maux réels
des maux imaginaires, et elle n'augmentera point
le mécontentement qu'elle peut avoir de la conduite
d'une autre nation à son égard, en y mêlant des sentimens accessoires qui ne naissent que de l'opinion:
elle considèrera les choses telles qu'elles sont en elles-
mêmes, en bannissant les soupçons, les défiances,
les jalousies, les craintes téméraires et déraisonna-
bles; elle réglera toujours ses démarches, soit **pour**

se défendre, soit pour attaquer, sur la réalité des maux qu'elle doit éviter, jamais sur de vaines apparences ; ouvrage d'une imagination déréglée par la prévention de l'esprit, ou par la corruption du cœur.

Par une suite nécessaire du même principe, elle se renfermera toujours, comme je l'ai dit d'un seul homme, dans les justes bornes d'une défense légitime ; je veux dire qu'il lui suffira d'avoir mis ses ennemis hors d'état de lui nuire, ou de les avoir obligés à réparer le tort qu'ils lui ont fait, sans faire dégénérer la guerre en une vengeance cruelle, qui ne cherche dans le mal que le plaisir d'en faire, ou qui devient l'instrument d'une ambition insatiable, et souvent fatale au vainqueur même. La raison mettra donc des bornes à ses conquêtes ; et, contente de conserver tranquillement ce qu'elle possède, ou de recouvrer ce qu'elle a perdu, et de se dédommager du préjudice qu'elle a souffert par une guerre dont elle n'a pu se préserver, elle ne regardera point sa cupidité, sa valeur, sa force et sa supériorité même, comme des titres légitimes pour acquérir de nouveaux états, et pour assujettir d'autres peuples à sa domination.

La guerre même la plus raisonnable de sa part n'étouffera point en elle les sentimens et les devoirs naturels : elle comprendra, si la raison préside à ses conseils, qu'elle doit aimer encore ceux qu'elle est obligée de combattre. Ainsi, dans les actes d'hostilité, elle préférera toujours ce qui s'éloigne le moins de ces sentimens : elle saura rejeter les moyens qui y sont entièrement contraires, et s'abstenir de toutes les voies qui tendent à abolir la foi entre les hommes, à éteindre toutes les espérances de réconciliation, et à effacer jusqu'aux dernières traces de l'humanité, par une guerre plus digne des bêtes féroces que de ceux qui, dans la guerre même, doivent conserver le caractère de créatures raisonnables.

Elle portera donc toujours dans son cœur le désir de la réunion ; et elle ne fera même la guerre que pour parvenir à la paix, prête à en accepter toutes les conditions convenables. Comme elle n'aura pris les armes qu'à regret, elle les déposera non-seulement sans peine, mais avec joie, s'estimant heureuse de rentrer ainsi dans l'état naturel à l'homme, et le plus désirable à chaque nation, pour sa félicité commune et particulière.

Ainsi, les traités qu'elle aura faits avec ses voisins, ou pour rétablir ou pour affermir et perpétuer une paix qui est toujours l'objet de ses vœux, lui paroîtront encore plus sacrés et plus inviolables que les lois qu'elle donne à ses citoyens : elle les regardera comme le renouvellement de cette alliance générale qui, suivant le vœu de la nature, devroit être éternelle entre tous les hommes : et, si les jurisconsultes Romains ont cru qu'une transaction passée entre des particuliers n'avoit pas besoin d'autre cause que le désir d'éteindre leurs différends, et se soutenoit par le seul motif de parvenir au grand bien de la paix, quel respect un amour-propre vraiment raisonnable n'aura-t-il pas pour cette espèce de transaction plus importante qui se passe entre deux nations ennemies pour terminer ces grands procès qui n'ont point de juge sur la terre et qui se décident par le sort des armes, ou plutôt par la volonté du Dieu des armées ? Bien loin donc de faire consister en partie son habileté à laisser des semences de guerre dans les instrumens même de la paix, ou à trouver des interprétations subtiles pour en éluder l'autorité, une nation qui s'aime véritablement elle-même sera persuadée que la bonne foi doit régner d'autant plus souverainement dans la rédaction ou dans l'exécution des traités, que les suites de la mauvaise foi y sont plus funestes, et que la fidélité en cette matière est la seule ressource et fait toute la sûreté du genre humain.

Enfin, comme ces grandes sociétés qui forment les états populaires ou monarchiques, ne sont elles-mêmes que des parties de société beaucoup plus étendues qui comprennent tous les peuples de la terre,

elles se conduiront de telle manière, si elles suivent
les principes d'un amour-propre raisonnable, qu'elles
tendent toujours au bien commun de l'humanité,
comme à un bien supérieur à celui de chaque nation,
de même qu'à l'intérêt de chaque homme en particulier. Elles ne feront donc rien de contraire à ce
grand objet qui doit réunir les vœux de toutes les
créatures raisonnables ; et, regardant le monde entier
comme la patrie commune de tous ceux qui l'ha-
bitent, elles aboliront la distinction d'étranger et
de citoyen toutes les fois que les intérêts attachés à
ces deux qualités pourront se concilier. Il suffira
d'être homme pour trouver chez elle non-seulement
un asyle et un accueil favorable, mais un appui
et une protection assurée dans toutes les occasions
où il ne faudra rien prendre sur le citoyen pour le
donner à l'étranger. Il n'y aura donc aucun homme
dans lequel elles ne respectent les droits de la nature ;
et elles comprendront que si la mystérieuse antiquité
a dit que la personne des étrangers étoit sacrée,
ou qu'il y avoit une Divinité puissante qui veilloit
à leur conservation ou à leur vengeance, c'étoit sans
doute pour nous faire concevoir que la main de
Dieu même a formé entre tous les hommes des liens
encore plus respectables que ceux qui sont l'ouvrage
de leur volonté ou de leur intérêt particulier.

C'est à ce petit nombre de maximes que je réduis
tout ce qui regarde la conduite des nations les unes
à l'égard des autres ; et elles sont si étendues, qu'il
n'y a aucune des règles qu'on attribue communément
au droit des gens, qui n'y soit renfermée, ou qu'on
n'en puisse déduire par des conséquences claires
et évidentes.

Mais elles n'appartiennent qu'à la partie de ce
droit qui, comme je l'ai dit, devroit être appelé
le droit entre les nations, *jus inter gentes*, plutôt
que le droit des nations, *jus gentium*. Ce terme général, suivant l'idée que j'en ai conçue, a une
signification qui s'étend encore plus loin, puisqu'il
comprend en général, non -seulement les règles

qu'une nation doit observer au dehors, mais celles
mêmes qu'un amour-propre raisonnable l'oblige à
suivre au dedans, pourvu que par ces règles on entende seulement les lois qui résultent de la formation
même de chaque nation, ou de la résolution libre
ou forcée que les hommes d'un certain pays ont prise
de vivre sous la même domination et de ne former
qu'un seul corps politique.

Ce sont ces règles qu'il s'agit à présent d'expliquer ;
mais avant que de les exposer, je ne ferai peut-être
pas mal de m'arrêter ici un moment à en considérer
la nature avec encore plus d'attention, et à la caractériser de telle manière qu'on ne puisse plus s'y
méprendre.

Je remarque d'abord que toutes les nations du
monde, considérées chacune dans l'intérieur de leur
sphère, ont quelque chose qui leur est commun,
ou en quoi elles conviennent toutes, et quelque
chose qui leur est propre ou en quoi elles diffèrent
l'une de l'autre. Je m'explique, et je commence par
le dernier point qui me servira à faire mieux comprendre ce que j'entends par le premier.

J'observe donc, en cherchant ce qui distingue
chaque nation, que la forme du gouvernement n'est
pas la même dans tous les pays : ici, c'est le peuple
qui domine ; là, ce sont les grands, ou un petit
nombre d'hommes choisis : ailleurs, et c'est ce qui
est sans comparaison le plus commun, l'état mo-
narchique a paru préférable à l'état républicain ; enfin,
ces mêmes formes d'administration publique ne sont
pas toujours simples dans les pays qui les ont reçues :
on en voit de mixtes ou de composées, c'est-à-
dire, qui sont tempérées l'une par l'autre, et c'est
la constitution de gouvernement qu'un grand politique juge la meilleure, quoiqu'elle soit peut-être
la moins durable.

Outre ces premières différences générales, il y en
a d'autres qui distinguent encore les divers états,
comme dans ce qui regarde l'étendue du pouvoir
des rois ou de ceux qui en tiennent la place ; la

forme de la législation, le choix des principaux
officiers ou des magistrats, la manière d'établir ou
de lever les impositions, et d'autres points de même
nature, sur lesquels le droit public d'une nation
n'est pas conforme à celui d'un autre peuple, ou
quelquefois même y est directement contraire.

Mais cette diversité, ou cette contrariété, n'empêche
pas qu'il n'y ait au moins un petit nombre de règles
communes à tous les peuples de la terre qui vivent
en corps de nation : de même, que malgré toutes
les différences que la naissance, l'éducation, les
préjugés ou les mœurs mettent entre les hommes
considérés chacun séparément, il y a néanmoins des
principes généraux, dont ils conviennent tous également, comme de tendre toujours à leur conservation, à leur perfection et à leur félicité réelle ou
imaginaire. Ce qui établit les règles de ce genre,
n'est autre chose que la nature de l'homme qui,
étant commune à tous, leur inspire les mêmes sentimens et leur en fait tirer les mêmes conséquences.
Je puis en dire autant de toutes les nations. Malgré
la différence de leur constitution, qui a dépendu de
l'inclination et du goût de chaque peuple, ou de
plusieurs autres causes arbitraires, elles ont cependant comme un caractère commun, par un amour-
propre qui leur est aussi essentiel qu'à chaque particulier, et qui a toujours pour objet leur sûreté,
leur perfection, leur bonheur. Les voies qu'elles
choisissent pour y parvenir, peuvent être différentes ;
mais leur but est toujours le même ; et ceux que les
moyens ont séparés dans la route, se réunissent dans
le terme ou dans ces trois fins différentes, qu'il est
naturel à tout être raisonnable de se proposer ; soit
qu'il y aspire seul, soit qu'il y tende avec tous ceux
qui sont comme lui les membres du même corps.

C'est donc cet objet commun à toutes les nations,
c'est-à-dire, le bien général de chacune de ces grandes
sociétés, qui me donne lieu de découvrir aussi un
ordre de règles qui leur sont communes ; et ce sont
ces règles qui forment ce que j'appelle le droit des

gens, considéré dans l'étendue ou dans l'intérieur de chaque nation.

Je leur donne ce nom, parce qu'elles n'appartiennent ni au droit naturel ni au droit civil de chaque peuple.

Elles ne font point partie du droit naturel, parce qu'elles supposent la formation et la distinction des royaumes ou des républiques, qui, comme je l'ai dit ailleurs, n'étoit pas essentielle à la nature humaine.

Elles ne dépendent pas plus du droit civil, en y comprenant même ce qu'on appelle le droit public de chaque nation.

On ne peut entendre par ce droit, lorsqu'on en forme une espèce particulière distinguée du droit naturel et du droit des gens qu'un droit positif et par conséquent arbitraire, puisqu'il tire son origine du jugement et de la volonté de chaque peuple ou de ceux qui y sont les dépositaires de la suprême puissance. Au contraire, le droit dont je cherche ici à connoître les règles est un droit immuable et naturel, si l'on peut parler ainsi, à toute nation, comme ce qui mérite proprement le nom de droit naturel l'est à tout homme, c'est-à-dire, pour m'expliquer encore plus clairement, qu'à la vérité la réunion de plusieurs hommes en un seul corps de nation a quelque chose d'arbitraire en soi qui la rend susceptible de toutes les différences que j'ai remarquées ; mais cette réunion étant une fois supposée, il est aussi essentiel à chaque peuple de suivre les règles qui naissent de sa formation même et qui tendent à son bien commun, qu'il l'est à chaque homme de vivre selon les lois que la nature de son être lui impose pour tendre à son bien particulier. En un mot, la comparaison que j'ai faite d'une nation avec un seul homme est juste dans tous ses points. Si la naissance de chacun de nous a dépendu d'une cause arbitraire, c'est-à-dire, de la volonté ou du consentement de deux causes libres, cela n'empêche pas que nous ne soyons assujettis aussitôt que nous sommes nés à ce droit universel qui lie toutes les créatures raisonnables. Et de même si c'est une volonté positive de certains hommes qui a donné l'être aux différens états, ils n'en sont pas moins soumis à ce droit plus borné mais aussi inviolable, qui résulte de leur nature même; à moins qu'on ne veuille dire qu'il leur est plus permis qu'aux particuliers de ne pas s'aimer eux-mêmes, ou de ne pas s'aimer raisonnablement.

Ce que j'appelle donc ici le droit des gens, pour le définir avec plus de précision, n'est autre chose que l'application des règles du droit naturel à ces grands corps qui forment les nations. Il résulte de leur formation, si l'on peut parler ainsi, un engagement supérieur à toutes les conventions particulières, dans lequel tous les citoyens d'une même nation sont censés être entrés lorsqu'ils ont pris la résolution de ne former plus qu'un seul corps : engagement nécessaire, puisque sans cela il n'y auroit aucun état qui pût subsister; engagement irrévocable par la même raison, puisqu'on ne pourroit le résoudre sans détruire le tout dont il unit toutes les parties; engagement perpétuel, non-seulement pour ceux qui en ont été les premiers auteurs, mais pour leurs descendans, et en général pour tous ceux que la naissance ou un choix volontaire rend habitans d'un certain pays; enfin, engagement salutaire, puisque son principal objet est d'obliger tous les membres du corps politique à tendre toujours au bien commun.

De là vient, pour ajouter un dernier trait à cette notion générale, que le droit qui naît d'un tel engagement ne sauroit porter un nom plus convenable que celui de *droit des gens*, parce qu'il est comme renfermé dans ce qui fait l'essence de chaque nation, parce que tout état y est assujetti en tant qu'état, et tout citoyen en tant que citoyen; parce qu'enfin il doit être observé également dans tous les pays ou par tous les peuples, et qu'ainsi c'est le seul droit auquel on puisse appliquer une partie de la définition du droit des gens, donnée par les jurisconsultes romains, puisque c'est celui qui a lieu dans toutes les nations de la terre : *Quo gentes humanæ utuntur.*

Il ne me reste donc, après cela, que d'en étudier ici les règles essentielles, et il me faudra peut-être moins de temps pour les expliquer que je n'en ai eu besoin pour éclaircir et pour fixer mes idées sur la nature du droit dont elles dépendent.

Je les tire du même principe qui m'a servi à découvrir toutes celles que j'ai établies jusqu'à présent, soit par rapport au droit naturel, soit par rapport à cette première partie du droit des gens qui comprend les lois générales que les nations doivent observer les unes à l'égard des autres. Je suppose donc toujours, comme je l'ai déjà fait, que chaque peuple, ainsi que chaque homme en particulier, doit s'aimer lui-même et s'aimer d'un amour raisonnable. Cette vérité fondamentale me fait apercevoir du premier coup-d'œil les devoirs réciproques de chaque citoyen à l'égard de la nation entière, et de la nation entière par rapport à chacun des citoyens qu'elle renferme dans son sein; et ce sont ces devoirs que j'exprimerai par les règles suivantes.

I. Puisque le droit des gens qui le renferme n'est autre chose que l'application des principes du droit naturel à chacune de ces grandes sociétés qui forment les états, et que je puis les considérer comme un seul homme, ma première règle générale sera d'observer à l'égard de ma nation les mêmes lois qu'un amour-propre éclairé par la raison m'a fait considérer comme les lois de la nature entre tous les hommes considérés séparément; et par conséquent je regarderai comme un devoir inviolable de ne nuire jamais à ma patrie, de la servir au contraire selon mon pouvoir, en agissant toujours à son égard comme je désire que de son côté elle agisse avec moi.

II. La sûreté, la perfection, le bonheur de tout royaume ou de toute république, dépendant pour la plus grande partie de l'autorité du gouvernement tel qu'il est établi par les lois ou par les mœurs

3)

de chaque nation, l'amour même que j'ai pour moi et le désir de ma propre félicité qui est renfermée dans celle de ma patrie, et qui ne peut être assurée que par le secours de cette autorité, m'inspireront une soumission, une obéissance parfaite à ses lois ou à ses commandemens, et m'éloigneront non-seulement de toute pensée de révolte, mais de tout ce qui pourroit troubler ou altérer la paix et la tranquillité d'un gouvernement, à l'ombre duquel je vis moi-même dans la paisible possession de mes biens.

III. Mon amour-propre, en m'inspirant le désir de mon bonheur, m'attache aussi à ceux qui peuvent y contribuer. La raison m'apprend à les aimer à proportion de la bonté des moyens que je reçois d'eux pour y parvenir, ou selon qu'ils sont aimables pour moi; et ils le sont d'autant plus qu'ils peuvent me préserver d'un plus grand nombre de maux, ou me procurer une plus grande abondance de biens; or, comme je l'ai dit ailleurs, il n'y a rien dans le monde qui puisse entrer sur ce point en comparaison avec ma patrie ou avec cette société civile, sans laquelle il n'y a aucun mal que je n'aie lieu de craindre, et aucun bien dont je puisse jouir sûrement. Je serois donc bien déraisonnable si l'amour de ma patrie ne me paroissoit préférable à tous mes autres amours, ou si son intérêt ne l'emportoit dans mon cœur sur quelque intérêt particulier que ce puisse être; ainsi, ma dernière règle, qui comprend même les deux précédens, sera de lui donner toujours le premier rang dans l'ordre de mes affections. Et fallut-il pour son service sacrifier ma vie et celle de mes enfans, je dirai comme Virgile, *vincet amor patriæ*, sans y ajouter avec lui, *laudumque immensa cupido*.

Les règles que je viens d'expliquer sur les devoirs généraux de tout citoyen à l'égard de toute nation, ne conviennent pas moins à toute nation ou à ceux qui la gouvernent, par rapport à tout citoyen; et l'on en trouvera la raison dans les règles suivantes.

IV. Si chaque citoyen doit observer les principes du droit naturel à l'égard de ceux qui sont les membres du même corps, le corps entier, ou ceux qui le représentent n'y sont pas moins obligés, et on peut dire même qu'ils le sont encore davantage. Il suffit d'être homme, comme je l'ai déjà dit, pour se soumettre à l'autorité d'une loi qui n'est autre chose qu'une conséquence directe de la nature de l'homme : mais l'obligation que cette loi impose croît à proportion du nombre des sujets à l'égard desquels elle doit être observée ; et, si je juge par là des devoirs du souverain ou de ceux qui exercent la suprême puissance dans un état, je n'aurai pas de peine à concevoir qu'ils sont obligés à respecter le droit naturel encore plus qu'aucun de ceux qui leur sont soumis. Comment pourroient-ils se dispenser de le suivre eux-mêmes dans leur conduite, puisqu'ils sont chargés, comme souverains, de le faire observer aux autres ? Et comment voudroient-ils s'en éloigner, s'ils sont raisonnables, puisque leur amour-propre bien entendu les intéresse plus que personne, à l'observation des règles que ce droit prescrit à tous les hommes ? Tous les biens qui en résultent pour la société dont ils sont les chefs, tous les maux que produit l'infraction de ce droit portent sur eux bien plus directement que sur le reste des citoyens, qui ne sentent, chacun en particulier, qu'une foible partie du bonheur ou du malheur de l'état ; au lieu que tous ces sentimens particuliers se réunissent dans le chef comme dans le centre, où ils agissent avec toute leur force. Il n'a donc presque pas besoin de consulter l'amour qu'il doit avoir pour ses peuples ; c'est assez qu'il s'aime lui-même, et qu'il s'aime raisonnablement, pour maintenir inviolablement l'observation des lois de la nature, dont l'infraction lui est plus nuisible, et dont l'exécution lui est plus utile qu'à aucun de ses sujets.

V. A plus forte raison suivra-t-il cette règle, lorsque, non-seulement un particulier, mais la nation entière, ou une partie considérable des citoyens, y seront intéressés. Ce seront même ces occasions qui lui feront mieux sentir qu'il en est du corps politique comme du corps humain ; et que, comme la tête souffre dans l'homme lorsque le reste du corps, ou une partie des membres, est malade, le chef de l'état ne sauroit être heureux, quand l'état entier, ou quelqu'une de ses parties, est dans la douleur par le violement des règles du droit naturel.

VI. Comme l'autorité des lois, et même de celles que la nature ne dicte pas à tous les hommes, fait la sûreté, la paix, le bonheur des particuliers, elle devient un bien commun pour tout état ; et ce bien est même plus personnel encore pour le souverain, comme je viens de le faire voir, que pour chacun de ses sujets. Ainsi, il connoîtroit mal ses véritables intérêts, et il ne s'aimeroit qu'imparfaitement, s'il n'apprenoit pas au peuple à les respecter en les respectant lui-même. Il adoptera donc, par un effet de son amour-propre, cette pensée d'un empereur romain, qu'il est digne de la majesté des rois d'avouer que la loi règne sur eux pendant qu'ils règnent sur les autres hommes, et s'estiment plus heureux par cette soumission que par sa puissance même ; il fera consister sa perfection, sa gloire, sa félicité, à savoir obéir le premier à la loi, pour mériter que ses sujets mettent aussi tout leur bonheur à lui obéir.

VII. Enfin, comme, dans toute nation, personne ne reçoit plus d'avantages de la société civile, que celui qui la gouverne ; il croit, par amour-propre même, être plus attaché à l'état qu'aucun de ceux qui lui sont soumis ; et son zèle pour la patrie, si la raison en est le principe, l'emportera d'autant plus dans son cœur sur tout autre sentiment, qu'il n'a pas même d'intérêt particulier à combattre pour en suivre l'impression, puisque son avantage personnel se trouve toujours dans celui de ses peuples, et qu'il est d'autant plus grand et plus heureux, que son royaume est plus tranquille et plus florissant.

Je crois avoir renfermé, dans ce petit nombre de règles, les devoirs réciproques de toute nation envers

tout souverain, et de tout souverain à l'égard de
toute nation ; et ce sont ces devoirs essentiels qui
forment ce que j'ai appelé le fond du droit des gens,
considéré dans l'intérieur ou dans la sphère de chaque
nation.

Mais, cet amour-propre, qui a été, jusqu'ici, mon
unique législateur, ne pourra-t-il pas m'instruire
aussi sur ce qui regarde les principes généraux du
droit civil, c'est-à-dire, de ce droit qui, suivant les
jurisconsultes romains, plus heureux dans cette définition que dans les autres, est propre à chaque nation, ou que chaque peuple s'est prescrit à lui-même
par le ministère de ceux qui le gouvernent ?

Je sais, et je l'ai déjà dit, que ce droit restreint
dans ses véritables limites, et en tant qu'il ne comprend ni les règles du droit naturel, ni celles du
droit des gens, est un droit purement positif et arbitraire en soi, puisqu'il dépend de la volonté libre du
législateur. Mais, comme cette volonté, pour être vraiment utile, non-seulement à l'état, mais au législateur
même, doit être animée du même esprit qui a dicté
les lois des deux espèces de droit immuable que je
viens d'expliquer, on peut ramener au moins la substance et le fond du droit civil, ou ce qui doit influer
dans toutes ses parties, à des règles aussi certaines
que celles du droit naturel ou du droit des gens ; et
ce sera encore un amour-propre raisonnable qui en
sera le meilleur juge.

Mais ces règles, qu'il doit m'enseigner ici, peuvent
être considérées ou par rapport à la puissance qui
fait les lois, ou par rapport aux sujets qui y sont
soumis. Elles ne sauroient être solides, si elles ne
dépendent toujours de ce véritable amour, ou de cet
amour-propre éclairé qui doit présider également à
la conduite du chef et des membres. Je médite donc
en même temps sur leurs devoirs réciproques, par
rapport aux lois positives ; et il me semble que l'enchaînement de mes principes m'y fait découvrir les
règles suivantes :

A l'égard de la puissance qui établit ces sortes de

lois, elle peut être différente, suivant le génie, les
mœurs et les divers intérêts des peuples qui y sont
assujettis ; mais le principe qui doit les dicter au souverain, ou à ceux qui le représentent, demeure
toujours le même. Quelques règles qu'ils prescrivent
à leurs sujets, elles ne sauroient être raisonnables,
ou dignes d'un homme chargé de commander à des
hommes, si elles ne sont fondées ou sur l'amour du
genre humain, considéré en général, et qui forme
le droit naturel, ou sur l'amour de la société particulière, dont le prince est le chef, ou ceux qui y
tiennent le premier rang ; ce qui produit le droit des
gens dans l'intérieur de chaque nation. Ainsi, toutes
les lois qui composent ce qu'on appelle le droit civil
de chaque pays ne peuvent avoir que deux objets
principaux : l'un, est l'explication du droit naturel,
dont les conséquences directes et immédiates sont à
la portée de tous les esprits attentifs et raisonnables,
mais dont les conséquences, moins directes et plus
éloignées, ont souvent besoin d'être éclaircies, fixées
et affermies par l'autorité positive du législateur ;
l'autre, est l'explication du droit des gens, ou l'application des principes généraux de ce droit aux
besoins ou aux intérêts particuliers de chaque nation;
application qui se doit faire par l'autorité publique,
pour prévenir le partage ou l'opposition des sentimens, mais qui a toujours, pour but, si elle est
raisonnable, le bien commun de l'état, dans lequel,
comme je l'ai déjà dit, celui de la puissance qui y
préside se trouve toujours compris ; par conséquent,
le même amour, soit de l'homme en général, soit de
chaque peuple en particulier, qui a donné la naissance au droit naturel et au droit des gens, est aussi
le père, pour ainsi dire, ou le véritable auteur du
droit civil, qui ne sert qu'à expliquer ou à appliquer
les règles de l'un et de l'autre droit dans le même
esprit qui les a inspirées.

  Je puis donc établir ici cette règle générale, qui
n'est qu'une suite nécessaire de la notion exacte du
droit civil ; je veux dire que toute loi positive, qui

seroit contraire à l'amour que tout homme doit avoir pour la société entière du genre humain, ou pour ces sociétés moins étendues qui forment les états, en un mot, toute loi qui ne seroit pas conforme aux règles fondamentales du droit naturel ou du droit des gens, pécheroit visiblement contre le principe, et résisteroit à la nature même de l'homme.

De la part des sujets, ou de ceux qui sont soumis à l'autorité du gouvernement, il est clair qu'autant ils sont obligés d'aimer le bien général de l'humanité, ou le bien commun de la société dans laquelle ils vivent, autant doivent-ils obéir aux lois positives, qui, comme je viens de le dire, ne sont que des moyens pour parvenir à l'un ou à l'autre bien, soit qu'elles règnent depuis long-temps dans leur pays, soit qu'elles y soient nouvellement publiées. Ils agiroient évidemment contre l'amour qu'ils ont et qu'ils doivent avoir pour eux-mêmes, s'ils en usoient d'une autre manière; et cette règle ne peut souffrir aucune difficulté, tant que les lois qu'il plaît à la puissance suprême d'imposer à ses sujets, n'ont rien qui répugne manifestement aux droits de la nature ou aux premiers principes du droit des gens.

Mais, que faudra-t-il faire, ou quel parti sera-t-il permis de prendre, si ce cas arrive, et si l'abus de l'autorité est porté jusqu'à l'excès de rompre les liens de l'humanité, ou ceux qui sont les plus essentiels à la société civile?

Je puis répondre, d'abord, que c'est ici une de ces questions jalouses, comme parlent les Italiens, que le plus sûr est de ne point agiter, parce qu'il y a toujours du danger, même à les bien résoudre; ainsi, j'adopterois volontiers, sur ce point, la réponse qu'un Anglais, dont j'ai oublié le nom, fit à Charles II, roi d'Angleterre, lorsque, pressé par ce prince de lui déclarer ce qu'il pensoit sur les droits réciproques du roi et du peuple, il lui dit que tout ce qu'on pouvoit désirer sur ce sujet, étoit que le peuple fût persuadé que le roi peut tout ce qu'il veut; et le roi, qu'il ne peut que ce qu'il veut selon la loi.

· Je trouverai encore, si je veux, une autre défaite ;
plutôt qu'une réponse précise, en renvoyant ceux qui
me feroient cette question aux lois primitives ou à la
constitution fondamentale de chaque gouvernement,
comme à la règle la plus sûre, pour bien juger de
ce qui est permis à l'égard de la puissance suprême
qui viole ouvertement le droit naturel ou le droit
des gens.

Mais, s'il faut absolument expliquer ma pensée sur
une matière si délicate, je chercherai encore la solution générale de ce problème dans les principes qu'un
amour-propre bien entendu inspire aux plus grands
empires comme aux simples particuliers. Posons donc
d'abord l'état de la question avec toute la précision
qu'elle demande, et voyons ensuite comment elle
peut être résolue.

· Je remarque, premièrement, que, pour donner
lieu d'agiter cette question, il faut nécessairement
que l'entreprise sur les droits essentiels de l'homme
et du citoyen soit si claire, si évidente, si certaine,
qu'il ne reste aucun nuage, aucun doute, aucune
ombre de difficulté sur ce sujet ; car, si l'on peut
hésiter encore sur la conduite de ceux qui gouvernent ; si les sentimens de la nation ne sont pas
entièrement unanimes ; s'il n'y a qu'une probabilité,
quoique beaucoup plus grande, d'un côté, et beaucoup moindre, de l'autre ; le bien public, qui veut
qu'on mette toujours la présomption du côté du supérieur légitime, doit encore arrêter et suspendre les
esprits, parce qu'un amour-propre éclairé n'aban-
donnera point l'avantage certain qui résulte de la
soumission des membres à leur chef, de l'union et du
concert de toutes les parties de l'état, par la crainte
d'un mal douteux, incertain, et qui n'arrivera peut-
être jamais.

J'observe, en second lieu, que, pour renfermer
encore plus le problème dans ses véritables bornes,
on doit supposer qu'il s'agit, non pas de quelques
conséquences plus ou moins éloignées du droit naturel ou du droit des gens, mais du fond et de l'es-

sence même de ces droits ; en sorte que la nature de l'homme et de toute société civile, soit attaquée dans sa substance par la loi que le souverain, ou ceux qui en tiennent lieu, veulent établir.

En effet, s'il est permis de résister à une autorité légitime en soi, la résistance ne sauroit être justifiée que par ce principe général, que le salut du peuple est une loi suprême à laquelle toute autre considération doit céder.

Mais, c'est cette loi même qui a fait ériger les différentes formes de gouvernement : c'est elle qui les maintient, qui les conserve, qui les perpétue ; et, en un sens, elle est toujours favorable à ceux qui gouvernent, quelque usage qu'ils fassent de leur autorité, parce qu'en général l'anarchie est le plus grand de tous les maux, et qu'il vaut encore mieux avoir un mauvais gouvernement que de n'en avoir aucun.

Ainsi, dans les cas où la question présente peut naître, il se forme une espèce de combat entre le salut du peuple et le salut du peuple même. D'un côté, nulle nation ne peut subsister si l'autorité souveraine n'y est respectée, et si l'on résiste à ses lois ; de l'autre, la nation peut aussi être détruite, si ceux qui sont à sa tête tournent contr'elle la puissance qu'ils n'ont reçue que pour elle, et travaillent à sa ruine au lieu de veiller à sa conservation. Malheureux donc les peuples qui se trouvent dans une situation où il faut opter entre ce qui fait ordinairement le salut de la patrie, je veux dire la soumission aux lois, mais qui, dans la circonstance dont il s'agit, en seroit l'entier renversement, et, ce qui peut empêcher sa destruction, c'est-à-dire, la résistance à des lois visiblement pernicieuses et contraires à sa durée. Mais, dans une telle extrémité, il ne peut jamais y avoir lieu de délibérer sur un si triste choix que lorsque les fondemens mêmes de toute société humaine et civile sont ébranlés, et qu'il est absolument impossible que la nation se conserve, si la loi subsiste, ou que la loi subsiste sans que la nation périsse.

C'est donc dans ces circonstances que la question doit être examinée, si l'on veut l'envisager dans ses véritables termes ; et, avant que de la résoudre, il me reste à tirer cette conséquence de mes deux réflexions précédentes, que la conjoncture où cette espèce de problème peut être agité, n'est presque qu'un cas métaphysique, qui n'est peut-être jamais arrivé, et qui n'arrivera peut-être jamais.

En effet, on a bien vu des princes, ou des chefs d'une nation, couper mal à propos quelques-unes des branches de ce grand arbre, auquel on peut, après l'Écriture sainte, comparer le corps d'un état, c'est-à-dire, exercer, sans règle et sans raison, un pouvoir arbitraire sur quelque partie du droit public ou particulier ; altérer, par là, le bonheur ou la tranquillité de leurs sujets, et nuire à la grandeur de leur empire : mais, pour suivre toujours la même image, on n'en a point vu d'assez aveugles ou d'assez insensés pour vouloir mettre la coignée à la racine de l'arbre, c'est-à-dire, renverser en un jour, l'ouvrage de plusieurs siècles, et porter le coup mortel à une nation entière, dont ils tirent toute leur force et toute leur gloire. Une telle pensée peut être comparée à cet excès de folie, qui porte quelquefois l'homme à se donner la mort lui-même : mais elle est encore infiniment plus rare ; et je ne sais si tous les siècles pourroient en fournir un seul exemple. Je l'ai déjà dit ailleurs : Néron souhaitoit que le peuple romain n'eût qu'une seule tête, pour pouvoir l'abattre d'un seul coup ; mais Néron même s'en est tenu au simple souhait. C'est donc dans cette unique supposition, c'est-à-dire, quand il s'agiroit de sauver la nation entière par sa résistance à un seul homme, que le problème dont il s'agit pourroit être proposé. Je ne me suis donc pas trompé, quand j'ai dit que la question suppose un cas purement métaphysique ; et j'ai résolu, en quelque manière, un problème si difficile et si dangereux même à traiter, en faisant voir qu'il est moralement impossible qu'une nation soit obligée à le résoudre.

Que si l'on veut absolument réaliser cette espèce de chimère, et insister encore à me demander la règle que des peuples devroient suivre, s'ils avoient le malheur de se trouver effectivement dans ce cas, qui me paroît imaginaire, je réduirai à trois maximes générales tout ce qui me semble qu'un amour-propre raisonnable peut leur inspirer sur ce sujet :

1.º Si les fondateurs d'une monarchie ou d'une république ont prévu un tel cas; si les lois ou la constitution même du gouvernement en prescrivent le remède; si elles ont établi ou autorisé des voies régulières par lesquelles les sujets puissent demander et obtenir la révocation d'une loi contraire au bien commun de l'état, je ne vois rien qui puisse détourner un amour-propre éclairé de. suivre la route qui lui est marquée sur ce point par l'ordre public de la nation même.

2.º Si le cas dont il s'agit n'a pas été prévu par les législateurs, et qu'il n'y ait point de forme certaine établie par une autorité légitime pour y apporter un remède convenable, tous ceux qui sauront aimer raisonnablement leur patrie, comme ils s'aiment eux-mêmes, conviendront avec moi de la maxime suivante :

Comme il faut supposer que c'est toute la nation qui est essentiellement, ou, si je l'ose dire, mortellement blessée par la loi du souverain, sans quoi la question ne pourroit être proposée, c'est aussi à la nation entière, ou à ceux qui ont droit, suivant les lois, de la représenter, qu'il appartient de s'opposer à une telle loi; et, par conséquent, le droit d'y résister, ne réside ni dans la personne d'aucun particulier, ni même dans celle d'un nombre considérable de citoyens. Non-seulement la résistance seroit téméraire et dangereuse, puisqu'elle ne serviroit qu'à produire une confusion et un désordre plus funeste à l'état que la loi même contre laquelle ils se révol-

teroient ; mais elle pécheroit évidemment contre le
principe, puisqu'elle supposeroit, sans fondement,
que le salut du peuple dépend de l'abolition de
cette loi.

En effet, dès le moment que le corps de la nation, ou ceux qui sont chargés d'en soutenir les droits
essentiels, demeurent dans le silence, on ne peut
plus prétendre que la nouvelle loi soit directement
et évidemment contraire à ces droits. Ainsi, la présomption subsiste toujours en faveur du supérieur
légitime, et il n'en faut pas davantage pour arrêter
les mouvemens inquiets des particuliers, si la raison
est la seule règle de l'amour qu'ils ont pour l'état.

3.° Quand même le corps de la nation, ou ceux
qui ont droit de parler et d'agir pour elle, selon la
constitution du gouvernement, seroient persuadés
que la loi dont il s'agit répugne essentiellement au
droit de la nature et au droit des gens ; s'ils voient
néaumoins qu'ils ne peuvent s'opposer à l'exécution
de cette loi sans allumer, dans le sein de leur patrie,
une guerre civile, beaucoup plus pernicieuse au corps
et aux membres que l'observation de la loi ne le peut
être, ils n'auront alors qu'à consulter cet amour-
propre raisonnable auquel j'en reviens toujours pour
reconnoître qu'un moindre mal devient pour l'homme
une espèce de bien, lorsqu'il lui en fait éviter un
plus grand, et qu'il vaut mieux souffrir une transgression particulière des lois les plus inviolables,
lorsqu'elle n'emporte pas en même temps la ruine
entière de l'état, que de l'exposer à des révolutions
encore plus funestes dont on ne peut prévoir quelle
sera la fin, et qui se terminent souvent à faire croître
encore le pouvoir de ceux qui en ont le plus abusé.
Ils entreront même d'autant plus volontiers dans ces
vues pacifiques, qu'ils savent, par l'expérience de
tous les siècles, que tout ce qui est vraiment contraire aux règles fondamentales du droit naturel ou
du droit des gens n'est jamais durable, qu'il se corrige ou se tempère, ou s'use par le temps, et que
cette espèce de maladie de l'état trouve son remède

dans son excès même. Ainsi, la plus constante de leurs maximes, et peut-être la plus convenable au bien commun de l'état, sera de regarder, avec Tacite, l'avidité, le luxe et les autres passions qui gouvernent, comme la stérilité, les inondations et les autres maux passagers de la nature. *Quomodo sterilitatem, aut nimios imbres, et cætera naturæ mala, ita luxum vel avaritiam dominantium tolerare* (1); ou comme le même auteur le dit ailleurs : *Bonos imperatores voto expetere, qualescumque tolerare.*

Telles sont les principales règles que la suite de mes principes me fait connoître sur tout ce qui appartient en général ou au droit naturel, ou au droit des gens, ou au droit civil ; et il me paroît de la dernière évidence que c'est là ce que tout amour-propre éclairé doit penser sur ces trois sortes de lois, s'il est toujours docile aux conseils de la raison.

L'ordre que j'ai suivi dans ma dernière méditation sembleroit me porter naturellement à expliquer, après cela, le détail des maximes que le même amour doit aussi prescrire, par rapport à ces sociétés, beaucoup plus bornées que le mariage, la naissance des enfans, la parenté ou l'alliance, l'amitié ou toutes les différentes espèces de liaisons, d'engagemens ou des conventions, peuvent former entre les hommes.

Mais, après tout, comme les principes qui doivent régler ces sociétés particulières ne diffèrent point dans leur substance de ceux que j'ai établis, en parlant des sociétés qui sont beaucoup plus étendues, je ne pourrois que répéter ici ce que je viens de dire sur les devoirs de l'amour-propre, considéré dans l'ordre général de la société humaine, ou dans celui de la société civile. Rien n'est plus aisé que de faire l'application de ces devoirs aux liaisons ou aux engagemens les plus bornés, et tout ce qui les regarde peut être renfermé dans deux propositions, par lesquelles je finirai cette espèce d'abrégé ou de précis

(1) *Tacit. Hist., lib.* 4.

des règles de mon amour-propre, par rapport aux autres hommes.

Si cet amour, lorsque la raison le gouverne, exige de moi que je suive ces règles à l'égard des étrangers mêmes, il est évident que le même amour me portera encore plus aisément à les observer par rapport à ceux qui me sont unis plus intimément par les liens du mariage, de la parenté, de l'alliance, de l'amitié et de tout autre engagement particulier, qui resserrent les nœuds généraux de l'humanité ou de la société civile. Par conséquent, s'il n'y a aucun homme à l'égard duquel je ne doive pas me conduire comme je veux qu'il se conduise avec moi, je m'écarterai encore moins de cette règle, qui comprend toutes les autres, quand il sera question de mon père, de ma mère, de ma femme, de mes enfans, de mes frères, de mes parens, de mes amis, en un mot, de tous ceux avec qui j'aurai contracté une liaison particulière, de quelque genre qu'elle soit; j'aurai seulement, de plus, le plaisir de faire pour eux, par un goût naturel, ou qui vient de mon choix, ce que je ne fais pour les autres que par l'effet d'un amour plus raisonnable que sensible, parce que c'est l'homme que j'aime dans les uns, au lieu que, dans les autres, je n'aime que l'humanité.

Suivant les principes que j'ai établis ailleurs, mon amour doit être toujours proportionné à la véritable valeur des biens qui en sont l'objet.

Je dois donc fixer, par cette règle, les différens degrés de mon affection, et aimer chacune des sociétés particulières dont je parle ici, selon l'ordre naturel qu'elles ont, ou entr'elles ou avec les sociétés qui sont plus étendues; mais cet ordre peut être réglé dans deux vues différentes, je veux dire, ou par le degré plus ou moins proche de la relation qui est entre moi et l'objet de mon amour, ou par l'importance et l'utilité de cette relation par rapport au bien commun.

Dans la première vue, l'union qui se forme par le mariage étant la plus étroite, la plus intime et la plus parfaite de toutes, doit aussi tenir le premier rang dans mon cœur.

Le second appartiendra, par une raison semblable, à celle qui naît des qualités de père et de fils.

Les frères et les parens semblent exiger le troisième, ou, si l'amitié ose le leur disputer, un amour-propre éclairé saura concilier les intérêts quelquefois contraires de ces différentes liaisons, en distinguant les temps, les lieux, les circonstances, dans lesquelles elles peuvent l'emporter chacune à leur tour sur leur rivale, sans se nuire jamais véritablement l'une à l'autre.

Il en sera de même à proportion de la liaison qui se forme par l'alliance ou par les autres engagemens que les hommes contractent entr'eux, ou, enfin, par les divers événemens qui les lient les uns avec les autres, comme par une espèce d'union fortuite dans son origine, mais non pas moins assujettie aux règles constantes d'un amour raisonnable.

La seconde vue, je veux dire la considération de l'utilité ou de l'importance que chacune de mes liaisons peut avoir par rapport au bien commun de mes semblables, établit un autre ordre encore plus certain et plus inviolable que le premier.

Ainsi, la société que j'ai avec tous mes citoyens, ou avec le corps de ma nation, par rapport au bien général de ma patrie, étant infiniment plus importante que toutes les société domestiques ou bornées qui ne m'attachent qu'à un certain nombre de particuliers, l'ordre régulier de mes affections exige nécessairement que je fasse céder un moindre intérêt à un plus grand, et que je sacrifie les avantages de ma famille, de mes amis, de tous ceux avec qui je suis le plus intimement uni, non-seulement au salut, mais au plus grand bien de tout l'état.

A plus forte raison le sacrifierai-je au bien général de l'humanité, si jamais il peut entrer en concurrence avec les intérêts de mes sociétés particulières; et l'amour que je dois à tout homme, en tant qu'homme, cet amour, dont je ne saurois violer les

lois, sans agir contre la nature de mon être, l'emportera sans difficulté sur celui qui m'unit à quelques
hommes en particulier, parce qu'il est évident que
l'un est toujours subordonné à l'autre; et que, quelque engagement que je contracte, je ne peux m'obliger raisonnablement à servir un de mes semblables
que sous la condition essentielle de ne point nuire
à tous, en général, par le bien que je procure à
un seul.

C'est ainsi que les règles de ma conduite, soit à
l'égard de tous les hommes sans distinction, soit par
rapport à toute société, à toute liaison générale ou particulière, me sont fidèlement tracées par un amour-
propre raisonnable, ou plutôt, pour reprendre ici
en un mot, toute la suite et la substance de cette
méditation; c'est ainsi que j'apprends de ce seul
amour qui parle à tous les hommes comme à moi,
et mes devoirs communs à l'égard de tous ceux qui
peuvent me faire du bien, et mes devoirs particuliers, par rapport à chacun de ces trois grands objets
de tous mes sentimens, je veux dire Dieu, moi-même
et les autres hommes.

Qu'il me soit donc permis, à présent, de faire une
réflexion générale, qui convient également à toutes
les règles que j'ai établies.

L'amour-propre, ce sentiment naturel qui m'attache invinciblement à moi-même, et qu'on me représente comme l'ennemi de tous mes devoirs, qui
s'oppose en moi à toute la justice, qui ne connoît point
d'autre règle que celle de n'en admettre aucune contre
ses désirs, devient donc, au contraire, lorsqu'il n'est
pas perverti par les passions, un législateur parfait,
comme je l'ai déjà dit, et un législateur universel,
ou plutôt il devient la loi de ceux qui n'en ont point.
Lorsque je le considère tel qu'il est en soi, suivant
la nature de mon être, c'est-à-dire, comme une inclination raisonnable. Je trouve dans son propre fond,
le principe et comme la source de toutes les lois.

Un père de l'église a dit, que le véritable amour
de ce qui est juste, renferme en soi toutes les vertus;

et je puis dire aussi, que le véritable amour de moi-même contient la substance de tout ce qui porte le nom de droit: droit naturel, droit des gens, droit civil même, par rapport à son unique objet et à ses principes généraux. Tout ce qui forme l'essence de ces trois espèces de droit, n'est que le fruit des leçons qu'un amour-propre éclairé donneroit à tout homme, si tout homme étoit attentif à les recevoir, et fidèle à les suivre. Il n'y a aucune règle qu'on ne puisse ramener à ces leçons, puisqu'elles contiennent tout ce que nous devons faire dans les différentes relations que nous avons les uns avec autres, pour tendre à notre bonheur commun, par la seule route qui puisse nous y conduire, c'est-à-dire, par le bon usage de notre raison.

Il suffit, pour s'en convaincre, de se représenter l'état où seroit le genre humain, si les préceptes de cet amour raisonnable de nous-mêmes étoient observés; quel ordre, quelle concorde, quelle douceur, régneroient dans la société! quelle sûreté au dehors! quelle tranquillité au dedans! combien d'union dans les familles, de fidélité entre les amis, de bonne foi dans le commerce, de bienveillance et d'offices mutuels entre tous les hommes! Les tribunaux de la justice deviendroient presque inutiles; et l'autorité publique dispensée de faire du mal, parce qu'elle n'en trouveroit point de sujet, ne seroit occupée que du soin de multiplier le bien et d'augmenter toujours de plus en plus le bonheur commun. C'est ainsi qu'on verroit renaître dans le monde cet âge d'or, dont la peinture nous flatte si fort, comme je l'ai dit ailleurs, lorsque nous la lisons dans les poëtes, et qui ne seroit autre chose, si on pouvoit en réaliser l'image, que le règne paisible d'un amour-propre bien ordonné. Les Romains, selon Plutarque (1), en virent plus que la peinture, pendant celui de Numa, qui, par une espèce d'enchantement, sut faire goûter les délices de la paix à une nation guerrière et même féroce, en

(1) *Plutarq. in vitâ Numæ Pomp.*

40 *

sorte que le seul bruit de sa justice sembla conjurer, non-seulement l'impétuosité naturelle des Romains, mais la fureur de toutes les nations voisines. Plutarque compare la douceur de ce règne à un zéphyr tempéré, dont l'haleine favorable calmoit de toutes parts les orages et les tempêtes, et qui, répandant la joie et la sérénité dans toute l'Italie, ne fit de la vie de Numa que comme un seul jour de fête, où les hommes tranquilles et sûrs les uns des autres ne sembloient travailler qu'à se rendre mutuellement heureux. Mais quelle étoit la cause d'une situation si désirable? Un roi qui savoit s'aimer lui-même et aimer son peuple raisonnablement; un peuple qui s'aimoit de la même manière, aussi bien que son roi. L'amour qu'ils avoient l'un pour l'autre et pour leurs voisins, les gardoit plus sûrement au dedans et au dehors que les troupes les plus nombreuses ne l'auroient pu faire, et c'étoit là le véritable zéphyr qui faisoit alors les beaux jours de l'Italie.

Or, tel est l'état auquel il est évident que tous les hommes doivent tendre, comme en effet, ils y tendent tous naturellement par un vœu commun que les inconvéniens de l'état contraire ne servent qu'à redoubler. Il me paroît impossible de concevoir qu'une créature raisonnable puisse agir autrement que pour une fin, ni que cette fin puisse être autre chose, comme je l'ai dit tant de fois, que son plus grand bonheur, dont elle approche d'autant plus, que son amour pour elle-même est plus près de sa perfection.

Donc, pour tirer ici une conséquence générale de mes quatre méditations sur cette matière, mon amour-propre ne mériteroit point ce nom, et je devrois l'appeler plutôt la haine de moi-même, s'il ne se conformoit pas à toutes les règles que j'ai établies, c'est-à-dire, pour finir par où j'ai commencé, si ce n'est pas un amour véritablement raisonnable et digne de la nature, ou de l'excellence de mon ame. Ainsi, ce qui n'étoit d'abord qu'une vérité abstraite, fondée sur la connoissance que j'ai de cet être, où je dois chercher la véritable cause de mon bonheur, devient à présent une vérité prouvée par les effets, puisqu'il est clair que l'homme se rend d'autant plus malheureux qu'il s'éloigne davantage des lois d'un amour-propre conduit par la raison, et d'autant plus heureux qu'il s'attache à les suivre avec plus de fidélité. L'expérience même nous en convainc indépendamment de la raison, et par conséquent, la certitude de ces lois n'est pas moins démontrée, qu'il est évident que l'homme doit tendre toujours à sa plus grande félicité.

Je prévois néanmoins, que si ces méditations, où je ne parle qu'à moi et à un très-petit nombre d'amis, tomboient un jour entre les mains de certains lecteurs peu attentifs ou prévenus, qui vivent sans principes ou qui en ont de mauvais, et qui, jugeant de l'homme par impression plutôt que par intelligence, se sont accoutumés à croire que sa nature consiste à faire ce qu'il fait le plus souvent, ils se récrieroient à chaque page et presque à chaque ligne de cet ouvrage : *mais, où sont les mortels qui puissent agir d'une manière si désintéressée, ou, pour parler comme moi, si sagement et si dignement intéressée ? Ne suffit-il pas de vivre avec les hommes, pour savoir qu'ils pensent et qu'ils font naturellement tout le contraire ? Si, quelquefois, par un effort d'esprit et peut-être d'imagination, ils se guident dans la région élevée de la métaphysique où ils se plaisent à se former l'idée la plus sublime de leur être, ils en descendent bientôt et retombent comme par un poids naturel, dans cette caverne sombre et ténébreuse, dont Socrate nous a laissé une si belle image, où ils démentent dans la pratique tout ce qu'ils sembloient avoir découvert dans la spéculation, que sert-il donc de nous représenter l'homme dans un état où l'homme n'est jamais ? Ce n'est plus le peindre d'après nature, où cependant l'on doit chercher à connoître ce qui lui est vraiment naturel; c'est faire un portrait d'imagination, et écrire le roman plutôt que l'histoire de l'amour-propre. Non-seulement l'homme ne*

ressemble point à ce portrait, mais comment lui seroit-il possible d'y ressembler ? Il faudroit pour cela
qu'il fût exempt de toute sorte de foiblesse, inaccessible aux passions, supérieur à tous les préjugés,
capable de résister continuellement au torrent de
l'exemple et de la coutume, en un mot, au-dessus
de l'humanité; mais, au contraire, il est foible,
passionné, susceptible de prévention, dominé surtout par la tyrannie de l'usage, et pour tout dire en
un seul mot, il est homme. Comment pourroit-il
donc atteindre à cette haute perfection, qui ne se
présente quelquefois à lui que comme un songe flatteur, dont l'image lui plaît d'abord, et le plonge ensuite dans le désespoir de ne pouvoir lui donner du
corps et de la réalité ? N'est-il pas bien plus conforme à la droite raison, de le prendre seulement
pour ce qu'il est, et de dire avec Hobbes, que
l'homme se porte de lui-même à la violence, à la
fraude, à la domination sur tous ses semblables;
qu'il ne s'en abstient et ne se modère que par la
crainte; que c'est là le seul frein qui réprime, qui
enchaîne, en quelque manière, l'impétuosité de ses
passions; et, par conséquent, qu'on doit avouer que
la crainte est le seul fondement de toutes les lois
humaines, comme de toutes ces grandes sociétés qui
n'ont été établies que pour mettre le plus foible à
couvert de l'injure du plus fort, ou pour empêcher
les hommes de se faire du mal les uns aux autres,
par l'appréhension d'en souffrir beaucoup plus qu'ils
n'en pourroient faire. En un mot, le plan général
de la société humaine doit être tracé, non sur ce
que les hommes devroient être, et qu'ils ne seront
jamais, mais sur ce qu'ils ont toujours été, et ce
qu'ils seront toujours.

C'est ainsi qu'ont raisonné de tout temps, et que
raisonnent encore aujourd'hui des esprits superficiels,
qui, n'ayant pas le courage de faire sur eux un généreux effort, pour tendre à leur félicité par la perfection de leur amour-propre, cherchent à se consoler
de leur malheur, en se persuadant que cette perfec-

tion prétendue n'est qu'une chimère, ou tout au plus, une belle spéculation dont la pratique est impossible.

Il ne me seroit pas difficile de leur répondre solidement, s'ils étoient capables d'une attention suivie et persévérante ; je n'aurois même pour cela, qu'à les prier de méditer profondément sur la liaison, sur la suite, sur l'enchaînement de mes principes, et principalement sur l'idée que je me suis formée, de ce que l'on doit regarder comme vraiment naturel à l'homme. Bien loin de craindre qu'ils voulussent entreprendre de combattre mes sentimens, je serois le premier à les y inviter, pour l'intérêt même de la vérité, que j'ai tâché d'établir. Quiconque voudra la combattre de bonne foi s'apercevra bientôt, qu'elle est du nombre de celles qu'on affermit en ne pensant qu'à les attaquer, et dont tout esprit attentif s'en démontre à lui-même la certitude, par l'inutilité même des efforts qu'il fait pour en douter.

Mais, ou ce que j'ai dit sur ce sujet dans tout le cours de ces méditations est suffisant, ou rien ne peut suffire ; et au lieu de réfuter, avec un nouveau soin, l'objection que je viens de mettre dans tout son jour, je me borne ici à faire voir, que je ne suis pas même obligé d'y répondre, comme tous ceux qui auront bien compris le véritable objet de cet ouvrage en conviendront aisément avec moi.

1.º Il ne s'agit, dans toutes mes recherches, que de savoir, si l'homme peut trouver en lui-même l'idée d'un devoir ou d'une règle naturelle, suivant laquelle il soit obligé de diriger ses pensées, ses discours, ses actions, pour vivre conformément à l'essence de son être, et arriver par là au degré de bonheur dont il est susceptible. Que les hommes suivent cette règle, ou qu'ils ne la suivent pas, ce n'est point ce que je dois examiner, et le fait n'a rien ici de commun avec le droit. Il n'y auroit donc qu'une seule manière de combattre mon sentiment, ce seroit de faire voir, qu'une créature intelligente, qui s'aime raisonnablement, et qui se conduit convenablement à sa nature suivant les lumières de sa raison, peut se rendre parfaite et heureuse, sans penser, sans vouloir, sans agir selon les règles que j'ai tirées de l'amour légitime qu'elle se doit à elle-même ; mais tant qu'on ne pourra le prouver, ni renverser les principes qui sont le fondement solide de ces règles, pourra-t-on s'empêcher de reconnoître que, si les hommes tenoient toujours leur amour-propre sous la discipline de leur raison, ils suivroient constamment le plan de vie que je leur ai tracé, soit par rapport à Dieu, soit par rapport à eux-mêmes, soit à l'égard de leurs semblables, et cela non par le seul motif de la crainte, mais par les mouvemens mêmes de leur amour-propre, s'il est raisonnable, c'est-à-dire, par le désir de leur félicité. Or, si cette vérité est incontestable, il est donc vrai qu'ils ont une idée claire et suffisante de ce qu'ils doivent faire pour être heureux ; et par conséquent, je suis parvenu à prouver ce qui est comme le fruit et la conclusion de tout mon travail, je veux dire qu'il y a un devoir ou une règle certaine, que l'homme ne peut s'empêcher de reconnoître, quoiqu'il ne la suive pas toujours : règle que son amour-propre lui enseigne sûrement s'il y joint les lumières de sa raison ; règle enfin qui mérite autant d'être appelée naturelle que l'amour qu'il a pour lui-même et la qualité d'être raisonnable.

2.° Que me serviroit-il de vouloir aller plus loin, et de m'occuper ici de ce que les hommes pensent ou de ce qu'ils font effectivement ? J'ai fait voir dans ma seconde méditation que les pensées ou les opinions des hommes ne sont point la règle de mes jugemens ; et dans la troisième, que leurs actions ne sont pas plus celle de ma conduite. J'ai tâché d'appuyer l'une et l'autre règle sur des principes plus sûrs et plus invariables ; et c'est pour cela que j'ai employé tant de temps dans ma quatrième et dans ma cinquième méditation à me bien convaincre que l'évidence, qui est le caractère infaillible du vrai, devoit être aussi l'arbitre souverain, non-seulement de mon intelligence et de ma volonté, mais de ma conduite qui est une suite de l'une et de l'autre. J'ai mis cette règle au nombre des vérités innées dont je fais voir la réalité dans ma sixième méditation, et c'est en effet la seule que j'aie suivie perpétuellement dans l'examen des démarches qui conviennent à un amour-propre raisonnable. Ainsi, tant qu'il sera évident, comme il l'est en effet et comme il le sera toujours, qu'un amour-propre de ce caractère doit marcher constamment dans la route que je viens de lui tracer, ce sera bien inutilement qu'on voudra m'opposer des témoins ignorans ou prévenus, et des exemples inutiles ou vicieux, pour m'obliger à abandonner des idées claires et lumineuses qui doivent être l'unique règle de mes jugemens et de ma conduite, s'il est vrai que je suis un être raisonnable.

3.º Je l'ai déjà observé ailleurs, ces témoins mêmes ou ceux qui me donnent ces mauvais exemples, quoique livrés à leurs passions, et par là incapables d'exercer aucun empire sur ma raison, déposent eux-mêmes en faveur de mes sentimens dans ces intervalles de lumière et de raison, plus fréquens pour les uns, plus rares pour les autres, mais qu'ils éprouvent tous jusqu'à un certain point. J'entends souvent les reproches qu'ils se font de s'être égarés du chemin qui conduit à la vraie félicité ; d'avoir couru vainement après une ombre de bonheur, qui ne leur a laissé que le regret de s'être long-temps fatigués à la suivre ; en un mot, de n'avoir pas su s'aimer véritablement eux-mêmes, et d'avoir préféré sur ce point les mouvemens aveugles de leurs passions aux conseils éclairés de leur raison. Je les entends encore plus souvent exercer une censure beaucoup plus rigoureuse sur leurs semblables, lorsqu'ils les voient, séduits par un amour-propre déréglé, se rendre malheureux par les efforts mêmes qu'ils font pour devenir heureux. Chaque homme est sage lorsqu'il s'agit de juger de la folie d'autrui. Il n'en est point qui ne raisonne alors comme moi, qui n'établisse ou qui ne suppose les mêmes principes. Et qu'ai-je fait autre chose dans toute cette méditation ? Si ce n'est de ramasser et de réunir les divers jugemens que chacun porte lorsqu'il est de sang-froid, pour tirer de ces décisions particulières la règle générale de tout amour-propre conforme à la raison, et en composer comme le code de la sagesse humaine, fondé sur les suffrages des témoins mêmes que l'on m'oppose.

Il n'est donc pas vrai que les idées qui m'ont servi de guide soient au-dessus de la portée du sens commun, qu'elles supposent les hommes d'une nature trop excellente, et qu'elles soient plus propres à désespérer l'humanité qu'à la perfectionner. Chacun de nous sent intérieurement la vérité, et ne manque pas même de la reconnoître extérieurement, lorsque ses préjugés n'obscurcissent point son esprit, ou que ses passions ne corrompent pas son cœur. Toute la question se réduit donc à savoir, non pas si les hommes rendent un témoignage contraire à mes principes; mais si je les dois croire lorsqu'ils voient clair, ou si je les prendrai pour règle de ma conduite lorsqu'ils sont aveugles, au jugement même de ceux qui ne sont pas frappés du même aveuglement; en un mot, est-ce par des hommes de sang-froid ou par des hommes ivres, pour ainsi dire, et comme abrutis par leurs passions, que je dois me laisser conduire? C'est à quoi se réduit toute la question, et peut-on dire que c'en soit une ?

4.° Si l'on me répond que l'homme n'est pas le maître de résister à l'impression qui l'affecte actuellement, et qu'ainsi non-seulement il ne suit pas naturellement les conseils que je lui donne, mais qu'il ne peut pas même les suivre ; je renverrai ceux qui me tiendront ce langage à ma troisième méditation, ou plutôt à leur propre conscience, qui ne leur permet pas plus de douter de leur liberté que de douter de leur existence : si cette conscience les assure qu'ils sont nés pour être heureux, et que ce désir même est comme le fond de leur être, elle ne les assure pas moins qu'ils peuvent y parvenir en faisant un bon usage de leur liberté ; sentiment si naturel à tous les hommes, qu'il produit tous les remords qu'ils éprouvent lorsqu'ils se sont trompés dans la recherche de leur véritable bien.

5.° J'avouerai même sans peine qu'il manque quelque chose à l'homme pour marcher dignement et avec persévérance dans la route que la raison trace à un amour-propre qui veut tendre véritablement à son bonheur : mais je me garderai bien d'en conclure qu'il ne connoît pas même cette route, ce qui forme la seule question que j'ai toujours devant les yeux dans cet ouvrage ; et si j'en tirois cette conséquence, je tomberois dans le défaut de raisonnement d'un esprit paresseux, qui supposeroit qu'il est impossible d'entendre la plus simple démonstration de géométrie, parce qu'il ne veut pas se donner la peine de lire ce qui est nécessaire pour se mettre en état de la bien comprendre. Je n'imputerai donc point le déréglement de mon amour-propre à l'imperfection de mon intelligence ; je ne l'attribuerai qu'à celle de ma volonté. Si elle refuse souvent de suivre le chemin que mon intelligence lui montre, je condamnerai sa foiblesse sans désavouer pour cela la lumière qui m'éclaire ; et je ne m'imaginerai point que je suis aveugle, pour acquérir par là le droit de ne me plus croire coupable.

Ma foiblesse même me servira à comprendre, non pas que mes devoirs me sont impossibles, mais que pour les bien remplir, j'ai besoin d'être secouru par celui qui ne m'a pas accordé en vain le don de les connoître. Je joindrai donc, si je sais agir conséquemment, les forces de la religion à celles de la raison ; et plus mon amour-propre aura de lumières pour découvrir mon véritable bien, et d'ardeur pour l'acquérir, plus aussi il cherchera avidement et constamment à connoître la voie que Dieu même nous a marquée pour tendre à une félicité parfaite qui ne peut être l'ouvrage que du Tout-Puissant, et à profiter des secours qu'il nous donne, non-seulement pour bien comprendre en quoi consiste le vrai

bonheur de l'homme, mais pour jouir réellement et
éternellement de ce bonheur.

Ainsi, le dernier fruit de mon amour-propre, s'il
est toujours docile aux lois de la raison, sera de me
conduire, comme par la main, jusqu'à la religion ; et,
mettant à profit mon impuissance même, il m'en fera
chercher le remède ou le supplément dans celui qui,
comme je l'ai dit plus d'une fois, est la plénitude de
mon être : d'autant plus prompt à exaucer mes désirs,
qu'en reconnoissant toute ma foiblesse, j'implore
toute sa force pour accomplir, dans la pratique, les
devoirs que sa lumière me fait découvrir dans la
spéculation.

Mais, après tout, ne saurois-je entrer dans le sanc-
tuaire de la justice que par la porte de mon amour-
propre ? Ne peut-il pas m'être permis de l'étudier, de
la contempler en elle-même, et d'en découvrir la
nature par des idées claires, lumineuses, indépendamment des dispositions ou des mouvemens que
l'amour de moi-même m'inspire pour mon véritable
bonheur ? C'est le dernier point que je dois approfondir dans ma méditation suivante, pour ne me
laisser plus rien à désirer sur une matière que je
regarde comme le fondement de tous mes devoirs, la
clef de toute la morale, et le seul objet qui soit vraiment digne de toute mon application.

FIN DU TOME QUATORZIÈME.

www.ingramcontent.com/pod-product-compliance
Lightning Source LLC
Chambersburg PA
CBHW060819220326
41599CB00017B/2225